En esta etapa tuya
de Nuevas Conquistas
te deseamos con todo nuestro
cariño el mayor de los éxitos

Ulises, Alexis, Elena y Jorge

Mayo / 1991

SOY ROCA

Diseño de tapa: Mario Blanco

FELIX LUNA

SOY ROCA

EDITORIAL SUDAMERICANA
BUENOS AIRES

PRIMERA EDICION
Noviembre de 1989

DUODECIMA EDICION
Abril de 1991

IMPRESO EN LA ARGENTINA

ISBN 950-07-0567-2

*A mi mujer,
que amorosamente supo crearme
el ámbito indispensable.*

"NO TENIENDO EN QUE DISTRAERSE ... "

Ahora que usted me pide que hile mis recuerdos, se me ocurre pensar en el coronel Manuel Baigorria. Lo conocí en la Comandancia de Fronteras: petiso, flaco de hocico, las piernas un paréntesis, receloso y de pocas palabras, tenía los ojos como dos bolitas negras medio apagadas que sólo relampagueaban cuando veía pasar un buen caballo. Era puntano y unitario: en su juventud, harto de las persecuciones de sus enemigos, enderezó tierra adentro y allí se quedó veinte años haciéndose indio, participando en los malones, comiendo carne de yegua y manejando la lanza como un ranquel. Regresó a tierra de cristianos después de Caseros, y tras muchas andanzas recaló en Río IV, ya viejo. Era muy lector y nos hicimos bastante amigos. Yo le tiraba de la lengua para que me contara las costumbres y las formas de guerra de los salvajes. Una tarde me trajo un cuaderno escolar lleno con su escritura. No sin cierta timidez, me dijo que eran sus memorias y yo, superando la horrorosa caligrafía y las faltas ortográficas que por momentos hacían ilegibles estas páginas, las leí con interés.

¿A qué viene este recuerdo? A que Baigorria, al comenzar sus páginas, escribía ingenuamente algo que me quedó grabado: "El Coronel Baigorria en la Villa del Río 4°. . . no teniendo en q. distraerse se ocupa en recordar ligeramente de su pasada y agitada vida". A mí me pasa lo mismo. Voy a convocar mis memorias, en primer lugar, porque estoy ocioso. Pero también porque mi vida tiene algún interés, no sólo en virtud de la relevancia de mi persona y las funciones que he desempeñado sino porque abarca un período de cambios asombrosos. Nací en la época de Rosas y ahora transcurro entre ingenios como el teléfono, el aeroplano, el automóvil, el fonógrafo; maravillas que mi naturaleza, anticuada y un tanto rural, se resiste a aceptar aunque las disfrute. Yo demoré semanas en bajar de Tucumán a Buenos Aires cuando mi padre me mandó al Colegio Entre-Riano, en Concepción del Uruguay; hoy se tarda un día en ponerse en mi ciudad natal. Cuando yo era chico, lo que pasaba en Europa se conocía vagamente y después de varias semanas; ahora se sabe al instante, y los hechos de la trágica guerra que se padece allí se conocen aquí minutos más tarde. Yo he asistido a esas transformaciones, en parte las he promovido, he comprobado año a año la prodigiosa mutación de los tiempos, y me gustaría transmitir mis sensaciones en relación con tales cambios.

Además, he conocido a muchos personajes que merecen recordarse; algunos por pícaros, para que la historia vacile antes de consagrarlos irreflexiblemente en sus altares; otros por pintorescos, y otros más porque no merecen caer del todo en el olvido. El mismo Baigorria es uno de estos; ningún historiador le dedicará un párrafo y sin embargo ¡cuántos buenos consejos me brindó para hacer exitosas mis campañas contra el indio!

He tenido una vida larga y ella empezó desde muy joven con responsabilidades casi superiores a mis fuerzas. He conocido el país entero, de punta a punta; he recorrido la Argentina a caballo y en mula, en diligencia y en ferrocarril; la he transitado como oficial subalterno y también en función presidencial. Tengo mucho para contar, y en lo personal quisiera demostrar que mis triunfos fueron el fruto de la inteligencia, la constancia, la sana ambición y el don de la oportunidad. En política, tener suerte no es una ventaja que se regala gratuitamente: es la consecuencia lógica de una voluntad puesta al servicio de determinados objetivos. Cuando Maquiavelo habla de la *fortuna* que, junto con la *virtú*, suele acompañar al príncipe feliz, se refiere a la fidelidad del destino hacia sus elegidos. Pero el destino no escoge al azar sino a quienes lo merecen. Y yo, sin duda, merecí ser elegido.

No digo esto por vanidad. Fui vanidoso en algún momento de mi vida, lo reconozco. Pero a medida que pasan los años y se alcanzan las honras más altas, la vanidad se desvanece y surgen, en cambio, el hastío y el escepticismo. Ya no hay nada que pueda conmover a quien, como yo, obtuvo las más egregias distinciones. No me afecta el cariño de la gente, que nunca busqué, ni tampoco su malquerer, alimentado generalmente en motivos equivocados. Por eso no espero que mis recuerdos sean útiles pues cada período tiene sus ideas, sus hombres, su estilo, y aquellos que fueron míos han de pasar de la misma manera que pasaron y se olvidaron tantos otros sistemas políticos.

Sin embargo, no me disgustaría que alguna vez se advirtiera cierta similitud entre mi propia trayectoria y la de Julio César. Alguna vez mis adversarios me compararon burlona-

mente con él, abusando de nuestra homonimia y suponiendo
que yo acariciaba ambiciones autocráticas. Pero el paralelismo entre mi tocayo romano y yo se basa en circunstancias
más profundas.

El, como yo, venía de una familia patricia empobrecida.
Ambos ascendimos paso a paso los peldaños del *cursus hono-*
rum en los rangos de la milicia. Julio César debió acudir varias
veces, al igual que yo, al sostenimiento del Estado frente a los
embates de los revoltosos. En un momento en que su presencia en Roma resultaba molesta a sus enemigos, fue enviado a
las Galias como quien es remitido al exilio, y allí llevó a cabo,
para sorpresa de todos, sus campañas más brillantes, brindando a la República un precioso dominio y abandonando aquella
región sólo para asumir su alto destino. ¿No ocurrió algo parecido conmigo? ¿No me mandaron a la frontera para que me
pudriera entre los medanales? ¿No concebí allí mis planes para obsequiar a mi país esas ricas comarcas y, de yapa, la Patagonia entera? ¿Y no fue esta empresa la que me consagró ante la gratitud nacional y justificó mis pretensiones presidenciales? De alguna manera el río Negro fue mi Rubicón, porque
de no haber podido llegar a sus orillas mi carrera se hubiera
cortado vergonzosamente.

Hay más paralelismos: aquel Julio de hace veinte siglos
debió enfrentarse con lo más retrógrado de Roma en la figura de Catón. Mi propio Catón, austero y hasta respetable pero
incapaz de entender el sentido de los tiempos que vivía, fue
Carlos Tejedor. Lo vencí con la fuerza de mis legiones, porque si César dispuso de centuriones que se dejaban matar por
él, yo también conté con la lealtad de mis chinos para atropellar
la sublevación porteña. En fin, como al otro Julio, se me ha
acusado de frívolo y libertino y hasta de corrupto: son cargos
habituales en un mundo político tan cruel como el argentino.
Aunque en esto le llevo alguna ventaja, porque nadie dijo de
mí que haya entregado mi cuerpo a la lascivia de un jefe bárbaro, como se afirmó del romano respecto del rey de Bi-
tinia. . .

Pero lo que más me agrada en este juego de comparaciones no se ha dicho nunca. Porque Julio César y Julio Argentino Roca fuimos constructores de un Estado. De una apariencia de poder zarandeada por todas las pasiones y los intereses
hicimos —él en Roma y yo en estas tierras— un centro de autoridad que impuso las líneas sobre las que debía avanzar la
sociedad; construimos un núcleo permanente de poder sobre

los elementos contingentes y circunstanciales, un patrón de
continuidad entre la historia y el futuro para arbitrar conflictos y pacificar violencias. En suma, fundamos la síntesis última del bien común, acatada por todos y para siempre.

Más todavía. El y yo, sin recurrir a persecuciones o atropellos, mediante el compromiso y la seducción, acertamos a
establecer un ámbito para que la gente pudiera trabajar, prosperar y aprovechar las ventajas de los nuevos tiempos. "Paz y
Administración" fue mi consigna, y durante mi procuración
los argentinos se sintieron orgullosos de serlo, del mismo modo
que en la época de César, ser romano era el título más enalte-
cedor que podía ostentar un hombre en toda la Ecumenes.

Y yo también padecí a mi propio Bruto. Mi compañero
de empresas políticas, el hombre que mejor me entendió, Carlos Pellegrini, me clavó su estilete en los debates sobre unifi-
ción de la deuda. Al ser herido por Bruto, mi tocayo se cubrió la cabeza con su toga y se limitó a murmurar:

— ¡Tú también, Bruto!

Yo atiné a decir:

— El Gringo volverá. . .

Pero no volvió nunca y allí empezó mi tragedia. Nadie
sino Pellegrini hubiera podido reemplazarme, pero sucedía
que Octavio prefirió ser Bruto y como el Senado que me asis-
tió —léase la Convención de Notables— resultó ser tan timorato y mezquino como el que soportó César, mi obra no pudo
tener continuidad: mis sucesores se dedicaron a destruirme.

¿Vidas paralelas? No pretendo tanto. Es cierto que el
Julio latino y el Julio Argentino fuimos dos trayectorias in-
mersas en la política, pero lo común entre nosotros dos es que
ninguno se dejó dominar por ella. La manejamos, hicimos de
la política un instrumento para reordenar la sociedad durante
el tiempo que nos fue dado.

Pero la evocación de mis recuerdos no se debe a una
intención de fantasear con supuestos parecidos con los grandes hombres de la antigüedad. Lo hago, como dije, porque usted me lo pide y sólo para distraerme. Y sin embargo, hay algo más: un sentimiento oscuro y profundo, casi sagrado, que
me lleva a hacer esta confesión virtualmente póstuma. Es el
recuerdo de mi padre, con quien dialogo cada vez más frecuentemente.

Lo conocí muy poco. Cuando mis hermanos y yo éramos
chicos, vivíamos en casa de mi abuela mientras él pasaba la
mayor parte del tiempo trabajando en su campito del Vizca-

cheral para sumar unos pesos a su magro sueldo de coronel.
Mas tarde fui enviado el Colegio de Concepción del Uruguay
y casi dejé de verlo. Lo frecuenté unas pocas semanas en
1863, en ocasión de la gira que hice por el interior con mi tío
Marcos. El corto lapso durante el cual pudimos hablar mucho y reconocernos el uno con el otro, fue durante la guerra
al Paraguay. El coronel José Segundo Roca estaba con los reclutas tucumanos y yo revistaba en el Regimiento 6. Allí lo
conocí bien; quise y admiré a ese criollazo que no se jactaba
de sus glorias ni se quejaba de sus desdichas; el hombre que,
cuando la Providencia le mandó un hijo más para gravar su
indigencia, le puso Julio porque nació en el mes de la Patria,
y Argentino para confirmar su arraigo. Murió repentinamente
en Ensenadita, como un roble partido por el rayo, sin sufri-
miento ni decadencia, justamente cuando hubiera podido ser
su amigo.

Ahora que tengo más años de los que él contaba cuando
murió, me siento muy cerca de mi padre. Necesito presentar-
le un inventario de mi vida. Me place imaginar una charla sin
apuro con don José Segundo; él me hablaría de San Martín y
Bolívar, de Sucre y Lavalle, y yo también le contaría de los
hombres que he conocido, de mis campañas y mis luchas políticas, los designios que animaron la carrera que desarrollé...
No puedo hacerlo, desde luego, pero nada impide que al
enhebrar estos recuerdos lo haga como si los relatara a mi padre, ya que mis hijas son indiferentes a mi memoria y mi propio hijo, un buen muchacho con un brillante futuro por delante, tiene intereses muy diferentes a los míos.

Uno valoriza ciertas cosas a medida que avanza en el camino de la vida. Cuando es joven, uno cree en las rupturas,
los cambios, los cortes, aquellos hechos que marcan claramente las transiciones que se viven. A medida que envejezco doy
más importancia a las continuidades y trato de descubrirlas
bajo las apariencias de lo que cambia y muda. Y he llegado a
la conclusión de que hay una sola gran continuidad: la de la
sangre. Es la que ahora me empuja a recoger los hilos de la
memoria para urdirlos de modo que sean coherentes. Porque
también la Patria es una gran continuidad colectiva, una corriente formada por sangres diversas que varía en apariencia,
siendo siempre la misma. Mis recuerdos tienen que ver con la
Patria puesto que aunque no haya participado en su fundación tuve que ver mucho con la modelación de su fisonomía
definitiva, que ahora nos enorgullece ante el mundo entero.

Y es así como yo, Julio Argentino Roca, general de la
Nación, dos veces presidente de la República, Conquistador
del Desierto, fundador de la Argentina moderna, a la edad de
71 años, retirado de toda actividad pública, no teniendo en
qué distraerme, me ocupo en recordar ligeramente mi pasada
y agitada vida.

1843 - 1867

I

Cuando evoco mi niñez tucumana y comparo aquellos tiempos con los actuales, lo que salta a la vista con más nitidez es la pobreza que envolvía a todos sin que nadie lo advirtiera. Era una pobreza que no molestaba ni ofendía porque se compartía por igual. Aquellos a quienes se consideraba ricos vivían de manera idéntica al resto. Podían ser propietarios de tierras, tener algunos buenos caballos o un carruaje, pero sus hábitos domésticos, su indumentaria y las apariencias de su posición no diferían de los demás: me refiero, naturalmente, a la "gente decente", el pequeño núcleo social formado por las viejas familias locales y las que se habían agregado a través del tiempo en el desempeño de profesiones y oficios honorables. El resto no contaba.

De cuando en cuando aparecía un personaje tocado de galera y levita; generalmente era un visitante o se trataba de una ceremonia especialmente solemne, y a los chicos nos causaban gracia esos atuendos rigurosos que contrastaban con los modestos trajes, muchas veces cortados en las casas, o las sueltas pilchas de la gente de pueblo.

En los hogares de mi ciudad natal se consumían los mismos manjares, siempre caseros y abundantes (y en el tamiz del recuerdo, mucho más sabrosos que los de ahora) y se soportaba el mismo frío en invierno e idénticos brutales calores en el verano. En todas las casas debían frecuentarse los mismos incómodos retretes en el fondo del último patio. Ninguna familia, por pudiente que se tuviera, sobresalía de esa medianía con alguna nota de opulencia o comodidad. Todos vivían de la misma manera y hasta las tiendas eran escasas y poco surtidas; había un revuelo entre el hembraje cada vez que llegaba alguna pieza de género novedosa a sus estanterías. Se vivía una pobreza común que no tenía nada de miserable y que unificaba a todos los clanes familiares con un mismo rasero de frugalidad y economía.

Ahora la gente rica exhibe su riqueza. No digo ya en

Buenos Aires, donde la prosperidad se instaló hace décadas;
en Tucumán mismo me han llamado la atención las casas de
estilo francés con su derroche de mármoles y bronces, los
ingenios azucareros donde las residencias de sus dueños son
verdaderos palacios o el Jockey Club, que es una pasarela para
que los ricachos luzcan las joyas y vestidos de sus mujeres, las
calidades de sus fracs, sus landós y automóviles. Yo mismo
soy un hombre rico: tengo varias estancias y dispongo de una
hermosa mansión, con toda clase de refinamientos.

Sí: ahora somos todos mucho más ricos. Pero me pregunto a veces si los argentinos hemos enriquecido parejo.

Yo era el quinto de los ocho hijos, siete varones y la menor, una mujer, del coronel José Segundo Roca y doña Agustina Paz. De mi madre no recuerdo casi nada porque murió
cuando yo tenía doce años; sólo me ha quedado grabado el ri-·
guroso luto que siguió a esta desgracia. Mis ñañas contaban
que en una revolución mi padre fue condenado al fusilamiento y mi madre, que noviaba con él, pidió por su vida compro-
metiéndose a casarse con el condenado.

Mi padre había sido considerado unitario por las amistades que frecuentaba. Anduvo rodando en campañas oscuras y
diversos exilios hasta que las cosas se pacificaron en la provincia. Como había participado con San Martín en la guerra de
la Independencia en Chile y Perú, haciendo más tarde la campaña contra el Brasil, gozaba de un cierto respeto que le permitió salir indemne de las tormentas de la política local, con
sus monótonos circuitos de sublevaciones y represiones.
Cuando yo nací, en 1843, todavía estaba fresco el horror de
los escarmientos aplicados por Oribe contra los unitarios de
la Coalición del Norte, y escuché más de una vez los detalles
del degüello de Marco Avellaneda, un degüello sucio y cruel,
cortándole la cabeza por la nuca para que tardara más en morirse. No se hablaba mucho de estos temas porque existía una
especie de convenio implícito de enmudecer estas barbaridades, sobre todo ante los chicos. Pero la imagen sangrienta de
la cabeza de Avellaneda clavada en una pica estaba fija en la
memoria de todos los tucumanos.

En realidad, aunque la política era feroz en aquella época, las represiones más tremendas no fueron ejecutadas por
mis comprovincianos, salvo excepciones, sino por fuerzas y órdenes enviadas desde Buenos Aires. En Tucumán, como en

todo el interior, bajo cualquier signo político se establecía
inevitablemente una cierta convivencia: la gente que mandaba
estaba emparentada, tenían intereses en común y todos
sabían que la rueda de la fortuna es veleidosa; no convenía a
nadie crear precedentes de crueldad para con el vencido.
Cuando yo nací, la provincia se encontraba bajo la hegemonía
del "Peludo" Gutiérrez, que era un hombre manso si no lo a-
cosaban, de modo que mi padre pudo vivir con tranquilidad y
aun fue diputado a la Legislatura una o dos veces. Será por
eso, porque mientras fui niño no tuve nunca la sensación del
terror o la persecución, que jamás me he dejado dominar por
el histérico antirrosismo de los dirigentes porteños, que sigue
siendo una tradición intelectual en ciertos círculos de Buenos
Aires.

Aparte de esto, de una vasta parentela que me abrumó
con sus pedidos desde que empecé a ser importante, y de
unas imprecisas memorias de cielos deslumbrantes, lapachos
en flor, dulces de cayota y siestas escapadas para cazar
cachilitas a honda, aparte de esto nada me queda de mi Tucumán nativo. Ni siquiera la tonada, que dejé hecha hilachas en
tantas andanzas por el país y que vuelvo a usar deliberadamente sólo cuando quiero hacerme el zonzo frente a algún interlocutor molesto.

En 1855, después de la muerte de mi madre, mi tata obtuvo del gobierno de la Confederación el reconocimiento de
sus servicios y la adscripción al ministerio de la Guerra en Paraná. Viudo, pobre y alejado de la provincia, resolvió entonces repartir a sus hijos. Los dos mayores fueron enviados a
Buenos Aires a la casa de una hermana de mi padre; los tres
que seguían, entre ellos yo, se colocarían en el Colegio de
Concepción del Uruguay. El último lote, los tres más chicos
incluyendo mi hermanita menor, quedaría en Tucumán al
amparo de la familia de mi madre.

Esas repartijas de hijos eran relativamente comunes en
aquellos tiempos de exilios y pobrezas. La solidaridad de las
familias era más fuerte que ahora; cada sobrino, cada primo
se consideraba integrante del hogar propio y una parte indiscutida de sus obligaciones era tomar a su cargo a los parientes pobres o los que venían de otras provincias. Siempre
había en los linajes provincianos alguien con posibilidades o
influencia, cuyos deberes implícitos incluían ayudar a la parentela necesitada; y si vivía en Buenos Aires o Córdoba, era
indefectible que su casa albergara una caterva de sobrinos que

cursaban allí sus estudios: después de todo, esos chicos eran la inversión de futuro que estaba haciendo la *gens*. Más adelante le contaré cuánto influyeron en la política de las provincias las rivalidades y alianzas de los clanes locales, cuya solidaridad venía desde la época colonial y todavía se mantenía férreamente.

Es así como fui conducido a Buenos Aires en el verano de 1856/57 para pasar una corta temporada con mis hermanos mayores, ya instalados aquí, y luego continuar a mi destino estudiantil. Es curioso: yo, que dispongo de una memoria napoleónica, tengo casi borrado el recuerdo de ese largo viaje. Me imagino que habré andado una parte en carreta y otros tramos en diligencia, aunque también creo evocar largas marchas a caballo; desde luego, la parte final del periplo tiene que haberse realizado en el vaporcito que hacía la carrera entre la ciudad porteña y Concepción del Uruguay. Pero ¡he andado tanto en mi vida! ¡Cómo podría precisar las etapas del itinerario seguramente medroso y desgarrado de un chico de 14 años que se separaba de su familia y su medio para internarse pupilo en una lejanísima ciudad! Y sin embargo, ese recorrido que no registra mi memoria fue el comienzo de los años más felices de mi vida y el inicio de una etapa que definiría mi destino ulterior.

Pues en Concepción del Uruguay todo estaba dispuesto para que uno se sintiera bien encaminado. Muchachos de la misma edad que por encima de riñas ocasionales se sentían unidos por el orgullo de ser alumnos del mejor colegio de esta parte de América. Ríos y arroyos donde nos bañábamos, nadábamos y pescábamos cada vez que nos era posible. Montes llenos de sombra y pájaros, campos jugosos donde se enlazaban los caballos sueltos para montarlos en pelo y correr bárbaras carreras. El Palacio San José parecía un castillo legendario al que íbamos de cuando en cuando. Y las chinitas de la ranchería suburbana, sujetos de la mitad de nuestras conversaciones, cuya conquista, siempre demorada, constituía una obsesión que duraba períodos escolares enteros y aún se legaban a las camadas inferiores.

Cuando yo ingresé, ya hacía diez años que el Colegio había sido fundado, pero sólo tres desde que "mesié" Larroque ejercía su dirección. Todos mis contemporáneos han leído con placer el libro *Juvenilia* escrito por el doctor Miguel Cané —en cuyas páginas, dicho sea de paso, hay una afectuosa referencia a mi tío Marcos— y hallé muchos recuerdos de la vida estudiantil en el Colegio Nacional de Buenos Aires idénticos a los que yo mismo podría evocar, aunque la institución porteña empezó a funcionar unos seis años después de mi ingreso al Colegio del Uruguay. Uno de esos aspectos comunes es la personalidad rectora de algunos grandes maestros. Alberto Larroque fue, en el colegio entrerriano, lo que Amadeo Jacques fue en el de Buenos Aires; algo así como un dios paternal y autoritario, dispensador de premios y castigos, sabio en todas las disciplinas y, sobre todo, un formador de hombres. Bajo su dirección, los colegiales sin dejar de ser muchachos, sentíamos que estábamos viviendo un proceso de formación hacia la responsabilidad de ser dirigentes. Era muy exigente pero lo era porque partía de la presunción de que los colegiales éramos lo mejor de la juventud argentina: los más inteligentes, los mejor dotados, los más distinguidos, los que ansiaban con mayor anhelo conquistar el futuro. Y esta presunción no estaba del todo descaminada.

La mayoría veníamos de origen provinciano; una buena proporción eran entrerrianos, y el resto de distintos puntos del interior. Muy pocos porteños, que a nuestro juicio pertenecían a una raza afeminada y despreciable. Casi todos nos nutríamos de cepas federales aunque no rosistas, y teníamos por Urquiza un sentimiento casi de adoración.

El Colegio funcionaba en el recién inaugurado edificio frente a la plaza en cuyo centro se levantó, al año siguiente de mi llegada, la pirámide en honor de Francisco Ramírez, el "Supremo Entrerriano". Era una construcción amplia y de nobles materiales, donde no faltaba nada de lo que necesitábamos. Había allí sastrería y zapatería para vestir y calzar a los alumnos, cocina y despensa y hasta una banda de música integrada por colegiales que matizaba los días de fiesta y llenaba toda la casa de espantosos ruidos durante sus ensayos. Dormíamos en un enorme salón donde se apilaban nuestras camas montadas de a tres, como el vientre de un vapor de inmigrantes, y una de nuestras grandes diversiones llegaba cuando las pulgas y las chinches que albergaban la madera de los catres se tornaban demasiado atrevidas; entonces se organizaban arrasadoras ofensivas contra los insectos en las que participaban todos los alumnos y los sirvientes, munidos de los instrumentos bélicos más diversos, hasta reducir la plaga a sus límites normales. . .

Vivíamos modestamente, sometidos a una disciplina espartana. Nos levantábamos a las cinco y media de la mañana.

De seis a siete se estudiaba. Luego desayunábamos y empezaban las clases. Se almorzaba a las doce y media, y después de un recreo largo retornábamos a clase hasta las cinco. Más tarde, lectura, rezo y cena, y a la cama. Los jueves y domingos a la tarde podíamos salir, pero había que regresar antes de la oración. Sólo cuando estuve en cuarto año pude gozar el privilegio de los alumnos mayores consistente en poder visitar fondas o casas de billares. Este régimen se prolongaba desde el 1° de marzo hasta el 31 de octubre, y luego venía la preparación de los exámenes, que se extendían desde el 15 de diciembre hasta el día de Navidad y eran ceremonias públicas solemnes y aterradoras.

Sin embargo, lo riguroso del sistema se atenuaba con las transgresiones que Larroque perdonaba si no eran graves ni implicaban deslealtad o deshonor del estudiante. Había un curso preparatorio compuesto por materias generales y luego se entraba a la carrera del comercio o la literatura, aunque había varias cátedras comunes entre ellas. El año que yo ingresé empezó el funcionamiento de la Sección Militar, con formación teórica y práctica del oficio castrense, del cual egresé, a su debido tiempo, con el grado de subteniente. Quienes seguíamos en la Sección Militar teníamos el honor de hacer guardia periódicamente en el Palacio San José. Allí vi varias veces a Urquiza, aunque nunca hablé con él. Lo recuerdo como un hombre macizo y grave, rodeado siempre de una pequeña corte que lo trataba con un respeto que me parecía excesivo.

Yo había sido regularón en la escuela franciscana de Tucumán, pero en el Colegio me encontré con materias que me fascinaban: historia antigua, geografía, latín, filosofía. En estos terrenos me movía cómodamente y logré obtener varios sobresalientes, al igual que en castellano y gramática. Me devoraba la ansiedad de leer y buscaba libros en todos lados. El curso militar me inició en la costumbre de frecuentar descripciones de las grandes batallas de la historia, una manía que he conservado siempre y, desde luego, me sirvió mucho en mi carrera. Recuerdo que después de la victoria de Santa Rosa, Avellaneda me mandó el relato de la batalla de Argeles por Quinto Curcio, y me recomendó la descripción de Austerlitz en uno de los tomos de Thiers.

Durante mis años en Concepción del Uruguay mi tata pudo venir a vernos en algunas pocas oportunidades. Fueron visitas cortas pero nos ayudaron, a Celedonio, a Marcos y a mí, a soportar el alejamiento de la familia. En realidad, el apoyo más cercano que teníamos era mi tío Marcos. Era senador en el Congreso de Paraná representando a nuestra provincia y fue quien consiguió de Urquiza mi beca en el Colegio; de cuando en cuando nos mandaba algún envío que le llegaba de Tucumán, como arrope o pasas y hasta algún dinerillo; nunca olvidaré los diez pesos que en una oportunidad me hizo llegar por intermedio de Ezequiel Paz. Me sentí dueño del cielo y la tierra con esas monedas, y a tal punto quedó fijada en mi memoria esa donación que se lo recordé en una carta que le escribí cuando me eligieron presidente por segunda vez; Ezequiel era dueño y director de *La Prensa* y yo no había olvidado su generosidad.

Horas enteras podría hablar de mi vida en el Colegio. Recuerdo a algunos de mis condiscípulos, sobre todo aquellos cuya amistad me acompañó siempre. En primer lugar, Olegario Ojeda y el uruguayo Isaac Chavarría, un morochito nacido en Montevideo, lo cual no lo diferenciaba en nada de nosotros porque en aquellos tiempos, ser oriental o argentino no tenía más imporancia que ser entrerriano o cordobés; fue un amigo fiel y, con los años, mi ministro del Interior. Olegario había nacido en Salta y era un poco mayor que yo, de modo que adoptó el rol de consejero, que cumplió durante muchos años. Tenía un talento superior para analizar situaciones y dictaminar la mejor salida. Después de terminar sus estudios regresó a Salta y pasó allí algunos años, pero luego se radicó en Buenos Aires, dedicado a su profesión de abogado y entreteniéndose en la investigación de la historia de su provincia. Ojeda ha sido mi arúspice, el hombre encargado de descifrar los signos de los tiempos. Siempre respeté y frecuentemente seguí sus advertencias; las cartas que me fue enviando durante muchos años constituyen un admirable tratado de sabiduría política del que me beneficié largamente sin que Olegario quisiera recibir nada.

Con Olegario y Chavarría éramos inseparables, tanto yo como mis hermanos. También trabé buena amistad con Victorino de la Plaza, un coya que para la mayoría de los colegiales era una personalidad impenetrable; lo sigue siendo hoy, sentado como está en el sillón presidencial. . . Pero conmigo fue franco y abierto y acudía en mi socorro cada vez que tenía que encarar un punto difícil de las materias que él dominaba. Lucas Córdoba, tucumano y lejano pariente mío, era todo lo contrario de De la Plaza: era el tipo más divertido que he conocido. Con Lucas resultaba imposible estar serio más de diez minutos. Tenía un repertorio inagotable de dichos y cuentos, imitaba la tonada de las distintas provincias remedando a otros compañeros y hasta "mesié" Larroque hubo de largar la carcajada alguna vez ante sus chistes y payasadas. Con Lucas coincidimos varias veces en nuestra carrera militar y fue uno de los jefes que me acompañó en la Conquista del Desierto.

Hay otros muchos nombres que saltan a mi memoria. Algunos se ilustraron en la función pública, en sus profesiones o en las letras. De estos, además de Martín Coronado, recuerdo a Olegario Andrade, que ya por entonces nos endilgaba implacablemente sus composiciones poéticas, siempre épicas y grandilocuentes. También evoco a Wenceslao Pacheco, a Onésimo Leguizamón, a Lisandro Segovia, a Tiburcio Benegas, a Rafael Igarzábal, a Francisco Barroetaveña y tantos otros.

Pero quiero hacer una especial mención de Eduardo Wilde. Llegó al Colegio con el prestigio derivado de dos especiales situaciones familiares: era nieto de un inglés, y además, su tía Fortunata había sido la valiente dama que sacó la cabeza de Marco Avellaneda de la pica en que estaba expuesta en la plaza de Tucumán. Eduardo ha sido uno de mis amigos más entrañables y uno de mis colaboradores más cercanos. Con él, quiero adelantarme a decírselo, me unió una relación muy particular en la que figuraron como *dramatis personae* su esposa Guillermina y su cuñada Angela de Oliveira Cézar, dos de las mujeres más hermosas que he conocido. Eduardo me brindó siempre una cálida amistad, enriquecida con el champagne espumante de su conversación, ligera, irónica, escéptica, y también me transmitió su afición por el novelista que lo seducía: Charles Dickens.

Estoy hablando de mis condiscípulos pero algunos de los que he mencionado y otros que omito eran mayores o menores que yo. Pero todos formábamos parte del espíritu del Colegio Entre-Riano. Muchos de ellos me acompañaron en mi carrera política; con otros me enfrenté en algún momento. Pero por encima de cualquier diferencia, con todos mis compañeros del Colegio me he sentido vinculado por ese empeño de corazón que compromete la nostalgia de una época estudiantil común. Tal vez por eso, una de las pocas veces que lloré en mi vida fue cuando, siendo presidente, acompañé a la Recoleta los restos de Larroque. Sentí que con él se desvanecían los últimos retazos de una época feliz en la que me fui preparando para ser lo que finalmente llegué a ser.

El 1º de marzo de 1858 se me entregaron los despachos que me acreditaban como subteniente de Artillería. ¡No tenía 15 años y ya era oficial! Para colmo de felicidades, tiempo después fui convocado por el habilitado del Regimiento 1 para cobrar mis sueldos... Pero mi vida de colegial continuaba y hubiera seguido sin mayores alternativas de no mediar, en el invierno de ese año, los sucesos que culminaron con la batalla de Cepeda.

II

He participado a lo largo de mi vida en tantas batallas que no quiero abrumar a usted con su descripción; si bien lo pensamos, las batallas son monótonas repeticiones del mismo absurdo espectáculo y en muy pocas puede señalarse el triunfo del ingenio sobre la fuerza. Pero la de Cepeda fue la primera vez que participé en un encuentro bélico. Y ¡qué encuentro! Uno de los más grandes en movimientos de tropas hasta ese momento: la Confederación Argentina contra el rebelde Estado de Buenos Aires. Para un chiquilín como yo, estar presente en esa campaña era una oportunidad única, de modo que al llegar al Colegio la noticia del rompimiento del gobierno de Paraná con Buenos Aires no tardé un minuto en pedir mi incorporación al ejército confederado. Larroque intentó disuadirnos, a mí y a otros compañeros, ponderando nuestra escasa edad. Pero yo insistí y a los pocos días marchaba a Paraná para ser dado de alta en el Regimiento 1 de Artillería al que estaba adscripto. Mi primer encuentro bélico fue en los últimos días de setiembre, cuando mi batería trató de obstaculizar el paso de unos vapores porteños que intentaban subir hasta Paraná para impedir el cruce del río por nuestras tropas. Fue apenas una escaramuza pero allí me picó la nariz, por primera vez, el olor de la pólvora de combate.

Lo de Cepeda fue grandioso. Durante varios días marchamos orillando el Paraná hacia el arroyo del Medio, el histórico límite entre Buenos Aires y Santa Fe, y fue entonces cuando viví intensamente la sensación de lo militar. Era un ámbito totalmente distinto al que había conocido hasta entonces: allí sentí la fuerza de las órdenes, muchas veces incomprensibles pero siempre acatadas; la disciplina, el sentido de la jerarquía que favorecía hasta a un mocoso como yo por el hecho de llevar jinetas; y también la camaradería, las valentonadas y jactancias alrededor de los fogones, la vaga premonición de una muerte posible y la íntima decisión de superar el miedo, si llegaba a aparecer. Pero sobre todo me impresionó esa inmensa máquina bélica que se movía porque un hombre, el capitán general don Justo José de Urquiza, así lo mandaba. Nítidamente sentí en esas jornadas el peso de la *auctoritas* que en las legiones romanas investía al general de un omnímodo poder. Yo veía pasar interminablemente hacia el sur a centenares de jinetes sobre caballos de un solo pelo, golpeándose la boca y gritándose bromas; miraba a los carros que conducían las municiones y la pólvora levantando una agria polvareda que marcaba el rumbo de la caravana como la estela de los navíos; contemplaba a los chasquis, a los jefes y oficiales que iban y venían al gran galope transmitiendo órdenes y mensajes. Y todo ese organismo vivo —pensaba— aparentemente desconectado entre sus partes, ese caos de hombres y caballos, bueyes, cañones, carromatos e impedimenta, marchaba con un objetivo, el de pelear y vencer, porque un jefe lo había ordenado...

Aquella fue la primera oportunidad en que me golpeó físicamente la evidencia de que una voluntad individual puede imponerse sobre el desorden y convertir elementos dispersos en una fuerza orgánica destinada a un fin concreto y definido. Esta posibilidad de enhebrar lo suelto y dar dirección a lo que estaba desnorteado sólo podía hacerse realidad, al menos en aquella época, dentro del orden militar donde por definición se manda y se obedece. No sé si esto lo razoné en aquellos momentos; lo dudo, porque fueron jornadas llenas de exaltación y asombro para el joven subteniente artillero que sudaba tras sus cañones, pero estoy seguro que en esos días mi vocación militar se decidió de manera irrevocable.

Otras evidencias se instalaron en mi espíritu en aquella espléndida primavera de 1858, hoy tan lejana. En primer lugar, disfruté de un inesperado placer estético: el de la guerra. Aquella tarde nublada de Cepeda, cuando contemplé el avance de las tropas porteñas hacia nuestras líneas como grandes cuadros de un color azul oscuro desplazándose acompasadamente por los verdes pastizales; cuando me crispó el toque de los clarines y percibí el humo blanco de la artillería y bajo los pies se estremeció el suelo con el trote unísono de miles de jinetes y el aire se rasgó con los alaridos de los lanceros entrerrianos, esa tarde caí en cuenta que la guerra puede ser bella y que, para ser un soldado de verdad, hay que amar esas galas del ruido y el color, porque son la compensación de la muerte, en último análisis la única triunfadora. Desde entonces he tratado de mirar a las guerras como un hermoso espectáculo, aun sabiendo muy bien que atrás de las arengas y las charangas, de las banderas al viento y el alegre crepitar de los disparos vendrá el horror de los cadáveres destripados, los gritos y las súplicas de los heridos, la brutalidad, el dolor irremediable, el olor a mierda, el asco. Quien elige el oficio de la milicia, si quiere sobrevivir, es decir, si no quiere convertirse en una insensible bestia, debe mirar solamente el anverso: aquello que en los campos de Cepeda se me presentó como un espléndido cuadro donde hombres valientes de bandos enemigos se disponían a entrematarse con el talante y el atuendo de quien se dispone a acudir a una cita galante.

También fue allí donde advertí que mis compañeros del Colegio y yo estábamos equivocados al afirmar que los porteños eran cobardes o, por lo menos, cómodos y fríos para las cosas de la Patria. El ejército de Buenos Aires peleó bien. Su caballería no pudo aguantar el ataque de nuestros jinetes, es cierto, porque éstos andaban mejor montados; pero la infantería porteña resistió con firmeza y pudo retirarse intacta. Incluso, en algún momento, la confusión del combate hubo de envolver a los servidores de mi batería arrastrándonos con las tropas de Mitre que marchaba ordenadamente hacia San Nicolás. Cuando observé, desde muy cerca, la disciplina con que esa gente caminaba después de haber perdido la batalla, no pude sofocar un espontáneo sentimiento de admiración. Desde esa noche, no pude odiar a Buenos Aires, a la que mis compañeros provincianos imaginaban como una Babilonia frívola y corrompida; si había conseguido modelar tan espléndidos soldados, algo de bueno tendría. . . Y por eso, regresado ya al Colegio para continuar mis estudios, no pude menos que aprobar silenciosamente la generosidad de Urquiza al presentar a la provincia rebelde condiciones tan razonables como las del Pacto de San José de Flores para facilitar su reintegro al conjunto nacional.

Después de mis vacaciones militares continué mis estudios como un colegial más, aunque ahora podía entretener a mis compañeros con relatos y mentiras sobre la campaña, y jactarme del grado de teniente con que se me distinguió poco más tarde. Así se fueron desarrollando los años siguientes, en el remanso apacible del Colegio. Nos escribíamos mucho con mi tata y mis hermanos de Buenos Aires, de modo que yo estaba al tanto de lo que ocurría en mi familia; por mi parte, sentía la responsabilidad de los que estaban conmigo y en algún momento tuve que anoticiar a mi viejo que Celedonio estaba fracasando en sus estudios y era conveniente que lo sacara del Colegio.

Mis notas seguían siendo buenas, pero ya mis 18 años me hacían más inquieto que en los primeros cursos. En el otoño de 1861 "mesié" Larroque me descubrió en una escapada nocturna y me impuso la pena de no salir del recinto del Colegio hasta nueva orden, condena que el propio Urquiza refrendó. Yo estaba fastidiado con el encierro y llegué a considerar el abandono del Colegio, hasta que el nuevo enfrentamiento de la Confederación con Buenos Aires, a mediados de ese año, me salvó de desertar. Otra vez la guerra, de nuevo mi incorporación a mi regimiento, las marchas, el orden militar, todo lo que había vivido cuatro años antes, casi en la misma estación del año pero ahora un poco más seguro y experimentado y con una tirita más en mis jinetas. Hasta el escenario de la batalla se ubicaría en las cercanías de la anterior, traspuesto el arroyo del Medio, cerca de la estancia de un tal Palacios. Para los que habíamos participado en la victoria de Cepeda, el encuentro inminente parecía una novela ya leída, que vuelve a recorrerse con placer pero sin sorpresa, y naturalmente con el mismo final.

Pero no fue así. Años después, leyendo *La Cartuja de Parma*, me sentí identificado con el joven Fabrizio que de la batalla de Waterloo sólo podía contar fragmentos banales e inconexos. Yo también viví la jornada de Pavón como un inmenso desorden imposible de entender. Mi batería de dos cañones había sido situada en el centro de la formación confederada, entre grandes masas de infantes, mientras las alas extremas de nuestro ejército se alargaban con fuerzas de caballería. De allí en más, es poco lo que puedo testimoniar: todo fue un barullo indescriptible. Mientras nuestro centro trataba de aguantar el ataque de la infantería enemiga, creímos entender que nuestros jinetes habían arrollado a los de Buenos Aires en ambas alas. Pero el ataque porteño no cejaba, yo seguía tirando con mis dos piezas y veía que los avances del enemigo mordisqueaban nuestros flancos y poco a poco iban logrando deshacer nuestras líneas. El humo y la polvareda eran tan espesos que nada claro podía percibirse. No sé cuánto tiempo estuvimos en esa fajina, hasta que vi entre la niebla a un jefe que sofrenó su caballo casi a mi lado. Era mi padre.

—Andate, Julito —me dijo—. Por este lado está todo perdido. No te hagas matar inútilmente. . .

—Lo que tú digas, tata —le contesté.

Y sin apuro pero con prudencia nos fuimos alejando de allí, sin abandonar los cañones.

Fue una noche muy desconcertante. Las versiones daban por seguro que habíamos ganado la batalla: que nuestra caballería señoreaba el campo y Mitre con sus infantes esperaba el ataque final en la estancia de Palacios. Pero también se aseguraba que Urquiza, sin dar explicaciones a nadie, silencioso y enculado, había ordenado la retirada y él mismo marchaba al tranco hacia el Rosario. A mi parecer, Pavón fue, por lo menos, un encuentro empardado, pero lo cierto es que Mitre supo sacar partido de la extraña decisión de su adversario y convirtió el ambiguo suceso militar en un triunfo político total. ¡Rara situación! Un ejército aparentemente vencido, al no recibir el golpe definitivo sale de su postración y avanza sobre territorio enemigo, mientras que el ejército aparentemente vencedor se retira y deja el campo libre a los derrotados. . . Esto es lo que ocurrió en los días que siguieron a la batalla de Pavón, pero yo ya no estaba allí para verlo.

Con los restos de los artilleros acampamos en un paraje llamado Monte Flores, que ni era monte ni tenía una sola flor. Allí improvisamos un incómodo campamento en la creencia de que nos reuniríamos de un momento a otro con el grueso del ejército. Pero la orden no llegaba y los urquicistas rezagados que pasaban hacia el norte nos decían que las avanzadas de Mitre habían cruzado ya el arroyo del Medio. De hora en hora la gente desertaba y nada podía hacerse para mantener la disciplina, pues resultaba evidente que estábamos abandonados de nuestros propios jefes. Sin embargo, increíblemente, a Monte Flores me llegó una comunicación del presidente de la Confederación Argentina haciéndome saber que me ascendía a teniente primero. Era casi una burla ese papel. Pero fue mi primer ascenso sobre el campo de batalla, y desde entonces todos los grados, hasta el de Teniente General que hoy ostento, los obtuve así.

En esas largas horas de obligado ocio yo reflexioné mucho. ¿Qué haría ahora? Oficial de un ejército inexistente, partidario de un gobierno en derrumbe, ¿qué haría? Volver al Colegio era absurdo y mis estudios, por otra parte, estaban casi terminados. Dirigirme a Tucumán, donde mi única familia cercana era mi hermanita menor, significaba condenarme a la medianía. Ignoraba dónde podía estar mi padre. Entonces, ¿adónde ir sino a Buenos Aires? Allí estaban mi tío Marcos y mis hermanos mayores; ellos me aconsejarían y podrían ayudarme. Además, me estaba quedando muy poco dinero, y esta dura realidad urgía una decisión.

Me agencié, pues, un paletó viejo que había dejado un capitán puntano antes de apretarse el gorro, cambié un par de botas reventadas por un sombrero de alas anchas, dejé todo lo que no me fuera imprescindible y expropié un alazán tostado regular, por aquello de que "alazán tostado, antes muerto que cansado". Un negro oriental me pidió que lo aceptara como asistente *in itinere*. Y una hermosa madrugada de octubre enderecé hacia el sur. Con el roñoso abrigo que ocultaba los restos de mi uniforme y el sombrero que me defendía del sol, podía pasar por un criador de ovejas irlandés. Mis únicas pertenencias eran un par de pistolas en las alforjas y mi cartera con algunos papeles, entre ellos mi ascenso a teniente primero.

Era una primavera espléndida que hacía florecer de amarillo los bordes del camino. Andábamos despacio para no estropear los montados. Cuando veíamos una polvareda, el negro y yo nos salíamos unas varas del carril para evitar encuentros con las partidas porteñas, aunque el ejército de Mitre, según se decía, ya estaba en el Rosario. Nunca nos faltó un rancho donde matear o churrasquear; una o dos veces, solamente, tuve que pagar la comida, pues los pobladores eran hospitalarios y amistosos. Odiaban a Urquiza y estaban persuadidos que el triunfo porteño los había salvado de una catástrofe.

Así, plácidamente, sin apuros ni peligros, fuimos dejando atrás a Pergamino, San Antonio de Areco y Luján, en jornadas que ahora evoco como las más libres de mi vida: libres de la disciplina escolar, libres de la disciplina castrense, libres de compromisos con ningún gobierno, libres de responsabilidades; un pastor irlandés con su criado, que se dirige a Buenos Aires a comprar unas ovejitas. . . Mis manos, que siempre he cuidado, mostraban negro el dorso por la acción

SOY ROCA   33

del sol, y los ralos pelos de mi barba habían crecido desordenadamente. Desde Puente de Márquez se notaba más tráfico: jinetes, carruajes, tropas de vacunos, contingentes de soldados. Varias veces nos mezclamos o separamos con diversos grupos, y tal vez sea por eso que, años más tarde, haya corrido la versión de que yo fui prisionero en Pavón y me condujeron a Buenos Aires con otros presos —versión que Sarmiento, con esa ligereza con que recogía cualquier rumor que dañara a sus adversarios, asumió en su momento.- Pero lo cierto es que nunca fui tomado prisionero a lo largo de mi vida militar —así como nunca he sido herido— y mucho menos en esa ocasión.

Finalmente llegamos al bonito pueblo de San José de Flores y mi asistente se despidió; yo le regalé casi todo el dinero que llevaba encima. Tentóme la idea de viajar a Buenos Aires en el camino de hierro que terminaba allí; nunca había subido a un ferrocarril. Pero desistí porque no quería abandonar a mi montado, porque no quería que me reconocieran en el deplorable estado en que me encontraba y además, porque no sabía si la moneda que me quedaba alcanzaría para pagar el pasaje. Hice, pues, la última etapa bordeando las cercas de cinacina que limitaban las chacras y los tambos de vascos. Esa noche dormí en el corredor de un rancho abandonado, cerca del pueblito de General Belgrano. Tomé la calle de las Cañitas, que marchaba paralelamente al Río de la Plata cuyo brillo se adivinaba atrás de los juncales, y después de un par de horas se me apareció la línea de edificación de la ciudad porteña.

Tenía la sensación de que se había cerrado un capítulo en el breve libro de mis 19 años. Ahora se abría otro; su contenido dependería de mi inteligencia, mi voluntad y mi buena suerte. Tenía que cruzar el arroyo Maldonado; después de vadearlo pisaría la tierra urbana de Buenos Aires. Mientras mi tostado chapoteaba las aguas escasas del arroyo, recordé al poeta Espronceda entrando en Lisboa; yo también pensé que era ofensivo a la grandeza de la ciudad penetrarla con una sola moneda bailando en la escarcela. . . Revoleé el peso sobre mi cabeza y rodó por las toscas con un sonido cantarino de buen presagio, antes de hundirse en la corriente. Ligero en cuerpo y alma, silbando una tonadilla, con aire de vencedor a pesar de mi aspecto mendicante, enderecé hacia la casa donde vivía mi hermano Ataliva.

III

Es llegado el momento de hablar de mi tío Marcos. A
este respecto podría trazarse otro paralelismo entre la vida de
Julio César y la mía, pues aquél inició sus primeros pasos en
la vida pública al amparo de su tío Mario, el dictador enemigo
de Sila, al igual que lo hice yo con Marcos Paz.

Hacia 1860 tendría unos 50 años, o sea que a mis ojos
era un viejo. Acentuaba esta impresión su conspicua calvicie,
que en aquellos tiempos de abundosas melenas resultaba insó-
lita. Era dogmático y sentencioso en su parla pero detrás de
esta apariencia autoritaria escondía una personalidad bonda-
dosa y afectiva. Hermano de mi madre, se había recibido de
abogado en Buenos Aires, donde se radicó después de 1840.
No amasó su fortuna en la curia: la obtuvo por vía de braguetazo al casarse con una Cascallares, cuyo padre tenía en
Lobos algunas estancias que mi tío administró bien, lo que le
permitió adquirir campos en Santa Fe.

Políticamente, Marcos Paz venía del federalismo. Manifestó una adhesión formal al sistema rosista y después de Caseros adhirió a Urquiza, a quien sirvió en algunas gestiones en
el interior. Se desempeñó como senador por Tucumán en el
Congreso de Paraná y fue después un excelente gobernador
de su provincia. Pudo ser el vicepresidente de Derqui, pero los
votos que obtuvo en el colegio electoral no alcanzaron la mayoría absoluta, y el Congreso optó entonces por el general
Pedernera, a quien le tocaría la triste responsabilidad de declarar en receso al gobierno de Paraná, después de Pavón.

En los días previos a esta batalla, mi tío Marcos sufrió
una inexplicable torpeza por parte del presidente Derqui: se
lo puso preso cuando se dirigía a Córdoba y por orden superior se le remachó una barra de grillos para ser conducido a
Paraná, a pesar de los fueros que lo amparaban. Después de
Pavón mi tío se apresuró a unirse a Mitre en San Nicolás, furioso por las sevicias recibidas y resuelto a apoyar el nuevo
orden de cosas.

En este estado de ánimo lo encontré cuando llegué a su
casa. Me recibió con mucho cariño, pues siempre había tenido una especial estima por mí; como en su casa se habían
acogido mis hermanos mayores, yo sería un agregado más en
el hogar. Para Ataliva y Alejandro mi llegada fue un alivio
pues nada sabían de mí desde un mes atrás aunque (también
me dijeron) estaban seguros de que mi buena suerte me

habría ayudado en el trance de la derrota. Para completar las
alegrías, me anoticiaron que mi tata se encontraba en Concepción del Uruguay para sacar a Celedonio, Marcos y Agustín del Colegio, que temporariamente había cerrado sus
puertas, con la intención de traerlos a Buenos Aires. El viejo
también se había quedado sin ejército, pero su amigo, el general Wenceslao Paunero, la mano derecha militar de Mitre,
le ofrecía incorporarlo a su Estado Mayor. Por el lado familiar, pues, todo estaba bien.

Esa noche, después de darme un largo baño y componer
mi aspecto con la ropa que me prestaron mis hermanos, nos
banqueteamos en una fonda y terminamos gloriosamente el
festejo en un piringundín del Bajo.

Mis hermanos trataban de hacerme grata la estadía en
Buenos Aires. No les costó mucho. Mi paso por la ciudad porteña, cuatro años antes, había sido fugaz y con el espíritu que
puede pesar sobre un niño al que van a separar de los suyos;
ahora mi estado de ánimo era muy diferente Pero aunque no
hubiera sido así, Buenos Aires me encantó desde que llegué.
Es cierto que su edificación no era especialmente impresionante salvo alguna construcción como la Aduana que acababa
de terminar Míster Taylor, una torre de Babel sobre el río
detrás del antiguo fuerte, que ahora se veía desmurallado y
ajardinado. No era la arquitectura lo que impresionaba al visitante sino el movimiento, la actividad, el hormigueo de la
gente. En comparación con Paraná o el Rosario, era una urbe
cosmopolita en permanente ebullición. Los carruajes, las tiendas, los teatros, los cafés, el alumbrado a gas en las calles cén-
tricas, el ferrocarril que la atravesaba hacia el oeste, el espectáculo del río con centenares de navíos de los más distintos
portes y banderas, toda daba la sensación de una potencia en
irresistible expansión. Veíanse muchas mujeres por las calles,
a veces sin compañía masculina, que miraban a los ojos cuando se cruzaban con jóvenes de mi condición; noté que una
buena proporción de ellas lucía cabellos rubios y mirada
clara.

Admirando este teatro comprendí la clave de las resistencias porteñas a integrarse al resto del país: había tanta diferencia entre el progreso de la provincia rebelde y la pobreza
del interior, que difícilmente aceptaría Buenos Aires asociarse incondicionalmente a "los trece ranchos". Los porteños
estaban convencidos que gozaban del auspicio de una particular providencia. Así lo proclamaba la ubicación geográfica de

la ciudad, puerta exclusiva de estas tierras: ellos eran dueños
del pestillo que permitía abrirla, cerrarla o cobrar peaje por el
paso. Era la "Atenas del Plata", "la gran Capital del Sur", la
que rechazara a los ingleses, la que había promovido la gloriosa Revolución de Mayo y constituido el escenario de la
gran experiencia rivadaviana. . . Claro que omitían decir que
esta misma ciudad era la que miró con indiferencia la campaña libertadora de San Martín —como siempre contaba mi
padre— y que en su momento consintió ser oprimida por Rosas. A los porteños no les importaba estas últimas notas: para
ellos, Buenos Aires estaba llamada a ser el poder más importante de América del Sur. ¿Cómo, entonces, iban a unir su
destino con el de esos pobres pueblos del interior, atrasados
en todo, carentes de talentos, envidiosos, mediocres?

Tal era, sin exageración, lo que desde Caseros se decía
en la ciudad porteña, con más altanería ahora que Mitre
había derrotado a Urquiza y el gobierno de la Confederación
se desplomaba. Los diarios publicaban las cartas que enviaban
a Mitre, situado en el Rosario, sus amigos de aquí: incitában-
lo a declarar la independencia del Estado de Buenos Aires, le
exhortaban a no ahorrar la sangre del gauchaje, lo provoca-
ban para que atacara a Urquiza en su guarida entrerriana. . .
Eran delirios provocados por la euforia del triunfo, pero delirios malsanos y peligrosos. Menos mal que Mitre conservaba
la cabeza fría. Por entonces leí una respuesta suya a alguna de
las insensateces que le llegaban. Decía más o menos que "hay
que tomar el país tal como Dios y los hombres lo han hecho,
esperando que los hombres, con la ayuda de Dios, podamos
mejorarlo". ¡Luminoso pensamiento! Tomar el país real, con
lo bueno y lo malo, sin idealizarlo —como hizo Rivadavia—
ni resignarse a mantenerlo estancado —como hizo Rosas— y
caminar por nuestra bárbara y atrasada Patria manteniendo el
objetivo de cambiarla, transformarla, mejorarla. He discrepa-
do muchas veces con Mitre a lo largo de mi vida política, pero
esas palabras quedaron marcadas en mi memoria como el
mejor recordatorio para una acción pública levantada y, a la
vez, realista.

Volviendo a mi tío Marcos, he de decir que dentro de
un ambiente tan eufórico como irresponsable era uno de los
pocos que compartía el pensamiento moderado de Mitre. Mi
tío era una *rara avis* porque reunía en su persona dos condiciones que por entonces eran difíciles de encontrar en Buenos
Aires: era provinciano y era liberal. Esto lo señalaba para en-

cargarse de persuadir a las provincias al acatamiento a la situación surgida en Pavón. Porque lo cierto es que entre los grupos dirigentes del interior eran escasos los liberales. No porque rechazaran una ideología que estaba en la atmósfera de esos tiempos, sino porque liberalismo y porteñismo se identificaban demasiado estrechamente. En los "trece ranchos", la desconfianza y el rencor contra Buenos Aires eran sentimientos históricos muy arraigados. No sin motivos: en el litoral se recordaba la manera sangrienta con que los directoriales habían sofocado el genio federalista de esos pueblos; en Cuyo y el Norte no se olvidaban los abusos del ensayo unitario ni podía perdonarse el hecho de que la guerra civil había empezado con el fusilamiento de Dorrego, perpetrado por porteños; era de Buenos Aires que habían salido las expediciones represoras de Rosas, y fueron porteños los degolladores de Cubas, Avellaneda y tantos otros. Y había sido Buenos Aires, finalmente, la provincia que rechazó la constitución y se separó del conjunto nacional después de Caseros, retrasando la anhelada organización del país.

Pocos eran, reitero, aquellos que, como mi tío, podían convencer a los dirigentes provincianos que por la fuerza de las cosas Buenos Aires estaba llamada a hacerse cargo del nuevo proceso de unión nacional, y que a cambio de la uniformidad de sumisiones que esperaba, la provincia triunfante aceptaría la constitución, compartiría sus rentas aduaneras y respetaría las particularidades locales. En momentos en que la ambición y la locura de muchos hombres importantes de Buenos Aires ponían al país al borde de la disolución, había que tomarlo "tal como Dios y los hombres lo han hecho", aceptar el hecho consumado del derrumbe de la Confederación y admitir la hegemonía porteña hasta que el tiempo fuera equilibrando la situación. Mitre había pedido a Marcos Paz que fuera la voz civil de la expedición militar que marcharía sobre Córdoba al mando del general Paunero; a su vez, mi tío solicitó que se me nombrara secretario de la misión. Y así fue que en los primeros días de diciembre salimos de la ciudad en una diligencia relativamente cómoda, protegidos por una escolta y asistidos por salvoconductos que nos garantizaban una preferente atención en las postas y el auxilio de las fuerzas porteñas.

Haríamos en sentido inverso el camino que yo había transitado unas pocas semanas antes. Pero la inversión del itinerario definía la situación entera que yo vivía ahora. Dos meses antes estaba peleando contra Buenos Aires; ahora estaba a su servicio. Había vestido uniforme militar y ahora me enfundaba en una indumentaria civil. Había llegado a la ciudad con el aspecto de un mendigo, esquivando a las partidas y durmiendo a cielo abierto; ahora viajaba escoltado y servido a pedir de boca. Había jugado mi vida por Urquiza y ahora colaboraba en una gestión cuyo objeto era desvanecer los restos de la influencia de Urquiza en el interior.

Confieso que ningún escrúpulo me asaltó, y que estas inconsecuencias no me quitaron el sueño. Tenía 19 años, se me había presentado la oportunidad de instalarme en el centro mismo de los intereses y el poder porteños, y yo consideraba la changa con mi tío como un intervalo indispensable antes de retornar a mi estado militar. De cualquier manera, no hacía sino seguir el ejemplo de mi viejo, que también había peleado en Pavón bajo la divisa confederal y ahora acompañaba a Paunero en su expedición al interior. Sólo pensaba sacar buenos frutos de la gira y disfrutar de sus gajes mientras durara. Acaso me sintiera un tanto oportunista en el fondo más escondido de mi espíritu, un Rastignac trepado al carro de la fortuna. Pero debo decirle que nunca ha sido mi vocación la de incorporarme al bando de los vencidos.

Llegamos a Córdoba el 16 de diciembre y éste fue el comienzo de una aventura de seis meses intensos, agradables y muy instructivos. No detallaré la compleja trama de las negociaciones que se urdieron. En líneas generales puede decirse que Paunero con sus batallones y Marcos Paz con sus recursos diplomáticos volcaron todas las situaciones del interior en favor de Mitre. Repetíase lo ocurrido treinta años antes cuando otro Paz, el manco, derrocó al gobierno cordobés de Bustos y fue enviando a sus oficiales para voltear a todos los gobernadores federales. El Paz de ahora, junto a Paunero, en pocos meses dio vuelta la tortilla hasta borrar la influencia de Urquiza y levantar de la nada un partido favorable a la política dictada desde Buenos Aires: un auténtico milagro, pues en provincias como en La Rioja o Catamarca no había nadie confiable: sólo los Taboada, en Santiago del Estero, formaban un núcleo afín a Mitre y ellos tuvieron a su cargo la tarea de instalar a liberales en Tucumán y Catamarca.

Le digo la verdad: éramos procónsules dominando regiones *provictas*. Usábamos primero la persuasión y la seduc-

ción; luego la amenaza y finalmente, si llegaba el caso, la
fuerza. Para eso estaban los coroneles de Paunero, máquinas
de guerra como Sandes, Rivas o Arredondo, que sólo necesitaban que se les indicara a quién tenían que aniquilar; o el recuerdo de una degollina como la de Cañada de Gómez, donde
los restos de los vencidos de Pavón fueron masacrados por los
porteños.

Pero el desplazamiento de los representantes del antiguo
orden no fue demasiado arduo. Después que se aclaró lo que
había ocurrido en Pavón, todos entendieron que el ensayo
confederal se clausuraba. Habían cambiado los tiempos y
ellos se aprestaron a entenderse con los personeros de Buenos Aires para tratar de conservar sus posiciones. Se alinea-
ron tras los vencedores y no mezquinaron adulaciones ni ob-
secuencias para sobrevivir políticamente. ¡Hasta yo, un
oscuro amanuense, fui destinatario de untuosas lisonjas! La
legislatura de Córdoba, por ejemplo, incurrió en la ridícula
bajeza de nombrar gobernador a mi tío (que lo fue muy brevemente) dos días después de nuestro arribo a la Docta,
aun antes que llegara Paunero con sus bayonetas. . . En Catamarca bastó que nos aproximáramos con una escolta para
que el gobernador urquicista renunciara y se proclamara al
ciudadano que le indicamos. Algo parecido ocurrió en la
región de Cuyo, donde la estampida se producía a la simple
aproximación de nuestras columnas. Así obtuvo Sarmiento
la gobernación de su provincia natal; había llegado a Córdoba
con Paunero ostentando un vago cargo en la expedición:
allí lo vi por primera vez. Vestía un uniforme bastante estrafalario y ostentaba bigotes y patilla a la unitaria. Se chismea-
ba que su incorporación al ejército no se debía tanto a la
política como a la conveniencia de poner distancias con su
esposa, que lo había sorprendido en un romance más o menos
platónico con la hija del doctor Vélez Sarsfield. . .

En suma, la misión de mi tío Marcos, aunque trabajosa y
compleja, resultó más fácil de lo que habíamos supuesto.
Permanecimos un par de meses en Córdoba, donde también
estaba mi tata acompañando a Paunero, y pude gozar las
complacencias que brinda el poder en esa ciudad aparentemente monástica y universitaria en cuyos entresijos choca-
ban furiosas pasiones políticas. En marzo de 1862 pasamos a
Catamarca y luego seguimos a Santiago del Estero donde
fuimos agasajados por los Taboada, unos amigos nunca dignos
de confianza. Me devoraba la impaciencia por llegar a mi

tierra nativa, adonde estuvimos en los primeros días de abril. Hacía más de cuatro años que faltaba y casi lloré cuando abracé a mi hermanita Agustina y me dejé abrazar por mis tías viejas.

Yo había creído que las corrientes urquicistas del interior resistirían de algún modo los avances porteños. Imaginaba que los dirigentes que en su tiempo habían aclamado a Urquiza como el libertador de la tiranía e inspirador de la organización nacional no abandonarían sin alguna lucha la causa a la que habían proclamado. No fue así: sólo encontré cobardía y mediocridad. Es cierto que las provincias carecían de medios para una resistencia armada, pero podrían haber levantado una enérgica protesta contra el avasallamiento de sus autonomías, o haber hecho más difícil la uniformización de la opinión pública que estábamos llevando a cabo bajo la cobertura de las bayonetas de Paunero. No hubo tal cosa. Agacharon la cabeza, se apresuraron a manifestar su adhesión a los procónsules y olvidaron la lealtad que debían al hombre y al partido que les habían posibilitado una organización constitucional. No tenían la entereza que yo había imaginado. Sin duda, el material humano con que se contaba para edificar el nuevo sistema era pobre, deleznable. Pero el único posible: "como Dios y los hombres lo han hecho. . .".

Desde entonces he mirado con benevolencia el oportunismo político y nunca me escandalicé por ninguna de las muchas volteretas que he visto dar en el resbaladizo terreno de los partidos. Mas aún: la he aprovechado cada vez que me pareció conveniente. Y ello, por dos razones: primero, porque pienso que el oportunismo es hijo de la pobreza, que lleva a muchos a buscar su carrera por el lado de las ventajas que siempre ofrece todo oficialismo. Ahora que somos un país rico, la política está mejorando y no se ven con tanta frecuencia esos tristes espectáculos que en el pasado ofrecían las "evoluciones" de los hombres públicos. La otra razón es que, en un país nuevo como el nuestro, no se puede desestimar a hombres útiles por el hecho de que hayan servido a tal o cual corriente, o que ahora aplaudan lo que antes repudiaron. Con el tiempo se establecerán partidos más orgánicos y se consolidará una ética que nos faltó durante mucho tiempo y que yo dejé también de lado muchas veces, en la urgencia de construir una Nación con quien se pudiera y de una manera no ideal sino posible.

Sin embargo, no todo el panorama del interior ofreció

ese lamentable espectáculo de entrega y sumisión. El honor
de la Argentina que se nutría de raíces criollas y tradicionales
quedó a salvo por un hecho inesperado: la reacción instintiva
de un gaucho que levantó la bandera del régimen vencido en
Pavón. No sé si fue entonces o poco después que el poeta
Andrade, mi antiguo compañero del Colegio, comparó a La
Rioja con la Vendée sublevada contra los jacobinos y al
Chacho con Georges Cadoudal, el jefe de los realistas franceses que encabezó la rebelión de los chuanes. Acertada comparación, la del vate insoportable. Porque la del Chacho era una
causa perdida y anacrónica, como la de los monárquicos franceses en pleno Terror, pero no por eso menos noble. Ese
paisano iletrado defendía con sus lanzas el principio de la legitimidad que es fundamental en todo pueblo civilizado. Negaba que una batalla ganada pudiera ser fuente de un nuevo
derecho y tercamente, desde el fondo de sus llanos, reivindi-
caba la jefatura de Urquiza, hablaba de la "constitución jura-
da" y actuaba como si Pavón no hubiera ocurrido.

El Chacho empezó sus correrías mientras nosotros todavía nos encontrábamos en Córdoba: describirlas sería tan difícil como seguir la evolución de los remolinos de polvo que suelen alzarse en las regiones donde campeaba. Sólo diré que
el caudillo, siempre derrotado pero siempre en pie de lucha,
volvió locos a nuestros oficiales, ocupó cuatro de nuestras
columnas y preocupó seriamente a mi tío, que no ignoraba
el prestigio que lo asistía en todo el interior. Yo seguí su
trayectoria con una silenciosa y secreta simpatía. Algunos
jefes del ejército de Paunero lo habían tratado en las guerras
contra Rosas y le reconocían algunas cualidades. Pero las
exigencias políticas imponían que el Chacho fuera destruido,
aniquilado. El Chacho encarnaba una forma de vida y una manera de entender el país que ya no tenía cabida en el proyecto que elaborábamos Mitre, Paunero, mi tío Marcos y yo
mismo.

El fin de esta historia empezó en los últimos días de
mayo de 1862, mientras estábamos en Tucumán, cuando el
caudillo suscribió (creo que simbólicamente, pues apenas
podía dibujar su firma) un tratado que ponía fin a su rebelión y aseguraba el sometimiento de los insurrectos. Un año
y medio más tarde yo estaba destinado en La Rioja cuando
llegó la noticia de que el Chacho había sido ejecutado en
Olta. No fue ejecutado: lo asesinó cobardemente un jefe del
ejército nacional. Aunque la eliminación del Chacho era, en sí,

un hecho positivo, me avergoncé de la forma en que se llevó
a cabo y me guardé muy bien de concurrir al festejo que hizo
en su casa don Natal Luna, uno de los escasos mitristas riojanos, que décadas más tarde sería partidario y amigo mío. Me
abstuve de ir hasta por razones de buen gusto, porque el
centro de la fiesta era un asqueroso cacho de carne, ya he-
diondo, que el dueño de casa exhibía alegremente a los invitados: la oreja del general de los gauchos, don Angel Vicente
Peñaloza.

A principios de junio de 1862, la misión encomendada a
mi tío estaba concluida. Salvo el de Entre Ríos, todos los gobiernos provinciales respondían a la política dictada desde
Buenos Aires, todos habían delegado en Mitre la dirección de
los asuntos nacionales, las montoneras estaban apaciguadas y
reinaba la paz en el país. Sólo faltaba homologar formalmente la hegemonía de Mitre con su elección como presidente
constitucional. Mi tío había cumplido su gestión de manera
óptima y ahora quería regresar a Buenos Aires, porque en
política los reconocimientos no se regalan, hay que estimu-
larlos, y Marcos Paz sabía que no debía descuidar la cosecha
de los frutos de su sagacidad y su lealtad al nuevo orden de
cosas.

Salimos juntos de Tucumán, y mientras él seguía viaje
yo me quedé en Córdoba. Había hecho muchos amigos allí,
las muchachas eran bonitas y me pesaban en el bolsillo los
dineros que me habían pagado por mi empleo. Pasé en Córdoba dos o tres meses en compañía de Marquitos, el hijo de mi
tío. Estaba tranquilo sobre mi futuro porque mi valedor
conocía mis aspiraciones y su posición hacía fácil su
concreción.

En julio se realizaron las elecciones y Mitre fue consagrado presidente por la unanimidad de los electores. El Dr.
Marcos Paz fue designado vicepresidente; había logrado, finalmente, el cargo que le birlaron en Paraná dos años antes.
Dicho sea de paso, la fórmula compuesta por Mitre y Paz, es
decir por un porteño y un provinciano, inició una tradición
que desde entonces se ha mantenido como un símbolo de
unión nacional.

El 12 de octubre de 1862 el nuevo presidente entró en
funciones o, mejor dicho, asumió formalmente las que ya
ejercía. Ese mismo día recibí la orden de incorporarme al

Batallón 6 de Infantería con el grado de teniente primero. Ya me había hecho cortar un uniforme con el mejor sastre de Córdoba, y le hice colocar las jinetas de mi grado. ¿Cómo podía imaginar que apenas doce años más tarde ostentaría las charreteras de general de la Nación?

IV

Amo al ejército. Las marchas militares todavía me enderezan el cuerpo y hacen mover mis piernas como si tuviera veinte años. El toque de clarín me pone la carne de gallina. Quiero a mis viejos compañeros y a quienes sirvieron a mis órdenes: son los únicos ejemplares humanos que me conmueven cuando se acercan a saludarme. Uno de los sentimientos más puros de mi espíritu es el culto de la amistad con aquellos sobrevivientes de los combates y trabajos castrenses en que anduve. Y le aseguro que la camaradería militar es un vínculo tan intenso y poderoso como nadie que no haya vestido uniforme puede imaginar.

En el seno del ejército me hice hombre; el ejército fue el soporte de mi carrera política. Y le digo que los destinos que me asignaron entre octubre de 1862 y junio de 1865 fueron decisivos para mí, porque entonces hice mi verdadero aprendizaje militar, sobre el campo y con las armas en la mano. Mi participación en Cepeda y Pavón había sido circunstancial, y en ambas ocasiones se me consideró un colegial eventualmente llamado a filas. Cuando me incorporé al 6 empecé a vivir realmente la vida de un soldado, comenzando por el difícil aprendizaje de hacerme respetar, yo, un muchacho que todavía no había cumplido 20 años, por suboficiales que podían ser mis abuelos o esos enganchados pendencieros y feroces, embrutecidos por los malos tratos, que siempre parecían a punto de amotinarse o desertar.

Fue en el batallón 6 donde empecé a formar mi carácter y a conocer a fondo mi país. Estaba acantonado en la Villa Nueva, orilla sur del río Tercero, al lado del lugar donde prosperaría la ciudad de Villa María, al mando del coronel Ambrosio Sandes, un hombre impredecible, primitivo, cuyas rabietas nos hacían temblar, pero un soldado como he visto pocos. Podía llevar su gente a la muerte, pero él marchaba adelante. A veces era innecesariamente cruel y alimentaba la vanidad de no haber sido vencido nunca; este orgullo se le desvaneció poco después de mi incorporación, cuando un muchacho a quien llamaban Calaucha, un oscuro montonerito del Chacho, lo desafió a pelear en combate singular, le quitó la lanza de un golpe y, teniéndole a su merced, en vez de clavarlo se limitó a darle un despectivo garrotazo con el cabo para huir en seguida dando alaridos a boca golpeada. Sandes por poco muere de tristeza después de este lance; hubiera preferido que lo mataran antes de soportar esta humillante afrenta.

No estuvimos mucho tiempo en la Villa Nueva. Nos ordenaron pasar a San Luis a marchas forzadas. Luego seguimos a Mendoza, un montón de escombros desde el terremoto que la destruyera en la Semana Santa de 1861; los vecinos proyectaban la nueva ubicación de la ciudad con una fe y un amor por la tierra que me los hizo simpáticos para siempre. En San Juan volví a encontrar a Sarmiento y lo traté con cierta frecuencia: era un tipo notable. El gobierno de su Insula Barataria le quedaba chico y siempre estaba inventando cosas geniales. . . o disparatadas. Una vez lo encontré brocha en mano, encalando la pared de la casa donde se alojaba; era, decía Su Excelencia, para enseñar a los sanjuaninos a embellecer la ciudad. Nunca podía uno aburrirse con Sarmiento aunque por momentos fastidiara su egolatría, porque sin duda era un hombre genial. El Chacho lo obsesionaba: lo veía como un monstruo antediluviano al que había que matar rápidamente y para siempre: tal vez esta idea fija le venía de sus recuerdos de una invasión que hizo Quiroga a su provincia; la visión infantil de esos bárbaros caracoleando sus fletes en las calles de San Juan lo ponía fuera de sí. Temía que ahora pudiera suceder lo mismo.

Porque el Chacho había vuelto a sublevarse. Alegaba que el tratado firmado el año anterior no se había cumplido, y que sus amigos eran perseguidos en todas prtes. El caso es que a fines de mayo de 1863 el caudillo lanzó una de sus proclamas y de inmediato todo el Noroeste se convulsionó. A mi batallón se le ordenó que bajara urgentemente a Córdoba: el Chacho estaba a un tris de ocupar la ciudad, llamado por un sector de los federales que había volteado al gobierno liberal. Y efectivamente, la sociedad cordobesa vio como en un sueño de pesadilla la presencia de centenares de gauchos andrajosos que admiraban las galas de la segunda ciudad de la República, y al propio Peñaloza saludando al populacho desde los balcones del cabildo. . . Llegamos a tiempo para participar en la batalla de Las Playas, donde el Chacho, una vez más, fue deshecho, a lo que siguió una implacable degollina de prisioneros.

En septiembre me encontraba destinado en La Rioja. En esta ciudad, una aldeíta de aspecto melancólico, recibí mis despachos de capitán en premio a mi conducta en Las Playas. Siete meses permanecí en La Rioja luchando con los brotes de la insurrección chachista, y quisiera olvidar esta parte de mi vida militar: fue la más miserable e ingloriosa de mis campañas, un trabajo para policías, no para soldados. Teníamos que rastrear los montoneros, buscarlos y enfrentarlos, pero ellos aparecían y desaparecían como espejismos. Siempre los derrotábamos y siempre se rehacían, con la complicidad de los pobladores y el apoyo de sus excelentes caballadas. La exasperación nos llevaba a cometer atrocidades de las que me sonrojaré siempre: era como si nos estuviéramos volviendo tan salvajes y brutales como esos paisanos ígnaros que, al fin de cuentas, peleaban por lo suyo.

En mis itinerarios por La Rioja y las provincias aledañas me fui enterando de los horrores que habían cometido los jefes nacionales el año anterior, durante el primer levantamiento del Chacho. Se fusilaron prisioneros, se les torturó con el cruel suplicio del cepo colombiano, se incendiaban las casas de los presuntos cómplices; algunos se había hecho tristemente famosos por sus barbaridades, entre ellos el propio Sandes. La gente "decente" nos halagaba porque nuestra presencia era para ellos una garantía de seguridad a sus personas y bienes, pero el pueblo común seguramente nos odiaba. Para ellos, éramos los mismos porteños que cada tantos años venían a invadirlos para imponerse a fuerza de terror. Después del asesinato del Chacho el ambiente se fue aquietando, pero lo vivo del recuerdo del caudillo, expresado hasta en coplas, daba cuenta del malestar de aquellos pueblos.

Yo cumplía mis deberes y leía mucho. Si no había que andar en campaña, la vida en San Juan o La Rioja era bastante plácida. Se hacían ejercicios militares y se instruía a los soldados en la táctica, pero había horas de ocio que yo aproveché para devorar los libros que me hacía mandar de Buenos Aires o de Córdoba. La misión de mi tío Marcos me había permitido iniciarme en la dimensión de la política, pero yo advertía enormes blancos en mi formación, ignorancias inaceptables y vergonzosas fallas de información que trataba de cubrir devorando todo impreso que cayera en mis manos.

Recorrí las novelas que hacían furor en esos años y torné a leer en latín a Tito Livio y Julio César, además de libros de historia. Aunque recibía frecuentes invitaciones para saraos y reuniones con las familias de la sociedad local, trataba de eludir estos compromisos, lo que me granjeó fama de soberbio. No era por soberbia que me negaba, sino porque me aburrían estas tertulias donde querían sonsacarme los secretos de estado que —suponían mis invitantes— debía conocer el sobrino del vicepresidente de la Nación... 'Además, los oficiales del ejército nacional eran el blanco de las flechas de los cupidos provincianos y había que estar muy alerta para no quedar enredado con esas niñas de negros ojos soñadores que estaban siempre en oferta... pero siempre con la iglesia parroquial en el medio...

En aquellas lejanías, las noticias del mundo llegaban con mucho retardo y muy fragmentariamente: la reciente guerra de Crimea, la guerra civil en Estados Unidos y poco más tarde la aventura imperial de Maximiliano de Habsburgo en México venían como ecos asordinados de acontecimientos indudablemente importantes pero cuya influencia en nuestro destino como país era mínima. Tampoco se recibían en esas comarcas las prendas del progreso o los adelantos de la modernidad, que parecían reservados a Buenos Aires. En San Juan, La Rioja y Catamarca —donde estuve pocas veces— se vivía como en tiempos de la colonia, salvo que las insurrecciones montoneras y las consiguientes represiones daban a aquellas regiones un tono sobresaltado muy diferente a las épocas del rey. Pero las sociedades eran cerradas, tribales y tradicionalistas como si nada hubiera ocurrido desde 1810, y la pobreza, sobrellevada allí con la misma dignidad que yo había conocido en mi infancia tucumana, uniformaba las costumbres de esas ciudades somnolientas.

En esos dos años y medio que anduve como bola sin manija, a veces con mi batallón, y a veces al frente de un piquete, en ocasiones incorporado al regimiento del que dependía, tuve que aprender a conducir. Entienda que hasta entonces me había limitado a obedecer: en el Colegio, a mis maestros, en mis aventuras de Cepeda y Pavón, a mis superiores, y después a mi tío. Sabía acatar órdenes pero ahora me tocaba el turno de mandar.

Advertía que para tener autoridad es indispensable mostrar que uno es el mejor: que el que manda hacer algo debe saber hacerlo mejor que el inferior. Si después de una marcha de veinticuatro horas mis hombres caían agotados, yo tenía que compadrear mostrando que estaba fresco, montar de nuevo para observar los alrededores del vivac o inspeccionar si los centinelas estaban en sus puestos. Si hacíamos ejercicio de tiro tenía que lograr la puntería más exacta. Una vez en Aimogasta el cocinero hizo un rancho peor que de costumbre; le dí unos talerazos por maula, volqué de un puntapié la morocha y me puse a guisar con gran festejo de los soldados, que en esa oportunidad, al menos, pudieron comer decentemente.

Era un ejercicio ascético de disciplina. Mostrar que uno era el mejor implicaba un permanente dominio del cuerpo para evitar que las trampas del cansancio o del sueño, de la irritabilidad caprichosa o la arbitrariedad lo traicionaran. Porque la vida del soldado no era en aquella época un lecho de rosas. Hoy veo a la tropa bien vestida, bien alojada, bien comida, y comparo estas maravillas con mis años de oficial joven. La incomodidad, la mugre, el esfuerzo físico sobrehumano, la excesiva severidad de los jefes, la precariedad de los medios disponibles formaban lo cotidiano en los días de oficiales y soldados. La alimentación, siempre pésima, constituía un atentado a la salud: carne de oveja o de cordero flotando en masacotes sobre un locro aguachento; pocas veces vacuno y en alguna oportunidad especial, cabrito. Nada de leche, frutas o verduras. Por problemas de abastecimento o por simple dejadez, sucedía que de pronto no había galleta por varios días. El vino se racionaba y siempre era muy dulzón o demasiado agrio. Muchas veces el agua que debíamos tomar provocaba a todos formidables diarreas, y entonces las jerarquías militares se igualaban en idénticas corridas a los precarios pozos que hacían de retretes. No dejo de pensar a veces, que mi mayor victoria no fue ninguna de las batallas que suelen asociarse a mi nombre, sino haber sobrevivido con buena salud a ese régimen mortífero al que estábamos sometidos. . .

En esto de dominar el cuerpo hice una asombrosa comprobación: durante largas temporadas podía ser tan casto como San José. . . No sé si atribuir esta contención a las fatigas diarias, al entorno masculino en que uno se movía o a la dignidad que conllevaba nuestro estado militar, que nos prohibía chinitear demasiado notoriamente. Los soldados estaban mejor que los oficiales en este rubro, porque en los acan-

tonamientos más o menos permanentes existía una corte de
horribles mujeres que los servían; las famosas "linieras", palabra que escuché en esas provincias como sinónimo de mujeres
ligeras de cascos, sinonimia injusta pues eran fieles a sus
parejas y sólo las reemplazaban en caso de muerte o traslado.

Hablando de mujeres, no puedo dejar de hacer una dis-
gresión sobre un descubrimiento que hice en aquellos peri-
plos. Aunque retraído de las reuniones sociales, por una natural disposición de espíritu solía anudar buenas relaciones con
damas y caballeros distinguidos, cuya conversación me entretenía porque revelaban aspectos interesantes de las tradiciones locales y de sus peculiares formas de vida. Y bien: advertí
que algunas matronas eran los encubiertos puntos de
confluencia de intrincados hilos políticos. Sucedía que el
ocio de la vida mujeril les permitía disponer de más información que la de muchos dirigentes y por lo tanto sus opiniones
eran mas fundamentadas y se las escuchaba con respeto. No
me refiero a casos tan notorios como el de Mariquita
Sánchez, a la que no conocí y que fue consejera y amiga de
los más importantes hombres públicos del país desde Rivadavia en adelante; o de Aurelia Vélez de Ortiz, la hija del doctor
Vélez Sarsfield, que fue una especie de Egeria para Sarmiento, además de alguna otra cosa según los chismes. Pero recuerdo, en cambio, a doña María Herrera de Bazán, en La Rioja,
madre del Dr. Abel Bazán, el perpetuo senador por su provincia, a quien se consultaba como un oráculo. Su marido y los
de dos hermanas suyas habían sido fusilados en tiempos de
Quiroga por unitarios; las tres viudas y otra hermana más,
casada con un Luna, formaban un auténtico núcleo de poder
y lo fueron por muchos años. También pertenecía a esta especie de las mujeres poderosas y politiqueras doña Eulalia Ares
de Bildosa, de Catamarca: tanto ella como sus varias hermanas eran famosas por su belleza, su temible carácter y su capacidad política. En los tiempos en que yo andaba por esas regiones me enteré que doña Eulalia, capitaneando a un grupo
de damas y una veintena de hombres, se apoderó de la casa de
gobierno, sentóse en el sillón gubernativo y convocó a
elecciones para llenar la vacante del Poder Ejecutivo. Sin
llegar a casos tan extremos, insisto que algunas integrantes del
sexo débil eran en el interior las claves de la política local.
Nunca olvidé esta realidad y varias veces, en mis presidencias,
hube de frecuentar a algunas damas para enterarme de lo que
pensaban sus maridos o influir sobre sus opiniones.

Vuelvo al tema de la conducción militar. Muy pronto
tuve clara conciencia de que toda posición de mando está inevitablemente asociada con la soledad. El que manda tiene que
estar solo: no puede compartir con nadie sus dudas o su ignorancia. Está condenado a mostrarse seguro de sí mismo,
porque únicamente esta seguridad inspirará la necesaria confianza a sus subordinados. Muchas veces debí adoptar una decisión careciendo de elementos de juicio para saber si era correcta o equivocada, y tuve que resolverlo en la intimidad de
mi espíritu, sin consultar a nadie: escoger lo que me dictaba mi
intuición con firmeza y tranquilidad, y después rezar silenciosamente para que esta elección fuera la adecuada... Entre
tantas oportunidades que podría recordar hago memoria de
una jornada en la travesía puntana. No teníamos baquiano,
el agua se había acabado y no se veía otra cosa que un monte
achaparrado extendido por leguas a nuestro alrededor. De
pronto cruzamos una senda; con la mayor serenidad ordené
seguir hacia la izquierda. Lo que sufrí en las horas siguientes,
sólo Dios lo sabe y sólo Dios sabe, también, la indiferencia
que simulé cuando, ya al borde de la desesperación, apareció
un puesto con un corral de cabras y ¡maravilla de las maravillas! un pozo de balde que fue la vida de hombres y bestias.

Este tema tiene que ver también con los premios y castigos que debía ejercer. Los soldados sabían que el capitán
Roca era justo y que no exigía nada que él mismo no pudiera
o no supiera hacer. A partir de esto, aquel que se esforzaba
sabía que en algún momento recibiría una recompensa, que
podía graduarse entre un franco extraordinario o una palma-
da en el hombro. El flojo, en cambio, estaba expuesto a una
pena: el ceño fruncido del capitán o una estaqueada de mi
flor. Recordaba el trato que mis hermanos y yo recibíamos
cuando éramos chicos: un alfajor o un plantón bajo la higue-
ra. El secreto para hacerse respetar por esos niños grandes
que eran mis soldados consistía en adjudicar los premios y
los castigos de una manera clara, inequívoca y sin excepciones. Y esta norma también me sirvió en mi vida política.

Finalmente: en esos primeros años de mi vida militar
percibí la importancia de mantener el misterio de la jefatura. El que manda debe estar solo, por cierto; pero debe es-
tarlo también para mantener el secreto de sus motivos. No
debe explicar nada. Hasta la orden más desatinada debe cum-
plirse sin que nadie se atreva a cuestionarla. Un subordinado
que en el tono más respetuoso y con la mejor intención pre-

guntara por qué se impartió tal o cual orden, estaría demoliendo la esencia misma de la jerarquía militar y el misterio que la rodea. Pues el que obedece no puede dudar que sus superiores son los más sabios y capaces: la menor sospecha en contrario es catastrófica. Si la orden impartida le parece un despropósito, es porque el subordinado es un imbécil al que no le alcanzan las entendederas para penetrar la sabiduría de su jefe. Y esta convicción sólo puede fundarse en el misterio que rodea al que manda, cuyos motivos deben estar fuera del alcance del subordinado. Todo esto y algunas cosas más que después me servirían mucho, lo aprendí por mi propia experiencia en las andanzas por el Noroeste, que también se extendieron en algún momento al sur de Mendoza.

El mendocino era un paisaje diferente al que conocía. Mucho más seco y árido, más riesgoso por el permanente peligro de las invasiones indígenas. Recorrí varias veces la vaga línea de fronteras que se extendía desde los ríos Atuel y Diamante hasta la Villa del Río IV. Me fascinaba la realidad que se extendía al sur, porque era muy poco lo que se sabía por entonces de la geografía física y humana de aquellos territorios. No es que los indios nos fueran desconocidos; al contrario, había demasiados en los poblados cristianos como el fuerte de San Rafael o Villa Mercedes, pedigüeñando o vendiendo sus miserables producciones. Me daba grima verlos en las plazas, despiojándose durante horas, dejando correr el tiempo en la ociosidad más admirable, como si toda la eternidad les hubiera sido concedida. Pero también sentía como un agravio personal la existencia de esa vasta franja de territorio argentino del cual sabíamos muy poco y al que nos estaba vedado penetrar porque era dominio del salvaje.

Así transcurrieron dos años y medio. El saldo de estas recorridas fue un acabado conocimiento de esas comarcas. Hubiera podido andar por San Luis, Mendoza, San Juan, La Rioja y el suroeste de Córdoba con los ojos vendados, sin errar diez varas el itinerario marcado porque tenía fijos en la memoria cada pueblo, cada rancho, cada senda, cada árbol. Como un baquiano reconocía por el olor la proximidad de este o aquel accidente geográfico, y cada poblado de esas zonas era como una habitación de mi propia casa. Yo incorporaba todo lo que veía y oía al archivo de mi memoria. Ignoraba si alguna vez me serviría, pero tenía la corazonada de que las experiencias que iba recogiendo podrían reordenarse alguna vez en mi propio servicio.

Como es natural, este conocimiento no tenía que ver sólo con lo físico. Me hice perito en gente. Podía llamar por sus nombres a centenares de vecinos de esas comarcas, podía adivinar, nada más que al escucharles una frase, de qué provincia eran oriundos y aun de qué parte de esa provincia. Observaba sus costumbres, sus creencias, catalogaba sus virtudes y defectos, detectaba el lado flaco de unos o las ambiciones de otros. Pero lo que más me impresionó fue encontrar en todos lados a algunas familias que eran el espejo de la mía: cepas trasplantadas desde España en los tiempos de la conquista o la colonia, cuyos huesos habían abonado estas tierras durante siglos. A su tiempo acompañaron fervorosamente la empresa emancipadora, brindando a la Patria sus mejores hijos. Se empobrecieron en las guerras sin perder su fe en un futuro mejor, con la seguridad de que la alianza con el suelo nativo les deparararía alguna vez una recompensa. Ahora, con el país unificado y pacificado, esas *gens* tradicionales, llenas de señorío pese a su inopia, ponían sus esperanzas en algunos de sus retoños, como mi propio padre y mi familia ponían sus complacencias en mi persona. Conocí a muchos de esos jóvenes provincianos que estaban esperando su oportunidad para brillar en ámbitos más amplios que los de sus pequeñas aldeas, y así devolver el antiguo lustre a sus respectivos clanes. ¿No era éste mi propio caso? En esas estirpes antiguas, solidarias, austeras, unidas tras la autoridad paterna y el silencioso cuido de las madres, latía una fuerza creativa que sólo esperaba que se crearan las condiciones para brindar frutos a toda la sociedad argentina.

En abril de 1865 una tenaz culebrilla me tuvo en La Rioja paralizado en mi catre en un doloroso ay, hasta que una curandera me dejó como nuevo con escándalo del único médico disponible en la ciudad. Volví a Fuerte Diamante, en el sur de Mendoza, donde llegué a mediados de junio: allí me enteré que los paraguayos habían invadido Corrientes y que nuestro gobierno declaraba la guerra a Solano López. Ya le conté que en los lugares por donde peregriné en esos años, las noticias llegaban tarde y mal, aunque yo recibía mucha correspondencia y mis amigos solían mandarme paquetes de diarios. Así me fui enterando de las dificultades que erizaban el gobierno de Mitre, cuyo partido se había dividido por la oposición de Adolfo Alsina al proyecto de hacer de la ciudad de Buenos Aires la capital de la Nación; Urquiza seguía

manteniendo una postura ambigua; no apoyaba a Mitre pero
no desconocía su gobierno y entretanto, desde Entre Ríos,
alentaba a sus amigos del interior a recomponer sus fuerzas.
Los personajes liberales a quienes habíamos colocado al frente
de las provincias estaban peleados entre ellos, fracasaban en
sus administraciones y eran absolutamente impopulares. Para
la mayoría de los oficiales del ejército era difícil sustraerse a
las enconadas pasiones que se suscitaban en cada provincia,
pero no dejábamos de advertir que toda la arquitectura política armada después de Pavón era frágil y vulnerable; sólo la
presencia de las fuerzas nacionales impedía que estallara el
descontento general, cuantimás que la miseria era grande y
los pueblos habían sufrido mucho con las guerras del Chacho.

　¡Y ahora, la guerra! El año anterior, el Imperio del
Brasil había declarado la guerra al Paraguay, culminando un
largo conflicto; la situación nos atañía pues las afinidades
entre las facciones del Estado Oriental y las de nuestro litoral,
incluido Urquiza, agregaban material inflamable a una
hoguera que ardía demasiado cerca de nuestras fronteras. Yo
había conjeturado que terminaríamos por aliarnos con el Paraguay para enfrentar a nuestro enemigo histórico, pero las
cosas se dieron de otra manera. Ahora estábamos enredados
contra los paraguayos. Habría que ver cómo influía esta
circunstancia en la situación interna del país.

　De todos modos, la guerra es el oficio del soldado. Alegremente, acariciando la perspectiva de una corta y linda
campaña tal como lo anunciara Mitre, me dirigí a marchas
forzadas al Rosario, cumpliendo la orden que se me impartió.
Tenía la esperanza de volver a servir con Paunero, y al llegar
al puerto me enteré que mi padre y tres de mis hermanos,
Marcos, Celedonio y Rudecindo, también marchaban al frente. Sería una gran reunión de familia, un festival de glorias y
de ascensos. . . No fue así. La guerra duró cinco años y nos
costó miles de muertos, entre ellos mi padre y dos de mis hermanos. Además, provocó una rebelión interna que estuvo a
punto de quebrar la unidad nacional que tan trabajosamente
se estaba recomponiendo.

V

　La guerra del Paraguay fue uno de esos casos que eviden-
cian el misterio que rodea a todo lo militar. Hubo muchas co-

sas que nunca pude entender, por ambos lados: tal vez los historiadores del futuro puedan develarlas alguna vez.

No comprendí, por ejemplo, por qué Solano López, en vez de cuidar la neutralidad argentina en su conflicto con el Imperio, haya atacado Corrientes volcando en su contra a la opinión pública de nuestro país y proveyendo la justificación necesaria para que Mitre le declarara la guerra. Tampoco he podido entender nuestra estrategia, consistente en avanzar hacia Asunción a través del río Paraguay, un caño de agua muy defendible pues su margen derecha es impenetrable y sobre la izquierda el enemigo había montado un sistema de fortificaciones sucesivas cuya conquista nos fue desangrando trágicamente. Si los aliados hubieran decidido invadir el territorio enemigo por el río Paraná, a la altura de la Tranquera de Loreto, donde hoy existe la ciudad de Posadas, habrían dispuesto de un camino fácil y abierto hacia la capital paraguaya sobre un terreno sin obstáculos naturales, donde nuestras masas de tropas podían maniobrar con soltura. El método adoptado tuvo como consecuencia que los encuentros más importantes en territorio paraguayo no fueron batallas campales, en las que habrían sido imbatibles los aliados por su superioridad numérica y de armamento.

Asimismo no entiendo por qué López no trató de golpear en el comienzo de su guerra con el Imperio, al bajo vientre vulnerable brasilero, quiero decir sus estados del sur, donde la población esclava era un material fácilmente sublevable. Mucho menos puedo explicarme la suicida obstinación del dictador en llevar hasta sus últimas consecuencias los horrores de la guerra. Es claro que López no era un militar profesional; nosotros sabemos que "son usos de la guerra vencer y ser vencido", pero López, llevado por su megalomanía o por un mal entendido sentido del patriotismo prefirió la destrucción de su país y el virtual exterminio de su población, antes que aceptar una paz honorable. Es inexplicable, por fin, que no haya encontrado una manera de embarullar la navegación comercial de los brasileros en el Atlántico y la nuestra en el Río de la Plata armando buques de corso con su bandera; circularon rumores sobre unos oficiales norteamericanos del ejército sudista que después de la Guerra de Secesión ofrecieron sus servicios al gobierno del Paraguay, pero por alguna razón la oferta no se concretó.

Fue una guerra absurda en todo sentido, y más aún si se considera que a partir de la batalla del Riachuelo, cuando los brasileros hundieron la pequeña flota enemiga, el Paraguay quedó aislado del exterior. Según la doctrina de cualquier academia militar, en ese momento debió terminar la guerra. Pero la lucha se estiró de una manera desmedida. Es claro que en esta resistencia, tan heroica como inútil, jugó la conmovedora adhesión del pueblo por López. Con nuestra mentalidad liberal, los argentinos descontábamos que el Mariscal era aborrecido por sus compatriotas: no podíamos concebir la perpetuación de una dinastía en esas tierras y nos reíamos de las fantochadas de López y de sus aspiraciones a enlazar por casamiento con la familia imperial de los Braganza. Además, suponíamos que se trataba de un pueblo atrasado, casi salvaje, después de tantas décadas de aislamiento y absolutismo desde tiempos de los jesuitas.

Resultó que nos equivocamos. El guaraní profesaba una adhesión total a su presidente, aunque éste jamás osó asomarse a las líneas donde sus compatriotas morían vivando su nombre. Y no eran atrasados ni salvajes: gozaban de una moderada prosperidad, casi todas las familias eran dueñas de pequeños fundos. En cuanto a la falta de contactos con el mundo, lo cierto es que disponían de algunos adelantos de uso militar que el gobierno había importado junto con los especialistas que los manejaban, y que eran suficientes para sus necesidades bélicas.

Repito: fue una contienda absurda, innecesaria, desencadenada por una diabólica conjunción de casualidades y chambonadas. No echo la culpa a nadie: todo se fue dando de modo tal, que no se pudo evitar. Pero para nosotros, los argentinos, resultó una fuente de divisiones, retrasó nuestro crecimiento y no nos aparejó ninguna ventaja. A mi juicio, sólo un saldo positivo tuvo para mi país este conflicto. Ya me referiré a él en su momento.

En los años anteriores, mis destinos militares me habían llevado, como ya conté, a tierras riojanas y de Cuyo. No servían en esas lejanías los jefes y oficiales más conocidos, aquellos que eran la comidilla de guarniciones y campamentos, cuyas semblanzas registraban a veces los diarios. En el frente paraguayo, en cambio, estaban todos, y así pude estrechar una amistad de vida entera con algunos de ellos. Traté también a hombres con quienes tuve después relaciones políticas, como Carlos Pellegrini, Dardo Rocha y Leandro Alem. Con muchos oficiales seguimos carreras más o menos paralelas: estos fueron los casos del inglés Fotheringham, de Luis María Campos y sus hermanos Gaspar y Julio, de Domingo Viejobueno y tantos otros. Con Lucio Mansilla trabamos una buena camaradería, pues sus historias nos entretenían así como nos causaban gracia su fantástica indumentaria, muy poco arreglada a la Ordenanza. A algunos, como Arredondo, los conocía de antes pero allí intimamos, pese a la diferencia de grado y edad. Otros amigos quedaron abonando la tierra paraguaya: Dominguito Sarmiento, Manuel Fraga, mi primo Francisco, mi padre y mis hermanos Marcos y Celedonio, mi pobre y flojo Celedonio, que murió en la batalla de las Palmas, dos años más tarde.

La mayoría de los oficiales porteños eran alsinistas. Nos hablaban de su jefe con una admiración que parecía corresponder a una personalidad excepcional, un semidiós dotado de todas las cualidades imaginables. Será por eso que cuando conocí a Adolfo Alsina, quedé muy decepcionado: fuera de su vozarrón de orador profesional y de su incansable actividad, no vi nada notable en el ídolo de los jóvenes porteños.

Poco más de un año estuve en el frente paraguayo: el primero del largo conflicto, el de las grandes batallas. Tuve la suerte de no quedarme en los años siguientes, durante los cuales la guerra se arrastró en largos períodos de inacción que desmoralizaban a la tropa y eran fuente de querellas: ese proceso poco glorioso que fue agotando al enemigo por el derrumbe de sus propios apoyos, más que por los embates aliados. La ocupación de Asunción y su saqueo por los brasileros, la persecución del ejército de locos que seguía a López con su doliente cortejo de civiles y prisioneros, el final de la guerra con la muerte del dictador, todo esto fueron noticias que me llegaron lejanamente, con un silencioso alivio, muy distante del teatro de operaciones. De ahí que mis recuerdos de la guerra al Paraguay no sean los de las pestes, el aburrimiento, los torturantes campamentos en esteros llenos de mosquitos; se asocian, en cambio, con los grandes momentos en que ellos y nosotros peleamos espléndidamente. Todos, con la esperanza de que pronto terminaría la guerra.

En julio de 1865, tras un breve viaje por vía fluvial me encontré en Rincón de Soto, al norte del bonito pueblo de Goya, integrando el Regimiento 6 de línea, a órdenes del

general Paunero. Participé de la batalla de Yatay y estuve
presente en la rendición de los paraguayos que meses antes
habían tomado Uruguayana: una hermosa ceremonia a la que
asistieron Mitre y el emperador. Pero tengo un mal recuerdo
de ese suceso porque algún alimento me enfermó. Un devastador decaimiento me volteó y tuve que ser trasladado a
Buenos Aires, tan débil y desgonzado como un muñeco de
trapo. En el hogar de Ataliva me prodigaron todos los cuidados, pero esos meses de noviembre y diciembre los pasé como
en estado de catalepsia, caído y sin fuerzas, impedido de salir
ni siquiera a la puerta de calle. A veces venía a visitarme mi
tío Marcos, que ejercía la presidencia de la República en
ausencia de Mitre; era optimista sobre la pronta conclusión de
la guerra y yo rabiaba porque veía que se escapaba la oportunidad de participar en la lucha y ascender en mi carrera.

Hacia fines de año me encontré mejor y me apresuré a
embarcar en un buquecito que me llevó a Corrientes; lo que
me faltaba para curarme se me acortó tomando el buen aire
del río, y en enero de 1866 pude asistir al traslado de nuestro
ejército al suelo paraguayo: ya no quedaba un solo enemigo
en nuestro territorio.

De allí en adelante me encontré en todos los combates
que se desarrollaron en esa activa primera mitad del año.
Estuve en Estero Bellaco y en Tuyutí: lo que más recuerdo
de este lugar es el campamento donde tuvimos que acantonar-
nos, el lugar más roñoso y desagradable que pueda imaginar-
se, con invasiones permanentes de piojos grandes como
gorriones. . . Estuve en Yataytí-Corá y en El Sauce y después
de esta aacción recibí los despachos de Sargento Mayor Graduado y se me confió el mando del Batallón Salta. Casi me
desvanecí de alegría cuando recibí mi ascenso y, a propósito
de esto, debo decir que nunca me gustó que en el actual escalafón el antiguo rango de Sargento Mayor se denomine, simplemente, Mayor, porque se ha mutilado una denominación
que venía desde los tiempos de la Patria vieja. Mi ascenso, al
ser en carácter de "graduado", si bien me otorgaba el tratamiento y el uniforme adecuados, no incluía el sueldo correspondiente: había que esperar una vacante para hacer efectivo
el grado. No me importó nada este retraso: ya era un jefe ¡a
los 23 años! Desgraciadamente, mi viejo no pudo compartir
esta alegría: se había desplomado cuatro meses antes, como
ya conté. También había muerto mi hermano Marcos a consecuencia de unas fiebres, en mayo, en Paso de la Patria. Fue-

ron dos golpes duros pero tuve en esos días, como consuelo, la compañía de Alejandro, que andaba en funciones de mercachifle ambulante, vendiendo a las tropas diversos efectos que le mandaba Ataliva desde Buenos Aires. Por supuesto, ellos no se llenaron la bolsa con el dinero de los soldados, como lo lograron don Gregorio Lezama o Anacarsis Lanús, que eran proveedores oficiales de víveres, uniformes y enseres diversos, pero algunos pesos hicieron.

Le anuncié antes que en estas evocaciones no habría de describir batallas, pero Curupaytí es un caso muy especial. Fue el único acto militar en el que me sentí derrotado y el único, también, donde cayeron a mi lado íntimos amigos. Además me significó una enseñanza que jamás olvidé y cuya aplicación correspondió tanto al plano castrense como al político. Le quiero recordar que tuvo lugar pocos días después de la resonante entrevista de Yataytí-Corá, donde Mitre y López conversaron infructuosamente, de modo que la batalla se libró con el convencimiento de que el triunfo aliado aparejaría virtualmente el fin de la guerra.

Nunca sentí como ese día la verdad de aquel lugar común que describe al soldado marchando hacia la muerte. Sabíamos que era así: que un ataque frontal contra el reducto paraguayo tendría una enorme carga de bajas. Sin embargo, todos cumplieron valientemente con su deber y ni el mejor ejército del mundo podría haber hecho lo que nosotros hicimos. La flota brasilera se había comprometido a *descangalhar* la fortaleza con su artillería, pero nadie se llamó a engaño. Mientras tronaban desde el río los cañones de los encorazados imperiales, mirábamos el dispositivo enemigo a nuestro frente: una larguísima línea formada por una honda zanja, luego una gran barrera de troncos y ramas espinosas que componían un formidable obstáculo y más allá, los altos parapetos de tierra tras los cuales se escondían los paraguayos, tan silenciosos e invisibles como si hubieran abandonado el reducto. Pero sabíamos que estaban allí, esperándonos.

Mi viejo amigo, el general Fotheringham, ha publicado hace cuatro o cinco años sus reminiscencias, y dedica una bella página a Curupaytí, señalando lo mismo que me impresionó a mí en aquella oportunidad: el aire de fiesta que campeaba en nuestras filas. Era una mañana espléndida. Se había realizado el desfile previo ante Mitre, los oficiales montados en sus caballos con guantes blancos y sus mejores ropas como mandaba el reglamento, con el trompa de órdenes al lado y al frente de sus efectivos, uniformada la tropa con amplios pantalones de color rojo oscuro y polainas blancas. Las banderas y las marchas de las bandas acentuaban más aún la atmósfera festiva. De pronto terminó la función artillera. Todos los regimientos estaban formados en orden de ataque. Después de un intervalo tan silencioso que los treinta mil soldados aliados hubieran podido escuchar el vuelo de una mosca, un clarín lejano prorrumpió la orden, que fueron repitiendo otros clarines mientras la tropa respondía el grito de ¡Viva la Patria! y empezaba a avanzar con un gran clamor.

Cada regimiento, cada batallón, tenían asignado un trozo de la fortificación como objetivo, y la inmensa masa marchó al frente. Se oían vivas a tal o cual regimiento, o este o aquel batallón; en la diafanidad del mediodía se definía claramente alguna chuscada, un grito de advertencia y el choque de los metales. Cuando nos encontrábamos a unas trescientas varas de los primeros obstáculos, el cielo pareció estallar. Todos los cañones enemigos empezaron a vomitar balas y metralla; toda la fusilería empezó a descargarse a discreción. No veíamos a nuestros atacantes: solo podíamos percibir la honda zanja, la muralla de ramas y el parapeto, cuyo borde ya estaba cubierto por la humareda. Pero seguíamos avanzando, dejando a un lado a los que caían. En un momento dado noté un movimiento de vacilación en mi batallón: piqué mi caballo, insulté a los soldados, pegué un grito al capitán que los encuadraba y continuamos. Yo iba como en un sueño, sin sentir nada, ni miedo ni rabia ni ansiedad, como si alguien me llevara de la mano hacia adelante. Pero también advertía que eso se estaba convirtiendo en una masacre, a medida que nos convertíamos en blancos más cercanos. Algunos soldados portando escaleras trataron de colocarlas en las zanjas: vi brazos y piernas volando por el aire. No sé si alguno logró llegar hasta el parapeto: lo dudo. A mi alrededor las balas zumbaban y mirando hacia atrás vi que de los efectivos de mi batallón, la mitad estaban muertos o heridos, y lo mismo ocurría en los sectores contiguos. Los oficiales y soldados que quedaban me miraban con angustia, esperando la orden de retirada. Yo seguía tratando de llegar a la masa de ramas para despejar una entrada en medio de las espinas. Pero sabía que era un esfuerzo inútil. No sé cuánto tiempo duró ese infierno, hasta que escuchamos el toque de retirada. A mi lado había caído un teniente porteño, un chico Solier, a quien conocía un poco: estaba herido en una pierna y no podía valerse. Lo subí a mi caballo y volví ancas a la fortaleza después de asegurarme que todo el personal a mis órdenes —el que podía— estaba retirándose. Quedaba un tendal de muertos y una cantidad de heridos; los que podían, se arrastraban, otros se iban muriendo desangrados, casi sin quejas. En medio de la rabia que me estaba invadiendo traté de regresar a un trote corto, como burlándome de los proyectiles que seguían silbando por todos lados. Solier gemía atrás mío: el mayor castigo por mi buena acción fue que a lo largo de los años, cada vez que nos encontrábamos, Solier, ya almirante de nuestra Marina, me recordaba implacablemente el modo como lo salvé y la gratitud que me debía por no haberlo dejado tirado para que lo degollaran los paraguayos. . .

Regresábamos. Nos íbamos pasando noticias unos a otros a medida que nos topábamos con los compañeros. Me enteré que el hijo de Sarmiento y uno de los de mi tío Marcos, Panchito, habían muerto. Muchos otros nombres pasaron de boca en boca. Se calcula que casi un tercio de los atacantes cayeron en Curupaytí. Fue, sin duda, la noche más triste de mi vida.

Al otro día me llamaron urgentemente al cuartel general. Mitre en persona me ordenó brevemente que viajara a Buenos Aires para entregar al vicepresidente en ejercicio el detalle de la batalla. En las ociosas charlas de los vivaques solíamos criticar a nuestro general en jefe por sus vacilaciones, la especial consideración que tenía con los porteños y su excesiva confianza en la capacidad de los brasileros. Ese día me dio lástima, tan abatido y fatigado lo vi. Volví a mi batallón para aprontar un bagaje mínimo y despedirme. Flotaba sobre el campamento un pesado olor a putrefacción que no nos dolía tanto como la música y los gritos de alegría y burla que habíamos escuchado toda la noche en el interior de la fortaleza paraguaya. Después me enteré que el enemigo había perdido menos de cincuenta hombres. . .

Me embarqué en una lanchita hasta Corrientes y allí trasbordé a una cañonera que me dejó en Buenos Aires cuatro días mas tarde. Mi tío me abrazó llorando y yo le entregué el parte de la batalla y me quedé un buen rato con él, relatando los detalles. Pero ya había trascendido la gravedad de la derrota y muy pronto se extendió por todo el país la evidencia de que Curupaytí era el mayor desastre sufrido por las fuerzas argentinas en toda su historia. Una sensación de dolor y desencanto fue la primera reacción; después, una generalizada furia que buscaba destinatarios en Mitre, en los brasileros, en el gobierno nacional, en los militares, en cualquiera... Los diarios publicaban amargos comentarios y algunos hombres públicos hablaban abiertamente de conseguir la paz a cualquier costo.

La guerra del Paraguay siempre había sido impopular en el interior. En Buenos Aires suscitó entusiasmo entre la mozada, pero a medida que se alargaba y, sobre todo, después de Curupaytí, una fría indiferencia fue envolviendo todo lo que tuviera que ver con el conflicto. Pero en las provincias era algo más que impopularidad: la guerra era odiada. Nunca el Paraguay había sido un enemigo, y para muchos provincianos se trataba de una entelequia cuya ubicación geografica ni siquiera era clara. Además, a la gente le repugnaba ser sacada de sus pagos para ir a un teatro donde las cosas no tenían la dimensión aldeana de los combates locales sino la amenaza de una muerte oscura y lejana. Las disgregaciones que en Basualdo y Toledo evaporaron a los contingentes reunidos por Urquiza fueron hechos elocuentes de esa resistencia. Mi padre me había contado, tartamudeando de indignación, lo que penó con los reclutas tucumanos que había conducido a través del Chaco; desertaban escandalosamente y hubo de tomar medidas brutales para impedir que el contingente se disolviera. Se contaba como un chiste que pudo ser real, aquello de que un gobernador mandó un piquete de voluntarios pidiendo que, una vez recibidos, le devolviesen los grillos y las maneas...

Ahora, el desastre agigantaba el malestar y lo hacía violento, combatiente. En efecto, un mes apenas después de Curupaytí, la policía de Mendoza se sublevó por un motivo cualquiera, liberando a los presos, entre ellos el coronel Carlos J. Rodríguez, un federal de vieja trayectoria encarcelado de tiempo atrás. De un momento a otro, Rodríguez se encontró dueño del poder en la provincia; al mismo tiempo se disolvió el contingente destinado al Paraguay, y todos empezaron a usar el cintillo colorado. El coronel·Irrazábal, el matador del Chacho, intentó oponerse al movimiento y fue deshecho. El gobernador de San Juan llamó entonces en su auxilio al de La Rioja: los federales mendocinos derrotaron a los dos e instalaron a uno de los suyos en la capital sanjuanina. Luego avanzaron sobre San Luis y derrocaron a su gobierno. Al conocerse estos hechos, montoneras espontáneas se levantan en La Rioja. Y para completar el panorama en diciembre el titulado coronel Felipe Varela hace difundir una proclama y unas semanas más tarde atraviesa la cordillera desde Chile y aparece en Jáchal con medio millar de hombres, una bandera colorada y un manifiesto que los diarios reproducen en todo el país, exigiendo la paz con el Paraguay. En un par de meses todo el poniente argentino estaba ardiendo. ¡Y en qué forma! Los dirigentes de la revolución cuyana, Rodríguez, los hermanos Sáa de San Luis y el sanjuanino Videla, gozaban de cierto prestigio: Videla había desempeñado un papel providencial cuando el terremoto de Mendoza, impidiendo saqueos y organizando los socorros. Pero Felipe Varela estaba rodeado de un halo temible. Era hombre colérico y desaforado, participante en todos los alborotos ocurridos desde la época de Rosas en adelante; aseguraba obrar por órdenes de Urquiza aunque se sabe que éste nunca contestó sus cartas. Su alzamiento sería tan inaprehensible como el del Chacho, pero mas cruel y devastador.

Yo permanecí en Buenos Aires después de cumplir mi triste misión. Después de Curupaytí, una plúmbea inacción pesaba sobre las filas aliadas y poco había para hacer en el frente de guerra. Se rumoreaba la posibilidad de una mediación extranjera para poner fin a las hostilidades, ya que las acciones habían arribado a un punto muerto. Mi tío me había pedido que lo acompañara en su duelo unas semanas y luego, cuando empezaron a llegar noticias de la revolución de los colorados y la inminencia del cruce de Varela, me indicó que me uniera a las tropas que se sacarían del frente paraguayo para sofocar la insurrección. Siempre optimista, Marcos Paz no daba al principio mayor importancia a las alteraciones de Cuyo y así lo había informado a Mitre. Pero yo tenía la sensación de que, aunque las fuerzas de los insurrectos fueran improvisadas, poblaciones enteras de la mitad del país los apoyarían *en masse* si el alzamiento se extendía. Había motivos para odiar al gobierno nacional y todo lo que representaba.

· Acepté en seguida la indicación de mi tío. Yo conocía muy bien el futuro escenario de las operaciones. Sería más útil peleando contra los revolucionarios que haciendo sebo en nuestros desolados campamentos. En enero de 1867, pues, me incorporé a las fuerzas que actuarían bajo el mando de Paunero, ya instalado en Córdoba. Para el Sargento Mayor graduado Roca, la guerra del Paraguay había terminado.

1867 - 1875

I

Quisiera ser muy claro al contar la etapa que empieza ahora, porque en este lapso de mi vida empecé a cobrar conciencia de la política como instrumento capaz de permitirme influir en el destino de mi país Y en este punto hay que definir varios aspectos.

Es cierto que en aquella época todo era política: las preocupaciones generales, las conversaciones, las actitudes que se adoptaban. Sea porque todo se encontraba en estado de proyecto, sea porque se compensaba el pesado silencio de los veinte años de Rosas con una exageración en la discusión y el cuestionamiento, sea porque no había otra cosa más importante que hacer en un país todavía pobre, del que estaba ausente en el espíritu de sus dirigentes la persecución del lucro, lo cierto es que todo pasaba por el meridiano político. Nací y me crié entre tertulias donde cada hecho público y cada personaje de alguna figuración eran debatidos exhaustivamente. Hasta las cartas familiares de entonces, que a veces releo, dedicaban buena parte de su contenido a estos temas.

La política, pues, no me era ajena, y admito que mi itinerario, hasta ese momento, había estado condicionado por ella. Pero lo que fue ocurriendo desde 1867 es otra cosa. Percibía poco a poco, en una experiencia que tomó años antes de tornarse clara en mi pensamiento, que la Argentina necesitaba encarrilarse en un marco de paz, seguridad jurídica y progreso; pero que sería muy difícil lograrlo si no se articulaba una política que armonizara esfuerzos y elementos mediante una fuerza motora, una voluntad superior constante y coherente.

¿Cuál sería aquella fuerza, esta voluntad? No existía por entonces lo que hoy llamamos opinión pública. No había partidos permanentes sino grupos personalistas que hoy levantaban una bandera y mañana otra. Tampoco se veían figuras rectoras indiscutibles. Pero ¿qué habría de haber, si ni siquiera existía una idea clara de nacionalidad? En esos años, las provincias norteñas se sentían más vinculadas a la riqueza boliviana que a sus hermanas del sur. Algunos dirigentes del litoral soñaban con formar una república independiente recostada en el poder brasilero. Mendoza tenía más relaciones con Valparaíso que con Buenos Aires. Muchos argentinos —como hemos visto antes— habían preferido asumir los cargos de deserción y aun de traición a la Patria, antes que participar en una guerra contra un enemigo exterior. Felipe Varela había recibido ayuda chilena para su campaña sin ningún empacho, y recibiría después la del dictador boliviano Melgarejo. Sarmiento, siendo presidente, se negó a establecer una presencia argentina en el estrecho de Magallanes porque tenía dudas sobre los derechos de nuestro país. ¡Hasta un aventurero francés se proclamó rey de la Patagonia!

Más aún: era crónico el furioso enfrentamiento entre facciones, el cuestionamiento caníbal de los hombres públicos por puros y bienintencionados que fueran y los localismos exacerbados, empezando por el de los porteños. Lo único que existía como elemento con vocación unificadora, era la historia común; la certeza o el recuerdo de que estas provincias habían nacido bajo el presagio de constituirse alguna vez en Nación. Pero la historia, ya se sabe, difícilmente pueda impulsar una moción colectiva. Y lo que se necesitaba era un instrumento activo, frente a este panorama casi anárquico y potencialmente de disgregación. Es decir, el Ejército.

Antes de 1865, puede decirse, no existía un ejército argentino. Había unidades de la guardia nacional o milicias provinciales que se convocaban o disolvían según las necesidades, y cuyos efectivos respondían más a sus jefes inmediatos que a una autoridad permanente. Después de la guerra al Paraguay, en cambio, ya existía una organización militar sólida y disciplinada, operante en todo el país. Pienso que éste debe ser uno de los pocos casos en la historia en que las legiones no volvieron reclamando una parte del poder o planteando reivindicaciones particulares: esta vez no ocurrió lo que con Lavalle en 1828. Los guerreros del Paraguay regresaron: unos colgaron sus uniformes para siempre y otros continuamos la carrera de las armas. Pero ahora, los que abrazamos el oficio militar sentíamos que formábamos parte de una máquina efectiva con proyección nacional. Y a medida que pasaba el tiempo y los jefes y oficiales participábamos en los hechos que ya contaré, crecía la percepción de que en el suelto y flojo magma que era nuestro país en aquella época, sería cada vez más importante la responsabilidad del ejército.

Este fue el saldo más positivo, tal vez el único que arrojó en nuestro favor la guerra del Paraguay: un ejército fraguado a cal y canto, imbuido de sentido nacional, un instrumento poderoso de unificación, un perno que apretaba a los lábiles componentes de ese borrador que era la Argentina de entonces. Esto, y además la cancelación de la vieja división entre porteños y provincianos en nuestras filas, porque tales diferencias se disuelven cuando en la vecindad se aposenta la muerte.

Durante las vigilias de los campamentos del Paraguay los oficiales jóvenes hablábamos mucho. Se paveaba, por cierto, se inventaban complicadas bromas, se desollaba a los jefes propios y a los aliados. Pero también se conversaba en serio, y los temas predominantes tenían que ver con el país y su destino, y también con el papel que correspondería al ejército después de concluida la contienda. Nadie pensaba en una dictadura militar o en hacer de nuestras huestes un partido o un una fuerza con gravitación propia. Pero veíamos que nuestra institución sería en el futuro inmediato la única palanca efectiva del poder nacional. Por allí pasaba su función.

Fue tan endeble en estas tierras la noción de autoridad, que no existía en los pueblos la menor idea de la significación del Estado. Existían enormes territorios donde su presencia era desconocida. En las provincias, a pesar de su larga tradición institucional, la acción de la Nación se reflejaba solamente en el juzgado federal y en los colegios secundarios que Mitre había creado. Las querellas entre provincias, las violaciones permanentes de las leyes, la inseguridad de las personas y los bienes a causa de las guerras civiles había borrado el respeto debido a ese poder superior cuya misión es establecer normas para todos y obligar a cumplirlas. Desde la Revolución de Mayo en adelante y con la sola excepción de Rosas, el poder superior había sido ejercido en función de las urgencias del momento, nunca con una intención de permanencia en el tiempo y el territorio ni mucho menos con un propósito de continuidad. Era indispensable —pensábamos en nuestras largas charlas en las noches paraguayas— afirmar la respetabilidad del gobierno nacional si queríamos un país en serio. Por otra parte, el ejército no debía caer en la misma faccionalidad de la sociedad civil, y por lo tanto debía plantearse un objetivo unánime que en ese momento no podía ser otro que el sostenimiento, en todos los casos y por todos los medios, del gobierno de la Nación, fuera quien fuera su titular, su orientación o su color partidario. Sobre este fundamento se marcharía después hacia la fundación de un Estado imbuido de las obligaciones que justifican su existencia en las naciones civilizadas. Pero por ahora, lo primero era afirmar la autoridad de la Nación, allí donde se la vulnerara.

Será inútil que los historiadores del futuro busquen documentos que acrediten lo que digo, pues no hubo pronunciamientos ni proclamas, ni siquiera cartas epistolares conteniendo las ideas que el ejército fue haciendo suyas. Se trató, más bien, de un estado de espíritu instalado gradualmente entre camaradas que sentían la necesidad de orientar al país en una dirección definida en medio del barullo, la retórica y la ineficiencia. Yo mismo no tuve en claro este panorama sino de modo lento y progresivo.

Pero a medida que se iba definiendo la misión del ejército hubo que adoptar decisiones frente a las opciones políticas que se iban presentando, es decir, se debió hacer política. Cada conflicto, cada alboroto, cada situación nueva reclamaban escoger una posibilidad entre otras. Intuitiva o deliberadamente me fui colocando, de modo invariable, en la alternativa que implicaba el apoyo al poder nacional. Algunos de mis compañeros no, pero el ejército como cuerpo hizo lo mismo que yo. Y así, ese organismo virtualmente inexistente poco tiempo antes, se convirtió en un término de referencia claro dentro de la confusión general, firme en medio de las alteraciones, lúcido en los objetivos que debía conquistar para la Nación.

Y todo este proceso lo viví a partir de 1867.

En el Rosario tuve el placer de incorporarme a la división mandada por el coronel Arredondo que debía reforzar al ejército de Paunero quien, después de haber avanzado hacia San Luis, consideró prudente regresar a Córdoba para esperar la llegada de las tropas sacadas del frente paraguayo. Las noticias eran inquietantes: no sólo todo Cuyo estaba en poder de los revolucionarios, sino que se adquirían armas y material en Chile para proveer los elementos bélicos necesarios para una campaña formal. Por su parte, Varela se disponía a marchar desde La Rioja para enfrentar a los Taboada, el único núcleo de fuerza con que contaba Mitre en el interior. Era urgente

sofocar cuanto antes el movimiento, antes que el país entero
se le adhiriera.

Nos dirigimos, pues, a marchas forzadas hacia San Luis
para impedir que las hordas federales se desbordaran al río
IV. El 4 de abril los encontramos, dispuesto a pasar el río V,
y a muchos de los nuestros se les encogió el corazón cuando
vieron las lomadas del paso de San Ignacio coloreando con
banderolas y divisas rojas hasta donde alcanzaba la vista,
como si un poniente de verano se hubiera volcado sobre el
campo. Ese día rendí un silencioso homenaje a Arredondo.
¡Qué magnífico jefe! Desparramaba serenidad y orden allí
donde estaba. Con una semisonrisa en su rostro breve tallado
a hachazos, armado solo con un pequeño rebenque, impartía
sus indicaciones con brevedad y precisión como si tuviera en
la cabeza hasta el último pelotón a su mando.

—No nos han de hacer nada. . . —era su muletilla, que
repetía en tonos que podían ir desde la ligereza hasta la
amenaza.

A pesar de que su caballería se deshizo ante el empuje
de los jinetes de Videla, en San Ignacio demostró Arredondo
que la superioridad numérica difícilmente prevalece sobre la
disciplina y la profesionalidad. Usando a la perfección el Regimiento 6, logró dispersar a los atacantes sin permitir que se
rehicieran. Casi todos huyeron a Chile. ¡Mi compadre! Su defecto era una irresistible propensión a la politiquería, que habría de clausurar desastrosamente su brillante carrera. Por
desgracia, algo tuve que ver yo con ese final, siete años
después.

Una parte de las fuerzas comandadas por Arredondo regresó a Córdoba primero, y luego al Paraguay: con ellos iba
mi hermano Celedonio, que me abrazó, feliz, después de la
batalla. Nunca más lo vería. Yo continué con Arredondo, y
diez días después de la victoria entrábamos en la ciudad de
Mendoza, que los rebeldes habían abandonado. Ya estábamos
enterados de que, en las cercanías de La Rioja, Antonino Taboada había derrotado a Felipe Varela. Aunque no por eso
concluían del todo las alteraciones, al menos se desvanecía el
peligro más grave. Permanecí unos meses en San Juan como
segundo jefe del Regimiento 7, lo que significó mi efectiviza-
ción en el grado de Sargento Mayor, o Mayor, como dicen
ahora. Después pasé a La Rioja y allí estuve los últimos meses
de 1867 y los primeros del año siguiente. Volvía a lugares
conocidos y a la gente que antes había frecuentado. Pero este

año de 1868 era muy particular: por primera vez desde la unificación de la Nación habría de elegirse un nuevo presidente, y esta circunstancia cargaba todo de política. En La Rioja me contaron detalles del triunfo de Taboada. Fue en torno a un pozo de agua, pues los montoneros venían pereciendo de sed, agotados por la marcha que su jefe les había impuesto. Varela avanzaba hacia Catamarca para atacar a los santiagueños, cuando se enteró que Taboada, marchando en sentido inverso, se encontraba en La Rioja. De angurriento nomás, para deshacer a su enemigo de un solo golpe, Varela volvió entonces sobre sus pasos. Contaba con un ejército regular, más de 4000 hombres formados con la morralla que había acompañado al Chacho, más un aguerrido batallón de chilenos. Cuando los varelistas llegaron a los alrededores de La Rioja (no sin degollar algunos civiles a su paso) estaban reventados. Después de unas pocas horas de combate tuvieron que dispersarse; una oportuna lluvia los salvó de perecer de sed. Así terminó la insurrección federal en el Noroeste, casi al mismo tiempo que la de Cuyo.

Pero los cuentos de los riojanos no terminaban aquí. Me hablaron de los saqueos de las tropas de Taboada: habían pasado el peine fino por la ciudad, no dejando a salvo sino aquello que no podía transportarse. Vacunos y yeguarizos, muebles y objetos de uso doméstico, se alzaron con todo lo que estuviera a mano; no sé si será verdad, pero me aseguraban que un santiagueño se llevó rodando hasta su provincia un gran mortero de piedra... Taboada, impasible ante los desmanes de una fuerza que actuaba en nombre del gobierno nacional, sólo se preocupaba de colocar en La Rioja a un hombre de su confianza que le asegurara los votos de la provincia en las elecciones presidenciales. El y sus hermanos apoyaban a Rufino de Elizalde, confiando que Manuel Taboada sería su vicepresidente. Así es que mandó hacer un simulacro electoral para ungir a un anciano, don Cesáreo Dávila, y luego regresó a Santiago del Estero a gozar de su botín y continuar con sus intrigas. Entretanto Varela y sus cabecillas aparecían y desaparecían por la región, llegando a veces a poner en fuga al propio gobernador y manteniendo un estado de inquietud en todos lados.

Es que, como dije, todo estaba cargado de política en ese año. Ante la renovación presidencial, Mitre no tenía fuerzas para imponer a su preferido, el ministro Elizalde, que carecía de eco en el interior, salvo el que podían prestarle los

Taboada. Urquiza, por su parte, intentaba reflotar su nombre, pero era inaceptable para Buenos Aires. Alsina también lanzó su candidatura, que no tenía base fuera del autonomismo porteño. En esa situación, la figura de Sarmiento se destacó por sí sola como una solución aceptable para todos. Varios factores lo favorecían: en primer término su prestigio como hombre de letras, pues en aquella época tal condición tenía cierto valor. Carecía de partido propio, es decir que todos pensaban aprovecharse de su debilidad. Su permanencia en Estados Unidos durante los últimos tres años le había preservado de desgastes y resentimientos. Es cierto que algunos lo tenían casi por un orate, pero también se reconocía su genio original e innovador. Era, sin duda, el hombre indicado. Mansilla ha pretendido ser el inventor de la candidatura de Sarmiento, pero no hizo más que pasar en el ejército una consigna que ya estaba corriendo, y su propuesta no fue sino una de las muchas que espontáneamente coincidieron en el sanjuanino.

Para mi jefe Arredondo y para mí, la bandera de Sarmiento significaba la renovación de la política de Mitre que había despertado demasiadas resistencias y, en consecuencia, se encontraba agotada. En el pequeño escenario de La Rioja, esto implicaba que debíamos apoyar a quienes se oponían a la influencia de los Taboada. Es decir, que nos comprometimos a sostener a los De la Vega, los Bazán y los Luna en su lucha contra los Dávila.

Puede parecer extraño que mencione apellidos de manera tan concreta, pero esto merece una explicación que puede contribuir al esclarecimiento de muchas situaciones políticas en las provincias, no sólo de la época que estoy describiendo, sino de mucho antes y también posteriores. Me refiero a la incidencia de los grupos familiares en la política del interior del país.

A la manera de las *gens* romanas, las familias con gravitación en la vida local solían actuar como partidos políticos: la sangre operaba a modo de elemento aglutinante, a falta de componentes ideológicos. Reunían a *agnados* y *cognados*, a clientes, siervos, esclavos y libertos, y también a familias menores que por alguna razón les debían lealtad, y así se constituían en fuerzas cuyo peso no podía dejar de tomarse en cuenta a la hora de formular un inventario de las situaciones locales. Viejas rencillas de linaje, problemas de disputas de tierras, desaires amorosos o puntillos de honor agregaban complicados elementos a estas rivalidades, zanjadas a veces con oportunos casamientos o eternizadas en sombrías tradiciones de atentados y desbordes. Cada cambio político importante en el orden nacional aparejaba en cada provincia un nuevo alineamiento, donde resultaba decisiva la posición adoptada por las familias que importaban. En la intimidad de mi propia familia política, años después, me relataban que el movimiento contrarrevolucionario de Córdoba que culminó con el fusilamiento de Liniers, había comenzado porque los Funes apoyaron desde el principio el movimiento de Mayo, mientras que la familia rival, los Allende, se opusieron... Estas formas de alineamiento se dieron casi invariablemente en todo el interior cada vez que ocurría una transición importante: la caída de Rosas, por ejemplo, o la batalla de Pavón. Entonces, un pariente influyente situado en Buenos Aires inducía a los jefes de su lejano clan a prestar apoyo a tal o cual posibilidad; y la tribu rival, por defensa propia, asumía la posición opuesta. Estos fenómenos no se han percibido con claridad porque no se presentaban en la superficie de la política, pero eran reales y lo fueron por mucho tiempo, y por eso hay alternativas registradas por la historia que nunca se entenderán si no se tienen en cuenta la actuación y evoluciones de las familias importantes de cada lugar.

Esto era, asimismo, lo que pasaba en La Rioja en 1867 y 1868. Una antigua y distinguida familia, los Dávila, había sido el apoyo principal de la política de Mitre después de Pavón. Cuando Taboada impuso a un Dávila para servir a la candidatura de Elizalde, un grupo de familias locales no menos distinguidas se constituyó en oposición levantando el nombre de Sarmiento. En el medio estábamos nosotros, los oficiales del regimiento allí acantonado. Podíamos mantenernos neutrales, apoyar a los Dávila y a sus valedores, es decir a Elizalde; o sostener a las casas que postulaban a Sarmiento. En ningún momento dudamos sobre la actitud que adoptaríamos.

No voy a detallar las picardías que Arredondo y yo cometimos en esos meses; eran, por otra parte, parecidas a las que en casi todas las provincias se perpetraban en favor de una u otra de las candidaturas. Mi jefe y yo alentábamos a nuestros amigos riojanos a erizar de dificultades el viacrucis de

Dávila y, eventualmente, a derrocarlo, como finalmente hicieron. No nos anduvimos con chicas: Arredondo en persona, al frente de una compañía, combatió y dispersó a una fuercita que habían armado nuestros adversarios. Aunque volcado a esta línea de acción, yo mantuve una conducta más prudente y me limité a enviar varias cartas a mi tío Marcos, siempre a cargo del Poder Ejecutivo porque Mitre permanecía en el frente de guerra, suplicándole que no sacara a Arredondo de La Rioja y asegurándole que nuestro regimiento era la única garantía contra los rebrotes montoneros y las amenazas de nuevas liberaciones que proferían los Taboada a medida que su protectorado sobre la provincia se evaporaba. Mis razones eran ciertas, pero reconozco que también lo eran las denuncias de los Taboada, que bombardeaban a mi tío con sus clamores contra nosotros. Después de un escándalo desproporcionado a los hechos, los santigueños consiguieron que mi jefe fuera citado por un consejo de guerra en Buenos Aires. Hasta vino un comisionado nacional para avenir a las partes; con simulacros de alborotos y versiones oportunamente lanzadas al cotarro local, conseguimos alejar al hombre, un pacífico funcionario que más tardó en llegar que en apretarse el gorro, despavorido por los anuncios catastróficos que corrían...

Para no alargarme en detalles irrelevantes termino el relato diciendo que este tormentoso proceso lugareño terminó exitosamente con la derrota de los Dávila y sus aliados santiagueños, y la consagración de nuestros amigos, a quienes les fue fácil sumar los votos de los electores riojanos a la mayoría que impuso a Sarmiento como presidente, a mediados de 1868.

Entretanto, un triste suceso me había afectado: el fallecimiento de Marcos Paz en enero de ese año. Murió en su quinta de San José de Flores alcanzado por la epidemia de cólera que en esos meses pasó por Buenos Aires, presagio de la espantosa peste que estallaría tres años después. Lamenté mucho la desaparición de mi tío. Había sido bondadoso y lleno de generosidad conmigo. Su influencia me fue indispensable en los primeros pasos de mi carrera. Ahora yo volaba solo y por eso mismo, en la lejanía donde me encontraba, le consagré un afectuoso recuerdo.

Permanecí en La Rioja hasta marzo de ese año 68, y nunca volví allá. He conservado un buen recuerdo de aquel caserío melancólico y apacible que aparecía como una bendición para el viajero después de la larga travesía que era necesario recorrer para llegar. Sus calles arenosas estaban flanqueadas por largos murallones de adobe por donde asomaban las copas de espléndidos naranjales que solían embalsamar el aire con su perfume dulzón, y por las cantarinas acequias que les traían vida. Pero en medio de esa cortedad podía encontrarse a gente encantadora. El doctor Joaquían V. González, que fue mi ministro y era Dávila por su madre, solía contarme, muchos años después, las tradiciones de sufrimientos que pesaban sobre ese pueblo; recién entonces comprendí algunas modalidades que antes llegaron a irritarme como la indolencia, el fatalismo o la sinuosidad de las actitudes de esos hombres de esdrújula tonada y pausado ritmo.

Como en ninguna otra parte del país, en La Rioja entendí que el progreso del que tanto se hablaba, la civilización a la que tanto se aludía por entonces, no significaban otra cosa que la seguridad de no ser saqueados una y otra vez. Para los riojanos, los montoneros colorados de Varela o los montoneros celestes de Taboada eran una desgracia idéntica: lo único que pedían, al gobierno o a San Nicolás según las épocas, era que semejantes plagas no regresaran nunca.

Pasé a Córdoba como segundo jefe del Regimiento 7 y bajé varias veces a Río IV. Desde allí viajé a Buenos Aires casi al mismo tiempo de la asunción de Sarmiento como presidente: Ataliva me había comunicado la muerte de Celedonio en la batalla de las Palmas. Era soldado y estaba en una guerra, de modo que la noticia no me resultó sorpresiva, pero sentí la necesidad de acercarme a mis hermanos.

Encontré algunos cambios en la ciudad porteña; el más notable, el alumbrado de gas en las casas particulares, que se estaba generalizando. Era una luz limpia, clara y segura, que alargaba el tiempo de los vecinos. Ahora, en lugar de acostarse con las gallinas, la gente podía prolongar sus tertulias o leer con comodidad. Tal vez por eso proliferaban muchos nuevos diarios y periódicos, cuyo enorme tamaño exigía varias horas de lectura. La diferencia de la luz de gas con la de las velas era sideral; su único peligro residía en las cerillas con que se encendía, pues eran mortalmente venenosas: de vez en vez, *La Tribuna* traía con lujo de detalle la noticia del suicidio de una prostituta o un inmigrante que se había comido una caja entera. . . Por lo demás, la guerra había traído cierta prosperidad, pues la lana, requerida para aprovisionar al ejército de uniformes y mantas, se vendía a precios altísimos, y los brasileros de los buques de guerra que recalaban frente a la ciudad pagaban sus compras con buenas monedas de oro.

Me quedé algunos días en casa de Ataliva, recibiendo las acostumbradas visitas de pésame y cambiando recuerdos con mis hermanos. Todos comentaban los ataques que estaba recibiendo el flamante presidente de parte del diario de Mitre. Un mediodía nos disponíamos a almorzar cuando llegó un militar para dejarme un recado: Sarmiento me esperaba a última hora en la Casa de Gobierno. Nos extrañó esta citación y pasamos la siesta conjeturando sus posibles motivos, hasta que alguien nos trajo un sabroso chisme. Resultaba que el presidente necesitaba un hombre de confianza para cierta misión y su ministro de Guerra le había sugerido mi nombre. Lo sabroso era que Sarmiento, al escuchar al general Martín de Gainza, habría dicho:

— ¿Roca? Es un barbilindo. . .

A la hora indicada me presenté en el despacho presidencial. Se ubicaba en uno de los cuerpos sobrevivientes del viejo fuerte, una construcción sin gracia ni estilo; todavía no le habían dado la mano de pintura rosada que después le sería tan característica. No sé si la castiza y despectiva palabra que me había dirigido el presidente o si la indigencia de la sede gubernativa me llevaron a adoptar la actitud que entonces tomé, o si un demonio travieso se apoderó en ese momento de mi espíritu. El caso es que entré con el aire retobado y sobrador de un compadrito de Balvanera: el paso arrastrado, una mano en la cintura teniendo el sable y la otra suelta, apretando el quepis bajo el brazo.

Sarmiento me semblanteó desde un enorme escritorio. Hacía cinco años que no lo veía, y en ese lapso había madurado, parecía menos tosco. Le relampagueaban los ojos bajo la espesura de las cejas, parecía una caldera en perpetua ebullición. Caminé lentamente hasta casi tocar el frente de la mesa, me detuve y en vez de cuadrarme murmuré con media sonrisa:

— Soy Roca. . .

Todavía me acuerdo de ese instante con un estremecimiento porque después de decir esas palabras, tan distintas a la presentación de ordenanza, medí el tamaño de mi insolencia. Pero don Domingo estaba ese día de buen talante o pasó por alto mi falta de respeto. Sonrió divertido —entonces advertí cuán encantador podía ser—, se levantó, me invitó a sentarme en un sofá y entró en materia.

Desde aquel día, esas dos palabras han sido como un talismán, un mágico conjuro que en mis horas de pesimismo restauró mi fe en el destino. Yo era una roca sólida e invulnerable, capaz de mellar las piquetas y los escoplos más duros. Una roca fuerte, llamada a fundamentar construcciones contra las cuales no prevalecerán las usuras del tiempo ni las faenas destructivas de los hombres ni sus injustas amnesias. Todavía hoy, retirado y casi olvidado, suelo murmurar:

— Soy Roca. . .

y siento que aquello que edifiqué ha de permanecer por mucho tiempo, como las rocas que sustentan las montañas a cuya sombra nací.

II

Abruptamente concluido mi duelo, salí de Buenos Aires a mediados de noviembre con rumbo a Córdoba, donde debía hacerme cargo del piquete que me acompañaría en la misión, que me había encomendado el presidente. En esta oportunidad advertí también algunos cambios. En lugar de tomar la mensajería me embarqué en un buque de vapor bastante confortable que en un par de días me dejó en el Rosario. Aquí me convertí en pasajero del ferrocarril cuya punta de rieles se encontraba en Cañada de Gómez o Fraile Muerto, no recuerdo bien; pero sí recuerdo la comodidad de los grandes asientos de cuero y la maravilla consistente en poder almorzar o cenar mientras la locomotiva (como se decía entonces) seguía devorando leguas.

Entre las obligadas conversaciones con los viajeros, me impresionó lo que me dijo un inglés, empleado del ferrocarril. Era el encargado de medir las tierras, una legua a cada lado de la vía, que por concesión se le había otorgado en propiedad a la empresa. En un castellano arrevesado, el gringo me contó que estaban expulsando a los pobladores que vivían en aquellos campos para venderlos en grandes fracciones una vez que la línea hubiera llegado a Córdoba. Sería un negocio enorme —me decía— y se le llenaba la boca describiendo las miles de cabezas de ganado que podrían criarse allí y los millones de fanegas de trigo que se cosecharían.

— Compra aquí, *sir* y hace rico en dos años — repetía.

Cuando le dije que era militar, perdió todo interés en la charla y se envolvió en el espléndido aislamiento que le cuadraba como hijo de la rubia Albión. . . Pero yo me quedé pensando en esos criollos que vivían allí desde tiempos inmemoriales, echados de su propio suelo. Supongo que era uno de los tantos precios que había que pagar al progreso. Si para los riojanos era no ser devastados de tiempo en tiempo, para aquellos paisanos santafesinos y cordobeses el progreso tenía el oscuro rostro del desarraigo y la pobreza. Mala suerte para ellos. No sería yo quien llorara sobre su destino.

En estas reflexiones estaba sumido cuando el tren terminó su recorrido y una mensajería de la compañía de Timoteo Gordillo me transportó en pocas horas a Córdoba. Aquí hice poner a mis órdenes a unos cincuenta soldados de mi regimiento y sin perder tiempo emprendí, con el corazón alegre y el bagaje ligero, mi primera aventura política importante. Marchaba investido de la representación del presidente de la República, y aunque esta magistratura careciera del *imperium* que yo le otorgaría años más tarde, el carácter de mi mandato me llenaba de vanidad. Sería una especie de interventor federal secreto, un veedor con amplios poderes, algo así como los "Ojos y Oídos del Rey", pero además el brazo ejecutor de las decisiones que Sarmiento me había transmitido reservadamente a mí, un mayor de 25 años, un "barbilindo" que inexplicablemente se había ganado la confianza del primer magistrado de la Nación.

Mi misión, en síntesis, consistía en destituir de todo poder al coronel Martín Cornejo, comandante de las fuerzas nacionales de Salta. Cornejo había hecho en su provincia lo mismo que yo en La Rioja: habíase jugado por uno de los candidatos en danza, y mañosamente —como yo— impuso su nombre en las elecciones. La diferencia entre Cornejo y yo era que él había inclinado la balanza a favor de Urquiza. . . El presidente podía tolerar que en alguna provincia subsistiera al frente de las fuerzas nacionales algún jefe que apoyó a Elizalde, como los Taboada. Pero le resultaba insoportable que hubiera urquicistas, es decir, mazorqueros para su visión de veterano antirrosista. Lo único que me recomendó enfáticamente, con ese vozarrón autoritario que lo distinguía, es que hiciera todo con juicio y sin barullo. Paralelamente, yo debía dejar sembrada a mi paso la certeza de que el nuevo presidente no toleraría oposiciones exageradas contra el gobierno nacional ni mucho menos alteraciones que escandalizaran el orden fijado por la Constitución. Eran instrucciones a las que yo adhería fervorosamente y me dispuse a cumplirlas un poco más allá de las palabras, en la seguridad de que interpretaba el pensamiento de Sarmiento y su criterio de autoridad.

Subí al norte por el viejo carril del Alto Perú, dejé atrás la línea cordobesa en Río Seco, me interné en los salitrales. Marchaba tranquilo hacia el feudo de los Taboada porque el grupo iba bien armado y los hombres me respetaban y querían. Al llegar a Santiago del Estero rendí una visita de cortesía a Manuel Taboada, su eterno gobernador. Fingió no saber que yo era uno de los que le habían birlado la situación riojana y me agasajó con corrección, dilapidando en mi honor un torrente de palabras llenas de eses sibilantes, al modo de su provincia. Me había conocido fugazmente siete años atrás, cuando yo era tinterillo de mi tío Marcos, pero ni él ni yo dimos muestras de reconocernos. A mi vez, yo simulé una vasta ignorancia y eludí los temas políticos que me planteaba mi interlocutor, como si fuera el más cuadrado de mis sargentos. Ninguno de los dos nos llamanos a engaño, y supe que en esos días se había dirigido a Sarmiento acusándome de urdir intrigas para alterar el orden en todo el Norte. Lo cierto es que, a cuantas personas me visitaron en Santiago —una ciudad cuya única casa hermosa era, precisamente, la de Taboada— les hice entender sibilinamente que se aproximaban grandes cambios políticos y que serían tontos los que no se adelantaran a los acontecimientos colocándose en los lugares adecuados. Los Taboada habían apoyado a Elizalde, es decir, a Mitre; y ahora Mitre encabezaba la oposición más dura contra Sarmiento. El remate del silogismo era, pues, bastante obvio. . .

Después del breve intervalo santiagueño seguimos viaje con mi pequeña escolta. No pasé por la ciudad de Tucumán a pesar de las ganas que tenía de ver a mi hermanita: atravesando el macizo del Aconquija nos dirigimos a los valles calchaquíes por Santa María y Cafayate. A mediados de enero me hallaba en Molinos.

Era una región que no parecía haber pasado la época colonial. Por momentos me imaginaba estar en el Perú antes de la emancipación; la presencia indígena se notaba en el rostro de la gente común, mientras la herencia hispana saltaba a la vista en las lujosas iglesias y las vastas residencias de los señores de esas comarcas. Los valles eran parte de ese largo tajo precordillerano que se extiende desde Jáchal en San Juan, hasta Cachi en Salta: un repliegue de la geografía que hace de esa región algo excepcional. Fue cerca de Luracatao cuando escuché una noche un canto quejumbroso; no entendí las palabras pero advertí que repetían tres únicas notas que me parecieron extrañamente familiares. Era una vidala, según me dijeron, canto de hombre solo, y caí en cuenta que se trataba de una trasposición de los toques de clarín de nuestros regimientos. Me pareció muy curioso que la gente de pueblo hiciera suyas esas ásperas melodías que a nosotros nos servían para transmitir órdenes y ellos entonaban en su soledad para expresar amores y olvidos, alegrías y desdichas.

Mi decisión de plantarme en el corazón de los valles calchaquíes respondía a un pretexto muy valedero: la posibilidad de una nueva invasión de Felipe Varela. En todo Salta y especialmente en la región donde me encontraba, se recordaban con pavor las tropelías de "los varelas". Después de la derrota del Pozo de Vargas, las montoneras, visto el desinterés de los Taboada por terminar lo que habían empezado, se recompusieron y pasaron el invierno de 1867 en los alfalfares vallistas. De allí salieron para atacar en la primavera la ciudad de Salta. Tras una dura lucha lograron ocuparla por unas pocas horas, con los desbordes imaginables, y luego siguieron hasta internarse en Bolivia pues contaban con la simpatía del excéntrico dictador Melgarejo. Ahora, a la vuelta de un año, partidas sueltas reaparecían desde la puna, y los salteños estaban aterrados ante la perspectiva de que se repitieran los sustos del famoso sitio, que ya era materia de coplas y leyendas cada vez más copiosas.

Nada más lógico, entonces, que situarme en el estratégico paraje de Molinos, donde dominaba el camino a Salta. La verdad es que la existencia de algunas partidas de montoneros justificaba en esos años muchas maniobras políticas: a algunos de sus cabecillas, ciertos dirigentes les prometían indultos a cambio de su apoyo. Como eran hombres con cierto arrastre en el populacho, podían aportar caudales no despreciables a las luchas electorales. Lo mismo ocurría en la provincia de Buenos Aires con *bravi* como el célebre Juan Moreira (al que después el tarambana de Eduardo Gutiérrez convirtió en héroe): mitristas y alsinistas lo empleaban alternativamente para apurar elecciones. Yo he sabido algo parecido de Santos Guayama, uno de los cabecillas más temibles de Varela, convertido años después en San Juan en agente electoral de Avellaneda. . .

Para hacer frente a la anunciada invasión, ¿no me hacía falta un refuerzo? Claro que sí. Desde Santiago había oficiado al gobernador de Tucumán pidiéndole el envío de un contingente: llegó Lucas Córdoba, mi viejo compañero del Colegio, con doscientos hombres. La alegría de verlo no fue menor que la de contar con esa tropa fresca. Pero, naturalmente, los tucumanos no bastaban. Siempre agitando el cuco de "los varelas", pedí al gobernador de Salta que me mandara gente, y de inmediato se me incorporaron cien hombres. Ahora venía el final de la complicada maniobra: ordené por oficio al coronel Cornejo que pusiera al mando de su subordinado inmediato todas las fuerzas a su disposición. No podía negarse y de pronto me encontré con casi quinientos efectivos a mis órdenes. Todo estaba perfecto. Pero ¿y Varela?

Providencialmente, el caudillo me libró de un enorme papelón porque, puntual como un suizo, apareció en un lejano paraje de la puna llamado Pastos Grandes, con unos doscientos forajidos mal armados y peor montados: sólo un desequilibrado o un iluso como Felipe Varela pudo haber creído que semejante chamuchina repetiría la hazaña del año anterior. Ni siquiera hizo falta que yo me moviera: uno de mis jefes lo deshizo fácilmente, y el jefe federal huyó a Chile, donde moriría tísico poco después. El otro derrotado, Cornejo, sin fuerza alguna a su disposición, fue notificado por mí de su relevo. Le indiqué que saliera de la provincia en veinticuatro horas para presentarse en Buenos Aires. Obedeció y en ese mismo momento dejé de preocuparme del infeliz.

Mi misión, pues, había terminado exitosamente. El gobernador, agradecido por haberle sacado de encima incruentamente al pobre Cornejo, me pedía que fuera a visitarlo. Yo era, de hecho, el jefe de las fuerzas nacionales en Salta. Licencié a los tucumanos y me dirigí a la capital de la provincia por la áspera y espléndida Cuesta del Obispo. Era la primera vez que iba a la ciudad de Salta. Sin duda se trataba de la ciudad con más carácter del interior del país. Una suntuosa arquitectura colonial sorprendía al viajero, anunciando la distinción y buen gusto de su sociedad. Es que los núcleos familiares troncales se jactaban allí de ser importantes desde los tiempos de los españoles: en Molinos había podido admirar, no sin cierta repugnancia, el cadáver momificado de un Isasmendi, que fuera el último Gobernador Intendente del sistema realista, antepasado de muchos ilustres salteños. Casi todas estas familias conservaban los feudos que eran la base de sus fortunas. Porque la gente decente de Salta, al contrario de otras provincias, era rica. Los *pater familiae* trabajaban sus propiedades y hasta adquirían algunos hábitos de sus peones a fuerza de convivir con ellos: así, gustaban vestir ropas de gauchos, aunque con géneros mas aparentes como ponchos de pura vicuña, casacas de barracán, sombreros de grueso fieltro o de paja de Guayaquil según las estaciones. Encabezaban arreos de ganado a Bolivia, Chile y hasta Perú, y regresaban con las bolsas llenas de cóndores, soles y libras esterlinas. Exhibían en sus casas un mobiliario de raras maderas y finas vajillas de porcelana. Y todo esto prestaba a los núcleos dirigentes salteños un gusto por el lujo que los diferenciaba. Años atrás, el general Rudecindo Alvarado, veterano de las guerras de la Independencia y gobernador de la provincia, había promovido la creación de un club que, a semejanza del celebérrimo Club del Progreso de Buenos Aires, fuera un ámbito donde los enfrentamientos políticos se atenuaran y se cultivaran aquellas formas de la elegancia y el buen gusto casi olvidadas por la rudeza de esos tiempos. Para un joven y exitoso militar como era yo, estar en Salta era como estar en el paraíso. . . Saraos y agasajos me comprometían noche a noche y una niña Figueroa casi logró que cambiara mi estado civil. . . Por un momento percibí las tentaciones que rodean al poderoso y, lo que es más grave, la buena disposición del poderoso a no resistirlas. . .

Pero mi felicidad no podía durar mucho y además yo intuí que no debía demorarme en esa Capua norteña. Los Taboada cargoseaban al presidente alegando que mi presencia era perturbadora, que me comportaba como un tirano. Sarmiento no pudo o no quiso resistirse a estas insistencias y tampoco estaba en condiciones de prescindir de los sátrapas santiagueños. Me sustituyó por el general Rivas y yo pasé —ciertamente de muy buen grado— a radicarme en Tucumán como jefe del Regimiento 7, lo que implicaba, adicionalmente, que tendría que ascender a teniente coronel.

Evoco mi traslado a Tucumán como uno de los paseos más gratos de mi vida. Marchábamos por el pintoresco camino que a cada paso se asociaba con figuras como Belgrano o San Martín y hasta con Güemes, al que había considerado hasta entonces un pintoresco demagogo pero del cual me habían hablado los salteños con admiración. Mis hombres

venían contentos de su incruenta excursión, la boca dulce
todavía con los agasajos que habían compartido conmigo de
rebote; seguramente se disponían a contar a sus compañeros
del regimiento que cada uno había matado diez montoneros. . . Yo cargaba mis laureles sin pesar, me complacía en
mi próximo grado y paladeaba cada tranco de mi caballo la
aproximación a mi hermanita y a mis tías viejas.

Llegando a Tucumán se notaban algunas novedades.
Veíanse campitos que en mi niñez eran montes de mistol
y retamo, y ahora presentaban largos tablones de caña de
azúcar. Algunas casas nuevas, modestas pero bien terminadas,
se levantaban allí donde sólo habían crecido yuyos, y a lo
lejos se alzaba como penachos negros la humareda de algunos
ingenios. Hasta me pareció bonito el vetusto cabildo, y llena
de dignidad la ruinosa casa donde medio siglo atrás se declarara la independencia de estas provincias.

Es de imaginar la emoción con que nos abrazamos Agus-
tinita y yo; ella era una señorita de diecisiete años, no bella
pero agraciada y llena de vida. Estaba formalmente de novia
con el joven que sería su marido ocho años más tarde.

Con estos buenos auspicios empezó mi residencia tucumana, que habría de durar poco menos de un año. Fue entonces cuando conocí a fondo mi provincia natal. A veces por razones de servicio, a veces paseando por placer, me metí en
todos lados. Hace un par de años, un hijo de Ataliva me trajo
una carta que encontró entre los papeles de su padre; se la
mandé en noviembre de 1869 y vale la pena que se la lea, porque a mi modesto juicio, es hasta poética. . .

"No hay pluma —dice uno de los párrafos— que pueda
describir la belleza de nuestros campos cubiertos de eterno
verdor, decorados de cientos de ríos y arroyos; de nuestros
espesísimos bosques donde descuellan gigantes el pacará, la
tipa, el cedro, el clásico laurel e infinitos otros reyes de estas
selvas a cuya sombra crece el tilo, el aromático árbol de venus,
el mirto, que nosotros llamamos el arrayán, el pintoresco
ceibo, el mato, el chalchal y multitud de otros árboles y
arbustos que forman como el pueblo de una monarquía cuyo
soberano es el cedro; y de nuestras sierras que ostentan en su
cima una cabellera de nieves perdurables y en sus faldas una
vegetación colosal. Agrega a todo esto las producciones de
todos los climas y convendrás conmigo que Tucumán es un
paraíso donde la vida se desliza en medio de la belleza de una
naturaleza pródiga".

Tanto romanticismo como el que exhala esta carta tiene una explicación, porque en esos días yo andaba muy enamorado de Ignacita Robles, una muchacha de buena aunque modesta familia, con la que no pensaba formalizar relaciones pero cuyos criollos encantos me tenían a mal traer. Su madre se oponía a mis amoríos: decía que yo era un "monteriso", palabra que nunca pude descifrar, pero yo contaba con la complicidad de algunas criadas y me hacía señas con mi amada venciendo mil obstáculos. Al fin, harto de irme en suspiros y languideces, me decidí a raptarla. Fue una barbaridad, lo reconozco, y pudo ser un escándalo, pero después de tenerla a mi lado una semana, la familia optó por tapar el episodio. A su tiempo Ignacia tuvo una hija, llamada Carmen, que se firma Roca. Yo la ayudé a recibirse de maestra, le hice dar alguna cátedra y después, cuando se casó con un alemán apellidado Ludwig, los favorecí consiguiéndole un empleo. Suele venir a verme con cierta frecuencia y una vez me dio el retrato de su madre. No me enorgullezco del asunto pero ¿quién puede criticar a un oficial de 26 años, soltero y no mal parecido, que en las blanduras del ambiente tucumano no era precisamente un ermitaño?

De todas maneras, de estas travesuras no hice muchas en Tucumán porque mi jefatura me las vedaba. El Regimiento 7º era, en verdad, mi patria particular; allí me sentía más a gusto que en ningún otro lado. Sus oficiales me querían y compartían los mismos ideales: un ejército fuerte y disciplinado para sostener la autoridad de la Nación en todo momento. Eran muchachos divertidos y cultos, pero por sobre todo eran militares enteros, capaces de soportar cualquier sacrificio por el honor del regimiento. De los muchos que sirvieron conmigo por entonces y más tarde se asociaron a mis luchas y mis glorias, recuerdo al ayudante Artemio Gramajo, mi amigo y compañero de toda la vida.

No se me olvida el episodio que viví a poco de conocerlo. Teníamos que salir en comisión y yo observaba que Gramajo estaba remoloneando a causa de un chanchito en pleno proceso de convertirse en un maravilloso asado. Con un poco de maldad lo apuré, hice que dejara todo y partimos. Cumplida la comisión veníamos de regreso. Irónicamente le dije:

— Ahora sí que vendría bien el lechón. . .

Entonces me dijo con un tono que todavía puedo escuchar, a más de medio siglo de distancia:

— Alcancé a traer la cabeza. . .

Desde ese momento supe que sería mi amigo para siempre... Lo fue en la buena y en la mala fortuna, siempre discreto y servicial, afectuoso, caballeresco, valiente, bromista. Y también glotón para comer y amarrete de sus pesos. Durante mi primera presidencia lo designe mi edecán y después lo siguió siendo, con o sin nombramiento. Pasará a la historia por ésta, nuestra perdurable amistad que lo convirtió durante décadas en mi *alter ego*, pero también por haber inventado el revuelto que lleva su nombre y se ha convertido en un plato común de los restaurantes de Buenos Aires ¡Gramajo! Su desaparición, hace pocos meses, fue uno de los golpes más duros que he recibido en mi retiro.

La estadía en Tucumán fue relativamente tranquila. La guerra del Paraguay iba agotándose y casi no había argentinos en el frente; les dejamos a los brasileros la tarea de concluirla. A fines de ese año 69 Solano López había perdido los últimos restos de su ejército, y en marzo del año siguiente llegó la noticia de su muerte, a manos de un negro, en un arroyo de los confines de su patria. López, que nunca se había situado frente al enemigo, había muerto en una escaramuza menor, defendiéndose con el espadín que jamás desenvainó. Pero la guerra estaba olvidada de antes y el país parecía encauzarse por el camino del progreso. Ya estaba terminándose el ferrocarril que unía el Rosario con Córdoba y se planeaban nuevas líneas que permitirían usar el camino de hierro en extensión a Mendoza y Chile. Sarmiento había establecido un entendimiento con Urquiza, como una manera de hacerse fuerte frente a Mitre, que lo seguía vapuleando desde su diario. Me hubiera gustado asistir a la visita que hizo el presidente al entrerriano en mi querida ciudad de Concepción del Uruguay; me contaron que Sarmiento se enfureció cuando los chicos del Colegio largaron la carcajada al verlo cerrar de un golpe su galera de resorte...

Además de mis excursiones por el interior tucumano, una o dos veces fui a Córdoba. Visitaba a mis amigos y también rondaba a una niña Funes, de la que ya hablaré. Los viajes eran largos y pesados pues trataba de no pasar por el carril que atravesaba Santiago del Estero; los Taboada seguían incordiándome y yo, a mi vez, insinuaba a mis amigos de Buenos Aires que no sería difícil voltearlos con alguna acción discretamente concertada. Supongo que ellos no ignoraban estos buenos deseos míos y por consiguiente trataba de no regalarles la oportunidad de hacer algo con mi modesta persona. Creo ser valiente, pero siempre me pareció estúpido exponerme indebidamente.

Pero esto, precisamente, fue lo que tuve que hacer un día de marzo de 1870. Me dirigía hacia Córdoba desviando mi ruta por Catamarca y no pensando en otra cosa que en la cordobesita que esperaba mi visita. De pronto, un jinete me alcanzó a gran galope. ¿Qué noticias me traía? La peor, la más catastrófica que puede escuchar un jefe: se había amotinado el regimiento. ¡Mi regimiento, el 7 de línea, mi Décima Legión! Creo que el sonrojo de vergüenza me duró a lo largo de toda la galopada de regreso.

Los soldados de línea tenían en verdad, mil motivos para amotinarse. El rancho siempre era pésimo, salvo alguna fiesta patria o el día del santo del jefe. Los vestuarios llegaban invariablemente cambiados: los vestíamos de dril en invierno para que se helaran y de lana en verano para derretirlos bajo el sol. Abundaban los malos tratos y no había mozalbete con una jineta en la manga que no se considerara autorizado para ordenar una tanda de palos por cualquier motivo. Tenían que hacinarse en carpas de telas enceradas y pocas veces podían dormir bajo un techo decente. Sólo la presencia de las fieles "linieras" cuando se las autorizaba a seguirlos en algún acantonamiento más o menos prolongado, ayudaba a esos infelices a seguir viviendo como seres humanos; los sueldos llegaban siempre tarde y algunas veces mochados misteriosamente por los habilitados; yo me jactaba de que mi tropa era puntualmente pagada todos los días 30 de cada mes, pero esto era una excepción; por esos años se descubrió que un coronel en la provincia de Buenos Aires hacía pagar a dos batallones inexistentes... Para peor, las armas que se les proveían eran defectuosas en gran proporción y las cananas, mal fabricadas, rompían los cartuchos y desparramaban la pólvora, con lo que muchas veces se encontraban indefensos en los momentos de mayor peligro.

Sí, nuestros pobres chinos podían alegar muchos motivos para quejarse. Pero lo que había pasado con mi regimiento me enfureció porque no dudé que era obra de los Taboada. Meses antes habían mandado a un sujeto de pésimos antecedentes para soliviantar el ánimo de los soldados. Sea como sea, ahora habíanse amotinado y yo me sentía abrumado por la deshonra. Cuando llegué al acantonamiento, el ambiente era lúgubre. Mis oficiales habían reprimido el motín a costa de varios muertos, que ya estaban enterrados. Los rostros

de la tropa eran torvos y resentidos. Estaban desarmados por
orden de mi segundo. Sin siquiera echar pie a tierra, todavía
vestido de camino, llevé mi caballo al centro del lugar y
grité a los oficiales que devolvieran las armas y las municiones
a los soldados. Pareció que pasaba una corriente eléctrica a
través de esos hombres, pasivos y amohinados hasta un momento antes. Resonaron los habituales gritos de mando y en
pocos minutos la tropa estaba formada, presentando armas a
su jefe.

Entonces los putié con una rabia como no he sentido
nunca. Les dije que eran unos cobardes, que habían deshon-
rado la bandera del regimiento y la enseña azul y blanca. Que
los despreciaba y me cagaba en ellos. Terminé mi arenga:

— Y ahora ¡terminen lo que han empezado! ¡Fusilen a
su jefe! ¡Agujereen mi cuero para completar la cobardía!
¿Qué esperan? ¡Fusil al hombro y mátenme, carajo!

Por un momento pensé que cumplirían la absurda orden. Pero en el paroxismo de mi rabia vi a un moreno que yo
conocía bien porque era de los que me acompañó a los valles:
unos lagrimones le brillaban en la jeta y le temblaba la trompa. El o algún otro gritó en un sollozo:

— ¡Viva el comandante Roca!

Y toda la tropa prorrumpió en vivas y aclamaciones y ya
rompían filas para rodearme. Los detuve con un ademán, y
cuando se hizo de nuevo el silencio, grité:

— ¡Viva la Patria!

La contestación salió redonda, un solo hombre. Los
miré largamente, sin dulcificar mi ceño, y dirigí el montado
lentamente hacia afuera. Ya habría tiempo para ser clemente.
A mi Décima Legión podía castigarla, pero no dejar de
amarla. . .

Pero aquí no terminaron mis desazones, porque en mi
juvenil soberbia yo temía que la noticia del amotinamiento
del 7º habría de expandirse hasta llevar mi descrédito a la faz
de la tierra entera. Me salvó de esta supuesta catástrofe un
cordobés que había estado metido en cuanto alboroto hubo
después de Caseros, amigo del Chacho y hombre de pelo en
pecho. Se llamaba Simón Luengo y fue lanzado a la notoriedad pública el 11 de abril, pocos días después del suceso en
mi regimiento, cuando se convirtió en el matador del capitán
general Justo José de Urquiza.

III

La noticia de que Urquiza había sido asesinado en el seno de su familia, en el Palacio San José, corrió con asombrosa rapidez por todo el país e hizo pasar a segundo plano cualquier otro suceso. No era, por desgracia, un acontecimiento insólito en esos tiempos violentos, pero difícilmente se hubiera podido imaginar que el omnipotente gobernador de Entre Ríos, el vencedor de Caseros, aun en su declinación, pudiera ser inmolado en el mismo centro de su poder por quienes habían sido hasta ayer sus partidarios. Simón Luengo fue el instrumento menor de una vasta conspiración que de un día para otro había volcado la situación entrerriana, eliminando brutalmente una tradición de autoridad que databa de treinta años atrás. Todo se había llevado a cabo con una escalofriante decisión, y Ricardo López Jordán, casi un hijo adoptivo de Urquiza, convertido en los últimos años en cabeza de una sorda oposición, fue elegido gobernador por la legislatura de su provincia.

Vacilante en un primer momento, Sarmiento fulminó a los pocos días la intervención federal a Entre Ríos y publicó un manifiesto durísimo: en síntesis, decía que no podía reconocer a un gobierno provincial erigido sobre el cadáver de un ilustre argentino. Al mismo tiempo ordenó que fuerzas del ejército ocuparan la provincia y depusieran a la ilegítima autoridad que detentaba el poder.

En Tucumán, como en todo el país, las discusiones sobre el tema eran apasionadas y discordantes. Muchos opinaban que la revolución jordanista era un movimiento popular que encauzaba el malestar provocado por la ambigua política de Urquiza. La legislatura había cumplido con su deber al reemplazar al gobernador fallecido. No existían razones constitucionales para intervenir porque faltaba un gobernante depuesto por sedición que reclamara la medida federal; ni mucho menos —añadían— para lanzar a las fuerzas nacionales contra un dirigente rodeado por la adhesión de su pueblo, como era notorio que ocurría con López Jordán. Esto presagiaba una lucha civil ardua, que el país no estaba en condiciones de soportar.

Mi posición y la de muchos otros era diferente. Sosteníamos que el asesinato de Urquiza era un escándalo que no podía tolerarse puesto que la designación de López Jordán se había producido como consecuencia del crimen y a condición de que se perpetrara. Si el gobierno nacional caía en la debilidad de consentirlo, la noción de respeto por el derecho que tan difícilmente se trataba de imponer, quedaría irremediablemente vulnerada. En cualquier lugar podían cometerse hechos similares y entonces retrogradaríamos a la anarquía, al imperio del puñal. Yo había temido que Sarmiento no se empeñara a fondo en esta posición y suspiré aliviado cuando llegaron a Tucumán las noticias de las medidas adoptadas. Era el momento de demostrar, a cualquier costo, que la Nación no era una suma de fragmentos manejados a la marchanta sino una totalidad donde nadie podía transgredir ciertas reglas de civilización . . .

En lo que me equivoqué fue en mi seguridad de que López Jordán sería fácilmente derrotado por las columnas nacionales que desembarcaron en varios puntos del territorio entrerriano. Los más prestigiosos generales de la Nación, Emilio Mitre, Conesa, De Gainza, Rivas, Gelly y Obes, fueron lanzados y azuzados por el presidente a la caza del jefe rebelde. Pero pasaron los meses y ninguno lograba una batalla decisiva. Yo había conocido a López Jordán en el Colegio, cuando era examinador en la sección militar; inteligente y simpático, había sabido nuclear a traves de los años a un grupo esclarecido de comprovincianos que ahora lo miraban como el defensor de la autonomía entrerriana. El pueblo, a su vez, había traspasado a su persona la antigua adoración por Urquiza, y con su apoyo los rebeldes conseguían montar una fuerza temible por su movilidad y espíritu de lucha.

Yo me mordía las uñas en Tucumán viendo que pasaba el otoño, seguía el invierno, transcurría la primavera y comenzaba el verano sin que la situación se definiera. Me contaban que Sarmiento bramaba. Avances y retiradas, escarceos y escaramuzas, anuncios de batallas que luego se desmentían, combates decisivos que luego resultaban indecisos. . . Entretanto, la autoridad nacional se desgastaba, la opinión pública se reía de esos generales que no eran capaces de batir a un grupo de paisanos alzados, y centenares de miles de patacones iban a parar al tonel sin fondo de la guerra civil. Ocho mortales meses tuve que esperar hasta que el presidente designó como jefe del ejército en operaciones a mi compadre, el general José Miguel Arredondo. En ese momento la rebelión ya se estaba extendiendo a Corrientes, donde el gobernador Santiago Baibiene se encontraba muy jaqueado por sus opositores. Arredondo pidió autorización para enviar un batallón de

artillería y un regimiento de línea: por supuesto, el 7°; por
descontado con su jefe. Me contaron que Sarmiento prorrumpió:

— ¡Sí! ¡Quiero que vaya Roca!

De modo que el "barbilindo" de dos años antes era
ahora requerido para sacar las castañas que el viejo generalato
mitrista no había podido retirar del fuego de la guerra... Yo
estaba con mi regimiento en Córdoba y pasé en seguida al
Rosario: creo que fue la primera vez que un regimiento entero viajó por ferrocarril. A los pocos días pisábamos tierra
entrerriana en Paraná. El 20 de enero de 1871 embarcamos
en un vaporcito que parecía a punto de reventar las calderas
cuando tomaba velocidad; nuestras instrucciones eran desembarcar en Goya para auxiliar a Baibiene, porque se sabía que
las fuerzas jordanistas se le aproximaban. Si Corrientes caía
en manos de los rebeldes, el panorama se ensombrecería gravemente: defendidos por el Paraná y el Uruguay y en posesión
del rico territorio mesopotámico con fronteras sobre tres
países, los rebeldes estarían en condiciones de sostener una
guerra indefinida: ¡quién sabe si el gobierno nacional podría
aguantar esa situación!

Ordené que la tropa se metiera bajo cubierta. El sol de
enero calcinaba la ferretería del vapor y mis pobres chinos,
hacinados en la sentina, sufrieron las torturas del infierno.
Pero de este modo pudimos navegar río arriba pasando varios
puestos de vigilancia jordanista sin que se pudiera ver otra
cosa que un buquecito resoplante, aparentemente vacío,
cuyos marineros saludaban amistosos desde los barandales.
Tres días después desembarcamos en Goya y, felices de salir
del horno, mis soldados marcharon rápidamente las cuatro o
cinco leguas que nos separaban de los correntinos.

El gobernador de Corrientes tenía un año más que yo,
pero, a diferencia de mí, no tenía la menor experiencia bélica. Su gente era un conjunto heterogéneo de paisanos sin
instrucción militar; valientes, sin duda, como suelen serlo los
correntinos, pero de un modo individual y repentista. Ante la
aproximación de las fogueadas tropas de López Jordán, no
había encontrado mejor partido que colocar a sus efectivos al
amparo de un largo y cerrado meandro de una especie de río,
en realidad los derrames de una larga laguna que formaban
una defensa natural por tres lados a modo de una península
pero, al mismo tiempo, dificultaba cualquier maniobra y
hacía difícil todo tipo de retroceso. Observé, muchos años

después, una forma de río idéntica en la capital de Suiza: la ciudad de Berna también está construida dentro de una curva larga y cerrada del río Aar, lo que permitió en el siglo XII a los helvéticos hacerla invulnerable cubriendo de murallas el único sector abierto y tallando abruptos terraplenes sobre el río. También este lugar podría haber sido un reducto inconquistable si sus defensores dispusieran de tiempo para adecuarlo; tal como estaban las cosas, constituía una trampa mortal. Bastaba que el enemigo atacara frontalmente el costado seco, y los correntinos no tendrían espacio para rehacerse. Serían masacrados bajo las lanzas jordanistas o se ahogarían.

Ya no había tiempo para cambiar la posición. Las avanzadillas rebeldes empezaban a acercarse en esa madrugada de enero, disparando sus fusiles y provocando a gritos a los correntinos. Yo esperaba que sería una primera aproximación, un tanteo exploratorio como los que, antes de entablar un combate formal, suelen hacerse para descubrir al enemigo y evaluar su combatividad. Pero observé, cada vez más preocupado, que la lucha se iba generalizando. Aparecían más enemigos y avanzaban decididamente hacia la entrada de la península; hasta algunos cañones trajeron, que nos molestaron con buena puntería. A medida que el enemigo seguía marchando con firmeza, los nuestros empezaban a vacilar y tendían a meterse en la relativa seguridad de esa especie de corral cercado no de palos, sino de corrientes de agua.

Le dije al gobernador:

—Baibiene, si no atacamos esto va a ser un desastre.

—Haga lo que crea mejor, comandante. . .

Me dirigí al trote del caballo que me habían prestado hacia mi regimiento, que estaba tranquilo, esperando órdenes. De pronto noté que el retroceso de dos batallones correntinos se transmitía como una onda a mis propios hombres. Empujados por los que volvían de la vanguardia heridos o simplemente acobardados, todo el grueso de la tropa de Baibiene estaba a punto de entregarse al pánico, cuantimás que las balas de cañón estaban haciéndonos estragos. Pude advertir que la indecisión comenzaba a cundir entre los soldados de línea, la única tropa veterana con que contábamos. Piqué espuelas, entonces, y metí el caballo entre mis soldados. Les ordené que atacaran, les grité con todas mis fuerzas, con el rebenque crucé la cara de algunos que ya estaban dándose vuelta, despavoridos.

Fue uno de esos momentos decisivos en que se tiene la

sensación de que todo se está jugando a cara o cruz. No recuerdo más que mis alaridos y mi brazo chicoteando a todos lados. De pronto, la situación cambió. Mis soldados retomaban los ademanes de su oficio, avanzaban en formación encuadrados por sus sargentos, disparando regularmente las armas y preparándose para atacar a la bayoneta. Al costado del regimiento, los correntinos rehacían sus batallones y con alegres gritos acompañaban un avance que ya tocaba la línea jordanista, ya la rompía, ya se metía entre el enemigo como un cuchillo en el queso. La lucha estaba cada vez más lejos, y con Baibiene nos fuimos acercando para estimular a nuestra gente y no dejar que se detuvieran.

El desastre jordanista fue irremediable antes del mediodía. Los prisioneros se asombraban al saber que los había vencido un regimiento de línea: ni se imaginaban que hubiéramos llegado; ¡había valido la pena el suplicio de mis soldados en la ardiente panza del vapor! El jefe rebelde perdió todo: los que no murieron o cayeron prisioneros se desperdigaron. Cayó su artillería, su armamento, sus carruajes y hasta la imprenta volante que traía. Así terminó la rebelión de López Jordán que, después de tratar infructuosamente de hacer pie en varios puntos de su provincia, debió emigrar al Brasil. Me han asegurado que en su desesperación por levantar cabeza llegó a la indignidad de buscar el apoyo del gobierno imperial para erigir una república independiente con las provincias de la mesopotamia argentina. En años posteriores intentó otras entradas, con suerte cada vez más declinante. Finalmente cayó prisionero, quedó encarcelado en el Rosario procesado por rebelión, y pudo escapar por medio de un recurso poco elegante: disfrazado de mujer. Años más tarde, lo mató en una calle de Buenos Aires un joven a cuyo padre habría agraviado López Jordán en alguna ocasión.

Reconozco que he violado mi propósito de no describir batallas; me disculpará si digo que Ñaembé fue una acción de feliz memoria para mí, pues lanzó mi nombre al escenario nacional. En la euforia del triunfo, Baibiene me proclamó coronel sobre el campo de batalla y el presidente confirmó mi ascenso en un telegrama rebosante de gratitud. Todo el país habló en esos días de Roca; mejor dicho, fue en esos días cuando todo el país empezó a hablar de Roca... Pero la batalla, lo confieso, ¡se ganó por un pelo! Yo le rendí, años después, el homenaje que merecía: al mejor toro de mi estancia "La Larga" le puse de nombre, "Ñaembé"...

Si la República Argentina conservara los usos de la República Romana, después de Ñaembé me habrían concedido los honores del triunfo. O sea que hubiera desfilado por la calle Florida sentado en lo alto de un carro alegórico arrastrado por mis forajidos del 7°, que cantarían coplas alusivas a mis conquistas militares y amorosas, tal como se hizo con Julio César, al que sus legionarios llamaban en sus canciones "el pelado adúltero". Como al César, se me otorgaría el privilegio de usar una corona de laureles, lo que le vino bien para disimular su calvicie tanto como me hubiera convenido a mí, que a los 27 años ya lamentaba una incipiente caída de cabellos. Atrás vendrían los cautivos jordanistas y sus chinas, arrastrando cadenas, y si el jefe rebelde hubiera caído prisionero, se lo estrangularía ritualmente después del triunfo, como a Vercingetorix. Cerrarían el desfile los carromatos capturados, exhibiendo sus tesoros (la caja de guerra de López Jordán ascendía a unos centenares de patacones y una docena de cartuchos de pesos bolivianos) y todo terminaría con una comilona gratuita para el pueblo porteño en la Plaza de Mayo...

Nos reíamos con mis oficiales hablando zonceras como éstas mientras volvíamos de Corrientes, y yo agregaba bromas a mi imaginario desfile triunfal por las calles porteñas, pues me sentía con ánimo jubiloso. No era para menos: en una semana había hecho lo que no pudieron hacer en un año los más prestigiosos generales de la Nación. Estaba exultante, además, porque el ejército había cumplido por mi intermedio su misión rectora de sostener la autoridad. Y naturalmente era muy feliz con mi nuevo grado; ya ostentaba las presillas de coronel en mis hombros.

Pero no iría a Buenos Aires a gozar de mi merecido triunfo. En primer lugar, como es natural, porque las costrumbres de la antigua Roma no se practicaban aquí... Pero había otro motivo, y éste no era para reírse. En la ciudad porteña estaba cundiendo de modo alarmante una epidemia contra la que no había remedio conocido. La gente enfermaba repentinamente y moría en dos o tres días en medio de convulsiones y vómitos. En enero ocurrieron los primeros casos, pero el carnaval se aproximaba y hasta el propio presidente se divertía jugando con agua: ¿cómo se iba a ensombrecer la alegría popular advirtiendo el peligro que se cernía sobre Buenos Aires? A lo largo de febrero y sobre todo en los dos meses siguientes, la peste se exacerbó. Hombres y mujeres caían como moscas. Todo el que podía huía de la ciudad. Los países limítrofes pusieron a los argentinos en cuarentena y los buques no llegaban a nuestra rada. Buenos Aires quedó aislada del mundo. Los negocios se paralizaron y por un momento ni siquiera hubo gobierno pues Sarmiento, sus ministros y el vicepresidente Alsina escaparon de un día para otro. No critiqué al presidente por su fuga: si yo hubiera estado en su lugar, tal vez habría permanecido en mi puesto... pero muerto de miedo, porque tengo terror a las enfermedades repugnantes. Mitre, en cambio, se quedó y cooperó con la comisión popular que integraron algunos médicos heroicos y otros ciudadanos, y este gesto le valió el eterno cariño de los porteños. Fueron más de 14.000 los fallecidos por la fiebre amarilla; como si hoy, del millón de habitantes de la Capital Federal hubieran caído unos ochenta mil.

Nadie es responsable de una peste, y lo cierto es que en Buenos Aires se habían dado brotes de cólera en años anteriores. Pero era indiscutible que las pésimas condiciones de salubridad de la ciudad contribuyeron a agravarla. Se había discutido mucho la necesidad de dotar a Buenos Aires de un sistema moderno de cloacas, desagües y obras de agua corriente, pero nada se hizo. La debilidad económica de los gobiernos les impedía tomar a su cargo la provisión de servicios tan elementales como el que debía salvar al público de beber aguas contaminadas con las heces de sus vecinos. Una vez más, hasta en esa trágica plaga, advertíase la urgencia de crear un Estado fuerte, consciente de sus deberes y dotado de medios conducentes para llenarlos.

Divagaciones aparte, yo no tenía ninguna gana de visitar Buenos Aires en ese trágico verano de 1871; no hubiera ido aunque me ofrecieran recibirme al modo romano... Prefería quedarme en Córdoba donde, según me avisaron, pronto sería designado jefe de la plana mayor de la Comandancia de Fronteras, cuyo titular era Arredondo. Además, ese año sería glorioso para Córdoba. El ferrocarril, finalmente, llegaba a la Docta y Sarmiento se dispuso a inaugurar la Exposición Industrial organizada allí, que atrajo a muchos visitantes. Era muy estimulante comprobar cuántos y cuán variados productos podía presentar el país al ingenio humano. Aunque todo estaba por hacerse, todo podía hacerse, era la conclusión a la que uno llegaba. Sólo era necesario que reinara la paz y existiera un Estado otorgando garantías a las actividades creadoras. Pero ¿quién sostendría esas garantías si no había Estado? El año anterior se había sancionado el Código Civil elaborado por el viejo Vélez; era útil y liberal, según me contaban los abogados amigos. Pero ¿qué transacciones reglaría en un país donde vuelta a vuelta estallaba una revolución? ¿Qué propiedades podrían asegurarse, transmitirse, gravarse, cuando cualquier fuerza armada requisaba bienes a los particulares sin otra formalidad que un recibo? ¿Con qué recursos podían armarse los organismos que aplicaran el nuevo derecho si la guerra al Paraguay, la guerra de López Jordán, la guerra contra el indio se los devoraba?

Pero Córdoba se puso coqueta en esos meses para recibir a las visitas: se colocaron fuentes en la plaza frente al Cabildo, se empedraron varias calles y se abrieron algunos cafés donde la mosquetería local se reunía. Por un momento, el ambiente eclesiástico y doctoral de la ciudad se alborotó con estas novedades. Sarmiento hizo su anhelado viaje en tren, rodeado por la curiosidad de los pobladores en cada punto del trayecto, incurriendo de cuando en cuando en sus conocidas extravagancias. En Fraile Muerto proclamó que había decidido cambiar el nombre del pueblo porque el tradicional era muy feo, y honró a un colono inglés, Mr. Bell, imponiendo su apellido al lugar; en Oncativo o Río Segundo hizo un corte de mangas desde el vagón a un grupo que lo chiflaba, y en la ciudad anduvo por todos lados, miró, habló hasta por los codos y se sintió en la gloria contemplando las nuevas máquinas que araban, sembraban y cosechaban con la fuerza de veinte hombres cada una. No puedo olvidar el espectáculo que ofreció pronunciando el discurso inaugural. Dijo cosas realmente notables; y cuando dirigiéndose al comisario de la muestra le reprochó que no se exhibieran resmas de papel fabricado en el país (como si el pobre hombre tuviera la culpa) y entonó a continuación un canto a la importancia del papel en la vida de los pueblos civilizados, yo reconocí íntimamente que, con todas sus rarezas, era una personalidad de la que los argentinos debíamos sentirnos orgullosos.

Mi permanencia en Córdoba no se debía solamente a razones de servicio. Había razones del corazón que me llevaban a estar cerca de Clara Funes, mi novia. Pensábamos casarnos pronto, porque mi asedio databa ya de tres años. Era una morocha de suaves modales llena de elegancia, una dama cordobesa en toda la extensión de la palabra. Su hermana Elisa noviaba con un prometedor abogado, Miguel Juárez Celman, con quien me entendí desde que fuimos presentados. El y yo padecíamos las mismas estiradas visitas a nuestras prometidas bajo la atenta mirada de su madre, doña Eloísa, a veces en su casa de la ciudad y otras veces más gratas, en la estancia de Santa Catalina.

Los Funes eran una de las familias más antiguas de la provincia, pero ya había pasado el momento de su mayor figuración. En cambio, la línea materna de mi novia, los Díaz, podían exhibir linaje, riqueza y poder político a la vez. Ya se sabe que los cordobeses son peritos en inventariar antepasados, y en esto los Díaz no se quedaban cortos: mi futura suegra aseguraba que su abuelo, el coronel Francisco Javier Díaz, venido de España a mediados del siglo XVIII, era hijo natural de Carlos III. Fuera o no auténtico el real parentesco, lo cierto es que trajo una fortuna que le permitió adquirir la espléndida estancia de los jesuitas, confiscada cuando su expulsión. Santa Catalina era la base de la riqueza de los Díaz, pero además, un ámbito suntuoso y agradable donde lo más granado del interior se reunió a lo largo de tres generaciones. Bastaba sentarse en las amplias galerías del antiguo convento, bajo la sombra de las torres barrocas de la iglesia, para entrar en un tiempo donde el señorío y la dignidad de vida tenían una importancia fundamental.

Cuando yo empecé a frecuentar a los Funes Díaz, el jefe del clan era don Felipe Díaz, tío de mi mujer como hermano de doña Eloísa: un hombre imponente, con grandes patillas a la unitaria que testimoniaban sus andanzas juveniles con Lavalle. Visitarlo en su casa de la ciudad, cerca de la Merced, con sus veinticuatro habitaciones, era un honor codiciado. Pudo haber sido varias veces gobernador de su provincia pero no le interesaban los cargos públicos, aunque sus opiniones pesaban, como pesaban también los dineros que aportaba a las causas que le simpatizaban, o la gente que podía movilizar entre la peonada de su estancia y los descendientes de los esclavos de la Compañía de Jesús que vivían al lado del casco.

Mi ingreso al exclusivo "Club de Santa Catalina" como solía llamársele, implicó una estrecha vinculación con la sociedad de Córdoba, la más cerrada del país después de la salteña. Era gente distinguida en sus maneras y, en algunos casos, muy culta, pero no mayormente rica. Se desempeñaban como comerciantes o abogados; algunos tenían campos, pero la superficie útil de la provincia era, hasta entonces, la que se extendía hacia el norte y el oeste, terrenos secos o sierras pedregosas. Algunos eran propietarios de decenas de leguas pero les servían para poco porque se trataba de desiertos poblados por cardones y jarillales. En esa gente no había preocupación por ganar dinero y sus tertulias giraban en torno a temas tan apasionantes como la próxima vacante de una cátedra de Derecho de Gentes o el reemplazo de un canónigo fallecido. A ratos dejaban caer un sonoro latinajo y repasaban los abolengos de unos y otros o contaban relatos de la época de la colonia. En esos círculos, como un aire fresco de renovación, empezaban a tallar algunos que se habían establecido en la zona del sur de la provincia —los Olmos, los Tejerina, mi hermano Alejandro y hasta Miguel Juárez Celman, cuya familia era propietaria en esa región— donde los campos de tierra negra gozaban de buenas lluvias. Ellos reclamaban que se mejoraran las líneas de defensa contra los indios y hablaban de rodear sus propiedades con alambrados; se llenaban la boca profetizando la riqueza de esos parajes cuando el ferrocarril Central Argentino se extendiera a Villa Mercedes. Frente a estos emprendedores ciudadanos, mis parientes políticos y sus amigos parecían pobretes, atados al pasado y pendientes en su suerte personal de los avatares políticos. . .

En agosto de 1872 contraje matrimonio con Clara y nos instalamos en una casa que era poco más que un rancho, en la Villa Nueva, sede por entonces de mi comando. Quedó encinta inmediatamente y a su debido tiempo la envié a Córdoba a casa de su madre, para que tuviera allí a nuestro vástago; el viaje en tren hacía cómodo y seguro el traslado, aun de embarazada primeriza. En mayo de 1873 nació mi hijo mayor, Julito, del que fue padrino Arredondo. En años siguientes vino una chorrera de chancletas: Elisa y María Marcela, que nacieron también en Río IV, y luego Clara, Agustina y Josefina, porteñas. Todas, casadas o solteras, son las que hoy me rodean. El matrimonio con mi abnegada compañera duró hasta su muerte, dieciocho años después de nuestra boda, casi en vísperas de la revolución del Parque.

En la Villa Nueva y después en Río IV, donde finalmente quedó instalada la Comandancia, se suponía que yo estaría a cargo de ese sector de la frontera, puesto que Arredondo, desde Villa Mercedes, ejercía la comandancia general de toda la línea. En los hechos tuve que ocuparme desde el principio de la totalidad de la franja que nos separaba de los salvajes, porque Arredondo no tardó en enredarse en sus eternas urdimbres políticas. Esta vez era en Mendoza, donde se empeñaba en derrocar al gobernador. Ocurría algo parecido a los acontecimientos que viviéramos juntos en La Rioja cinco años antes: la proximidad de la renovación presidencial ponía a mi jefe en un estado monomaníaco. Sarmiento le debía mucho a Arredondo, pero cuando en setiembre de 1873 estalló en Mendoza la revolución que éste había alentado, preparado y apoyado casi a la luz pública, lo relevó de su cargo y lo hizo arrestar en Buenos Aires. Lástima para mi compadre, que además de enfrentar un sumario se perdió las fiestas que hicimos en Río IV para celebrar la llegada del Ferrocarril Andino, que ahora nos unía cómodamente con el resto del mundo.

Quedé, entonces, como comandante general de la frontera aunque sin designación. Mucha gente se alegraba, en Buenos Aires y en las provincias, de que este joven coronel de cuyos triunfos hablaba todo el país quedara confinado en aquellas lejanías, condenado a andar corriendo salvajes; suponían que en los medanales del desierto se irían enterrando mis supuestas ambiciones. A mí no me disgustaba este nuevo desafío. Presentía que, como al otro Julio, me convenía permanecer un tiempo en mis propias Galias, iniciando una experiencia que podría llegar a ser decisiva para mi carrera. Enfrente estaban los bárbaros, allí se extendía una región misteriosa a la que debíamos conocer y, alguna vez, conquistar para entregarla a la República.

Porque lo digo desde ahora sin ningún ambage: los indios siempre me fueron aborrecibles. En esto no coincido con mi amigo Mansilla, que en su famoso libro los describe como gente pintoresca, y relata su excursión como un divertido pic-nic. A mí nunca me resultaron simpáticos ni soportables: no como individuos sino como realidad social. Pude alguna vez haberme reído de sus picardías, sus infinitas mañas para conseguir lo que querían; pude admirar sus artes bélicas y su asombrosa destreza para manejar el caballo. Pero como pueblo, me parecieron dignos del más total desprecio.

Por varias razones. En primer lugar, porque no puedo comprender cómo, después de tres siglos de contacto con

la civilización, pudieron no aprovechar de ella nada que no
fuera lo peor: el alcohol, el vicio del juego, las enfermedades
venéreas, las artes del engaño. Los indios de aquí no eran
como los de México, por ejemplo, que aprendieron a trabajar
y adoptaron la religión del blanco y sus costumbres. Ni siquiera se parecían a los coyas de Salta o Jujuy. Los de la
pampa jamás cumplieron una actividad productiva. Nunca
sembraron un marlo de maíz ni plantaron un árbol ni criaron
una vaca. Sólo vivían del saqueo y de las limosnas que arrancaban a los gobiernos. Rosas fue el gran culpable de una política basada en el soborno permanente; yo mismo me he
avergonzado de tener que enviarles yeguas y "vicios" que cobraban periódicamente como si fueran tributos —lo eran—
que paga un siervo a su señor para que lo deje tranquilo...
    También los he aborrecido porque los indios de mi tiem-
po no eran los que tuvieron que enfrentar tantas veces los españoles y el mismo Rosas. En esos lejanos tiempos constituían
un pueblo salvaje, es cierto, pero con rasgos y características
propias, definidas. Los que yo vi eran, en cambio, el producto híbrido de la frontera, mestizos degradados que intentaban
imitar a los cristianos y sólo lograban un grotesco remedo.
Hasta los nombres de sus capitanejos —Mariano Rosas, Baigorrita, etc.—, demuestran la degeneración de aquella raza
que nada tenía que ver ya con los nobles araucanos cantados
por Ercilla. Los de ahora sólo sabían pedir, mentir y saquear.
    Sobre todo los odiaba porque esas tribus miserables nos
impedían ocupar de manera efectiva las tierras al sur de la
frontera hasta el río Negro, y más allá, la Patagonia. La presencia aborigen era como un velo que oscurecía nuestro conocimiento de aquel inmenso territorio: para los argentinos,
la Patagonia era tan desconocida como el Tibet. No podríamos ocuparla nunca mientras se interpusieran entre esas comarcas y la tierra de los cristianos, esas tolderías inmundas
que formaban una cortina de cuero contra la cual nuestras
armas nada podían. Podían, lo demostré después, pero en ese
momento estaba vedado avanzar porque en Buenos Aires temían que se desencadenara un alzamiento general. Nosotros
estudiábamos cuidadosamente la realidad de los indígenas;
teníamos nuestros espías, observábamos sus poblaciones y sus
movimientos. Estábamos seguros, después de 1872, que en
total no podrían levantar más de cuatro o cinco mil lanzas.
Contra esa chusma nuestro ejército no podía hacer nada porque estaba atado de pies y manos...

Creo, a veces, que no se trataba solamente de un criterio equivocado: sospecho que había *negotium* en el mantenimiento de esa ambigua situación donde las vacas robadas y el comercio de los productos que mercaban los indios (plumas de avestruz, pieles y otras lindezas) jugaban algún papel entre la gente de la frontera, esa línea profundamente corrompida que manchaba la faz del territorio argentino. Y es que los indios, lo quisieran o no, corrompían todo lo que les estaba cercano. El sistema de subsidios era un latrocinio permanente, y se filtraban muchos patacones en los negocios de los bolicheros y proveedores del sufrido personal de los fortines que a su vez estaba esquilmado en sus sueldos por los habilitados. No acuso a nadie, pero intuyo que existían intereses que no tenían ningún deseo de que concluyera el sistema inmoral y derrochador que era la base de nuestra política con los indios en aquellos años.

En la indolencia, que era la principal característica de esa chusma, tuvo mucho que ver el descubrimiento que hicieron del caballo. Si alguna vez existió una posibilidad de asimilación del indio a una vida menos inútil, ella desapareció en el momento que advirtieron que el temible cuadrúpedo al que creían un solo cuerpo con el español, era un animal domesticable, montable, manejable. El caballo les permitió desplazarse con rapidez, atacar y desaparecer, arrear el ganado robado; fue el centro de su vida, su pasión, su orgullo. El librito de versos que escribió hace años José Hernández y que yo no he leído pero conozco por mentas, describe muy bien, según me dicen, lo que era el caballo para los indios del sur.

El caballo los hizo irrecuperables. Así lo creí siempre, y actué en consecuencia. Su existencia colectiva era un obstáculo para el progreso argentino, y no actué en una forma distinta a la de los virreyes españoles, los gobiernos patrios, Rosas o Mitre. Pero como concluí drástica y definitivamente con el problema, me echarán la culpa de haberlos exterminado. ¡Pobrecitos! En 1871 nos atacaron a lo largo de toda la frontera, desde el sur de Mendoza hasta Carmen de Patagones. En marzo de 1872, Calfucurá devastó con 6000 lanceros los pueblos de Veinticinco de Mayo, Alvear y Nueve de Julio; menos mal que el general Rivas los batió en San Carlos, de otro modo hubieran llegado hasta Chivilcoy. Desde entonces estaban a la defensiva, y la desaparición de Calfucurá, a mediados de 1873, desarticuló por un tiempo la temible confederación pampa que había regido. Pero allí estaban, listos para volver, misturados a veces en nuestras propias luchas. ¡Pobres salvajes! Quisiera ver a esos jueces del futuro frente a las estancias arrasadas, los pueblos incendiados, las cautivas arrebatadas a sus familias, las riquezas destruidas... Quisiera verlos frente a esos repugnantes ejemplares de la especie humana, sucios, perezosos, carentes de la menor noción del honor o la verdad. Había que barrerlos. No exterminarlos, si fuera posible, pero barrerlos, como se hace con la basura. A los que quedaran y se sometieran; alguna vez les mandaríamos curas, comisarios y maestros para que pudieran ser útiles a ellos mismos y a la sociedad. Pero lo urgente en ese momento, primeros años de la década de 1870, era barrerlos de nuestra geografía. Y esta empresa le estaba reservada al ejército.

Dije antes que el ejército volvió de la guerra al Paraguay con la conciencia de una misión: el sostenimiento de la autoridad nacional. Pero también sería necesario que el ejército participara en la solución de dos problemas que taponaban el camino hacia el progreso. Uno era el tema de la capital de la República: ya hablaremos de eso. El otro problema era el que creaba la existencia de los indígenas en los territorios del sur. Hasta que no termináramos con este flagelo —y tenía que ser *manu militari*— el país que queríamos construir estaría incompleto. No se trataba, como después afirmó Alsina, de establecer seguridad en la frontera; se trataba de que no hubiera frontera. Que la soberanía nacional se extendiera hasta el estrecho de Magallanes sin solución de continuidad, sin enclaves indios interrumpiendo nuestro señorío.

La Patagonia, ya lo dije, era *terra incognita*. Mucha gente aseguraba que era una región maldita, estéril, sin el menor vestigio de riqueza, una monotonía de desiertos azotados por los vientos. Pero ¿qué sabíamos si era o no verdad? ¿Cómo podríamos asegurar que aquello que hoy parecía inútil no sería mañana la fuente de alguna ignorada riqueza? ¿Cómo podíamos renunciar a tomar posesión efectiva de una heredad que nos pertenecía como sucesores del poder hispano? En un momento en que la gente emprendedora pedía tierras para explotar, ¿cómo íbamos a detenernos porque unos roñosos nómades merodearan por praderas que no sabían ni querían fecundar? Ningún país en expansión abdica de la posibilidad de incorporar espacios vacíos a su territorio: así habían hecho los Estados Undos con su Oeste y la Rusia con su Siberia. ¿Es que nosotros podíamos sentirnos inferiores a los yanquis o los rusos?

Los argentinos más inteligentes de aquellos años y, sobre
todo, los jóvenes oficiales que me rodeaban, estábamos en
claro que la Argentina tenía por delante un gran destino. Para
que se realizara, era indispensable darle un escenario con di-
mensiones acordes a su ambición. Era cuestión de labrar una
gran cuna para un gran país: si realmente llegaba a hacerse
grande, esto lo dirían los tiempos. Pero mi generación no podía dejar de crear las condiciones propicias para que así fuera.
Y para terminar de construir la gran cuna de ese gran país con
el que soñábamos, era necesario borrar a los indios que lo
obstaculizaban. ¿Podía dudarse de esta obligación nacional?

Cuando llegué a la Comandancia General de la Frontera
todavía no tenía claro este panorama. Estábamos bajo la impresión de los grandes malones del '71 y el '72. Poco a poco
se fue afirmando en mi espíritu la convicción de que era indispensable una política como la que he descripto. Era una
cuestión de conveniencia, pero también de honor. Esa política la describí y la difundí a lo largo de los cinco años en que
permanecí en mis Galias, pero todavía no estaban maduras
las cosas para que se entendiera. Mucho menos en tiempos
electorales y pesadamente politizados como eran los que co-
rrieron entre fines de 1873 hasta noviembre de 1874.

IV

Es notable la nerviosidad que cunde entre los argentinos
en vísperas de una elección presidencial. Es como si pensaran
que todo va a cambiar por el solo hecho de que las asentade-
ras aposentadas en el sillón de Rivadavia pertenezcan a otra
persona distinta a la que se sentó allí los seis años anteriores. . . No advierten que un presidente puede estimular,
promover o empujar un poco, pero que los cambios verdaderos y profundos sólo los puede producir la sociedad entera.
Pero esto ha ocurrido siempre. Aún ahora, cuando las elecciones son una inofensiva farsa montada por el pequeño grupo
de los que mandan, mis compatriotas entran en un período
de tensión, polémica y expectativa. Si hoy es así, ¿cómo sería
en la época que les estoy contando, cuando la política era
todo, las pasiones no tenían límites y la legalidad una abstrac-
ción que nadie respetaba?

En abril de 1874 debía elegirse al sucesor de Sarmiento,
quien asumiría su cargo el 12 de octubre de ese año, según el

calendario inaugurado por Mitre que, felizmente, se sigue cumpliendo hasta ahora. Pero ya desde principios de 1873 se estaba agitando la cuestión electoral. Movimientos de todo orden en las provincias evidenciaban que los comicios serían, en última instancia, decididos por cada gobernador. Como el presidente carecía de partido, no era mucho lo que podía hacer en el campo político pero podía, en cambio, manifestar su preferencia, y esto lo hizo abiertamente con Nicolás Avellaneda, mi comprovinciano y su ministro de Instrucción Pública. A mi parecer, Avellaneda era un buen candidato: había hecho una gran obra fundando escuelas en todos lados, y era hombre decidido a pesar de su desmedrado aspecto personal. Por lo menos, cuando empezó sus trabajos proselitistas, demostró tener resolución, utilizando todos los recursos del poder para desplazar a los que molestaban y poniendo acá y allá a los hombres que necesitaba. Del lado opositor, después de las fugaces candidaturas de Manuel Quintana y Carlos Tejedor, se perfilaron en firme los dos nombres más importantes de la vida política del país: Mitre y Alsina. Ambos eran porteños y muy populares en la provincia; ambos contaban con escasa base en el interior. Debían buscar aliados y a esa tarea se dedicaron en la segunda mitad de 1873. Sería fastidioso relatar todas las conmociones que se produjeron a causa de estas maniobras, desde la revolución de Mendoza que ya dije hasta el asesinato, en San Juan, del gobernador, reemplazado por un amigo de Arredondo, que pujaba ardientemente por Mitre. Por otra parte, las campañas que llevaban adelante los candidatos eran miserables: se mentía descaradamente, se amenazaba, se calumniaba a los adversarios. Se decía de Alsina que era un borracho frecuentador de prostíbulos; de Avellaneda, que era afeminado; de Mitre, que estaba tísico y le quedaban pocos meses de vida, siendo don Bartolo el hombre más sano que he conocido, que jamás supo de un resfriado o un dolor de cabeza. . .

A lo largo del verano de 1874 todo se fue agravando. El 1º de febrero tuvieron lugar las elecciones de diputados nacionales, cuyo resultado prefiguraría el de los comicios presidenciales de abril. La elección no fue ni mejor ni peor que las conocidas anteriormente, pero en Buenos Aires, ciudad y campaña, las violencias excedieron todo lo imaginable: quedó un tendal de muertos y heridos y, según me contaron, no pocas actas llegaron al Congreso manchadas de sangre. Después de muchas confusiones en los escrutinios, quedó en claro que los mitristas habían ganado en la provincia de Buenos Aires pero no en el resto del país. A mediados de marzo se difundió una noticia sensacional: Adolfo Alsina renunciaba a su postulación y apoyaba a Avellaneda.

En todo este proceso yo me quedé quieto. En primer lugar porque no quería incurrir en las inconductas de Arredondo, pero además porque mis amigos de Córdoba estaban divididos entre Avellaneda y Mitre, y a mí me dolía optar por unos o por otros. Así se llegó a los comicios de abril que, comparados con los de febrero, fueron relativamente tranquilos. A medida que se conocían los resultados, crecía la sensación de que Avellaneda había triunfado en todas las provincias menos Buenos Aires, San Juan y Santiago del Estero, donde los Taboada se mantenían fieles a Mitre. Parecía que, finalmente, todo terminaría en paz y con un razonable reparto del poder: los mitristas dueños de Buenos Aires, Avellaneda presidente y Alsina en el puesto que quisiera, ministro del Interior acaso.

Pero la angurria de los amigos de Alsina o una excesiva confianza en sus propias fuerzas, los llevaron a perpetrar un fraude que los mitristas no podían tolerar: fraguaron en el Congreso los resultados de la elección de diputados para atribuirse la mayoría de las bancas por Buenos Aires. Lo hicieron sin que les temblara la barba a pesar de las grandes manifestaciones populares que se llevaron a cabo y la indignación que suscitó la maniobra. Entonces empezó a hablarse de revolución. Avellaneda trató de mediar en el embrollo pero no tuvo éxito. Julio, agosto y la primera mitad de setiembre pasaron en un clima cada vez más bélico.

Para mí, la situación no me planteaba ningún caso de conciencia. Es cierto que las elecciones de diputados fueron falsificadas —al menos, en la provincia de Buenos Aires— y que las de presidente se efectuaron bajo presiones de toda clase. Pero tales eran los hábitos políticos de la época; había que aceptarlos y, "con la ayuda de Dios", tratar de mejorarlos con el tiempo. Entretanto, era mucho peor impugnar al nuevo gobierno porque esta actitud creaba un precedente catastrófico: todo candidato presuntamente burlado podría, en adelante, alzarse en armas. Mi posición de siempre no variaba: sostener a la autoridad nacional. No me correspondía juzgar los detalles de una elección. Como militar, mi obligación era reconocer a los poderes surgidos de las formalidades constitucionales. El colegio electoral había designado presi-

dente a Avellaneda por 146 votos contra 79 de Mitre, y esto
bastaba para que me pusiera a las órdenes del nuevo presidente.

Y así lo hice, desde luego, cuando a fines de setiembre
se supo que parte de la Marina se había sublevado, que gran
número de ciudadanos emigraba de Buenos Aires, para unirse
a las fuerzas rebeldes encabezadas por el general Rivas. Y que
Mitre había pasado en una lancha a la Colonia para encabezar
la revolución.

Me contaron que la transmisión del mando transcurrió
en una atmósfera de inquietud. La ciudad de Buenos Aires
estaba, de días atrás, ocupada por las tropas leales al gobierno, y aunque Sarmiento apareció eufórico y sonriente en la
entrega de la banda y el bastón al nuevo mandatario, todos
estaban más pendientes de las noticias y los rumores que del
acto formal.

Sarmiento se comportó con energía en los últimos días
de su mandato, tratando de aislar los focos rebeldes. Pero el
movimiento era indetenible. En la campaña bonaerense el
general Rivas acopiaba gente y llamaba en su auxilio a los indios de Catriel. En el Norte, los Taboada se declaraban revolucionarios. Arredondo amenazaba desde Villa Mercedes a
Cuyo y acaso Córdoba. Si no se actuaba rápidamente, el alzamiento se convertiría en una ruinosa guerra civil.

El mes de octubre pasó entre aprestos por ambos lados,
en medio de una creciente inquietud en la opinión pública.
Todo empezó a activarse cuando el 2 de noviembre apareció
Mitre en las costas del Tuyú, adonde había llegado desde
Montevideo; nueve mil hombres lo esperaban en distintos
puntos de la campaña para iniciar lo que se suponía habría de
ser un triunfal paseo hacia Buenos Aires. Avellaneda había
ordenado la leva de milicias y envió al coronel Luis María
Campos con tropas regulares para impedir la concentración
de los rebeldes. Pero el "Ejército Constitucional", como se
autodenominaron los revolucionarios, fue avanzando sin tropiezos y hasta con algunas pequeñas victorias, en dirección
a Junín. Allí encontró una inesperada resistencia: un desconocido jefe de milicias, Inocencio Arias, con sus bisoños reclutas, se hizo fuerte en una estancia para esperar la llegada
de los refuerzos de Campos. Los revolucionarios atacan una
y otra vez el improvisado reducto de Arias, sufriendo grandes

pérdidas. Mitre manda retirarse, y al comprobar la enormidad de sus bajas y el inminente arribo de Campos, obtiene una capitulación y se entrega prisionero. Años después me contaba don Bartolo que al tomar esta decisión sintió un inmenso alivio. Era contrario a la revolución y sólo accedió a encabezarla cuando ya fue imparable y su honor le obligaba a no abandonar a sus amigos. Posiblemente los meses que pasó en Luján, preso y con una condena a muerte flotando sobre su cabeza, hayan sido muy gratos para él: allí empezó a escribir su *Historia de San Martín*, que lo ha consagrado como el primero de nuestros historiadores...

En un mes, pues, había terminado la alteración en la provincia de Buenos Aires. Los Taboada seguían chumbando desde Santiago del Estero, pero cada vez con más prudencia y sin intentar salir de allí, acotados como estaban por los gobernadores de Tucumán y Catamarca. Quedaba Arredondo, y éste era un problema casi exclusivamente mío.

Dos circunstancias pesaban en mi espíritu para hacer de la lucha contra Arredondo una cuestión personal. La primera era que mi antiguo jefe había faltado a su palabra de honor: le aseguró a Sarmiento, para obtener el permiso de pasar a Mendoza en vísperas de la revolución, que estaba enfermo y necesitaba tomar baños allí: aunque desconfiaba de mi compadre, el presidente tuvo la debilidad de creerle. Después se golpeaba la cabeza con los puños y mandaba telegramas a todos lados averiguando su paradero... A mí me parecía condenable haber faltado al honor militar, y tomé como una obligación moral detener a Arredondo. La otra circunstancia fue el asesinato del general Teófilo Ivanowsky.

Arredondo necesitaba tomar Villa Mercedes para concentrar allí a las fuerzas comprometidas. Ivanowsky estaba al frente de la guarnición y no se rendiría. Se planeó emborracharlo pero el hombre se negó a ir a la fiesta donde habrían de intentarlo. Entonces Arredondo comisionó para aprisionarlo a un tipo de pésimos antecedentes, que odiaba a Ivanowsky por algún motivo que he olvidado. Como era de prever, ante su resistencia, el sujeto y sus acompañantes lo reventaron con una descarga cerrada: diez huracos le contabilizaron en el cuero. Este asesinato me sublevó. Ivanowsky era un alemán que se había enganchado muchos años antes como soldado raso con nombre supuesto, y fue ascendiendo hasta llegar a general. Era rudo y tosco, pero un militar excelente, atenido a una férrea disciplina.

Para Ivanowsky la autoridad nacional era el poder supremo, fuera su titular "el doctor de Michigán" o "el Chingolito", uno de los sobrenombres más suaves de Avellaneda. Su lealtad lo había llevado a una injusta muerte; no en el campo de batalla sino en su dormitorio del cuartel. " ¡No me rindo, chancho!" fueron sus últimas palabras.

Después de eliminar a Ivanowsky, Arredondo tuvo la desfachatez de comunicarse telegráficamente con el presidente, simulando ser el jefe asesinado. Sarmiento le dio diversas instrucciones y el falso Ivanowsky le preguntó qué debía hacer si lograba detener a Arredondo.

—Fusílelo sobre el tambor sin más trámite por traidor —fue la respuesta del otro lado de la línea.

—Váyase al diablo, viejo loco —contestó Arredondo, cortando la comunicación.

¡No hubiera deseado encontrarme al lado de Sarmiento en ese momento! Esto ocurrió en los últimos días de setiembre, y mi único temor era que el nuevo presidente insistiera en aquella orden. Derrotar a Arredondo y hacerlo prisionero estaba bien, era mi propia intención. Fusilar a mi compadre, ¡bueno! ya era otra cosa. . .

No quiero parecerme a esos viejos generales que suelen jeringuear a sus oyentes contando una y otra vez sus hazañas. Pero esta vez quiero relatar detalladamente la campaña que culminó en Santa Rosa, porque siento un orgullo que creo muy legítimo por mi actuación durante la revolución de 1874. Mi triunfo fue el del ingenio y la paciencia sobre la fuerza, y además, casi incruento. En aquellos dos meses tuve que luchar tanto contra el enemigo como contra mis propios jefes, que me abrumaron con órdenes imposibles de cumplir o instrucciones absurdas. Debí hacerme indiferente ante una opinión pública que me reclamaba acción y hacer oídos sordos a los estrategas de escritorio que denunciaban mis supuestos errores y hasta insinuaban duplicidad en mi conducta. Me mordí los codos al dejar paso libre a los revolucionarios, regalándoles sus avances sin hostilizarlos. Pero sobreponiéndome a todo, al fin hice lo que debía hacer para mejorar mi posición, robustecer mis fuerzas y buscar el momento y la forma más conveniente para dar la batalla decisiva. En esos dos meses maduré más que en dos años, en cuanto a seguridad en mí mismo y decisión para no obedecer a nada que no fuera mi propio criterio.

Lo peor de los primeros días fue la ignorancia en que estábamos sobre la fuerza de Arredondo. Yo descontaba, por ejemplo, que mi viejo 7º me respondería. Pero se pasó a la revolución, al igual que otras fuerzas distribuidas en la frontera. Sarmiento me nombró por telegrama "Jefe del Ejército del Norte" y me instaba a avanzar sobre Arredondo, pero el tal ejército sólo contaba con 600 hombres... Comprendí que era una imprudencia permanecer en Río IV, demasiado cerca del foco rebelde, y desdeñando la orden presidencial puse en el tren a mis efectivos para concentrarlos en Villa María, a la espera de los refuerzos que me prometían. Pero como Arredondo, después de ocupar sin lucha Río IV subió hacia Córdoba utilizando también el ferrocarril, me retiré por el mismo Central Argentino a Ballesteros y luego a Bell Ville, la antigua Fraile Muerto. Esto ocurría en los primeros días de octubre.

Así dejé que mi compadre entrara a la ciudad de Córdoba, lo que provocó un vendaval de críticas en Buenos Aires. ¿Cómo permitía el coronel Roca que los rebeldes ocuparan sin lucha la segunda ciudad de la República? A mí no me preocupaba este desplazamiento. Si lo que buscaba Arredondo era unirse a los Taboada, estaba perdido: no serían los salitrales santiagueños el escenario de la lucha definitiva. Lo que yo temía era que se viniera hacia la provincia de Buenos Aires para buscar la unión de sus fuerzas con las de Rivas. Esto sí hubiera sido muy grave. Pero si marchaba hacia Córdoba, quería decir que descartaba esa estrategia, la única preocupante. De todos modos y por las dudas mandé al inglés Fotheringham a levantar vías y robar locomotoras a Río Segundo para dificultar al enemigo un eventual movimiento hacia el Rosario. En el intertanto recibí de Santa Fe un par de escuadrones de caballería, uno de infantería y cuerpos de vigilantes, lo que me permitió avanzar de nuevo a Villa María y hacerme fuerte allí.

Arredondo estuvo en Córdoba tres días que le fueron absolutamente inútiles. Lo recibieron fríamente, le negaron apoyo político, no recibió ayuda de ninguna clase y tuvo que regresar a Río IV por el antiguo carril, a pie. Era el 10 de octubre y Sarmiento, todavía presidente, seguía bombardeándome con telegramas instando a atacar a los revolucionarios. ¡Atacar! ¡Si recién estaba organizando mis fuerzas! Disponía de elementos heterogéneos, provistos de armamento distinto, carentes de espíritu de cuerpo y que no conocían a sus superiores. Locura hubiera sido atacar con semejantes medios; yo conocía bien a Arredondo, su frialdad y su capacidad para echar mano de todos los recursos. No, no pensaba atacar todavía. Que mi compadre fuera y viniera por donde le bajara la gana, menos hacia Buenos Aires. Ya se iría gastando, y llegaría el momento en que nos mediríamos en condiciones más parejas. Calculo que en aquellas semanas recibí más de seiscientas cartas, notas y esquelas diciéndome más o menos lo mismo: "ataque, no pierda tiempo, no deje que se propague el movimiento". . Además de todas las tareas militares, tenía que contestar ese alud de comunicaciones dando seguridades, inspirando confianza y haciendo frente a versiones que casi me daban como cómplice de Arredondo. . .

Así es que el jefe revolucionario regresó a Río IV y en seguida continuó a Villa Mercedes. Sufría algunas deserciones, entre ellas las de unos oficiales del 7º que se reunieron conmigo, lo que me llenó de alegría. En Villa Mercedes dispuso el fusilamiento de unos suboficiales que habrían complotado para sublevar las tropas, y luego siguió su marcha hacia el oeste. En San Luis incorporó más fuerzas y prosiguió hacia Mendoza. El gobernador Civit había improvisado un pequeño ejército para resistirlo, que fue derrotado por Arredondo en el paraje de Santa Rosa. Con el camino expedito, se hizo dueño de la capital mendocina, pasó a San Juan para deponer a su gobernador, y agregando elementos en todas partes, a mediados de noviembre se encontraba al frente de una fuerza regular de 4500 hombres. ¡Toda una hazaña! Con esta disponibilidad se situó cerca del límite con San Luis, precisamente en Santa Rosa, a la espera de que yo llegara.

Por mi parte, yo seguía con lentitud el itinerario cumplido por Arredondo, haciendo conscientemente el triste papel del cuzco que ladra de lejos al intruso que se aleja. . . Dejé atrás Río IV, Villa Mercedes y San Luis. No me apuraba. Era inútil tratar de impedir la ocupación de Cuyo por los rebeldes, pero en mi marcha —debilitada por muchas deserciones— seguía recibiendo refuerzos de hombres y equipamiento. Fueron muy importantes, en este aspecto, las armas que me trajo el coronel Leopoldo Nelson, mi antiguo jefe de artillería en Pavón, consistentes en prácticos y livianos rifles fabricados por la casa Rémington, que sustituían con su sistema de disparos rápidos por aguja al viejo fusil de once movimientos previos a cada tiro. Exceptuando a los cuerpos de línea, mis tropas seguían siendo bisoñas, pero cada día que pasaba se endurecían y disciplinaban más.

Cuando llegamos al límite del territorio puntano me alcanzaron la noticia de la rendición de Mitre. Muchos de mis oficiales opinaron que Arredondo también se rendiría o pasaría a Chile después de disolver sus fuerzas, puesto que ya no tenía fundamento su rebeldía. Yo estaba seguro que no sería así. Conocía a mi compadre. No obstante, envié un chasqui para que le entregara los diarios que traían las crónicas de la capitulación, acompañados de un afectuoso mensaje exhortándole a deponer las armas. La respuesta fue tajante y ofensiva: no quiero recordarla.

Dispuse, pues, que siguiéramos avanzando, y entonces ocurrió un episodio que es uno de los más penosos recuerdos de mi vida militar. Trajeron a mi presencia a un gaucho joven, bien plantado, jinete de un espléndido colorado. Decía venir de Mendoza trayéndome un mensaje del gobernador Civit, que había retomado su puesto después que Arredondo evacuara la ciudad. Le pregunté cómo se llamaba; me dijo que era Cabituna. Agregó que hacía veinte horas venía cortando campo para cumplir su misión. De la suela de su bota sacó una nota sin mayor importancia, aparentemente escrita por Civit, y quedó parado frente a mí, callado, altivo, tranquilo. Me pareció raro tanto esfuerzo para un envío trivial, y ya estaba por olvidarlo cuando algunos de los mendocinos que me acompañaban empezaron a acusar al paisano de mentiroso.

—Es un bombero, mi coronel —afirmaban. Vea su caballo, está fresco. Mire la nota, limpita, como recién escrita. ¿Cómo puede ser que haya andado casi un día? Más bien parece que viene haciendo un paseíto desde el campamento enemigo. Lo han mandado para que espíe... ¿Y usted lo va a dejar ir?

El gaucho no hablaba. Nos miraba como si el asunto no le concerniera. Le hice algunas preguntas Respondió lacónicamente, casi con desgano. No sé qué me pasó en ese momento: ante la duda de que fuera o no un espía, me incliné sin reflexión por su culpabilidad. Ni siquiera atendí la sensata sugerencia de Fotheringham, que proponía sacrificar el caballo para comprobar si había comido o no en las últimas horas; acaso me dio lástima hacer matar un pingo tan bonito... El caso es que, casi sin darme cuenta, me escuché decir:

—Que lo fusilen...

El paisano me miró fijamente y se limitó a murmurar:

—Matan a un inocente.

Nunca podré olvidar esos ojos oscuros, que no transmitían miedo ni desconcierto. Se dejó ejecutar, estoy seguro, de puro digno... Si hubiera alegado y discutido, si hubiera hablado con pasión o desesperación, yo no habría cometido ese estúpido crimen. Pero Cabituna cargaba ancestralmente con ese señorío gaucho que le impedía suplicar, ni siquiera por la propia vida. Le pegaron cuatro tiros y todo el ejército desfiló frente a su cadáver al reiniciar la marcha.

A mí me persiguió el recuerdo a lo largo de los siguientes días, a pesar de las cosas importantes que sucedieron en su transcurso. Cuando llegué a Mendoza, lo primero que hice fue preguntarle a Civit si me había mandado un chasqui: en ese momento hubiera dado cualquier cosas por escuchar una respuesta negativa. Pero el gobernador me dijo que sí; que había enviado un mensaje con un hombre de su confianza llamado Cabituna. Se me ennegreció el alma. El oficio del soldado impone limitar al mínimo los remordimientos, pero al oír esas palabras sentí un ácido desprecio por mí mismo: es lo más cercano al remordimiento que he sentido en toda mi vida... Hice buscar a la viuda, le entregué dos mil pesos de la Caja del ejército, balbuceé mis condolencias y disculpas sabiendo que nada remediaba.

Y me hice el firme propósito —que he cumplido— de no firmar jamás una pena de muerte. ¡Cabituna!

El 6 de diciembre recibí al teniente coronel Benjamín Sastre, un distinguido jefe del Estado Mayor de Arredondo. Venía a proponer la capitulación de los sublevados a condición de que se reconociera el grado a los jefes y oficiales que lo acompañaban, una amnistía general y la permanencia en sus cargos de los gobernadores de San Luis y San Juan, que Arredondo había encumbrado deponiendo a los mandatarios legítimos. Era imposible transmitir a Buenos Aires semejantes exigencias, y se lo dije redondamente; Sastre me aseguró que el reducto formado por Arredondo en Santa Rosa era inexpugnable. Consideraba una locura atacarlo. Yo le reiteré la noticia de la capitulación de Mitre, que tornaba inútil la actitud revolucionaria. No quiso escuchar más. Y me fastidié cuando Sastre, ya levantándose, me dijo:

—Bueno, coronel, pronto se arrepentirá.

—¡No faltaba más! —salté yo. ¡Dígale a su general que mañana, a más tardar, se arrepentirá él!

Lo que yo había dicho era una gasconada. Estábamos a una legua de Santa Rosa y veíamos claramente una especie de monstruo de varias cabezas recortado en el horizonte. Se extendía a lo largo de veinte cuadras en forma de fosos y parapetos con salientes donde brillaban varios cañones. Uno de los lados de la fortificación terminaba en el torrentoso río Tunuyán; el otro costado, sobre terrenos inundados de montes y cercos que rodeaban la hacienda cuyo nombre llevaba el paraje. Una vez más, mi compadre demostraba su competencia: en pocos días había construido un reducto temible y unos 4500 soldados lo defenderían.

Algunos pasados me habían descripto, días atrás, la disposición de las defensas de Arredondo, y desde entonces yo daba mil vueltas al magín para dibujar un plan de ataque, sin lograr definirlo. Pero cuando al mediodía del 6 de diciembre aprecié en toda su extensión el perfil de la fortaleza, un recuerdo apareció nítidamente en mi memoria: Curupaytí. Iguales zanjas, idénticos parapetos, cercos de ramas, un río a un lado y obstáculos diversos del otro costado. Sí, era una copia de Curupaytí, ese infierno en el que habíamos estado obligados a avanzar a pecho descubierto. Aquí, en Santa Rosa, ni siquiera teníamos a un almirante brasilero que nos alentara con la seguridad de que descangallaría todo a cañonazos... Ahora ya sabía claramente lo que debía hacer.

Ordené armar las carpas (no todos los cuerpos disponían de esa comodidad) en una línea paralela al enemigo, colocando atrás los carros. Se improvisó una enramada para mi uso. Más tarde indiqué que se adelantaran algunos cañones, que tiraron contra el enemigo: unos trozos del parapeto volaron y de allí nos contestaron con disparos de artillería que tampoco causaron daños. Se prendieron fogatas y los soldados rancharon ligeramente. Todo daba la sensación de una instalación permanente. En mi precario alojamiento me afeité cuidadosamente, dejando bien recortados los bigotes y la pera. Después me puse un uniforme nuevo y me calé un sombrero de alas muy anchas que me había protegido hasta entonces de los solazos de diciembre. En aquellos tiempos los soldados nos vestíamos con las mejores galas para marchar a la batalla, y no nos importaba que los vivos rojos de nuestra indumentaria facilitaran la puntería del enemigo; ahora, según las crónicas periodísticas, los que están peleando en

Europa usan uniformes pardos para confundirse con el terreno: ¿cómo puede sentir la alegría del combate, digo yo, un ejército color de ratón?

Finalmente convoqué a mis oficiales, les expliqué mi plan y les indiqué que transmitieran las estrictas órdenes a las que habría de atenerse la tropa. Pena de la vida al que encienda un fósforo o prenda un pucho. Igual al que hable en voz alta. Envolver en trapos todo objeto metálico. Cada uno cargaría lo indispensable. En el campamento quedarían los cañones y la caballada. Nadie usaría prendas de color claro. Los resfriados, y los propensos a toser, se quedan. Salieron todos y yo contemplé los fuegos del vivac. Era una noche sin luna aunque estrellada. Oía el sordo rumor de los aprestos y tuve la percepción clara de jugarme el todo por el todo en una maniobra arriesgada y difícil.

Fue, le juro, la noche más larga de mi vida. Caminábamos sin marcar el paso, como promesantes de una procesión. La oscuridad era total y cada cual tocaba el hombro del que iba adelante, para no perderse. No se oía más que el deslizamiento de las botas y los tamangos en el yuyal. A nuestra izquierda se adivinaban las vagas formas del flanco de la fortaleza de Arredondo, muda y tétrica. Por momentos chapoteábamos en los charcos o debíamos detenernos hasta que los baquianos encontraban la pasada de los cercos y los montes de chañares. Las órdenes se susurraban para transmitirlas de boca en boca, como en confesionario. El resplandor de nuestras fogatas quedaba cada vez más atrás. Así anduvimos cuatro, seis, ocho horas

Una vislumbre de claridad empezaba a insinuarse a nuestras espaldas cuando ordené torcer en ángulo recto hacia la izquierda. De acuerdo a lo indicado, la tropa se dividió en tres alas: Racedo —que en esta campaña se había destacado como uno de los mejores— mandaría la derecha, Nelson la izquierda y yo el centro. Había caminado toda la noche con el alma en un hilo, imaginando el desastre que sobrevendría si desde el costado del reducto empezaban a fusilarnos. Pero nada había pasado. Ahora, en este preciso momento, cuando nos aprestábamos a atacar por retaguardia y se escuchaban ya las voces de mando y el sonido de las bayonetas y los rifles que emergían de sus envoltorios, ahora sí llegaba el momento más peligroso. Ya albeaba y veíamos nítidamente la retaguardia abierta del reducto. Se escucharon disparos aislados. Unos mil metros nos separaban del enemigo. Se ordenó ataque y al trote largo y sin perder la formación nos lanzamos hacia allí. Alcanzaron a defenderse bravamente pero el combate no duró mucho. Arredondo no había impartido ninguna directiva para un caso como éste, y sus efectivos sólo pudieron presentar una resistencia inorgánica. Así y todo tuvimos bajas sensibles como el coronel Carlos Paz, mi lejano pariente, muy querido por todos, y el comandante Timote, que cometió el error de detener el pelotón que mandaba para intimar rendición a los que tenía enfrente: lo dejaron seco de una descarga. Sus soldados, enfurecidos, ultimaron, al jefe enemigo después de haberlo hecho prisionero, lo que me disgustó cuando me enteré. Arredondo fue uno de los primeros capturados: un piquete de tiradores mandados por un mayor Palavecino lo encontró en el parapeto, mirando con su catalejo hacia nuestro abandonado campamento: no se convencía que todo mi ejército lo estaba avanzando desde atrás y todavía esperaba el ataque frontal para el que tanto se preparaba. . . Me contaron que durante la noche, el oficial de guardia lo había despertado un par de veces para avisarle que se advertían rumores sospechosos en el costado izquierdo del reducto; mi compadre comentó, como de costumbre:

—No nos han de hacer nada. . . —y siguió durmiendo.

Cuando se encontró rodeado hizo un gesto de fastidio. Palavecino, con el calor del combate, le intimó en tono altisonante que entregara su sable. Impasible, Arredondo contestó:

—Roca sabe que nunca uso sable. . .

Y tiró despectivamente a los pies de su captor el rebenquito que solía tener siempre a mano.

Para concluir: a las diez de la mañana todo estaba terminado. El recuento de bajas arrojó un saldo felizmente escaso: casi 9000 hombres se habían enfrentado allí, pero sólo hubo 19 jefes y unos cien soldados enemigos muertos; por nuestra parte, cuatro jefes y cuarenta soldados. El mismo día, al ponerse el sol, se enterraron los muertos; a Paz le di por mortaja el poncho que me había abrigado durante la marcha nocturna. Los jefes y oficiales prisioneros asistieron a la ceremonia portando sus sables. Los soldados habían sido incorporados a nuestros cuerpos; eran la eterna carne de cañón que sirven a una u otra causa según lo que ordenen sus jefes. No quise ver a Arredondo para ahorrarle una humillación, pero autoricé a Fotheringham a mandarle un catre y un cajón de cerveza. En realidad, el gesto no era muy generoso si tenemos en cuenta que tanto el catre como las botellas le habían sido confiscadas en su carpa al propio jefe revolucionario... ¡*Vae victis*! O, si se quiere transformar el apóstrofe latino en algo menos brutal y más criollo, "Come, Gómez, que de lo tuyo comes..."

Mientras marchábamos hacia Mendoza con alegre ánimo, llegó un mensaje que no me sorprendió: el presidente Avellaneda me ascendía. ¡General a los 31 años! Esos días me acordé mucho de mi padre: ¡cómo le hubiera gustado a don José Segundo verme con las insignias del generalato! Simulé una indiferencia que estaba lejos de sentir y me descargué escribiendo a mi hermana Agustina diciéndoselo; creo que fue la única jactancia en que incurrí. Recuerdo que nadie tenía a mano las insignias correspondientes y tuve que esperar unos días hasta que llegó un amigo del presidente portando las palmas bordadas que habría de hacer coser al uniforme.

El triunfo que no pude disfrutar en Buenos Aires cuando lo de Ñaembé, tres años atrás, me lo obsequiaron los mendocinos y mendocinas después de Santa Rosa. No menos de diez mil personas se agolparon para aclamarnos en las anchas calles de la ciudad que en solo trece años se había levantado sobre la devastación del terremoto. Traté de comportarme con modestia y serenidad, pero le aseguro que se necesitaba mucha conducta para no dejarse marear con tantos halagos, sobre todo los que venían por vía femenina; la novelería de las mendocinas las llevaba a cometer cualquier imprudencia para conocerme. Jefes, oficiales y soldados casi fenecemos de indigestión con reiterados banquetes donde lucían soberanamente las empanadas propias de allá, de esas que hay que comer abiertos de piernas para no chorrearse con el jugo... Después seguimos a San Juan, donde se nos acogió con la misma alegría. Era comprensible: en poco más de dos meses habíamos concluido con lo que al principio pareció una larga guerra civil.

Entre San Juan y Mendoza, pues, anduve varios meses, y también en Río IV y Córdoba: licenciar un ejército, pagar a la gente, recoger los enfermos, actualizar el inventario y devolver el armamento prestado cuesta más esfuerzos y mucho más tiempo que organizarlo y lanzarlo a la batalla... Finalmente, en julio de 1875 se me designó Comandante General de la Frontera, confirmando el cargo que venía desempeñan-

do de hecho desde 1872. Permanecería en ese puesto dos
años y medio, los que sumados a los anteriores dan un total
de cinco de radicación en mis Galias. No me puedo quejar:
mi tocayo estuvo nueve años en las suyas antes de regresar a
Roma...

Para no dejar temas pendientes sobre la campaña de Santa Rosa, le diré por último lo que pasó con Arredondo, cuya
prisión traté de hacer lo más cómoda posible. No me preocupaba mucho una condena a prisión porque suponía que después de un tiempo razonable sería beneficiado por alguna
amnistía. Pero sucedió que se hablaba, cada vez con mayor
seguridad, de que el ex jefe revolucionario sería fusilado: más
que la rebelión, lo que no se le perdonaba era lo de Ivanowsky.
Escribí a Avellaneda y a mis amigos, sugerí que las damas cordobesas suscribieran el petitorio que las de La Rioja y San
Juan habían elevado al presidente pidiendo por su vida. Pero
pasaban las semanas y no se advertía ninguna seguridad de
que mi compadre no fuera ejecutado. Yo juzgaba que era una
barbaridad fusilar a ese valiente que tantos servicios había
prestado en el pasado; la sangre de Arredondo sería en el futuro una fuente de infinitos rencores. Es cierto que, al igual
que el Chacho, Felipe Varela o los indios de la pampa, Arredondo no tenía cabida en la Argentina que lentamente estábamos diseñando. Pero no hacía falta matarlo: bastaba ex-
cluirlo del ejército, porque sin estado militar, el hombre no
era nada. El tema me enfermaba de rabia e impotencia pues
me sentía involucrado: si lo fusilaban, mi condición de general triunfante se degradaba a la ruin categoría de entregador.

Una noche de mediados de febrero de 1875, el prisionero fugó y días después apareció en Chile. Anduvo emigrado,
se reincorporó con su grado amparándose en la ley de amnistía que dictó Avellaneda y siguió metiéndose en cuanto alboroto se armó, pero ya sin prestigio ni atracción. Respecto de
su evasión, jamás contó cómo había sido o quién la había
organizado.

Yo tampoco.

1875 — 1880

I

En esos gloriosos meses que pasaron entre la victoria de Santa Rosa y mi regreso a la frontera, pensé mucho en mi destino personal.

Tenía la sensación de que una benévola estrella me estaba acompañando desde el principio de mi carrera. General de la Nación a los 31 años, ascendido siempre en el campo de batalla sin recibir jamás una herida y sin conocer nunca el amargo sabor de la derrota, salvo en Curupaytí (que de todos modos me sirvió como enseñanza para saber lo que no hay que hacer en ciertos casos); sin duda algo había en mi sino que me protegía constantemente. Me preguntaba si la condición para seguir gozando de mi buena suerte no sería, acaso, la obligación de consagrarme a una causa trascendente. No a una empresa de beneficio propio ni tampoco al servicio de un grupo o facción. Algo más alto e importante. La misteriosa protección que me preservara de errores, peligros y fracasos, debía tener como condición ponerla en favor de ese conjunto que yo sentía vibrar en el fondo más recóndito de mi ser: ese país que mi padre había contribuido a emancipar y al que él y dos de mis hermanos habían dado la vida. Y que yo, desde mi esfera, estaba ayudando a consolidar y pacificar. Lo que me pasaba no podía ser gratuito. Pero el precio no resultaba demasiado oneroso, pues todo me iba llevando a una consagración a la cosa pública que era en mi espíritu una vocación tan fuerte como la militar.

No eran, por otra parte, vocaciones contradictorias. Mi destino estaba ligado al del ejército: de esto no tenía la menor duda. Mi pensamiento y mi voluntad tenían que interpretar su voluntad y su pensamiento, pero influyéndolo, alimentándolo. En este sentido yo recogía lo que cada vez con más fuerza era la convicción de mis camaradas sobre el problema del indio: la necesidad de una lucha frontal y definitiva. Pero sucedía que mi ministro acariciaba otra idea.

Nunca simpaticé con Alsina. Tal vez intuía que podría-

mos ser rivales. Lo cierto es que no le hallaba las condiciones
que sus partidarios le atribuían. Era un buen amigo de sus
amigos y ejercía una especial atracción entre las clases bajas
de Buenos Aires, a las que seducía con su apostura varonil y
su oratoria, tan efectista como hueca. Fuera de esto, poco de
notable apreciaba en su persona. Sin embargo, debo reconocer que tomó muy en serio su responsabilidad como ministro
de Guerra de Avellaneda: estudió, se informó, conversó con
los entendidos y después recorrió la campaña bonaerense para
recoger una impresión directa del problema indígena y sus
posibles soluciones. Lamentablemente, Alsina llegó a conclu-
siones equivocadas. Apostaba a una estrategia defensiva.
Creía que mejorando los fortines, acortando sus líneas, unién-
dolos con el telégrafo, se establecería una frontera invulnerable a la que finalmente los salvajes respetarían. Tal concepción, mezquina y sin futuro, culminó con ese disparate que
fue la Zanja. ¡La Zanja! Una costosísima muralla china ex-
cavada a lo largo de leguas y leguas, que simbolizaba la contención impuesta por dirigentes miopes y sin audacia a un país
que quería expandirse.

A poco de hacerme cargo de la Comandancia fui llamado por Alsina y en una reunión a la que asistieron muchos
jefes, expuse mis ideas. Desde luego, eran totalmente opues-
tas a las suyas y Avellaneda, que no quería desautorizar a su
ministro, lo apoyó. Pensé solicitar mi relevo, pues preveía que
mi cargo no sería otra cosa que un largo y agotador forcejeo
con la autoridad de que dependía; algunos amigos me disua-
dieron. Entendían —y yo también llegué a creerlo— que poco
a poco se impondría mi criterio o que el de Alsina evidencia-
ría su debilidad. Me quedé, pues, y volví a Río IV decepcionado pero también decidido a seguir difundiendo mi pensamiento hasta que se impusiera a la opinión pública tal como
se había impuesto en el ejército.

Yo estaba seguro de que tenía razón, y por consiguiente
elaboraba sin cesar el plan que haría efectiva mi concepción
sobre el tema. Y puedo contarle el momento justo en que la
idea general se plantó con toda claridad en mi imaginación.
Fue una noche en el "Hotel de France", el mejor de Río IV
(lo cual no era gran mérito) en el invierno de 1873. Estábamos comiendo con algunos amigos y se me ocurrió entrar a la
cocina para dar una indicación. Al lado del armatoste de
hierro fundido que era la última palabra en materia gastronó-
mica, una señora muy gorda estaba amasando una superficie

de pasta para sacar de allí los *tagliarini* que en esos años empezaba a adoptar el gusto argentino como uno de sus platos preferidos. Ver eso y delinearse en mi fantasía la futura estrategia del Desierto, fue todo uno. Así tenía que ser: un rodillo que pasara implacablemente por la superficie a conquistar; un palo de amasar que se extendiera desde los Andes al Atlántico hasta llegar al río Negro, donde debían fijarse las fronteras patrias, para seguir adelante a lo largo de toda la Patagonia. Cinco o seis divisiones rodando coordinadamente para que la pasta quedara blandita, dispuesta a convertirse en lo que nosotros quisiéramos. Pero cuando en el calor de la discusión le expuse a Alsina mi teoría del rodillo, el hombre echó atrás su cabeza leonina y largó una gran carcajada...

En aquella época, vivir en la sede de la Comandancia General de Fronteras no era una sinecura, pero tampoco se la pasaba tan mal. La pomposamente denominada Villa de la Concepción del Río IV se jactaba de haber sido fundada por el marqués de Sobremonte cuando era gobernador-intendente de Córdoba; ya se sabe que sólo los cordobeses honran la memoria del infeliz virrey... No recuerdo si fue un poco antes o un poco después de mi llegada, cuando Río IV fue declarada ciudad. Sus habitantes estaban muy orgullosos de esa jerarquía, que compartían sólo con la capital de la provincia. Ciertamente era un título merecido porque se trataba de gente pujante y progresista: en ese tiempo ya había tres sociedades de socorros mutuos (de los españoles, los italianos y los franceses) y un club social. El Ferrocarril Andino y el telégrafo nos vinculaban al resto del mundo. Yo adherí a la iniciativa de traer una imprenta para publicar un periódico, *La Voz de Río Cuarto*, y suscribí algunas acciones de la sociedad editora, así como también me hice accionista del Banco de Río Cuarto, que no tuvo larga vida pero en su momento cumplió una función crediticia importante. Le señalo, de paso, el curioso hecho de que un cacique ranquel, Ramón Cabral, de quien Mansilla habla bastante en su mentado libro, también era accionista del Banco; había abandonado su vida salvaje, adquirió tierras, se hizo estanciero, y cuando se enteró del lanzamiento de una suscripción de acciones, compró algunas. ¡De cacique a financista! El caso demuestra que no hay regla sin excepción, y que algunos indios podían pasar fácilmente a la vida civilizada.

Lo que daba gran movimiento a la ciudad era su comercio. Había muchos almacenes y proveedurías que surtían a las estancias y poblados de la vasta zona circundante y hasta a los indios amigos asentados en las cercanías, trayendo sus mercaderías por ferrocarril desde Córdoba, el Rosario y Buenos Aires. Por la importancia de su giro se destacaba la casa de ramos generales de don Ambrosio Olmos, de quien me hice muy amigo. Ya en esos años era enormemente rico; su elección como gobernador de Córdoba, durante mi primera presidencia, me complació mucho, pues significaba el triunfo de un hombre que se había labrado su posición a fuerza de trabajo, y además, el reconocimiento de la importancia adquirida por el sur de la provincia. Y su ignominioso derrocamiento fue uno de los grandes disgustos que me he llevado en mi vida política. No sé si usted sabrá que don Ambrosio, viudo, viejo e instalado en Buenos Aires, dio en perseguir desesperadamente a una niña de buena familia porteña aunque sin fortuna, Adela María Harilaos, con la que lo separaba una tremenda diferencia de edad. Durante tres o cuatro años le suplicó que le concediera su mano hasta que finalmente ella accedió a casarse con don Ambrosio *in artículo mortis* en París, en 1902. Pero sea que el amigo Olmos no estaba tan *tentato di morire* como aparentaba, sea que la ansiada boda lo mejoró (aunque siempre se dijo que el suyo fue un matrimonio blanco) el caso es que vivió cuatro años más, hasta que su fallecimiento convirtió a la joven viuda en dueña de una de las más grandes fortunas del país.

Pero estos son chismes de viejo y si me pongo a hablar sobre personajes y cosas de Río IV no terminaría nunca. . . Podría recordar por ejemplo, a Victoriano Ordóñez, a quien no alcancé a conocer pero que era una verdadera leyenda, la del estanciero criollo que enfrentaba los malones con su peonada atrás; o don Blas Forton, el dueño del "Hotel de France", estrafalario y lleno de ideas progresistas que en ese momento parecían utopías. . . Hace mucho que no voy allá, pero sigo conservando buena parte de las tierras que compré en esa ancha franja que se extiende desde Las Acequias hasta Los Cisnes, al sur de la ciudad, y que Alejandro (cuyo nombre lleva una estación y pueblo de la línea ferroviaria que llegó allí en 1902) me administró con su habitual capacidad. Esas tierras las compré por indicación o más bien, por compulsión de Carlos Bouquet, uno de los hombres adinerados de Córdoba, muy amigo de Juárez Celman, que las adquirió en los remates públicos que realizaba el gobierno bajo los portales del cabildo, y las hizo escriturar a mi nombre. Entonces no valían nada; ahora forman,con las que me legó mi hermano,una sustanciosa parte de mi patrimonio.

Creo que los riocuartenses me quieren y se sienten orgullosos de su antiguo vecino. Por eso nunca reputé como acto de obsecuencia la ordenanza que sancionó el Consejo Municipal el día de mi cumpleaños de 1881, imponiendo el nombre de "General Roca" a la plaza principal. No sé si todavía se llama así porque ya se sabe que en este país las denominaciones de los lugares públicos son veleidosas, pero me placería que el foro de la vida de Río IV, el espacio donde se levanta la hermosa iglesia, los principales bancos, el club social y las tiendas más importantes, siga recordando a ese joven militar que vivió allí varios años y sólo abandonó la ciudad para emprender la carrera hacia la presidencia de la República.

Clara y yo nos instalamos con Alejandro en una casa bastante cómoda, cerca del edificio de la Comandancia, que era uno de los mejores de la ciudad: desde hace algunos años tiene allí su residencia mi viejo amigo Fotheringham. Un mes después de Santa Rosa había nacido Elisita, la primera de mis hijas mujeres. Durante los años en que estuvimos allí, Clara pasó largas temporadas en la casa de su madre, en la capital de la provincia o en Santa Catalina; acostumbrada a los regaloneos familiares, sentía la necesidad de escapar a la vida rústica de Río IV. Yo no me oponía a esas ausencias porque no faltaban chinas para atender mis necesidades y estaba demasiado ocupado para mimarla como merecía.

La atención de mi correspondencia era una de mis preocupaciones más fatigosas. Debo ser uno de los hombres públicos del país que más escribió a lo largo de su vida, al menos, durante los años de mi radicación en Río IV. Poca gente importante venía a verme en las quimbambas donde vivía, pero muchos se correspondían epistolarmente conmigo y me mantenían al tanto de lo que ocurría en todo el país. Así me fui enterando de algunos hechos insólitos que sucedieron en los primeros años de la presidencia de Avellaneda,como el incendio del Colegio del Salvador por una turba de fanáticos o el descubrimiento de una conspiración comunista que tenía por objetivo la abolición de la propiedad privada y la destrucción de toda forma de gobierno. En cambio, no tuve necesidad de cartas o diarios para advertir la parálisis de los negocios y la retracción de créditos que se empezó a notar en 1874 y se prolongó durante un par de años. Una expresión que nunca se había escuchado antes, "crisis económica", andaba ahora de boca en boca. No había dinero metálico, firmas importantes se fundían, se rebajaban sueldos y decíase que muchos bancos estaban al borde de la corrida. En este aspecto, Avellaneda demostró mucha decisión: cortó drásticamente los gastos oficiales, pidió ayuda al Banco de la Provincia de Buenos Aires y se mostró de acuerdo en la aprobación de una alta tarifa aduanera para evitar el ingreso de mercaderías extranjeras innecesarias. Otros motivo de inquietud fue la posible guerra con Chile, que hasta 1878 pareció inminente: felizmente los chilenos optaron por descargar su vocación bélica sobre el Perú, enzarzándose en una larga contienda de la que nosotros, en último análisis, salimos gananciosos sin derramar una gota de sangre ni gastar un solo patacón. Ya le hablaré de eso.

De todos modos y pese a tales sobresaltos, se palpaba el avance general del país. Llegaban inmigrantes en cantidades importantes, aumentaban los cultivos de cereales y hasta se exportó un poco de trigo. El Ferrocarril Central Norte arribó a Tucumán en octubre de 1876. Avellaneda se había impuesto como una obligación de honor llevar adelante el proyecto iniciado por Sarmiento, y como no halló interés en los capitalistas ingleses ni encontró compatriotas con suficiente dinero, encaró directamente la obra por cuenta del gobierno nacional. Cuando arribó a su ciudad natal —y la mía— pronunció uno de los más lindos discursos de su carrera. A partir de ese momento, la industria del azúcar, que hasta entonces era medio casera, importó maquinarias y en pocos años convirtió a la provincia en un emporio de riqueza. De estas súbitas explosiones de prosperidad, real o presentida, hubo varias en esos años. Recuerdo que una tarde Alejandro me alcanzó *El Nacional*, muy excitado:

— ¡Julio, seremos ricos! —me dijo.

—¿Quiénes?

— ¡Nosotros! ¡Los estancieros! ¡Se ha inventado un sistema que produce frío artificialmente!

Mi hermano me explicó que después de muchos experimentos ya estaba funcionando un artefacto que permitía "fabricar" frío. Por consiguiente, en vez de exportar carne salada en barricas, que tiene un gusto horrible y sólo podían consumir los esclavos del Brasil, ahora estaríamos en condiciones de enviar buena carne congelada a los mercados europeos.

—¿Y vos creés que los franceses o los prusianos, que son tan delicados, van a querer comer los matambres flacos y los costillares como arpas de nuestras vacas? —objetaba yo.

—No, por supuesto. Tendremos que ir cambiando la hacienda pampa por otro tipo de ganado más gordo, manso, no estas fieras guampudas que son puro hueso y músculo. . .

Yo seguía siendo escéptico, pero lo cierto es que dos o tres años más tarde empezaron las primeras exportaciones de carne, primero de oveja y luego vacuna. Lo que decía Alejandro era cierto. Tener campos y criar vacas sería el gran negocio argentino. Y aquí aparecía nuevamente mi obsesión sobre la gran ofensiva para barrer a los indios y ampliar la superficie útil del país.

En este aspecto, el ejemplo de Alejandro me parecía característico. Mi hermano empezó su lucha sin un real. Haciendo de mercachifle, recorriendo los pueblos de la campaña bonaerense a sol y sombra, aguantando los clavos de sus deudores y la ferocidad de los acreedores, logró hacerse de unos patacones. Pudo comprar algunos campitos en el sur de Córdoba, pero necesitaba tierras más amplias para criar ganado en la escala que ambicionaba. Pero ya no había campos buenos disponibles: en la provincia de Buenos Aires los propietarios, que lo eran desde la época de Rivadavia, no querían vender porque esperaban que alguna línea ferroviaria les valorizara sus propiedades; y en el sur de Santa Fe y de Córdoba, el peligro de los malones siempre estaba presente. Había hambre de nuevas tierras en la gente emprendedora como Alejandro, y ellas estaban al sur de la frontera. Había que conquistarlas para entregarlas a la civilización. Pero Alsina se oponía. . .

Sin embargo, con la perspectiva que permite el tiempo, debo reconocer que Alsina facilitó mi plan. Después del malón grande de diciembre de 1875 que arrasó Tandil, entre enero y marzo del año siguiente se realizaron expediciones de castigo que tuvieron éxito. Vintter, Villegas, Maldonado y Levalle golpearon a los salvajes arrebatándoles parte del ganado robado y haciéndoles muchas bajas. En marzo de 1876 se avanzó la frontera en el sur de Santa Fe y Buenos Aires, mediante un movimiento conjunto que era, en pequeño, el rodillo general que yo soñaba. Así, Nelson llegó a Italó, Villegas alcanzó Trenque Lauquen, Freyre ocupó Gua-

miní y Levalle se instaló en Pigüé. De inmediato se construyeron fortines para asegurar la nueva línea y se empezó a
excavar la maldita Zanja. Habíanse ganado buenas tierras
y comenzaba a acorralarse al salvaje quitándole sus comarcas
más ricas; pero no se trataba del avance general que yo quería, sino limitado a la provincia de Buenos Aires, y todo el
movimiento estaba signado por una actitud de defensa. A tal
punto lo era, que en la Comandancia de Río IV no tuvimos
otra cosa que hacer que leer en los diarios lo que estaban con-
siguiendo nuestros compañeros a cien leguas de distancia. . .
        Pero atrás de la línea seguían acechando caciques temi-
bles: el hermano de Calfucurá, su hijo Namuncurá, Catriel,
Pincén, Baigorrita, Mariano y tantos otros. . . Precisamente
fueron Namuncurá y Catriel los que asolaron Olavarría y Azul
en agosto de 1876, y Renquecurá y Namuncurá los que en
octubre penetraron hasta el centro de la provincia, y Coli-
queo quien maloneó en noviembre hasta cerca de Bragado,
y Pincén en diciembre hasta un punto no lejano de Junín. . .
La estrategia del ministro de Guerra, si bien había permitido
adelantar la frontera y hostigar duramente al salvaje, evidenciaba también su debilidad y mostraba que en ese tren tarda-
ríamos décadas en concluir el problema.
        A mediados del '76 resolví difundir mi posición. Aun-
que en los círculos dirigentes se conocía muy bien mi disiden-
cia con Alsina, había que hacer públicas mis razones. Entregué
a *La Voz de Río Cuarto*, desde donde se difundió a otros
diarios del país, la nota que un año antes había enviado al
ministro de Guerra exponiendo detalladamente mi plan, el
plan del palo de amasar. Puntualizaba: "El mejor sistema de
concluir con los indios, ya sea extinguiéndolos o arrollándo-
los al otro lado del río Negro, es el de la guerra ofensiva, que
es el mismo seguido por Rosas, que casi concluyó con ellos".
Aportaba muchos datos geográficos, recordaba los consejos
que me brindara el coronel Baigorria con toda la experiencia
de su vida entre los salvajes, y desestimaba el sistema de fortines que, a mi juicio, "matan la disciplina, diezman las tropas
y poco o ningún espacio dominan". Y remataba con una afirmación que a muchos les sonó como fanfarronada:
        —Yo me comprometería, señor ministro, ante el gobierno
y ante el país, a dejar realizado esto que dejo expuesto, en
dos años: uno para prepararme y otro para efectuarlo.
        No hubo reacción por parte de Alsina y así fue pasando
el año '77 en una tranquilidad que sólo interrumpieron algu-

nos pequeños malones en Mendoza y San Luis, sin mayor gravedad. El ministro podía creer que esta tranquilidad era el resultado de su estrategia; lo que ocurría, en realidad, era que los indios estaban replegados, esperando la ofensiva que parecía la lógica consecuencia de nuestros avances. Es decir que tanto ellos como los cristianos estaban en actitud defensiva: el único que no lo advertía era Alsina. . . ¡Qué curiosa esta pusilanimidad de un hombre que en lo personal era guapo y decidido! Qué raro, también, que no haya percibido la magnífica oportunidad política que se le ofrecía servida. Alvaro Barros, el más inteligente y sano de sus amigos y el mejor conocedor de los temas de frontera, le instaba a tomar la iniciativa. En una carta que le envió con un ejemplar de su libro *La Guerra de los Indios*, le decía: "Si no lo haces tú, lo harán los que vengan después, quizás nuestros enemigos políticos, y lo harán fácilmente". ¡Palabras de profeta!

Es posible que en esta excesiva prudencia influyera la aspiración presidencial de Alsina: acaso no quería dar ningún paso en falso en su carrera hacia la primera magistratura. Había levantado en 1868 su postulación para cederla después y convertirse en vice de Sarmiento; volvió a ser candidato en 1874 y tuvo que declinar para apoyar a Avellaneda; ahora, la elección de 1880 le llegaba en bandeja, y es posible que quisiera recoger los laureles de la Conquista del Desierto durante su presidencia y sin ningún riesgo. Porque,ciertamente, todo estaba dispuesto para que el jefe autonomista fuera el sucesor de Avellaneda. El presidente veía fantasmas en todos lados y se desvelaba con el presunto peligro de una nueva revolución mitrista. Había propiciado una amnistía que reincorporó a los militares alzados en 1874, pero esta excesiva generosidad le pareció que no bastaba, y descontaba que el mitrismo, con su actitud retraída y amenazante, ocultaba una conspiración de inminente estallido.

Avanzó, entonces, para establecer una vasta combinación que, a su juicio, le permitiría transcurrir en paz los últimos años de su gestión. Esta maniobra se llamó la Conciliación y fue anunciada con bombos y platillos en octubre de 1877. Consistía, en esencia, la concertación de un candidato mitrista para la gobernación de Buenos Aires, con el valor entendido de que el candidato a presidente sería Alsina. Los mitristas quedaron encantados, pues el convenio los sacaba de la abstención en que estaban encerrados para obsequiarles la primera provincia argentina. Pero en las filas autonomistas surgieron rezongos y un grupo de jóvenes —Aristóbulo del Valle, Alem y otros— se abrió, formando un grupo que se denominó "republicano". De todas maneras, que Alsina sería presidente en 1880 parecía algo indiscutible si lo apoyaba el gobierno nacional, una parte del autonomismo y el mitrismo entero, como hasta entonces ocurría.

Así estaban las cosas en los últimos meses de 1877. Yo permanecía en Río IV la mayor parte del tiempo, y sólo dos o tres veces en esos cuatro años viajé a Buenos Aires, siempre por razones de servicio. A Córdoba iba con alguna frecuencia, pero mis escapadas de Río IV respondieron casi siempre a la necesidad de recorrer la frontera o realizar alguna entrada a tierra de salvajes para reconocer el territorio. Esas cabalgatas de incursión por tierras de salvajes, casi siempre acompañado por Fotheringham, Gramajo y otros oficiales de mi confianza, forman parte de los más lindos recuerdos de esa época; andábamos días y días reconociendo la geografía, excitados con la posible aparición de los indios y comiendo lo que podíamos cazar, y regresábamos malolientes y barbados, contentos como chicos que han hecho una espléndida travesura... A veces me entretenía escribiendo artículos para los diarios amigos, firmándolos o no según conviniera. Y así pasaban los días y los meses, sin mayores alternativas. Por momentos, el hastío me hacía dudar si mi estrella no estaría eclipsándose...

A fines de diciembre de 1877 me trasladé a San Juan en compañía de Fotheringham, Gramajo y algunos oficiales más. Quería averiguar sobre el terreno el amotinamiento de unos soldados de la guarnición que, encabezados por un sargento, de un momento a otro mataron o pusieron en fuga a sus jefes y sometieron a los sanjuaninos a una gruesa contribución en metálico antes de pasar a Chile: sospechaba que atrás del motín podía esconderse algún movimiento político. No era así, y bastaron unos pocos días para establecer que se trataba de una de esas brutales explosiones de malhumor tan comunes entre la soldadesca de aquella época. Nos disponíamos a regresar a Río IV cuando alguien me alcanzó, desalado, un telegrama que me retransmitían de mi Comandancia. Era una noticia totalmente inesperada, que cambió el curso de mi vida. En ese momento, quedaron definitivamente desechadas las dudas sobre mi estrella. De allí en adelante no pude sino creer que existía y mas aún, que rutilaba más que nunca...

En ese tiempo, tres enfermedades súbitas —dos de ellas terminadas mortalmente— conmovieron al público en menos de un año y, por su significación política, dieron pábulo a antojadizas versiones que parecían sacadas de los folletines de *La Tribuna*. La primera fue la de Climaco de la Peña, gobernador electo de Córdoba, ocurrida en mayo de 1877.

Don Climaco integraba con Antonio del Viso la fórmula que mis amigos, encabezados por Juárez Celman, sostuvieron contra don Felipe Díaz, mi tío político, que por una vez había decidido romper de su actitud desinteresada en materia de candidaturas. Mis amigos cordobeses eran autonomistas aunque no alsinistas, y se enfrentaron contra el grupo de Díaz. Se trataba de enfrentamientos derivados de complejas situaciones locales donde tenían que ver hasta problemas familiares. Don Climaco no pertenecía al riñón de nuestros amigos pero era hombre de prestigio, generoso con su dinero y muy amigo del presidente; necesitábamos de su nombre para triunfar. Dio trabajo a mi concuñado arrancarle la aceptación de encabezar el binomio, pero al fin lo logró. Su compañero de fórmula, Del Viso, era por edad y formación mucho más cercano a nosotros. Ganamos la elección en enero pero a mediados de mayo, dos días antes de asumir la gobernación, don Climaco se nos murió. Había asistido a un banquete que le dio un médico italiano; a la salida sintióse mal y en dos días se fue de este mundo...

En cuanto me enteré de la novedad volé a Córdoba acompañado por algunos oficiales. El problema: ¿se convocaba o no a nuevas elecciones? Había mucha agitación en este sentido, pero para nosotros, ir a los comicios significaba, casi con seguridad, la derrota, pues no conseguiríamos otro candidato como el finado. Yo sostuve que el problema jurídico no tenía vueltas: Del Viso había sido elegido para reemplazar al gobernador en caso de ausencia o muerte, y poco importaba que se tratara de un mandatario electo o en funciones. Pero también dejé en claro que el tema no era jurídico sino político, y que teníamos que imponer a Del Viso de cualquier manera. Los partidarios de Díaz alegaban que debía convocarse a nuevos comicios o, al menos, esperar la opinión del presidente Avellaneda. No se discutió demasiado: la presencia de mis oficiales dio la impresión de que podía producirse una intervención militar, el diario *El Eco* de los Vélez nos apoyó, y mientras los leguleyos buscaban apoyos legales en una u otra estantería de las bibliotecas, llevamos a Del Viso ante la

Legislatura, lo hicimos jurar y lo dejamos convertido en gobernador con todas las de la ley. Ahora teníamos un gobernador mucho más cercano a nosotros que el propio don Clímaco: Del Viso nombró ministro de Gobierno a Juárez Celman, y nos encontramos de un día para otro que Córdoba era toda nuestra. No es de asombrarse que ante semejante voltereta de la situación hayan abundado los rumores sobre envenenamiento...

El suceso nos abría perspectivas interesantes en el interior. Sucedía que en las tres provincias cuyanas yo había dejado buenos amigos después de Santa Rosa, que me debían su reposición en los cargos y estaban dispuestos a establecer con nosotros acuerdos convenientes en el futuro. Además, en Santiago del Estero, la derrota de los revolucionarios del '74 significó el principio del fin de los Taboada; meses después de Santa Rosa, un movimiento de tropas nacionales llevadas allí con la proclamada intención de garantizar la libertad de sufragio hizo posible el triunfo de la oposición antitaboadista por primera vez en veinte años. Todo el tinglado dinástico se derrumbó y de inmediato surgió como el hombre fuerte de la provincia Absalón Rojas, que después sería uno de mis más sustanciales apoyos en el interior.

Así fue como, a fines de 1877, el grupo político cordobés que giraba en torno a Juárez Celman constituía un núcleo de poder que nadie dejaría de tener en cuenta para cualquier combinación nacional. Carecíamos todavía de objetivos concretos; mi concuñado solía decirme, un poco serio y un poco en broma, que yo debía ser el candidato presidencial de 1880, pero ambos sabíamos que no disponíamos aún de suficientes fuerzas. No podíamos ser factores de decisión, ni siquiera con el apoyo de otros gobernadores, pero si seguían así las cosas nadie podría dejarnos al margen. Por ahora nos contentábamos con esta evidencia. Yo tenía la clara percepción de que mis laureles de 1874 estaban un tanto añejos; habían pasado casi cuatro años desde Santa Rosa. Es cierto que no me había gastado desde entonces y sabía que algunos sectores de la opinión independiente —estancieros hambrientos de otros campos y empresarios en busca de nuevas oportunidades— seguramente me apoyarían. Pero no había podido agregar nuevos títulos a mis posibles aspiraciones, y la figura de Adolfo Alsina llenaba el futuro.

El telegrama que me llegó a San Juan, el anteúltimo día de 1877, cambió todo.

Se trataba de la segunda de las enfermedades misteriosas que le conté antes. Alsina había recorrido la campaña bonaerense desde octubre. En algunos puntos de su itinerario se sintió mal, con grandes dolores de cabeza, insomnio y malestares generales. Al regresar a Buenos Aires en los primeros días de diciembre, su estado mejoró y se lo dio por curado. Yo leí en los diarios algunas referencias a la salud del ministro, pero puedo asegurarles que en ningún momento jugué con la idea de su eventual desaparición: en política, especular con la vida de alguien es, además de inmoral, tonto. . . Por otra parte, Alsina tenía 48 años, era un hombre macizo y lleno de vitalidad. Nadie podía suponer que su dolencia fuera mortal. Falleció el 29 de diciembre.

Una semana después, un nuevo telegrama me anunciaba que había sido designado ministro de Guerra. Yo había bajado hasta Mendoza y de inmediato me puse en marcha hacia Buenos Aires. Fue entonces cuando tuvo lugar la tercera enfermedad repentina: la mía.

Acompañado por Fotheringham y Gramajo y llevando como único equipaje un tomito de obras de Molière, tomé en Mendoza la silla de postas. Un largo viaje nos esperaba. Iríamos hasta Río IV; aquí podía seguir en tren o continuar por el mismo medio hasta Buenos Aires. Si optaba por la comodidad del ferrocarril debía subir a Villa María, esperar otro que me transportara al Rosario y de aquí a Campana; el siguiente tramo lo haría por vía fluvial hasta el Tigre y de nuevo en tren hasta mi destino. Más directo era ir a Buenos Aires en la posta por el carril que pasaba por La Carlota y Pergamino, durante muchos años peligroso por la vecindad de los indios,pero que ahora era seguro.

En esos años existían en el país dos sistemas ferroviarios: el que partía del Rosario y seguía a Córdoba (Central Argentino) para extenderse hasta Tucumán (Central Norte) o bajar a Río IV y Villa Mercedes (Andino) que alguna vez llegaría a Mendoza y acaso a Chile. El otro sistema tenía su terminal en Buenos Aires y, a través de diversas empresas —todas inglesas menos una, el Ferrocarril del Oeste que pertenecía a la provincia de Buenos Aires— avanzaba hacia el poniente y el sur de la provincia. Los dos sistemas no tenían conexión entre ellos; eran como el resabio de la división entre la provincia porteña y "los trece ranchos" que venía de antes de Pavón y continuaba casi veinte años después de la batalla que, se suponía, había permitido reunificar el país. . .

Fuera como fuese, yo estaba ansioso por hacerme cargo de mi puesto. Trataba de distraerme de los mil pensamientos que me acosaban con las preciosas ridículas y con Tartufo, y dormitaba en los raros momentos en que la silla de posta tomaba un tramo más o menos bueno del camino. En un lugarejo de la travesía puntana, "Los Chosmes", paramos en la casa de posta. Era mediodía y mis compañeros y yo estábamos hambrientos. En ese tiempo no había horarios rigurosos; la mensajería continuaba su viaje cuando todos los pasajeros habían hecho lo que tenían que hacer. . . Pedimos, pues, un cabrito que era la especialidad del paraje y lo devoramos con buen apetito, sobre todo Gramajo, que ya era un comilón de leyenda. Fotheringham insiste hasta hoy que fue ese cabrito el causante de mi súbito malestar. Puede que tenga razón, o que haya sido algo que venía incubándose en mi organismo, tal vez un tifus, común en aquellos tiempos en que se bebía agua donde se podía. El caso es que aquella tarde empecé a sentirme mal y me fui poniendo peor a medida que pasaban las horas. Al principio era una degradante diarrea que obligaba al postillón a detenerse a cada momento. Pensé que mejoraría a medida que me descargaba, de modo que al llegar a Río IV di algunas instrucciones a mi gente, me despedí de mi mujer indicándole que esperara mis noticias y seguí viaje. ¡Para qué! Cada legua que pasaba me iba sintiendo más cerca del desfallecimiento. No podía volver. Ahora no eran solamente mis entrañas las que se desfondaban, sino también la cabeza. Perdía el conocimiento por momentos, hablaba con incoherencia. Trataba de simular que estaba mejor para no asustar a mis muchachos, que en vez de edecanes estaban haciendo de enfermeros. Con intervalos de leves mejorías pero deshecho y sin fuerzas llegué a Buenos Aires, donde quedé encomendado a los buenos cuidados de Ataliva y su familia.

Fueron tres horribles meses. Por momentos sentí que me moría. Soy un soldado, he visto muchas veces el rostro de la muerte y conozco bien sus morisquetas: eran las mías. Pero la muerte había caído sobre don Clímaco brindándome la segunda provincia del país; la muerte había segado a Alsina y hecho posible mi acceso al puesto donde podía realizar mi sueño de conquista. ¿Podía jugarme ahora una broma tan pesada? ¿Se atrevería a acariciarme con su hoz cuando hasta

ese momento había facilitado galantemente mi carrera a la
gloria? Entre fiebres que me estrujaban como un trapo de
piso y cagaderas que me dejaban exhausto y humillado, veía
pasar mi vida como en esas linternas mágicas que alguna vez había visto en los locales del Bajo. A través de la niebla reconocía las caras de mi mujer y mi hermano, algunos médicos que
iban y venían y unos oficiales de mi Comandancia que se
habían bajado a Buenos Aires al saber de mi gravedad. En
algún momento que recuperé la lucidez, alcancé a decirles
tristemente:

— ¡Muchachos! Lo mío no es nada, pero lo siento por
ustedes, que van a quedar como bola sin manija. . .

Muy lentamente, en una lucha donde cada día iba saliendo del pozo, fui mejorando. Habrá sido el doctor Bosch que
me cambió la medicación o la vitalidad de mi propia máquina, lo cierto es que a fines de marzo empecé a sentirme más
fuerte. Todavía debieron pasar dos meses para sentirme bien
del todo. Naturalmente, no esperé para empezar a trabajar en
lo único que me obsesionaba: mi plan, el rodillo que había
que modelar para cumplir el compromiso asumido ante el
país: "un año para prepararme y otro para efectuarlo". La
mala suerte me había escamoteado cuatro meses: ahora debía ganar el tiempo perdido y a eso me dediqué de manera
total.

Por de pronto, y como las cosas hay que hacerlas desde el principio, tomé casa. A diferencia de mi tocayo romano, yo no me había enriquecido en las Galias; nuestros bárbaros no pagaban tributos a la República sino que, por el
contrario, cobraban puntualmente los que les mandaba el gobierno. . . Pero aun sin ser rico, mi sueldo de general me
alcanzaba para aposentarme decentemente. Era la primera
vez que me instalaba en una residencia que podía considerar
propia: siempre había parado en lo de Ataliva cuando venía
a Buenos Aires, y en Río IV en la casa de Alejandro. Mis mo-
radas habían sido carpas de campamentos, piezas de cuartel
o la habitación del fondo de las familias con quienes contra-
tábamos una pensión cuando los oficiales estábamos de guarnición un tiempo prolongado; durante veinte años había sido
un gitano, un nómade uniformado. Ahora tenía la seguridad
de que arraigaría definitivamente en Buenos Aires; ya no me
alejaría de esta ciudad, tan atractiva y tan difícil al mismo
tiempo.

Clara se ocupó de amoblar y poner habitable nuestra casa de la calle de Suipacha, entre las de Lavalle y Corrientes. Era un barrio céntrico, no lejos de la Casa de Gobierno, a un par de cuadras de la iglesia de San Nicolás a la que mi mujer acudía para sus devociones. Uno de mis vecinos era el doctor Rufino de Elizalde, uno de los más conspicuos mitristas y hombre de encantador trato; cuando nos encontrábamos, solía contarle las picardías que yo había hecho en La Rioja diez años atrás, cuando le escamoteé sus electores presidenciales y él, con buen humor, me revelaba episodios que yo no conocía. Enfrente de mi casa había una comisaría, circunstancia no desdeñable en esos tiempos todavía inseguros, y dos colegios, uno francés y otro alemán, que alegraban el barrio cuando los alumnos salían en libertad después de las clases.

Al fin podía disponer yo de un dormitorio propio con un cuarto de baño al lado, un escritorio, sala para recibir, un amplio comedor. . . No se imagina usted lo que significaba para mí levantarme al alba y pasar a un espacio especialmente dispuesto para la higiene, sin necesidad de atravesar patios y corredores; tener a mano chorros inagotables para lavarse la cara y una lluvia para bañarme en sustitución de las tinas que había ocupado durante tanto años. . . No tiene usted idea de la ráfaga de civilización que me acariciaba, metafóricamente hablando, cada vez que amnistiaba mis propias heces con un niágara provocado por un simple tirón a una cadena, y verlas desaparecer sin dejar rastro ni fetidez. . . O el placer que me produjo el simple hecho de poder ordenar mis libros en una estantería, sacándolos de los cajones donde solían estar; o colgar trajes y uniformes en armarios y establecer bastones y sables en la base de los percheros donde colgaban quepis y galeras. Nunca he sido un sensual. A lo largo de mi vida he tomado agua de charcos con chifles de asta o champagne en copas de Baccarat, sin que se me moviera un pelo. Pero en esta etapa comencé a acostumbrarme a las cosas buenas y no sentí escrúpulos en paladear y gustar lo mejor, percibir la buena calidad de objetos de uso diario, reconocer entre el refinamiento y la ordinariez, distinguir lo bello de lo vulgar. Todo lo tomaba como una recompensa merecida y sabía muy bien que estas gratificaciones no alterarían mi índole ni habrían de malear mi auténtica naturaleza.

En los meses que siguieron y a pesar de mis ocupaciones, pude conocer mejor a Buenos Aires. No había cambiado mucho desde mis anteriores estadías. La plaza de la Victoria, la vieja recova, el feo edificio de gobierno y el nuevo de Correos —que algunos opinaban que debía ser la sede presidencial— seguían siendo el centro. Pero se notaba cierto desplazamiento de las familias tradicionales desde el barrio sur hacia Catedral al Norte, San Nicolás y el Socorro; decíase que la peste de fiebre amarilla, siete años atrás, había brotado con más virulencia en San Telmo y Monserrat y por eso la gente paqueta emigraba hacia lugares más sanos; las nuevas casas ostentaban fachadas adornadas con yeserías que los constructores italianos habían puesto de moda. Había más calles con empedrado y lo que saltaba a la vista era la cantidad de líneas tranviarias que unían los barrios y vinculaban a la ciudad con los pueblos aledaños. Se podía ir en *tránguay* a La Boca, a Flores y a Belgrano, y de hecho varias veces hicimos con Clara y los tres chicos —María Marcela se había agregado desde el año anterior a mi prole— más alguna muchacha de servicio, estas agradables excursiones. Era divertido escuchar el toque de trompa del mayoral, sus gritos alentando o insultando a los caballos. Cuando el vehículo pasaba por la casa de algún personaje, el conductor se detenía y mandaba decir al dueño si iba a subir; si era así, el *tránguay* permanecía allí todo el tiempo necesario hasta que el pasajero ilustre se dignaba ascender... Cuando íbamos a Flores o Belgrano se pasaba frente a campos pelados muy extensos o quintas cercadas de tunas o cinacinas, pero en algunos cruces de camino advertíanse núcleos de casas edificadas sobre los loteos que se remataban domingo a domingo, con banda de música, pasaje gratis y asado para los interesados. Advertí que estaban instalándose algunos molinos de viento; los vendía una empresa norteamericana y aparecían aquí y allá, desgarbados y movedizos; Alejandro solía decirme en Río IV que el molino de viento permitiría establecer aguadas donde se quisiera, liberando al estanciero de la necesidad de contar con un río o una laguna en su propiedad. Algunas veces fuimos a Palermo, al parque Tres de Febrero, todavía muy desprolijo. Allí estaba, sólido y hosco, el caserón de Rosas. Don Juan Manuel había muerto un año y pico antes de mi llegada a Buenos Aires; ya no se acordaba nadie de él, y mucha gente suponía que había desaparecido tiempo atrás. Supe que algunas familias, la de Quiroga entre ellas, habían seguido enviándole periódicamente una suma de dinero para aliviar la pobreza de su exilio.

Y termino porque podría estar horas contándole cómo fui descubriendo esta ciudad a la que llegué con mucha desconfianza pero terminé amándola y respetándola como pocos gobernantes argentinos lo han hecho. Quiero relatar, simplemente, que la ciudad transmitía, sobre todo, la sensación de un incesante movimiento. Por la calle se veía a muchos gallegos ofreciéndose como changadores, e italianos que vendían toda clase de mercaderías. En la plaza Once de Septiembre se concentraban los carros que venían del interior. Para mis chicos, el gran paseo era tomar el *tránguay* de don Federico Lacroze, porque su estación quedaba a la vuelta de mi casa, en Cangallo, entre Suipacha y Artes: la atracción del lugar radicaba en el negocio de un francés o catalán de apellido Godet, donde se consumían ingentes tazas de un exquisito chocolate...

Estos paseos los hacía muy de cuando en cuando, pues no bien me sentí un poco mejor puse manos a mi obra. Avellaneda había esperado pacientemente mi recuperación, se había interesado por mi salud y la primera vez que conversamos con alguna extensión durante mi convalecencia, prometió su total apoyo.

Yo tenía clara conciencia de que la ejecución de mi plan era resorte militar, porque el ejército tenía que llevarse la gloria de concluir con el problema de los indios. Y no solamente en el sur; una vez instalada la frontera en el río Negro sería necesario realizar el mismo trabajo en las comarcas chaqueñas lindantes con los ríos Paraná y Paraguay; eran territorios diferentes pero de ellos estaba ausente, también, el poder efectivo del Estado y el influjo de la civilización. Pero lo primero era conquistar el Desierto y hacerlo en una operación militar impecable, con el menor costo posible de dinero, materiales y hombres.

El plan también era político. Para llevarlo a cabo era necesario, previamente, persuadir a la opinión pública y convencer al Congreso. Se trataba de que los legisladores sancionaran una ley autorizando la inversión necesaria para llevar la frontera hasta los ríos Negro y Neuquén, cumpliendo así la ley 215 que se había sancionado durante la presidencia de Sarmiento, en plena guerra del Paraguay, que ordenaba fijar allí la frontera. El Congreso autorizaría a disponer de los medios para llevarla a cabo si una corriente importante de opinión se manifestaba a favor de mi plan. Necesitaba un vocero, alguien que pudiera difundir mi pensamiento, y me hablaron de un joven abogado rosarino que podía escribir algo. Era el doctor Estanislao Zeballos, que a los 24 años era tan inteligente y activo como ahora. Conversamos, quedó seducido con la idea, y en un tiempo increíblemente corto redactó uno de esos libros que hacen época. Reseñaba antecedentes históricos, daba noticias geográficas y presentaba todo el asunto como una apuesta histórica a la que los argentinos no podían negarse. Su título fue todo un hallazgo, atractivo como el de una novela de aventuras: *La Conquista de Quince Mil Leguas*. Yo agregué una carta introductoria para dejar en claro que el libro de Zeballos no hacía otra cosa que exponer mis propias ideas y conseguí, además, hacerlo imprimir por cuenta del gobierno nacional.

El libro apareció en setiembre de 1878 y tuvo un éxito clamoroso. Su segunda edición, publicada dos meses después por agotamiento de la primera, la imprimió el diario *La Prensa* a pedido mío: mi primo Paz no podía negarme este favor. Esta segunda tirada incluía un prólogo del autor que desarrollaba una idea que luego he usado varias veces: la conquista del Desierto era la contribución de la República Argentina a la civilización, tal como lo había sido la construcción del Canal de Suez, del ferrocarril norteamericano "coast to coast", la perforación de los Alpes o el cable submarino que ciñe los contornos del planeta. Dicho de otra manera, la Argentina, para ser incluida definitivamente en el club de las naciones civilizadas, tenía que contribuir con esas enormes praderas, hasta entonces vacías, escasamente conocidas y nulamente explotadas. Fue el argumento usado en el mensaje que Avellaneda, con mi refrendo, elevó al Congreso con el proyecto que se aprobaría como ley 947. De mi puño y letra redacté el mensaje, una pieza de la que me siento orgulloso. Se reseñaban en el mensaje los antecedentes de la lucha contra el indio desde la época colonial y a continuación preguntaba: "¿Podría vacilarse, con estos elementos y facilidades, en realizar hoy una operación que estuvieron dispuestos a llevar a cabo los virreyes, varios gobiernos patrios y el Congreso de 1867? Hasta nuestro propio decoro como pueblo viril nos obliga a someter cuanto antes, por la razón o por la fuerza, a un puñado de salvajes que destruyen nuestra principal riqueza y nos impiden ocupar definitivamente, en nombre de la ley del progreso y de nuestra propia seguridad, los territorios más ricos y fértiles de la República". Y seguía diciendo: "Hemos sido pródigos de nuestro dinero y de nuestra sangre en las luchas sostenidas para constituirnos, y no se explica cómo hemos permanecido en perpetua alarma y zozobra viendo arrasar nuestras campañas, destruir nuestra riqueza, incendiar poblaciones y hasta sitiar ciudades en toda la parte sur de la República, sin apresurarnos a extirpar el mal de raíz y destruir esos nidos de bandoleros que incuba y mantiene el desierto".

El libro de Zeballos, los artículos periodísticos que aparecieron en esos meses inducidos por mí, mis activas conversaciones con legisladores, políticos, estancieros y periodistas, confluyeron en un movimiento irresistible. ¡Si hasta tuve que sobarle el lomo al Héctor Varela, el de *La Tribuna*, una verdadera mierda de tipo! Pero yo comprendía que nada importante se puede hacer en este país si se carece de base en la sociedad porteña, que forja las corrientes de la opinión y enaltece o desbarata prestigios; que puede brindar los apoyos más sustanciales o crear los obstáculos más insalvables. Hablé con personas de apellidos patricios y con otras menos copetudas pero también significantes. Y también con algunos cuyos nombres no aparecían en los diarios pero manejaban palancas importantes: los que hacían negocios con los ferrocarriles, tenían empresas de colonización, se asociaban a los bancos del exterior que colocaban los empréstitos del gobierno y eran consejeros de los capitalistas ingleses y franceses: la gente, en suma, que apostaba a la prosperidad del país y deseaba un régimen político ordenado y continuo como condición para enriquecerse. Las quince mil leguas que prometía el libro de Zeballos estaban presentes en las conversaciones con esa fauna, en la que yo rolaba con desconfianza y sin afinidad, pero a la que debía atraer a mi redil.

A principios de octubre el Congreso sancionó la ley que autorizaba el millón seiscientos mil pesos en que se estimaron los gastos de la campaña; el articulado preveía la forma en que se venderían las tierras cuya enajenación pagaría el gasto de la Conquista. Hubo muchos escépticos; se dijo que el problema del indio habría de prolongarse por doscientos años más y que yo especulaba políticamente con el tema. A mí no me dieron ni frío ni calor esas críticas. Obtenida la ley, ahora podía dejar atrás todo el trabajo previo de conversación y persuasión para entrar a terrenos conocidos: los regimientos que participarían en la ofensiva, las armas a usar, la caballada, los oficiales a cargo de las unidades, los itinerarios a recorrer, el parque, la impedimenta: todo el aparato militar, en fin, que yo conocía como la palma de mi mano. Una de mis primeras órdenes al hacerme cargo del Ministerio de Guerra, fue hacer quitar a los milicos la coraza de metal que les había enjaretado Alsina en su obsesión de defenderse siempre y que tanto molestaba a los pobres chinos, recargados con ese pesado pectoral; la otra, desde luego, fue suspender los trabajos de la malhadada Zanja. Quería transmitir la impresión, desde el principio, que ahora nosotros avanzábamos. Que nuestra actitud de espíritu y nuestra estrategia era echar para adelante. Pude comprobar que un estremecimiento eléctrico pasó por el ejército entero. La fragua a cal y canto del ejército del Paraguay, probada en tantas oportunidades, sería puesta a prueba nuevamente con la formidable empresa que organizaba para desarmar el estrecho *corset* de la frontera actual y permitir la expansión de nuestro joven país hacia sus territorios vacíos: hacia el futuro.

Y me tocaba a mí, ¡dioses inmortales! capitanear la conquista de nuestras Galias. . . Lo haría bien y puntualmente, de esto estaba seguro. Terminada la faena, volvería a recoger mi triunfo, como correspondía. Cuando regresara vencedor, destruidos los bárbaros, clavados nuestros lábaros en esas comarcas, acompañado por mis centuriones victoriosos, ¿quién podría negar mis títulos a reclamar la gratitud de la República? ¿Quién podría oponerse a que ciñera en mi cabeza la corona de laureles del *imperium*?

II

La posteridad habrá de asombrarse cuando los historiadores puntualicen que el secular problema del indio concluyó con un paseo casi sin enfrentamientos, donde nuestra lucha tuvo como destinatarios a los habilitados, los despenseros y los proveedores. . . y también el frío y la viruela. Es que todo se hizo con matemática puntualidad y, a pesar del corto tiempo de preparación, la organización que pusimos en marcha demostró ser excelente. Gran parte de la tarea había sido realizada por mi predecesor con los avances que ya he contado, y el resto lo logré yo mismo, meses antes de emprender la marcha final, con ofensivas parciales que golpearon a los indios en varios flancos, los acobardaron y echaron de sus guaridas habituales. En realidad, la Conquista del Desierto quedó asegurada entre mayo y, más intensamente, octubre de

1878 y enero de 1879, con las expediciones que hicieron Teodoro García, Freyre, Vintter, Villegas, mi hermano Rudecindo, Nelson, Levalle, Racedo y Rufino Ortega. Desde Mendoza hasta Bahía Blanca, todos fueron avanzando hacia el sur con objetivos previamente fijados. Fue un ensayo general del gran rodillo que aplastaría a los indios entre abril y junio de 1879; en total, veintitrés expediciones cortas, realizadas por cuerpos de no más de 300 hombres, que no debían durar más de un mes para no cansar a la tropa ni aplastar la caballada. Todas tuvieron éxito en mayor o menor grado: tomaron algunos prisioneros —entre ellos Pincén, tal vez el más aguerrido de los caciques pampas—, acostumbraron a los soldados a no temer al salvaje y a recorrer una tierra que asustaba sólo por no ser conocida; demostraron la superioridad de nuestras armas y empujaron al enemigo lo más lejos posible para impedirle reabastecerse con las vacas y las yeguas de las estancias. Por sobre todo, desmoralizaron al salvaje, que ya estaba oliendo su aniquilación, y entonaron nuestros propios ánimos. Esos meses de golpeteos ágiles y rápidos, contramalones en realidad, fueron decisivos: una especie de visteo de cuchillero para probar la capacidad de reacción del adversario antes de empezar a tajearlo en serio...

En esos últimos meses del '78 yo tuve la certeza de que la ofensiva final no solamente se coronaría con un total éxito, sino que habría de lograrse casi sin combates. Los indios ya estaban derrotados. Alsina había empezado a vencerlos, aunque no tuvo visión para advertirlo, y a mí me tocaba despenarlos. Días antes de emprender la marcha, Zeballos me preguntaba detalles del movimiento.

—No se confíe tanto, general —me decía. Mire que los salvajes no han sido exterminados... Quedan Namuncurá y Requencurá, y los jefes de la dinastía de los Piedra son bravos...

—Sí —le contesté— pero si ellos son Piedra, yo soy Roca...

El rosarino se rió creyendo que era una *boutade*. Yo lo decía muy en serio: nunca en mi vida emprendí una acción de la que estuviera tan seguro.

Esto no quiere decir que la cosa haya sido simple. Ni entonces ni ahora es fácil mover una masa de 6000 soldados, a los que agregarían 800 indios amigos, con 7000 caballos, ganado vacuno y bueyes, en movimientos que debían coincidir para que el 25 de Mayo de 1879 estuviéramos frente al río

Negro. Había que estudiar muy bien los itinerarios de las diversas columnas para que no faltaran pastos ni aguadas. Era necesario prever un vestuario adecuado, pues aunque no conocíamos bien el terreno asignado a algunas de las divisiones, se suponía que en mayo y junio la temperatura sería gélida en los contrafuertes de los Andes y en los desérticos espacios al sur de Bahía Blanca.

El aspecto militar era el que menos me preocupaba. Casi todos los efectivos eran de línea, soldados probados y veteranos. A sus jefes los conocía muy bien, desde la guerra al Paraguay en su mayoría. Los rémington, generalizados en la mayor parte de las unidades, nos aseguraban una ventaja insuperable con su sencillo sistema de carga y sus seis disparos por minuto. Resolví prescindir totalmente de la artillería. Puedo asegurarles que en esos meses sólo pensaba en caballos y vacas, es decir, en la movilidad y los víveres.

Serían cuatro columnas las que operarían: en el poniente, la de Napoleón Uriburu, salteño, mi amigo desde mi estadía en su provincia diez años atrás, bajaría desde San Rafael hasta Neuquén. La división bajo mi directo mando partiría desde Carhué con destino a la isla de Choele-Choel, en el río Negro, y desde allí torcería hacia el oeste hasta unirse con Uriburu. Estas dos columnas eran las puntas del rodillo, los dientes mayores de la pinza. Entre ambas operaría la división al mando de Racedo, que bajaría de Villa Mercedes, mientras la de Levalle saldría de Carhué hacia el oeste. Una división suplementaria, la de Hilario Lagos, dejaría su base de Trenque Lauquen para situarse en Toay o sus inmediaciones. Así cubriríamos todo el territorio a conquistar, pues mi rodillo no rodaría siempre en la misma dirección. El objetivo primordial era llegar al río Negro en el día de la Patria. Este punto y esa fecha se transformaron en obsesiones, cobraron una simbología mágica. El 25 de Mayo adquiría en mi espíritu el auspicio de un día fasto, grato a los dioses y reservado para contemplar una gran hazaña, así como el río era un decisivo Rubicón al que debía arribar inexorablemente si no quería quedar desacreditado ante la opinión pública. ¡El 25 de Mayo en Choele-Choel! Aunque no quise que trascendieran tales metas, todo el mundo las conocía. Y muchos apostaban a que no las podría cumplir...

Pero no se trataba sólo de símbolos o de supersticiones patrióticas. Yo evaluaba bien la resonancia política de la expedición y su significación en mi propia carrera; sabía la importancia de llegar a tal lugar en tal fecha. Traté, por eso, que el país estuviera informado casi día a día de las alternativas de la marcha, al menos de la que efectuaría mi columna: Remigio Lupo, corresponsal de *La Pampa*, se incorporaría a mi división, en la que también vendrían hombres de ciencia, entre ellos varios de los alemanes traídos por Sarmiento a Córdoba, que no resultaron ser los menos entusiastas de la partida. Había un nutrido grupo de sacerdotes con la misión de bautizar indios aunque fuera a palos. De sobra sabía yo que, terminada la Conquista, no tendría tiempo ni ganas de redactar mis propias *Bellum Galiae:* algunos de mis acompañantes escribieron crónicas y diarios de marcha que habrían de llenar esta omisión.

A principios de abril, todo estaba listo. La tropa había gozado de un par de meses de descanso; la caballada estaba fresca, los proveedores sabían dónde y cuándo debían alcanzarnos, todos conocían las rutas a seguir. En mi despacho de Buenos Aires me abrumaban los pedidos y recomendaciones; harto de papeleo, rodeado de un pequeño grupo, tomé el tren al Azul y después de unos días partí a Carhué. Allí hice difundir una proclama que traía impresa; decía lo que puede esperarse en un documento como ése, y al final, después de un viva a la Patria y otro al presidente, agregué una galantería que, supuse, me agradecerían los autonomistas porteños: "Honor Eterno a la memoria del Dr. Alsina, mi ilustre antecesor".

Era de justicia, no me costaba nada hacerlo y no podía olvidar que a la vuelta de un año se elegiría un nuevo presidente. El apoyo de los antiguos partidarios de Alsina en la provincia de Buenos Aires sería casi imprescindible para cualquiera que aspirara a la primera magistratura de la Nación. . .

No todo anduvo tan bien como yo esperaba, pero en líneas generales la operación fue precisa y hasta espectacular. La división de Uriburu arrancó con un mes de retraso y no pudo unirse a la mía como estaba acordado. Pero cumplió satisfactoriamente su misión. Fue la que tuvo el trabajo más duro; debió recorrer más de 500 kilómetros soportando fríos de hasta 12° bajo cero y enfrentando a grupos de indios armados con rémingtons provistos por los chilenos que les compraban las vacas robadas en nuestras estancias. Esta división dejó fundado un fortín en el punto que hoy es el pueblo neuquino de Chos Malal, y a su cargo estuvo la eliminación de Baigorria, que venía encabezando retazos de salvajes empujados hasta allí por las otras divisiones. La columna de Racedo salió puntualmente de Villa Mercedes y limpió de indios, sin mayor lucha, el sur de San Luis y el noroeste del actual territorio nacional de La Pampa. Por su parte, Lagos también partió en la fecha que se le indicó, dejó algunos puestos en su marcha y llegó a Toay sin mayores novedades. Otra columna, mandada por Godoy, se le incorporó en este punto después de una marcha de 200 kilómetros, sin perder un solo soldado y capturando varios centenares de salvajes. Finalmente: Levalle salió de Carhué una semana después que yo, llegó al centro de La Pampa, destacó fuerzas que tomaron contacto con Racedo y Godoy y quedó allí; algunos de sus destacamentos no encontraron un indio ni para remedio, aunque los buscaron ansiosamente por todos lados. . .

Yo salí de Carhué el 29 de abril, y al llegar a Puán envié como vanguardia a un escuadrón mandado por el capitán José Silverio Daza, un catamarqueño que años después sería gobernador de su provincia, y ha escrito un libro en que recuerda con cierta ironía mi actuación en la Conquista: así, al menos, me han contado. Daza tenía como misión adelantarse al grueso de la división y llegar a Choele Choel para encontrarse con la expedición naval mandada por Guerrico, que remontaría el río Negro. Me había hecho construir una berlina por si me fatigaba andar a caballo, y para tener ordenados allí los papeles, los mapas y los libros que llevaba. El carricoche resultó muy útil pero cargó con las maldiciones de los pobres milicos cada vez que había que empujarlo para remontar médanos y atravesar guadales. . . No era lo único pintoresco de mi columna, pues nos seguía el habitual cortejo de mujeres con sus chicos, perros y hasta gallinas en jaula, además de los indios amigos que daban a la caravana un pintoresco marco. Más que una expedición militar, parecía el éxodo de un pueblo, como le escribí a Avellaneda.

Mi salud y mi humor eran excelentes. Jornada a jornada avanzábamos hacia el sur sin inconvenientes, con un tiempo lindo pero cada vez más frío. Mi periodista tenía que devanarse los sesos para inventar hechos que dieran interés a sus crónicas. . . El 10 de mayo llegamos al río Colorado y allí me enteré que Guerrico no había podido remontar el Negro debido a una bajante del río. Fue aquí donde empezaron a escasear, de modo preocupante, los caballos de repuesto y el ganado vacuno que teníamos que recibir. Esperé unos días, malhumorado por esta demora que amenazaba arruinar el programa trazado. Nos entreteníamos cazando mulitas y venados para parar la olla. Al fin mandé a un oficial a Fortín Mercedes y Patagones con la orden de conseguir, de cualquier manera, caballos y vacas. El 14 cruzamos el Colorado: hubo que despicar parte de la barranca para que la impedimenta pudiera vadearlo, y allí tuve otro *bel gesto* con destinatarios fijos: bauticé como "Paso Alsina" el lugar. Daza había terminado su turno como jefe del escuadrón de reconocimiento y en su reemplazo mandé a Fotheringham, que me inspiraba más confianza. Dejé 70 hombres en pleno desierto, en el punto de Choique Mahuida, para que hicieran de nexo entre mi columna y las restantes, así como para asegurar las comunicaciones con Buenos Aires, y seguimos marchando hacia el río Negro dejando atrás al grueso de la tropa.

Ahora yo iba a caballo, liberando de mi persona al carruaje que tantos sudores había exprimido a los soldados. Me acompañaba una pequeña escolta. Urgíame llegar a tiempo a la cita. Fotheringham me mandó un chasque indicándome el rumbo que debía seguir; ya había llegado al río y se había encontrado, por fin, con Guerrico y con el oficial que yo había enviado a buscar ganado. Venían yeguas; nada de vacas. . . Desde entonces comenzó el régimen de carne de yegua, que duró casi hasta el final de la campaña. Y el 24 de mayo, a la hora de la siesta, día sábado, con cielo limpio y temperatura muy fría, mi caballo amusgó las orejas y largó un suave relincho cuando la hoja reluciente del río Negro apareció detrás de unas lomas peladas y la isla de Choele Choel en todo el esplendor de su arboleda. Y sobre la rama más alta del sauce más empinado, la bandera azul y blanca. . .

Acampamos. Un talante jubiloso campeaba en todos los rostros. Nadie se acordaba del hambre que teníamos ni pensaba en el que todavía tendríamos que aguantar. ¡Allí estábamos! A la orilla del mágico río que nace en los Andes y después de atravesar el norte patagónico desagua en el Atlántico. Con tiempo de ponernos de punta en blanco para esperar, al otro día, el amanecer del sol de Veinticinco. . . Esa noche, nuestro pequeño vivac no parecía un acantonamiento militar sino una fiesta. Las llamas de los fogones se multiplicaban en el espejo de agua. De una carpa a la otra se cumplían visitas, se llevaban pequeños obsequios, se tocaba música con una guitarra que el jefe de la expedición nunca supo dónde se había escondido. . . El coronel Villegas, el mejor y más querido de los militares de la frontera, se presentó en mi tienda con toda la oficialidad para felicitarme y renovar su juramento de servir a la Patria en toda ocasión; terminó su pequeña alocución con un viva al presidente y otro en mi honor. Aparecieron botellas de ginebra, cognac y Hesperidina, y pronto todo fue un gran jolgorio. Tuve que aparentar ponerme serio y ordenar que cada uno volviera a su puesto, de otro modo la farra hubiera continuado hasta el alba. Es que todos nos sentíamos en ese momento, protagonistas de una gesta nacional. Habíamos rematado una obra que ni los españoles, ni los gobiernos patrios, ni Rosas, Urquiza, Mitre o Sarmiento —incluido Alsina— habían podido realizar. Estábamos regalándole a la Patria en el día de su cumpleaños, 500.000 kilómetros cuadrados para que en esa enorme extensión se engrandeciera.

El 25 de Mayo se celebró con tiros de fusiles y dianas triunfales. El grueso de la columna nos alcanzó ese día, enculados sus oficiales por haberse perdido el histórico momento. No importa: ellos también figuran en el enorme cuadro que pintó Blanes para inmortalizarlos, como aparecen asimismo muchos jefes que no estuvieron allí, como Levalle, Racedo, Ortega y otros. Pero el arte es así... En realidad, lo más inexacto del cuadro de Blanes es la indumentaria con que nos muestra; impecables uniformes, charreteras y bordados, cuando en esa expedición cada uno iba vestido y abrigado del mejor modo que le parecía. . .

Habíamos hecho 700 kilómetros y era momento de descansar. Permanecimos a la orilla del río Negro unos días. El 1° de junio el provisor Antonio Espinosa, que después sería arzobispo de Buenos Aires, ofició un solemne tedéum, una ceremonia que habría emocionado a Avellaneda en su creyente corazón de católico, más aún si se agregan los muchos bautismos que se hicieron ese día. El 25 de Mayo yo había enviado un telegrama al presidente anunciándole el cumplimiento de la misión encomendada; ahora le avisé que me dirigía hacia el oeste para encontrarme con Uriburu y conversar con los caciques de los faldeos de la cordillera, "hasta donde me los permitan los caminos y los fuertes fríos". Partí al día siguiente en compañía de Fotheringham y una escolta de 50 hombres. El 11 llegué a la confluencia del Neuquén y el Limay. Fotheringham me esperaba allí; sabiendo de su repugnancia británi-

ca por la carne de yegua, yo le había enviado un costillar de
vaca con este mensaje: "Para que se acuerde de que es cristia-
no..." Ese día, cuando llegué a las juntas del río, el inglés loco
hizo algo casi increíble: cruzó a caballo, medio desnudo, esas
aguas heladas y turbulentas que nadie había podido pasar. Ordené que desde ese momento la confluencia se llamaría
"Paso Fotheringham" y entiendo que así figura en algunos
mapas.

En ese momento ya tenía noticias de Uriburu: estaba a
casi cien kilómetros al oeste. No había necesidad de seguir
subiendo hacia los faldeos precordilleranos pues, me avisaba
el salteño, no había caciques con quienes parlamentar:
habían caído prisioneros, los habían matado o escaparon a
Chile. El 13 de junio, pues, emprendimos el regreso hacia
Choele Choel, adonde llegamos cuatro días más tarde con
bastante penuria, pues el río Negro había hecho una gran
inundación y el terreno estaba fangoso y pesado. Con una docena de oficiales seguimos hasta Conesa, poblada casi exclusivamente por indios sometidos, donde nos embarcamos en la
lanchita "Triunfo". La llegada a Carmen de Patagones fue
emocionante: los habitantes, quienes se llamaban a sí mismos
"maragatos", nos recibieron en triunfo. Durante un siglo esa
pintoresca aldea había sido la centinela argentina en la Patagonia, y nadie mejor que su población comprendía la importancia de lo que habíamos hecho. Allí embarcamos en la cañonera "Paraná", que nos llevaría por vía marítima a Buenos
Aires.

Tal es, en sucinta y verídica relación, lo que después se
dio en llamar la Conquista del Desierto. Nada tuvo de épico
ni puedo describir, sin faltar a la verdad, hazañas guerreras de
ninguna clase en la columna que yo comandé; las otras, ya les
conté, hicieron lo suyo, pero no hubo batallas ni hechos so-
brecogedores. Mi memoria, al menos, dibuja esas jornadas
como una alegre cabalgata de buenos camaradas bajo el tibio
sol otoñal de la Patagonia. Los sacudones del carruaje, el dulzón olor a carne de yegua y el frío de los madrugones al
toque de diana son los recuerdos más sacrificados de mi
excursión. Pero ¡a no equivocarse! Si el final de la guerra
contra el indio del sur fue tan poco movido, ello se debió a
que antes había existido una lucha prolongada por décadas,
muy dura y llena de alternativas bélicas, que ha de merecer,
sin duda, el reconocimiento de las generaciones que nos
sigan.

Los resultados alcanzados por las distintas columnas pueden exponerse con números muy concretos: unos 1600 indios de pelea muertos o prisioneros; no menos de 10.000 de chusma que se entregaron; seis caciques principales cautivos. La mayoría fue distribuida en pequeños grupos en las estancias de Buenos Aires y Córdoba; otros se asentaron en diversos puntos de la campaña. A algunos se los destinó a servir en el ejército y la marina. Los más peligrosos o más importantes se remitieron a Martín García y muchas chinas jóvenes se distribuyeron entre familias conocidas de Buenos Aires y las provincias, para servicio doméstico. Los caciques que todavía andaban sueltos se fueron entregando en los meses siguientes: el principal, Namuncurá, nos ofreció a su hijo, que fue puesto bajo el amparo de los salesianos: creo que lo mandaron a estudiar a Roma, donde murió hace poco tiempo. Era el triste destino de una raza vencida; su suerte no fue diferente a la de otras similares en el resto del mundo, tanto en aquella época como antes y después.

Lo importante de la Conquista no fue la aniquilación del salvaje, que ya estaba vencido, sino el hecho de haber adoptado una enérgica actitud de posesión en esa parte de la Argentina que hasta entonces no era nuestra en los hechos. Por eso, contestando a las preguntas tontas de un periodista, un día que perdí la paciencia le dije:

—En esta expedición hemos descubierto que no había indios. . .

Me criticaron mucho por estas palabras, que parecían llenas de cinismo; lo que yo quería decir era que bastó un acto de coraje para terminar con un problema secular. Fue un acto posesorio, la afirmación ritual de la soberanía, más que una expedición militar. En alguna de las provincias norteñas por donde anduve en mi juventud, me mostraron documentos de la época colonial que acreditaban la toma de posesión de tierras que los reyes habían otorgado en merced. En esos viejos papeles constaba que el vecino se constituía en el solar, hacía salir de allí a los presentes, cortaba pastos con su espada y recorría a grandes trancos el terreno, cumplido lo cual quedaba reconocido como titular de la propiedad. Y bien: yo había hecho lo mismo que esos remotos antepasados. En nombre de la Patria fui hasta el lejano sur, eché a los que allí estaban, abrí senderos, reconocí los lugares, corté pastos con mi sable y dejé en claro que, en adelante, sólo la Nación ejercería su dominio sobre esos territorios. Fue el cierre

de un largo proceso de sangre y violencias, y me tocó en suerte haber sido el actor final de ese drama.

Termino de contarle mi relato. Cuando me embarqué en
Carmen de Patagones era la primera vez que navegaba por mar,
siendo que era Ministro de Guerra y Marina... Y el regreso
no estuvo de acuerdo con la gloria de la expedición. El
buquecito se movió locamente y todos hubimos de quedar en
los incómodos camarotes, ocultando la vergüenza del mareo,
los vómitos y el malestar. ¡Ni Gramajo pudo comer nada en
esos días! Recién nos sentimos mejor cuando la cañonera entró al río de la Plata y entonces ya había pasado la oportunidad de decirle al capitán, lo que dijo mi tocayo de Roma en
una ocasión similar: "No temas, llevas a César y su fortuna..."
Yo no esperaba un gran recibimiento y en efecto, muy pocas
personas me aguardaban cuando desembarqué a las 9 de la
mañana del 8 de julio. Diez días más tarde, mi insoportable
vate publicaba en *La Tribuna* un artículo que, se suponía,
era mi elogio y mi lanzamiento al ruedo político nacional.
Decía: "La historia del general Roca se compone solamente
de cuatro páginas brillantes: Curupaytí, que le hizo comandante; Naembé, que le hizo coronel; Santa Rosa, que le hizo
general, y el río Negro, que le hará presidente". Me molestó
la palabra "solamente", pero tuve que agradecer la intención
y el vaticinio de Olegario Andrade. Era, después de todo, un
párrafo sincero y amistoso, a pesar de la mezquindad que
transpiraba. Otros comentarios fueron venenosos y escépticos. Entre ditirambos reticentes, elogios no muy claros y hasta proclamaciones prematuras, traté de mantener la cabeza
fría: intuía que me esperaban ahora los meses más difíciles de
mi vida.

III

El paso de militar a político no es una fácil transición.
El militar manda u obedece; el político acuerda, compone,
nunca manda y pocas veces acata. En el ámbito castrense las
cosas son o no son; en los territorios de la política, en cambio,
nada es demasiado claro, todo es penumbroso y lleno de posibilidades múltiples y contradictorias. Así, pues, adaptar la
mentalidad formada en años de milicia a un mundo tan diferente, resulta un proceso difícil y exasperante. Yo lo recorrí haciendo de esa vía un ejercicio de voluntad, a lo largo de 1879

y 1880, mordiendo a cada momento mis ganas de mandar al
diablo a tal o cual interlocutor, fingiendo aceptar adhesiones
mentirosas y ofertas plagadas de duplicidad, halagando, prometiendo, produciendo decisiones inequívocas o dejando caer
frases herméticas para que cualquiera las interpretara a su antojo, según lo aconsejara cada ocasión. ¡Qué diferencia con
mi anterior modo de ser! Como ya les conté, yo hice política
desde que empecé mi carrera. Pero mi actuación de entonces
fue casi clandestina, aprovechando (a veces indebidamente,
lo reconozco) mi condición militar y las armas de la Nación.
Ahora, desde mi regreso del Desierto, mi posición era muy diferente. Convergían en mi persona distintas corrientes políticas del país; era el candidato presidencial de grupos que aspiraban a conformar un gran partido triunfante en las elecciones del año siguiente. Ya no había ambigüedades ni agacha-
das: se presentaba una lucha áspera y compleja, cuyo objetivo
era armar una fuerza tan poderosa que nuestros enemigos
quedaran convencidos de la inutilidad de oponerse.

    ¿Cuándo empecé a pensar que podría ser presidente de
la República? No sé. No hubo un punto de arranque concreto. Poco a poco fue creciendo en mi espíritu la sensación de
que no era imposible aspirar al más alto cargo de la Nación,
más allá de lo que opinaban mis amigos de Córdoba, que
siempre estuvieron convencidos de mis posibilidades. Pero
tratando de recordar en qué momento yo mismo me sentí
candidato, podría fijarlo en enero de 1875, inmediatamente
después de Santa Rosa. Ya les conté de qué manera nos agasa-
jaron en Mendoza y San Juan con recepciones y comilonas, a
tal punto que a veces hubiera preferido haber sido vencido y
no tener que pasar por esas horcas caudinas de la gastronomía
cuyana. . . En esos banquetazos escuché varias veces el grito
de "¡Viva el general Roca, futuro presidente de la República!" No sé quiénes fueron, pero recuerdo bien que se trataba invariablemente de voces aguardentosas, voces de borra-
chos. Y esto me pareció digno de atención, porque el chumado
no suele gritar por interés u obsecuencia; lo hace porque le sale de adentro. Y si le sale del alma vivar a un personaje público, entonces algo está empezando a ocurrir. . . Esos óbolos
constituyen un indicio político importantísimo que ningún
aspirante al ejercicio de la cosa pública debería desdeñar:
aunque ronca y vinosa, es la voz del pueblo, y saber interpre-
tarla es el oficio fundamental del político.

    Cuando regresé a Buenos Aires en julio de 1879, ya se

habían constituido varios clubs para apoyar mi nombre: el
primero en Chilecito, por lo que siempre he recordado con
gratitud a ese pueblito riojano de mineros, vinicultores y señores feudales que adelantó mi proclamación presidencial
mientras yo andaba recorriendo las orillas del río Negro. Inmediatamente después se reunieron en Córdoba los amigos
de mi concuñado y fundaron filiales en toda la provincia.
En San Luis, Mendoza, Santa Fe, el Rosario y Tucumán hubo
pronunciamientos similares. Pero yo sabía que en el interior
nuestra causa se beneficiaba con el apoyo de casi todos los
gobernadores y también de cierto calor popular; el problema
era, una vez más, Buenos Aires.

Aquí gobernaba desde el año anterior el doctor Carlos
Tejedor, como consecuencia de la Conciliación impuesta por
Avellaneda. Lo apoyaban los mitristas y un sector del autonomismo; nadie lo quería,pero todos lo respetaban porque era
lo que suele llamarse "un varón consular". Tenía casi treinta
años más que yo, un aspecto severo, un tono cortante, y desde que asumió su cargo se consideró el futuro presidente.
En su juventud fue unitario y miembro de la Asociación de
Mayo, lo que prestaba a su persona cierto halo de leyenda,
pero también, al mismo tiempo, lo hacía oler a antigualla. . .
Carecía de toda flexibildad y, salvo su honradez personal, nada había en su carrera que pudiera exhibir como realización
novedosa o como proyecto de gobierno: era un Catón infe-
cundo, tonitrontante y majestuoso, pero sin nada sustancial
que lo respaldara. Lo único que podía hacer era halagar el
adormecido pero siempre latente localismo de Buenos Aires,
para hacerse de una base política. A ello se dedicó, sacando
del desván de la historia palabras y ademanes propios de los
ultraporteños de veinte años atrás. Era un camino peligroso
pero Tejedor, impertérrito en sus aspiraciones, se arriesgó a
fracturar la unidad nacional con tal de conseguir la adhesión
del pueblo porteño contra cualquier solución política que no
surgiera de Buenos Aires.

Pensándolo bien, digo que a tres hombres debo mi presidencia: a Juárez Celman, que urdió el delicado tejido de
alianzas en el interior; a Carlos Pellegrini, cuya resolución permitió salvar la autoridad nacional y, a su amparo, mi triunfo.
Pero también mi consagración de 1880 debe un tributo a Tejedor, porque llevó las cosas de un modo tan extremoso y demencial que al fin asustó a los mismos porteños, asombrados
de ver al frente de su provincia a un hombre capaz de romper

los sagrados vínculos de la nacionalidad en aras de su ambición. Los tres han muerto. Tejedor fue siempre mi enemigo;
con Juárez Celman y Pellegrini me entendí durante años, y
con ambos tuve que romper en algún momento. Pero hombres como Tejedor sirven a veces a sus adversarios porque son
símbolos de lo que no debe ser, y demuestran, por reducción
al absurdo, el error o la inviabilidad de determinadas
posiciones.

En la ciudad porteña, mis amigos querían comenzar inmediatamente las iniciativas políticas del caso: diez días después de mi arribo se realizó un lucido banquete en el Politeama donde fue proclamado mi nombre, y una semana más tarde Diego de Alvear convocó a una reunión en su casa a la que
acudieron casi trescientas personas. Allí estaban Saturnino
Unzué, el viejo Lezama, dueño de una gran fortuna; Carlos
Casares, representante de la incipiente industria nacional;
Benjamín Victorica, el yerno de Urquiza; Torcuato de Alvear
y otros ricachos. Adhirieron también Bernardo de Irigoyen,
Dardo Rocha y Aristóbulo del Valle, pero yo sabía que estos
últimos apoyos eran volátiles. Más tarde se instaló un club
político en el teatro Variedades. Pero era evidente que en
Buenos Aires yo era incapaz, todavía, de nuclear una fuerza
definida; el que me rodeaba era sólo un sector del viejo autonomismo. Sin embargo, los nombres que se consiguieron demostraban que una parte no desdeñable de la sociedad porteña me apoyaba; algunos serían útiles, además, cuando llegara
el momento de ordeñar las billeteras. . . Por mi parte, me
puse a trabajar para contar con un diario, al menos, ya que
toda la prensa porteña estaba comprometida con otras candidaturas y algunos órganos, como *La Nación* y el semanario *El Mosquito* me atacaban ferozmente. Logré montar
El Pueblo como vocero de mi candidatura, y tuve que sa-
carles plata a Ataliva y Alejandro para ponerlo en marcha.

A medida que pasaban las semanas me daba cuenta con
toda claridad que Buenos Aires, azuzada por Tejedor, era
inconquistable; los porteños no aceptarían de ninguna manera una presidencia de origen provinciano. Habían perdo-
nado a Sarmiento y Avellaneda su sanjuanidad y su tucuma-
nidad respectivas, pero yo, además de ser provinciano, no
había vivido nunca en la ciudad y estaba relacionado sólo
superficialmente con el medio. En algún momento pensé si

no sería sensato apoyar algunas de las candidaturas que andaban en danza, pero Juárez Celman y sus amigos cordobeses descartaron enérgicamente dar cualquier paso atrás: ellos estaban seguros que todo el interior me apoyaría. Era evidente, no obstante, que mi camino a la presidencia estaba erizado de dificultades: Tejedor, desde luego, pero también Quintana, Sarmiento y el ministro del Interior Laspiur, que maniobraba sobre algunos gobiernos provinciales para ofrecérselos a Tejedor a cambio de la vicepresidencia. Con Avellaneda no había que contar; fuera de cierta simpatía personal, nada me aportaría. Desde el ministerio de Guerra yo mantenía una atenta vigilancia para que ninguno de nuestros amigos fuera desplazado de las situaciones locales. Pero ¿cuánto tiempo aguantaría el presidente que su gabinete fuera el teatro de estas sordas luchas?

Laspiur desapareció rápidamente de escena: fue desautorizado por el Congreso y tuvo que renunciar. Quedó vacante el decisivo cargo y entonces estalló la bomba: a fines de agosto Avellaneda resolvió designar ministro del Interior ¡a Sarmiento! Era meter en el seno del gobierno una fuerza incontrolable, dispuesto como estaba el sanjuanino a barrer cualquier obstáculo que obstruyera el camino a su soñada segunda presidencia. Avellaneda cayó en cuenta del lío en que se había metido cuando entró al salón donde se realizaría la primera reunión de gabinete con la presencia de su nuevo ministro. Encontró a Sarmiento repatingado en el sillón presidencial, leyendo en voz alta las felicitaciones que había recibido y haciendo como que no veía a Avellaneda. Más enteco que nunca, el rostro demudado, el presidente me tomó del brazo, me llevó hacia el balcón y balbuceó:

—Y ahora. . . ¿qué hacemos con este loco. . .?

El "loco" duró en su cargo poco más de un mes, pero en ese corto lapso hizo todo un zafarrancho. Algunos de sus *impromptus* me convinieron, otros no. Entre los primeros hay que contar el duro enfrentamiento con que encaró el problema de Tejedor, que llevó a éste a colocarse en una posición de abierto desafío al poder nacional. La polémica estalló sobre las facultades de los gobiernos provinciales a convocar milicias. Mientras se cambiaban notas cada vez más agrias, Tejedor, haciendo caso omiso de las admoniciones del ministro del Interior, puso sobre las armas a no menos de 50.000 ciudadanos de Buenos Aires divididos en batallones de infantería, caballería, artillería y ¡hasta de marina! con sus elencos completos de jefes y oficiales. A bordo de un carruaje descubierto presidió las concentraciones de sus soldados, se dejó aclamar por ellos e inauguró diversos centros de "rifleros" que, bajo el pretexto de practicar ejercicios en el Tiro Federal, se organizaban como un ejército regular. Recuerdo que los milicianos porteños llevaban a modo de casco distintivo, un sombrero de paja, los *canotiers*, que estaban de moda y todavía se ven en forma de "ranchos".

El choque de Sarmiento con Tejedor, desorbitados como eran ambos personajes, fue conveniente para mi causa porque desnudó al gobernador en la irresponsabilidad de poner en acción un ejército provincial cuya sola existencia amenazaba la tranquilidad de todo el país. En este sentido, la acción de Sarmiento apresuró el proceso y lo colocó en términos de una cruda realidad. Pero el sanjuanino nos hizo daño al denunciar, con pruebas irrefutables, la existencia de la liga de gobernadores que Juárez Celman había arquitecturado para servir a nuestros propósitos. El motivo de la denuncia fue una revolución en Jujuy; los telegramas de mi concuñado, que Sarmiento interceptó, fueron exhibidos furiosamente en el gabinete como prueba de una inaceptable colusión entre el ministro de Guerra y varios gobernadores. Exigió mi renuncia y yo accedí sin mayor resistencia: de todos modos, en cualquier momento tenía que dimitir para dedicarme a mi candidatura, y lo importante era que los hilos del Ejército siguieran firmemente sujetos, como lo estarían mientras los regimientos continuaran a cargo de mis conmilitones.

Sarmiento estaba exultante con mi desplazamiento, pero su triunfo fue efímero. Había presentado un proyecto de ley para que se interviniera Jujuy; su propósito era remover al gobernador, que respondía a nuestra causa y había sofocado una revolución. Ese fin de semana, en los primeros días de octubre, se fue a su quinta del Tigre, sin duda a saborear su victoria y planear sus próximos pasos hacia la presidencia. Pero había agredido a todos los sectores y esta vez mis propios partidarios, los de Mitre y los de Tejedor se unieron para removerlo. El domingo 4, un día insólito para reuniones parlamentarias, la Cámara de Diputados aprobó el proyecto de Sarmiento. . . pero ordenando reponer al gobernador jujeño. Cuando el ministro regresó de su *week end* en el Carapachay, se encontró que lo habían burlado. Bramando de rabia tuvo que redactar su dimisión y fue entonces cuando se presentó al Senado, sin ningún derecho para hacerlo pues no había sido invitado y estaba renunciante, para pronunciar aquel célebre discurso lleno de extravagancias, egolatrías y genialidades, aquél del "puño lleno de verdades" y del "Yo soy Don Yo"...

Cayó, pues, Sarmiento, después de un mes y días de gestión y el presidente, con un suspiro de alivio, procedió a recomponer su gabinete. Resultó un elenco relativamente neutral: mi amigo y antiguo compañero del Colegio, hoy presidente de la Nación, De la Plaza, fue confirmado en Hacienda; a Interior llamó al salteño Benjamín Zorrilla. Me preocupaba mi sucesión en Guerra, y para ese cargo Avellaneda logró un gran acierto: designó a Carlos Pellegrini. Yo lo había conocido en la guerra del Paraguay y simpatizaba con él, aunque en ese momento le desconfié porque había sido del círculo íntimo de Alsina. Pero Pellegrini y yo estábamos vinculados por una sólida creencia común: la necesidad de un Estado Nacional fuerte, invulnerable a cualquier alboroto, respetable y sólido. Si Sarmiento fue el primero en ponerle banderillas a Tejedor, quien lo remató, a la postre, fue Pellegrini: el "Gringo" suplió las vacilaciones de Avellaneda, mantuvo firme el principio de autoridad y fue, en definitiva, quien salvó al país del desastre.

A mi vez, adopté una decisión que fue sabia y prudente: abandoné Buenos Aires.

Después de mi renuncia al ministerio, nada me ataba a esta ciudad cada vez más hostil, donde no podía descartarse un atentado. Ya a fines de agosto, siendo todavía ministro, después de una interpelación en el Congreso por la rendición de cuentas de los gastos de la Conquista del Desierto (lo que hice acabadamente, dejando mudos a los cuestionadores) una multitud de malevos dando vivas a Buenos Aires y a Tejedor atacó el coche donde suponían que me retiraba. Esta agresión podía repetirse, agravada, en cualquier momento, pues el ambiente se iba tornando cada vez más denso y no tenía sentido exponerse; en cada manifestación tejedorista se gritaba ¡Muera Roca!, y aunque del dicho al hecho suele haber un trecho ya se sabe que en ciertas ocasiones no faltan entusiastas dispuestos a convertir las palabras en realidades. De modo que recogí a mi familia, aumentada el año anterior por el nacimiento de Clarita, y nos fuimos a Córdoba. Mi mujer y la prole quedaron en la estancia La Paz, propiedad de mi suegro, cerca de Ascochinga, un lugar ideal para pasar el verano, y yo, en los meses que siguieron, anduve entre Córdoba y Rosario, vigilando las cosas y manteniéndome en contacto con mis amigos. Para hacerlo epistolarmente de modo seguro —pues las interferencias de cartas eran corrientes y los telegramas tenían casi estado público— me divertí en componer una sencilla clave para usar con mis íntimos. Se trataba de sustituir algunos nombres por otros o de usar frases con diferente significado al aparente. Por ejemplo, cuando se escribía "Truenos" quería decir "No habrá guerra, todo es ruido para intimidar". Sarmiento era "Claudio"; Avellaneda "Nerón", y Tejedor "Moltke". En el caso de Del Valle no resistí la tentación de describirlo con la palabra "Panza". En cambio, Pellegrini era "Sable". Y en otra clave (pues hubo varias según los corresponsales) a Sarmiento lo llamaba "Vélez", a Tejedor "Claro" y Alem, por quién sabe qué asociación mental, le puse "Peñaloza". . . Me río cuando leo ahora esos arbitrarios códigos que nos permitieron mantener en reserva nuestras informaciones y designios. Algunos años después hube de usar nuevamente una clave para disimular movimientos y mensajes, pero esta vez me encontraba en un estado de ánimo muy distinto: fue cuando apareció en mi vida Guillermina.

Como quiera que sea, la hégira que me alejó de Buenos Aires me sacó del foco de los sucesos y permitió que pusiera distancia del escenario principal. Adicionalmente me liberó de las hordas de importunos, pedigüeños, consejeros, chismosos, espías y mirones que me abrumaban diariamente. Sólo volví a Buenos Aires casi un año después, para asumir la investidura presidencial.

En los últimos meses de 1879 todo se había complicado mucho. Tejedor seguía con sus preparativos bélicos, frente a los cuales el gobierno nacional era impotente. Media docena de aspirantes, por lo menos, lanzaban o hacían lanzar sus nombres a la palestra como otras tantas soluciones patrióticas. Yo miraba la situación con cierto pesimismo; lo que debía haber sido una campaña electoral se había convertido en la perspectiva casi inevitable de un enfrentamiento armado. A principios de setiembre le escribí a mi concuñado: "La guerra civil, que me horroriza porque nos hará retroceder veinte años, se nos viene, amigo, inevitablemente. El espíritu localista da su última batalla contra la nacionalidad. Es el viejo pleito sostenido ahora felizmente por muy pocos, y si son fuerza es porque tienen de su parte a los elementos oficiales de esta poderosa provincia".

Menos Buenos Aires y Corrientes, todos los gobiernos provinciales, representando razonablemente a la opinión pública del interior, apoyaban mi nombre, pero ahora ya no se trataba de sumar electores: la cuestión era saber si el poder militar de la provincia de Buenos Aires se impondría o no sobre la Nación. Todo el proceso político se había salido de madre pues en el interior crecía, por reacción, la ira contra los porteños y se hablaba de propinarles un castigo ejemplar. Habíamos retrocedido veinte años, čomo le decía a Juárez Celman, puesto que se reproducían las palabras y los temas que yo había escuchado después de Pavón, cuando llegué hecho un harapo a la casa de mi tío Marcos. Pero los tiempos no. habían corrido en vano y ahora, aunque de modo imperfecto y todavía débil, existía algo parecido a un poder nacional. Y sobre todo, había un ejército unido en la consigna del acatamiento al gobierno de la República y agrupado sólidamente tras el jefe que lo había llevado triunfalmente al Desierto. Sí: todo parecía remitirnos a dos décadas atrás, pero Tejedor no podía retrasar tanto el reloj de la historia; era un anacronismo, y como tal, sería aplastado.

Esto que yo pensaba se confirmó a mediados de diciembre cuando los partidos que habían proclamado a Tejedor emitieron una declaración imbuida de un delirante localismo. Calificaban de "indeclinable" la candidatura del gobernador porteño, manifestaban que no me reconocerían como presidente si resultara electo, anunciaban que apoyarían "moral y materialmente" a todo movimiento revolucionario que se produjera en "las provincias oprimidas" y por último hacían saber que trabajarían para que Buenos Aires "reasuma temporalmente su soberanía de Estado independiente si, a pesar de sus esfuerzos, la violencia imperase, para constituir en su oportunidad la unión nacional bajo las bases de la ley". Aparte de la pésima prosa, el manifiesto daba la medida de la total carencia de sentido nacional en los partidarios de mi antagonista.

No sé si para paliar el mal efecto que esta locura provocó entre todos los hombres sensatos, o para matizar el palo con la zanahoria, Tejedor dio en difundir, entonces, la propuesta de la dimisión de su candidatura, si yo hacía lo mismo. Era una jugada hábil porque tendía a descargar en mis espaldas toda la responsabilidad del proceso. Había que contestarle y lo hice a través de un reportaje realizado por el francés Paul Groussac para el diario *Le Courier de la Plata*, que se reprodujo en la mayoría de los periódicos del país. Yo había conocido a Groussac en Villa Mercedes, unos años antes, y a pesar de su carácter avinagrado hicimos una buena relación.

La nota de Groussac me describía como "un pensador un poco taciturno, que no gusta de las reuniones numerosas, de las ceremonias, de las fiestas públicas" y que "no tiene, como la mayoría de los militares, afición por los entorchados". Agregaba que yo era frío y reservado, poco expansivo, dado más a escuchar que a hablar, pero cuando estaba frente a un interlocutor sincero me entregaba con la más completa franqueza. Me parece que la semblanza era —y sigue siendo— bastante exacta. Primero me preguntó si un año atrás yo pensaba ser candidato a la presidencia. Le dije que no, pero que presentía algo: "una intuición que nunca me ha engañado y a la que debo lo que soy, me decía que no obstante existir en primer término hombres más experimentados que yo, podría llegar a ser necesario representar las aspiraciones nacionales que son el orden, la paz y la unidad de la patria".

—¿Cree usted sincero el ofrecimiento hecho por el doctor Tejedor de renunciar a su candidatura? —me interrogó el periodista.

—De ninguna manera —contesté—. Creo que es un ardid de abogado. El señor Tejedor puede renunciar veinte veces a ser candidato y retirar veinte veces su renuncia sin riesgo a perder uno solo de sus votos. Ellos están encerrados en la cartuchera de los vigilantes; allí los encontrará siempre. . .

Y agregué un argumento que después reiteré en los meses siguientes: "El señor Tejedor puede dar sus votos a quien quiera; yo no puedo disponer de los míos. Yo pertenezco a mis electores, pero ellos no me pertenecen".

Groussac mencionó la posibilidad de una guerra civil.

—¿Con qué pretexto? —respondí—. El gobierno no les dará ninguno. ¿Contra quién quiere usted que se subleven? La Nación, que ha aprendido a sus expensas lo que cuestan las perturbaciones, se pondrá de pie contra toda tentativa de desorden y aplastará a los revoltosos, quienes quieran que sean. La Nación ha entrado en la edad de la madurez. . . No hay argentino que no sepa hoy que el secreto de nuestra prosperidad y de la grandeza de la República está en el respeto y la fiel observancia de la Constitución.

Después me hizo algunas preguntas que me permitieron diseñar mi programa de gobierno: el rol del Estado en el establecimiento de ferrocarriles y la navegación de las grandes vías fluviales, la necesidad de mantener el crédito externo del país, el fomento de la inmigración. Hablamos de Chile: ¿no había la posibilidad de una guerra?

—Cualquiera sea el resultado de la guerra del Pacífico, Chile saldrá de ella extenuado —afirmé.

Necesitaría no menos de tres años para restablecerse y en ese lapso nuestro país tendría medio millón de habitantes más y habría doblado su producción. "Désele a la República seis años de paz y será intocable", dije, En cuanto a la Patagonia, "la República no cederá una legua de tierra allá ni admitirá arbitraje en este punto".

Me preguntó sobre Mitre. Yo lo elogié pero también aclaré que no podía aliarse con un hombre como Tejedor, "que sin grandes esfuerzos se hará separatista", pues la fuerza de don Bartolo había consistido en ser representante de un sentimiento nacional.

—Pero los diarios nacionalistas lo atacan a Ud. con violencia. . .

—He tomado el partido de no leer lo que se escribe en mi contra, evitándome así el disgusto que necesariamente me causaría esa lectura. Si he de ser elegido, quiero poder decir con sinceridad que no llevo al poder ningún odio, ninguna herida sangrienta.

Y concluí afirmando:

—Soy amigo de mis amigos, pero no soy enemigo de mis adversarios.

Así terminó ese reportaje, que tuvo enorme repercusión y marcó la diferencia entre un candidato localista, dispuesto a separar a Buenos Aires del resto del país, y un hombre que pensaba en grande y cuya idea fija era la afirmación de la Nación en todos los campos.

En estas condiciones comenzó el decisivo año de 1880, que no sin razón es considerado como punto de arranque de una nueva etapa en la vida del país. Pero ¡qué angustias y dudas me asaltaban ese verano! Un suceso favorable, al menos, podía computar en los últimos meses: el triunfo en Córdoba de Juárez Celman. Terminaba Del Viso su mandato y su sucesor clavado era mi concuñado, que desde el ministerio de Gobierno de la provincia había crecido mucho en estatura política. Lealmente, el mandatario saliente apoyó a su colaborador y Juárez Celman triunfó sin dificultad, de modo que nuestra base en el interior quedó consolidada. Para entonces, todas las provincias menos Corrientes me apoyaban —quiero decir, sus gobiernos— algunas con más entusiasmo, otras con más reticencia, pero en conjunto formaban una sólida liga que electoralmente resultaba irresistible. Sólo en Entre Ríos teníamos dudas pero mandamos allí algunos agentes para convencer a los antiguos jordanistas que mi persona les garantizaría un trato decente, muy distinto a las persecuciones que habían sufrido hasta entonces. Lo logramos y el gobernador, un antijordanista acérrimo, comprendió que le convenía plegarse a mis partidarios para ampliar las bases de su poder. En Corrientes, en cambio, no pude entrar. Como consecuencia de la malhadada Conciliación, Avellaneda había entregado la provincia al mitrismo y no hubo caso de mover a su gobierno de esta posición. Valentín Virasoro, mi antiguo compañero del Colegio, me envió una larga y afectuosa carta explicándome los motivos de los liberales correntinos, y para mí fue suficiente: no valía la pena gastar más esfuerzos allá. Este fracaso se compensó con el apoyo de Santa Fe. Allí contaba con Simón de Iriondo, con el que había cultivado relaciones desde la Comandancia de Fronteras y que era gobernador desde 1878. Era un personaje admirable por sus condiciones y significaba la superación de la política dinástica que durante tantos años había alternado el poder santafesino entre los Cullen y los Aldao. Fue Iriondo un puntal de mi candidatura, y respaldado por su apoyo hice del Rosario una de mis sedes permanentes durante ese verano. Dicho sea de paso, el pueblo rosarino me tributó un recibimiento espectacular cuando pasé por allí, en mi hégira, y esa multitud que me aclamaba no fue el menor de los estímulos que recibí en aquellos arduos meses. En el resto de las provincias no teníamos mayores dificultades y las alianzas atadas por mi concuñado funcionarían efectivamente, aunque bien sabía yo que la lealtad a los arreglos establecidos dependía en mucho de lo que pasara en Buenos Aires. Sin embargo, puedo asegurarle que en todo el interior yo contaba con la adhesión de la mejor gente: los hombres jóvenes e ilustrados que asomaban a la vida política como una superación de los enfrentamientos tradicionales y que ahora buscaban proyectarse al lado de un hombre también joven, con algunas realizaciones en su haber.

Pero, como ya le dije antes, ya no se trataba de un problema electoral. Cada vez con más claridad se percibía que el tema pasaba por el lado militar. No obstante lo cual, había que seguir cumpliendo con los ritos cívicos marcados. Por lo tanto, el 1° de febrero se eligieron diputados nacionales en todo el país. Usted se asombrará si le cuento que pese al ambiente de guerra existente, los comicios fueron pacíficos. El motivo era muy simple: en Buenos Aires y Corrientes nuestros amigos no se presentaron a los atrios por la total falta de garantías para la oposición, y en el resto de las provincias no se presentaron nuestros adversarios, alegando el mismo motivo. . . Así, los tejedoristas eligieron a los suyos en los lugares donde dominaban, y nosotros a los nuestros. Yo había pedido a mis amigos del interior que mandaran diputados decididos, gente de pelo en pecho, porque habrían de integrar el Congreso que tendría la responsabilidad de aprobar la futura elección presidencial.

Y entonces, después de la pacífica jornada electoral, se desencadenaron los primeros hechos militares. Los jefes de los "rifleros" anunciaron que el 15 de febrero se realizaría un gran desfile por las calles de Buenos Aires con la totalidad de sus efectivos. El ministro Pellegrini ordenó entonces al coronel Julio Campos, jefe de las organizaciones de tiro, que dejara sin efecto semejante provocación; Campos le contestó tranquilamente que sólo recibía órdenes de Tejedor. Pellegrini había traído algunas fuerzas nacionales a la Chacarita, pero su número era muy inferior al conjunto de los "rifleros", pues los mejores regimientos se encontraban todavía en el sur, terminando la tarea iniciada el año anterior. Lo único que pudo hacer el ministro fue ocupar el Tiro Federal la víspera del desfile, para impedir la concentración; el mismo Pellegrini, a caballo, vestido con una chaqueta larga de color azul oscuro con botones dorados y una gorra semimilitar, llevó a cabo la operación. Aparte de esta medida y de la colocación del Regimiento 7° frente a la Casa de Gobierno para custodiar la persona del presidente, ninguna otra cosa pudo hacerse y Avellaneda y sus ministros, encerrados desde el día anterior en la sede gubernativa, tuvieron que mirar desde las ventanas la marcha triunfal de las fuerzas provinciales. Milagro fue que no se produjera una masacre, y atribuyo esta circunstancia a que el desfile se realizó en pleno carnaval, lo que prestaba a la cosa un cierto aire de mascarada, y también a la buena pasta del pueblo porteño, que podrá ser veleidoso e inflado de vanidad localista pero es intrínsecamente pacífico e incapaz de desatar violencias sin que una causa grave las provoque. Pero lo cierto es que ese día Avellaneda y su gabinete estuvieron ex-

Teniente de Artillería (1865).

Capitán (1867).

Comandante (1870).

Campaña de Santa Rosa (1874).

Clara Funes, su esposa.

La casa de San Martín 575, donde vivió desde 1886.

Guillermina de Oliveira Cézar de Wilde.

CARAS Y CARETAS

SEMANARIO FESTIVO, LITERARIO, ARTÍSTICO Y DE ACTUALIDADES

AÑO IV   BUENOS AIRES, 30 DE MARZO DE 1901   N.º 130

El trasiego diplomático

— General, la prensa critica el nombramiento de Wilde para ministro de Holanda.
— Pues confío en que ha de serle grato á Guillermina.

Tapa de Caras y Caretas del 30 de marzo de 1901.

Guillermina.

En el estudio de Lola Mora, en Roma.

Frente de la casa de "La Larga".

Con sus tres hijas en el viaje a Europa de 1905/7.

puestos a una indefensión total; la pueblada tejedorista llegó
al extremo de intentar llevarse los cañones del regimiento
apostado frente a la Casa de Gobierno... Inerme y pasivo, el
poder nacional tuvo que aguantar la afrenta de ese paseo bu-
llanguero de treinta o cuarenta mil sujetos, muchos de ellos
armados, que vivaban a su *leader* y daban mueras al presidente y, sobre todo, a Roca.

La valentonada de los "rifleros" resultó, a la postre, con-
traproducente. Muchos porteños, sin dejar de serlo orgullosamente, se aterraron ante el abismo que estaba abriéndose.
Empezaron entonces a manifestarse fuerzas que años antes no
existían o no tenían entidad suficiente para aparecer en el
escenario público: comerciantes, gente vinculada a los bancos,
inversores, estancieros, la fauna que yo había frecuentado el
año anterior y que no podía aceptar el caos que Tejedor proponía. Así se constituyó un Comité de la Paz que anduvo de
acá para allá entrevistando a Avellaneda y Tejedor y mandán-
dome emisarios a Córdoba. Es probable que el gobernador
porteño percibiera que un solo paso adelante desencadenaría
la tragedia; volvió entonces a amolar con la renuncia de ambos candidatos. A mí me sacaba de quicio que algunos creyeran que la solución radicaba en la desaparición de los dos
antagonistas principales; no advertían que eso significaba ceder a la amenaza. Era como si el gobernador de Jujuy o de
San Juan se alzara en armas contra el gobierno nacional y, a
cambio de su sometimiento, exigiera que Tejedor desistiera
de sus aspiraciones... Mi nombre ya no pertenecía a un partido, ni siquiera a un bloque mayoritario de provincias. Su
mantenimiento implicaba que la Nación no abdicaba de sus
atribuciones. Si yo renunciaba estaba degradando su poder y
su dignidad. Esto lo entendía yo muy bien, y también Juárez
Celman; otros amigos no lo veían tan claro.

Pero la presión del Comité de la Paz logró, al menos, que
la ciudad porteña quedara momentáneamente libre de fuerzas
militares. Tejedor despidió a sus "rifleros" con encendidas
arengas y García, Fotheringham, Bosch, Uriburu, Viejobueno,
Donovan y Manuel J. Campos, mis camaradas de tantos años,
se retiraron al frente de sus regimientos, mohínos y con la
sangre en el ojo. Pellegrini se ocupó de que no se alejaran demasiado; él, como yo, abrigaba la certeza de que el desenlace
se definiría por las armas. Que así lo sería quedó demostrado
cuatro días después del desarme de los "rifleros" y la evacuación de las tropas nacionales, cuando una sorpresiva revolu-

ción estalló en Córdoba y estuvo a pique de dar todos nuestros planes a los mil diablos.

Aún hoy no puedo explicarme cómo pudimos descuidarnos hasta ese punto; que Juárez Celman, nuestros amigos y yo mismo no hayamos advertido los movimientos previos y sobre todo, el traslado de quien sería el jefe del movimiento, un coronel Olmos, catamarqueño con merecida fama de valiente, a quien Tejedor envió para voltear a Del Viso, ya en los últimos días de su gobierno. Pero así nomás fue. Con no más de una docena de hombres —pues muchos comprometidos le fallaron— el 26 de febrero a las diez de la mañana Olmos intentó tomar la policía de Córdoba, fracasó, pasó al edificio del cabildo y allí apresó a Del Viso y a mi concuñado. Exigió al gobernador que redactara inmediatamente su renuncia y Del Viso, en manos de esos audaces decididos a todo, se dispuso a escribirla. En ese momento, el batallón de guardias nacionales encabezados por un guapo oficial de color entró a la plaza y empezó a tirotear a los revolucionarios; Del Viso aprovechó la bolada para escapar y en pocos minutos retomó el manejo de la situación. Olmos, a quien se le habían acabado las municiones, tuvo que rendirse. Mi concuñado fue liberado y yo, que estaba tranquilamente en "La Paz", me enteré del susto al mediodía, cuando todo había pasado. Allí supe también que en Río IV había estallado un movimiento similar, rápidamente reprimido por Racedo.

El abortado golpe de Córdoba daba la medida de la peligrosidad de Tejedor y su grupo, pero esta evidencia no detuvo a los pacificadores en su insistencia de lograr un candidato único. Yo ya no podía aferrarme indefinidamente a mi candidatura porque no debía aparecer como obstáculo a una posible solución nacional. Y así, un par de semanas después de la revolución de Olmos recibí en Córdoba a una delegación del Comité de la Paz y le anuncié que declinaba mis aspiraciones en favor de Sarmiento. Pero con una condición: que el sanjuanino obtuviera "los votos y la opinión de Buenos Aires". Sabía que era imposible para los mitristas tragar ese sapo, con lo que mi condición resultaba de cumplimiento imposible. No importaba: por un tiempo se aliviaría el ambiente con la distracción propuesta. Para que mis amigos tuvieran en claro mi intención, al día siguiente escribí a uno de ellos: "Insistiré en mi candidatura aunque nos amenacen con todas las guerras civiles del mundo. Pedir que renuncie y que me ponga al servicio de otra candidatura. . . es pedir un disparate, un absurdo, una humillación y, en definitiva, es el triunfo de Tejedor". De todas maneras, don Domingo se entretuvo un par de semanas visitando a mis amigos porteños, Dardo Rocha el principal, buscando apoyos que en definitiva no encontró.

Entretanto, se acercaba la fecha de los comicios para designar electores presidenciales. Nuestra máquina estaba perfectamente ajustada en todo el país y el 11 de abril se votó sin mayores anormalidades. En Buenos Aires, los autonomistas que me apoyaban reiteraron su abstención de febrero y el único competidor de Tejedor fue Bernardo de Irigoyen de manera casi simbólica. Con los electores porteños y los de Corrientes, Tejedor lograba 71 votos en el colegio electoral; los míos, según nuestros cálculos, sumaban más de 150. Era un paso importante hacia el triunfo pero todavía faltaban muchas instancias; la reunión de los colegios, la aprobación de la elección por el Congreso —donde nuestra mayoría era dudosa— y finalmente la transferencia misma del poder. ¿Llegaríamos a recorrer estos ásperos escalones?

Yo no dudaba de la victoria final, pero me parecía que sería imposible obtenerla sin sangre. Días después del comicio le escribí una larga carta a Rocha. Le decía que los partidarios de Tejedor "van a la rebelión y a la guerra. Las debilidades de nuestro amigo Avellaneda les han allanado el camino desde hace mucho tiempo. Se creen fuertes y no hay duda que se han robustecido con la disciplina y organización dada por Tejedor, y cada día han de ser más insolentes. Estamos nosotros también fuertes y bien fuertes. ¿Cuál ha de ser el desenlace de este drama? Creo firmemente que la guerra". Y agregaba: "Ya que lo quieren así, sellaremos con sangre y fundaremos con el sable, de una vez para siempre, esta nacionalidad argentina que tiene que formarse, como las pirámides de Egipto y el poder de los imperios, a costa de la sangre y el sudor de muchas generaciones. Es posible que esté reservada a la nuestra el último esfuerzo y la corporización del sacrificio. Que no nos falte el coraje, la energía y la resolución en el momento de la prueba".

Y los sucesos se fueron dando con un ritmo fatal e inevitable. Cinco o seis días después de las elecciones presidenciales, un grupo de "rifleros" que pasaba frente a la casa de Avellaneda disparó contra el edificio; la policía provincial detuvo a algunos de los agresores pero en seguida quedaron libres y todo Buenos Aires festejó esta afrenta a la dignidad presidencial. Poco después, algunos de los nuevos diputados nacionales llegaron a Buenos Aires; a los de Córdoba se les organizó una recepción especial, y cuando bajaron del tren en la estación Central una pequeña multitud los rodeó, los empujó, los manoseó y descargó sobre ellos una lluvia de hortalizas y harina. La gracia era gritarles:

— ¡Púchero dióveja! ¡Púchero dióveja!

Un diputado santiagueño fue golpeado brutalmente días después y, además, detenido por la policía provincial: el motivo, desorden en la vía pública...

Los legisladores fueron a visitar al presidente para saludarlo y, sobre todo, pedirle garantías. Avellaneda se limitó a llevarlos al zaguán de su casa; les mostró los agujeros que lucían en la fachada y señalándoles al vigilante de facción en la esquina, les dijo:

—Sobre aquel vigilante, el presidente de la República no tiene ninguna autoridad...

Tras lo cual, amargado y silencioso, los despidió brevemente.

Lo peor de todo radicaba en que este ambiente belicoso ya no era promovido por el gobierno provincial o por los "rifleros", sino por la gente común de Buenos Aires, espontáneamente lanzada a la diversión de agredir a todo lo que oliera a roquismo; Tejedor había logrado su objetivo de contagiar al pueblo porteño de odio hacia las provincias y sus representantes. Buena muestra de estas aberraciones fue el espectáculo que vio el Congreso Nacional al constituirse sus cámaras. Las sesiones se inauguraron con la presencia torva y amenazante de malevos armados que desde los palcos vivaban a Buenos Aires y gritaban "¡Abajo las provincias!". En un momento dado un diputado correntino, mitrista, se dirigió a la barra y gritó:

— ¡Ya es tiempo!

Salieron a relucir las armas en los palcos y pareció que empezaba la fusilada, cuando el propio Mitre, abriendo los brazos, exclamó desde su banca:

— ¡No! ¡No es tiempo todavía!

Hubo un momento de desconcierto y Mitre pidió que se levantara la sesión. Salieron todos en tropel, y en una reunión que se realizó más tarde en lo de De la Plaza, los diputados provinciales manifestaron muy pocas ganas de volver alguna vez al recinto... Yo había pedido que nuestros repre-

sentantes fueran hombres de pelo en pecho, gente bragada,
pero al enterarme de la agachada no los critiqué; hubieran
debido ser héroes griegos para prestarse sumisamente a ser
fusilados.

Así fue como la política de terror desatada en Buenos
Aires pareció, en los primeros días de mayo, haber triunfado
sobre el voto mayoritario de los pueblos, sobre las fuerzas
militares de la Nación y sobre la autoridad presidencial. El
único que seguía tirando esforzadamente del carro era Pellegrini. Intentó convencer a nuestros diputados que custodiaría
el Congreso con un regimiento de línea pero esa promesa no
levantó los ánimos de los desdichados "púchero dióveja".
También trató el ministro de Guerra de convencer a Avellaneda para que ordenara a las tropas leales venir hacia Buenos
Aires; el presidente no aceptó, alegando que eso provocaría
la ruptura total con Tejedor. Entonces, propuso el "Gringo":
¿por qué no trasladar el gobierno nacional fuera de Buenos
Aires? Tampoco aceptó Avellaneda. La única solución, insinuó el presidente, era que Roca terminara con sus pretensiones y una junta de notables eligiera un candidato único, tal
vez el presidente de la Suprema Corte.

En ese momento, le confieso, me derrumbé. Yo estaba
en Rosario y en un momento de desesperación le escribí a
Juárez Celman: "Estamos embromados. Todo el mundo conspira contra mí en Buenos Aires, griegos y troyanos, provincianos y porteños, principiando por los que componen el gobierno nacional". Le adelantaba que "en el congreso avasallado
por las turbas de Tejedor no tendremos seguramente mayoría
y todos se complotarán para anular todas las elecciones y hacerlas nuevamente. . .". En ese instante de desencanto, aparentemente perdida toda esperanza, lo único que me quedaba
era vengarme. Y la venganza era Sarmiento: "Le clavaremos
este rudo harpón en medio del lomo a los señores mitristas,
autores de todo esto, y seguiremos preparándonos en silencio
y con disimulo para pasar el Rubicón en mejor oportunidad".
Al fin y al cabo, Sarmiento —esto se lo dije a Rocha— "no
ha de resistir a la gloria de fundar la capital del Imperio Argentino haciendo una ciudad modelo en la América del Sur.
Tiene, como los varones romanos, el instinto de las cosas
grandes".

Pero la venganza no era un consuelo. ¿Por qué —me preguntaba amargamente— habríamos de entregarlo todo, después de tantos esfuerzos? ¿Qué ley, qué razón me vedaba

alcanzar el objetivo que una ambición muy legítima me señalaba? Yo, Roca, que había puesto mi espada al servicio de la Patria en la guerra exterior, y de la autoridad constituida en las luchas internas; yo, que acababa de concluir con el secular problema del indio y brindado a mis conciudadanos la más grande extensión de tierra agregada a la heredad nacional desde su origen como país, ¿debía aceptar el caprichoso veto que recaía sobre mi persona? Tenía 36 años, era general hacía cinco, me encontraba en la plenitud de mis fuerzas, conocía la República palmo a palmo, representaba a una generación progresista, audaz, liberal. . . ¿por qué tendría que inclinarme ante la pomposa estulticia de Tejedor o ceder mi capital político a un viejo extravagante como Sarmiento? Me sublevaba ante un destino que parecía hurtarme, en la última etapa de mi carrera, lo que en algún momento había tocado casi con las manos. ¿Estaba oscureciéndose mi estrella?

Realmente, todo estaba en contra mío. En el Congreso tambaleaba nuestra endeble mayoría y entonces no habría aprobación de la elección. Se agotaba el dinero disponible; mis sueldos de general, que Ataliva administraba, habían volado, y mis hermanos se estaban endeudando, mientras los grandes bonetes que meses antes habían prometido apoyo ahora se distraían de sus compromisos. El mismo Pellegrini dudaba ya de nuestra victoria. Los del Comité de la Paz hacían grandes manifestaciones cuyo destinatario indirecto era yo, el ambicioso que no terminaba de renunciar a sus aspiraciones. Avellaneda se sumergía en uno de sus momentos de pusilanimidad; comentaba que su familia quería vivir en Buenos Aires y que él no podía exponer a sus hijos al odio de los porteños, deslizaba que quería irse a Europa. . . Ese mes de mayo de 1880 debe haber sido el peor de mi vida.

El día 8 de ese mes, a la mañana, Pellegrini me comunicó por telégrafo a Rosario que Tejedor deseaba mantener una entrevista conmigo. Le contesté que no tenía ningún inconveniente. Convinimos que me enviaría la cañonera "Pilcomayo" para trasladarme al Tigre, donde me esperaría mi interlocutor. Seguimos conferenciando a través del telégrafo y Pellegrini me brindó un panorama de la situación muy completo y no muy optimista. Yo tampoco lo era, pero estaba poseído de la fría determinación de seguir adelante hasta que los hechos me demostraran que ya no tenía ninguna posibilidad de triunfo. Recién entonces accedería, y con muchas condiciones, a la solución Sarmiento.

Poco después del mediodía del día 10, la "Pilcomayo" fondeó en el río Luján. Tejedor había llegado en tren y subió al buquecito. Lo saludé cortésmente y él me respondió con su habitual aire adusto. Ese día debía reunirse la Cámara de Diputados pero Mitre mocionó para que se levantara la sesión, pues todo el mundo estaba a la expectativa de lo que ocurriría en el Tigre. Una enorme multitud se había reunido frente a la Casa de Gobierno y Avellaneda la saludó desde el balcón con un largo gorgeo sobre la paz y sus bellezas. . . Luego, la mayoría de los manifestantes se trasladó al edificio de la calle Moreno donde funcionaba el gobierno provincial, para esperar el regreso de Tejedor.

Aunque yo no ignoraba las esperanzas que había suscitado la entrevista, concurrí a ella convencido de que sería una pérdida de tiempo. La posición de Tejedor y la mía eran irreductibles, pero es claro que no podía quedar ante la opinión pública en una actitud intransigente: había que pasar el mal trago. Conversamos a solas en la cabina del capitán de la nave durante una hora exacta, aunque buena parte de ese tiempo transcurrió entre incómodos intervalos de silencio. Primero discutimos un poco sobre el origen de la iniciativa de reunirnos; no nos pusimos de acuerdo pero, de todos modos, el punto no tenía importancia. Seguimos hablando de generalidades hasta que Tejedor empezó a comentar el ambiente que existía en Buenos Aires.

—Convénzase, general, usted tiene grandes resistencias allá. ¿Cómo va a gobernar en esas condiciones?

— ¡Allá veremos, doctor! —contesté con un encogimiento de hombros.

Me preguntó qué opinaba sobre una candidatura de Sarmiento. Le dije que yo lo apoyaría en caso de verme obligado a renunciar. Tejedor afirmó, entonces, que el nombre de Sarmiento era imposible.

—Pues, de no serlo yo, no tengo otro candidato —expresé.

—¿No habría otra posibilidad?

—Sí. El acatamiento a la Constitución, respetando los comicios.

Volvió a decirme que yo tenía que renunciar, que todo el país exigía mi retiro. Y yo reiteré lo que tantas veces había manifestado en esos meses: que mis votos no eran míos, que yo no podía tomarlos, transferirlos o dejarlos como se hace con un paquete comercial. Quedamos callados largo rato. Mi interlocutor parecía una estatua, inmóvil y pálido. Finalmente preguntó:

—Y ¿no podría nombrarse a un hombre que nada signifique?

Me tomé un momento para responderle y dije, clavándole los ojos:

—No estoy dispuesto a confiar los destinos de la República a un mentecato. . .

Se levantó de un salto:

—Bueno —barbotó—, creo que no tenemos más que decirnos. Me imagino que no nos veremos más.

Me permití una ironía última:

— ¡Cómo, doctor! Usted es una persona demasiado amable como para que yo no tenga placer en verlo de nuevo. . .

Así concluyó la célebre entrevista. Tejedor no podía disimular su fastidio; yo me sentía tranquilo y dueño de mí mismo. Eran dos ambiciones indeclinables las que se habían enfrentado en el estrecho cubículo de la "Pilcomayo". Pero mi ambición coincidía con los intereses fundamentales del país, mientras que la de Tejedor era funesta y disolvente. Antes de pedir al capitán que levara anclas, hablé brevemente con Dardo Rocha para que transmitiera a los amigos lo que se había conversado. A su vez, Tejedor regresó a Buenos Aires, se trasladó a la casa de gobierno provincial y descargó su furia ante el público reunido allí.

—No os traigo ninguna noticia halagüeña —dijo—. Si conocéis al general Roca, sabréis que es chico de estatura pero gigante en su ambición. . .

Y contó su propia versión de la conferencia. Anunció que vendrían tiempos duros pero afirmó que seguía confiando en el pueblo de Buenos Aires. La gente gritó ¡A las armas! y ¡A los cuarteles! y esa noche la ciudad se durmió en un clima bélico. Cuando leí el texto de la arenga, confieso que me sentí muy herido. No me importaba que me llamara ambicioso, pero eso de ponerme en la categoría de los petisos me pareció de muy mal gusto. . .

En mi viaje de regreso a Rosario hice una escala en Campana y allí conversé largamente con Pellegrini, que me estaba esperando. Coincidimos en que la prolongación del actual estado de cosas era lo peor que nos podía ocurrir, porque cada día que pasaba se iba desintegrando nuestra fuerza: era necesario que algo sucediera para provocar la crisis salvadora. Examinamos las fuerzas con que contaba la Nación y la estrategia a seguir en caso de una ruptura armada. Acordamos el papel que yo jugaría en tal eventualidad. Quedamos convenidos en que nuestra acción debía aprovechar los desbordes en que, por descontado, incurrirían nuestros enemigos. Una vez, durante mi segunda presidencia, el ministro del Mikado me contó, en un español que parecía compuesto de una seguidilla de pequeños ladridos, que en su país existe un tipo de lucha en la que cada contendiente aprovecha más la fuerza del contrario que la propia. Algo así fue lo que planeamos con Pellegrini en Campana, sin conocer, por supuesto, que en el Imperio del Sol Naciente practicaban de siglos atrás esta técnica. Quedamos perfectamente acordados en todo y de lejos; esta conversación con el "Gringo" fue el hecho más decisivo de aquellos meses. Pero en justificación de la larga entrevista, *pour la galerie*, el ministro de Guerra llevó un documento mío en forma de carta abierta, en la que condicionaba cualquier propuesta sobre candidaturas a la previa constitución del Congreso y las debidas garantías para que deliberara con tranquilidad. Normalizado el funcionamiento de los cuerpos legislativos —agregaba el documento— yo estaba dispuesto a someter la suerte de mi candidatura a la decisión de un grupo de amigos para demostrar que no era el ambicioso que Tejedor pretendía.

Seguí viaje, desembarqué en Rosario y tomé el tren a Córdoba. Quería ir a "La Paz" para acompañar un poco a Clara, cuyo padre había fallecido en esos días. Poco me duró la tranquilidad, porque apenas llegado a la estancia apareció Aristóbulo del Valle, con su gran panza y su verborragia. Venía en representación de Sarmiento, ansioso por redondear el trato que yo había insinuado al Comité de La Paz. Durante dos o tres días me acosó con sus ofrecimientos: yo renunciaba, mis electores apoyaban a Sarmiento, yo podía ser su vicepresidente o su ministro de Guerra, a elección; el futuro presidente se comprometía a respetar las situaciones provinciales roquistas, instalaría la capital federal en Rosario o en otra ciudad y juraba hacerme presidente en 1886. . . Yo decía a todo que sí, pero mi condición seguía en pie: Sarmiento tendría que contar con el apoyo de todos los partidos porteños. Si no lo lograba, debería aceptar el resultado de la elección de abril, o sea, mi presidencia. Del Valle también dijo que sí a todo, se redactó un compromiso disimulando un

poco la crudeza del negocio y regresó encantado a Buenos
Aires, justo a tiempo para asistir a las solemnes ceremonias
con que se honraron el centenario del nacimiento de Rivadavia, las fiestas mayas y la repatriación de los restos del general San Martín: tres efemérides seguidas que entre el 20 y el
29 de mayo pusieron un poco de calma y patriótica unción
en el caldeado ambiente político de Buenos Aires.

El mismo día en que el ataúd del Gran Capitán se depo-
sitaba con gran pompa en el panteón de los canónigos de la
catedral metropolitana, yo recibía en Rosario a una delegación de comerciantes porteños. Después de hablar conmigo
lo harían con Tejedor. Yo los tranquilicé sobre mis intenciones pacíficas y les prometí que al día siguiente somete-
ría mi candidatura, conforme a lo anunciado, a la opinión de
un grupo de amigos como paso previo a la renuncia. En efecto, al día siguiente me dirigí al presidente del comité autonomista indicándole quiénes debían componer el núcleo que
debatiría mi actitud. Y el 1º de junio mandé por un emisario
seguro un mensaje a Rocha indicando que los dichos amigos
debían dictaminar el mantenimiento de mi candidatura hasta
que se obtuvieran todas las garantías para contener a los partidos antagónicos en los límites de la Constitución; en otras
palabras, hasta que se aceptara el resultado de las elecciones
presidenciales.

Pero ¿cuánto tiempo podía durar este juego? El enredo
de compromisos y desmentidos, promesas ambiguas y declaraciones forzadas no podía prolongarse indefinidamente. Felizmente, todo ese viscoso proceso terminó abruptamente.
El 1º de junio, Tejedor produjo el acto de fuerza que nosotros usaríamos en su contra, al estilo japonés. Un mes más
tarde, vencidas las huestes provinciales, Tejedor renunciaba
y desaparecía para siempre de la escena política. Y el 12 de
octubre, tres meses y días después del desencadenamiento de
los sucesos, yo, Julio Argentino Roca, juraba ante el Congreso Nacional desempeñar fielmente el cargo de presidente de la
República.

IV

El 1º de junio de 1880 fue una fecha decisiva en la historia que le estoy contando, porque ese día las fuerzas de la
provincia de Buenos Aires abrieron hostilidades contra el pa-

bellón nacional, y esta agresión provocó la actitud que de inmediato adoptó el presidente. De allí en más se desbocó una corta pero muy sangrienta guerra civil que ha quedado en la memoria colectiva de los porteños como una quemante lastimadura.

Pero nunca se nos podrá acusar de haber iniciado las acciones bélicas. En los meses anteriores, el gobierno provincial había importado armas para los "rifleros" en variadas cantidades; el gobierno nacional no lo pudo impedir. En los últimos días de mayo se supo que el vapor "Riachuelo" traería 3500 fusiles adquiridos en Europa por el gobierno de Buenos Aires. El ministro de Guerra comunicó a Tejedor que no permitiría el desembarco, ordenó a cuatro buques de la Armada que capturaran al "Riachuelo" y envió a una compañía del regimiento 1° de Infantería a la Vuelta de Rocha para que se apoderara del armamento si llegaba a ser desembarcado. Todo esto se hizo a la luz del día y en medio de una creciente excitación. A su vez, Tejedor mandó al coronel Arias con un batallón para proteger el desembarco. Si las fuerzas nacionales oponían resistencia —preguntó Arias—, ¿debía abrir fuego? El gobernador contestó afirmativamente y esta respuesta le fue fatal.

A la tarde de ese día, el "Riachuelo", con máquinas más potentes que sus perseguidores eludió a los buques de la Armada y bajó los cajones en el lugar previsto. Las fuerzas nacionales trataron de impedirlo pero Arias les intimó rendición y el regimiento 1°, en notoria inferioridad de condiciones, abandonó el lugar. Al mismo tiempo, la gente de Arias hizo fuego contra los buques que venían tras el "Riachuelo" para alejarlos. Toda la noche se trabajó en el desembarco de la carga y en la mañana del 2 de junio los cajones conteniendo los fusiles fueron paseados triunfalmente por la calle Florida. Y Arias recibió las felicitaciones de Tejedor.

Era el *casus belli* que había demorado tanto tiempo. Al mediodía, Pellegrini se entrevistó con Avellaneda y lo persuadió ¡por fin! a tomar la actitud que correspondía. Esa tarde, en un carruaje común, el presidente y sus ministros de Justicia y de Guerra abandonaron la ciudad y se dirigieron al acantonamiento de la Chacarita, donde el general Manuel J. Campos se puso a sus órdenes. Como si hubiera salido de un letargo, desde ese momento Avellaneda recuperó su capacidad de decisión y la claridad de ideas que siempre lo había distinguido. Declaró al pueblito de Belgrano capital provisoria de la Na-

ción, fulminó de rebelión al gobierno provincial y tomó, con
Pellegrini, las medidas necesarias para que todas las fuerzas
nacionales disponibles convergieran sobre la ciudad rebelde.
No niego que estas noticias me aliviaron: ese día le escribí a
Juárez Celman que "la rebelión iniciada por Tejedor favorece
en todo al presidente de la República y a nosotros, y da la
medida elocuente de su estupidez".

Aunque el juicio era duro, sigo creyéndolo así. El traslado presidencial sorprendió totalmente a Tejedor quien, según
me contaron, estaba gozando de la ópera "Hernani". La música
de Verdi pudo haber insuflado al gobernador los arrestos
bélicos necesarios para detener a Avellaneda y adueñarse del
poder. No lo hizo, y en política suele ser catastrófico eso de
iniciar algo y dejarlo después a medio camino. . . Es que Tejedor era una mezcla de montonero separatista y unitario lega-
lista, y no quiso tomar la iniciativa formal de un alzamiento,
cuando en los hechos era ya un rebelde sin vuelta de hoja. Mi
Rubicón había sido el río Negro, el año anterior; el de Tejedor fue el maloliente cauce del Riachuelo, y desde ese momento caminó impávido hacia el desastre.

Se abrió entonces una situación muy curiosa. Durante
un par de semanas, los ministros del poder Ejecutivo, casi
todos los diputados y senadores que respondían a nuestra
causa, algunos funcionarios del gobierno nacional y un puñado de jefes y oficiales pasaron a Belgrano. Algunos lo hicieron
en ferrocarril, otros realizaron el corto viaje en el "Villarino",
el buque que había traído los restos del general San Martín.
Se fueron apiñando en el escaso espacio disponible en ese
pueblito de quintas y villas, y allí esperaron los acontecimientos. Hubiera sido fácil para Tejedor impedir esta emigración,
pero no lo hizo; se limitó a hacer ocupar la Casa Rosada, la
Aduana y el edificio de Correos, y designar a Arredondo,
Arias y Julio Campos como jefes de las fuerzas provinciales.
Además, firmó una alianza ofensiva-defensiva con la provincia
de Corrientes para ayudarla a levantar un ejército de 10.000
hombres, pero no permitió ninguna iniciativa militar y rechazó el plan de caer sobre la Chacarita. Entretanto, Avellaneda
ordenaba ocupar las ciudades de San Nicolás, Pergamino y
Zárate, mientras llamaba a Levalle, que estaba en el Azul, y a
Racedo, que se encontraba en Río IV, para que acudieran
con las fuerzas a su mando.

Es así que durante unos quince días no hubo hostilidades, aunque sí preparativos frenéticos por ambas partes. Y

aquí viene otra curiosidad: durante este intervalo, que se cerraría en pocos días con música de cañones y fusiles, los electores designados en los comicios de abril se reunieron en cada provincia —también en Buenos Aires y Corrientes— y eligieron presidente y vicepresidente de la Nación. El binomio Tejedor-Laspiur juntó 71 votos; la fórmula que yo encabezaba y que completaba Francisco Madero sumó 155. A nadie se le ocurrió que las anormales condiciones del país podían justificar una postergación de las juntas electorales: esta fue una alentadora evidencia de la fuerza de nuestras incipientes tradiciones republicanas. Ya era pues, presidente electo. Me faltaban dos pasos más: la aprobación del escrutinio por el Congreso Nacional, inexistente por ahora debido a la ausencia de los partidarios de Tejedor que impedían el *quorum* de Diputados, y la asunción del mando. En este punto quiero explicarle por qué Madero fue designado vicepresidente, siendo un hombre de negocios sin la menor significación política. Yo había reservado hasta último momento el nombre de mi compañero de fórmula, pues el cargo era una baraja importante y no quería desperdiciarla. Pensé en algunos nombres conspicuos pero al final opté por Madero: no podía desechar la probabilidad de que en algún momento yo mismo me convirtiera, a mi pesar, en moneda de cambio para alguna transacción. Si mi segundo estaba desnudo de todo peso político, el peligro se desvanecía. . . Por otra parte, mi futuro vicepresidente era una buena persona y le debía servicios desde aquellos meses del año anterior en que andaba buscando apoyos y socorros por todos lados. Madero era un tipo interesante. En su juventud había acompañado a Lavalle en sus cruzadas y pasó muchos años en el exilio. De su mujer, una Ramos Mejía, heredó una estancia en Maipú y me contaba que su suegro había fundado allí una religión propia que los indios siguieron fervorosamente hasta que Rivadavia lo confinó en su chacra de Los Tapiales, cerca de Buenos Aires, hasta su muerte. Además, detalle importante, Madero era el dueño de la casa de la calle Suipacha que yo alquilé desde 1879 y en la que viví hasta mi traslado a la que compré en la calle San Martín. Y cuando un hombre se comporta bien como locador, ¿por qué no va a portarse bien como vicepresidente?

Yo había convenido con Pellegrini que me quedaría en el Rosario. Era aconsejable que el proceso militar que inevitablemente empezaba no se tiñera con ningún elemento político: no era Roca el que estaba en danza sino la dignidad de la

Nación, en armas contra la provincia rebelde. Además, desde el Rosario yo podía facilitar el envío de las fuerzas del interior hacia los puntos que se indicaran, e impedir que los correntinos se largaran en auxilio de Tejedor.

Mi decisión de quedarme en el Rosario obedecía también a mi gusto personal: era una ciudad que me encantaba, a tal punto que en algún momento pensé que podría ser la futura capital de la República. No me olvido del hermoso espectáculo que presentaba cuando uno venía por vía fluvial desde el sur. Al doblar una pequeña punta de tierra se admiraban las edificaciones que bordeaban la ribera, entre ellas los grandes edificios de la Aduana y el Gas, y las casas que trepaban sobre la barranca. Los mástiles del puerto daban la ilusión de un enorme bosque en movimiento. Los hoteles Universal y Fénix, de dos o tres pisos, brindaban todas las comodidades posibles y había varios clubs de diversa categoría, además de una infinidad de asociaciones extranjeras. La tercera parte de la población rosarina, unos 50.000 habitantes en esa época, estaba compuesta por italianos, al punto que noté en los vecinos de cualquier origen un dejo peninsular en su modo de hablar: "¿sabe?", "¿sabe?" intercalaban a cada momento en cualquier frase, lo que supuse una traslación del itálico "¿sai?" que había oído alguna vez a los genoveses de La Boca.

Cada vez que iba al Rosario me parecía estar en la Argentina del futuro, tanta era su actividad, la grandeza de sus casas de comercio, el paso de mercaderías que llegaban a su puerto para ser deglutidas por las colonias del interior de la provincia. No le extrañe, entonces, que haya resuelto quedarme una vez más en esa simpática y bien situada ciudad, hasta que se definiera la situación militar en Buenos Aires.

Las dos semanas que siguieron al 2 de junio fueron extremadamente peligrosas. La Chacarita y Belgrano eran dos puntos casi indefensos; cualquier golpe de mano contra ellos hubiera tenido éxito. En la inercia porteña de esos días acaso influyeron las disensiones que se suscitaron entre los jefes designados por Tejedor, que se vetaban unos a otros los diversos planes que iban presentando. Recién diez días después de la ruptura, la Chacarita estuvo en condiciones de defenderse con fuerzas que apresuradamente mandé desde Córdoba y Rosario. En cambio, el más capaz de los jefes porteños, el coronel Arias, que fue enviado a levantar un ejército en el in-

terior de la provincia sin mayores elementos, logró reclutar en
un santiamén 12.000 hombres y regresó a Buenos Aires con
la intención de atacar nuestros puntos débiles. Aunque eran
gente mal armada y sin experiencia militar, con Arias nunca
se sabía qué podía ocurrir, así que se ordenó a Racedo, que
venía desde Río IV, que lo alcanzara donde pudiera.

Hubo escaramuzas en Olivera, Luján y General Rodríguez, y estos fueron los primeros hechos de armas. Finalmente, Arias logró poner a su improvisado ejército en disposición
de defender Puente Alsina, mientras los "rifleros" de la ciudad terminaban de poner en obra las trincheras y empalizadas
que debían dificultar el ataque de los regimientos de línea.
Levalle se acercaba con el 5º y el 7º y el 20 de junio se lanzó
a forzar el puente de Barracas; se entabló una lucha durísima,
mas la acción de los modernos cañones Krupp adquiridos por
el gobierno de la provincia lo obligó a alejarse hasta Lomas de
Zamora. Mientras tanto, Arias resistía con éxito el ataque
de Racedo durante varias horas, pero le indicaron que abandonara esa posición y se hiciera fuerte en el barrio de los Co-
rrales, donde hoy se levanta el Arsenal de Guerra, para enfrentar a Manuel J. Campos, que finalmente había logrado cruzar
el Riachuelo por Barracas y avanzaba hacia Plaza Constitución.

No voy a contar el detalle de estos combates; yo me encontraba lejos del teatro de operaciones y me fui enterando
de los episodios semanas más tarde. Solo diré que, en medio
de la tragedia llegué a sentirme orgulloso como argentino por
el valor que se derrochó en ambos bandos. Podría contarles
un centenar de anécdotas demostrativas del coraje de los
bisoños soldados porteños, que pelearon y murieron creyendo defender a su amada Buenos Aires; como podría también
relatar otras tantas hazañas de mis chinos, cuya veteranía y
disciplina suplieron la inferioridad de su armamento. Fueron
tres días de batallas en diversos puntos de los arrabales de la
ciudad, pero el saldo de muertos, más de 3000, prueba que
no se escatimó valentía.

¿Triunfaron nuestras fuerzas? No lo puedo afirmar ca-
tegóricamente, aunque en definitiva los porteños debieron
abandonar el circuito defensivo exterior para replegarse sobre
las defensas internas. Lo que ocurrió, más bien, es que los elementos sensatos de Buenos Aires advirtieron que el gobierno
nacional estaba resuelto a aplastar la rebelión a cualquier costo y no importaba el tiempo que se tardara. Esta convicción los

llevó a terminar con una lucha desastrosa. Pellegrini y yo habíamos examinado varias estrategias: entrar a la ciudad a sangre y fuego por los caminos del bajo hasta llegar a la Plaza de Mayo, evitando meterse en las calles como hicieron los ingleses ochenta años atrás. O sitiarla y bloquearla rigurosamente hasta que se acabara el último costillar de vaca, el último litro de leche, la última galleta, y el pueblo obligara a sus mandatarios a pedir la paz. O bombardear el centro de la ciudad con los buques de la escuadra hasta provocar esta reacción. Pero fuera como fuera, habríamos de expugnar la ciudad rebelde. En la guerra es muy importante el equipamiento, la disciplina y el plan a seguir, pero más importante aún es demostrar al enemigo que hay una brutal e indetenible voluntad de vencer. Esta certeza fue la que derrumbó, finalmente, la obstinación de Tejedor; esto y, se me ocurre conjeturar, la incertidumbre sobre su futura conducta en caso de triunfo. ¿Qué haría con el resto del país? ¿Enviaría "rifleros" a las provincias como había hecho Mitre después de Pavón? ¿Declararía a Buenos Aires un Estado independiente? Los tiempos ya no daban para estas aventuras; ni los porteños más acérrimos lo seguirían en esos atentados a la unidad nacional. Tejedor no tenía salida aunque su absurda causa fuera popular y pudiera triunfar en el campo de batalla. Lo venció la madurez alcanzada por el país, y Mitre, buen historiador, entendió muy bien estas circunstancias cuando aconsejó a Tejedor cesar la lucha.

Pero estas son las filosofías que uno puede desovillar tranquilamente después de ocurridos los hechos. En la realidad, Pellegrini estaba moralmente destruido cuando cesaron los combates, porque acababa de enterarse que la pólvora acopiada en la Chacarita que debía reaprovisionar a nuestras tropas, ¡estaba mojada, no servía! Hizo entonces una urgente gestión para comprar pólvora en Montevideo, pero hasta que se concretara el negocio pasarían varios días. Fue entonces cuando apareció providencialmente en Belgrano el nuncio apostólico. Cuando expulsé del país a monseñor Mattera, cuatro años después, todavía le guardaba un recóndito sentimiento de gratitud por su mediación; él nunca supo que nos había salvado. . . Mattera abundó ante Avellaneda sobre la necesidad de detener por un momento la lucha fratricida y creo que el presidente no esperó a que la melopea terminara; aceptó inmediatamente y el prelado salió a repetir la gestión ante Tejedor, que también la acogió con alivio. Así se convino una tregua hasta el 24 de junio, que se prolongó indefinidamente.

Terminó de esta manera la batalla de Buenos Aires, culminación de un proceso que empezó como oposición política a mi candidatura y continuó con un levantamiento armado separatista. Y desde que se hizo el silencio de las armas empezó la etapa de conversaciones, tratos y compromisos. Lo peor ya había pasado y ahora se trataba de que el derramamiento de tanta sangre de argentinos no fuera inútil.

Tampoco voy a relatarle en detalle el complejo trámite político e institucional que se desarrolló entre julio y octubre, una vez concluidos los choques armados y hasta la víspera de la asunción presidencial. Pero tengo que señalarle, eso sí, el sentido de lo que ocurrió, porque mucha gente ha creído que yo actué movido por resentimientos contra Buenos Aires o por mezquindad, y no fue así. Por el contrario, yo tuve muy clara la idea de que el drama vivido no debía repetirse jamás, y que por consiguiente era indispensable eliminar las causas que lo habían provocado. La Argentina era, en ese momento, un país en discordia, o sea que tenía el corazón partido, pues no otra cosa quiere decir "dis cordia", "dos corazones", según me hizo notar el general doctor Victorica, que era buen latinista. Había que facilitar la cicatrización de ese corazón roto pero vivo, y nunca se presentaría mejor oportunidad para hacerlo; pero había que operar con decisión y sin sentimentalismo.

Avellaneda, en cambio, apreciaba la situación desde un punto de vista menos racional, más emotivo. El veía el alzamiento tejedorista como la alocada acción de un hombre que había arrastrado circunstancialmente a su provincia, y entonces ansiaba echar un velo sobre lo pasado, reconciliar a Buenos Aires con el resto del país y hacer que la transición fuera lo menos penosa posible para los porteños. Era un pensamiento generoso, pero corto. El presidente no alcanzaba a ver que era necesario sacar todo el fruto posible de la dolorosa victoria que habíamos obtenido para solucionar definitivamente los problemas que erizaron de dificultades, durante tantos años, el camino de la organización nacional.

Para que prevalecieran mis miras era conveniente trasladarme al escenario de los hechos y hacer entender al presidente que su poder real estaba declinando en razón directa con las semanas que faltaban para que yo asumiera el mando. La historia enseña que en los países de régimen presidencialista el titular del poder Ejecutivo saliente se va eclipsando a medida que su mandato agota los últimos tramos. Pero el amigo Avellaneda no lo entendía, y comprometió a su gobierno —y lo que es peor, el mío— con promesas que nos ataban las manos. Había, pues, que hacerle comprender quién mandaba ahora y tuve que emplear una modalidad que no es propia de mi personalidad: la descortesía. Me embarqué en Rosario, bajé en Buenos Aires y sin demorarme tomé el tren a Belgrano. El 7 de agosto llegué a la capital provisoria de la Nación y decliné usar el carruaje que Avellaneda había enviado a buscarme; me fui a pie al hotelito donde se alojaba la mayoría de los políticos. Recién dos días después fui a presentar mis saludos al presidente. Esta deliberada tardanza fue la señal que debí usar para poner a Avellaneda en su lugar. Lo lamenté íntimamente pero me prometí compensar alguna vez esta guarangada con palabras o hechos que demostraran al presidente saliente mi auténtica estimación.

Cuando me instalé en Belgrano, uno de los problemas más graves ya estaba en vías de solución: la reconstitución de la Cámara de Diputados. Como ya les expliqué, los legisladores que siguieron al presidente no alcanzaban a formar *quorum* en la cámara joven —aunque sí en el Senado— y por lo tanto, al no existir legalmente una de las dos ramas legislativas, no había Congreso. Esta circunstancia era muy negativa porque impedía sancionar las leyes que eran indispensables para dejar allanado el camino a la futura presidencia. El embrollo fue salvado con una medida drástica: la cesantía de los diputados ausentes. Desde el punto de vista constitucional era muy dudoso que 37 legisladores pudieran cesantear a 41, pero se invocó el precedente de Lincoln, que hizo expulsar a los representantes de los estados confederados durante la Guerra de Secesión. Aquí, los que habían permanecido en Buenos Aires se convirtieron, quisiéranlo o no, en cómplices de la rebelión, y por tanto estaban inhabilitados de formar parte de los poderes contra los que se habían alzado. Podría discutirse durante años la constitucionalidad de la medida, pero la situación era de emergencia y se optó por esta solución. Declaradas vacantes esas bancas, se harían elecciones de cualquier modo y lograríamos en pocas semanas recomponer el cuerpo con mayoría propia.

Buena parte de los asientos vacíos pertenecían a la provincia de Buenos Aires, y esto nos remite a los dos grandes

problemas que quedaban pendientes y que yo debí encarar
con toda energía. Uno era el de las futuras relaciones entre
el gobierno nacional y la provincia de Buenos Aires; el otro,
o mejor dicho, una parte sustancial del anterior, era el tema
de la capital definitiva de la Nación.

Aquí también diferían las opiniones de Avellaneda con
las mías. En las tratativas que siguieron al armisticio, el presidente fue demasiado generoso. Aceptó que Tejedor aparecie-
ra alejándose voluntariamente y transfiriendo su investidura
al vicegobernador José María Moreno; se comprometió a
mantener intactos los poderes provinciales y a dar rápidamente por terminada la ocupación que mantenían nuestras fuerzas
sobre diversas ciudades y pueblos de la campaña bonaerense;
admitió que no habría procesos contra nadie ni se removería
a ningún empleado; permitió que los "rifleros" fueran desarmados por el gobierno provincial y prometió que las tropas
de línea que regresaran a la ciudad vencida lo harían muy discretamente y en número no superior al que había estado
acantonado allí con anterioridad al 2 de junio. Avellaneda era
íntimo amigo de Moreno (un sobrino del secretario de la Junta de 1810, no sé si sabe) y esta afectuosa relación más un patriótico deseo de no ahondar heridas lo llevaron a semejantes
concesiones, que no podíamos aceptar porque dilapidaban
todo lo obtenido hasta entonces, dejaban vigentes las semillas
de nuevos conflictos y creaban obstáculos graves a la acción
del futuro presidente. Los porteños habían pedido el cese de
hostilidades, pero la blandura de Avellaneda les daba ahora la
sensación de que la partida había resultado empatada. Crecía
de nuevo en Buenos Aires la soberbia localista, a tal punto
que la legislatura provincial ascendió a jefes y oficiales de las
fuerzas porteñas, repartió premios en dinero a los que habían
combatido y pensiones a las familias de los que murieron, to-
leró que se realizaran demostraciones de los "rifleros" —que
sólo en parte habían entregado sus armas— y con estas medidas insufló el mismo aire de rebeldía que había campeado en
las semanas anteriores al 2 de junio.

Era muy diferente la actitud tomada por el gobierno de
la Nación respecto a Corrientes, adonde se mandó la intervención federal, se removió al gobierno comprometido con el
alzamiento, se disolvió su legislatura y posteriormente —yo
puedo perdonar pero no olvido fácilmente a los que me agre-
den— se la castigó convirtiendo en territorio nacional a la región misionera que tradicionalmente había sido parte de la

provincia. A mi juicio y el de muchos amigos, empezando por Dardo Rocha, correspondía proceder con Buenos Aires de manera parecida a Corrientes. Había que intervenir la provincia, disolver su legislatura y, sobre todo, obtener de los nuevos poderes locales el asentimiento para que la ciudad de Buenos Aires asumiera su destino histórico: el de ser la capital de la Nación. Para que esto ocurriera, por imperio constitucional se necesitaba una ley del Congreso declarándolo así y otra de la provincia aceptando la ley nacional y cediendo a la Nación el ejido de la ciudad. Era la única manera de que el presidente, en cualquier futuro, dispusiera de una base de poder amplia y sólida, y de una sede en la que no desempeñaría el triste papel de huésped sino de dueño de casa. Pero si los porteños no se sentían vencidos no entregarían nunca su ciudad. Había que aprovechar la derrota para forzarlos a esta entrega, que completaría el largo proceso de la organización del país.

En los meses anteriores yo me había inclinado a solucionar el viejo problema de la capitalidad escogiendo a Rosario. Al llegar a Belgrano volví a entender lo que había comprendido dos años antes, al hacerme cargo del ministerio de Guerra: que no hay poder nacional en la Argentina si no tiene su asiento en Buenos Aires. La oportunidad era única y seguramente irrepetible. No podíamos vacilar en obsequio a los compromisos que había contraído el presidente. Por violento que fuera, el interés del país debía colocarse sobre cualquier afección personal.

Y así fue, en medio de un montón de tratativas, propuestas, planes, idas y venidas cuyos pormenores le he de ahorrar. A mediados de agosto, el Congreso sancionó una ley disolviendo la legislatura bonaerense (ya empezaba a usarse esta palabra en vez de "porteño"), medida que sus miembros rechazaron. Avellaneda, puesto en el caso de violar sus promesas, presentó su renuncia y regresó a su casa de Buenos Aires, donde se metió en cama por varios días, hondamente deprimido. No habría de aceptarse su dimisión porque si lo hacíamos, ocuparía la primera magistratura el vicepresidente, que era porteño y se había quedado en la ciudad rebelde, y en el breve lapso que quedaba para completar el mandato de Avellaneda podría arruinarnos el pastel que trabajosamente estábamos horneando... Pero yo aproveché la momentánea ausencia del presidente para mandar a los regimientos de línea adecuados con la misión de ocupar los puntos mas importantes de Buenos Aires, lo que se realizó sin incidentes. Diez días después, el general Bosch ejecutaba la ley que mandaba disolver la legislatura; también fue esta una operación incruenta porque esperó que los diputados y senadores provinciales, atrincherados hasta entonces en el recinto, salieran con la saludable intención de cenar. Cuando regresaron, ya no pudieron entrar de nuevo. . . Dimitió el vicegobernador Moreno, que ya no ejercía ningún poder real, y el general Bustillo se hizo cargo de la intervención federal en toda la provincia. A lo largo del mes de setiembre —un mes de tiempo insólitamente horrible, con ventarrones tremendos, heladas y hasta nieve en varios lugares— se realizaron unas desganadas elecciones para integrar la nueva legislatura, donde nuestros amigos dominarían ampliamente.

Más importante todavía: el 20 de setiembre se sancionó la ley del Congreso por la que se declaraba a la ciudad de Buenos Aires como capital de la Nación Argentina. A Avellaneda se le rechazó la renuncia y después de rezongar un poco retornó a su cargo para completar las pocas semanas que le faltaban. A mi vez, yo caí enfermo en Belgrano, una repetición más corta y menos grave del mal que me aquejara cuando asumí el ministerio de Guerra; en cuanto me sentí mejor me instalé en una quinta del barrio de Caballito, con Clara y las chicas. En la ciudad, tal como siempre había pensado yo, al desaparecer los factores que azuzaban el localismo exacerbado y la violencia contra la Nación, todo se había aquietado. La atmósfera era calma, como si la gente quisiera olvidar las trágicas jornadas de junio y la incertidumbre de los meses que siguieron. Se habían demolido las defensas construidas por Tejedor. No hubo ningún incidente con los chinos de los regimientos nacionales. La gente trabajaba, se divertía y acariciaba expectativas sobre el futuro, dejando atrás la pesadilla de la guerra civil.

Todo estaba claro y mi camino quedaba expedito. Belgrano dejó de ser la capital provisoria y recuperó su habitual quietud; los legisladores, políticos y funcionarios volvieron a Buenos Aires y sus comodidades. Para perfeccionar la ley de capitalización faltaba su aprobación por la nueva legislatura de la provincia, pero esto era seguro, y Dardo Rocha, que sería el nuevo gobernador, ya trazaba planes sobre la ciudad modelo que construiría para sede de los poderes de la provincia.

El 9 de octubre se dio el anteúltimo paso: la aprobación, por el Congreso, del escrutinio de la elección presidencial. Tres días más tarde juré mi cargo y me constituí en el despacho presidencial de la Casa de Gobierno.

1880 — 1886

I

Usted me pregunta qué sentí en aquel momento. Que yo recuerde, nada. Sí: pensándolo bien, mi mayor preocupación durante la ceremonia radicó en mis botas nuevas, que me apretaban horriblemente... Es que la ambición es un extraño sentimiento: nos llena de ansiedad cuando su objetivo está lejano pero a medida que se acerca disminuye su intensidad y, cuando se cumple aquello que tanto se soñó, uno ya está como indiferente y ajeno.

De todas maneras fue un acto digno y solemne. Yo me encontraba en la casa de Diego de Alvear, en la calle del Veinticinco de Mayo. Acompañado por mi vicepresidente y un nutrido grupo de amigos me dirigí, poco después del mediodía de ese martes 12 de octubre, hacia el Congreso. Había bastante gente en la plaza, desde el jardín de la Casa de Gobierno hasta la Recova, y no hubo gritos hostiles ni señal alguna de malquerencia por parte del público. Fuerzas militares me rindieron honores y tuve el placer de saber que al frente de ellas se encontraban mis viejos centuriones, Dónovan, Racedo, Fotheringham, Levalle, Viejobueno: este era también su triunfo. Presté el juramento constitucional y me senté para leer el mensaje que yo mismo había escrito; algunos de mis predecesores habían dicho de pie su discurso inaugural, pero yo tengo conciencia de que no soy buen orador... y además las botas me torturaban, de modo que tomé asiento al lado de Del Valle, presidente del cuerpo. Algún diario señaló en su crónica que mi tono fue un tanto monocorde y que sólo adquirió una vibración más neta cuando dije:

—Lo declaro bien alto desde este elevado asiento, para que me oiga la República entera: emplearé todos los resortes y facultades que la Constitución ha puesto en manos del Ejecutivo Nacional, para evitar, sofocar y reprimir cualquier tentativa contra la paz pública. En cualquier punto del territorio argentino en que se levante un brazo fratricida o en que estalle un movimiento subversivo contra la autoridad constituida, allí estará todo el poder de la Nación para reprimirlo.

Mi mensaje se desarrolló sobre el siguiente argumento: ha concluido el período de la inestabilidad y ahora empieza una etapa de "Paz y Administración". Hablé del *imperium* de la Nación establecido para siempre después de sesenta años de lucha sobre el *imperium* de provincia" y afirmé que "en adelante, libres ya de estas preocupaciones y de las conmociones internas que a cada momento ponían en peligro todo, hasta la integridad de la República", el gobierno podría consagrarse a la tarea de la administración y a las labores fecundas de la paz. Rendí un homenaje al Ejército, "modelo por su abnegación, sufrido en las fatigas, valiente en el combate, leal y fiel a su bandera", al que había que dotar de leyes "para evitar el peligro del militarismo, que es la supresión de la libertad" y para desarrollar su fuerza en previsión de que los derechos de la Patria estuvieran en peligro. También me referí a las vías de comunicación y me comprometí a que en tres años pudieran saludarse "con el silbato de la locomotora" a "los pueblos de San Juan y de Mendoza, la región de la vid y el olivo, de Salta y Jujuy, la región del café, del azúcar y demás productos tropicales, dejando además de par en par abiertas las puertas al comercio de Bolivia, que nos traerá los metales de sus ricas e inagotables minas". Anuncié que continuarían las operaciones militares en el Sur y en el Norte "hasta completar el sometimiento de los indios de la Patagonia y del Chaco. . . a fin de que no haya un solo palmo de tierra argentina que no se halle bajo la jurisdicción de las leyes de la Nación".

En otra parte de mi mensaje afirmé: "Somos la traza de una gran nación, destinada a ejercer una poderosa influencia en la civilización de la América y del mundo", pero para ello necesitábamos "paz duradera, orden estable y libertad permanente". Fue entonces cuando eché el párrafo sobre la inexorable acción que ejercería frente a cualquier intento contra la autoridad nacional, y cuando los legisladores y el público me aplaudieron con más entusiasmo.

La ceremonia se completó en la Casa de Gobierno, donde Avellaneda me entregó el bastón de mando y ciñó mi uniforme con la banda presidencial. Yo le dirigí entonces unas palabras de encomio a su acción gubernativa relatando sus logros más importantes, aunque dos de las realizaciones que mencioné —el "ensanchamiento de los dominios de la Nación por la supresión de la pampa salvaje" y "la liquidación de los últimos obstáculos que se oponían a la organización definitiva de la República" se debían a mi propia acción más que a la de Avellaneda. Pero había que ser generoso en ese momento y el presidente saliente aceptó encantado mis elogios. En cambio, fui muy sincero cuando al terminar mis palabras me comprometí a entregar a mi sucesor, íntegro e incólume, el depósito que recibía de sus manos, "y hago votos porque así pase de presidente en presidente hasta la consumación de los siglos".

Después, los incontables saludos de conocidos y desconocidos. Ahora yo era el que mandaba y tenía que ponerme a trabajar. . .

En una manifestación de modestia absolutamente falsa, yo había dicho en mi mensaje que tenía "mucha desconfianza en mis propias fuerzas". No era así. Me sabía inteligente, sano, activo, conocedor del país y de sus hombres, y tenía en claro los problemas que debía afrontar. Pero necesitaba rodearme de un elenco muy por lo alto, para demostrar que había superado todo sectarismo y que mi deseo era gobernar con los mejores. Y así fue, me parece. Por mi gabinete pasaron las personalidades más capaces y experimentadas con que contaba la República, salvo Mitre, y nadie pudo decir que en la selección de mis colaboradores prevaleció una preocupación partidista o el deseo de rodearme de gente sumisa. Los más ilustres fueron, sin duda, don Bernardo de Irigoyen y el general doctor Benjamín Victorica.

El primero tenía 60 años cuando asumió el ministerio de Relaciones Exteriores y se puede decir que no desconocía ningún asunto importante que hubiera ocurrido en el país desde la época de Rosas. Los mitristas no le perdonaban haber estado al servicio del Tirano en su juventud, pero se lo viera por donde se lo viese, don Bernardo era un hombre irreprochable. Hablar con él era aprender siempre algo interesante y divertido, porque lo alumbraba una malicia interna nunca destructiva, un humorismo que lo colocaba por encima de toda mezquindad. Victorica, por su parte, diez años menor que don Bernardo, era un conocedor profundo de los temas mas diversos; ¡hasta de cánones eclesiásticos sabía! Yerno de Urquiza, también él cargaba antecedentes federales y, al igual que don Bernardo, había tenido que ver en todos los episodios importantes de las últimas tres décadas. Irigoyen y Victorica fueron consejeros insustituibles y fuentes permanentes de aquella sabiduría que sólo puede otorgar la experiencia de una vida bien aprovechada.

No fueron los únicos. Antonio del Viso acompañó mi gestión durante dos años como ministro del Interior, cargo que dejó para convertirse en titular de la Legación Argentina en Roma; hizo allí un buen papel durante varios años y a su diligencia se debe la adquisición del *palazzo* que hoy sirve de sede a nuestra representación, en la Piazza Esquilino. Carlos Pellegrini fue ministro de Guerra el último año de mi gestión. Dos de mis más queridos condiscípulos del Colegio del Uruguay, Eduardo Wilde e Isaac Chavarría, ocuparon en su momento sendos asientos en el gabinete; otros dos ex alumnos del Colegio, también coetáneos aunque no tan íntimos, fueron De la Plaza y Wenceslao Pacheco, de modo que en algún momento los acuerdos ministeriales parecían reuniones de antiguos compañeros. . . Hubo en mi elenco otros nombres distinguidos: Juan J. Romero, Francisco J. Ortiz, Santiago Cortínez, Benjamín Paz, Manuel D. Pizarro, los cuales conformaban, además, una armónica mezcla de porteños y provincianos. En cuanto al importante cargo de jefe de la policía de la nueva capital federal, lo encomendé a Marquitos Paz, el hijo de mi tío Marcos, que hizo un trabajo excelente y convirtió en un modelo el cuerpo a sus órdenes.

No voy a aburrirlo con el relato circunstanciado de mi gobierno; ahí están los diarios de sesiones de ambas cámaras, el registro oficial, los mensajes que dirigí cada año al Congreso, las memorias ministeriales, las crónicas periodísticas. Toda esta documentación da cuenta de la actividad desarrollada entre 1880 y 1886. Pero hay aspectos que no figuran en estos registros, y además quisiera señalar algunas de las grandes líneas trazadas durante mi gestión porque reflejaron un pensamiento que en términos generales se ha venido aplicando hasta ahora, aún computando las variantes con que cada uno de mis sucesores matizó su respectiva administración. Puedo afirmar orgullosamente que en 1880 se fundaron las bases de la Argentina moderna; quienes me reemplazaron en el sillón de Rivadavia no hicieron otra cosa que edificar sobre cimientos que yo coloqué y cuya solidez ha quedado bien probada a lo largo de tres décadas largas.

Es cierto que las condiciones externas e internas eran, en ese momento, excepcionalmente favorables. En el mundo entero transcurría una etapa de paz y prosperidad. Había terminado la crisis cuyos efectos sufriera el gobierno de Avellaneda. Existían muchos capitales disponibles en Europa, especialmente en Gran Bretaña, que buscaban países como el nuestro para colocarse ventajosamente. Grandes masas de inmigrantes estaban dispuestas a trasladarse al continente americano en busca de nuevos horizontes, y sólo Estados Unidos y la Argentina ofrecían condiciones óptimas para ellos. Nuevos inventos como el teléfono, la lamparilla eléctrica, los altos hornos, el frío artificial, el enlatado al vacío de alimentos abrían campos promisorios al ingenio humano. Pero de nada hubiera servido este favorable marco si no hubiéramos ofrecido un país como el que aparecía en ese momento a los ojos del mundo modelándose en una atmósfera de tranquilidad, libertad y seguridad.

La tarea de los responsables de la Nación en 1880 se delineaba, pues, muy claramente. En primer lugar, era indispensable reforzar la solidez del Estado para que su función propulsora, administradora y arbitradora se ejerciera con la mayor aptitud posible. Yo había percibido a través de mis recorridas por todo el territorio que en último análisis un país no es otra cosa que un vasto equilibrio; el secreto de la función eminente del Estado es mantener este equilibrio entre sectores, entre partidos, entre regiones, entre intereses, de la manera más justa y estable posible. Para ello debe contar con los medios necesarios para empujar por un lado, sofrenar por el otro, estimular a éste o desalentar a aquél, todo de modo prudente y sin casarse con nadie sino tan sólo con el interés general.

Para esto, era previo e indispensable acomodar la sede que albergaría a los poderes del Estado y reflejaría, a la vez, la grandeza y pujanza del país. En consecuencia, activamos la transferencia de las instituciones de la Provincia existentes en la ciudad de Buenos Aires y le dimos la ley que permitiría organizar su Municipalidad, a cuyo frente puse a una personalidad que fue todo un hallazgo: Torcuato de Alvear. Cuando lo nombré no estaba muy seguro sobre sus condiciones porque era un millonario y a veces esta fauna resulta increíblemente perezosa e inepta. Pero Alvear resultó ser un magnífico intendente. Imaginativo en sus concepciones y ejecutor maniático de sus proyectos, hizo demoler la vieja recova en cuestión de horas abriendo una noble perspectiva a la histórica plaza; inició el trazado de la Avenida de Mayo para dar a la ciudad un eje arquitectónico suntuoso y moderno; convirtió el parque Tres de Febrero en un hermoso paseo que abarcó todo el predio de Palermo; abrió y adoquinó calles, ensanchó avenidas, inventó plazas nuevas, presionó a propietarios para que donaran sus terrenos a fin de no gravar a la joven Municipalidad con expropiaciones onerosas; extendió el alumbrado a gas, limpió las calles, plantó árboles por todos lados. Fue un intendente a la medida de la gran ciudad que debía ser la vidriera rutilante del país, el pórtico seductor para el viajero. Don Torcuato no era de mis íntimos pero resultó ser uno de mis colaboradores más eficaces y me ganó la confianza de los porteños, resentidos como estaban muchos de ellos por su derrota. Yo lo había frecuentado desde 1879, cuando en su mansión de Juncal y Cerrito organizaba reuniones en apoyo de mi candidatura; recuerdo que hacía participar en esos cónclaves a uno de sus hijos, Marcelo, de 12 o 13 años, al que sin duda don Torcuato quería ir entrenando en lides políticas. Si levantara la cabeza se moriría nuevamente de decepción porque el hijo se le hizo radical y, para colmo, se casó con una cómica. . . No le veo futuro a Marcelo de Alvear, aunque en la primera elección efectuada bajo el nuevo sistema electoral sus correligionarios le regalaron una banca como tributo a su apellido, pues nada respetan más los partidos populares que un linaje aristocrático. . .

Paralelamente a estas obras se dio a Buenos Aires una organización judicial que sigue siendo un modelo. Sus cámaras y juzgados me permitieron traer a algunos jóvenes abogados de provincias para llenar algunas de sus funciones, y con estos transvasamientos se fue cumpliendo una de mis intenciones de gobernante: fusionar a la sociedad argentina para que nunca más volvieran a estallar las divisiones entre porteños y provincianos. La justicia de la Capital Federal y las reparticiones que se crearon, como el Banco Hipotecario, el Registro Civil, el Consejo Nacional de Educación, etc., hicieron posible esas selectas inmigraciones cuya radicación fraguó con las bodas que en muchos casos se concretaron entre los magistrados, funcionarios y políticos que venían a Buenos Aires, y las niñas de la sociedad local. Pudimos así ofrecer horizontes de actuación más amplios a mucha gente joven y aspirante del interior, que además de su valía aportó tradiciones, modos de hablar y de cantar, manjares y formas de vida que contribuyeron a mantener el tono argentino de una sociedad como la porteña, siempre inclinada a lo cosmopolita. De cuando en cuando oigo mencionar un doble apellido com-

puesto por un gentilicio provinciano y uno porteño o viceversa:
son los productos de esa pacífica invasión que nosotros pro-
movimos y cuyos frutos constituyen la garantía más sólida
de una clase dirigente que ya no se siente comprometida con
localismo alguno.

En el propósito de modelar una grande y hermosa capital de la Nación, terminamos por fin la demolición de los últimos restos del antiguo fuerte para sustituirlo por un edificio
que hacía *pendant* con el de Correos; una y otra ala se vincu-
laron en 1887 con una construcción central que dio forma a
la definitiva Casa Rosada, un digno y cómodo asiento del gobierno nacional, acorde con la jerarquía de sus ocupantes.

Y finalmente, el puerto. Desde tiempos de Rivadavia se
venía hablando de la necesidad de dar una entrada cómoda y
segura al tráfico marítimo. Muy poco se hizo desde entonces:
el muelle que conducía a la Aduana de Taylor, la obra más
importante, databa de la década de 1850. Pasajeros y mercaderías seguían desembarcando como en tiempos de la colonia, con un trasbordo a botes, pequeñas goletas o carretones
de altas ruedas que los transportaban a tierra y de la misma
manera cargaban lo que tenía que embarcarse. Era tal la indefensión de la rada, que en octubre de 1879, cuando yo preparaba la Conquista, una gran sudestada anegó el Paseo de Julio
y hundió más de doscientas embarcaciones. . . Pero el movimiento de vapores y veleros era cada vez mayor, y la necesidad
de contar con instalaciones adecuadas ya se hacía clamorosa.
Dos proyectos para construir un puerto venían enfrentándose
de tiempo atrás: el del ingeniero Luis Huergo, que planeaba
hacerlo sobre el Riachuelo, y el de Eduardo Madero —primo
de mi vicepresidente— que sostenía la conveniencia de reali-
zarlo frente a la Plaza de Mayo. Detrás de cada propuesta se
movían intereses de toda laya, desde los ingenieros y capitalistas ingleses que formaban filas con Madero, hasta los especuladores de tierra que juraban por Huergo. Las opiniones de
los especialistas apoyaban con buenas razones a uno u otro,
como esos abogados que tienen argumentos para vaticinar
cualquier solución al pleito; los diarios echaban su cuarto a
espadas, los políticos se alineaban en un frente o el otro, y
mientras tanto las toscas del río y los juncales de la costa
seguían señoreando los lugares donde debían levantarse dársenas y diques, grúas y depósitos. . .

De hecho, los trabajos de Huergo sobre el Riachuelo
continuaron hasta 1885 con el apoyo del gobierno de la pro-

vincia de Buenos Aires, y un transatlántico grande, el "L'Italia", alcanzó a amarrar en las nuevas instalaciones. Pero finalmente apareció claramente la fuerza de los apoyos del plan de Madero, que contaba con el respaldo financiero de Baring Brothers y los planos proyectados por sir John Hawkshaw, uno de los más grandes ingenieros ingleses. En octubre de 1882, después de tormentosas polémicas, el Congreso autorizó al Poder Ejecutivo a contratar con Madero la construcción del puerto y en diciembre de 1884 se suscribió el instrumento contractual, por 20.000.000 de pesos oro. Cuando lo hice, invité a Mitre, Sarmiento y Avellaneda a prestigiar el acto con su presencia y refrendar con sus firmas el contrato. No sé si habrá sido más conveniente el proyecto de Huergo, pero había que hacer el puerto de una vez, y continuar con el examen de las dos propuestas hubiera sido interminable. De inmediato se iniciaron los trabajos y en 1897 quedaron habilitados la dársena norte y el canal de acceso. Recién entonces, puede decirse, Buenos Aires dispuso de un puerto adecuado. Lo asombroso es que diez años más tarde se iniciaron nuevos estudios para ampliarlo, pues resultó que el proyecto de Madero ya resultaba insuficiente. . . Hoy, uno de mis paseos predilectos es la obra del puerto nuevo, que alguna vez terminará, así como me encanta también visitar el de Madero con su incesante movimiento de buques, los trabajos de estiba y el estimulante espectáculo de las más diversas banderas engalanando esa boca de entrada y salida que tanto tiempo y esfuerzo costó.

Dentro del propósito de hacer de Buenos Aires la gran capital que merecía el país, activamos las obras de salubridad que eran indispensables para eliminar definitivamente esos estallidos pestíferos que vuelta a vuelta aterrorizaban a la población. Nunca he sido partidario de que el Estado tenga mucho que ver con la vida de la gente, pero existen obligaciones que ningún gobernante responsable puede eludir y una de ellas es proveer las condiciones mínimas para una vida higiénica como agua pura, desagües y cloacas. Pocas semanas después de asumir la presidencia designé una comisión que debía hacerse cargo de la dirección y administración de las obras que completarían la provisión de aguas corrientes, construir cloacas colectoras y un gran canal de desagüe que llegaría más allá de Quilmes, así como el más grande depósito de agua de América del Sur. Fueron obras costosas y se pagaron en parte con emisiones de títulos y con recursos de presupuesto; me

parece que el dinero mejor gastado de mi administración fue
el que permitió esa red invisible de caños y sifones que hacen
de Buenos Aires una de las ciudades más sanas y limpias del
mundo.

Así pues, el provinciano que fuera el cuco de los porteños en 1880 pudo contemplar a Buenos Aires más grande y
hermosa que nunca cuando entregó el gobierno. Es cierto que
al lado de los grandes *boulevards*, los amplios paseos y los
suntuosos edificios públicos se extendían promiscuos conventillos, pero no hay que exagerar demasiado con este tema,
que sigue siendo el caballito de batalla de los higienistas y los
socialistas. En primer lugar, hay que tener en cuenta que para
muchos inmigrantes el conventillo ofrece condiciones de vida
infinitamente mejores que las de sus lugares de origen. Por
otra parte, suelen ser lugares de paso, pues cualquier trabajador, con un poco de suerte, en dos o tres años ahorra lo suficiente para comprar un lote en alguno de los barrios nuevos
a los que se llega cómodamente en tranvía, y de ahí a la casa
propia sólo hay un paso. Además, tengo la impresión de que
esas casas de vecindad, no muy diferentes a las que existen en
otras grandes ciudades —recuerde las que aparecen en "La
Verbena de la Paloma" o en "La Revoltosa"— constituyen
un buen molino donde se va moliendo el nuevo tipo de habitante porteño. Allí convive gente de todas partes y se mez-
clan los idiomas y dialectos, las maneras de comer y de cantar, los amoríos de los gringos y los hijos del país, y así la
realidad argentina modifica los hábitos y las creencias de los
recién llegados tal como éstos, a su vez, agregan lo suyo al
estilo de los nativos. Es un inmenso mezcladero donde no
existen discriminaciones raciales, nacionales u odios religiosos. Pueden no gustarnos y les aseguro que a mí, personalmente, me disgustan los conventillos de turcos que hacen sus
algarabías muy cerca de mi casa, en la calle Reconquista y en
la cortada Tres Sargentos; pero pensándolo con perspectiva
creo que la ley 1420 y los conventillos son los factores más
decisivos en la creación de una nueva nacionalidad, que será
distinta a la que hemos conocido pero habrá de conservar,
no lo dudo, las líneas más profundas de nuestra continuidad
como nación.

Vuelvo a mi tema. Le contaba lo importante que fue para Buenos Aires mi gestión presidencial. El porteño que en
1880 tomó las armas en defensa de la autonomía de su provincia, seis años después advertía que su ciudad se había

engrandecido y hermoseado, a pesar de los augurios pesimis-
tas. En los debates de la Legislatura de Buenos Aires que
precedieron a la sanción de la ley de capitalización, Leandro
Alem pronunció un largo y apocalíptico discurso. Según él,
la federalización de la ciudad era el primer paso hacia una
tiranía total de la que serían víctimas, antes que nadie, los
propios porteños. La de Alem fue una lucha por una causa
históricamente perdida: cualquiera pudo darse cuenta, en
pocos meses, que Buenos Aires había ganado con el cambio.
Al depender directamente del presidente de la Nación, la
ciudad se convertía en regalona de la Nación entera. Todos
los argentinos sentían como suya esa ciudad que hasta entonces les resultaba ajena, cuando no hostil. Y todos se sintieron orgullosos de un patrimonio que antes había servido
a la vanagloria local y ahora podía exhibirse como el magnífico umbral por el que se accedía a una gran nación.

Más aún: en seguida se advirtió que el ejido federaliza-
do en 1880 nos quedaba chico. Era indispensable ampliarlo
con la incorporación de los partidos bonaerenses de Belgrano
y San José de Flores. Se lo insinué a Dardo Rocha a los pocos
meses de asumir la presidencia, pero el gobernador de Buenos
Aires por poco salta de su silla. . . No insistí porque ya por
entonces nos estábamos distanciando y no deseaba agregar
nuevos elementos al conflicto, pero la ampliación de la Capital Federal quedó como una necesidad que pronto debería
llenarse, como efectivamente ocurrió poco después.

El fortalecimiento del Estado Nacional no se agotaba
con la grandeza de la sede del gobierno. Había otros aspectos
que tenían relación con la modelación de un poder nacional
fuerte y eficaz. Uno de ellos era el mejoramiento de la organización militar, y en esto la ayuda de Victorica fue inapre-
ciable. Dos años después de asumir la presidencia promulgué
la ley de cuadros y ascensos que dejaba sin efecto las anticua-
das normas vigentes y establecía directivas claras para dejar
atrás la improvisación con que se había ido formando el cuadro de oficiales. Se sancionó el Código de Justicia Militar y
se estableció un número limitado de jefes superiores. Yo, que
en abril de 1880 pasé a revistar como Brigadier General, antes
de terminar mi mandato convertí este grado en el de Teniente
General en actividad. Fundé la escuadra de mar, pues hasta
entonces sólo contábamos con buques de río; la Patagonia,

con sus largas costas, reclamaba una armada que pudiera cumplir sus nuevas misiones, de modo que adquirimos buques de guerra de gran tonelaje, un buque escuela para formar la oficialidad y creamos un escalafón de Marina que definió la separación de esta arma con el Ejército. Las expediciones navales al sur comandadas por Santiago Bove y por el comodoro Laserre dieron, al poco tiempo, la medida de la capacidad adquirida por nuestra Marina en la custodia de los territorios australes.

Como un acto de justicia promulgué en 1885 la ley que otorgaba tierras a los jefes, oficiales y soldados participantes en la Conquista del Desierto. Hubo un solo excluido: yo mismo. El proyecto se había presentado en 1879, apenas terminada la expedición al río Negro, y no hacía excepciones, pero en aquel momento Sarmiento, por motivos políticos, logró la postergación de su tratamiento. Cuando se volvió a debatir, seis años más tarde, algunos legisladores propusieron omitirme de las recompensas aduciendo que la Constitución prohíbe que el presidente reciba ningún emolumento adicional mientras dura su mandato. No me opuse a mi propia exclusión para que la ley pudiera sancionarse, y así ocurrió. Lamentablemente, nuestra República no es la antigua Roma, donde los antiguos legionarios premiados con tierras terminaban sus días cultivándolas; aquí, la mayoría de los favorecidos vendieron las suertes que recibieron. . .

No sólo en el Ejército habría de apoyarse la solidez del Estado. Allí estaban las comarcas que había señoreado el indio, casi despobladas, aguardando la presencia del poder nacional para desarrollar sus posibilidades. En los dos primeros años de mi administración logré terminar definitivamente la conquista de los territorios australes. Allí fueron tres brigadas a las órdenes de Vintter, Bernal y Rufino Ortega, bajo la jefatura general de Villegas, que partieron de sus bases con la misión de encontrarse frente al lago Nahuel Huapi. La primera costearía los faldeos orientales de los Andes, la segunda habría de cruzar todo el Neuquén y la de Ortega partiría de Choele Choel bordeando la margen sur del río Negro. A principios de abril de 1881 las tres columnas se reunieron después de haber recibido la rendición de los pocos capitanejos que aún quedaban, y afirmaron en ese espléndido paisaje nuestro pabellón. Así, al año siguiente pudimos distribuir en destinos pacíficos a parte de esas tropas: algunas formaron la guarnición de Buenos Aires, otras marcharon al Norte y el resto per-

maneció ocupando la línea del río Negro y las zonas neuqui-
nas, funcionando como los *castra strativa* de las legiones
romanas para estimular la formación de poblaciones estables
como Acha y Victorica en La Pampa, Pringles y Conesa en
Río Negro, Junín de los Andes y Chos Malal en Neuquén, y
posteriormente otras más al sur.

Mientras se terminaba la ocupación y empezaba el poblamiento de las zonas australes, se llevaba a cabo la conquista de las regiones del Norte.

Aquí las cosas fueron mas fáciles que en las pampas pues
el Chaco era conocido por haber sido atravesado varias veces
por diversas expediciones desde la época colonial, y aún mi
padre había arreado a sus "voluntarios" tucumanos al frente
paraguayo por esa ruta. Se sabía que no existían accidentes
geográficos temibles y que las diversas tribus eran menos
combativas que los ranqueles o los pampas. Mi ministro de
Guerra insistió en encabezar personalmente la expedición y
allí fue el general-doctor a tomar posesión de los bosques
y bañados que se extendían desde el norte de Santa Fe hasta
el río Pilcomayo, frontera de nuestro país con el Paraguay
desde el arbitraje del presidente norteamericano de 1878.
Fue un avance más incómodo que peligroso, formado por
varias columnas convergentes, y si los enemigos australes
fueron el frío y la viruela, en la parte boreal del país los expe-
dicionarios —Victorica, Fotheringham, Luis Jorge Fontana,
Valentín Feilberg, Manuel Obligado y otros— tuvieron que
defenderse de los mosquitos, arañas, víboras y el calor, más
que de los salvajes. En diciembre de 1884 se dio por terminada la conquista de esas comarcas, donde algunos pequeños
poblados sobre el río Paraná y unos pocos obrajes madereros
constituían las bases de la futura colonización.

Estaban, pues, a nuestra disposición, las zonas arrebatadas a los bárbaros en el Norte y el Sur. ¿Quién las administra-
ría? A las provincias adyacentes, es decir a Mendoza, San Luis,
Córdoba, Santa Fe, Corrientes y, sobre todo, Buenos Aires, se
les hacía agua la boca imaginando doblada su superficie. Yo
me opuse terminantemente a la pretensión de anexar los nuevos territorios a las provincias vecinas. Su conquista había
sido obra de la Nación entera, y correspondía a la Nación su
tutela y la promoción de su progreso hasta que pudieran convertirse en estados federales. Don Bernardo me apoyó con
todo el peso de su autoridad y su erudición, y finalmente
conseguimos que el Congreso sancionara en 1884 la ley de

territorios nacionales. Hasta entonces regía una ley de Avellaneda, refrendada por mí como ministro de Guerra, creando en los papeles la gobernación de la Patagonia con capital en Carmen de Patagones, cargo que desempeñó en su momento Alvaro Barros. Ahora se trataba de establecer las jurisdicciones de las nuevas gobernaciones nacionales: La Pampa, Neuquén, Río Negro, Chubut, Santa Cruz, Tierra del Fuego, Misiones, Formosa y Chaco. La ley establecía el fomento de la educación común y el régimen municipal, la justicia de paz y letrada, las atribuciones de los gobernadores, que serían designados por el poder Ejecutivo Nacional. De inmediato se nombraron a los procónsules de esos territorios, y puedo asegurarle que se necesitaron dosis importantes de patriotismo para cumplir esos cargos. Se trataba de regiones desprovistas de la menor comodidad, inhóspitas y despobladas, donde todo estaba por hacerse. Sus responsables tenían que tener espíritu de *pioneer*. No me equivoqué en la elección de los hombres, y varias sagas, tan épicas como las que relaten las luchas contra el indio, podrían escribirse sobre la labor que afrontaron Carlos Moyano y Ramón Lista en Santa Cruz, Manuel de Olascoaga en Neuquén, Fontana en Chubut, Fotheringham en Formosa, Obligado en el Chaco. En primer término había que conocer la jurisdicción que tomaban a su cargo, pues en la mayoría de los casos se trataba de comarcas desconocidas. Moyano, por ejemplo, que era marino, anduvo a caballo unos 8500 kilómetros por tierras santacruceñas para reconocerlas, y Fontana encabezó varias excursiones desde el litoral atlántico hasta la cordillera recorriendo el valle del río Chubut. Al terminar mi gestión, ya existían en toda la Patagonia centros poblados de cierta importancia, y la soberanía de la Nación se ejercía efectivamente, del mismo modo que en Formosa, Chaco y Misiones prosperaban empresas que explotaban sus ricos recursos naturales de madera, azúcar y yerba.

Los que quedaron más resentidos con la retención de estos nuevos territorios por parte de la Nación fueron los correntinos. Sus estancieros, la gente *caté* de la provincia, habían considerado como propia la región que se declaró Territorio Nacional de Misiones, y estimaron que la ley que erigió la jurisdicción cuya capital sería Posadas, importaba una verdadera mutilación. Es posible que, desde el punto de vista histórico fuera así, y ni siquiera niego que al hacerlo no hubiera pesado en mi espíritu algún propósito de castigar a la provincia que en 1880 fue cómplice de la rebelión tejedorista. Pero también hay que pensar lo absurdo que hubiera sido regalar a Corrientes casi el doble de su territorio y no retener para la Nación esos espléndidos bosques nacidos de la tierra colorada donde todavía pueden admirarse los vestigios de las reducciones jesuíticas. Allí fue de gobernador mi hermano Rudecindo, al que casi volvieron loco con denuncias sobre cohechos y abusos de autoridad. Pero en esas regiones tan alejadas de la civilización todo podía pasar; la vida bordeaba siempre las fronteras de la barbarie y se necesitaban tipos rudos y sin vueltas como mi hermano, para ordenar un poco esos pequeños infiernos.

Y así fue como, al terminar mi gestión, el gobierno nacional había aumentado significativamente su gravitación. Hasta 1880 carecía de jurisdicción sobre un solo metro cuadrado del territorio argentino. Ahora no sólo era dueño de la más importante ciudad de la República, sino que las instituciones específicas de la Capital Federal ensanchaban los límites de su juego político. Hasta 1880 no mandaba sobre ninguna comarca del país; ahora regía efectivamente una superficie tan extensa como las que ocupaban todas las provincias en conjunto, a través de nueve gobernaciones que dependían del poder Ejecutivo Nacional, regiones abiertas al progreso, la inmigración y las nuevas explotaciones, atractivas a la vitalidad y la iniciativa de argentinos y extranjeros. Se equilibraban, pues, el *imperium* nacional con el *imperium* de provincia, tal como yo había prometido en mi mensaje inaugural, y este equilibrio garantizaba un crecimiento más armónico del país entero.

En mi mensaje al Congreso de 1881 afirmé que "parece que fuéramos un pueblo nacido recién a la vida nacional, pues tenéis que legislar sobre todo aquello que constituye los atributos, los medios y el poder de la Nación".

En efecto, era así. A treinta años de sancionada la Constitución, el país adolecía de carencias asombrosas. No tenía, por ejemplo, un signo monetario propio. El dinero metálico que circulaba se componía de una caótica variedad de monedas de oro, plata o cobre provenientes de otros países; y el dinero papel se originaba en bancos que lo emitían a su gusto y paladar y que el público aceptaba o rechazaba según la confianza que inspiraba. Esta situación no podía prolongarse; hacía a nuestra respetabilidad como nación fundar un medio de pago que constituyera la expresión de la soberanía argentina en el campo financiero. En vísperas de los sucesos bélicos de 1880 me escribía Wilde: "Una nación que no tiene capital ni moneda, no es nación". Bueno, capital, ya teníamos; ahora faltaba la moneda.

En julio de 1881 envié al Congreso un proyecto que fue aprobado cuatro meses después, mandando acuñar en la Casa de la Moneda —que existía desde 1877 pero estaba inactiva— piezas de oro, plata y cobre, con el nombre genérico de "argentinos". La acuñación de oro sería ilimitada; la de plata se troquelaría a razón de cuatro pesos por habitante, y ambas tendrían curso forzoso para cancelar obligaciones. Al mismo tiempo se prohibía la circulación de monedas extranjeras una vez que corriera la cantidad suficiente de las nuestras. Otra ley completó, dos años más tarde, el propósito de la anterior, prohibiendo a los bancos emitir billetes que no fueran convertibles a pesos oro. Aquí se produjo un gran debate en el que muchos representantes del interior se opusieron, pues la tradición de las provincias era manejarse con monedas de plata, pero finalmente se sancionó de la manera dicha.

Insisto en que estas leyes fueron indispensables pues tenían que ver con nuestra personalidad como nación. Pero admito que acaso fueron prematuras, porque todavía el país no estaba en condiciones de lograr un superávit en su balanza comercial: recién estábamos empezando a ser una potencia exportadora y no podíamos, en consecuencia, atesorar los volúmenes de metálico necesarios para respaldar la nueva moneda, que con este inconveniente no pudo acuñarse en las cantidades necesarias. Faltaba oro y plata para acuñar los "argentinos" y también faltaba oro y plata para cambiar los billetes en moneda; en 1885 tuvimos que decretar la inconvertibilidad del dinero papel y sólo contrayendo nuevas deudas en el exterior pudimos sostener el valor de los billetes. Al terminar mi gestión había pocos "argentinos" circulando y el público clamaba por nuevas emisiones de billetes de banco para remediar la escasez de circulante. En cierto modo —debo confesarlo— esto fue el preludio de la crisis que estallaría en 1890. Pero sigo creyendo que la creación de un signo monetario propio, aun cuando aparejara estos y otros problemas, fue una medida necesaria e impostergable.

Es que en aquellos años estábamos como esos hombres de negocios que prosperan pero siempre les está faltando cinco para el peso... El país había entendido cuál era la riqueza

que debía explotar para penetrar en los círculos mundiales
de la inversión, la producción y el consumo: allí estaba a su
disposición la bendita tierra argentina, desperdiciada durante
tanto tiempo, que ahora aparecía como el gran recurso más
a mano e inmediato. Tierras libres de indios que podían cer-
carse a voluntad con ese maravilloso hilo metálico, el alam-
brado, en las que se instalaban aguadas artificiales con los
molinos de viento, los tanques australianos y los bebederos;
que se podían arar, rastrillar, sembrar y cosechar mediante máquinas que multiplicaban por cien el esfuerzo humano. De
estas tierras, opulentas y fecundas por no haber sido trabaja-
das antes, podían salir millones de toneladas de cereales y de
carne congelada para alimentar a los pueblos de Europa, cada
vez más ricos y exigentes. Los hombres de campo empezaban
a manejar bien su negocio: se desprendían de las majadas merino y adquirían ovejas lincoln, de lana más larga y mejor
carne. Se mestizaban los vacunos para lograr especies más gor-
das y mansas y en las tierras más fértiles se sembraba trigo,
maíz y lino, mientras las merino se enviaban a las nuevas
estancias de la Patagonia. Pero todo eso estaba recién empezando: se necesitaba un poco de tiempo, no mucho, para que
produjera sus frutos. Ocho o diez años hasta que todas las
áreas explotables se vendieran o arrendaran y colonizaran,
hasta que se instalaran las mejoras y vinieran los brazos necesarios, hasta que los ferrocarriles cubrieran las regiones adecuadas y nuestros puertos fueran capaces de expender sus
ingentes producciones. Sólo un poco más de tiempo. . . Pero
entretanto, ¿cómo demorar la adquisición de los elementos
que necesitábamos para poner en marcha la potencialidad del
país? Entonces, empréstitos para hacer el puerto, empréstitos
para tender los ferrocarriles que no querían construir los ingleses, empréstitos para las obras de salubridad de las grandes
ciudades, empréstitos para acuñar nuestra propia moneda; y
también préstamos privados para comprar campos, poblarlos
y mejorarlos. Deudas por todos lados que pagaríamos, ¿quién
lo dudaba? cuando las inversiones arrojaran sus beneficios.
Además, como nadie se negaba a gozar por anticipado los placeres que habrían de producir esos beneficios, importábamos
todo aquello que podía hacer más grata la vida: bebidas, suntuosos géneros, delicadas vajillas, objetos de arte, muebles
opulentos, carruajes de paseo, bronces y mármoles para las
nuevas residencias. . . Recién el año anterior a mi cesación
como presidente, el volumen de importaciones comprendió

mayoritariamente máquinas industriales y agrícolas, materiales para el campo, arados y cosechadoras. Era una apuesta que no podía fallar, y nuestros prestamistas, clientes, inversores y proveedores extranjeros nos animaban a cargar la mano. Pero a veces yo intuía que estábamos caminando sobre un abismo. Nos faltaba cinco para el peso y nadie sabía si podríamos obtener esta diferencia sin endeudarnos más.

A pesar de estas dudas y aprensiones, había que seguir elaborando las leyes que servirían como vigas maestras en la edificación del país. Una de las normas más reclamadas era la que debía regir la instrucción pública. Era indispensable que el Estado, sin invadir el derecho constitucional de los particulares a enseñar y aprender, tomara a su cargo el deber de garantizar la educación primaria a todos los habitantes. Volqué a este tema muchos esfuerzos. Tres meses después de asumir la presidencia decreté la creación de un Consejo Nacional de Educación que debía entender todo lo relativo a las escuelas de la Capital Federal, y designé presidente a Sarmiento. Como era de esperar, a los pocos meses se había peleado con sus colegas y lo menos que dijo fue que todos era unos burros. . . El poeta Guido y Spano, uno de los agraviados, renunció en una nota cuya despedida era "el más afectuoso rebuzno". . . Tuve que reorganizar el Consejo excluyendo a Sarmiento, que desde entonces se entretuvo en pegarme feroces garrotazos desde *El Censor*.

Mientras ocurrían estos dimes y diretes de aldea, nos ocupábamos en preparar un proyecto de ley sobre educación común que sufrió muchas demoras en el Congreso y empezó a debatirse a mediados de 1883; se sancionó un año después, en medio de una tempestad de ataques lanzados por los sectores católicos más fanáticos. Mantener este proyecto me costó el alejamiento de Pizarro de la cartera de Instrucción Pública y su reemplazo por Wilde, que lo defendió como un león hasta lograr su aprobación. Aunque regía sólo en la Capital Federal y territorios nacionales, el espíritu de la ley 1420 se extendió a todo el país imprimiendo a la educación primaria un carácter gratuito, obligatorio y laico. Un año antes se había reunido en Buenos Aires un congreso de pedagogos que, aunque bastante caótico en su desarrollo, aprobó lineamientos similares a los que después vertebraría nuestra ley, y también prenunció las resistencias que despertaría.

Los alborotos que desencadenó la ley 1420 me obligaron a echar de sus cátedras a José Manuel Estrada y algunos otros notorios clericales para impedir que las siguieran utilizando como tribunas de agitación contra el gobierno. Pero además, esos ataques produjeron una secuela imprevista que me obligó a adoptar medidas excepcionalmente enérgicas: la separación de dos obispos y la expulsión del país del internuncio apostólico, monseñor Luis Mattera, el mismo que había mediado tan felizmente cuando los sucesos bélicos de 1880. El representante del Papa, olvidando su condición diplomática, se había instalado en Córdoba para ayudar al vicario Jerónimo Clara (el mismo que me casó años atrás) a luchar contra la "diabólica" ley de educación. Se excedió y tuvimos que darle veinticuatro horas para que abandonara el país: la dignidad nacional no podía pasar por alto las extralimitaciones de este prelado. Por un momento pareció que los fuegos del infierno iban a incinerar al presidente y su gabinete, pero finalmente nada pasó y la Argentina vivió sin nuncio durante dieciséis años, sin mayores inconvenientes. Yo mismo reanudé relaciones con el Vaticano durante mi segunda presidencia, y la ley 1420, aceptada por todos, siguió rigiendo la educación popular.

Menos barullo que ésta provocó la ley de Registro Civil, sancionada pocos meses después de la anterior; su aprobación fue relativamente pacífica a pesar de que ella arrebataba a la Iglesia Católica la atribución que detentaba de siglos atrás de dar fe a los nacimientos, matrimonios y defunciones de las personas. Aunque la ley 1565 regía sólo en la Capital Federal y territorios nacionales, como su correspondiente sobre educación, era evidente que su significación se extendería bien pronto a todas las provincias —en Córdoba mi concuñado ya había promulgado una similar— y prefiguraba la inevitable sustitución del matrimonio religioso del Código de Vélez por una ceremonia puramente civil.

Estas dos leyes eran tributos indispensables a la afluencia de extranjeros, que debían encontrar un país neutral en materia religiosa, donde cada uno pudiera adorar a su dios libremente, casarse y educar a sus hijos según sus convicciones. Finalmente, para terminar con los temas educacionales, tengo que mencionar la ley 1597 promovida por Avellaneda desde el Senado, que de una manera muy sencilla determinó el funcionamiento de las universidades nacionales de Córdoba y Buenos Aires. De todas maneras, uno de los saldos que más me enorgullecen de mi primera presidencia se refleja en esta cifra: en 1881 había en el país unos 85.000 alumnos primarios; al dejar la presidencia ya alcanzaban a casi 200.000.

Temo resultar tedioso en este recuento de realizaciones de gobierno, pero fue tanto lo que se hizo, que aun seleccionando mucho, el catálogo resulta largo. No podría omitir, por ejemplo, el tratado con Chile, que estableció bases razonables para obviar cualquier conflicto ulterior.

Los chilenos habían mantenido siempre sus pretensiones sobre la Patagonia, pero sabían que en este punto no habríamos de ceder nada, y desde la Conquista del Desierto comprendieron que debían olvidar semejante ilusión. Un mes después de haber asumido la presidencia, el ministro norteamericano en Santiago de Chile propuso a su colega en Buenos Aires ofrecer una amistosa mediación entre los dos países. Curiosamente, los diplomáticos yanquis, que eran generales, se llamaban ambos Thomas Osborne. Aceptóse la mediación, hubo discretos sondeos y, finalmente, los dos homónimos presentaron un proyecto que resultó aceptable tanto para Chile como para la Argentina. En julio de 1881 suscribí el tratado, haciendo lo propio mi par del otro lado de la cordillera, y el Congreso lo ratificó en octubre de ese año, apenas doce meses después de haber iniciado yo mi mandato.

Por este instrumento, Chile renunciaba a toda pretensión sobre la Patagonia, se avenía a que la frontera pasara por la línea de las más altas cumbres divisorias de aguas y aceptaba que la isla de Tierra del Fuego fuera argentina en su mitad oriental. A nuestra vez, reconocíamos la soberanía chilena sobre la costa del estrecho de Magallanes, donde no podrían construirse fortificaciones y cuyo curso quedaría neutralizado a perpetuidad.

El tratado de 1881 fue un modelo de sensatez y realismo. Es cierto que los chilenos renunciaban a algo que nunca habían tenido y al que no podían aspirar, la Patagonia; pero nosotros también dejábamos en sus manos una zona que ellos tenían poblada de cuarenta años atrás, el estrecho, al que se quitaba toda importancia militar. Además, se reconocía nuestra soberanía sobre la parte de Tierra del Fuego de mejores tierras y bosques. Fue una decisión donde la sabiduría de don Bernardo se demostró acabadamente, con este agregado: que tanto él como yo sabíamos que el estrecho de Magallanes, paso obligado durante siglos entre el Atlántico y el Pacífico, dejaría de serlo con la apertura del istmo de Panamá. Si a pesar de todas las dificultades Lesseps había abierto el canal de Suez diez años atrás, ¿cómo podía dudarse de que en poco tiempo se perforaría el tapón centroamericano? Entonces, el estrecho austral quedaría marginado de las grandes rutas interoceánicas. ¿Valía la pena demorar la solución de nuestros problemas con Chile a cambio de aferrarnos a nuestros discutibles derechos sobre un curso marítimo que en pocas décadas dejaría de utilizarse?

De allí en adelante, el proceso de poblamiento de la Patagonia se realizó con la seguridad de que esas tierras serían siempre argentinas; por de pronto, dos años después enviamos un buque de guerra a Ushuaia, hasta entonces una tierra de nadie donde sólo existía una misión anglicana, para afirmar nuestra bandera y fundar allí los establecimientos nacionales necesarios.

Con el mismo criterio de zanjar las cuestiones litigiosas con nuestros vecinos, en setiembre de 1885 suscribimos un acuerdo con Río de Janeiro para determinar la forma en que se arreglarían las cuestiones de límites pendientes. Años después quedó resuelto todo con el arbitraje del presidente norteamericano Cleveland. Siempre di la mayor importancia a las buenas relaciones con Brasil, y la liquidación de los problemas fronterizos me permitió, en mi segunda presidencia, estrechar nuestro entendimiento con el país vecino.

Así, al terminar mi gestión en 1886 ya estaban solucionados o en vías de solución los principales problemas de límites. Restaba aún el tema de Tarija con Bolivia, que era menor, y la fijación de la frontera definitiva con Chile según el criterio aprobado. Hubo algunos roces con el Uruguay, provocados por los exiliados orientales que querían voltear al dictador Santos, y aunque simpatizábamos con esta causa tratamos de que no nos arrastraran a conflictos con el gobierno de Montevideo. En una palabra, al terminar mi presidencia estaban sentadas las bases fundamentales de nuestra soberanía territorial; el mapa argentino ya no presentaba comarcas borrosas en los lindes patrios.

Tenga un poco más de paciencia y escuche lo que se hizo en materia de ferrocarriles, porque es una prueba de que nuestra gestión no se ató a ninguna ideología; obramos con realismo según las necesidades del país.

Cuando asumí mi cargo existían 2300 kilómetros de
vías, en diez líneas de las cuales tres pertenecían a empresas
particulares, todas inglesas, tres a la Nación y cuatro a la provincia de Buenos Aires. El sistema ferroviario que desembo-
caba en el Rosario y el que terminaba en Buenos Aires no estaban vinculados entre sí, Y bien: al dejar la presidencia,
Buenos Aires y Rosario se comunicaban por el camino de
hierro y las vías sumaban 6100 kilómetros, de los cuales
3000 eran propiedad estatal, de la Nación o las provincias.
La acción del gobierno suplió en algunos casos la falta de
interés de los particulares; esto ocurrió con el FC Andino,
cuando Mr. Juan Clark renunció a su concesión y el Consejo de Obras Públicas de la Nación tomó a su cargo la prolongación de los rieles a Mendoza y San Juan. Por cierto que,
cuando en mayo de 1885 el pito del ferrocarril sonó alegremente en Mendoza, el acontecimiento se festejó con una
gran fiesta a la que concurrieron los cadetes del Colegio Militar y la Escuela Naval para darle realce. También fue la Nación la que continuó la construcción del FC Central Norte
en su extensión desde Tucumán a Salta; cuando mi mandato
concluyó, la punta de rieles estaba en Metán. Por su parte, en
la provincia de Buenos Aires continuó avanzando el ferrocarril, que pronto arribó a Bahía Blanca. A su vez, los empresarios particulares construyeron nuevas líneas, como la del
FC Buenos Aires al Pacífico, pero ahora no hacía falta regalarles tierras a los costados o garantizarles ganancias por el
7%; la conveniencia de estas inversiones estaba probada y la
Nación sólo se obligó a un 5% de beneficios garantizados a
los inversores, y no en todos los casos.

Las obras de la Nación en materia de ferrocarriles y
otras obras públicas —caminos, puertos fluviales, puentes,
etc.— se sufragaron con un empréstito de treinta millones de
pesos; en cuanto empezaron a explotarse rindieron ganancias
que permitieron ir pagando intereses y amortizaciones. Pude
decir con orgullo que el ferrocarril a Mendoza y San Juan era
"la línea más barata y mejor construida de la República".
Nunca me preocupó si mi acción de gobierno se inscribía en
la línea ortodoxa del liberalismo, pues el tema siempre me
pareció retórico: cuando hace falta, el Estado debe meterse
en la vida económica, y si no es indispensable, no debe hacerlo. Así de sencillo. En el caso de los ferrocarriles, no podíamos esperar que vinieran los ingleses a dignarse construir las
líneas que nos urgían, y en consecuencia las hicimos por

cuenta de la Nación, y vimos con agrado que la provincia de
Buenos Aires hacía lo propio en su territorio. Los gringos se
dedicaban, más bien, a tender caminos de hierro en las zonas
cuya actividad agropecuaria les aseguraba inmediatamente un
intenso tráfico; el Estado, en cambio, llenaba las necesidades
de las comarcas del interior cuyo desenvolvimiento recién
empezaba, que dependía, en gran medida, del ferrocarril. En
este tema fuimos muy prácticos, dejando que el capital privado se invirtiera donde le parecía conveniente, mientras
que el Estado tomaba de su cuenta la construcción de las líneas que no suscitaban el interés de los particulares. De más
está señalar la enorme demanda de mano de obra que estos
trabajos provocaron; hubo años en que más de 15.000 hombres trabajaban en la construcción de ferrocarriles, con todo
lo que esto significa en movimiento de riqueza, empezando
por los altos salarios que se pagaban.

Este fue uno de los factores de atracción de inmigrantes. Tendría que hablarle de este tema pero voy a obviarlo
señalando, simplemente, que durante los seis años de mi presidencia se radicaron en el país definitivamente más de
400.000 nuevos habitantes a pesar de los rezongos de Sarmiento, a quien no gustaban los rusos, turcos e italianos del
sur que llegaban en lugar de los sajones que había pronosti-
cado en sus libros. . . Yo mismo me empeñé —contra la opinión de mi ministro Del Viso— en nombrar un agente especial
en Europa que se ocupara en promover la inmigración de los
pobres judíos perseguidos en Rusia después del asesinato del
zar Alejandro III. Desde 1883 los recién llegados podían alojarse gratuitamente durante una semana en el nuevo Hotel
de Inmigrantes, como una primera evidencia de la amistosa
acogida que tendrían esos hombres y mujeres, a los que aco-
gía un país "sin tiranía ni Comunas", como aseguré en uno
de mis mensajes.

También tendría que hablarle de la industria, el comercio, la expansión de las exportaciones de cereales y el comienzo de las de carnes congeladas cuando se instalaron
los primeros frigoríficos en San Nicolás y Campana. O la
exposición industrial que se realizó desde marzo de 1882 en
la plaza Once de Setiembre, donde se exhibían productos de
fabricación nacional, desde máquinas agrícolas y artes gráfi-
cas hasta manufacturas de calzado y vestido; medio millón
de personas visitó esta muestra del ingenio y la capacidad de
nuestros industriales.

Ya basta. Sería interminable seguir detallando las realizaciones de mi administración, que en seis años vio duplicarse las rentas nacionales de 23 millones a 46 millones de pesos oro. No quiero que aparezca este extraordinario movimiento como si fuera un resultado de mi propia acción de gobierno, pues era el país entero el que aumentaba, se desarrollaba, poblaba sus espacios vacíos, invertía y creaba. Lo único que hacía el gobierno era tutelar y estimular; eventualmente reemplazaba a la iniciativa privada cuando ésta no aparecía, pero en general el papel gubernativo consistió en proveer el marco para que las posibilidades del país se desarrollaran libre y ordenadamente. Pero había una gran diferencia con la situación anterior a 1880, porque ahora regía un Estado Nacional cuya existencia daba tranquilidad al público, infundía optimismo al inversor, otorgaba confianza a la moneda y respaldo a toda empresa de bien público. Un Estado contra el cual ya nada podían los localismos ni los intereses parciales, porque sólo respondía al bien general.

Este fue, sin duda, el saldo más importante de mi presidencia y por eso pude decir en mi último mensaje que concluía mi gobierno "sin haber tenido que informaros de guerras civiles, de intervenciones sangrientas, de levantamientos de caudillos, de empréstitos gastados en contener desórdenes y sofocar rebeliones, de depredaciones de indios, de partidos armados y semialzados contra la autoridad de la Nación; sin haber decretado, en fin, un solo día de estado de sitio ni condenado a un solo ciudadano a la proscripción política". Un detalle para aclarar: este párrafo no lo leí, lo dejé escrito, porque al concurrir en 1886 al Congreso para decir mi último mensaje, un loco me pegó una pedrada en la cabeza que me dejó medio turulato, y sólo pude leer los párrafos finales.

La verdad contenida en ese aserto justificaba la violenta represión de la rebelión porteña de 1880 y hacía legítimo el mantenimiento a toda costa de mi candidatura. El país había tributado seis años atrás sus postreros sacrificios y llegaba ahora el tiempo de la cosecha. Y aunque fuera la población entera la que recogía los frutos de esta siembra y gozara de sus réditos, nadie podía negar que yo era el que mantenía el orden en el predio y garantizaba las condiciones para que todo se hiciera de la mejor manera posible.

Pero tampoco quiero vestirme con plumas ajenas. Los éxitos logrados en esos años no fueron exclusivamente míos.

Ahora se está dando en hablar de una "Generación del '80". No sé si es para tanto, porque más que una generación, los que ejercimos el poder desde 1880 o tuvimos predicamento en la opinión pública no seríamos más de doscientos en todo el país: gobernantes, militares, políticos, periodistas, literatos, profesores; gente de acción o de pensamiento que veníamos de una formación igual, hablábamos el mismo lenguaje y reconocíamos idénticos objetivos. Tenga presente que de años atrás funcionaban pasablemente bien algunos organismos que formaban camadas de hombres según modelos similares: me refiero a los colegios nacionales —sobre todo los de Concepción del Uruguay y Buenos Aires— las universidades y el ejército. Quienes salían de esas grandes fábricas llevaban un sello ideológico invariable: eran liberales, admiraban el pensamiento de Alberdi, aborrecían la anarquía y el despotismo, creían en las virtudes de la educación, deseaban abrir el país a los capitales, los hombres y las ideas del exterior para colocar a la Argentina en el ritmo del progreso contemporáneo. Yo advierto que en la actualidad se plantean grandes polémicas en torno a cuestiones importantes: hay quienes quieren restringir la inmigración, quienes cuestionan el sistema educativo imperante o creen que estamos demasiado atados a los capitales ingleses. En aquellos años no había discrepancias como éstas. Podíamos pelear como perros y gatos por una candidatura pero en último análisis todos pensábamos lo mismo sobre las vías a recorrer en pos del engrandecimiento del país. Todos, además, sin ahorrar retórica sobre la soberanía del pueblo y el derecho sagrado del sufragio, coincidíamos implícitamente en la conveniencia de que la marcha hacia el progreso fuera tutelada por los más esclarecidos, los llamados a manejar la cosa pública por sus antecedentes y su capacidad, sin caer en la dictadura del populacho.

La tarea de gobernar, pues, se facilitaba enormemente partiendo de postulados comunes. No se discutía sobre fines puesto que todos estábamos de acuerdo sobre ellos. Recuerdo un debate muy ilustrativo en la Cámara de Diputados: un saladero pidió que se lo subvencionara para poder continuar exportando tasajo. El pedido fue rechazado porque se consideró que la salazón de carnes era una actividad en vías de ser superada por el frigorífico; en consecuencia, la Nación no podía proteger una producción que era tradicional y había sido una fuente de riqueza, pero que fatalmente caería ante los embates del progreso. Algo parecido ocurrió con ciertos oficios como el de los arrieros y troperos, desplazados por los ferrocarriles, o con las viejas diligencias y sillas de posta. Nadie hizo nada para salvar a formas de trabajo y producción rezagadas, porque la ideología del progreso prevalecía sobre toda consideración.

Eramos pocos, nos conocíamos todos, pensábamos igual. ¿Una generación? Más bien un grupo de coetáneos que podía dividirse en fracciones partidarias pero no reconocía diferencias en la visión que tenían del país y la fe en su destino. Y yo fui quien fue plasmando esa visión en hechos concretos, desde el poder.

II

Parece un milagro que todo esto se haya logrado sin contar con el respaldo de un partido propio. Semanas antes de asumir la presidencia se constituyó formalmente el partido Autonomista Nacional que habría de ser —así se anunció— el apoyo político del nuevo gobierno y cuyo nombre significaba que el antiguo autonomismo alsinista había dejado de ser una fuerza local para proyectarse a toda la Nación. Pero el tal partido era sólo un nombre. En los hechos, el PAN nunca existió orgánicamente y sólo sirvió para que los opositores hablaran despectivamente de los "pancistas", identificando al oficialismo con una actitud loguera y arribista. Yo saludé la constitución del autonomismo nacional pero no me hice ilusiones. No fui ni soy un jefe de partido. No tengo pasta de caudillo. No soy un tribuno. No se dan en mi persona esos mágicos atributos como los que hicieron de Mitre o Alsina (o años más tarde, de Alem) figuras idolatradas por las masas. En ningún momento, pues, pensé conquistar una jefatura partidaria. Por otra parte, en nuestro país los grandes partidos se forman al calor de una bandera atractiva y convocante, y lo que yo ofrecía en 1880 era un programa de paz, administración y progreso; nada menos pero nada más, y es sabido que nadie se juega por un proyecto tan grisáceo como aquél, aunque en ese momento fuera exactamente el que convenía a la Nación.

De entrada comprendí todo esto y por eso mi necesidad estribaba en la creación de un sistema de gobierno, no de un partido; un régimen, más bien, que sustentara la concreción de mis proyectos. En las condiciones del país de entonces, con sus bárbaros hábitos electorales, lo que hacía falta era un orden político sólido y éste podía edificarse únicamente sobre los oficialismos de las provincias para unificar los intereses y aspiraciones locales dentro de un equilibrio presidido por el Estado Nacional.

¿A santo de qué iba a consagrarme a la penosa tarea de reclutar y persuadir, de adoctrinar y difundir mis ideas, si tenía en la mano el poder de sumar a los gobiernos locales tras mi propio gobierno? Esto es lo que hice y le aseguro que después de mí lo hicieron todos mis sucesores cuando pudieron. Así actuaron Juárez Celman y Pellegrini, y también Quintana y Figueroa Alcorta; en cambio, Roque Sáenz Peña, con su idealismo delirante, se negó a crear su propio oficialismo, y mi viejo condiscípulo De la Plaza ya no podrá hacerlo aunque quiera. Y así nos va a ir. . . Pero dejemos las cosas de hoy. A usted le interesa lo que pasó en aquellos años y yo no quiero mezclar mis recuerdos del ayer con mis consideraciones sobre el presente.

Arquitecturar un régimen no significa necesariamente disponer de todo el poder, y yo no lo tuve totalmente en ningún momento. Se trataba de una composición tan complicada, que a cada rato tenía que transar, dar para recibir, ser duro o flexible según los casos y según mis fuerzas. No se imaginan lo que me costaba a veces contener mi temperamento y admitir personas o hechos que íntimamente repudiaba, hasta encontrarme en condiciones de golpear eficazmente o darme cuenta de que había que resignarse a tolerarlos indefinidamente. En todo caso, traté de acompañar a las circunstancias más que de dirigirlas, para no gastarme inútilmente. Y por eso usted podrá comprobar que fueron escasos los proyectos de ley enviados por mí al Congreso; preferí, más bien, que lo hicieran los legisladores amigos para no aparecer como derrotado si nuestras iniciativas no se aprobaban.

También teníamos que dejar un espacio a la oposición. Los admitíamos, pero siempre que permanecieran dentro del sistema. El mitrismo, por ejemplo, no participaba pues estaba recluido en su retraimiento después de haberse complicado con el alzamiento de Tejedor —aunque creo que se mantenía en esta postura para encubrir su indigencia. Y bien: en la medida en que no jugaba al juego propuesto, carecía de ámbitos institucionales para expresarse, lo que no quiere decir que no gozara de todas las libertades posibles para manifestarse a través de sus voceros o sus periódicos. En cambio, Dardo

Rocha, que se fue distanciando de mi gobierno casi al día siguiente de asumir la gobernación de la provincia de Buenos Aires, libró su lucha dentro del régimen y me costó Dios y ayuda anularlo.

Lo de Rocha merece una explicación. Había sido mi principal agente en Buenos Aires cuando los sucesos de 1880. Llevaba implícitamente mi representación y fue quien instrumentó la capitalización de la ciudad, con lo que se ganó en buena ley la gobernación de la provincia. Pero a los pocos meses de haberla asumido empezó a insinuar su futura candidatura presidencial. Esto me molestó mucho. Rocha tenía una inmensa tarea por delante, la primera de las cuales era la creación, desde la nada, de una capital bonaerense. En verdad, fundar una ciudad como La Plata era un trabajo de Hércules, y Rocha lo estaba haciendo bien. Aunque la ubicación de la nueva capital fue muy discutida, los estudios y los trabajos se llevaron adelante con una impresionante ejecutividad. Puede decirse que La Plata se convirtió en el símbolo de la pujanza de la Argentina. Venían inmigrantes a millares para trabajar en la construcción de la nueva urbe y su puerto:

> *"Vamos a La Plata*
> *la nueva capital*
> *que allí se gana mucho*
> *con poco trabajar. . ."*

Pero Rocha se engolosinó con la prenda que enamora a todos los gobernadores bonaerenses: la presidencia de la Nación. Era absurdo que lanzara su candidatura en 1881, cinco años antes de la renovación presidencial; mucho antes, incluso, que la opinión pública pudiera comprobar su efectividad como mandatario provincial. Pero así lo hizo, mostrándome que estaba dispuesto a enfrentarme. Un año más tarde yo le escribía a Juárez Celman que Rocha era "un Catilina capaz de todo" y le advertía que desparramaba dinero a manos llenas para comprar periodistas. Entonces empecé a demostrarle una creciente frialdad, porque no es agradable que los amigos se prueben los trajes que uno va a dejar cuando se muera, pero que lo hagan cuando el supuesto agonizante goza de perfecta salud, es ya un agravio. . . La pretensión de Rocha amenazaba dividir el sistema político que habíamos construido y podía desgarrar a nuestros amigos en una lucha prematura. Hubo que hacerle la vida imposible; no nos falta-

ron elementos en la provincia que se dedicaron a cortarle las
alas y finalmente Rocha llegó exhausto al final de su mandato, sin partido y sin opinión; su sucesor, Carlos D'Amico,
que lo había acompañado como ministro de Gobierno, terminó de rematarlo. Una lástima. Era un gran señor, tenía
energías, pero las necesidades políticas decretaron su deca-
pitación. No fue el primero ni sería el último amigo con el
que hube de romper relaciones por motivos de índole pública. Mi experiencia me indica que en política ningún amigo es
tan amigo como para no convertirse alguna vez en enemigo; y
que ningún enemigo es tan enemigo como para que alguna
vez no venga a ser amigo. . . Por otra parte, traté de que la
demolición de Rocha no fuera demasiado cruenta porque no
me gusta abrir heridas incurables. Los que lo hacen, no son
del arte; son aficionados, y así son las pifias que suelen cometer.

De todas maneras, la creación de La Plata será siempre
un timbre de honor para Dardo Rocha porque fue una empresa verdaderamente épica. Tenga en cuenta que el 19 de diciembre de 1882 se colocó la piedra fundamental de la futura
ciudad en un campo liso infectado de esteros; yo no fui porque ya andaba etiqueteado con Rocha, pero concurrió mucha
gente y me contaron el martirio que vivieron bajo el bochor-
noso calor de esa jornada que pudrió toda la carne prevista
para el convite. Pero a pesar de ese comienzo de mal augurio
dos años después ya se instalaban allí los pderes provinciales.
Y Sarmiento, que siempre fue muy escéptico sobre la viabili-
dad de la nueva capital, la tercera vez que fue allí, en 1886,
prorrumpió en un incondicional elogio: "todo es desmesura-
do, colosal —escribió— como para un pueblo de gigantes".
El propio Rocha cumplió una hazaña asombrosa: apostó que
en cuarenta días construiría su residencia particular. . . ¡y lo
consiguió! El 1º de enero de 1885 inauguró su suntuosa casa
con un banquete muy comentado, y aunque poco vivió en
ella, pues prefería su raro palacete porteño de Lavalle al 800,
quedó "la casa de los cuarenta días" como prueba de su capacidad.

Ahora La Plata es una gran ciudad de más de 100.000
habitantes, dotada de una prestigiosa universidad, con teatros, varios diarios, un museo de Ciencias Naturales que goza
de fama mundial, observatorio astronómico, hipódromo y,
como dice la zarzuela, "lo que hay que tener". Su actual
gobernador, ese mozo Ugarte, aspira a ser presidente como

sus antecesores, y como ellos, ha de fracasar. . . La Plata
honra periódicamente a su fundador, pero en justicia es a mí
a quien debe su existencia, pues fui yo el que movió a la provincia de Buenos Aires a reunir sus fuerzas para construirla,
cuando la ciudad que había sido históricamente su capital
pasó a manos de la Nación. Pero de esto, claro está, ya nadie
se acuerda.

Si me extendí sobre La Plata es porque ninguna realización simbolizó mejor el espíritu de aquellos años. Nada parecía estar fuera del alcance de los argentinos. Ningún proyecto se descalificaba, por delirante que fuera. Se otorgaban
concesiones ferroviarias a los lugares más lejanos y yermos,
en la seguridad de que alguna vez las vías llegarían allí. Se hacían planes locos de colonización, se delineaban nuevas ciudades sin importar que tardaran décadas en hacerse realidad. Sur-
gían fortunas inmensas de la noche a la mañana. En mi juventud, todos éramos más o menos pobres, no digo ya en
Tucumán, como le conté al principio, sino también en Buenos Aires, donde las personalidades más ilustres vivían de sus
sueldos o sus profesiones. Ahora, en cambio, aparecían millo-
narios que pocos años antes habían llegado al país sin un cen-
tavo en el bolsillo o con muy poco capital. Era el caso de Carlos Casado del Alisal, español; de Pedro Luro, vasco francés;
de Ramón Santamarina, vasco español; de Eduardo Casey,
irlandés, propietarios todos ellos de enormes extensiones de
campo; o de Nicolás Mihanovich, dálmata, que empezó como
botero y ya era dueño de varias empresas de transporte
fluvial, algunas con sede en Londres; o de Antonio De Voto,
italiano, fundador de un barrio de Buenos Aires, al igual que
Rafael Calzada, español, o de Francisco Soldati, italiano, y
muchísimos más cuyos apellidos hoy figuran en los rangos de
la más alta sociedad.

Un optimismo irresistible, un frenético entusiasmo con-
tagiaba a todos. A los argentinos, que veíamos la súbita transformación de nuestra modesta República en una nación rica
y opulenta. Y también a los extranjeros que estaban embarca-
dos en la aventura fascinante del progreso, la riqueza y la
mágica transformación de sus vidas. Se notaba más lujo y más
refinamiento. Las residencias se tornaban más suntuosas, pero
debo decir que nunca me convenció esa nueva moda, impor-
tada durante los años de mi presidencia y todavía en boga,
consistente en llenar los ambientes hogareños con muebles de
todo tamaño, mesitas, cuadros, estatuas, jarrones, marfiles,

objetos de vidrio, biombos, cortinados. . . . Para bien o para mal, quedaban atrás las formas criollas simples y sobrias en las que todos nos habíamos criado, y se adoptaban hábitos europeos que imponían maneras de recibir y de comer, de vestir y divertirse, de hablar y escribir. Pero ¡qué quiere! Si en reemplazo de los viejos piringundines atendidos por criollas aguantadoras empezaban a florecer en ciertos barrios de Buenos Aires esos quilombos finos regenteados por madamas francesas que mostraban sus mercaderías como si fueran *bibelots*. . .

¡Qué años aquellos! ¡Qué sensación de estar asistiendo al cumplimiento de un antiguo compromiso de la Providencia con nosotros! ¡Qué manera de abrir las manos para recoger los frutos del cuerno de la abundancia! Y todo este formidable cambio estaba tutelado por mi régimen, al que se dio en llamar "roquismo", una palabra que no me sonaba mal por lo que asociaba con elementos de la naturaleza sólidos e indestructibles.

Esto que estaba ocurriendo tenía por escenario el país entero aunque, como es natural, algunas regiones se vieron más favorecidas que otras por razones de clima, de ubicación geográfica y aun debido a los gobiernos que tuvieron. Pero en todas partes llegó a sentirse la onda expansiva del progreso.

En Córdoba, mi concuñado secularizaba la vida de la sociedad con la creación del Registro Civil, iluminaba con gas las calles de su capital, fundaba nuevas poblaciones, promovía la prosperidad de las zonas del sur, abría el camino al valle de Traslasierra y propulsaba la gran obra que se inauguró después de terminar su gestión: el dique San Roque, la represa que transformaría el paisaje, el clima y hasta las formas de vida tradicionales. Tanto Juárez Celman como su sucesor Gregorio Gavier, impulsaron durante mi presidencia la construcción del dique a pesar de las voces agoreras que echaron a correr sus enemigos sobre los peligros que sobrevendrían cuando cediera bajo la presión de las aguas del embalse, cosa que no ha ocurrido hasta ahora. Fueron buenos tiempos para la provincia mediterránea, aunque el prematuro fallecimiento del obispo Esquiú restó al gobierno de mi concuñado un factor de prudencia que le hubiera ahorrado a él y a Gavier las reacciones ultramontanas con motivo de leyes y actitudes consideradas anticatólicas.

Mendoza y San Juan también vivieron momentos de euforia. Los mandatarios mendocinos durante mi gestión fueron Elías Villanueva, un gran caballero, José Miguel Segura y el coronel Rufino Ortega, mi antiguo camarada de la Conquista, demasiado autoritario para mi gusto pero efectivo y progresista; fue quien dotó a Mendoza de alumbrado eléctrico, tranvías y teléfonos, realizaciones que solía festejar con inmensas comilonas. En San Juan, Anacleto Gil hizo una fecunda gestión y su provincia obtuvo el primer premio en un certamen sobre educación presidido por Sarmiento, aunque la tradición sanjuanina de violencia política se reiteró por el asesinato de uno de sus senadores nacionales, seguido de un atentado contra Gil, que fue dejado por muerto en una acequia. Las dos provincias cuyanas empezaron un proceso de transformación muy profundo a partir de la llegada del ferrocarril; para la naciente industria vitivinícola, el acontecimiento fue tan relevante como lo había sido para la actividad azucarera tucumana el arribo del Central Norte diez años antes.

En Entre Ríos gobernaba otro antiguo compañero de la expedición al desierto, el general Eduardo Racedo, quien instaló un eficaz Consejo de Educación, proyectó un ferrocarril entre Paraná y Concepción del Uruguay, fundó el banco provincial, y, hecho muy importante, trasladó la capital para sacar a la provincia de su tradicional aislamiento instalando sus poderes públicos en Paraná. Su vecina Corrientes, para no variar, aparejó algunos problemas políticos: una pueblada (en la que dicen que anduvo la mano de mi hermano Rudecindo) secuestró al gobernador Antonio Gallino internándolo en una isla hasta obtener su renuncia. Lo siguió en el mando mi amigo Manuel Derqui, que también tuvo que lidiar en algún momento con las milicias correntinas. Sin embargo, uno y otro se arreglaron para dar un buen impulso a la educación, construir la nueva casa de gobierno y promover la inmigración. En realidad, toda la zona litoral se benefició en esos años con una gran afluencia de inmigrantes, y en Entre Ríos creció de manera fabulosa la riqueza ganadera.

También Tucumán siguió viviendo años de euforia económica. El gobernador Miguel Nougés pudo ver más de 10.000 hectáreas cultivadas con caña de azúcar, que era molida por más de treinta ingenios. Nougés autorizó el funcionamiento del Banco Méndez, que sería el financista de la industria azucarera y, como un alarde de cultura, hizo editar la *Memoria histórica y descriptiva de la Provincia de Tucumán*, un magnífico volumen dirigido por Paul Groussac. Fue justamente en mi provincia natal donde no pude imponer al sucesor de Nougés; después de una enconada lucha fue designado gobernador Santiago Gallo, que de entrada nomás se mostró poco dispuesto a uniformar su opinión con los restantes gobernadores y, en consecuencia, con mi gobierno.

De estos descalabros hubo varios, algunos muy inesperados como el de Santa Fe, donde el sucesor de Simón de Iriondo, su cuñado Manuel Zavalla, fue abatido por la enfermedad y en su reemplazo asumió su vicegobernador Cándido Pujato, que no gozaba de mi confianza. Sin embargo administró su provincia con buen criterio: contrató cuatro líneas férreas que vincularían sus puntos más importantes, favoreció la colonización impulsando el régimen municipal de las colonias y permitió que el activo intendente de Rosario, Octavio Grandoli, hermoseara la ciudad, la proveyera de servicios públicos y levantara un bello monumento a la Independencia.

Dije que hubo comarcas menos favorecidas. Santiago del Estero, por caso, vivió interminables conflictos que frustraron la gestión de Pedro Gallo, obligando al congreso a decretar la intervención federal, a la que yo me opuse infructuosamente; pero designé comisionado a mi viejo amigo Isaac Chavarría, que cumplió bien su misión y entregó el poder a Pedro Unzaga, quien tampoco terminaría su mandato. Al menos, los santiagueños vieron llegar el ferrocarril a su capital durante mi mandato, y acaso la novedad los distrajo un poco de la politiquería que era —y sigue siendo— su principal entretenimiento. Tampoco a Catamarca, San Luis y La Rioja llegó el impulso del progreso con tanto empuje como en otros lados, pero así y todo hubo avances que han quedado. En Catamarca gobernaron Manuel F. Rodríguez, Joaquín Acuña y el coronel José Silverio Daza, mi antiguo jefe de vanguardia cuando la Conquista; rudo y mandón, creo que sus comprovincianos sólo evocan a Daza porqué años después introdujo el primer automóvil y el primer molino de viento que allí lucieron. . . Francisco V. Bustos gobernó La Rioja y tuvo que soportar una larguísima sequía que empobreció a todos; quien le siguió, Baltazar Jaramillo, no pudo remontar gran cosa esta indigencia. En San Luis, Zoilo Laconcha y Heriberto Mendoza hicieron lo que pudieron, que no fue mucho.

En Jujuy, los tres gobernadores que coincidieron con mi gestión fueron Plácido Sánchez de Bustamante, Eugenio Tello y Juan Alvarez Prado, los tres pertenecientes a familias tradi-

cionales, los tres participantes en las sangrientas luchas, diez
años atrás, con que se sofocaron las rebeliones de los indios
de la Puna contra los abusivos arrendamientos de los descendientes del Marqués de Yavi. Miguel Ortiz, el coronel Juan
Solá y Martín de Güemes, nieto del prócer, fueron los mandatarios salteños; como suele ocurrir en esta provincia, fueron
celosos de los bienes locales; el primero creó el Banco de Salta, el segundo concedió permiso para que una firma de
Buenos Aires explotara los yacimientos de petróleo existentes en el territorio, y el tercero se desesperó para activar la llegada del ferrocarril, que llegó a la capital salteña en 1889.

Acaso esta nómina no le diga mucho. Es natural: no
puedo afirmar que todos los gobernadores hayan sido de lo
mejor. Hubo algunos mediocres y otros francamente malos.
Gavier, el cordobés, un hombre bueno y decente, se dejó manejar por su jefe de policía, el animal de Marcos Juárez, hermano de mi concuñado, que se complacía en intimidar a los
opositores y mantenía un club de adictos a los que todo permitía. Mi amigo Ortega fue demasiado duro con sus adversarios en Mendoza. Menos peligroso y más grotesco fue Bustos,
el riojano, un joven ignorante y presumido cuya ocupación
más apasionante era caracolear su caballo frente a las casas de
las niñas bonitas reiterando siempre el mismo piropo:

—Que Dios la conserve pa'los que la quieren. . .

Algunos de los gobiernos provinciales fueron tildados de
ser meras oligarquías que manejaban el poder en círculos
familiares cerrados; así fue, efectivamente, en ciertos casos,
pero hay que tener en cuenta que no eran muchos los hogares
que podían mandar a sus hijos a estudiar y capacitarse, y en
consecuencia, aquellos que estaban en condiciones de desempeñar cargos públicos solían estar emparentados. Pero reconozco que en algunas provincias el juego del poder tramitaba
a través de unos pocos y repetidos apellidos, y que fue usual
que los gobernadores cesantes fueran designados senadores o
viceversa. Ya le conté anteriormente la importancia que tuvieron ciertos linajes en la política del interior del país desde la Revolución de Mayo en adelante; esta característica per-
sistió en cierta medida durante mi gestión presidencial y poco
pude hacer para impedir una modalidad tan arraigada en la
historia y sostenida por un sentimiento tan extendido como
la solidaridad de clan.

Tampoco puedo jurar que no haya habido corrupción
en el manejo de la cosa pública de las provincias, como no po-

dría poner las manos en el fuego sobre algunos funcionarios de mi propio gobierno. Cuando se proyectan grandes empresas y circula mucho dinero y el éxito o el fracaso de los planes depende de la decisión final de políticos o funcionarios, es inevitable que haya soborno o que se lo presuma —lo que es igual. Traté de que no lo hubiera, pero no me habría escandalizado porque la corrupción es propia de la naturaleza humana y en el campo de la cosa pública hay que ocultarla para que el pueblo no pierda la fe en sus gobernantes. De todos modos, aunque haya habido manejos dolosos durante mi gobierno —lo que no me consta— ello no invalidaría lo que se hizo ni la inteligencia que articuló mi gestión.

Sería interminable reseñar las novedades de aquellos años. Algunas tenían que ver con las formas de vida, tanto individuales como colectivas. La generalización de la luz eléctrica, por ejemplo, que permitía iluminar brillantemente cualquier ambiente interior o exterior sólo con apretar un botón; era la primera vez en la historia de la humanidad en que no se necesitaba fuego para hacer luz. . . La usina de Rufino Varela proveía de electricidad a mi casa y era una gloria esclarecerlo todo sin necesidad de usar cerillas ni abrir picos de gas. O el teléfono: ¡qué maravilla hacer girar esa manivela que hacía aparecer una voz femenina en el auricular, y pedirle que nos comunicara con Fulano o Mengano, a varias cuadras de distancia! Apareció en todos lados una enorme cantidad de diarios. Se instalaban nuevas escuelas y colegios. Se fundaban instituciones de todo tipo: fue por entonces que Pellegrini lanzó su idea de crear el Jockey Club como ámbito de recreación dotado del lujo y la comodidad de los clubs ingleses. Se construían teatros en todas las ciudades importantes, se edificaban sedes para sociedades de socorros mutuos, generalmente de italianos y españoles.

Y no se trataba solamente de realizaciones materiales. El público lector disfrutó por entonces de libros como *La Gran Aldea* de Lucio V. López, de *Juvenilia* del doctor Cané, siguió la agonía de Santos Vega en la poesía de Rafael Obligado y se divirtió con las crónicas de "Fray Mocho". Mi gobierno imprimió por su cuenta la *Historia de la Revolución Argentina* de Vicente Fidel López, y como un tributo a mi pobre vate, desaparecido en 1883, las *Obras* de Olegario V. Andrade, a cuya viuda le hice perdonar la deuda que mi antiguo condiscípulo había contraído con el Banco de la Provincia de Buenos Aires.

¿Más todavía? Sí, porque las compañías líricas italianas y francesas y los conjuntos españoles de género chico nos traían las últimas novedades musicales de Europa, y el maravilloso Frank Brown entretenía a grandes y pequeños mientras el Circo De Carlo presentaba el "Juan Moreira", la historia del malevo idealizado por Gutiérrez, al que se le perdonaba todo cuando salía a la arena.

Todo esto fue respaldado por mi régimen y su solidez. Esto explica que durante mi sexenio sólo hayan sido dictadas dos intervenciones federales, lo que contrastró con las innumerables que enviaron en su momento Mitre, Sarmiento y Avellaneda. No hubo conflictos importantes en las provincias entre 1880 y 1886 y los alborotos tuvieron un carácter puramente local. Pero tampoco quiero en esto vestirme con plumas ajenas; buena parte de esta tranquilidad se debió a que la ferocidad política se había diluido un tanto por virtud de los prósperos tiempos que corrían. Era como si la gente se hubiera fatigado de esas tensiones que en 1880 desembocaron en el alzamiento de Tejedor; no había ambiente propicio para demagogias y rebeldías pues demasiados buenos negocios se presentaban para perder tiempo en vociglerías. Algunos repúblicos rezongaban del estado de cosas y decían que estábamos convirtiendo al país en una nueva Cartago. Sarmiento clavaba su cuchillo cada vez que podía: "El General Roca, que en su conquista del desierto descubrió que allí no había indios, ahora descubre en su presidencia que en la República no hay ciudadanos...".

Pero yo no ignoraba que los factores de disgregación y desorden siempre están agazapados en los intersticios de la vida argentina, y que era conveniente remansar la política para ir dejando atrás los hábitos tremendos que nos desgarraron durante tanto tiempo. Contribuí a pacificar los espíritus honrando con ciertos gestos a quienes eran mis adversarios, y así promulgué la ley que reincorporó al escalafón del Ejército a Mitre con el grado de teniente general, recomendando públicamente a los gobernadores que le prestaran las máximas consideraciones en el viaje que hizo a Cuyo y Chile para escribir su *Historia de San Martín*, y disponiendo la edición de esta obra por cuenta del gobierno. (De paso, reincorporé a mi compadre Arredondo a pesar de que en el alzamiento de Tejedor se puso del lado de los rebeldes.) También hice editar oficialmente las obras completas de Sarmiento, que no por esto dejó de seguir atacándome, y las de Alberdi, que en 1880, cuando necesitaba el apoyo de sus luces para una lucha que siempre había sido la suya, me había abandonado cobardemente.

No pretendo que bajo mi capitanía se haya vivido un sistema político perfecto, ni mucho menos. Hubo en algunas provincias maltrato a la oposición, las elecciones siguieron siendo lo que siempre habían sido. Pero al menos los argentinos se fueron acostumbrando a la existencia de un poder nacional que no toleraba desórdenes y, en la medida de lo posible, se atenuaron los brutales enfrentamientos que habían marcado las anteriores décadas. Aguanté impávido las críticas que me hicieron y las caricaturas de la prensa donde un solo diario, *La Tribuna Nacional*, me apoyaba. No se me ocurrió meter preso a nadie ni poner coto a las invectivas que me lanzaban desde el Congreso, al que respeté e hice respetar. Es que yo olfateaba que la gente estaba contenta, que nadie daba mayor importancia a los lunares de mi régimen pues campeaba una prosperidad que las voces opositoras no podían opacar; además, los argentinos son así, rezongones, veleidosos, descontentos, y en materia política suelen aplaudir lo que han perdido y no lo que están gozando.

Ningún gobernante debe sentirse nunca enteramente satisfecho, porque semejante estado de ánimo puede marcar el principio de su decadencia. Yo tenía en claro todo lo que no había podido hacer, pero no me negaba la sensación de haber cumplido con mi país. Existía ahora un Estado Nacional con todos los instrumentos necesarios para ejercer sus deberes y atribuciones, la Argentina era respetada en el mundo civilizado, los problemas con sus vecinos habían desaparecido, sus espacios interiores se encontraban en vías de ocupación efectiva, reinaba la paz, cundía un generalizado optimismo, se trabajaba, florecían realizaciones de todo orden.

De pronto, un día de octubre de 1884 tomé conciencia de que sólo me quedaban dos años en el ejercicio de la presidencia. No es que antes no me hubiera dado cuenta de ello, pero cuando se desempeña un cargo tan importante se llega a tener la sensación de que es para siempre, y que uno es irremplazable. Pero la Constitución y el calendario son implacables e inapelables; mi mandato de seis años estaba entrando en su última etapa y ahora debía preocuparme seriamente por mi sucesor.

Todo presidente desea dejar en su lugar a un amigo. No siempre puede, pero sería tonto no intentarlo. Hay una obra de gobierno que se valora, por deleznable que sea, hay intereses para proteger y situaciones personales que piden ser mantenidas. El sistema republicano es, en cierto modo, muy cruel, porque implica la posibilidad de que el nuevo gobernante arrase con todo lo que su antecesor hizo y dispuso. Pero es así, y no hay que quejarse. Por otra parte, mientras el presidente hace lo suyo, se va gastando; quedan en el camino los que no obtuvieron lo que querían, los que resintieron con o sin motivo; y también están los que han adquirido poder silenciosamente sin que el gobernante, ocupado en sus cosas, lo haya advertido. Yo no podía ser una excepción a esta ley no escrita, y sin sorpresa ni alegría descubrí que la realidad política del país, al empezar el último tercio de mi gestión, no era exactamente la que hubiera deseado.

Es claro que desde mucho antes se hablaba de candidaturas, pero hombres con reales posibilidades en el oficialismo, había muy pocos. Rocha estaba políticamente terminado. Circulaban algunos nombres como el de Manuel Quintana, que siempre era precandidato presidencial e invariablemente tenía que desistir en algún momento. El mejor, el más capaz y de más alta jerarquía entre los posibles aspirantes a mi sucesión era, de lejos, don Bernardo. Aunque tropezaría a no dudarlo con el veto del mitrismo por sus antecedentes rosistas, nadie podía negar que podría ser un magnífico presidente. Pero don Bernardo, apreciado en Buenos Aires, no tenía mayores apoyos en el interior. El lo sabía y resolvió largarse a una verdadera patriada: recorrer las provincias al modo de las campañas electorales norteamericanas, para conseguir las adhesiones necesarias. En lo íntimo de su corazón me parece que aspiraba a demostrarme que su candidatura arrastraba tantas opiniones que yo no podría hacer otra cosa que bendecirla desde las alturas... Don Bernardo no era un luchador: a los 66 años no se podía esperar que lo fuera, y bastante hazaña fue la gira que emprendió. Pero *in pectore* me apiadé de su persona, que iba a recorrer un decepcionante calvario.

Pues a esa altura de los acontecimientos yo no me engañaba: el candidato del PAN sería mi concuñado. Miguel Juárez Celman había hecho una excelente gobernación en Córdoba, y al término de su mandato se hizo designar senador nacional. No lució mucho en la alta cámara porque no era hombre de pensamiento y su oratoria resultaba poco atractiva, afeada por una locución demasiado atropellada y su empeño en borrar su tonada nativa. Pero tenía una característica que podía ser negativa o positiva, según se mire: era un consecuente amigo de sus amigos. Esta virtud le había arrimado adhesiones en todas partes; ese defecto estrechaba su criterio y limitaba su visión. En realidad, mi concuñado debía refrenar permanentemente cierta veta violenta de su carácter que lo llevaba a despreciar tajantemente toda opinión distinta a la suya. Su juego, en los últimos años, había sido muy hábil: tenía convencidos a los gobernadores de que cualquier pedido a los poderes nacionales necesitaba pasar obligadamente por su intermediación para tener éxito, y también había persuadido a mis ministros y a mí mismo de que cualquier movida en las provincias debía tramitarse a través de su persona si no queríamos tropezar con dificultades. Sea como fuere, cuando hice algunos discretos sondeos advertí que Juárez Celman tenía atado su paquete político con nudos tan apretados que resultaría muy difícil desarmarlo. Naturalmente, no me disgustaba que mi concuñado me sucediera; habíamos luchado juntos desde 1872 y yo había llegado a la presidencia gracias, en parte, a sus esfuerzos. El inconveniente de su candidatura era que olía a nepotismo. Pero no podía oponerme. En primer lugar, hubiera sido una terrible ingratitud; pero además, no tenía fuerzas para hacerlo. No disponía de barajas suficientes para matar el nombre de mi concuñado; hubiera tenido que salir a destrozar el régimen que yo mismo había creado y no estaba dispuesto a hacer semejante zafarrancho.

Esto era, pues, lo que ocurría en el oficialismo a principios de 1885. En el campo opositor no existían fuerzas orgánicas que pudieran enfrentarnos con alguna perspectiva. El mitrismo no existía como partido. Los únicos elementos que podían aglutinarse bajo una bandera dotada de cierto atractivo eran los católicos, resentidos por las leyes laicistas. Pero los partidos confesionales no tienen mayores perspectivas en un país como éste, y fuera del apoyo de un par de periódicos clericales no recogerían más que oraciones y novenas. . . De todos modos, en su momento, la Unión Católica proclamó a José Benjamín Gorostiaga como candidato.

En abril de 1885 el Club del Pueblo lanzó el nombre de don Bernardo. Casi contemporáneamente se festejó en Mendoza la llegada del ferrocarril, y todos los gobernadores fueron invitados a las celebraciones. Suele decirse que en esa oportunidad yo proclamé la candidatura de mi concuñado.

No fue así: Juárez Celman evidenció que contaba con el apoyo de la mayoría de los gobernadores, y entonces su candidatura se consagró por sí sola.

Para demostrar que yo me mantenía prescindente en la
lucha electoral, fui a saludar a don Bernardo a su casa en la
víspera de su periplo. Le reiteré mis felicitaciones, le deseé
suerte y le informé las molestias que padecería por las aún de-
ficientes vías de comunicación, pero don Bernardo no me
atendía; estaba feliz y su cara llena de verrugas mostraba un
aire alegre, como un chico que está a punto de apoderarse del
juguete que desea. . . Me anoticié permanentemente de su
campaña. Viajó por tren hasta Baradero, llegó a Rosario en
buque y fue aclamado por una gran manifestación. Después
se dirigió a Esperanza para ganar las simpatías de los colonos
extranjeros y siguió a Córdoba, siempre por ferrocarril. En
Córdoba tuvo don Bernardo la primera sensación de que no
todo serían rosas; Marcos Juárez prohibió que se realizaran
concentraciones de ciudadanos, por lo que la llegada del candidato fue desairada. Sólo quedó una noche allí, prosiguiendo
a Santiago del Estero con paradas en las estaciones interme-
dias. En todos lados se lo aclamaba pero también en todas
partes había grupos hostiles que vivaban a Juárez Celman. En
Tucumán fue donde se lo recibió más entusiastamente,
porque el gobernador Gallo lo apoyaba sin retaceos. Con sus
ilusiones reverdecidas pasó a Salta en mensajería y en Rosario
de la Frontera fue recibido por los tres nietos de Güemes.
Después, Jujuy, y de retorno, Catamarca. Fue aquí donde
ocurrió el incidente más serio de un recorrido donde hasta entonces los episodios molestos no habían sido importantes: la
manifestación que acompañaba a don Bernardo fue atacada
por un grupo de milicos y malevos ebrios, comandados por
el jefe de policía local, una mala bestia llamado Maldones.
Hubo corridas, sustos y gritos soeces de los atacantes, que
vivaban al candidato oficial, con el saldo de algunos contusos.
Cuando me enteré, me puse furioso; di instrucciones al ministro del Interior para que enviara un telegrama al coronel
Daza, el gobernador catamarqueño, destacando que hasta los
beduinos en sus aduares tienen respeto por la hospitalidad
que se debe a los forasteros. Desde entonces, Daza cultivó
una especial inquina contra mí.

Regresó, pues, don Bernardo a Buenos Aires a principios
de septiembre, recibido por una enorme multitud, y se le
brindó un gran banquete en el teatro Colón, frente mismo a

la Casa de Gobierno. Su popularidad parecía incontrastable pero don Bernardo era demasiado astuto como para no advertir que su candidatura no contaba con el apoyo de mi gobierno ni de la mayoría de los de provincia. Tanto él como Gorostiaga renunciaron, y también lo hizo Rocha, a quien no apoyaba nadie. Entonces, ya con las elecciones encima, todos los grupos opositores resolvieron unirse para postular a Manuel Ocampo, una personalidad respetable pero irrelevante. Los descontentos de mi régimen más los católicos, los mitristas y algún independiente se ampararon bajo la carpa de los "Partidos Unidos". En el acto de proclamación de Ocampo se leyó un discurso de Sarmiento que denunciaba mi gobierno como un sistema de familia: "No más hermanos, cuñados, concuñados, sobrinos y primos hasta la cuarta generación dotados de talento, instrucción y capacidad para todo, menos para economizar rentas y gastos" decía el sanjuanino. Indudablemente, al ser el candidato oficial "el marido de la hermana de la mujer del presidente" como reiteraba Sarmiento, así lo parecía. Yo no podía decir nada. Como en otros tantos momentos de mi vida política, no hice más que ponerme al frente de las circunstancias, ya que no podía modificarlas. Me mantuve cauto y lacónico, actitud que siempre es recomendable, mucho más cuando se debe ser obligatoriamente prudente y no se tiene nada que declarar. Pues ya se sabe que, en este país, el que habla se jode...

III

Le he contado cosas del gobierno y la política, y no tengo inconveniente en hablarle ahora de mi propia vida durante los años de la presidencia.

Pero antes quiero señalarle que desempeñé mi cargo con un gran sentido del deber. El Ejército es una buena escuela para formar el espíritu de servicio con que deben desempeñarse los cargos públicos, o al menos lo era en aquellos tiempos, y yo me consagré a la presidencia con la misma seriedad con que años antes jeringueaba a mis regimientos para dejarlos listos y a punto. Disfruté de la primera magistratura, desde luego, pero trabajé mucho y estuve atento a todos los ramos de la administración. Cuando me instalé en la casa de la calle San Martín solía ir caminando a la Casa de Gobierno sin guardias ni escoltas, acompañado casi siempre por

Gramajo, a quien nombré mi edecán y que desde entonces
continuó siéndolo para siempre, estuviéramos o no en el
gobierno. Aprendí mucho, no tuve empacho en declararme
insolvente frente a lo que no sabía, y sobre todo me apoyé en
mis ministros cuidando de no desautorizarlos ni chocar con
ellos.

Cuando asumí la presidencia estaba instalado provisoriamente en una casa-quinta del Caballito, que ahora es un
barrio de la Capital Federal, pero en aquella época ofrecía un
paisaje de chacras y lugares de veraneo. Después volví a la
casa de Suipacha; aquí nacieron mis últimas hijas, Agustina,
la Gringa, en 1881, y Josefina, Copeta, en 1883, con lo que
quedó completada mi prole: mi primogénito y las cinco muchachas. Cuando fui presidente por primera vez eran todas
muy chicas y entre mis ocupaciones y sus colegios no las veía
mucho. Tanto a ellas como a Julito los acuciaba para que apren-
dieran idiomas, sobre todo inglés. Yo soy muy negado para
cualquier lengua que no sea el castellano; chapurreo francés y
leo un poco de latín, pero en estos tiempos hay que olvidarse
de los clásicos y dominar la jerigonza de los comerciantes
del mundo. Me acuerdo, dicho sea de paso, que cuando estuve por primera vez en Gran Bretaña, el príncipe de Gales
—un gordinflón muy simpático— se extrañó de que yo no
hablara una palabra de la lengua de Shakespeare. Le expliqué
que en mi juventud no teníamos mayor trato con ingleses, y
que yo había vivido en lugares muy alejados de mi país,
donde era imposible estudiar ninguna lengua extranjera.
Entonces el príncipe me dijo que me convenía buscar un
profesor y añadió, con ese extraño cloqueo que usan sus
compatriotas a modo de risa:

—*Better, a bed professor...*

Yo también me reí sin entender lo que había querido
decirme; después me explicaron que me sugería buscar una
amante inglesa para aprender su idioma en la cama. Buen
consejo, pero me llegaba tarde...

En los primeros años de mi administración tuve que
desarrollar una vida social muy intensa. Opera y teatro casi
todas las noches, frecuentes cenas y bailes, almuerzos cam-
pestres en estancias y quintas cercanas a la ciudad, además
de los consabidos actos protocolares. Eran obligaciones fatigosas que con el tiempo fui raleando, pero yo tenía que
completar la conquista pacífica de la sociedad porteña, mostrar que no era el provinciano rústico y advenedizo que

muchos suponían. En estas lides, triviales pero importantes para mi afianzamiento, Clara me acompañó muy bien, luciendo ese *savoir faire* innato que le venía de sus aristocráticos ancestros. Fue entonces cuando me hice estanciero. En realidad, con mi mujer éramos propietarios de "La Paz", que Clara había heredado de su padre, don Tomás Funes. Era un establecimiento muy antiguo, como que había formado parte de la merced jesuítica de Santa Catalina, que se había llamado "Rincón de Piedra"; cuando se arregló la paz entre la Confederación y Buenos Aires en 1858, el viejo Funes publicó en los diarios de Córdoba el anuncio de que había resuelto cambiarle el nombre: en adelante se llamaría "La Paz". Mi suegro murió en 1880 y Clara recibió esta propiedad. Allí solíamos pasar los veranos. Es uno de esos campos que participan del ondulado final de los faldeos serranos, a la altura de Ascochinga, tanto como del llano de las planicies cordobesas; unas 8800 hectáreas inservibles para explotaciones agrícolas, en su mayor parte por tratarse de un terreno seco y pedregoso, pero apto para criar vacuno rústico y resistente.

Está situada a pocas leguas de la capital de la provincia y éste es su inconveniente, la cercanía, pues todos los amigos, parientes y conocidos se sienten con derecho a visitarme, y aunque tengo mis trucos para eludirlos, a veces es imposible negarme, con lo que la paz que augura el nombre del campo suele arruinarse. A pesar de esto, "La Paz" ha sido mi refugio anual desde que me instalé en Buenos Aires en 1879. Paso allí casi todos mis veranos, gozando de la cascada natural que forma un lugar para bañarse muy agradable, aprovechando un parque que ha crecido y se ha refinado con el tiempo y disfrutando, en fin, de la fresca hospitalidad de la vieja casa a la que he agregado habitaciones e incorporado todas las comodidades.

Pero nunca he visto a "La Paz" como una estancia, es decir, una explotación rural, sino como un lugar de descanso. Me hice realmente estanciero con "La Larga".

"La Larga" está situada en lo que antes era el partido de Guaminí, en la provincia de Buenos Aires. Toma su nombre de una laguna de forma alargada que se extiende en la mitad del campo. La legislatura de la provincia de Buenos Aires me la concedió en 1881 como premio a mis servicios en la Conquista del Desierto. En ese momento todavía no me había distanciado de Dardo Rocha y la ley provincial salió sin inconvenientes. Usted recordará que una ley nacional similar, premiando los servicios de los jefes, oficiales y soldados que participaron en la Conquista, fue sancionada omitiéndome. El caso de la ley bonaerense era distinto porque no era yo quien la promulgaría sino el gobernador de Buenos Aires, y porque la gracia —veinte leguas cuadradas— se otorgaba en virtud de actos cumplidos en 1879, es decir, antes de que yo fuera presidente. Así y todo, en el debate hubo objeciones y argumentos en contra, pero la ley fue sancionada y promulgada debidamente, y yo acepté la donación porque me pareció justa y correcta.

En aquellos años, la zona de Guaminí era lejana, desértica y escasa de buenos pastos. Hasta poco tiempo antes había rastrillada de indios. La donación, entonces, implicaba una cuantiosa inversión para ponerla en estado de rentabilidad, y la enormidad de su extensión era más un clavo que un regalo. Mucha gente supuso que yo vendería la concesión, tal como hacían generalmente los beneficiarios de estas suertes de tierra. Muchos amigos así me lo aconsejaron. Pero yo no quise desprenderme de esos campos, por arduos que fueran. Quería probarme a mí mismo que era capaz de hacerlos explotables. Quería convertirme en estanciero, tal como muchos conocidos lo estaban haciendo exitosamente. Hasta entonces había vivido de mis sueldos, que eran importantes pues reunía los emolumentos de presidente con los de teniente general, el grado más alto del escalafón, pero mi aspiración era amasar una fortuna propia que me hiciera invulnerable a cualquier cambio político y preservara, a mi familia y a mí, de las mudanzas de un país como el nuestro.

Como ya le conté, durante mi estadía en Río IV y con la ayuda de mi hermano Alejandro y algunos amigos como Bouquet, había adquirido tierras en diversa ubicación y variada extensión. Algunas las conservaba, otras las vendí según la oportunidad y ganando casi siempre un poco. "La Larga" era algo distinto. Se trataba de la posibilidad de crear una gran explotación ganadera e incluso agrícola; era mi propio Desierto que me desafiaba para civilizarlo. Resolví que, aunque me costara sacrificios, habría de alambrarla, poblarla, mejorarla y seguir adelante.

Es que a partir de 1880 sobrevino un fenómeno notable en la sociedad porteña: todo el mundo quería tener estancia. Los argentinos habían entendido su negocio desde hacía algunos años, pero ahora, la terminación del problema del indio hacía posible que ese negocio pudiera extenderse y concretarse. Abogados, militares, comerciantes, funcionarios, políticos, especuladores, toda clase de gente compraba campos o trabajaba los que poseía. Don Bernardo, por ejemplo, explotaba en General Rodríguez una estancia modelo desde la década de 1860, pero en los años que digo también se hicieron campesinos Estanislao Zeballos, Miguel Cané, Manuel Quintana, Dardo Rocha y tantos otros, para sólo mencionar algunos conocidos. Todos competían en mostrar la inteligencia con que emprendían las labores rurales y exhibían la última palabra en máquinas y reproductores. "Los Poronguitos" de Claudio Stegman o "La Rosa" de Miguel Lima, se visitaban como modelos. Aparecieron varias revistas dedicadas a temas rurales, además de los *Anales* de la Sociedad Rural y el *Boletín* del Departamento de Agricultura. José Hernández había publicado en 1881 una *Instrucción del Estanciero* que era un sencillo y práctico manual, muy superior al que Juan Manuel de Rosas redactó para uso de sus mayordomos sesenta años atrás, que todavía brindaba cierta utilidad aunque tenía algunas zonceras. En las conversaciones del Club del Progreso, en las tertulias familiares o en las antesalas ministeriales, los temas camperos eran permanentes: si llovía o no, si había que liquidar los merinos para criar lincolns, si el vacuno mejoraba o no el campo, si había que sembrar trigo y alfalfa alternativamente. . . Yo no pude ni quise sustraerme a esa corriente creativa y pujante que se dedicaba a fecundar una riqueza argentina antes no explotada. Por otra parte, ser estanciero era la manera más segura de enraizar en la sociedad porteña; sólo siendo dueño de campos uno puede hablar de igual a igual con cierta gente de Buenos Aires, y yo ya no era un provinciano; por importante que fuera mi cargo, quería ser un argentino apreciado en la gran ciudad.

Me puse, pues, a la tarea, mientras desempeñaba mi alta magistratura. Lo primero era encontrar alguien que pudiera hacerse cargo de mis intereses allá. Lo encontré en la persona de Marcos Sastre (un homónimo del escritor) al que conocí como capitán del Ejército en años anteriores, un hombre joven, honrado, con experiencia de trabajos camperos y muchas ganas de labrarse un destino. Fue Sastre mi adelantado en "La Larga" y durante muchos años hizo allí lo que yo le iba indicando, hasta que después de casi veinte años de leales servicios compró su propio campo y se fue a trabajarlo.

Lo segundo era poblar con animales una parte, al menos, del campo. Resolví alambrar seis leguas del total, lo que co-

menzó a hacerse desde 1884, cuando el ferrocarril llegó a
Sauce Corto. Entretanto, compré algunas majaditas de lincoln y algunos novillos, y periódicamente se los enviaba a
Sastre. Gregorio Soler, amigo mío y vecino de "La Larga",
me regaló algunos carneros, y Saturnino Unzué, con el pretexto de que eran un regalo para Julito, me ofrendó mil ovejas y dos manadas de yeguas. Nunca dejé de comprar algún
buen padrillo para obtener pingos de carrera; sin llegar a
hacer un haras, pude disponer de buenos caballos que corrie-
ron en diversos puntos de la provincia.

Al principio, yo era partidario de criar ovinos solamente;
como casi todos los estancieros de la época, me parecía que el
lincoln ofrecía la doble ventaja de una lana de fibra larga y al
mismo tiempo carne apta para ser congelada. En pocos años
cambié de opinión, como también cambiaron mis colegas: la
carne vacuna se pagaba mucho mejor que la ovina y era más
rendidor criar rodeos de Durham que de ovejas.

Hablar sobre la formación de una estancia implica repetir machaconamente historias de sequías y buenos años, de
pestes o buenas pariciones. No lo haré: quien quiera meterse
en un relato así, tiene a su disposición la correspondencia
que cambiamos con Sastre y después con Joaquín Allende,
su sucesor. Mi mayordomo había construido una casa modesta y recién al terminar mi gobierno pude llegarme allá y conocer mi estancia. Para entonces, las caballerizas, los galpones
de esquila, la casa de los peones y otras dependencias daban
al casco de "La Larga" el aire de un pequeño pueblo tan
importante como el que se formó en la estación del mismo
nombre, a menos de media legua de distancia. Poco más tarde
empecé a hacer edificar la residencia y plantar el parque que
la rodea.

Durante varios años, el problema más grande fue el de
los cuatreros; en esas enormes extensiones era difícil mantener una vigilancia constante. Había también varios intrusos,
que estaban instalados en la propiedad cuando la Provincia
me donó la extensión que digo; los convertí en arrendata-
rios si eran buena gente, y a los indeseables los hice echar.
Los robos de ganado se atenuaron cuando el partido de Guaminí fue dividido y yo conseguí que Sastre fuera designado
autoridá, con sede en el casco de la estancia. Mi mayordomo
llegó a ser hombre de cierto peso político, al que solicitaban
apoyo unos u otros cuando había elecciones, aunque naturalmente siempre me consultaba en estos temas.

Para mí, "La Larga" constituyó una provocación. Yo la asumí obstinadamente hasta convertirla en lo que actualmente es: un gran establecimiento de 53.000 hectáreas donde engordan y echan lana más de 40.000 ovejas y se preparan para el matadero unos 10.000 vacunos, con una cómoda residencia de diez habitaciones y un espléndido parque, sostenido por una oficina en Buenos Aires para llevar las cuentas. Para instalar estas mejoras debí endeudarme bastante con el Banco de la Provincia de Buenos Aires, como lo hacía todo el mundo en esa época. Llegué a deberle más de un millón de pesos, pero todo se fue pagando de una u otra manera y los frutos de la tierra me permitieron liberarme sin mucho sacrificio de esas obligaciones.

Yo recogí la República en un estado anárquico y calamitoso, y la dejé rica y respetable. Del mismo modo me hice cargo de esos campos brutos, para transformarlos en una fuente de riqueza. Y lo digo sin falsas modestias: así como nadie me ha sustituido en el gobierno del país, nadie me ha sustituido, tampoco, en el gobierno de "La Larga"...

En 1888 adquirí un campo al que llamé "La Argentina", unas 10.000 hectáreas cerca de la estación Solís que cubren extensiones de los partidos de San Andrés de Giles, San Antonio de Areco, Exaltación de la Cruz y Zárate. Era un yuyal cuando la compré, y ahora es una linda estancia, situada lo bastante cerca de Buenos Aires como para visitarla con cierta frecuencia. Fue el único campo que compré, pues, como lo tengo dicho, "La Paz" me vino por herencia y "La Larga" fue una donación. Con este campo pude convertirme en invernador: los animales que están flacos en Guaminí por sequía o por cualquier otro motivo, se embarcan hacia Solís para engordarlos; la diferencia de kilos compensa el flete ferroviario, con la ventaja de invernar el ganado en campo propio, sin pagar arrendamiento a nadie. También "La Argentina" cuenta con una casa amplia y confortable; la rodea un parque de cincuenta hectáreas y el río Arrecifes la recorre en parte. Casi todos los vecinos son irlandeses, gente muy trabajadora, muy simpática y muy borracha, en este orden...

Pero si "La Argentina" ofrece la comodidad de su cercanía con Buenos Aires y "La Paz" tiene el encanto del paisaje serrano, "La Larga", precisamente por estar lejos, es mi preferida. Nadie va a molestarme allá y yo puedo ir con quien se me ocurre. Algún amigo jugó con el nombre de mis tres estancias y me hizo notar que componían toda una reseña de mis gobiernos: "La Larga Paz de la Argentina". Juegos de palabras aparte, confieso que además de los atractivos que ya dije, "La Larga" está asociada a esas instancias que sólo se pueden contar en reuniones masculinas, cuando los viejos desenrollamos la secreta ristra de nuestros recuerdos galantes y un picante aroma de licencia y puterío embalsama por un instante nuestro inevitable tránsito hacia los suburbios de la muerte.

Para comprar "La Argentina" conté con la ayuda de Ataliva, con quien teníamos una sociedad de hecho muy singular, sin obligaciones precisas pero confiable y permanente. Ataliva me auxilió en todas las oportunidades de mi vida en que precisé dinero y yo, a mi vez, lo ayudé de las mil maneras en que puede hacerlo un gobernante respecto de un particular, en tiempos de expansión y progreso. El había hecho una apuesta sobre mi persona desde mi juventud, por cariño pero también con la convicción de que sus inversiones le serían devueltas alguna vez, copiosamente acrecentadas. Yo le facilité algunos de sus negocios por el simple uso de amistades o conocimientos, y casi sin necesidad de poner en juego mi influencia. Aclaro esto porque Sarmiento se ensañó con mi hermano acusándolo de toda clase de latrocinios, y en su encono inventó el verbo "atalivar" como sinónimo de robar.

Ataliva no hizo otra cosa que comprar los boletos de tierras asignados a los héroes de la Conquista que preferían vender sus derechos a transformarse en agricultores o criadores de ganado. Participó también en remates de tierras fiscales y tuvo buen ojo y dinero para pagarlas al mejor postor. De sus propiedades en el territorio de La Pampa hizo prósperas colonias e intervino en sociedades y compañías muy diversas. Si se hubiera llamado Unzué, Alvear o Luro, lo habrían admirado y sería presentado en los álbumes del comercio como un próspero hombre de empresa; pero como era Roca, entonces todo el veneno de los envidiosos se volcó contra él. Lo cierto es que Ataliva tenía una visión adelantada a su época. En 1881 presentó al gobierno de Montevideo un plan para construir un ferrocarril que debía partir desde el fuerte de Santa Teresa, sobre la costa atlántica, donde habría de construirse un puerto y aduana, hasta la frontera con Corrientes. El ministro argentino en Montevideo, Enrique B. Moreno, apoyó entusiastamente esta propuesta, pero el plan cayó en el vacío a pesar de que significaba la posibilidad de comunicar el litoral argentino con el Atlántico sin necesidad de pasar por Buenos Aires. Al año siguiente, Ataliva gestionó la concesión de la explotación de piedra de las islas Dos Hermanas, en el río de La Plata cerca de la Colonia, para adoquinar las calles de Buenos Aires; a pesar del interés del presidente Santos, la propuesta se rechazó porque todas las canteras uruguayas estaban contratadas para abastecer el adoquinado de La Plata.

Mi hermano no se desanimó y en 1884 presentó al gobierno oriental un grandioso proyecto para construir el puerto de Montevideo, que hasta entonces era un pequeño conjunto de muelles y depósitos. Mi amigo Gregorio Torres redactó el contrato. Los planos de la obra se presentarían a los seis meses de firmado y, una vez aprobados, se empezaría a construirlo para dejarlo terminado en cinco años. El plan incluía la modernización de la bahía con la construcción de avenidas, plazas y edificios en terrenos expropiados al efecto. A cambio de esta formidable obra, el gobierno de Montevideo se comprometía a garantizar durante treinta años un interés del 10% del capital invertido. Se dijo en su momento que la propuesta de Ataliva y sus socios era leonina. No lo habrá sido tanto puesto que el presidente Santos la estudió cuidadosamente durante un año, aunque no niego que se ejercieron sobre él toda clase de presiones para lograr su aprobación. Pero a la postre, el plan de Ataliva fue rechazado. Dicho sea de paso, también se rechazó el que presentaba al mismo tiempo una empresa inglesa, y el resultado de tanta dilación fue que el puerto montevideano empezó a construirse recién en 1902, cinco años después que el de Buenos Aires concluyera.

Le cuento esto para que vea que no siempre Ataliva conseguía sus objetivos comerciales, a pesar de mi apoyo. Pero repito que siempre que pude lo ayudé a enriquecerse, en pago a la generosidad que tantas veces usó conmigo. Estar en el poder importa, entre otras cosas, favorecer a los propios y no decepcionar a quienes confiaron en nosotros. Hubiera sido ridículo colocarme en actitudes de vestal respecto de los tratos de un hermano tan querido.

Tampoco me hago el menor reproche por haber favorecido a mi hermano Rudecindo en la obtención de grandes extensiones de tierra en Misiones. Hay favores que un gobierno sólo puede pagar con actos de gobierno, como eran en aquella época las concesiones de tierras fiscales. Rudecindo había sido uno de los *pioneers* de esa zona avanzada del territorio, la había gobernado pasablemente bien y merecía obtener lo que tantos otros habían conseguido sin mayores méritos, sólo por ser amigos nuestros. Por otra parte, la tierra pública era una de las pocas cosas que quedaban para repartir entre los argentinos viejos. Piense usted que la industria y el comercio estaban en manos de extranjeros, españoles e italianos en su mayoría; los bancos, los ferrocarriles y las empresas de servicios públicos eran de los ingleses: si lo pensábamos bien podíamos llegar a la triste conclusión de que estábamos creando un gran país para que otros lo disfrutaran... La tierra era lo único que teníamos a mano para favorecer a los que se habían roto el lomo unificando, ampliando y ordenando la Nación. Si la Corona y los gobiernos patrios habían donado tierras a sus servidores, ¿íbamos a dejar en la pobreza a los descendientes de las cepas criollas mientras se enriquecían los recién llegados? Yo bendije los pedidos que hizo Rudecindo, que en pocos años se convirtió en propietario de grandes extensiones de bosque de los que sacó buenos frutos.

En cambio, a mi hermano Alejandro no tuve oportunidad de ayudarlo. Tenía sus campos en la zona de Río IV y siguió viviendo allí, sin apreturas pero sin lujo, siempre soltero y muy querido por sus vecinos. Varias veces le ofrecí traerlo a Buenos Aires para darle algún destino importante, pero siempre se negó a aceptar nada y, por el contrario, fue él quien me hizo destinatario de una importante donación, como ya le contaré. De todos mis hermanos, Alejandro fue el que se inició en condiciones más desfavorables. Mi padre no pudo facilitarle una educación como la que nos brindó a Celedonio, a Marcos y a mí, y tuvo que colocarlo casi como sirviente en la familia Posse, en Tucumán. Después, Alejandro vino a Buenos Aires, trabajó un tiempo con Ataliva y finalmente se radicó, como dije, en Río IV. Al final de mi primera presidencia me escribió una carta en la que me decía orgullosamente que era rico, y no debía nada a nadie; yo le contesté recordándole sus difíciles comienzos y felicitándolo por haber honrado la memoria de nuestro padre.

Lo digo entonces sin ningún empacho: los Roca nos enriquecimos durante mi primera presidencia. Pero nuestra prosperidad marchó paralela a la del país y no se fundó en actos contrarios a la ley. Simplemente se debió a esa magia que en toda época y en todo lugar del mundo facilita las cosas a aquellos que se aposentan en las cercanías del poder, y siempre consideré que nuestra prosperidad era una recompensa merecida.

Pero vuelvo a lo mío. Le quiero hablar de la casa donde vivo, esta residencia de San Martín 577, entre Lavalle y Tucumán, que cualquier vecino de Buenos Aires sabe que es mi morada desde hace treinta años. La compré en 1885 a Carlos Escalada, un estanciero que, según tengo entendido, venía de la familia política del general San Martín. Usted conoce bien mi casa: no es uno de esos suntuosos palacios afrancesados que muchos ricachos se hicieron construir en aquella época para su vanagloria. Es una casa grande y cómoda, nada más. Un amplio zaguán de entrada, un patio interior que al principio era abierto y años más tarde hice encristalar para protegerlo del frío sin quitar luz a su ámbito, con sillones de mimbre distribuidos en su embaldosada superficie. Sala, antesala, un amplio comedor cuadrando el patio, siete dormitorios, cada uno con el baño completo que les hice poner, incluyendo ese benéfico artefacto, el *bidet*, tan incorporado a los hábitos higiénicos de porteños y porteñas. Está mi escritorio, bastante estrecho, un cuartito para el teléfono (número 2008, por cualquier cosa) y la biblioteca. En dos oportunidades dispuse amplias refacciones en la casa, pero su estructura sigue siendo la primitiva. Mas atrás está la parte de servicio y un jardín donde se yerguen esbeltas dos palmeras: me las regaló el presidente Campos Salles, yo las trasplanté al fondo y, contra todas las previsiones, han medrado maravillosamente.

Mi casa está situada en un buen barrio, el de Catedral al Norte. Cuando era presidente iba caminando a la Casa de Gobierno y al Congreso; ahora, el Palacio Legislativo está lejísimos, bien que me importa poco pues no tengo motivos para ir allá. . . Casi a mi frente reside el general Racedo; a dos cuadras por San Martín al sur vivía Mitre, y a la misma altura de mi casa, sobre Veinticinco de Mayo, tenían su mansión Eduardo Wilde y Guillermina, con una entrada sobre esta calle y otra al Paseo de Julio. La moda de los últimos años manda que hay que mudarse al barrio del Socorro o a la Recoleta, pues el centro está poblándose de bancos, tiendas y oficinas, pero sospecho que he de quedar aquí hasta terminar mis días. Y creo que mis hijas también permanecerán en este barrio por mucho tiempo, pues contiguo a mi casa edifiqué la casa donde viv.n dos de ellas solteras, y María Marcela, la casada con el barón De Marchi, tiene la suya en la misma manzana, en Tucumán 450, entre San Martín y Reconquista. Así es que casi toda mi prole está asentada en la vecindad. Y ahora llega el momento de revelarle un secreto: en mi casa hay un túnel.

Cuando mandé hacer en San Martín 577 algunas reparaciones antes de instalarme, hice construir discretamente un pasadizo bajo tierra que condujera desde el fondo de mi casa hasta el lote que después ocuparían los De Marchi, lo que significa que yo podría estar aparentemente en mi casa de San Martín y, sin que nadie lo advirtiera, salir por Tucumán. Pocas veces lo usé. Usted dice que es una extravagancia; ahora, puede ser, pero no en aquellos años. Puebladas y atentados no se descartaban y es mejor prevenir una escapada cómoda y silenciosa que lamentar un mal momento. . . Eran tiempos políticos muy duros y no se podía dejar de lado la posibilidad de que algún loco como Ignacio Monges, el que me hirió en la cabeza con una pedrada, viniera a agredirnos, a mí o a mi familia. Pero ¡qué! si a Pellegrini por poco lo masacra la chusma cuando la unificación de la deuda, y a mí mismo, hace menos de diez años, estuvieron a punto de secuestrarme en "La Paz". . . Ya le contaré a su debido tiempo. De modo que aquí está el túnel, que nunca se utilizó, pero sigue ofreciendo la seguridad de una evacuación discreta si llega el caso. Me imagino el susto que se pegará el que compre mi casa a mis herederos, cuando el piso del jardín se hunda y encuentre ese tajo bajo la superficie. . .

Pero no quiero adelantar estos recuerdos. Le contaba de los finales de mi primera presidencia, cuando la candidatura de Juárez Celman arrasaba cualquier oposición. Las elecciones presidenciales no fueron mejores ni peores que las de épocas anteriores, y así lo puntualicé en mi último mensaje al Congreso, en una frase que Mitre y Sarmiento deben haber sen⁺ do como un puazo. Dije que los comicios se realizaron "con no menos libertad ni más garantías que en las administraciones de los ilustres argentinos que me han precedido en el gobierno". Mi concuñado obtuvo 168 electores, casi todos los del interior menos Tucumán; en la Capital Federal ganaron los Partidos Unidos. Su compañero de fórmula era Carlos Pellegrini, que representaba al sentimiento porteño ya integrado a la Nación, y cuya figura era, a mi juicio, una garantía de seriedad y buen criterio.

El 12 de octubre de 1886, antes de ceñir la banda y entregar el bastón a mi concuñado, dije con toda veracidad: "Os entrego el poder con la República más rica, más fuerte, más vasta y con más crédito y amor a la estabilidad, con más serenos y halagüeños horizontes que cuando la recibí yo". Durante la ceremonia yo vestí el suntuoso uniforme de gala que me obsequiaron mis camaradas del Ejército como regalo de fin de mandato. No me opuse a la iniciativa porque Pellegrini, mi ministro de Guerra, me aseguró que había nacido espontáneamente en los cuadros de oficiales. A Mitre, sus amigos le regalaron una casa cuando terminó su presidencia; a mí, un uniforme, que conservé y usé hasta muchos años después. Pensándolo bien, salí a mis camaradas mucho más barato que don Bartolo. . .

Ese año había cumplido 43 de edad. Ostentaba el grado más alto del escalafón militar y venía de ejercer la más egregia magistratura de la República. Era rico. Mi figura ya no recordaba la de "un archiduque austríaco", como dijera adulonamente Alberdi en el baile que dio en mi honor Diego de Alvear en vísperas de asumir mi cargo, seis años atrás. El tiempo había raleado mi cabello y redondeado ligeramente mi silueta. Me sentía joven y fuerte. Intuía que aún tendría que acudir al servicio de la República. Era un ex presidente, pero de ningún modo un pensionado. Mi cambio personal más profundo consistía en que el militar provinciano de 1880 se sentía ahora un estanciero de Buenos Aires, afincado en la ciudad capital, vinculado a sus clases altas y partícipe en los beneficios del progreso. Seis años antes había tenido que imponerme por la fuerza y, mediante el ejercicio del poder, me había convertido en un instrumento de las transformaciones que necesitaba el país. Ahora se trataba de conservar lo que logramos. En adelante sería un alerta centinela dedicado a dar la voz de alarma cuando advirtiera que existía el peligro de que se dilapidaran los bienes que con tanto trabajo habíamos conseguido.

Y también, ¿por qué no confesarlo?, vería sin apuro ni ansiedad la manera en que podría ser presidente por segunda vez. . . Pues cuando uno prueba la dulzura del poder a los 36 años, es difícil que se resigne a no paladearlo hasta el fin de sus días.

1886 — 1895

I

¿Qué puede hacer de su vida un ex presidente? Avellaneda, al dejar el cargo, se había ido a Europa; yo decidí hacer lo mismo, aunque resolví viajar unos meses después para llegar al viejo mundo en la buena estación.

Mis primeros días de desocupado fueron, sorprendentemente, muy ocupados Debía recibir en mi casa a muchísima gente, entre ellos a mi sucesor, deferencia que pagué visitándolo en la suntuosa residencia que había mandado construir cerca de la mía, en la calle 25 de Mayo entre Lavalle y Tucumán, una mansión frente a cuya esplendidez mi casa parecía un rancho...

Durante algunas semanas también me ocuparon mis responsabilidades como presidente de una comisión de auxilios al litoral, que en los últimos meses se había visto afectado por una epidemia de cólera, felizmente corta. Recibí fondos de diversa procedencia, los giré a los puntos más castigados y me desobligué inmediatamente de esa filantrópica función. Después caí enfermo (no de cólera, claro, sino de algún achaque menor) y eso me salvó del asedio de los pedigüeños que aspiraban a que yo les diera por intermedio de mi concuñado lo que hasta el 12 de octubre no pude o no quise darles yo mismo. Traté de que los diarios inspiraran cierta preocupación por mi salud para librarme de visitas inoportunas y más adelante hice algunos cortos viajes: a La Plata, donde después de admirar sus progresos pasé una temporada en la estancia "La Armonía" de mi amigo don Goyo Torres, cuya tranquera se abría frente al cementerio de la nueva ciudad; al establecimiento de don Gregorio Soler, en Sauce Chico, y después a "La Larga", que quedaba muy cerca y ya estaba adquiriendo la fisonomía de una explotación rural en regla. Viaje en tren, y era una delicia contemplar esos campos bonaerenses cada vez más trabajados y poblados de ganado.

Después afronté el verano en "La Paz", con mi familia. A fines de marzo de 1887 volví a Buenos Aires acompañado por Pellegrini, Manuel Derqui y un par de amigos más., con quienes compartí el viaje en tren. Aquí habría de estar apenas una semana, el tiempo suficiente para ordenar mis cosas y partir a Europa. Sería —así lo esperaba— un verdadero viaje de placer y un descanso de todo, empezando por la familia. Por circunstancias que ya le explicaré, mis relaciones con Clara no pasaban por su mejor momento y me pareció conveniente poner distancia por un tiempo entre mi esposa y yo. Me acompañaría, en consecuencia, el joven Enrique García Merou, hermano del diplomático y escritor Martín, quien oficiaría de secretario, y mi fiel coronel Gramajo, cuyo papel sería el de edecán, introductor, compañero de paseos, interlocutor principal y sobre todo, probador de alimentos, función que desempeñaba a maravillas y ya le había regalado la voluminosa esfera que caracterizaba su figura. Tenía previsto que más adelante se reunieran con nosotros mi hijo Julio y Miguel Angel, el hijo mayor de Juárez Celman.

Y así fue que el 7 de abril de 1887, rodeado de una multitud de amigos y curiosos, salí de mi casa de la calle San Martín con mis camaradas de viaje, crucé la Plaza de la Victoria, me encaminé a la Estación Central, a pocos metros de la Casa de Gobierno, donde tomé el tren a La Boca. Allí me embarqué en el buque "Eolo" que hacía la carrera a Montevideo. Más de cien amigos me esperaban a bordo. Despegó el buquecito del Riachuelo y partimos hacia la capital oriental; esa noche hubo una gran comilona en el "Eolo" y todos nos acostamos muy tarde, en un ambiente alegre y cordial.

Al otro día llegamos a Montevideo. Fui recibido por las autoridades, visité al presidente Santos, paseé por la ciudad —que no conocía y me pareció un borrador provinciano de Buenos Aires— fui a saludar al general doctor Victorica, ministro de nuestro país en la República Oriental, quien estaba en su casa por haberle salido en la cara un gran flemón, y recalé, finalmente, en el taller del pintor Blanes, que estaba terminando ese cuadro tan conocido que me representa leyendo el último mensaje de mi presidencia, con una venda manchada de sangre envolviéndome la cabeza. Después me despedí de mis acompañantes, que reembarcaron en el buque de la carrera, y a la noche, García Merou, Gramajo y yo subimos al transatlántico que nos llevaría a Europa, el "Congo", de bandera francesa, muy cómodo y amplio, que garantizaba una plácida y segura travesía.

No soy animal de mar, pero gocé con la vida de a bordo,

las charlas ligeras con otros viajeros, las comidas en la mesa
del capitán, los juegos al pasar la línea ecuatorial y las pintorescas escalas donde recalamos. Finalmente desembarcamos
en Burdeos y nos lanzamos a la conquista de Francia. Precio-
sos paisajes de una campiña en primavera nos acompañaron
hasta París. Una cantidad de gente nos esperaba. Nos alojamos en el Hotel Continental y allí tuve que soportar lo que
fue mi mayor aflicción durante todo el periplo: los infinitos
saludos de los miembros de la colonia argentina, mucho más
numerosa de lo que suponía, de los integrantes del cuerpo
diplomático de las naciones amigas y de los funcionarios del
gobierno francés. Tuve que rendir mis saludos al presidente
de la República, M. Grèvy, pasando por el ridículo protocolo
de esa república con alma monárquica. Anduve mucho por
los *boulevards*, divagué por el Bois de Boulogne, hice compras, cené en espléndidos restaurants que Gramajo tenía cuidadosamente cartografiados y cada *Bonjour, monsieur le Pre-
sident* de conserjes y faquinos, me costaba un torrente de
propinas. . . Simpaticé con algunos residentes argentinos o
personalidades vinculadas a nuestro país, uno de ellos el cónsul Otto Bemberg, que con el tiempo ha venido a ser uno de
mis grandes acreedores. Estuve en reuniones, saraos, recibos
y fiestas diversas: la más emotiva, la que se hizo el 25 de Mayo en nuestra Legación, brillante aunque entristecida por la
noticia de que en ese mismo momento se estaba incendiando
el teatro de la Opera Cómica, un siniestro que destruyó por
entero la sala y produjo algunas víctimas. Y por supuesto,
como correspondía a cualquier visitante de ese París que se
preparaba entusiastamente a deslumbrar al mundo con su exposición del año siguiente en celebración del centenario de
su gloriosa revolución, hice las debidas visitas a esas casas
non sanctas adonde el cliente debe entrar como a un templo,
tal es su lujo, su orden y la calidad de sus ofertas. . .
Después de asistir al Grand Prix el 12 de junio, viaja-
mos a Londres. No podía dejar de ver las fiestas del Jubileo
de la Reina Victoria, que prometían ser fastuosas y lo fueron.
Desde meses antes estaban tomados todos los alojamientos
posibles, y si nosotros tuvimos nuestras reservas a punto fue
por la gestión del ministro argentino Luis Domínguez. Pudimos ver el magnífico desfile de carrozas, a cual más alhajada
y con mejores troncos, que partió del palacio de Buckingham
para recorrer el centro de la ciudad y desembarcar su conde-
corada y rutilante tripulación en la Abadía de Westminster,

donde se celebró un solemne oficio. Pero tan interesantes
como las ceremonias oficiales eran los espectáculos que ofrecía el público: era como si el planeta entero hubiera mandado a sus representantes más pintorescos para que estuvieran
presentes en la exaltación imperial de esa mujer petisa y
regordeta cuyo retrato se reproducía por millares en las
tiendas, los *pubs*, los puestos de periódicos y las casas de
familias. Allí se veían hindúes de las más diversas razas y
castas, africanos con sus coloridos atuendos, asiáticos de
Singapur y Hong-Kong y, además, ingleses que venían de las
colonias gastando sus últimos peniques para participar en
la celebración, con el rostro enrojecido por los soles tropicales. . . y los whiskies consumidos en honor de Victoria, reina y emperatriz. Fue una demostración deslumbrante de la
Pax Britannica, la fiesta de un gran imperio mundial, algo
que a mi parecer se aproximaba a las celebraciones romanas que festejaban la incorporación de un nuevo reino o la
exaltación de un *imperator* a su dignidad.

Nos quedamos en Inglaterra más de un mes, participando
en diversas fiestas. El acontecimiento central de mi estadía
fue el gran banquete que se me ofreció en Richmond, el 9 de
Julio, en el hotel Star and Garter, levantado sobre una pequeña colina a la que rodean, según me dijeron, novecientas hectáreas de parques y jardines. Allí se reunieron más de 350
personas, en un salón cuya mesa principal estaba decorada
con banderas argentinas, bajo la presidencia de lord Revelstoke, el directivo más importante de la casa Baring Brothers.

La lista de invitados incluía muchos apellidos conocidos
en nuestro país como Parish, Henderson, Coghlan, Murrieta,
Drabble, Hunter, Roberts, Taylor, etc. También concurrió
una docena de argentinos, algunos con sus señoras, entre ellos
Máximo Terrero y Manuelita Rosas, todavía atractiva a pesar
de sus años; nuestro ministro Domínguez, De la Plaza, Alejandro Paz y otros. Era un escenario impresionante ese enorme
salón, uno de cuyos frentes, todo de cristales, dejaba ver los
bosques circundantes bajo los contrastes del sol poniente. No
voy a hablar del menú, pero Gramajo debe haber guardado la
impresionante lista de platos y vinos, los *hors d'oeuvres*, so-
pas, pescados, entradas, carnes rojas y de ave, entremeses y
postres: creo que ni siquiera mi edecán habrá podido picar
todos esos manjares. . .

Y allí estaba yo, en ese imponente marco, rodeado de
gringos solemnes y con cara de secos de vientre. . . Me com-

placía la demostración, que no era tanto para mí como para
la Argentina, en la que se reunía lo más granado de la City.
Cuando terminó el banquetazo y ya estaban más caldeados
los ánimos, lord Revelstoke se puso de pie, hizo el tradicional *toast* por la Reina y pronunció en inglés un discurso cuya
traducción yo había leído previamente. Se refirió, naturalmente, a las grandes inversiones que su país tenía en el nuestro, abundó sobre la amistad anglo-argentina y dijo finalmente:

—Abrigamos la confianza de que el orgullo que ha cifra-
do hasta ahora la República Argentina en mantener incólu-
mes su nombre y su crédito, será siempre uno de los principales fines de su gobierno.

En otras palabras: "páguennos, y siempre tendrán dinero fresco. . .". Después hizo un brindis por el presidente Juárez Celman y a continuación habló el ministro Domínguez
para agradecer. El siguiente orador fue Frank Parish, que se
expresó en español; era hijo de aquel Woodbine Parish que
anduvo por nuestras tierras en los primeros años de la Independencia y escribió uno de los libros más lindos y entrete-
nidos que haya salido de la pluma de un extranjero sobre la
Argentina. Frank era directivo de varias empresas de ferrocarriles y nos conocía muy bien. Su discurso fue una biografía
muy elogiosa de mi persona: habló de mi trayectoria militar,
mencionó que yo había dado "conclusión completa a la odio-
sa cuestión de los indios" y aseguró que al terminar mi mandato presidencial el país había quedado "más rico, mejor
constituido, la nacionalidad robustecida y el estado general
floreciente y lleno de esperanzas". Explicó la significación
del 9 de Julio y terminó invitando a brindar en mi honor.

Cuando me levanté, alguien lanzó un triple hurra que me
alentó. Pronuncié mi discurso en español porque su traducción había sido distribuida entre los comensales. Hablé del
libro del padre de Parish, aludí a la franca amistad que había
encontrado entre los hombres de negocios ingleses, mencioné
a Canning, Miller, O'Leary, Cochrane y Brown, soldados ingleses que acompañaron nuestras guerras emancipadoras, y
dije:

—La República Argentina, que será algún día una gran
nación porque tiene la ambición, la fe y todas las condiciones
necesarias de clima, tendencias, leyes y espacio para ello, no
olvidará jamás que el estado de progreso y prosperidad en
que se encuentra en estos momentos, se debe en gran parte
al capital inglés.

Hice mi brindis por la reina y por los promotores de la reunión y nos levantamos de la mesa. Los caballeros fuimos a fumar a un lado del salón mientras las damas cotorreaban en otro lado, según la curiosa costumbre de allá, y después cada cual se fue retirando. Gramajo y yo subimos a un *cab* que los invitantes habían puesto a nuestra disposición y atravesamos durante un buen rato un paisaje entre rural y urbano, hasta que entramos a los suburbios londinenses, que parecían un inmenso cementerio por el silencio que reinaba. Atrás quedaban los vinos, el champagne, los licores, los perfumados cigarros y los exquisitos manjares, así como esa gente que representaba el poder del dinero del imperio más grande y estable que había conocido el mundo desde la época romana. De pronto, al entrar en una calle estrecha, escuchamos gritos e improperios; mujeres y niños harapientos, bajo la garúa, pugnaban por entrar a uno de esos mercados ambulantes muy comunes en Londres. Me explicó el cochero que iban a comprar a precios baratos los restos de las ventas del día. Como los domingos se observa estrictamente el cierre de todas las actividades, los pobres esperan que termine el mercado y aguardan en la calle hasta las dos o tres de la mañana el remate de la mercadería que no se ha vendido.

Pensé si estos brutales contrastes serían el precio indispensable del poderío británico. Pensé, también, que en mi país no se veían estos tristes espectáculos. Y pensé que detrás de la bambolla del banquete que se me había ofrecido, seguramente estaba presente algo de la sangre y el trabajo de estas gentes de rostros macilentos y aspecto enfermizo, como el de los personajes de Dickens que tanto gustaban a mi amigo Wilde.

Después de Gran Bretaña pasamos a Holanda y Bélgica. Aquí el terceto aumentó con la llegada de mi hijo Julio y del hijo mayor de Juárez Celman, Miguel Angel; ambos tenían unos 16 años y estaban en edad de apreciar un viaje como el que estábamos haciendo. En Amberes, el cónsul argentino Alberto De Bary organizó un banquete al que asistieron muchos comerciantes y financistas. Entre estos expertos mercaderes había un extraordinario entusiasmo por la Argentina; uno de ellos me dijo que la mitad de su fortuna estaba colocada en títulos nuestros. Yo rogué silenciosamente para que nunca fuera defraudada esta confianza de las burguesías europeas en la responsabilidad de nuestro país...

Hubo un intervalo de baños de mar a pedido de los muchachos, en la playa de Ostende, y seguimos nuestro periplo sin apuro por esos pequeños e industriosos países. Vi en Bélgica, con especial interés, el Barrage de la Gileppe, un dique similar al que se estaba construyendo en Córdoba en la boca del valle San Roque, y comprobé que los cordobeses lo estaban haciendo más rápido que los belgas. Después continuamos por Alsacia, donde sus habitantes parecían muy contentos al amparo de la bandera del Imperio Alemán, y por las preciosas ciudades del valle del Rhin, donde me enteré que una de ellas, Aachen, no era otra que Aix-la-Chapelle o, lo que es lo mismo, la noble Aquisgrán de Carlomagno... Pasamos a Suiza y transcurrimos días en Zurich, Berna y Lucerna. En esta ciudad, donde no me cansé de admirar el puente de madera sobre el lago construido en algún remoto siglo, recibí carta de Ambrosio Olmos; el gobernador de Córdoba me pedía que representara a su provincia en la firma del empréstito de 6.000.000 de pesos oro que le otorgaba un consorcio francés. No me hacía gracia volver a París en pleno mes de agosto pues me decían que los calores del verano eran tan insoportables allá como en Buenos Aires, pero acepté el encargo porque con mi presencia apoyaba la acción de gobierno de mi viejo amigo de Río IV y, por otra parte, cuando se firmaban estos empréstitos, los prestamistas solían obsequiar a los representantes de los deudores de una manera muy generosa, de modo que la molestia estaría bien compensada.

En este campo de las finanzas públicas yo no dejaba de notar que existía cierta saturación de papeles argentinos en los mercados europeos; así se lo dije por carta a Tiburcio Benegas, respecto de un empréstito que deseaba contraer el gobierno de Mendoza. Había confianza en nuestro país, existía una imagen casi mítica de nuestra riqueza, pero los inversionistas no se dejan llevar por mirajes sino por realidades, y no podían desconocer que nuestra deudas iban creciendo de modo desmedido. Estando en Londres había recibido una carta de Pellegrini, que periódicamente me enviaba informes muy claros sobre el país; esta vez, el vicepresidente me decía: "La situación económica sigue próspera aunque se nota en todo una sensación parecida a la que experimenta el que va en tren expreso a 60 millas por hora. La historia nos dice que las crisis son periódicas y fatales: ¿cuándo llegará la nuestra? ¡*Ecco* el problema! Cada uno trata de asegurarse en su asiento y siga la máquina que al fin, Dios es argentino...".

Hasta ahora lo era, pero ¿hasta cuándo? De todos modos suspendí el viaje a Italia y regresé a París para la gestión que dije, y aquí me quedé en los meses siguientes. Aproveché la estadía para visitar al emperador del Brasil, Don Pedro II, un hombre encantador que hubiera sido un gran científico si no le hubiera tocado en suerte la corona —que perdería dos años después— y también me relacioné con los encargados de la Exposición Universal de 1889, a fin de mandar a Buenos Aires algunos informes que permitieran dar más brillo a la presencia argentina en esa gran muestra.

En ese momento Francia vivía en plena crisis política con motivo de la renuncia del presidente Grèvy y su reemplazo por Sadi Carnot; pero la crisis se complicaba con la acción proselitista que desplegaba el general Boulanger, un héroe popular de románticos perfiles que hacía poco fuera separado del ministerio de Guerra. Se rumoreaba que Boulanger planeaba un golpe de estado como el que había realizado el príncipe Luis Napoleón cuarenta años atrás, y todas las conversaciones giraban en torno a la atractiva figura de este militar, célebre por sus amoríos y su viril hermosura, tema predilecto de los *chansoniers* de los Champs Elysées. Observé que un cambio de presidente significa poco en Francia, y también advertí que la política no era algo que llenara todas las conversaciones, como en nuestro país. Sólo los políticos profesionales y quienes tienen intereses directos en el Estado se ocupan de ella. Para el resto del pueblo francés la política era una cosa lejana y ajena, salvo cuando una figura como la de Boulanger venía a romper la rutina normal de las instituciones. Y también cobré conciencia de que la cuestión social era allí bastante explosiva; la fuerza del socialismo crecía, su propaganda había cavado hondo en las clases populares y el recuerdo sangriento de la *Commune* preocupaba a todos.

Pero París es siempre París, y estos matices agregaban atractivos a mi estadía, dándome oportunidad de contemplar realidades políticas distintas a las de la Argentina, y comparar ventajas e inconvenientes.

A mediados de diciembre salimos con García Mèrou hacia el sur de Francia. En Marsella paramos en el Grand Hotel Noailles. El *maire* de la ciudad me banqueteó, conocí el puerto y sus alrededores, pasé a Tolón; vi sus famosos astilleros y recorrí las alturas donde Napoleón empezó su carrera. Luego, Niza, Mónaco y Montecarlo. Estaban allí algunos franco-argentinos como los Bemberg y los Zuberbühler, que buscaban en el Mediodía francés un tiempo menos gélido que el de París; con ellos recibí el año de 1888, y después partí hacia Génova.

No quiero aburrirlo con los reiterados relatos de mis estadías en diversas ciudades. En todos lados me obsequiaban, venían a saludarme personalidades locales y, en Italia sobre todo, mucha gente humilde que tenía parientes en la Argentina. Recorrí lentamente la península a lo largo del mes de enero; estuve en la Spezia, en Roma, en Nápoles y en Florencia. Me entrevisté con el rey Umberto y con la reina, y recibí el saludo del hijo de Garibaldi.

A principios de febrero me llegó la noticia de que había sido elegido senador por la Capital Federal, en elecciones unánimes. Pellegrini, a quien consulté sobre la urgencia que podría tener mi incorporación al Senado, me dijo que no la había, de modo que decidí seguir mi descanso en tierra italiana, de la que me despedí a fines de marzo con un gran banquete en Turín. Pasé un par de meses en París y luego dos semanas en Inglaterra y en Irlanda, donde la Argentina era muy conocida. Luego me trasladé a Berlín, invitado por el gobierno imperial, que tuvo conmigo las más finas atenciones recibidas en todo el viaje. De tantas paradas militares y saraos de rigurosa etiqueta guardo un recuerdo nebuloso. En cambio tengo muy grabada en la memoria la entrevista que mantuve con Bismarck. Era en Europa una figura legendaria: el constructor del Imperio Alemán, el férreo estadista que había dado sentido al anterior caótico conjunto de principados de opereta. Me hizo preguntas muy agudas sobre el país, su organización militar y la lucha contra el indio. Poco tiempo después, el nuevo emperador lo despedía de su cargo.

Vichy y sus aguas me recibieron a mediados de julio. Era tiempo de ir regresando a casa. Desde luego, no podía dejar de pasar por España, donde se me agasajó hasta el agotamiento. La gente más importante de Madrid vino a saludarme, empezando por el poeta Núñez de Arce y el dramaturgo Echegaray. Por fin, a principios de octubre, me embarqué en Barcelona en el paquebote italiano "Duca di Galiera". En la capital catalana me enteré del fallecimiento de Sarmiento; lamenté no estar en el país para despedirlo porque muchas veces nos habíamos enfrentado, pero yo admiraba a ese grande hombre, fabricado con la pasta de los gigantes.

Durante la travesía de vuelta tuve tiempo para meditar sobre ese largo periplo de diecinueve meses. En lo personal había recibido honores y distinciones que podían haber colmado mi vanidad, si la tuviera. Lo que me complació fue la visión que la gente más influyente de las grandes naciones tenía de la Argentina, y la confianza que depositaban en su futuro los inversionistas y banqueros. En cuanto a la Europa misma, ¿qué me había dejado? Un confuso recuerdo de bellos paisajes, viejas ciudades y hoteles lujosos, la noción de un continente viejo y sabio, pero asediado por graves problemas. Problemas que en mi país no conocíamos ni remotamente: un creciente malestar social, abismales diferencias de clases, horizontes cerrados para la gente emprendedora, y también nacionalismos agresivos sostenidos por una carrera armamentista lenta pero irrefrenable: en suma, el revanchismo francés, el militarismo alemán, el imperialismo británico, la miseria de las masas de Italia y España, todo ello cubierto por pompas y esplendores que no alcanzaban a tapar esas realidades.

La complejidad europea quedaba atrás al ritmo de la singladura del "Duca di Galiera", mientras me iba ganando la ansiedad del regreso. Anhelaba comprobar lo que pasaba en la Argentina porque algunas noticias recibidas a lo largo de la gira me inquietaban bastante. A nuestro terceto y a la yunta de Julito y Miguel Angel Juárez se habían agregado los otros dos hijos del presidente, de modo que todo el grupo adquirió un aire juvenil y divertido, lo que nos ayudó a sobrellevar un viaje que se hizo demasiado largo por inconvenientes mecánicos del buque. Muchos amigos que se habían embarcado en Buenos Aires en el "Venus", para esperarme en Montevideo y compartir conmigo el tramo final del viaje, tuvieron que esperar dos o tres días en la capital oriental hasta que el "Duca di Galiera" apareció en el horizonte. Finalmente, volví a pisar tierra argentina el 31 de octubre de 1888. Me incorporé al Senado cuatro días más tarde, y lo que vi y escuché desde mi llegada no me gustó nada. Todo andaba mucho peor de lo que yo temía.

II

Todo presidente debe tener en claro que cuando descienda de su sitial, su influencia cesará o al menos se reducirá considerablemente. También debe entender que su sucesor habrá de traicionarlo de una u otra manera, siempre que se entienda como traición el deseo del nuevo mandatario de ser independiente. Yo no ignoraba esta ley histórica y me pareció lógico que Juárez Celman se manejara con la amplitud de maniobra que correspondía a su cargo; al fin y al cabo, si había creado una institución presidencial fuerte no lo había hecho sólo para mi propio disfrute sino para que pudieran gobernar quienes vinieran después.

Pero una cosa es esto y otra muy diferente que el sucesor, sobre todo si es de su mismo partido, hostilice a su antecesor y disponga políticas antagónicas a las que supuestamente debería continuar. Esto era, ni más ni menos, lo que mi concuñado estaba haciendo.

Algunos indicios inquietantes me habían llegado a Europa. Todo empezó con un acto caprichoso e inútil que prefiguraba lo que habría de venir después. Usted recuerda que Tucumán fue la única provincia del interior que no votó por Juárez Celman. En junio de 1887, mientras yo estaba en París, me enteré de que el gobernador Juan Posse —sucesor y amigo de Gallo— había sido volteado por una pueblada. El motín fue notoriamente armado desde Buenos Aires con la participación de empleados del FC Central Norte, de propiedad nacional. Juárez Celman alegó que nada sabía de ese movimiento, mas nadie le creyó. Yo le escribí lamentando el episodio y él me contestó jactándose del hecho como una victoria propia. Posse no era mi amigo, pero tuve la corazonada de que esa venganza mezquina del presidente sería sólo el comienzo de un *crescendo* de arbitrariedades del que nadie se salvaría.

Y efectivamente, esta política continuó con la burda faena que le hicieron a don Ambrosio Olmos en marzo de 1888, mientras yo estaba en Italia. Como usted recuerda, me unía a don Ambrosio una estrecha amistad desde mi época riocuartense; lo estimaba por sus condiciones de criollo viejo, por su espíritu de trabajo y hasta por el éxito que había acompañado sus negocios —porque yo rindo admiración a quien se enriquece honradamente. Don Ambrosio había sucedido en el gobierno de Córdoba a Gavier, contra los deseos de Juárez Celman que quería en el sillón a su hermano Marcos; por entonces yo todavía era presidente y apoyé firmemente a don Ambrosio, que resultó consagrado gobernador con el beneplácito de todos. Pero ahora, la angurria de Marcos Juárez lo llevó a armarle a Don Ambrosio un juicio político infame, con la complicidad de una legislatura compuesta

por sus compinches del club "El Panal", una suerte de sociedad semisecreta donde se repartían cargos, se facilitaban créditos bancarios y se amedrentaba a los opositores. Fue un
proceso aberrante que concluyó con la separación de don
Ambrosio y su huida de Córdoba —a la que volvió muy raramente— en un tren especial para no ser víctima de algún
atentado. El presidente se lavó las manos alegando que se
trataba de un problema local, y contempló impasible la cru-
cifixión de don Ambrosio y el posterior acceso de su hermano a la gobernación.

Esto era, ya sin vueltas, un acto de hostilidad contra
mí, puesto que era notoria mi estrecha amistad con don Ambrosio. Además, era una monstruosidad legal y rompía la
norma de respeto por la ley que habíamos mantenido durante nuestra gestión. No digo que entonces no se haya cometido alguna picardía, pero jamás una maniobra tan burda e
insultante a la opinión pública. El episodio me enojó mucho;
me enteré cuando estaba en Turín, y les juro que la novedad
me atragantó el banquete que me dieron y me distrajo del
florido discurso que en la ocasión pronunció Edmundo
D'Amicis, el escritor más popular de Italia.

Algo parecido a lo de Córdoba ocurrió en Mendoza en
enero de 1889, estando ya de regreso en el país. Gobernaba
allí Tiburcio Benegas, otro de mis íntimos amigos, y lo hacía
de manera ejemplar, pues más que un político era un empre-
sario que aplicaba al gobierno las mismas sencillas reglas que
le habían permitido prosperar en su negocio de vitivinicul-
tor. De pronto, Rufino Ortega, que era como esos indios que
van al toldo donde hay carne y había olvidado nuestras viejas
andanzas para volcarse totalmente al juarizmo, le armó una
revolución y lo obligó a renunciar. En este caso, al menos, las
cosas no llegaron a extremos de indignidad porque Pellegrini
estaba a cargo del gobierno ya que el presidente se encontraba veraneando en Córdoba. Por las suyas, enfrentando la renuencia de los ministros más sumisos a Juárez Celman y desafiando el malhumor de mi concuñado y su círculo, el vicepresidente mandó a un comisionado con la orden de reponer
a Benegas. El episodio rebasó la capacidad de aguante de
Wilde, que renunció al ministerio del Interior. De todos
modos, Benegas no duró mucho en su cargo porque la legislatura mendocina, dominada por Ortega y con el apoyo tácito
de Juárez Celman, le hizo vida imposible y unos meses después tuvo que renunciar.

Estos episodios me demostraron acabadamente que el
señor Presidente de la Nación me atacaba en la persona de
algunos de mis amigos más notorios. Lo que es más grave,
estaba creando un sistema exclusivista, cerrado, saturado de
obsecuencia, que repercutía negativamente en todo el país.
En nuestro régimen, ya lo señalé, había espacio para la oposición, y si no se nos planteaban graves causas para intervenir,
no dábamos mayor importancia a la existencia de algún gobierno provincial adverso. El sistema de Juárez Celman, en
cambio, era un *Unicato* que enrarecía la atmósfera civil y
hacía retroceder veinte años nuestras costumbres políticas.
Y a medida que aumentaban las transgresiones, aparecía la
verdadera naturaleza del marido de Elisa Funes: soberbio,
implacable con los que no lo servían incondicionalmente,
sordo a las sugestiones que no fueran las que quería escuchar,
encerrado en un grupo de íntimos, no todos desestimables
pero todos comprometidos en una actitud de repugnante
adulación.

¿Qué pitos tocaba yo en todo eso? Yo era un leproso,
ni más ni menos... El círculo juarizta me eludía ahora como
si cualquier contacto conmigo fuera funesto para quien osara
hacerlo. Se lo dije a mi concuñado con toda crudeza en una
carta que le envié en enero de 1889, después del episodio de
Mendoza. No hice declaraciones públicas pero todos mis
amigos sabían mi opinión. En previsión de cualquier eventualidad, en mayo de 1889 acepté ser presidente del Senado.
No lo hice, desde luego, porque me encantara escuchar las
peroratas de los padres conscriptos sino porque esa función
implica el segundo grado de la sucesión presidencial; el primero es el vicepresidente de la Nación pero Pellegrini se había
ido a Europa en un largo viaje que incluía algunas negociaciones financieras del país y una prolongada visita a la Exposición Universal de París.
Políticamente aislado, rodeado únicamente por mis
amigos más fieles, a veces pensaba que cualquier persecución
la tenía merecida por bruto, por haber sido tan cándido en la
valoración de Juárez Celman. Desde luego enfrié mis relaciones con él, lo que dolió mucho a Clara —que era muy compañera con su hermana Elisa— y también a mi madre política,
que solía jactarse de ser suegra de dos presidentes. Pero mis
agravios no se fundaban sólo en motivos personales o en la

degradación del sistema republicano que padecíamos. Yo veía con creciente rabia que se estaba vaciando el contenido mismo del Estado tal como lo habíamos concebido, enajenando irresponsablemente algunos de los instrumentos de gobierno que tanto esfuerzo costaron. Así, en 1887 se vendió el FC Andino, una próspera empresa que se entregó increíblemente al mismo Clark que cinco años atrás había renunciado a construir su prolongación a Mendoza y San Juan. Se enajenó también el FC Central Norte que unía Córdoba con Tucumán, y sus ramales a Chumbicha y Santiago del Estero. Algunas provincias imitaron estas iniciativas del poder nacional: el gobierno santafesino arrendó sus ferrocarriles a un consorcio francés, el de Entre Ríos vendió los suyos y, colmo de los colmos, Máximo Paz, gobernador de Buenos Aires (y primo mío como hijo que era de mi tío Marcos) puso en venta el FC Oeste, el chiche de los porteños, la primera línea ferroviaria del país, que funcionaba como un reloj y que también se llevaron los ingleses.

Estas ventas absurdas se hacían en nombre de un proclamado liberalismo que mandaba desarmar al Estado de su aparato de gobierno, y se extendió a otras áreas: se concedieron larguísimos permisos a particulares para explotar los puertos de Mar del Plata, Quequén y Bahía Blanca. Las obras de salubridad de la Capital Federal, que ya estaban casi terminadas, se arrendaron a un sindicato inglés dirigido por Baring Brothers. Y para completar, en agosto de 1889 el poder Ejecutivo presentó un proyecto de ley que el Congreso sancionó sumisamente, autorizándolo a poner en venta en Europa 24.000 leguas cuadradas de tierras fiscales, un tercio más del territorio que habíamos arrebatado a los indios diez años atrás. . . Estas ventas, remates, concesiones y arrendamientos arrastraban una pesada atmósfera de comisiones y diferencias que, fueran ciertas o no, maculaban al gobierno entero. Pero además desarticulaban la noción del Estado y su papel en el desarrollo argentino: a estar a esas teorías, habría que poner bandera de remate a la aduana, al correo, al telégrafo, a los puertos, a las oficinas de renta y hasta al ejército; a todo lo que constituye el ejercicio y los deberes del poder.

A pesar de todo, es posible que el país hubiera tolerado estos desbordes si el clima de prosperidad y optimismo continuara. Los primeros años del gobierno de Juárez Celman habían sido de euforia: seguían llegando inmigrantes, continuaban las inversiones extranjeras, los ferrocarriles mante-

nían su expansión, se implantaban nuevas colonias y crecían
las exportaciones y la renta nacional Pero hacia fines de
1888 empezaron a notarse síntomas inquietantes. La deuda
pública constituía una carga pesadísima, con los intereses
de los empréstitos y las garantías a los ferrocarriles que habían vuelto a implantarse: en 1888 se habían girado a Europa
unos 4.500.000 de pesos oro por estos compromisos; en los
primeros meses de 1889 esa sangría ya importaba la enormidad de 25.000.000... Una ley sancionada en noviembre de
1887 permitía a los bancos emitir nuevamente billetes, prácticamente sin respaldo; proliferaron entonces bancos de todo
tipo, provinciales o particulares, carentes de solidez financiera, y el país entero se empapeló con billetes que nadie aceptaba; el oro subía y la vida se encareció tremendamente, lo
que trajo manifestaciones de malestar social desconocidas
hasta entonces en nuestro suelo. En suma, la regulación que
prudentemente se había ejercido sobre la economía y las finanzas durante mi gestión, ahora desaparecía porque el Estado era un actor más en este festival de irresponsabilidades y
locuras. Rápidamente se iba agravando la situación, pero el
círculo áulico se mostraba impávido; en su soberbia, toda expresión contraria a la versión dorada que reiteraba el oficialismo en discursos y mensajes, era desestimada airadamente.
La locomotora que decía Pellegrini, seguía volando a 60 millas por hora, pero ahora teníamos la certeza de que el maqui-
nista estaba ciego... Juárez Celman carecía de esos hilos invisibles que unen al estadista con su pueblo y le permiten intuir
los cambios de rumbo de la opinión pública. No escuchaba
consejos y a veces incurría en inexplicables torpezas, como el
espectáculo de lujo imperial en el banquete que ofreció al
presidente uruguayo Santos, o su propia participación en una
polémica periodística en la que usó un lenguaje impropio de
su investidura. Para completar, era notoria su preferencia por
el joven Ramón J. Cárcano, a quien reservaba para la próxima
presidencia, y aunque el Delfín no carecía de condiciones
personales (como lo demostró hace un par de años al ganar
bravamente la gobernación de Córdoba a los radicales) en esa
época era demasiado crudo y, sobre todo, era un cordobés,
circunstancia irritante para los porteños que ya veían dise-
ñarse en el futuro otra presidencia provinciana.

Campeaba, en suma, un sordo descontento, una *malaise*
que carecía de expresiones definidas pero se advertía en
todos los círculos y sectores sociales un sentimiento que

podía potenciarse peligrosamente si alguien acertaba a crear un núcleo de protesta que voceara las palabras precisas. Inevitablemente, esto ocurrió, y a partir de entonces, todo lo que habíamos hecho y conseguido quedó en riesgo de perderse. Lo más increíble fue que los propios juariztas proveyeron el motivo para que el núcleo opositor se articulara, desencadenando así un proceso ruinoso para todos.

Esto sucedió a mediados de 1889, cuando el grupo que rodeaba a Juárez Celman promovió un homenaje para compensar —así lo creían— los ataques periodísticos que acosaban al presidente. Pero resultó tan chocante a la opinión independiente el acto oficialista, que un *meeting* improvisado por algunos jóvenes en el Jardín Florida —un recreo que por entonces se levantaba en la esquina de Florida y Paraguay, frente al espléndido edificio que acaba de inaugurar la tienda Harrod's— reunió a una multitud que ovacionó a los oradores convocados. Mitre y don Bernardo mandaron sendas adhesiones, sin hacerse presentes; además de los organizadores hablaron Del Valle, Vicente Fidel López y Pedro Goyena. Pero el que se llevó las palmas esa noche fue Alem, no tanto por su oratoria de barricada sino porque a los jóvenes les pareció la encarnación de una nueva significación política: la decencia frente a la corrupción, el principismo frente a los amaños juariztas. Curiosa, la trayectoria de este hombre que nunca había formado en primera fila, porque con Alsina sólo fue un dirigente parroquial y únicamente alcanzó a brillar fugazmente durante el debate sobre la capitalización de Buenos Aires, para regresar luego a la oscuridad. La gente joven descubrió su aire apostólico en el Jardín Florida y lo convirtio en contrafigura de quien ahora atraía el repudio de todos. La naciente oposición agrupaba a los mitristas, que al fin habían logrado un ámbito popular para introducirse; algunos antiguos autonomistas que levantaban la bandera del republicanismo; los católicos, que no perdonaban al presidente la ley de matrimonio civil, y la juventud independiente de Buenos Aires: es decir, más o menos los mismos elementos que se reunieran cuatro años antes en los "Partidos Unidos". Pero de la reunión del Jardín Florida no salió Mitre consagrado como jefe de la oposición, ni Del Valle ni ninguno de los católicos tronitonantes sino Alem, ese dirigente orillero cuyo mayor mérito parecía ser la pobreza en que vivía. No era el tipo de político que conocíamos y con el que podíamos acordar tratos y convenios, y esto auguraba problemas futuros.

Y fue así como, a partir de setiembre de 1889, Alem dio el tono al nuevo movimiento, que se constituyó con el nombre de Unión Cívica. Su casa de la calle Cuyo a media cuadra de los cercos de cinacina de la recién delineada avenida Callao, era un activo cuartel general de donde salía a inaugurar clubs en los barrios ("comités", según el vocabulario cívico), presidir *meetings* o encabezar manifestaciones, encantado con la misión redentora que le había caído encima. Bien pronto, el chato ambiente de docilidad e indiferencia cívica se trocó en un clima tenso y belicoso, cuantimás la policía del coronel Capdevila no mezquinó sablazos y hasta tiros contra la nueva oposición.

El verano pareció traer cierta pausa. El presidente se fue a descansar al Cerro de las Rosas y yo a "La Paz"; estábamos situados a poca distancia el uno del otro, pero ni me invitó a conversar ni condescendí a visitarlo. Por suerte, Pellegrini ya estaba en el país, y su presencia significó para mí un gran alivio. Pero el "Gringo" estaba maniatado, porque Juárez Celman, desconfiado como era, creía que toda sugestión proveniente de su vicepresidente contenía veneno.

A fines de febrero de 1890 la situación económica empezó a crujir de manera alarmante; quebraron algunas firmas importantes, varios corredores de Bolsa aparecieron presentando descubiertos que no podrían levantar; el oro, que estaba a 220, saltó en pocos días a 272 y a mediados de marzo estaría en 315. Había auténtico pánico entre los comerciantes y los banqueros. En las plazas europeas la situación argentina se traducía en una fría retracción de los capitalistas respecto de cualquier título del gobierno nacional o los provinciales.

Esta atmósfera enmarcaba un descontento cada vez más activo. A mediados de abril la Unión Cívica realizó la reunión política más numerosa de que se tuviera memoria en Buenos Aires. Más de 20.000 ciudadanos se congregaron en una cancha de pelota de la calle Córdoba, cerca de la quinta de la familia Miró Dorrego, y aclamaron a los oradores, Mitre, Del Valle, Estrada, Goyena y Lucio López entre otros. Pero, como en la anterior oportunidad, fue Alem el más ovacionado y el que hundió con más saña su puñal de malevo suburbano en el fácil tema de la moral pública. Se temían desórdenes en la desconcentración; los amigos del presidente se citaron en su casa, imbuidos de un heroico ánimo de repeler cualquier agresión. Me contaron que mi concuñado estaba sumamente excitado, y que en un momento pidió un rifle y a un comisario le ordenó que si los cívicos aparecían por 25 de Mayo, tirara a matar. . . Es que si del lado opositor el tono era explosivo —semanas antes se había hablado de tiranicidio en un diario— en el costado oficial se extendía una idéntica actitud de irracionalidad. Locura por ambos lados y una situación económica incontrolable: el resultado presumible era una catástrofe.

Al día siguiente del *meeting* cívico se difundieron las renuncias de Pellegrini, Cárcano y mía, a una eventual candidatura presidencial. Las dimisiones respondieron a una inteligente iniciativa del propio Pellegrini tendiente a descongestionar la atmósfera, pues nadie podía llamarse a engaño: mi candidatura no existía, la del vicepresidente era inconstitucional y la única boyante era la del Delfín cordobés, que resultó el único damnificado pues se vio obligado a sumarse a nuestra actitud. Desaparecía así una espina irritante, pero las causas de la situación no se modificaban. Casi al mismo tiempo, el presidente decidió reorganizar su gabinete; el nuevo ministerio no traía ningún nombre especialmente significativo aunque yo quedé muy satisfecho con la designación de mi viejo compañero Levalle en el ministerio de Guerra.

Yo olfateaba sucesos graves y ya no confiaba en paliativos. Después del *meeting* trascendió que Mitre se ausentaría del país para realizar un viaje por Europa, y la decisión tenía para mí una significación inequívoca: se estaba conspirando y don Bartolo no quería comprometerse. La locura de los cívicos tenía, pues, un objetivo concreto. Y mi situación era cada vez más incómoda. No me animaba ninguna voluntad de sostener un gobierno que me había agredido y cuyo estilo y políticas yo rechazaba; pero tampoco podía dejar inerme un régimen que, después de todo, también era mío. Muchos amigos me consultaban y yo no sabía qué decirles. Hasta que un triste suceso me sacó por algunas semanas del trajín político y justificó la reclusión que me impuse, pues en los primeros días de mayo falleció Clara después de una corta enfermedad.

Murió el 2 de mayo de 1890, a los 36 años. En los últimos meses andaba decaída y con malestares diversos a los que ni ella ni yo les dimos importancia. En los primeros días de abril cayó enferma y su estado se agravó rápidamente, aunque no perdió la lucidez hasta los últimos momentos. Los médicos dijeron que había fallecido de una hemorragia cerebral.

¡Pobre Clara! Creo que no fui para ella un buen compañero, pero ciertamente sentí su desaparición como si temblara el suelo bajo mis pies. Sus últimos años conmigo no fueron felices. Era una auténtica dama cordobesa y no soportaba la humillación de sentirse engañada. No comprendía que yo no la traicionaba: simplemente gozaba de todos mis triunfos. Si en lo político y en lo militar había alcanzado la cumbre, ¿por qué habría de negarme a disfrutar conquistas que me resultaban tan atractivas como las del Desierto o la de la Presidencia? Se trataba de aventuras ocasionales y, en lo posible, discretas, pero el cotilleo de la gente se encargaba de magnificarlas, y aunque hubiera sido más casto que José me las habrían atribuido igual, porque un hombre público que anda rondando los 40 años y tiene algún antecedente galante en su pasado es un sujeto ideal para endilgarle toda clase de *affaires*. . . Nunca fui un libertino. En lo que respecta a las mujeres, tomé lo que se me ofreció a lo largo de mi vida sin esforzarme mucho ni vanagloriarme de mis éxitos. Ya les he contado de esa muchacha tucumana cuya hija afirma ser el fruto de mis amores: episodios como éste hubo varios en aquellos lejanos años de mi juventud, y no creo que nadie pueda escandalizarse por las tapias saltadas en mis trashumancias de oficial subalterno. Desde que me casé, y especialmente cuando fui presidente, traté de reducir estas aventuras, pero me resultó imposible evitarlas totalmente; ahora las tentaciones venían solas. Clara resintió mucho estas fugas, revoloteos sin trascendencia que me distraían de mis preocupaciones y me hacían sentir vivo en medio de la aridez de la política o las tareas de gobierno, y les atribuyó una gravedad que no tenían.

Entre otros casos, esto es lo que ocurrió con mi comprovinciana Lola Mora, a la que ayudé a obtener la beca que le permitió estudiar en Italia. Lola me admiraba y yo me sentía muy atraído por su personalidad rebelde, inconvencional, luchadora; alguna vez le dije, entre broma y serio, que ambos nos dedicábamos a oficios parecidos, porque Lola despicaba el mármol tras el que se ocultaban las figuras que debían aparecer bajo la magia de su cincel, y yo también modelaba a mi país sacándole de encima los materiales inservibles, esos chachos, esos indios, esos arredondos y tejedores cuya eliminación iba a permitir definir el perfil que yo concebía para la Argentina.

Pero este tipo de *liasons* resultaban inadmisibles a Clara, y el ilustre arzobispo de Buenos Aires debió intervenir oficiosamente alguna vez para evitar que mi esposa tomara una decisión que sería escandalosa: sólo Sarmiento pudo ser un presidente separado de su esposa sin que esta circunstancia provocara el repudio de la sociedad. Nuestras relaciones, pues, eran muy frías cuando descendí de la presidencia y mi viaje a Europa obedeció en parte —como ya les he sugerido— a la conveniencia de poner distancia entre nosotros.

Pero es injusto marcarme ciertas conductas que han sido comunes en casi todos los hombres públicos argentinos. ¿Rosas no llenó de vástagos a una de sus ahijadas? ¿No tuvo Urquiza docenas de bastardos? ¿Acaso Mitre no frecuentaba las casas de mujeres después de enviudar? Sarmiento, Alsina y hasta Alberdi con ese aire de figurín, ¿no dejaron rastros de sus picardías? ¿No vive el doctor González con su sobrina de manera pública? Todos saben que Roque Sáenz Peña se fue a la guerra del Pacífico por un desengaño sentimental; lo que no se conoce tanto es que la muchacha que amaba resultó ser una hermanastra suya, fruto de un devaneo juvenil del católico y virtuoso Luis Sáenz Peña. Otro hombre con reputación de serio, Manuel Quintana, mi sucesor en la segunda presidencia, mantuvo durante años una relación con una Saavedra Zelaya de la que fue testigo todo el mundillo porteño. Podría seguir la enumeración, pero básteme decir que el único marido absolutamente fiel que he conocido fue mi concuñado Juárez Celman; por eso nuestra común familia política, los Funes, lo han querido más que a mí, pues nunca me perdonaron las evasiones con que excepcionaba, de vez en vez, mi vida matrimonial.

Cuando se enfríen las pasiones políticas después de mi desaparición, habrán de erigirse monumentos a mi memoria y apareceré en esos bultos con los ademanes adecuados al mármol o al bronce. Es inevitable, pero en las evocaciones que le estoy haciendo no voy a describirme como facturado en esos rígidos materiales. Quiero contarle cómo he sido, en carne y hueso. Siempre me han parecido hipócritas las biografías que ocultan los aspectos íntimos de los hombres célebres, y en nuestro país, esta pacatería está creando una galería de próceres que parecen capones. Yo no fui de ésos y no tengo inconveniente en confesar mis flaquezas. Tampoco

en reconocer que, desde el punto de vista de una mujer tan
recta y orgullosa como era Clara, formada en uno de esos
hogares provincianos a la antigua donde los pecados de los
padres se tapaban, yo no fui un buen marido aunque la haya
llevado a la categoría de primera dama de la República. Si
lo pienso bien, diría que ni ella ni yo conocimos el amor en
nuestro matrimonio: más bien nos ajustamos, cada uno a su
modo, a los deberes conyugales de una convivencia generalmente agradable de la que ambos sacamos partido: yo, en-
troncando con una familia tradicional y vinculada; ella, convirtiéndose en esposa de un joven lleno de posibilidades de
triunfar. El amor, sólo lo conocí con Guillermina. Pero ésa
es otra historia.

El terremoto que significó para mí el fallecimiento de
Clara tenía que ver, más que todo, con mis chicas. Julito ya
contaba 16 años; iría a estudiar a un colegio inglés y de allí
volvería preparado para afrontar el futuro. Pero ¿qué haría
yo con mis cinco mujercitas? La mayor tenía apenas 14 años
y las otras seguían en escalera hasta Cocha, de siete. El sistema de internado en colegios religiosos y la nueva moda de las
gobernantas solucionaron en parte el problema. En esto me
fue muy útil la mujer de don Goyo Torres. Era don Goyo
uno de mis más consecuentes amigos, estanciero rico y ducho
en faenas políticas, siempre fiel a su amistad conmigo; el
único problema que tenía con él era su antipatía visceral e
insuperable por otro de mis amigos, su tocayo don Goyo Soler, con quien no se podía ver. . . Dicho sea de paso, don
Goyo Torres fue beneficiario de una hazaña mía que en su
momento fue bastante comentada. Ocurrió en el verano de
1884, siendo yo presidente. Estábamos con un grupo de amigos en la chacra de Federico Leloir, en Morón, y se nos dio
por bañarnos en el río de las Conchas, que es muy traicione-
ro. En un momento dado, un joven Crespo empezó a gritar:
se estaba ahogando. De puro comedido, don Goyo se metió
al agua para rescatarlo pero él también quedó atrapado en
un remolino. Yo había terminado mi baño y estaba en la
orilla, pero al ver a esos dos candidatos a la muerte volví al
agua y pude salvarlos. Claro, tenía 40 años y era buen nada-
dor. . . Don Goyo nunca olvidó mi gesto y contó muchísimas
veces que me debía la vida, tal como el almirante Solier re-
lataba el modo como lo había salvado de la muerte en Curupaytí. Su esposa, Joaquina Arana de Torres, hija de Felipe
Arana, el antiguo ministro de Rosas, era una mujer inteligente

y divertida, muy mandona y muy buena, por cuya casa ha pasado —y sigue pasando— el *tout Buenos Aires* y los viajeros más distinguidos. Ella me cedió una de sus institutrices norteamericanas, Miss Fanny Smith, que tuvo a su cargo el manejo de mis chicas, pero además asumió como un deber indeclinable supervisarlas permanentemente. Cuando veía a alguna de ellas un poco pálida o flaca, de inmediato se la llevaba a "La Armonía" y me la devolvía rozagante. Me avisaba de sus novedades, me alertó, años después, sobre sus festejos, y proveyó a su debido tiempo de los *cháperons* convenientes cuando empezaron a figurar en sociedad.

Entre Miss Smith y doña Joaquina Arana de Torres mi hogar mantuvo su integridad después de quedar viudo; además estaba Gumersindo, de quien ya hablaré, para descargarme de las preocupaciones domésticas. En un tiempo relativamente breve mis chicas se fueron acostumbrando a la ausencia definitiva de Clara y pronto pasó a ser un tierno recuerdo para ellas; y para mí, una leve culpa por no haber sabido hacerla feliz en los dieciocho años de nuestro matrimonio. Por otra parte, los acontecimientos políticos me arrancaron bien pronto de mi duelo, aunque nunca olvidé que mi concuñado no se dignó enviar flores al velorio de mi mujer; concurrió, en cambio, a su sepelio, tal vez porque toda la sociedad de Buenos Aires estuvo allí y no quiso dejar de presidir la ceremonia fúnebre. . .

Las visitas de pésame y las contestaciones a las innumerables esquelas de condolencias que recibí no impidieron que siguiera enterándome de lo que pasaba. La actitud de los cívicos evidenciaba que estaban preparando una revolución y hacía sospechar que contaban con algunas unidades militares. En varios regimientos se despotricaba abiertamente contra el gobierno. Impotente, me desesperaba viendo cómo se abría el riesgo de un derrumbe de los valores que habíamos edificado en la convicción de que prevalecerían para siempre: la respetabilidad del país en el exterior, la confianza de los inversores europeos, el acatamiento del ejército al poder civil, la cancelación de las alteraciones militares. Parecía que hubiéramos construido sobre arena, y ahora todo empezaba a caerse.

A mediados de junio, una delación confirmó mis temores. Casualmente ese día había venido Juárez Celman a saludarme a mi casa, recordando con un mes y medio de demora que había muerto mi mujer. Fue en esa circunstancia, mientras mi concuñado y yo hablábamos de trivialidades con aire circunspecto y estirado, cuando un militar pidió ser recibido urgentemente. Lo hice pasar, y delante del presidente contó lo que sabía: estaba en marcha una revolución cívico-militar, en la que se habían comprometido los oficiales de varios regimientos de la guarnición; el gobierno revolucionario sería presidido por Alem y ya se había designado un ministerio con la participación de mitristas y católicos; la junta militar la encabezaba el general Manuel J. Campos. El plan consistía en sacar las unidades de sus cuarteles en la madrugada del día 21, concentrarse en el Parque de Artillería con el apoyo de civiles armados y avanzar de inmediato sobre la Casa de Gobierno, la aduana y las terminales ferroviarias.

Cuando el confidente terminó su informe, Juárez Celman salió desalado para conferenciar con sus íntimos y yo quedé en mi casa meditando profundamente sobre el futuro.

Al otro día se supo que el general Campos estaba arrestado en el regimiento 10 de Infantería. También se dispuso que algunos regimientos se alejaran de la Capital Federal y se ordenó el traslado de varios oficiales. Pasó la fecha fatídica del 21 y nada ocurrió, con lo que pareció que se desvanecía la amenaza. Pero yo sabía que los cívicos seguían conspirando, que eran frecuentes las reuniones de Alem y Del Valle con militares, y además, el tono del nuevo diario de la Unión Cívica, *El Argentino*, era francamente insurreccional, para no hablar de las insolencias de *Don Quijote*, que contribuían a enrarecer el ambiente. En los círculos oficiales estaban en la luna, pero yo olfateaba una tormenta que no podía demorar. Le confieso: estaba asustado. Pero, como dijo el doctor Cané años después, "Cuando Roca se asusta no tiene miedo a nada. . .". Me puse, pues, a pensar intensamente en el problema.

Había una revolución en marcha, y no estaba en mi mano evitarla. Pero acaso fuera posible administrarla, una vez iniciada. Para lograrlo, lo único que podía hacerse era sacar partido de la heterogeneidad de las huestes cívicas donde, como ya le conté, había gente de la más diversa procedencia política. Pensé que podía plantear una solución que impidiera esa catástrofe que sería la presidencia provisoria de Alem (fácilmente transformable en definitiva), matándola con una baraja imbatible, un definitivo as de espadas. Me decidí, en-

tonces, a actuar, no para salvar a mi concuñado sino para
salvar el sistema que sustentaba el orden y la prosperidad del
país, destrozados en ese momento pero susceptibles de re-
componerse si poníamos en acción nuestros propios recursos.
Entonces pedí al coronel Toscano, jefe del regimiento donde
estaba arrestado Campos, que me facilitara una entrevista con
él. Toscano había servido conmigo y era militar de una pieza,
de costumbres espartanas. Tiempo después me enteré de que
los revolucionarios habían planeado hacerle beber un licor con
narcótico para adormecerlo y, así anulado, poder sacar el regimiento que comandaba; pero resultó que Toscano no bebía
alcohol y su único vicio era tomar mate amargo... No puso
inconvenientes a mi pedido y el 25 de junio, bien tarde en la
noche, me trasladé al cuartel del 10, que en ese entonces se
situaba en Azcuénaga y Peña, lejos del centro, en el barrio
donde don Torcuato de Alvear había hecho construir unas
casitas muy simpáticas para obreros.

En esos tiempos, ciertos apellidos definían por sí mismos la profesión de quienes los llevaban: ser Varela era ser,
obligadamente, un periodista; ser Campos, en cambio, significaba, también necesariamente, ser un militar. Yo conocía
desde la guerra del Paraguay a Luis María, Manuel, Julio y
Gaspar, de modo que hablé muy francamente. El general
Campos reconoció sin ambages que era el jefe militar de la revolución y afirmó que no podía faltar al compromiso asumido. Le dije que debía hacer honor a la palabra empeñada y
le aseguré que facilitaría, a través de la buena voluntad de
Toscano, la salida del regimiento y su propia libertad para
encabezar el movimiento. También le manifesté que la revolución contra Juárez Celman era indetenible porque el malestar tenía que hacer eclosión por algún lado y ya era tarde
para evitar el movimiento. Pero —puntualicé— la solución no
podía radicar en el encumbramiento de Alem porque la opinión sana no lo acompañaría; era necesario pensar una manera de regular el movimiento para que finalmente convergiera
todo en una personalidad que pudiera recomponer una política de unión nacional.

—¿Quién? —me preguntó Campos, cuya amistad con
Mitre era notoria, como todos los Campos

—¿Quién otro que el general Mitre? —le respondí.

Sin mayores dificultades convinimos los detalles. Me
retiré con la sensación de que todavía podía evitarse lo peor.
Ahora sólo quedaba esperar.

El sábado 26 de julio, muy temprano, me llegaron las primeras noticias: estábamos en plena revolución. Varios regimientos habían salido de sus alojamientos y se concentraban en el Parque de Artillería, donde ya había muchos civiles armados. Me contaron que el 10 de Infantería salió de su cuartel sin que el coronel Toscano se hubiera arrancado de los brazos de Morfeo; todos sabían que era un insomne y solía aparecer en la alta noche vigilando guardias y centinelas, pero esta vez su prisionero Campos había desfilado por la puerta a la cabeza del regimiento sin que el jefe de la unidad dejara su catre. ¡Bravo, Toscano!

Me dirigí a la Casa de Gobierno a las 8 de la mañana, con un pequeño grupo de amigos. En la puerta de mi casa me esperaban varios coches cuando insólitamente apareció el coronel Mariano Espina, que se ofreció a conducirme en el suyo. Apenas lo conocía pero sabía que era un desaforado; decliné cortésmente su invitación y subí a otro carruaje; después me enteré que la intención de Espina era secuestrarme. Muy distinta la actitud de Del Valle, que a pesar de ser revolucionario se comidió en comunicarse por teléfono con algunos ministros para avisarles lo que pasaba, a fin de evitarles incomodidades.

Cuando llegamos a la Casa de Gobierno por la recién inaugurada terraza sobre la calle Rivadavia, no había nadie en el edificio salvo un piquete de guardia. El presidente, con los primeros avisos, se había trasladado al cuartel del Retiro. Como no carecía de coraje personal se resistía a abandonar la ciudad, pero Pellegrini lo convenció de que era inconveniente exponerse a un golpe de mano y finalmente accedió a trasladarse al Rosario para formar un ejército de reserva. En realidad, no pasó de Campana, pues al llegar allí decidió regresar. Cuando lo hizo, ya era tarde.

Todo estaba marchando de acuerdo a lo que yo había previsto, y desde ese momento Pellegrini y yo fuimos de hecho los jefes militares de la Capital Federal. Hubo un instante de confusión en la Casa de Gobierno cuando un grupo de soldados apareció por la calle 25 de Mayo haciendo fuego contra nosotros; eran fuerzas gubernistas que creían que los revolucionarios habían ocupado el edificio. Después de este episodio, que pudo ser grave, todo se fue desarrollando de una manera aceptable.

Como se ha escrito mucho sobre la Revolución del Parque no voy a contar el detalle de los hechos. Sólo quiero explicar que en esas jornadas hubo varios enfrentamientos entrecruzados. Desde luego, el más notorio ocurría entre los revolucionarios y las tropas que respondían al gobierno. Pero también estaba la sorda lucha del general Campos, jefe de la revolución, para que los militares y civiles encerrados en el Parque no se movieran. Tuvo que enfrentar las exigencias de Alem y los suyos, que lo urgían a avanzar sobre los puntos estratégicos de la ciudad de acuerdo al plan trazado. Campos echó mano a diversos pretextos: había que esperar que las tropas sublevadas se conocieran y confraternizaran, había que darles el rancho, había que provocar un ataque de las fuerzas gubernistas para despejar la salida... Se suscitaron agrias discusiones con los dirigentes civiles, pero finalmente su opinión prevaleció y los revolucionarios, con sus boinas blancas y sus cucardas rosa, verde y blanco, quedaron atascados en el Parque y los cantones cercanos, entreteniéndose en hacer fuego hacia todos lados. Después, Campos informó a la junta revolucionaria que no había municiones en cantidad suficiente, y éste fue el golpe definitivo a la revolución.

A mi vez, yo también libraba mi propia lucha para evitar que Levalle y Capdevila, el jefe de policía, se dejaran llevar por sus ganas de atacar el reducto. Ordené que se estableciera un cerco sobre la plaza Lavalle y a lo largo de la Quinta de los Miró Dorrego y la plaza Libertad, y no permití que se siguiera adelante con la ofensiva que, en realidad, hubiera podido terminar en pocas horas con ese conglomerado de aficionados que creían haber hecho del viejo cuartel de artillería un baluarte inexpugnable. Hasta podría no haberse entablado un tiroteo, a no ser por el impulso incontrolable del coronel Espina, que atacó a nuestras tropas y provocó una respuesta que duró todo ese día.

Así fue pasando la jornada, en un barullo de fuego graneado por ambos lados, inmovilizados cada uno en su propia línea. Días antes había mandado a mis chicas a la estancia de don Goyo. Jamás vi a Buenos Aires tan lóbrega como esa noche del 26 al 27 de julio, mientras una densa niebla caía sobre la ciudad, totalmente desierta salvo las patrullas que respondían al gobierno. Yo me había trasladado a la tarde al pueblito de San Martín para organizar la recepción de las tropas que venían del interior, y pasé la noche en un vagón dormitorio donde también se encontraba Juárez Celman, deci-

dido a regresar a Buenos Aires pero todavía aturdido por los
acontecimientos.

Al otro día los revolucionarios propusieron un armisticio y se entablaron diversas negociaciones Ahora era Pellegrini el que conducía el trámite. Supimos que el Parque era una
bolsa de gatos, con acusaciones recíprocas, discursos inflama-
dos y abundantes tragos de ginebra para entonar los ánimos.
Muchos querían seguir peleando pero ya no había posibilidades de seguir la lucha, y Del Valle, que era el parlamentario
de los rebeldes, lo entendió bien. Tratamos de que el convenio fuera generoso: no habría juicios ni castigos a nadie, civiles o militares, y todo el mundo podía irse a sus casas. Juárez
Celman, ya de regreso, aceptó los términos del arreglo en la
madrugada del lunes 28. De esas luctuosas jornadas nadie saldría vencedor, pero había indudablemente dos derrotados:
Juárez Celman y Alem. Mi concuñado había perdido todo
poder y estaba recluido en su casa, deprimido pero sereno.
Tan confundido se hallaba, que sólo atinó a enviar un mensaje al Senado proponiendo el ascenso a general de su vicepresidente: el "Gringo" tuvo el buen gusto de detener esta insó-
lita promoción... Yo presidí la sesión del cuerpo en un ambiente lúgubre; hasta el día anterior se habían cambiado balazos y estaban enterrándose todavía a los caídos mientras nos
reuníamos. Pidió la palabra mi antiguo ministro Pizarro y fue
entonces cuando pronunció la célebre frase, "la revolución
está vencida pero el gobierno está muerto", que en pocas
horas todo el país repitió.

El 31 de julio, Juárez Celman me pidió que participara
en una reunión de gabinete. Levalle informó que la sublevación estaba latente en todas partes y que no podía contar con
el ejército si volvía a estallar. Pellegrini confirmó esta impresión y agregó que no se podía gobernar sin dinero, sin fuerzas
y sin opinión. Yo me limité a corroborar lo dicho. El presidente escuchaba, casi sin hablar y así terminó esa sombría
reunión. Por la noche me reuní con Pellegrini.

—Y ahora ¿qué hacemos, general?

—Mi doctor, ahora lo importante es preservar la investidura presidencial. Por lo tanto, hay que evitar mancharla
con sangre.

Pellegrini me miró sin entender.

—Pero Juárez Celman sigue siendo el presidente... ¿Qué
es esto de preservar su investidura?

—Vea, mi doctor —le dije—, Juárez Celman es un hombre inteligente. Cuando vea que no puede formar siquiera gabinete porque todos lo han abandonado, renunciará. Y usted tendrá a su cargo el deber que digo.

Así fue. Hubo varias reuniones en los días siguientes que sólo sirvieron para confirmar que el presidente tenía que irse. El 6 de agosto envió la renuncia que le escribió Cárcano a su pedido. Yo presidí la Asamblea Legislativa: era la primera vez, desde Rivadavia, que el Congreso tenía que tratar la dimisión de un presidente. Sólo Mansilla y Rocha hablaron, para no decir nada. La renuncia fue aceptada por 61 votos contra 22 y la noticia provocó una explosión de alegría popular: hacía dos semanas que sólo se veían caras tristes en Buenos Aires, y ahora la multitud salía a la calle para celebrar el alejamiento de Juárez Celman, como si todos los problemas se solucionaran así.

Debo reconocer que mi concuñado aceptó su derrota con dignidad. No era muy justo lo que le pasaba porque no había sido el único culpable de los desaguisados que lo llevaron a la ruina. Pero en política, cuando uno apuesta fuerte, se lleva todos los triunfos si gana, pero se convierte en chivo emisario de todas las culpas si llega a perder. Y mi concuñado había perdido de punta a punta. Meses después me enteré de que me hacía responsable de todo lo que le había pasado; escribió al tutor de sus hijos, que estaban estudiando en Inglaterra, para comunicarle que debían cortar sus relaciones con mi familia. Es comprensible que Juárez Celman me haya visto como el *factotum* de esa revolución a media máquina, porque así había sido. Aunque no convenía hacer pública mi participación, los que estaban en la cocina de la política sabían que a través de Campos había logrado que la revolución estallara pero no pasara de los muros del Parque. Lo que no puedo aceptar es que me haya responsabilizado de su propio fracaso cuando fue su política demencial y exclusivista la que lo aisló hasta dejarlo solo e inerme.

Pero las cosas se habían dado en tal forma que ahora seríamos Pellegrini y yo quienes debíamos hacernos cargo del país: un país en la ruina económica y con un fluido futuro político. Era una cuestión de responsabilidad: no podía dejar incompleto lo que yo había comenzado en la entrevista con Campos, y por lo tanto no dudé en aceptar el ministerio del Interior que me ofreció el nuevo presidente. Renuncié a mi banca de senador y me presté otra vez a la acción ejecutiva, ahora a la luz del día.

III

A lo largo de mi vida política, muchas veces he mentido. Cuando se anda en esos trajines resulta obligado prometer sin la menor intención de cumplir, halagar pensando lo contrario de lo que se dice, afirmar sabiendo que la afirmación es incierta. Pero cuando conversé con Campos en su prisión y le aseguré que mi propósito era proponer a Mitre como una solución nacional, fui absolutamente sincero. El estado en que se encontraba la Nación exigía una figura indiscutida, dotada de un prestigio colocado por encima de los partidos, conocida internacionalmente y revestida de una autoridad moral que permitiera garantizar un gobierno pacífico, honorable y progresista cuando Pellegrini terminara el mandato del presidente renunciante. Sólo don Bartolo llenaba esas condiciones.

Pellegrini se había encontrado, al asumir la primera magistratura, con urgencias financieras que exigían girar al exterior intereses de deudas y garantías cuyo monto excedía en mucho nuestras disponibilidades. Aunque el público confiaba en él —ya lo llamaban "piloto de tormentas"— el clima era de angustia y temor. Se veían muchos comercios cerrados, y hombres y mujeres humildemente vestidos vagaban en busca de trabajo; a un par de cuadras de mi casa, en Viamonte y Reconquista, los turcos expulsados de los conventillos cocinaban y dormían en la calle dando al barrio un aspecto deprimente, y lo mismo ocurría en otras zonas de la ciudad. Un par de meses después de la revolución quebró Baring Brothers, y esta catástrofe, tan grave como si fuera la bancarrota del Banco de Inglaterra, se atribuía a una excesiva confianza en la Argentina; en pocos meses, el nombre de nuestro país había dejado de evocar un Eldorado de infinitas posibilidades para convertirse en algo aborrecible, una estafa cuya sola mención enfurecía a miles de inversores.

Yo pensaba que Pellegrini podría obtener, con su reconocida habilidad, la solución de algunos de los problemas financieros más graves; el honrado y respetable Vicente Fidel López en la cartera de Hacienda era toda una garantía pues se trataba del hombre más prestigioso del país después de Mitre: sin duda, en la Argentina, la profesión de historiador da muchos réditos... Mientras se fuera llegando a la orilla habríamos de maniobrar para evitar la lucha electoral y brindar al mundo el espectáculo de un país acordado y convenido sobre la futura presidencia. Tendríamos que compartir el poder con los amigos de don Bartolo y aun con los correligionarios más tratables de Alem; pero así y todo manejaríamos una parte de los resortes del gobierno, y eso nos bastaba. Por encima de todo, la intención era salvar el régimen que venía funcionando pasablemente desde 1880 y que hubiera seguido funcionando así de no haber sobrevenido la irresponsabilidad de mi concuñado.

Para llevar adelante este plan, patriótico y desinteresado sin vuelta de hoja, yo no tenía otra fuerza que la que podía darme mi viejo partido Autonomista Nacional, una vez depurado de los juariztas más notorios: "tomar el país tal como Dios y los hombres lo han hecho. . .". La mayor parte del círculo que rodeara a mi concuñado desapareció de escena discretamente; con el tiempo, muchos fueron resucitando y yo no obstaculicé su retorno porque nunca he sido partidario de mantener condenas perpetuas sobre los equivocados. El más odiado, Marcos Juárez, tuvo el tino de renunciar diez días después de su hermano, cuando una gran manifestación que recibió en Córdoba al *leader* católico Estrada se convirtió en un acto tan belicoso que el gobernador se retiró para siempre de la política. Dicho sea de paso: con ese especial gusto que tienen los cordobeses por memorar a sus grandes fracasados —Sobremonte, Liniers, el Manco Paz—, a Marcos Juárez se lo honra con el nombre de un pueblo en la región triguera de la provincia. Bueno, también se lo recuerda a mi concuñado en un departamento de la zona de Río Cuarto: después de todo, es cierto que Miguel Juárez Celman fue para Córdoba un buen gobernante. . .

Hubo algunos ajustes menores en otras provincias y en un par de meses el autonomismo nacional estaba reconstituido, había olvidado sabiamente su compromiso con el régimen caído y se avenía a ser dirigido por mí en las instancias futuras. Mi tarea debía consistir, entonces, desde el ministerio del Interior, en restañar heridas, hilar las alianzas rotas y prepararlo todo para componer una salida electoral alrededor de la figura de Mitre. No creía encontrar grandes dificultades. Pero aquí me equivoqué, y fiero.

Pensaba que después del fracaso del Parque los cívicos se disgregarían y cada cual volvería a apacentar su respectiva majada. No fue así. Alem no estaba dispuesto a resignar el papel que las circunstancias le habían adjudicado, y consiguió

en los meses siguientes mantener la precaria unidad de esa
olla podrida que era la Unión Cívica. Logró convocar una amplia reunión de dirigentes de todo el país y en enero de 1891
se congregó en el Rosario la primera convención nacional de
un partido argentino; una costumbre norteamericana que se
introducía como novedad, aunque no de un modo tan carna-
valesco como suelen ser estas reuniones en el país del Norte.
Se sancionó una carta orgánica y después aclamaron la fórmula que la Unión Cívica sostendría en las elecciones presidenciales de abril de 1892. Se trataba del mejor binomio que
pudiera pensarse: Mitre y don Bernardo, que no sólo eran las
personalidades más egregias del país sino los representantes
de la fusión de las grandes corrientes políticas enfrentadas
desde antes de Caseros.

Para mí fue un golpe muy fuerte. Me habían ganado de
mano. Yo proyectaba un Mitre que fuera candidato de todos
y ahora me encontraba con que don Bartolo y don Bernardo
aparecían como banderas de una fuerza opositora. No hice
ninguna declaración a pesar de que los reporteros me asedia-
ban, y empecé a rumiar despaciosamente la manera de salvar
el embrollo y mantener mi plan original. Tenía tiempo hasta
marzo de 1891, cuando don Bartolo regresara al país. Entretanto, había que seguir pacificando el panorama nacional y
ayudando a Pellegrini a remontar la situación económica.

Pues la cosa seguía siendo preocupante. Continuaba subiendo el oro y los tres bancos más importantes, el Nacional,
el Hipotecario y el de la Provincia de Buenos Aires habían
paralizado sus actividades y se debatían en una virtual cesación de pagos. De la Plaza, a quien Pellegrini envió a Londres
para buscar un arreglo con nuestros acreedores, no conseguía
una solución aceptable y había trascendido que se ejercían
presiones sobre el Foreign Office para iniciar una acción armada contra la Argentina con el fin de hacer efectivas las deudas pendientes; una locura que los diplomáticos británicos
vetaron en seguida pero que demostraba a qué profundidades
había caído el crédito nacional. El viejo López adoptaba seve-
ras medidas de economía, proponía al Congreso nuevos impuestos y elevaba las tarifas aduaneras para todo producto
importado que no fuera indispensable. Sin embargo, pasaban
las semanas y no aparecía ningún signo alentador.

Como compensación, la visión de la realidad física del

país no transmitía en ese verano de 1890-91 la crisis que estábamos viviendo. En esos meses tuve que ir en varias oportunidades a "La Larga" y "La Argentina" porque andaba escaso de numerario, no quería pedir préstamos por lo elevado de los intereses y entonces tuve que apretar las clavijas en las estancias. Pues bien: el espectáculo del campo infundía optimismo: desde el tren se veían enormes trigales, rodeos de vacunos gordos y majadas lanudas, alambrados, molinos, arboledas. . . No podía estar fundido —pensaba yo— un país que produce así. La misma Buenos Aires era un emporio de actividades industriales y comerciales. Como la afluencia de inmigrantes se había detenido, ya no se veían tantos menesterosos. La Avenida de Mayo estaba tomando forma y se habilitaban en toda su extensión grandes tiendas, lujosos hoteles, oficinas y restaurantes. Las obras del puerto continuaban, pues el gobierno había decidido ahorrar en todo menos en esas instalaciones, vitales para nuestras exportaciones. Ya se hablaba de demoler la Aduana de Taylor, que resultaba chica para el tráfico de mercaderías y ahogaba con su mole a la futura Casa de Gobierno, que se completaría cuando el edificio del Correo y el que albergaba a los ministerios y el despacho presidencial se unieran arquitectónicamente para formar la definitiva sede del poder. No, no podía estar en bancarrota un pueblo que trabajaba, producía, proyectaba y construía con semejante vitalidad. Pero para superar la situación era fundamental solucionar los problemas políticos, es decir, convencer a Mitre de que su presidencia no debía venir por vía de un partido sino como expresión de la unánime voluntad nacional.

El 19 de marzo de 1891 llegó Mitre a Buenos Aires y jamás se vio un recibimiento como el que se le tributó. Desde mi casa escuchaba los vivas y aclamaciones de la enorme multitud que lo escoltó desde el puerto hasta su residencia. Hasta heridos y mangullados hubo, no porque se hayan producido disturbios sino por los apretujones de la gente, que rompió vidrieras en su afán por ocupar la calle Florida para aclamar al prócer.

Yo fui a saludarlo dos días después. Le había mandado recado para que pudiéramos entrevistarnos a solas. Me recibió en su enorme biblioteca, donde cada libro había sido realmente leído por su dueño, y después de cambiar algunas cortesías entré en materia y le expuse mis reflexiones sobre el país y su propio rol.

Don Bartolo era hombre de acuerdos: lo había demostrado en 1877 cuando aceptó la Conciliación y hasta en 1880, cuando dio rápido término al alzamiento de Tejedor. El sabía que, más allá de las disputas por el poder, todos pensábamos lo mismo. Coincidió en la necesidad de evitar una lucha electoral inútil y destructiva, y aceptó inmediatamente mi propuesta de ser consagrado candidato del partido Autonomista Nacional, sin declinar la que le había conferido la Unión Cívica. Me sorprendió que ni siquiera se tomara unos días para pensarlo o consultar a sus amigos. Mas aún, me sugirió redactar una comunicación a los dirigentes de las dos fuerzas haciéndoles saber nuestra decisión y yo, desde luego, dije que sí. Hablamos largo rato y finalmente le sugerí que había un solo detalle a arreglar. Se trataba de la vicepresidencia. El binomio Mitre-Irigoyen, aun simbolizando lo mejor del país, era exclusivamente porteño e implicaba, por lo tanto, una violación a la sabia tradición iniciada en la histórica presidencia del propio Mitre. ¿No podría modificarse la fórmula sustituyendo a don Bernardo por un hombre del interior? Allí estaba José Evaristo Uriburu, salteño, varón respetable, diplomático en varios países de América, que podía infundir un mayor contenido de unidad nacional a la fórmula. Todos sabíamos que don Bartolo nunca perdonó a don Bernardo su juvenil paso por el rosismo; mi propuesta le pareció sensata y también quedó aceptada.

Casi no podía creer lo fácil y sencilla que había sido mi gestión. Mientras eludía a los reporteros que me abrumaban con sus preguntas, camino a mi casa, sentí la misma sensación que experimentara después de mi entrevista con Campos: había evitado que ocurriera lo peor. Al día siguiente envié a don Bartolo un borrador que aceptó con leves modificaciones, y en seguida la bomba estalló en el país entero: Mitre y Roca habían convenido un Acuerdo para evitar la lucha electoral, rubricado con un caluroso abrazo que me dio en el patio de mi casa al visitarme para confirmar todo lo dicho.

Desde luego, Alem y su grupo pusieron el grito en el cielo inmediatamente. Acusaron a Mitre de usar procedimientos personalistas y autoritarios para con su propio partido, se quejaron de que había pactado nada menos que con Roca, el representante de lo peor del régimen, dijeron que así reiteraba los mismos vicios que la Unión Cívica había venido a corregir, se dolieron del desaire que habíamos inferido a don Bernardo. Y también aseguraron que Mitre había aceptado el Acuerdo por vanidad, ablandado por mis halagos. En los

periódicos de caricaturas se me representaba como el zorro
de la fábula que camela al cuervo para comerse el queso. . .
Yo sé que don Bartolo no aceptó el Acuerdo por vanidad
sino porque lo entendió como una necesidad nacional. Si lo
hizo sin consultar a nadie fue porque sabía que la mitad de los
cívicos sería contraria a un arreglo como éste. Por otra parte,
la rapidez con que lo hizo demuestra, a mi parecer, que él
mismo venía meditando algo parecido; quería ser presidente
de todos los argentinos, no candidato de un partido, mucho
menos de un partido opositor dirigido por Alem. Fue de su
parte un acto de valentía ciudadana; ¡qué digo! fue una de
las decisiones políticas más valientes que he visto en mi larga
vida.

Yo también, al plantear el Acuerdo, había dejado de
lado toda intención de conveniencia política o personal y lo
había hecho en carácter de ministro político del gobierno nacional, no como dirigente de un partido. Pero no sería sincero
si no reconociera que mis intenciones incluían también el
fastidio que presumiblemente produciría el Acuerdo entre
Alem y su grupo. Que el candidato proclamado por la Convención del Rosario se cortara solo, que los dejara de lado al
aceptar el Acuerdo por sí y ante sí no podía menos que
enojar mucho a los cívicos extremistas, y esta posibilidad me
llenaba de gozo: al fin y al cabo, una de las grandes compen-
saciones que ofrece la política a cambio de tantos sinsabores,
es fregar de tanto en tanto a los enemigos. . . Lo que no calcu-
lé ni en el mayor de mis optimismos, fue la reacción de Alem,
drástica y tremendista.

Alem era uno de esos personajes que a veces aparecen
para alborotar y desordenar inútilmente a los pueblos. Era
absolutamente sincero, absolutamente insobornable y estaba absolutamente equivocado; es decir que era absolutamente
peligroso. Enardecía a las masas con reclamos imposibles de
cumplir, pues pedir comicios libres en un país donde casi la
mitad de la población estaba compuesta por extranjeros, y de
analfabetos las dos terceras partes de los nacionales, significaba un suicidio colectivo. La idea que implícitamente funda-
mentaba nuestro régimen no era otra que la que habían expuesto treinta años antes Alberdi y Sarmiento: una sociedad
de amplias libertades civiles conducida por una clase dirigente
ilustrada y patriota hasta que se crearan las condiciones que
permitieran al pueblo gobernarse por sí mismo. Recién estábamos empezando este proceso, ya que sólo en 1880 la Na-

ción comenzó a funcionar orgánicamente; pero apenas diez años más tarde aparecía este apóstol apasionado predicando la necesidad de saltear todas las etapas y otorgar una total libertad electoral. Alem amenazaba devastar la delicada arquitectura que veníamos montando. Quería arrasarlo todo. Hablaba de los "desposeídos" y soliviantaba a los sectores más humildes sin darles ninguna solución: no ofrecía ninguna alternativa seria: sólo palabras huecas y resonantes que hacían vibrar a la multitud sin que esta reacción se convirtiera en nada positivo.

No digo que Alem estuviera totalmente desprovisto de virtudes. Pellegrini, Del Valle y Mansilla lo apreciaban, así que alguna condición debe haber tenido. Yo sólo lo respeté porque a la política la tomaba en serio.

A esta altura de mi vida y mi experiencia yo considero que hay dos formas y sólo dos, de hacer política: en serio o no. El que se consagra a la política en serio hace de este oficio el objetivo fundamental y exclusivo de su existencia. No habla de otra cosa, no piensa en otra cosa; su vida privada, su profesión, el éxito económico, sus comodidades, sus afecciones y amistades, todo lo subordina a la política. Quien abraza la política de esta manera y con semejante intensidad, merece respeto, no importa cuál sea la bandera que levante, y hay que tratarlo con cuidado. Los otros no merecen mayor atención: son comparsas. Yo he conocido a poca gente que haya hecho política en serio, y dentro de mi tira, las fuerzas que ahora se llaman conservadoras, diría que he sido uno de esos pocos. Casi todos mis amigos que se autotitulaban políticos no eran tales: simplemente les gustaba el poder.

Alem hacía política en serio. Vivía y respiraba para ella, no le importaba su pobreza ni le dolía tributar su tiempo a la gentuza de las orillas que era su clientela. Sólo por esta modalidad ya era peligroso. Pero también lo era porque introdujo un nuevo estilo en las luchas cívicas argentinas al hacer de la intransigencia algo así como un dogma teológico. La esencia de la política es la transacción, de otro modo sólo hay un caos de competencias salvajes. Nosotros basamos nuestro régimen en una delicada trama de acuerdos; a veces tuvimos que neutralizar a algún enemigo, pero jamás hicimos de la intransigencia, que debe ser una actitud excepcional, un principio permanente. Alem sí, y eso amenazaba destruir un sistema proyectado para evolucionar gradualmente a través de autocorrecciones sucesivas hacia su relativo perfeccionamiento.

Pero ahora había que cumplir con lo establecido con Mitre. Los cívicos habían puesto de moda eso de las convenciones, de modo que también nosotros reunimos la de nuestro partido un mes más tarde de nuestra conferencia con don Bartolo. Se decidió convertir al autonomismo nacional en partido Nacional, pues la palabra "autonomista" ya resultaba anacrónica; se resolvió formalizar mi dirección eligiéndoseme presidente, y después se proclamó la fórmula Mitre-Uriburu y se cursó una invitación a la Unión Cívica para que hiciera lo propio. De inmediato renuncié al ministerio del Interior: no quería que se me acusara de estar haciendo política desde el poder aunque desde luego dejé mis espaldas cubiertas con la designación de un amigo en mi reemplazo. Ahora todo giraba en torno a la actitud que adoptarían los cívicos, hondamente divididos respecto del Acuerdo. Alem no aceptaba conversar siquiera del tema: "en esto no transo, en esto soy radical" clamaba a quien quisiera escucharlo. Rechazó una invitación de Mitre diciendo que cualquier entrevista sería "una pérdida de tiempo, una molestia inútil" y hasta tuvo un incidente en plena calle Florida con Mansilla cuando éste le reprochó amistosamente su intransigencia. Finalmente, los cívicos mitristas proclamaron el binomio Mitre-Uriburu y los intransigentes, con el sector de la Convención del Rosario que les respondía, consagraron a don Bernardo —que aceptó de mala gana— y a un puntano desconocido, Juan Garro. Llamaron a su nuevo partido la Unión Cívica Radical, y desde entonces, agosto de 1891, los radicales andan incordiando el país...

Yo me sentía tranquilo sobre el éxito final del Acuerdo porque contábamos con casi todos los gobiernos locales, aunque en ese invierno hubo alborotos en varias provincias, promovidos por los radicales y, en algunos casos, también por los mitristas, que no terminaban de entenderse con nuestros amigos. Descontaba que no tendríamos dificultades en imponer a don Bartolo. Pero he aquí que Alem se lanzó a una campaña muy intensa: se puso a recorrer el país rodeado de sus fieles, incendiando todos los puntos que tocaba con su oratoria exaltada. Las multitudes se le acercaban como si fuera un mesías y con la sola magia de su figura y su voz iba logrando importantes adhesiones. Allí donde iba sacudía el ambiente y lo dejaba vibrando, listo para cualquier aventura. Por momentos la novedad nos hacía pensar, a Pellegrini y a mí, si es-

taríamos en el buen camino al abrirle a ese demagogo la posibilidad de arrastrar a las masas tras sus escuálidas banderas.
También a Mitre le preocupaba la atmósfera que se estaba
creando. Varias veces habló conmigo transmitiéndome la
decepción que lo invadía por el curso de los acontecimientos; yo intenté sostenerlo de todas maneras pero el hombre
ya no quería saber nada de una candidatura que había quedado estancada y sufría el vapuleo de los radicales. No pudimos evitar que en octubre don Bartolo la declinara. Había
aceptado su candidatura como una solución nacional, pero
la campaña de Alem demostraba que ya no contaba con la
unanimidad de las voluntades argentinas, y prefirió renunciar.

La decisión de don Bartolo significaba la liquidación de
la política que yo había instrumentado, y en consecuencia yo
era el principal derrotado. Fracasaba el arreglo que venía ur-
diendo con tanta maña y se deshacía, como hielo al sol, la
solución buscada por mí desde la víspera de la revolución del
Parque. Fue uno de los momentos más amargos de mi vida;
me sentí vencido sin atenuantes. No me quedaba otra cosa
que renunciar a la dirección del partido Nacional y anunciar
mi retiro de la vida pública. Así lo hice, sin importarme las
súplicas de mis amigos ni los cacareos insolentes de los que
habían juntado fuerzas contra mí. En política también hay
que saber perder, y en ese momento yo había sido vencido
en toda la línea.

Lo más indignante era que este contraste sobrevenía
justamente cuando el gobierno que yo apoyaba había logrado
superar los problemas financieros más graves. Pellegrini, el
viejo López y en Londres mi amigo De la Plaza lograron
sanear la situación externa e interna en medida aceptable; los
acreedores ingleses, sostenidos por la Banca Rotschild, habían
consentido en un arreglo de la deuda que les convenía más
que la declaración de moratoria con que los amenazaba De
la Plaza, que se había hecho tan inglés como ellos en su pa-
chorra y su frío realismo. Se resolvió liquidar definitivamente
el arruinado Banco Nacional, poner en estado de hibernación
al Hipotecario y al de la Provincia de Buenos Aires y fundar
el Banco de la Nación Argentina, que bajo la prudente dirección de Vicente Casares —uno de mis primeros amigos en
Buenos Aires cuando mi lucha por la presidencia— arrancó
con buen pie. Y por primera vez en muchos años, el saldo
entre exportaciones e importaciones arrojaba superávit para
el país, y el Estado contaba con recursos que, aunque meno-

res que dos años atrás, eran genuinos y se asignaban con cordura.

En ese momento, fines de 1891, cuando se justificaba plenamente la acción de estadista de Pellegrini y cuando el ordenamiento de las finanzas y la recuperación del crédito exterior pedía una composición política que garantizara estos logros en el futuro, justamente ahora todo se me venía abajo. Tenían razón los caricaturistas al dibujar al Acuerdo como un "acuerdión", un acordeón desvencijado que echaba aire por sus fuelles rotos y no acertaba a tocar ninguna melodía. . . Los mitristas y los nacionales seguíamos, en teoría, convenidos en levantar una candidatura común, pero ahora nos faltaba el hombre. Y mientras tanto, las giras triunfales de Alem presagiaban una posible victoria de don Bernardo. No sería un mal presidente, como no lo hubiera sido en 1886; pero sería un prisionero del iracundo profeta que lo patrocinaba, o se pelearía con él un mes después de hacerse cargo, y ésta tampoco era una buena perspectiva porque presagiaba nuevos desórdenes y tensiones.

Ostensiblemente, pues, dije adiós a la política. ¡Que se arreglaran! Para confirmar mi intención pasé una temporada en la estancia de don Goyo Torres y luego me dispuse a veranear con mis hijas en un lugar del que se estaba hablando mucho: Mar del Plata. Pellegrini era un entusiasta de este balneario y aseguraba que un mes allí era una verdadera fuente de Juvencia. . . Me fui con mi prole, la gobernanta, Gumersindo y alguna muchacha de servicio, instalándome en el Bristol Hotel, que era el centro social del pueblito. Desde unos cinco o seis años atrás se llegaba a Mar del Plata en tren; en la estación esperaba una nube de carruajes de los hoteles para llevar a los pasajeros a la costa por un largo camino arenoso. No me disgustó la *villeggiatura* en ese espolón rocoso que se asoma al océano. Toda la gente era conocida, se inventaban diversiones permanentemente, a veces hacíamos cabalgatas a la Laguna de los Padres o a Punta Mogotes atravesando campos desiertos y pesados medanales. Los más jóvenes se ejercitaban en el tiro al pichón, y el resto de los *touristas* (como se daba en llamar a los veraneantes) discurríamos entre el Bristol Hotel, el Grand Hotel, el Hotel del Progreso, la pequeña villa de pescadores italiano o la rambla montada sobre pilones de madera cuya construcción había terminado pocas semanas antes. Unos pocos chalets y residencias presentaban un bonito espectáculo trepando la loma en cuya cresta señoreaba la capilla de Santa Cecilia. La gente se creía en Deauville o en Niza; no era para tanto, pero a juzgar por los cambios de indumentaria que debían realizarse varias veces por día, uno podía encontrarse en un balneario europeo.

Ni las fiestas ni los paseos ni algún ocasional baño de mar me distraían, sin embargo de las cosas del país. Es cierto, yo me había despedido de la política, pero uno no sabe nunca cuándo la política vuelve a uno. . . Estaba dispuesto a quedarme quieto, ya que no ostentaba ningún cargo público o partidario: era sólo un estanciero viudo en vacaciones. Pero no desconocía que mi renuncia a la vida pública había abierto un vacío dentro del partido Nacional, y temía que surgiera alguna tendencia imbuida de la piadosa intención de borrar del todo mi influencia. Y eso, no lo permitiría. Una cosa era retirarse voluntariamente para que las cosas fueran buscando su nivel natural, y otra dejar que me degollaran quietamente. Y esto no es una figura retórica: en febrero de ese mismo año, un mes antes de nuestra histórica conferencia con Mitre y siendo todavía ministro del Interior, un joven se precipitó sobre mi carruaje cuando pasaba por una calle del centro y me disparó un tiro de revólver. Bajé corriendo, lo agarré del cogote y llamé a gritos a la policía. Detuvieron al agresor, que resultó ser un tal Sambrice. Como aquel Ignacio Monge de la pedrada, se trataba de uno de esos patriotas al que le habían calentado la cabeza con tantas calumnias contra mi persona que estaba en el convencimiento de que matándome hacía un servicio a la patria. Nunca permití que remendaran el orificio que dejó la bala en mi landó, como un recordatorio de lo que puede llegar a pasar cuando las pasiones políticas se hacen incontrolables.

Entretanto pasaban los días, las elecciones presidenciales de abril se aproximaban y el Acuerdo seguía sin fórmula. Una mañana de enero me enteré de que el gobernador de Buenos Aires, Julio Costa, había lanzado el nombre de Roque Sáenz Peña. Era lo que temía: en el seno de mi propio partido se levantaba a alguien que no era mi amigo. Todo tenía un aire indisimulablemente antirroquista. La nueva tendencia se denominaba "modernismo", como una superación de lo viejo, del pasado —es decir, de mí. . . En los días siguientes se fueron afirmando mis sospechas. Roque tenía una buena relación con Pellegrini, pero no conmigo: había sido ministro de

Juárez Celman y solía burlarse de mí en sus conversaciones.
Reconozco que era muy simpático y lo rodeaba un aura ro-
mántica por aquella aventura en el ejército del Perú durante
la guerra del Pacífico y su valiente comportamiento en el sitio
de Arica. Sí, Roque estaba muy bien como persona, pero yo
no podía admitir que su candidatura avanzara en el partido
Nacional. Y lo cierto es que avanzaba: varios gobernadores
parecían simpatizar con los modernistas, aún sabiendo que
era un desafío contra mí. En esos días apareció en *Don Quijote* o *El Mosquito* una curiosa caricatura. Pellegrini y yo
aparecíamos con *maillots* de playa en Mar del Plata; yo pretendía nadar en las olas mientras un enorme peñasco con el
rostro del joven Sáenz Peña caía sobre mi cabeza. Lo curioso
es que el dibujante ponía en mi boca la frase talismánica de
mi vida:

— ¡Soy roca! ¡Y se me viene encima!

Entonces Pellegrini, desde la arena, decía:

—Pero él es Roque, y además. . . Peña. . .

Pero Pellegrini no estaba tan tranquilo como lo imaginaba el caricaturista. Se sentía preocupado por el brote mo-
dernista y no quería malquistarse conmigo. Como también
él estaba pasando unas semanas en Mar del Plata, una mañana, a fines de enero, conversamos largamente en la casilla de
madera que tenía arrendada. El mar cabrilleaba a veinte metros, desfilaban las muchachas de la mejor sociedad revesti-
das de tupidos albornoces y batas que no dejaban de insinuar,
sin embargo, suntuosas pantorrillas y espléndidos toneletes.
Calafate, el bañero preferido de los *touristas*, vigilaba todo
con su ojo avizor. En ese ambiente relajado tuvimos el presidente y yo una conversación en estos términos:

—No podemos enfrentar a Roque directamente. Hay
que buscar una forma de anularlo sin escándalo. Hay que
encontrar un candidato que se le pueda imponer naturalmente.

—Yo lo tengo, mi doctor. . .

—¿Quién?

—Su señor padre, el doctor Luis Sáenz Peña.

El presidente me dedicó una ancha sonrisa bajo sus enormes bigotes de jefe galo.

— ¡Superior! Don Luis es un pan de Dios y no arrastra a
nadie, pero para su hijo. . .

—Claro, es un buen hijo. Y ¿quién convencerá a don
Luis que acepte la candidatura? Yo no debo hacerlo: descon-

fiaría. Usted, tampoco: es el presidente. Pero usted podría pedirle a Mitre que hable con don Luis y lo persuada de que la Nación está ansiosa de tenerlo como presidente.

Pellegrini ensayó entonces las objeciones que podría hacer don Luis al ofrecimiento, y yo le contesté con un contrapunto de respuestas.

—Soy un anciano. -

—Tiene la misma edad que don Bernardo y, por otra parte, lo que se necesita es un presidente dotado de la ponderación, la prudencia y la experiencia que sólo dan los años.

—No sé nada de política.

—En efecto: ha sido siempre un magistrado judicial, y esto es una ventaja porque no llegará gastado ni comprometido y sí, en cambio, con toda la autoridad de una honrada trayectoria.

—Ignoro las cosas del gobierno.

—Tendrá a su lado las mejores cabezas del país. Además, los peores momentos de la crisis han pasado.

—Y ¿qué ocurrirá con Roque?

—Su hijo, no lo dude, alguna vez será presidente. Tiene todas las condiciones. Pero es joven todavía, y ahora se lo necesita a usted...

Esta fue, palabra más, palabra menos, el tenor de la conversación que sostuvieron Mitre y Luis Sáenz Peña un día de mediados de febrero de aquel año noventa y dos. El resto fue rápido: don Luis aceptó encabezar la fórmula de los mitristas y los nacionales vinculados por el Acuerdo, con la compañía de Uriburu como candidato a vicepresidente. Al día siguiente, en una hermosa carta desbordante de respeto y amor filial, su hijo Roque anunciaba la declinación de su nombre. El modernismo se derrumbó, los antiguos juariztas que se habían asomado a esa tendencia volvieron al redil al comprender, finalmente, que el nuevo presidente no sería ajeno a mi influencia. Pero el precio de matar la postulación de Roque resultó bastante caro: tendríamos en la primera magistratura a un hombre viejo, timorato, un beato ducho en rosarios y novenarios pero sin ninguna aptitud política. En fin, ya nos encargaríamos Pellegrini y yo de apuntalarlo. Ahora lo urgente era imponerlo como presidente.

Para asegurarse, para que no hubiera la menor posibilidad de que triunfaran los radicales, Pellegrini asestó el golpe de puntilla pocos días antes de los comicios. Algunos opinaron que fue una medida demasiado fuerte, pero hay que recordar que el año anterior Alem y Del Valle habían triunfado en la elección de senadores por la Capital Federal; que muchos modernistas habían quedado resentidos y trabajaban por don Bernardo; que en algunas provincias la situación se nos podía escapar de las manos. Precisamente fue en Mendoza donde ocurrió el hecho que provocó la medida presidencial: un dirigente radical, José Néstor Lencinas, había sido llamado por el gobernador para desempeñar cierta función, y había extendido su influencia tan rápida y eficazmente que podíamos considerar perdida la provincia. Se mandó entonces un cuerpo de ejército a ocuparla y se decretó el estado de sitio en Cuyo; luego se lo extendió a todo el país. A una semana de las elecciones, Pellegrini me llamó a su casa.

—General, voy a meter presos a todos los radicales. Están conspirando abiertamente. Tengo pruebas. . .

Lo interrumpí:

—Señor presidente, no hace falta ninguna explicación. Estamos en estado de sitio y usted tiene facultades para detener a cualquier ciudadano por tiempo determinado. ¿A todos los radicales, me dijo?

—A todos los importantes.

—No lo meta preso a don Bernardo. Es un hombre mayor y puede pasarle algo. . .

—No pensaba hacerlo. Permanecerá en arresto domiciliario, y como en este momento se encuentra en "La Choza", prolongará unos días más su estadía en la estancia. Y tampoco voy a detener al otro Yrigoyen, a Hipólito.

—Y a ése, ¿por qué no?

—En primer lugar, porque me consta que no conspira. Pero además, porque puede ser el futuro rival de Alem dentro del radicalismo. Lo conoce bien porque es su sobrino. Conviene ir diferenciándolos.

Y así fue. El 2 de abril apareció en los diarios la noticia del horroroso complot: la policía mostró las bombas Orsini que había encontrado y se dieron detalles de los proyectados asesinatos de Mitre, Pellegrini y yo mismo. Como es natural, nadie creyó en esas monsergas. Se detuvo a muchos dirigentes de la Capital y las provincias, y a algunos se los metió en un pontón durante unos días; después se trasladaron a Montevideo, donde lo pasaron muy bien entre los agasajos que le brindaron los blancos orientales. Regresaron a mediados de junio, diez días después de la reunión de los colegios electorales que consagraron a Luis Sáenz Peña y José Evaristo Uriburu.

A mí nunca me gustaron métodos tan burdos como el
que usó el "Gringo" en abril de 1892. Pero si hubiera vivido
en la antigua Roma, no dudo que el Senado hubiera ungido
dictator a Pellegrini por seis meses y habría aprobado el en-
carcelamiento de los que intentaban subvertir el orden, con
un argumento irrefutable: la salud del pueblo es la suprema
ley de la República.

Los meses que siguieron hasta la transmisión del mando
fueron sobresaltados. En el Congreso vapuleaban constantemente a Pellegrini, que a mediados de agosto expresó su intención de irse y formalizar inmediatamente la asunción presidencial de don Luis. Yo me opuse a esta transgresión constitucional y con la ayuda de algunos amigos logré persuadir al
"Gringo" de que siguiera con su carga hasta completar el mandato. Al fin llegó el 12 de octubre de 1892 —el mismo día en
que España tiraba la casa por la ventana festejando el cuarto
centenario del descubrimiento de América— y Pellegrini pudo
liberarse. Desde la Casa Rosada se fue caminando a su residencia en Florida y Viamonte, en medio de una multitud hostil que, aunque profería vivas a Alem y mueras a la policía,
respetó el coraje del mandatario saliente. Mitre lo acompañó
unas cuadras. Yo consideré inconveniente mi presencia en la
ceremonia e hice avisar que me encontraba enfermo.

Ahora que evoco esos tiempos, afirmo que ni por todo
el oro del mundo volvería a pasar lo que pasé durante los dos
años y tres meses que duró la administración de Luis Sáenz
Peña. Nunca vivió el país, en la época moderna, un período
tan anárquico. Nunca me sentí más impotente para evitar los
desórdenes que estallaron y que, por un momento, me des-
bordaron. Y no es que don Luis tuviera la culpa. Era un hombre recto, imbuido de un rígido criterio jurídico y clara noción de la autoridad que investía. Presentaba, incluso, un
aspecto imponente con su melena y sus nevadas barbas de
patriarca. Hubiera sido un presidente de lujo en otro momento histórico. Pero la Argentina estaba pasando entonces por
una de esas mociones de veleidad y novelería que a veces la
tientan, cuando se enamora de soluciones utópicas y pone su
esperanza en hombres providenciales sin reparar que los tales
hombres no existen porque la Providencia sólo ayuda a los
que trabajan para merecer su gracia. En aquellas críticas circunstancias, Pellegrini y yo, no siempre de acuerdo, tuvimos

que convertirnos en bomberos, acudiendo allí donde estallaban los incendios.

Pero es que yo no estaba en las mejores condiciones para andar sofocando fuegos porque ocurría conmigo un fenómeno bastante extraño: la gente me adjudicaba una astucia y habilidad casi sobrenaturales y, por lo tanto, atribuía una segunda intención, un propósito oculto y retorcido a todo lo que yo decía o hacía. Desde hacía varios años me llamaban "el Zorro" y adornaban a mi persona con las cualidades de viveza que yo había escuchado detallar en mi infancia tucumana, cuando las ñañas me relataban las andanzas de Pedro Urdemales, de Don Juan el Zorro y de todos los bichos que poblaban sus fábulas. Pero aunque la leyenda pudiera halagarme, ciertamente no me facilitaba las cosas: cualquier palabra, cualquier actitud mía era analizada bajo el supuesto de que significaban una cosa muy diferente. Si elogiaba a alguien era porque pronto iba a destruirlo; si sugería algo era porque deseaba que se hiciera lo contrario. Al advertir que el común de la gente y, sobre todo, los diaristas, no podían desprenderse de ese modo elíptico de asumir mis opiniones, mis gestos y hasta mis silencios, tuve necesariamente que hacer mío ese complicado código.

De este modo, la condición vulpina que se me adjudicaba me obligaba a transitar los caminos con más rodeos, los menos directos. Ya he dicho que nunca me gustaron los métodos brutales: en mi vida política he eludido siempre los Curupaytí y preferido, en cambio, las Santa Rosa: flanquear al enemigo y atacarlo por donde menos espera. Si la política no se entiende así, el arte será sustituido por la atropellada montonera. Pero tener que practicar permanentemente la habilidad de la maniobra oblicua resulta bastante fatigoso —aunque todavía, como ya verá, debí hacerlo varias veces. Ahora, durante los infernales meses del gobierno de Sáenz Peña, me sentía desconcertado. Poco antes de que Pellegrini entregara el poder, la legislatura de mi provincia natal me designó senador nacional. Acepté a desgano, porque no sabía bien el papel que podría jugar en el futuro, pero finalmente me incorporé al alto cuerpo, del que nuevamente fui elegido presidente. Pensaba que podría ser útil al nuevo gobierno, pero desde el primer momento don Luis entró con el pie izquierdo.

Una semana después de recibirse del mando, una revolución volteó en Santiago del Estero a Absalón Rojas; hubo intervención, no se repuso al gobernador y finalmente la situación santiagueña quedó en manos de mitristas y modernistas. Un mes más tarde el desorden se repitió en Corrientes, donde los mitristas, que allí se denominan "liberales", derrocaron a los autonomistas; el gobierno mandó unos mediadores y Juan Ramón Vidal, el hombre fuerte del oficialismo provincial quedó al frente, con la consecuencia de alejar al mitrismo de Sáenz Peña. Y la cosa siguió en un monótono rosario de conflictos y bochinches. Cada uno de ellos provocaba la salida de uno o más ministros, y lo mismo ocurrió cuando se produjo una disputa en Catamarca; esta vez don Luis pidió la renuncia al gabinete entero y designó a Miguel Cané para que formara uno nuevo.

Cané había sido impulsado por Roque, el hijo del presidente, de quien era muy amigo. Acostumbrado a los métodos políticos de los países europeos donde había vivido varios años como diplomático, se tomó unos días para preparar la lista de sus colaboradores. Fracasó, y días más tarde afirmó que me había pedido colaboración en una reunión que tuvo conmigo en el Hipódromo. Yo no recuerdo haberle prometido ningún apoyo, y así lo dije en un reportaje que me hicieron en *La Tribuna* a fines de junio de 1893. Mal podría habérselo prometido pues a esa altura de los hechos me sentía como un inversor que ha puesto plata en una compañía que no controla y que a cada rato amenaza ruina. Don Luis se mostraba duro cuando había que ser flexible, y flexible cuando tenía que ser duro. Se había enajenado la simpatía de los mitristas, de los amigos de Pellegrini y de los míos. Los únicos que lo sostenían eran unos pocos coetáneos de Roque, que finalmente se hartó de arrimar ayudas inútiles a su padre y se fue a trabajar en un campo de Entre Ríos. Y como telón de fondo, los radicales, cada vez más belicosos, tachaban al gobierno de instrumento de fuerza surgido del fraude y la violencia, carente de legitimidad, al que había que voltear revolucionariamente...

Habían transcurrido diez u once meses de gobierno y no menos de quince ministros se gastaron en esos enjuagues. La gente se reía abiertamente del espectáculo que daba el poder nacional con esas súbitas apariciones y desapariciones de personajes que recordaban a los *vaudevilles* de Feydeau... Y sin embargo, a pesar de esta inestabilidad, la administración de Sáenz Peña había logrado, casi sin que nadie lo advirtiera, un excelente arreglo del problema de la deuda. Lo consiguieron Juan José Romero, mi antiguo ministro de Hacienda, que en

los primeros meses de don Luis también lo fue de éste, y el
ministro argentino en Londres, Luis Domínguez. Tras mucho
forcejeo con los acreedores obtuvieron que el arreglo sus-
cripto por De la Plaza fuera sustituido por otro que establecía un máximo de pagos anuales de £ 1.500.000 a los tene-
dores de bonos argentinos, y £ 500.000, también como máximo, a las empresas ferroviarias. Se suspendían las amortizaciones de capital hasta 1901, las deudas provinciales eran
absorbidas por la Nación y gozarían de las mismas quitas y
esperas, y no se pagarían comisiones de ninguna clase. Fue un
gran alivio para las finanzas nacionales, que de todos modos
ya estaban sintiendo los beneficios de las medidas tomadas
por el viejo López desde fines de 1890. Por lo demás, las cosechas últimas habían sido magníficas y ya se percibía el ciclo que se abría cada vez que los vapores salían de nuestros
puertos cargados hasta el tope de lanas, cereales y oleagino-
sas, así como de carnes congeladas; afluía el oro a estancieros y chacareros, éstos pagaban las deudas contraídas
durante el año en los almacenes de ramos generales los cuales,
a su vez, reponían su mercadería en las grandes casas de comercio de Buenos Aires, Rosario, Pergamino, Río IV; éstas,
por su parte, colocaban pedidos a los industriales de la alimentación, la indumentaria, el cuero o la metalurgia, o importaban
los productos que no se fabricaban aquí. Y así volvían a girar
las ruedas de la economía que la crisis de 1890 había traba-
do; quedaba, eso sí, el recuerdo de la ruina aparejada por
la excesiva confianza y el endeudamiento insensato, como un
saludable cuco que a todos seguía asustando. Pero definitivamente la crisis había quedado atrás, y el arreglo de Romero y
Domínguez con nuestros acreedores certificaba que el crédito del país volvía lentamente a rehacerse.

El que no acertaba a rehacerse era el gobierno. Cuando
Cané fracasó en su intento de formar gabinete, don Luis dijo
que renunciaría. Cané le sugirió que se reuniera con Mitre,
Pellegrini y conmigo para agotar las soluciones. Fue el 2 de
julio (1893) y ciertamente se trató de una de las entrevistas
más penosas a las que he asistido. Don Luis se encontraba
deprimido y cansado. Mitre sugirió formar un gabinete homo-
géneo; pero esto significaba un ministerio de un solo partido.
Me limité a decir que un solo partido no podía gobernar en
las actuales condiciones, y ratifiqué que la del Acuerdo era
una buena política que todavía podría revitalizarse. Pellegrini
parecía molesto; en algún momento dijo secamente:

—Bueno, si ustedes no pueden gobernar, dejen al menos gobernar al doctor Sáenz Peña...

Después de estirados silencios y reiteraciones sobre lo ya dicho, volvió a hablar el "Gringo" y lo que dijo cayó sobre los presentes como un balde de agua fría:

—Entonces, señor presidente, no hay otra solución que llamarlo a Aristóbulo del Valle. Nosotros ya estamos vencidos en la jornada. Es mi adversario, pero es un estadista. A lo mejor él compone lo que nosotros no hemos podido componer.

Don Luis asintió con gesto fatigado: llamaría a Del Valle y le pediría que formara gobierno. Yo quedé estupefacto y creo que Mitre también reaccionó así. Salí de la Casa Rosada con la sensación de que viviríamos un futuro muy difícil. Del Valle significaba la revolución dentro del gobierno. Se había retirado de la política cuando se produjo la división de la Unión Cívica, pero era radical de alma y aprovecharía la posición que nuestra ineptitud le brindaba para hacer lo que su correligionario Alem no había podido hacer por las armas. Del Valle era un retórico, pero si llegaban a armarlo sería terrible, como suele ocurrir con todos los retóricos que adquieren poder. Desde Pavón yo había sido siempre un defensor del Estado frente a cualquier desorden; ahora, el desorden se aposentaría en la intimidad del Estado, moraría dentro del Estado mismo... ¿Qué podría hacer yo frente a esta inédita situación? Por eso le decía antes que nunca me sentí más desconcertado, menos en claro sobre el rumbo a seguir, que en aquellos meses.

En fin, allí se vería. El 4 de julio Del Valle y algunos amigos suyos se hicieron cargo del gabinete; como una señal inequívoca de su futura política, el tribuno se reservó la cartera de Guerra y Marina. Pellegrini, que de tiempo atrás andaba mañereando con su salud, partió para Rosario de la Frontera para darse unos baños curativos que estaban muy de moda. Yo me dispuse a observar atentamente lo que iba a ocurrir, ocultando mis aprensiones.

IV

Y todo sucedió, finalmente, mucho peor de lo que podía temerse. Lo único que jugó en favor nuestro fue la intemperancia de Alem, que negó a Del Valle su colaboración y la de su partido; en su cerrazón, el apóstol no comprendió que su antiguo correligionario le ofrecía todos los triunfos en la mano, y prefirió anatematizarlo como cómplice del gobierno supuestamente ilegítimo de Sáenz Peña. Acompañado por un grupo de amigos personales, pues, Del Valle se lanzó a hacer la revolución desde el gobierno. Para empezar ordenó el desarme de los guardiacárceles y policías de la provincia de Buenos Aires, y luego decretó la intervención del Banco de la Provincia, dos medidas totalmente ilegales que el gobernador Costa acató y el Congreso, desconcertado y sin dirección, aprobó días más tarde bajo la presión de las barras, enardecidas por la oratoria del ministro de Guerra.

Después siguió Santa Fe, cuyo desarme trató de resistir sin éxito el gobernador Cafferata; y unos días más tarde, Corrientes. Quitar a los gobiernos provinciales el armamento con que mantenían el orden era, naturalmente, una invitación a alterarlo. En efecto, no había pasado un mes desde que Del Valle asumiera el ministerio, cuando en San Luis y Santa Fe estallaron sendas revoluciones. Los radicales puntanos derrocaron sin mayor resistencia al gobernador; los de Santa Fe, con el apoyo de los colonos suizos, formidables tiradores, ocuparon por la fuerza la capital de la provincia y luego cayeron sobre el Rosario, donde la toma de la jefatura de policía costó dos días de combate y un centenar de muertos.

Pero lo más grave ocurría en la provincia de Buenos Aires. En la noche del 31 de julio los radicales se adueñaron de casi todas las comisarías y municipalidades en una acción admirable por su coordinación, se concentraron en Témperley y allí, días más tarde, eligieron gobernador provisorio a Juan Carlos Belgrano, ante la firme negativa de Hipólito Yrigoyen, jefe de la revolución, a aceptar el cargo. Digo que lo de la Provincia era lo más grave por los recursos de que disponían los revolucionarios, su organización, su disciplina y la popularidad que de inmediato los acompañó: ¡si hasta Frank Brown se acercó al campamento radical para llevar sus payasadas y sus caramelos!

Todo estaba convulsionado. En la Plaza de Mayo permanecían multitudes horas y horas siguiendo los sucesos y aclamando a Del Valle. El Congreso sesionaba en un barullo permanente, entre los gritos de grupos agresivos. Hasta en el teatro Politeama, donde estaba actuando Sarah Bernhardt, se escuchaban aclamaciones intempestivas a la revolución... Del Valle era la figura del día: varias veces fue al Congreso donde, por supuesto, estaba en su salsa, puesto que su oficio era el

palabrerío, la arenga emotiva. Yo me preguntaba cómo podía
sostener el desorden como principio, un hombre de gobierno... Asistí a una de esas sesiones en el Senado y vi a algunos
de nuestros compañeros de partido, aterrados por el clima imperante, aprobando mansamente los proyectos de intervención presentados por el ministro revolucionario. Me asqueó
tanta cobardía e irresponsabilidad: sentado en mi banca me
dije que no valía la pena hacer el mas mínimo esfuerzo para
rectificar esa locura, y al día siguiente renuncié a mi senaturía.
No estaba yo en disposición de lanzar requisitorias contra
este Catilina instalado en el gobierno.

Sin embargo, Del Valle no consiguió del todo sus objetivos porque la Cámara de Diputados no sancionó sus proyectos; muchos legisladores habían advertido el abismo al que se
estaba llevando la República, y se negaron a avalar las situaciones de hecho provocadas. Pero en Santa Fe y Buenos Aires
existía una virtual acefalía de poderes, ya que Cafferata y
Costa habían renunciado. En Buenos Aires, precisamente, la
situación ya se tornaba grotesca: los radicales permanecían
acampados en Temperley, pero además los mitristas se encontraban concentrados en Pereira, jugando a quiénes ganaban la
carrera para llegar primero a La Plata. Pues Del Valle lo había
dicho muy claramente: el que demostrara que podía ocupar
el poder, sería reconocido por el gobierno nacional, como ya
había ocurrido en San Luis. Y así fue que, aunque parezca
increíble, el jefe de las fuerzas provinciales —ese mismo coronel Falcón que ha sido asesinado hace cinco años por un anarquista— intentó cerrar el paso a los mitristas en Ringuelet,
pero el propio Del Valle, que llegó allí trepado a una locomotora, impidió que los dispersara y que después hiciera lo propio
con los radicales. Finalmente fueron las huestes de Yrigoyen
las que ganaron la maratón; el 9 de julio, Belgrano, acompañado por casi 9000 ciudadanos, casi todos ellos armados y
ostentando esas ridículas boinas blancas que eran sus yelmos
emblemáticos, tomaron posesión de la casa de gobierno de
La Plata. De inmediato Del Valle reconoció a Belgrano como
gobernador provisorio; también había reconocido al gobierno
revolucionario de Santa Fe encabezado por Mariano Candioti.

En ese momento pensé que todo estaba perdido. Con
estos precedentes, no tardarían en caer las otras situaciones
provinciales de signo autonomista o mitrista, y todo el mapa
político del país cambiaría totalmente de color. Seríamos
barridos. Fue entonces cuando llegó Carlos Pellegrini.

Poco o nada pude hacer en esos días. No tenía mando de tropas, carecía de todo poder, ni siquiera era senador. Me había colocado al margen de los sucesos y no creo engañarme si afirmo que yo era por entonces el más aborrecido de los argentinos. Para las muchedumbres embriagadas con la oratoria de Del Valle y vibrantes con la sensación de estar a punto de apoderarse de todo, yo era el autor de la abominable presidencia de Juárez Celman, yo era quien había urdido el Acuerdo para escamotear a los radicales la elección presidencial, yo era el que había metido preso a Alem y sus fieles. Mi propio partido había defeccionado en el Congreso, demostrando su incapacidad para retener el poder frente a la marejada demagógica. Lo único que podía hacer era quedarme quieto y callado ya que, como les expliqué antes, todo lo que dijera o hiciera sería interpretado al revés. Eso era lo único que me quedaba, y también comprobar que el túnel por donde podía salir de mi casa continuaba expedito...

Además, correspondía a Pellegrini arreglar el desbarajuste. El "Gringo" había sido el autor del desaguisado al proponer a Del Valle; era él, entonces, quien debía desatar este nudo cada vez más enredado. Había seguido desde Rosario de la Frontera el curso de los acontecimientos; al enterarse de la revolución en la provincia de Buenos Aires se habrá limpiado el barro curativo y abandonado el calor de las aguas termales, y tomó un tren especial para regresar a toda máquina. Y lo que vio en el camino —me contó después— lo dejó estupefacto. Correos interrumpidos, puentes levantados, locomotoras expropiadas por los revolucionarios a las compañías privadas, telégrafos en poder de los rebeldes... Todo el orden sobre el que reposaba la recuperación del país estaba siendo devorado por ese incendio que crecía sin contención. Cuando llegó a la estación Haedo, en las puertas de Buenos Aires, fue detenido por los radicales. Allí estuvo unas horas, mordiéndose de impaciencia, hasta que una orden directa del jefe de la revolución le permitió seguir viaje.

Todavía nadie me ha explicado por qué Hipólito Yrigoyen hizo posible que Pellegrini pudiera llegar a la Capital Federal. ¿Un gesto caballeresco? En política puede y debe usarse la caballerosidad, pero no cuando implica perder lo ganado; y a esa altura de los hechos no podía desconocerse que Yrigoyen era un político de ley, como lo había demostrado con la perfección de su movimiento. ¿Una galante retribución al gesto de Pellegrini no ordenando su detención en abril del año anterior? Puede ser, pero tampoco es creíble que Yrigoyen haya estado en disposición de andar cambiando flores con quien era su más peligroso adversario. ¿Estaba Hipólito secretamente convencido que Del Valle tenía que caer? Sin embargo, su presencia garantizaba el triunfo de su partido en la primera provincia del país y en Santa Fe. No me explico, repito, a menos que se haya tratado de uno de esos errores que se cometen cuando se dibuja un *bel gesto* sin medir sus posibles consecuencias.

El caso es que Pellegrini llegó, habló con los legisladores, persuadió a Sáenz Peña, movilizó todos sus recursos y logró que la situación cambiara de un día para otro. Convenció a los mitristas que se sacaran de encima a Del Valle, que no los había beneficiado en nada, y aprovechando que el ministro estaba todavía en La Plata, hizo convocar de urgencia al Congreso y logró hacer aprobar las leyes interviniendo las provincias donde había triunfado la revolución.

Nunca tuve una amistad íntima con Pellegrini. Lo que nos unía era la convicción de que la clase dirigente que había creado en 1880 un sistema tan exitoso como el que manteníamos, debía seguir gobernando. Nuestras personalidades eran muy diferentes. El era abierto, expansivo, bromista, amistoso y desmemoriado para los rencores. Podía decirse, además, que era mucho más moderno que yo porque siempre estaba atento a los inventos y las novedades y le fascinaban esos ingenios que, se supone, tienden a hacer más grata la vida; fue uno de los primeros argentinos que anduvo en bicicleta y me contaban que se lo veía todas las mañanas en el Bois de Boulogne —cuando estuvo en París en el año '99— dale que dale con el pedal, como una manera de mejorar su salud. También fue de los primeros que adoptó con entusiasmo los coches de motor y esas maquinitas de escribir que ahora todos usan. Por sobre todo, era un gran porteño, estaba marcado con el sello alsinista y miraba al resto del país con cierta compasión, por no decir con desdén. . . Nuestra prolongada alianza era un matrimonio de conveniencia, y no creo que me haya querido mucho. Pero sabía que él y yo, juntos, constituíamos una yunta imbatible, y por eso manteníamos una buena relación personal basada en el respeto recíproco y cierto escondido recelo que no nos permitía aceptarnos del todo.

Jamás le reproché el error de haber colocado a Del Valle

en la posición que le permitió hacer tanto daño, pero el
"Gringo" enmendó el entuerto con una energía que evidenciaba la conciencia de su equivocación. Volcado el Congreso,
convencido el presidente, sólo faltaba provocar la renuncia
del ministro revoltoso. Lo logró el 12 de agosto cuando en
una reunión de gabinete apresuradamente convocada, don
Luis reasumió, ante la sorpresa de todos, su posición de jefe
del poder Ejecutivo, negándose a designar otros interventores
en las provincias sublevadas que no fueran de su confianza
personal. A Del Valle se le habían cerrado todos los espacios
para seguir operando, y horas después él y sus amigos renunciaron. Un mes y diez días había durado su gestión: tiempo
suficiente como para poner el país patas arriba. . .

Al día siguiente Quintana asumió el ministerio del Interior con un gabinete integrado por amigos de Mitre: ellos
tendrían a su cargo la ingrata tarea de liquidar las secuelas
revolucionarias. No se puede decir que no haya actuado con
energía: decretó el estado de sitio en todo el país, despachó
cuerpos de ejército a San Luis, Santa Fe y La Plata, descono-
ció a los gobernadores revolucionarios y designó a los correspondientes interventores. Por un momento pareció que todo
empezaba a normalizarse. Pero la fiebre revolucionaria no
había remitido y los radicales, que estuvieron a punto de tomar el poder, ahora clamaban contra el despotismo que los
había eliminado de las provincias donde triunfaron por las armas. La clave era el Ejército, pues prácticamente todo el territorio estaba ocupado por diversos regimientos: ¿seguiría
siendo fiel a sus obligaciones de acatamiento al poder nacional? Yo estaba seguro de la lealtad de Vintter, Bosch, Bernal
y mi viejo Arredondo, al que mandaron a Cuyo, pero ignoraba si podría confiarse en los oficiales jóvenes, aquellas nuevas
camadas que no habían participado en la Conquista del Desierto ni en la ocupación del Chaco ni mucho menos en el
poblamiento de la Patagonia, y conocían en cambio los atractivos de la conspiración; esos oficialitos políticos que se proclamaban ora radicales, ora mitristas o, simplemente, revolucionarios.

Los hechos que siguieron demostrarían que, en efecto,
también entre los hombres de armas había cundido el virus
revolucionario. A principios de setiembre, una típica algarada
local tomó la cárcel de Tucumán en protesta contra el gobernador Próspero García, un hombre del Acuerdo. En pocos
días se produjo allí una curiosa situación: los amotinados

ocupaban la mitad norte de la ciudad, mientras el gobernador se hacía fuerte en la parte sur y desde ambas zonas se mantenía un permanente tiroteo con muchos muertos y heridos. El gobierno envió al regimiento 11 para que custodiara los bienes de la Nación, pero su oficialidad se sublevó, pasándose a los revolucionarios y provocando la caída del gobernador. Envalentonados, los triunfadores, que ahora se proclamaban radicales, intentaron invadir el territorio santiagueño: ante la propagación de la revuelta, Quintana formó apresuradamente un cuerpo de 1200 hombres al mando del general Bosch y lo envió a Tucumán. En un acto de coraje que siempre lo honrará, Pellegrini resolvió acompañar a la tropa, pese a que se decía abiertamente que también se amotinaría. Pero la energía de ambos se impuso y el 25 de setiembre mi ciudad natal se rindió. Hubo ocupación militar hasta fin de año.

Apenas se apagaba el fuego de Tucumán, se encendía otra vez el de Santa Fe. Aquí también hubo sublevación de un regimiento, el 3 de línea, que trabajado por Candioti se puso a sus órdenes y tomó la capital de la provincia, sitiando al interventor. Dos días se mantuvieron en sus posiciones los revolucionarios, izando una bandera roja y blanca que ondeaba al lado de los pabellones suizo, italiano y francés enarbolados por los colonos de estas nacionalidades. Para empeorar el panorama, mientras fuerzas procedentes de Paraná sofocaban el movimiento de Santa Fe, los radicales del Rosario, por segunda vez en dos meses, tornaron a tomar esta ciudad.

Esto era muy serio por dos motivos adicionales. En primer lugar, porque la cañonera "Andes" se puso del lado rebelde y los proveyó del armamento que llevaba, mientras otras dos embarcaciones de la Armada fondeadas en el Tigre hacían lo propio, aunque no alcanzaron a trasladarse al foco rebelde porque fueron hostilizadas por naves del gobierno y debieron rendirse una, y refugiarse en la costa oriental la otra. En cuanto a la cañonera, se enviaron al Rosario dos cruceros para anularla; durante varias horas tronó la artillería haciendo temblar los vidrios de la ciudad y proporcionando a los habitantes el inédito espectáculo de un combate naval frente casi a su puerto, hasta que la "Andes" quedó reventada y semihundida. Yo comenté en los diarios, días después, que desde la Guerra del Pacífico con sus épicos combates entre la "Huáscar" y la "Esmeralda", no había habido en aguas americanas un combate naval como éste.

El otro motivo que agregó gravedad a la revolución del Rosario fue la inesperada aparición, el 25 de setiembre, nada menos que de Alem. Llegó medio disfrazado en un lanchón que traía cueros, y su llegada conmocionó la ciudad. Sus partidarios lo aclamaron como presidente provisorio de la Nación, y desde luego su presencia retempló los ánimos rebeldes. Era indispensable actuar con energía y de manera fulminante. Las sublevaciones en el Ejército y la Marina indicaban que ya no podíamos contar totalmente con el apoyo de las fuerzas armadas; si el foco revolucionario instalado en la segunda ciudad de la República podía sostenerse unos días, corríamos peligro de que estallara otro incendio en cualquier otro punto. Menos mal que la provincia de Buenos Aires estaba tranquila, y notoriamente Yrigoyen no participaba en la aventura de su tío. Se dispuso entonces que el cuerpo mandado por Bosch en compañía de Pellegrini, terminada su faena en Tucumán, avanzara sobre el Rosario al igual que las fuerzas de Vintter, Bernal y Arredondo. También se enviaron algunos buques de la Armada al mando de los oficiales más seguros. Previamente, utilizando los resortes autorizados por el estado de sitio, se hizo bajar el tono a los diarios silenciando las informaciones sobre la revolución, y así fue que de pronto el periodismo dejó de mencionar a todo lo que nos estaba preocupando; ahora la opinión se apasionaba con el caso de Agustina Barat, la joven que se había metido a monja después de ser raptada por su novio: ¿había sido colocada en el convento a la fuerza por sus padres o la muchacha buscaba voluntariamente la paz de los claustros? Mientras la gente se entretenía con este folletín de la vida real, yo salí bruscamente de mi virtual ostracismo porque el 30 de setiembre el ministro de Guerra me designó general en jefe de las fuerzas en campaña.

El título era pomposo y excesivo, pero me brindó la oportunidad de arrancarme de la pasividad en que me encontraba para participar en la liquidación de las agitaciones revolucionarias: después de todo, Pellegrini no sería el único en llevarse los laureles. . . Después de tantos años de vida civil, ¡otra vez la guerra! Acepté, encantado, mi designación, y me embarqué inmediatamente en un tren especial hacia Rosario. Tuve tiempo para vestir mi viejo uniforme, probablemente demasiado ceñido para un cuerpo ya acostumbrado a la buena vida, y alcancé a calzar un par de pistolas. Gramajo, por su parte, renunció a incluir en su desayuno, al partir de Buenos Aires, su ya célebre revuelto, y se limitó a una modesta taza de café con leche enriquecida con pan y manteca: era su forma de ponerse en línea para las futuras batallas. Pero esto no era la campaña contra López Jordán ni la de Santa Rosa ni mucho menos la Conquista del Desierto: yo viajaba en un cómodo coche dormitorio mandando y recibiendo telegramas en cada estación. Como Mambrú, me iba a la guerra, pero al contrario de éste, sabía que pronto volvería; estaba seguro de poder aguantar una campaña larga, pero por muchos motivos deseaba que no fuera así.

Y efectivamente, no lo fue. Cuando llegué a Rosario ya sabía que los revolucionarios se habían rendido a las tropas de Bosch, pidiendo al cuerpo consular que oficiara de interlocutor. Perdí, pues, la oportunidad de expugnar la ciudad después de un gran encuentro, pero el país ganó con esa incruenta rendición. No tuve otro trabajo que inspeccionar a las fuerzas acampadas en las plazas del Rosario, y en seguida regresé a Buenos Aires para felicitar al presidente por el triunfo de las instituciones. Pero aunque esta salida con arreos militares (mi última salida bélica, por otra parte) hubiera sido un tanto desairada, al menos me había colocado de nuevo en circulación. Roca no estaba terminado, puesto que lo habían convocado para dirigir la acción decisiva y final. En cuanto al "presidente provisorio de la Nación", se lo detuvo en una casa del centro del Rosario con una canastita en la mano. Alem alegó sus fueros de senador pero se lo puso en prisión y allí quedó varios meses.

Así terminaron las grandes conmociones de 1893. Desde un punto de vista de optimismo, el saldo había sido finalmente positivo. Quedaba en claro que el poder nacional se impondría siempre sobre cualquier intento de alterar el orden; a pesar de la conducta de algunos oficiales, el Ejército y la Armada seguían siendo leales a sus deberes de obediencia. También era alentador el resultado en relación con los radicales, cuya obsesión revolucionaria había quedado muy desmedrada con estos fracasos, y en cuyas filas crecían las disensiones. Meses más tarde, el partido de Alem ganó elecciones en la Capital Federal y en la provincia de Buenos Aires, alcanzando a detentar doce bancas en Diputados y una, ocupada por don Bernardo, en el Senado. Aunque no lo crea, yo me alegré de los triunfos comiciales del radicalismo: prefería tenerlos sentados en el Congreso y no tirando desde los cantones. . . Pero este saldo pudo apreciarse tiempo después. En ese momento todo parecía inseguro y el restablecimiento del orden aparentaba ser frágil; los daños producidos por las alteraciones eran enormes y no sólo podían calcularse en dinero perdido.

Estas remezones pasadas, el país entró —tal como ocurriera en 1880— en un período de rechazo por la política. Los negocios andaban bien, la riqueza volvía a estar al alcance de cualquiera; ahora venía la necesidad de remansarse en la tranquilidad y la prosperidad. Yo había salido bastante airosamente de esa endiablada etapa y sólo me inquietaba una cosa: Quintana, que había dirigido la represión de los levantamientos, maniobraba lenta y hábilmente para poner las situaciones provinciales al servicio de su siempre acariciada candidatura presidencial. Pero un año después de los sucesos revolucionarios, en setiembre de 1894, fue destruido como pocos hombres públicos lo han sido en una interpelación parlamentaria. El autor de la hazaña fue don Bernardo. Con toda la experiencia de su larga vida política, usando el sarcasmo, el apóstrofe y una documentación ilevantable, el viejo federal hizo el proceso de los métodos usados por Quintana para sofocar las revoluciones radicales amordazando a la ciudadanía, imponiendo gobiernos fraudulentamente, abusando de las facultades otorgadas por el estado de sitio e impartiendo instrucciones secretas a los interventores designados por su influencia. Quintana escuchó impasible durante tres días la carga de don Bernardo, dicha con esa voz temblona que a veces parecía el balido de una cabra. Luego empezó a hacer su defensa en un recinto completo y expectante. Pero algo le ocurrió: o no le respondió su salud o recibió una noticia que lo dejó sin ánimo o simplemente no pudo levantar la montaña de cargos con que lo abrumara don Bernardo. El caso es que a los pocos minutos de empezar su discurso vaciló, naufragó en penosos silencios, leyó con sus ojos muy miopes unos párrafos que no causaron ninguna reacción positiva en el público, y finalmente pidió un intervalo de descanso, tomó su abrigo y se fue para no regresar. Tan desprestigiado quedó con este fiasco, que pocas semanas más tarde aprovechó un incidente menor ocurrido en Mendoza para renunciar al cargo que, no sin éxito, había desempeñado durante catorce meses.

Un hecho parecido en su forma ocurrió casi contemporáneamente y sirvió para desconceptuar a Alem ante la opinión pública: su duelo epistolar con Pellegrini. El "Gringo" y Alem habían estudiado juntos la carrera de Derecho y mante-

nían, desde entonces, una amistad bastante perdurable. Enfriaron sus relaciones en 1891, siendo presidente Pellegrini,
cuando los cívicos decidieron celebrar a todo trapo el primer
aniversario de la revolución del Parque e invitaron a los doce cadetes que se habían hecho presentes en el primer acto público
de la Unión Cívica. El presidente prohibió su concurrencia:
eran aprendices de militares y como tales debían abstenerse
de participar en actos políticos. Alem se enfureció. Se dirigió
a la Casa Rosada, entró al despacho presidencial y en tono
insolente exigió a Pellegrini permitir la asistencia de los cadetes al acto cívico. De un modo tan enérgico como el de su
interlocutor, el presidente le dijo que mantenía su resolución
y que haría buscar a los cadetes con un piquete de soldados
para juzgarlos como desertores. Salió Alem enceguecido de
ira y todavía mandó un billete al presidente conminándolo
a que en el término de dos horas mudara su resolución: de lo
contrario, agregaba, "se arrepentiría".

De aquí en más, Pellegrini trató a Alem como un adversario, aunque era incapaz de rencores largos. Ahora, en setiembre de 1894, Alem tuvo la imprudencia de publicar una
declaración levantando alusiones que le había dirigido un diputado amigo de Pellegrini en la legislatura de la provincia de
Buenos Aires. En un estilo exaltado, casi místico, alabó su
moral, su pobreza, la transparencia de su vida. Entonces el
"Gringo" tomó la ocasión por los cabellos: estaba harto,
como yo, de redentores y regeneradores, y escribió una carta demoledora que todos los diarios publicaron. Con datos
concretos, fechas y números, demostró que Alem era un deudor insolvente del Banco de la Provincia, lo llamó "mistifica-
dor", "falso apóstol" e insinuó que era un borracho. Alem no
pudo responder. Ni siquiera hubo duelo, pues los padrinos
apreciaron que las afirmaciones de Pellegrini no eran calum-
niosas. Los que adoraban a Alem siguieron adorándolo, pero
ante la opinión independiente su figura quedó destrozada.

El traspié de Alem ayudó al gobierno, al desnudar la penosa realidad del personaje; la caída de Quintana, en cambio,
lo debilitó. Ya era voz general que Sáenz Peña tenía que irse.
Estaba aislado y era incapaz de llevar adelante una política
razonable. Trabajosamente logró recomponer un gabinete. En
los últimos meses de 1894 se sugirió en algunos círculos que
Pellegrini y yo debíamos aconsejar al presidente sobre sus futuros pasos, pero ni el "Gringo" ni yo teníamos interés en
apuntalar a un hombre que se caía solo. El 12 de enero de

1895 hice que *La Tribuna* informara que ninguno de los dos
nos considerábamos en papel de protectores o consejeros
del presidente; por su propio prestigio, él mismo debía resolver sus dificultades.

Todos interpretaron que era el último golpe de campana
del funeral político de Luis Sáenz Peña. Diez días después
presentaba su renuncia, que la Asamblea Legislativa aceptó
casi por unanimidad. Al día siguiente asumió la primera magistratura el vicepresidente José Evaristo Uriburu y, con él,
todo sería distinto.

Termino esta parte de mi relato repitiendo lo que antes
dije: ni por todo el oro del mundo me prestaría a volver a pasar la experiencia de esos años, y siempre guardé un amargo
recuerdo de ellos. Pero esta amargura está limitada al campo
político. En el orden personal fueron tiempos de felicidad
plena. Porque entonces encontré a Guillermina y, la verdad
sea dicha, en esos años anduve enamorado como un cadete...

Guillermina de Oliveira Cézar era una más de la chorrera
de hijos, catorce o quince, que don Ramón de Oliveira Cézar,
estanciero con campos por el lado del Tigre, engendró con su
esposa Angela Diana y Goyechea. Todos los hermanos venían
de una mistura de portugueses y vascos que se manifestaba en
cabellos claros y piel muy blanca. Una de sus hermanas, Angela, bastante mayor que ella, casó con Pascual Costa, de
quien fui amigo; Angela fue quien lanzó la idea de erigir el
Cristo de los Andes, una plausible iniciativa de la que hizo la
razón y el objeto de su vida, amolando bastante a todo el
mundo, yo el primero, que tuve que aguantar estoicamente
sus pedidos durante mi segunda presidencia. Pero esta es otra
historia y no empalideció nunca mi buena amistad con el matrimonio Costa, que también tuvo que ver con mi relación
con Guillermina, como ya le contaré más adelante.

En 1885 Guillermina contrajo matrimonio con el doctor
Eduardo Wilde, a la sazón mi ministro de Justicia e Instrucción Pública. La novia tenía 15 años y recién había salido del
colegio; el ministro contaba con 41 años y era viudo. Fueron,
como supondrán, unas bodas muy comentadas. Se dijo, entre
otras cosas, que don Ramón, paciente de Wilde, le pidió que
se hiciera cargo de una de sus hijas. No sé si será verdad, pero
lo que es cierto fue la dificultad con que tropezó el novio
para hacer consagrar su casorio, porque ningún cura de Bue-

nos Aires se animaba a bendecir las nupcias del ateo, librepensador y masonazo que, se suponía era mi ministro... Finalmente se comidió a celebrar la ceremonia el obispo de Cuyo y yo fui padrino, actuando como testigos don Bernardo de Irigoyen, Carlos Pellegrini y Victorino de la Plaza; tres de los cuatro seríamos presidentes en algún momento, y el restante, candidato a la presidencia en dos oportunidades: como ve, una boda muy por lo alto. Fue entonces cuando conocí a Guillermina, una chiquilina con cierta gracia núbil pero menudita, indefinida, de pocas palabras; una adolescente que sólo por capricho o extravagancia podía ser la esposa del cuarentón corrido, escéptico y frío que era mi antiguo compañero del Colegio. Guillermina suele decir que nos conocimos antes, en el baile que se dio en enero de 1881 (tres meses después de asumir mi primera presidencia) en honor de los duques de Clarence y de York, este último hoy reinante en Inglaterra como Jorge V. Fue en el teatro de la Opera, una fiesta espléndida donde las más hermosas muchachas de la sociedad porteña se pusieron de punta en blanco para mostrar que ellas eran tan bonitas como las *misses* de su país. Según ella, yo mismo la presenté al duque de York, con quien bailó un buen rato; si fue así, habrá sido una mocosa a la que escasamente habré dedicado una mirada.

En los años siguientes la vi muy pocas veces, en algún sarao o acompañando a su marido al teatro. Seguía siendo una muchachita insulsa, y era blanco de comentarios irónicos cuando se exhibían en su palco del Colón (el viejo Colón, digo, el que estaba frente a la Plaza de Mayo, más grato para mi gusto que el recargado que han inaugurado hace seis años frente a la quinta de los Miró Dorrego) cubierta de joyas y puesta a la última moda, hamacándose en su silla y devorando bombones como una colegiala en vacaciones. Por otra parte, a los pocos meses de terminar mi presidencia me fui a Europa, como ya le conté, y cuando regresé, Wilde renunció al ministerio del Interior que desempeñaba con Juárez Celman y partió con su mujer para hacer un largo viaje por el viejo mundo del que recién regresaron a principios de 1891; a mediados de 1892 se alejaron de nuevo, instalándose en París durante casi un año. Así es que durante unos ocho años casi no la vi, y todo lo que supe de ella eran los saludos que me mandaba cuando su marido me escribía.

Los Wilde nunca tuvieron hijos. Se rumoreaba que mantenían un *mariage blanc*, pero de esto no puedo dar fe porque

nunca hablamos de tales temas con Guillermina. Lo que sí
conozco porque me lo contaron muchos amigos de Wilde, es
su extraña costumbre de mostrar a su mujer durmiendo: tan
hermosa le parecía, que a veces invitaba a sus contertulios a
suspender las tenidas nocturnas de cigarro y baraja en su residencia de la calle Veinticinco de Mayo y subir a contemplar
el sueño de su esposa... Yo creo que la amaba como la mejor
pieza de sus colecciones de bibelots; como un objeto decorativo al que se cuida, se mima y se adorna, pero se toca poco.

Fue durante alguno de esos largos viajes por Europa
cuando les ocurrió un episodio cómico o doloroso, según se
mire, que Wilde contaba con su gracia un poco cínica. Parece
que su mujer empezó a sufrir sofocones y repentinas vehe-
mencias que alteraban su temperamento. Entonces Wilde
decidió consultar a quien era el maestro de los maestros de
París, el célebre doctor Charcot. El sabio examinó cuidadosamente a la enferma, y después de terminar su tarea llamó a
Wilde y profirió su diagnóstico magistral:

—*Monsieur, il faut marier votre fille...*

Cuando los Wilde reaparecieron en Buenos Aires quedé
sorprendido por la transformación de Guillermina. Ahora era
una mujer, y ¡qué mujer! Segura de sí misma, interesada por
todo, haciendo brillar el barniz de cultura que le habían dado
sus recorridas, afirmada en una belleza rara que dejó estelas
de admiración en todos los lugares de Europa que tocaron. La
borrosa adolescente de diez años antes era ahora una espléndida hembra que sabía sacar partido de su hermosura. No era
solamente bella: era atrevida e independiente en sus juicios,
sensata y original al mismo tiempo; atractiva, en fin, hasta
lo irresistible. Yo quedé embelesado desde el primer momento, y ella no dejó de percibirlo.

Para Guillermina, Roca era un personaje familiar. Wilde
le había hablado mucho de mi vida, mis luchas, mis triunfos,
y ciertamente pocos hombres podían describirme con mayor
conocimiento. Aunque nos hubiéramos visto pocas veces, yo
era parte del mundo íntimo y acaso de los sueños de Guillermina. No intenté oponerme a la moción poderosa e irrefrenable que me estaba empujando. Cuando le insinué lo que
sentía o, mejor dicho, cuando toda mi piel le transmitió
silenciosamente la pasión que me llevaba hacia su persona,
me recibió con ternura y alegría, sin complicaciones ni reservas, como si nos reencontráramos con naturalidad después
de habernos buscado a tientas durante mucho tiempo.

Tenía yo por entonces unos 50 años, poco más o menos; ella, veinticuatro o veinticinco. Yo era viudo y libre; ella estaba casada con uno de mis mejores amigos. Nunca nos remordió el pensamiento de que lo engañábamos; más bien éramos un terceto feliz donde Wilde cumplía el papel de un amigo bonachón y comprensivo. Yo trataba de ser prudente y hacía todo lo posible para que no trascendiera nuestra relación: como en el '80, volví a emplear claves y códigos, esta vez para designar lugares y momentos de encuentro en los billetes que nos mandábamos, alertar sobre situaciones difíciles o cambiar las palabras tiernas que desbordan a los enamorados. Pero Buenos Aires es, en muchos aspectos, una pequeña aldea donde todo termina por saberse. Lo era mucho más hace veinte años, de modo que mi relación con Guillermina no dejó de ser discretamente sentida en los círculos cercanos a nosotros. Algunos maledicientes le adjudicaron a Wilde una frase que podría haber sido propia de su ingénito cinismo pero que no me consta haya dicho nunca:

—Los cuernos son como los dientes; duelen al salir pero ayudan a comer. . .

Sin embargo, mi amigo no precisaba ponerse cuernos para comer. Era un médico rico y prestigioso y yo no tenía en esos años ningún poder para dispensar prebendas o canonjías.

En esa etapa tan amarga y llena de fracasos políticos, Guillermina me llenó con un amor como jamás había conocido. Nada tenía que ver esto con las rápidas volteadas de chinitas en mi juventud ni con los parsimoniosos ritos de mi vida matrimonial ni con las aventurillas ocasionales destinadas a probarme que seguía siendo capaz de seducir. Con Guillermina viví un amor pleno y completo, ofrecido y recibido para llenarnos sin medida el uno con el otro. Y también disfruté con ella de la charla plácida que me arrancaba del aire taciturno que, según dicen, solía caracterizarme por entonces. A su lado yo hilvanaba libremente mis recuerdos, exponía mis preocupaciones, planteaba los problemas que me acosaban y dibujaba mis sueños y mis ambiciones sin retaceos; ella, entre una monería y un comentario sobre cualquier pequeñez, definía la respuesta a mis interrogantes o aclaraba sabiamente mis ideas. Que nuestros cuerpos y nuestros espíritus pudieran entenderse tan fácilmente, que todo lo que nos pertenecía fuera tan completo y perfecto era algo que no terminaba nunca de maravillarme, como un increíble milagro renovado mágicamente día a día.

Clara fue una buena esposa y una excelente compañera. Pero al lado de Guillermina supe lo que es el amor. Un amor que se prolongó activamente varios años, desafiando prejuicios y habladurías, arriesgando ella su reputación y yo mi propia carrera, hasta que finalmente tuvimos que separarnos. Pero no quiero arruinar con el recuerdo de ese desgarramiento el relato de la alegre plenitud de aquellos años, transcurridos en la cercanía de esa mujer cuya intensidad me hizo sentir joven en plena madurez, y feliz entre los tropezones de sucesos que por entonces parecían brindarme solamente sinsabores y desencantos.

1895 — 1904

I

Con Uriburu, ya lo dije, todo empezó a cambiar. Positivamente, por cierto. Quien debe haberlo notado de entrada fue el joven periodista Joaquín de Vedia, que trabajaba en *La Tribuna*, el diario que generalmente reflejaba mis opiniones. El día que iba a asumir Uriburu, llegó a mi casa casi corriendo para mostrarme la lista de los nuevos ministros. Miré el papel y le dije:

—Falta el de Justicia e Instrucción Pública.

—Sí, señor, pero todavía no hay nadie para ese cargo.

—Ponga al doctor Antonio Bermejo —le dije sonriendo—. Ya debe estar designado. . .

Años más tarde me decía De Vedia que en ese momento comprendió lo que quiere decir aquello de "vender naranjas al Paraguay". . .

En efecto, con Uriburu establecimos una cooperación casi permanente. Nada importante decidía antes de consultarnos a Pellegrini y a mí, de modo que existía un entendimiento fácil y sin tropiezos. Pocas veces he tratado a un hombre tan grisáceo e inexpresivo como ese salteño a quien yo conocía desde los remotos tiempos de la misión de mi tío Marcos en el interior. Pero en esa personalidad, que parecía hecha para olvidarse, se delineaba un espíritu agudo dotado de cualidades que lo hacían eficaz en su trabajo y equilibrado en cualquier situación. Desconcertaba su rostro triangular, enmascarado tras el triple biombo de sus espejuelos, sus bigotes y su pera, pero cuando se lo cultivaba evidenciaba una preocupación por el país que ganaba el respeto de todos. Hacía casi diez años que estaba ausente en misiones diplomáticas que lo llevaron a Bolivia, Perú y Chile cuando lo propusimos para integrar la fórmula del Acuerdo, en 1891. Con el tiempo se convirtió en mi consuegro, pues su hijo —habido de su segundo matrimonio con una Tezanos Pinto, peruana— casó con mi hija Agustina, la "Gringa".

Uriburu cosechó el ansia de tranquilidad que prevalecía

en el país después de las revueltas y fracturas de la época de
don Luis, de modo que yo pude colgar definitivamente el casco de bombero que en aquellos años había tenido que calar-
me tantas veces. Unos pocos embrollos en La Rioja y San
Luis, y en Santiago del Estero en dos oportunidades, fueron
resueltos pacíficamente con otras tantas intervenciones federales, que aproveché para colocar a mis amigos en situaciones
convenientes. No podía dejar de hacerlo: Uriburu no tenía
partido y yo no habría de cometer otra vez la imprudencia
de dejar espacios vacantes en el oficialismo para que otros los
ocuparan. A su debido tiempo insinué que me gustaría volver
a ocupar mi banca del Senado como representante de mi provincia, y en junio de 1895 fui elegido senador nacional; por
tercera vez mis pares me eligieron presidente del cuerpo. Era
una clara señal de que consideraba al alcance de mi mano la
primera magistratura de la Nación. Desde la finalización de
mi mandato en 1886, habrían pasado dos períodos presidenciales cuando se designara al sucesor de Uriburu en 1898, y
fuera de Pellegrini y de mí no se veían otras figuras en el
panorama político que pudieran aspirar razonablemente a
hacerse cargo de la presidencia. Mitre era, desde luego, el primer ciudadano de la República, pero nadie lo veía como
participante de una competencia electoral; en cuanto al
"Gringo", tenía todos los títulos para aspirar a volver, esta
vez de pleno derecho, al puesto que había desempeñado con
tanta capacidad durante poco más de dos años, pero habría
que ver si decidía salir a la palestra. Por ahora no manifestaba
ningún signo en este sentido. Era por lo tanto muy natural
que yo me dispusiera a colocar las piezas de tal forma que
facilitara mi juego en el acceso al poder.

No puedo decir cuándo empecé a pensar en un segundo
período presidencial. Es posible que haya sido desde el momento mismo en que entregué la banda y el bastón a mi sucesor. Al poco tiempo de dejar el mando, Sarmiento me hizo
una broma a la que yo contesté en igual tono, que algún testigo tomó como una declaración formal. Me dijo Sarmiento
con ese retintín chacotón que solía usar en sus buenos momentos:

—¿Y qué puede hacer ahora un hombre joven como usted, después de desempeñar el más alto cargo de la República?

— ¡Oh, general! —le contesté; siempre lo llamaba "general" porque sabía que le halagaba este título, el único que
no merecía— ¡Puede pensar en su reelección!

Pero no es cierto que lo pensara en ese momento. El largo viaje por Europa primero, las dificultades suscitadas por la acción de mi concuñado después y todo lo que vino más tarde, me obligaron a dedicarme a una sola preocupación: sobrevivir. Recién cuando Uriburu se sentó en el sillón presidencial pude reflexionar sobre mi propio futuro. Desde luego no era un futuro exclusivamente mío: estaba vinculado al del país. Y la experiencia de los años anteriores me indicaba que la Nación solo se siente tranquila y segura cuando sus dirigentes naturales se colocan en las posiciones de poder que les corresponde por su trayectoria, su capacidad y su significación. Mi presidencia se había desenvuelto en un momento feliz para la sociedad argentina, pero casi todo mi tiempo y mis esfuerzos se dedicaron por entonces a sentar las bases de instituciones fundamentales, arreglar problemas con los vecinos y crear los instrumentos indispensables para que el Estado pudiera ejercer sus deberes y atribuciones: en cierto modo había sido una gestión fundacional, y así tuve que recordarlo varias veces a mis conciudadanos. Habían transcurrido casi doce años desde entonces, y a pesar de los inconvenientes, las crisis, las revoluciones y otros infortunios, aquellas creaciones estaban rindiendo sus frutos. Podíase decir que lo que yo había hecho, más lo que habían logrado, bien o mal, mis sucesores, estaban modelando una Argentina bastante parecida a lo que yo había imaginado tantas veces en mis vigilias de la frontera, en los meses difíciles de 1880 o en las intensas jornadas de mi administración. ¿No era entonces muy justo que ahora tuviera mi recompensa? ¿Era ilógico, acaso, que se me brindara en mi madurez la oportunidad de corregir algunos de los errores cometidos, impulsar algunos aspectos que había descuidado y dar un nuevo empujón a esto que ya no era un esbozo de país sino una Nación grande, respetable, próspera? Y por ventura, ¿no era yo el más indicado para hacerlo?

No era cuestión de ambición personal. Cuando se llega a una posición tan alta como la que yo asumí en 1880, cesan las vanidades y campea, sobre todas las cosas, un sentido de responsabilidad. La perspectiva de volver a la presidencia se alimentaba en mi espíritu de varios componentes. Uno, el que ya dije: retomar lo que yo mismo, en gran medida, había hecho, para perfeccionarlo. No desperdiciar una experiencia de gobierno que pocos de mis compatriotas atesoraban como yo. Sellar con mi presencia una evolución que debía ser garantizada por una personalidad inequívoca en sus tendencias. Y en último término, ¿por qué no confesarlo?,mostrar a mis enemigos, los que tantas veces se habían regocijado con mis sucesivas defunciones políticas, que yo seguía siendo Roca y todavía tendrían que aguantarme un buen rato...

Una circunstancia no del todo imprevista pero que adquirió gravedad durante la gestión de Uriburu ayudó, sin yo buscarlo, a que mi nombre se fuera imponiendo sin mayores resistencias: los crecientes problemas con Chile.

Los peritos de ambos países estaban trabajando de tiempo atrás para colocar los hitos que debían marcar definitivamente nuestras fronteras, según lo convenido en el tratado de 1881. Pero cada vez con mayor frecuencia se suscitaban enojosas cuestiones entre ellos, porque los chilenos se aferraban al principio del *divortium aquarum* soslayando las referencias a las cumbres más altas que constituían la doctrina vertebral del tratado. Había una indudable mala fe en los chilenos porque nada es más cambiante que un río cordillerano, y definir una frontera según las nacientes de esos erráticos cursos de agua significaba crear innumerables conflictos para el futuro; las alturas más empinadas, en cambio, son realidades geográficas inmutables. Pero los chilenos insistían en sus tesis y las discrepancias se agriaban por la antipatía que cordialmente se profesaban Diego Barros Arana y nuestro perito, Francisco Moreno, el más grande conocedor de la Patagonia y uno de los patriotas más cabales que he tratado en mi vida.

En realidad, lo que ocurría era algo más importante que la existencia de criterios geográficos distintos. Chile había concluido triunfalmente la larga guerra sostenida con Perú y Bolivia; su ejército y su marina eran fuertes, estaban templadas con la victoria y en el país trasandino se movía un importante grupo que quería aprovechar ese momento excepcional para cumplir el viejo sueño de quedarse con la Patagonia y adquirir una salida al Atlántico. El problema, entonces, no era una disputa por algunos miles de kilómetros cuadrados —situados, por otra parte, en territorios despoblados y todavía poco conocidos— sino que tenía que ver con la posición predominante que muchos chilenos aspiraban a darle a su país en Sudamérica. En Santiago se hablaba abiertamente de una guerra con la Argentina, y en Buenos Aires no dejaban de mojar algunos belicistas como Indalecio Gómez y Estanislao Zeballos, que desde aquel exitoso libro que prologó la

Conquista del Desierto insistía que la única solución definitiva de los problemas fronterizos era el enfrentamiento armado. Para empeorarlo todo, el ministro chileno en nuestro país era un desaforado que magnificaba el más pequeño conflicto y nos tenía hartos con sus insolentes reclamaciones.

Uriburu y yo veíamos con preocupación el *crescendo* bélico porque ambos sabíamos que la Argentina se encontraba en inferioridad de condiciones militares. Nuestros vecinos salían de una guerra triunfante, mientras que nosotros habíamos vivido nuestra última conflagración exterior veinticinco años atrás, y nuestros soldados y marinos se habían dedicado (además de divertirse ocasionalmente en conspiraciones y revoluciones) a la tarea de ocupar, poblar y administrar los territorios vacíos. Una guerra con Chile sería, desde luego, algo muy desafortunado, como cualquier guerra; pero además cabía la posibilidad de que la perdiéramos... Esta circunstancia no escapaba a la opinión pública, y entonces mi persona se iba convirtiendo en una necesidad nacional. Todos sabían que, como militar, era más amante de la paz que del enfrentamiento, pues toda mi vida había actuado en este sentido. Pero también se sabía que en la carrera de las armas jamás había conocido una sola derrota. Fue de manera natural, pues, que se extendió progresivamente un tácito consenso entre la gente sensata sobre el hombre que debía regir sus destinos cuando Uriburu concluyera su mandato.

Desde luego, el presidente y yo nos preocupamos de restablecer cierto equilibrio de fuerzas con nuestro potencial enemigo, hasta tanto se lograra el avenimiento que ambos deseábamos. En ese momento nuestra flota era muy inferior a la chilena, pero además carecía de bases para reaprovisionar y carenar sus buques. Era urgente establecer un gran apostadero y Uriburu se puso a la tarea con decisión y efectividad; pocos meses antes de terminar su mandato pudo colocar la piedra fundamental de la gigantesca obra proyectada y dirigida por el ingeniero italiano Luis Luiggi en las cercanías de Bahía Blanca, que yo inauguré posteriormente, siendo presidente. También era necesario adquirir naves de guerra; usando las buenas amistades que había dejado en Italia insté a la empresa Ansaldo & Orlando a que nos vendiera el acorazado "Garibaldi", que se estaba construyendo con destino a la flota de su país, y pese a las presiones que se manejaron desde Santiago para impedirlo, finalmente esa moderna unidad naval pasó a nuestras manos. Las comunicaciones que se me envia-

ron esta oportunidad por la empresa y el gobierno de Italia
no dejaban dudas que mi intervención personal había sido
decisiva, pero yo no quise que esas notas se publicaran porque juzgué indigno sacar réditos políticos de una situación
de emergencia nacional. También se encargó en Gran Bretaña
la fragata "Sarmiento", que después se ha hecho tan popular,
para instrucción de nuestra oficialidad. En cuanto al ejército,
se sancionaron leyes en cuya redacción participé, para crear
una fuerza permanente y otra de guardias nacionales, que
serían la base de nuestro poder militar: cuando en enero de
1896 más de 20.000 ciudadanos convocados, y casi 2000
oficiales acamparon en Curu-Malal para permanecer allí varias
semanas haciendo ejercicios de tiro, se advirtió la eficacia de
las normas aprobadas.

Las gestiones diplomáticas seguían tramitándose con diversa suerte y en los dos países crecía la percepción de que la
guerra era inevitable, pero al menos se habían emparejado un
poco las fuerzas, y cuando Uriburu concluyó su período, el
tonelaje de las flotas de Chile y la Argentina eran casi iguales,
y se había mejorado mucho la organización militar y su armamento. Ahora estábamos en condiciones mejores para hacer
una paz digna o una buena guerra, y hasta en los estratos más
populares se abrigaba la convicción de que nadie podría hacerse cargo de tal paz o semejante guerra, sino yo.

También los radicales —aunque parezca mentira— contribuyeron a facilitar mi retorno al gobierno. Todo empezó a
andarles mal desde una noche de invierno de 1896; para ser
más preciso, ya les estaba yendo mal, pues en enero de ese
año falleció repentinamente Del Valle, y en febrero perdieron
las elecciones en la Capital Federal, por primera vez desde
que existían como partido.

La noche que digo yo estaba comprometido con unos
amigos a ver en el teatro de la Victoria "Los Pilares de la Sociedad", obra de un tal Ibsen que estaba haciendo furor en
Buenos Aires, representada por la compañía de Italia Vitalia-
ni. Pero hacía mucho frío y a último momento desistí de ir,
un poco porque me sentía achuchado pero también porque
no me interesan mucho esas obras que en vez de entretener
le llenan a uno la cabeza de dudas e interrogantes; a mí me
gustan las zarzuelas y hasta soporto algunas óperas, pero eso
de ir al teatro para cargarse de dramas ajenos, me parece ri-

dículo... El caso es que me quedé leyendo en mi escritorio.
De pronto sonó la campanilla del teléfono; raro, porque
todos saben que soy de acostarme temprano y levantarme al
alba, y las operadoras de la Telefónica difícilmente me pasaban llamadas después de cenar. Atendió Gumersindo y me
dijo que de *La Tribuna* querían hablarme con urgencia. Cuando me puse el auricular en la oreja, alguien me dijo atropelladamente una cosa increíble:

— ¡Se mató Alem!

Me contaron cómo había sido y yo me quedé pensando
en la patética trayectoria de ese hombre que había aparecido
en la vida del país con veinte o treinta años de anticipación.
Pues Alem trajo reclamos hasta cierto punto justos, pero pre-
maturos. Hasta que no se asentaran las instituciones y se edu-
cara al pueblo en el respeto por la ley y el orden, la prédica
de la gente como Alem era subversión pura. Tuve lástima por
él y ordené a Gumersindo que me negara si alguien intentaba
hablar conmigo. ¡Un suicidio! Muy pocos casos conocía de
gente que se hubiera quitado la vida: el de un hijo de Mitre,
muy jovencito, fue el más notorio en el país, y en Europa, el
del general Boulanger cuatro o cinco años atrás, que se disparó un pistoletazo sobre la tumba de su querida. Pero el de
Alem era, además, un suicidio político, el sello sincero y
definitivo de su fracaso.

Desde ese momento, vuelvo a decirlo, los radicales an-
duvieron a los tumbos. No porque la desaparición de Alem
los hubiera privado de un *leader*, ya que en ese momento no
lo era o, en el mejor de los casos, lo era de un modo sólo formal, sino porque entraron en una dura puja. De un lado estaba don Bernardo, a quien no disgustaba la perspectiva de
unirse con el mitrismo para reconstruir la Unión Cívica de
1890. Pero el otro Yrigoyen, el que no residía en la calle Florida sino, según me dijeron, en una modesta casa alquilada en
Plaza Constitución, no quería saber nada de alianzas. Entre el
Comité de la Provincia de Buenos Aires, que presidía Hipólito,
y el Comité Nacional de la UCR, cuyo presidente era don
Bernardo, se trabó una sorda pero implacable lucha. Cuando
los bernardistas comprendieron que sería imposible amalga-
mar en un único partido a los radicales y los mitristas, atenuaron su propuesta: no habría fusión, pero ambas fuerzas, marchando separadamente, podrían seguir caminos paralelos
votando a los mismos candidatos. Después de borrascosas discusiones el Comité Nacional aceptó esta estrategia y los "para-

lelos" alcanzaron a hacer en agosto de 1897 algunos *meetings* con apreciable cantidad de asistentes: en uno de ellos, al desfilar la columna por la calle Florida, se abrieron teatralmente las puertas que daban al balcón de lo de Ramos Mejía, y don Bartolo y don Bernardo aparecieron juntos para recibir las ovaciones, como si todo se hubiera retrotraído a 1891 y la fórmula del Rosario siguiera vivita y coleando después de seis años. . .

Entonces Hipólito asestó un golpe mortal a las "paralelas". A fines de setiembre el Comité de la Provincia de Buenos Aires votó su propia disolución. Hipólito y sus amigos preferían desaparecer de la escena política antes que participar en un entendimiento con el mitrismo. Era el organismo más fuerte del radicalismo, y con su dispersión, las "paralelas" se tornaban inviables. Después hubo reproches y hasta un duelo, el del joven Lisandro de la Torre con Hipólito, precedido de una carta donde el dirigente rosarino profetizaba amargamente:

— ¡Merecemos a Roca! —como si yo fuera una epidemia. . .

En aquel momento, la actitud de los radicales hipolitistas me pareció un suicidio; pocos años me bastaron para entender que había sido una maniobra maestra para mantener la cohesión de los restos del partido alrededor del sobrino de Alem y preparar su pequeño núcleo como animador de una utopía más peligrosa de la que había predicado el suicida —en cuya memoria, dicho sea de paso, se estaba desplegando un verdadero culto entre las clases bajas. Como quiera que sea, la dispersión radical me dejaba el campo totalmente libre pues los mitristas no podrían presentar batalla solos. Para completar, Pellegrini convenció a don Bernardo que aceptara la gobernación de la provincia de Buenos Aires con nuestra propia aquiescencia y el apoyo desganado del mitrismo; con lo que una fracción radical había desaparecido por autoeliminación, y la otra se fue con don Bernardo hacia tiendas muy cercanas a las nuestras.

De modo que en el último tercio de 1897 mi nombre no despertaba ninguna resistencia política seria y, por el contrario, había sido levantado por el partido Nacional. En este trámite Pellegrini jugó un papel que debo reconocerle.

Yo sabía que desde fines de 1896 algunos adversarios míos como el general Racedo y Roque Sáenz Peña habían estado instando a Pellegrini a presentar su candidatura; y también me constaba que el "Gringo" los había despachado con palabras de compromiso. Tenía la impresión que no se movería; incluso había dicho —me aseguraron— que no sería candidato porque, de serlo, yo habría de aliarme con Mitre para combatirlo. No sé si esto hubiera ocurrido, pero de cualquier manera los indicios disponibles evidenciaban que Pellegrini no saldría a luchar. Creía sinceramente que en momentos difíciles como los que auguraban nuestras relaciones con Chile, el hombre indicado para dirigir la Nación era yo, e intuía que su eventual candidatura destrozaría al partido Nacional. Más aún: en un par de oportunidades había criticado abiertamente a Uriburu, lo que significaba que no se consideraba un aspirante proveniente del oficialismo, y menos lo sería de la oposición.

El 10 de agosto de 1897 se reunió en el Columbia Skating Ring, una pista de patinaje, la convención del partido Nacional. Pellegrini la presidió y pronunció un discurso con los tópicos habituales. Después se votó una breve plataforma y se procedió a la elección de la fórmula presidencial. Mi nombre fue consagrado prácticamente por unanimidad; para completar el binomio se designó a Norberto Quirno Costa, que había sido diplomático y ocupado cargos importantes en distintos gobiernos. La designación de Quirno Costa había sido sugerida por mí, pues me parecía valedero repetir la experiencia de Madero en mi primera presidencia, teniendo al lado un segundo sin relevancia política. Pero disgustó a Pellegrini, que apoyaba a su amigo Vicente Casares, el de "La Martona", hombre honorable y también amigo mío, pero no tan confiable como el que yo sugerí. Como casi siempre ocurría con el "Gringo", no le duró mucho el fastidio.

Por esos días los "paralelos" estaban desplegando una intensa actividad y muchos amigos —también yo— consideramos conveniente que Pellegrini apoyara de un modo más explícito mi candidatura. Aceptó pronunciar una conferencia en el teatro Odeón, y allí fue donde su talento rayó a gran altura. Tuvo la deferencia de mostrarme el texto unos días antes, pues yo tuve que viajar a Río IV, preocupado por la salud de Alejandro, y no estaría en Buenos Aires. Me contaron que la sala de Corrientes y Esmeralda estaba repleta, y que pocas veces se había registrado una expectativa igual.

Pellegrini hizo primero la historia del partido Nacional, lo describió como un instrumento de unidad de la Nación al haberse formado con el autonomismo porteño de Alsina y las fuerzas vigentes en el interior. Habló de mí: recordó que yo fui quien conquistó el Desierto y se refirió al tema de nuestras relaciones con Chile. Y con gran generosidad agregó:

—Hace apenas dos años se acumulaban en nuestro horizonte nubes de tormenta, y el sentimiento público se concentró, presintiendo horas de prueba, en las que tal vez hubiera que jugar todo lo que una Nación tiene de caro y de sagrado. La juventud se dirigió a los cuarteles y preparó tranquilamente sus armas; la Nación se armó y organizó sus fuerzas, y en la solemnidad de esos momentos en que las pequeñas y miserables pasiones callan ante la inmensa palpitación patriótica, todas las miradas y esperanzas se dirigieron a un hombre, a cuya inteligencia y patriotismo, si la hora fatal hubiera sonado, hubiéramos confiado la honra de la Patria, la gloria de su bandera, lo mejor de nuestra vida y nuestra sangre.

Señaló que mi gobierno anterior no fue unipersonal o absoluto, y se refirió después al mitrismo, "que ni siquiera ha pretendido iniciar una campaña independiente", tal era su impotencia, y al radicalismo, "que es más bien un temperamento que un principio político". En síntesis, sólo el partido Nacional estaba en condiciones de gobernar al país.

Fue una exposición llena de ideas, definitoria y definitiva; de allí en adelante, no podía haber dudas ni reticencias en el oficialismo. Aun los que podían ser opositores se iban resignando a "merecerme". . . Por otra parte, entre fines de octubre de 1895 y comienzos de febrero de 1896 yo había estado a cargo del poder Ejecutivo porque los médicos le prescribieron a Uriburu un descanso, y mientras él reposaba en Córdoba yo cumplí, durante cien días justos, el papel de presidente. Y contra las profecías de algunos, durante ese lapso me entendí perfectamente con esos ministros que no eran míos, y aun me hice muy amigo de Bermejo.

¡Qué diferencia entre ésta, mi segunda candidatura presidencial, con la que había tenido que defender a sangre y fuego en 1880! Aquella vino montada sobre una revolución, casi una guerra civil, con riesgo de la segregación de Buenos Aires y una tormenta de odios donde a poco naufraga el poder nacional. Esta de ahora llegaba, en cambio, plácidamente, sin resistencias, casi regalada; en algunos casos, con un gesto de indiferencia o resignación, y en otros con un implícito asentimiento. La diferencia entre mis dos postulaciones era un símbolo de la evolución del país. Dieciocho años solamente nos separaban de aquella Argentina revoltosa y debilitada por un escaso sentido de la unidad nacional. Ahora, la fácil manera como se imponía mi nombre daba cuenta de una Nación preocupada por cosas importantes, y no en los avatares minúsculos de una campaña política.

Abrevio: en abril de 1898 se realizaron en todo el país lo que, con un poco de buena disposición, podríamos llamar elecciones; el 1º de junio se reunieron los colegios electorales y la Asamblea Legislativa procedió al escrutinio. Habían votado por mí 218 electores; por Mitre, más como un homenaje al prócer que en actitud opositora, treinta y tres.

Con el propósito de demostrar que no esperaba recibirme de la presidencia para preocuparme del tema dominante en la opinión pública, a lo largo del mismo mes de junio recorrí diversos campamentos militares del sur. Estuve en Tandil, en Choele-Choel y otros puntos, más o menos el mismo itinerario de la Conquista, inspeccionando las tropas y compartiendo algunas jornadas de entrenamiento. Para no dramatizar la visita fui con indumentaria civil, y los diarios hablaron mucho del chamberguito blanco que usé en la gira. Fue un periplo alentador porque me convencí que el espíritu de la tropa era alto, y su organización y armamento, razonablemente buenos. Además, fueron días divertidos, al retomar el ritmo de mi lejana vida militar: levantarse al toque de diana, comer el rancho con todos, recorrer las carpas y los depósitos de armas, cambiar bromas y recuerdos con algunos de mis viejos compañeros. . . Todo tenía un aroma de tiempo joven, pero yo acariciaba la esperanza de que mi regreso al oficio castrense no pasara de allí, y que la guerra con Chile no estallara nunca.

Finalmente, en la fecha ritual de octubre de 1898 me hice cargo de la presidencia de la Nación. Mitre, como presidente de la Asamblea Legislativa, me tomó el juramento de ley y yo, en mi discurso, lo llamé "el primer ciudadano de la República". Momentos más tarde, al recibir de Uriburu las insignias del mando, sentí por un instante trasladarme a 1880, cuando Avellaneda cumplió igual gesto. El escenario había cambiado; en aquel entonces la ceremonia se efectuó en una de las incómodas salas de la vieja casa de gobierno, mientras que ahora se realizaba en el salón de recepciones del nuevo

edificio, cuyas molduras doradas y espléndidos cortinados
daban un marco suntuoso a la transmisión del mando. Aquella noche, mientras los cuerpos que habían participado en el
desfile militar enviaban sus bandas de música a mi casa para
serenatearme, sentí que mi consagración primera, dieciocho
años antes, y la de ahora, en 1898, era lo lógico, lo que debía
ser, aquello que mi estrella había venido indicando desde
siempre...

II

Pero no sólo había cambiado la Casa Rosada; el país
entero estaba modificándose profundamente. El censo nacional de 1895 indicaba que unos 4.000.000 de habitantes
poblaban el territorio argentino, cifra que duplicaba la del
censo de 1869. Todo estaba más organizado, más civilizado
diría. La gente, en general, se acostumbraba a ciertas comodidades que antes eran privilegio de unos pocos; el tranvía, por
ejemplo, cuyos rieles cubrían el ejido de casi todas las grandes
ciudades. En Buenos Aires, el año anterior había empezado a
circular el primer tranvía movido a electricidad; eran unos
grandes vagones colorados que podían llevar el doble de pasajeros que los tirados con caballos, con un boleto más barato.
La primera línea iba desde Paseo de Julio y Piedad (la calle
que se llama Bartolomé Mitre desde el Jubileo de don Bartolo) y terminaba su recorrido en Plaza Italia; los chispazos que
arrancaban sus rieles asustaron al vecindario, pero después
todos se acostumbraron al nuevo vehículo. En La Plata ya
había tranvías eléctricos antes que en la Capital Federal.

También se habían popularizado los viajes en ferrocarril
pues todas las capitales de provincia estaban unidas ahora por
caminos de hierro, y se seguían construyendo más vías. Las
comunicaciones por telégrafo eran comunes, del mismo modo
que se instalaban cada vez más teléfonos y había más pueblos
y ciudades alumbradas con electricidad. Los carruajes a motor, que aparecieron como una extravagancia ante el escepticismo del público, ya no eran una novedad y uno se iba acostumbrando a su andar espasmódico y sus humaredas, imitación
deplorable de la airosa belleza de los coches de caballos; pero
sin duda estos eran medios de transporte de tiro más largo,
más veloces y más prácticos. Se leían más diarios y éstos iban
perdiendo lentamente su carácter partidista y hasta panfleta-

rio, para convertirse en fuentes de información que nos acercaban el acontecer diario de todo el mundo; por esos años, la guerra de Cuba y la destrucción de la flota española por los americanos del Norte fueron seguidas apasionadamente por la colectividad hispana, como lo fue también la guerra que sostenían los bóers contra los ingleses en Africa del Sur.

Los avances del país se notaban hasta en pequeños detalles de la vida cotidiana. Un caso: el polvo. Cuando yo me instalé en Buenos Aires en 1878, era frecuente que los ventarrones levantaran nubes de tierra que entraban por puertas y ventanas y se asentaban pesadamente en los patios, las habitaciones y, por supuesto, también en el rostro, los cabellos y los trajes y vestidos. Veinte años más tarde esa molestia había casi desaparecido debido al empedrado y pavimentación de las calles y a la proliferación de árboles en la vía pública, los parques y los paseos. Otro caso: los malos olores. No se imagina usted hasta qué punto era Buenos Aires una ciudad maloliente en mi juventud. No me refiero a la fragancia de la bosta de los caballos, que es hermosa porque remite a cabalgatas y campos y felizmente sigue perfumando nuestras calles hasta hoy. Aludo a la fetidez de las heces humanas que maculaban las veredas hasta en pleno centro, a la hediondez de la carne podrida tirada en cualquier esquina, a los perros, gatos y hasta caballos muertos que se iban descomponiendo en la vía pública a vista y paciencia de todos; a los abominables efluvios de fritangas que salían de la Recova y el Paseo de Julio, a las aguas estancadas de arroyos y bajos. Estos atentados al olfato se habían evaporado en gran medida, y ahora ya no se deseaba que viniera una sudestada para limpiar la urbe, porque para eso estaba la Municipalidad y sus heroicos ejércitos de "mussolinos". . .

Pero los cambios más espectaculares se apreciaban en el campo; quiero decir, en la provincia de Buenos Aires, sur de Santa Fe y Córdoba, y también en el norte de La Pampa, además de ciertas zonas de Mendoza y Tucumán.

Las comarcas que yo había recorrido a caballo y que eran en mi juventud un horizonte inacabable de pasto puna y cardos, ahora estaban trilladas, roturadas, sembradas y cosechadas año a año. Se habían acabado las extensiones libres y abiertas, mensuradas y cuadriculadas como estaban por los alambrados. Donde yo había hecho noche en estancias cuyos dueños vivían como miserables en ranchos de barro cuarteados por el sol, ahora se levantaban espléndidas mansiones que parecían castillos ingleses o *chateaux* suntuosos, según el gusto de sus dueños. Espléndidos bosques rodeaban estos cascos; Sarmiento había impuesto la costumbre de plantar eucaliptos, que son rápidos en su crecimiento, dan buena sombra y resisten a las hormigas y las sequías, pero ahora se agregaban especies europeas como pinos, abetos, robles y acacias. Casi no había, en cambio, árboles criollos; si se veían paraísos era porque los pájaros habían depositado sus excrementos sembrándolos sin que interviniera la mano del hombre. Lo que seguía siendo un espectáculo lastimoso era las viviendas de los chacareros, pocilgas que siempre parecían provisorias aunque a veces se prolongaban durante décadas, sin que tuvieran la iniciativa de mejorar su confort, plantar un árbol o alejar los chiqueros y gallineros de la casa donde vivían.

Tomando un poco de perspectiva se advertían estos cambios que había recorrido el país en sólo veinte años; ellos incidían directamente en la sociedad que lo habitaba, esos cuatro millones de personas que la estadística nos indicaba.

Cuando recorría las calles de Buenos Aires, yo veía que la indumentaria de los transeúntes borraba las diferencias sociales; los hombres vestían ambos a la americana y se tocaban con bombín o sombrero blando; sólo se veían blusas y gorras en las cercanías de las fábricas, en los barrios más alejados. Hasta era difícil distinguir la calidad social de las mujeres si nos fijábamos en sus vestidos, pues sólo el aspecto físico mostraba que eran señoras o chinas; en lo demás, todas se parecían. Las escuelas primarias, difundidas por doquier, permitían a los chicos adquirir una enseñanza elemental que nivelaba sus orígenes y los habilitaba para iniciarse en la lucha por la vida en igualdad de condiciones. Los nuevos barrios, Villa Crespo, Villa Urquiza, Villa Devoto, con sus casas modestas pero amplias y dotadas de servicios sanitarios, luz eléctrica, gas, agua corriente, alumbrado público en las calles y servicio de recolección de residuos, eran una prueba de la eficacia de la acción del Estado y, a la vez, del anhelo de superación de sus propietarios, inmigrantes en su mayoría que habían podido hacer realidad el sueño de la casa propia.

Estábamos en vísperas de ingresar al siglo XX y uno se preguntaba qué país, fuera de Estados Unidos, estaba en mejores condiciones que el nuestro para aprovechar los beneficios de la nueva centuria. Yo me sentía orgulloso de haber tenido parte importante en la promoción de esos progresos, y también presentía que estaba absuelto de los pecados políticos en que pudiera haber incurrido a lo largo de mi trayectoria. Todo se justificaba frente al espectáculo de esta comunidad en ascenso, homogénea a pesar de las distintas nacionalidades que habían aportado sus vertientes, exenta de la maldición de problemas raciales o religiosos, bendecida por su clima y por su tierra, destinada a una prosperidad inagotable, siempre, claro está, que se la condujera con sabiduría.

Estos y otros datos de la realidad los obtenía por mi propia observación. Siempre he tratado de no limitarme a círculos cerrados, y aunque mi notoriedad hacía difícil que me moviera en todas las esferas y conversara con toda la gente, disponía de suficientes maneras de informarme sobre lo que ocurría a lo largo del país. Ni mis actividades políticas ni mis funciones senatoriales me impedían los movimientos que ya eran una rutina en mi vida: veraneos de dos meses, por lo menos, en "La Paz" y excursiones a "La Larga" y "La Argentina" en otoño y primavera, lo que me daba oportunidad para tomar el pulso de lo que pasaba fuera de la Capital Federal. Además de la información que permanentemente me acercaban mis amigos y los periodistas que a veces me frecuentaban, casi todas las noches nos reuníamos con algunos íntimos en la casa de don Goyo Torres en tertulias donde se analizaban minuciosamente los hechos políticos. El fallecimiento de don Goyo, en marzo de 1901, fue un fuerte golpe para mí; aunque su esposa siguió a cargo de esas reuniones, ya nunca fueron las mismas.

Todo esto viene a cuento para decir que yo llegaba a la presidencia con una idea clara de lo que era mi país en ese momento, con sus logros y sus fallas. Advertía que la prosperidad que se gozaba no alcanzaba por igual a todas las regiones; beneficiaba, sobre todo, al litoral, a las regiones de las praderas fértiles y, parcialmente, a los islotes mendocino y tucumano; las provincias del interior que había recorrido en mi juventud, esas habían quedado casi al margen de las corrientes del progreso. La gente joven con talento se venía a Buenos Aires buscando mejores perspectivas, y así la política, la cultura y la sociabilidad de las provincias históricas se vaciaban gradualmente. Los censos marcaban con sus fríos números el aumento de la población del litoral, y al reflejarse en la composición de la Cámara de Diputados acentuaba el predominio de estas comarcas sobre el resto del país; esta gravitación se advertía en la importancia de las obras públicas votadas para las zonas privilegiadas. Era, ya lo sé, el precio de un progreso que debía basarse en la producción de las praderas pampeanas, pero ese precio era demasiado gravoso porque desequilibraba el conjunto entero de la Nación.

Me dolía esta acentuada injusticia. Aunque radicado en Buenos Aires y hecho a la vida de un estanciero bonaerense, me seguía considerando un representante del interior. Recordaba aquellos clanes provincianos que había conocido en mi juventud, depositarios de tradiciones cuyas claves solo podían descifrar esas familias arraigadas, devastadas ahora por la pobreza y el atractivo de la gran ciudad. Evocaba las esperanzas de las que había sido confidente sobre una reparación a esas regiones. El sistema que habíamos fundado las defraudaba. ¡Qué podíamos hacer sino lamentarlo y procurar ayudas individuales, reconociendo y distinguiendo a quienes venían desde allá a asistirse de mi influencia! También tenía en claro que el Estado Nacional que habíamos robustecido a partir de 1880 se estaba convirtiendo en el objetivo final de muchos jóvenes cuya única ambición consistía en emplearse en alguna de sus oficinas. En los casi veinte años corridos desde la capitalización de Buenos Aires, los organismos gubernativos habían aumentado, en general para atender necesidades reales pero transformándose, a la vez, en una tentación para pasar a su amparo una vida sin sobresaltos —y también sin oportunidades para la creación y la audacia. En los últimos meses de la gestión de Uriburu, una convención constituyente efectuó ligeros retoques a la Constitución, entre ellos la creación de tres ministerios más, los de Obras Públicas, Agricultura y Marina: sobre ellos se lanzaron multitudes de postulantes que no habían tenido cabida en otras reparticiones... En el breve discurso que pronuncié al prestar juramento, hablé de esta malsana atracción por el empleo público que se notaba entre los jóvenes, y anuncié que habría de promover una reforma educacional para abrirles otras posibilidades más adecuadas a las necesidades del país.

Existían otros problemas que exigían soluciones de fondo. Treinta y dos empréstitos de títulos argentinos andaban dando vueltas por los mercados europeos con distintos tipos de interés y amortizaciones, expresión del desorden con que se habían manejado nuestras finanzas: era conveniente regularizarlos. En tiempos de Sáenz Peña se había intentado unificar estas deudas a propuesta del ministro Romero, pero la oposición de Pellegrini había detenido la iniciativa. También parecía llegado el momento de proveer de un valor fijo y constante a nuestra moneda, ya recuperada de los efectos de la crisis. Y estaba latente la cuestión social: era indudable que agitadores italianos y catalanes hacían arder artificialmente los fuegos del malestar de los obreros, pero también estaba claro que existían motivos razonables para sus quejas, cada vez más extendidas y violentas. El año del suicidio de Alem, el doctor Justo —a quien he conocido hace poco en un viaje a Montevideo— fundó el partido Socialista, acompañado por un pequeño grupo de profesionales y de obreros extranjeros; su prédica ponía de manifiesto situaciones sociales que era necesario remediar de algún modo.

Pero desde luego, lo urgente era arreglar nuestras diferencias con Chile de una buena vez, porque la compra de buques y armamentos, de continuar con el ritmo con que veníamos haciéndolo, amenazaba arruinarnos. El mes anterior a mi recepción del mando se habían levantado las actas donde constaban las discrepancias de los peritos designados por ambos países a fin de elevarlas a la reina de Inglaterra, quien debía actuar como árbitro inapelable. Sólo cabía esperar, pues, pero entretando algo podía hacerse: cuando no es posible producir hechos concretos, siempre cabe adoptar un gesto, una actitud, un ademán que facilite la solución de la situación planteada.

Este fue el propósito y el significado de la llamada "entrevista del Estrecho".

Pero antes tengo que contarle sobre los que me acompañaron en mi gestión de gobierno. Traté de que fuera gente joven. En mi primera presidencia yo tenía 37 años y debía compensar mi juventud con personas mayores que le otorgaran la respetabilidad que parecía faltarme; de ahí la presencia de don Bernardo, Victorica y otros varones consulares. Ahora tenía 55 años, y aunque en ningún terreno me consideraba viejo, la pera canosa y la silueta un tanto cargada me conferían un aire maduro; podía entonces rodearme de mozos que tuvieran arrestos para las reformas que deseaba realizar. De los veinte ciudadanos que desfilaron por mi gabinete en mi segundo sexenio, seis tenían menos de 40 años, y quince, menos de 50. En realidad, sólo el general Luis María Campos, ministro de Guerra, y Amancio Alcorta, que lo fue de Relaciones Exteriores durante el período más crítico de los problemas con Chile, pertenecían a la vieja guardia; casi todos los demás venían de las nuevas generaciones y algunos, como Joaquín V. González, Osvaldo Magnasco, Pablo Riccheri y Emilio Civit fueron verdaderos descubrimientos. A Magnasco le ofrecí la cartera de Justicia e Instrucción Pública el mismo día que yo debía asumir; estaba trabajando en su chacra de Temperley y tuvo que pedir prestado un frac para poder jurar con sus colegas. A Civit lo traje de Mendoza; me acompañó todo mi período como primer titular del recientemente creado Ministerio de Obras Públicas, al que imprimió una actividad y una eficacia unánimemente reconocidos. El comodoro Martín Rivadavia, nieto de don Bernardino, y el contralmirante Onofre Betbeder fueron los más expertos marinos de su tiempo; uno y otro lograron poner en pie un cuerpo de oficiales altamente profesional, dejando atrás la época de los navegantes improvisados y la marinería reclutada por la fuerza. Otros, como Enrique Berduc, un entrerriano de origen muy humilde que reemplazó a José María Rosa en Hacienda; o como Marco Avellaneda, hijo de don Nicolás y personalidad exquisita; o Ezequiel Ramos Mejía, también desempeñaron responsabilidades en mi gabinete. Para impedir que Wilde se fugara con Guillermina en esos viajes locos como el que realizó en 1897 al Extremo Oriente, lo puse a cargo del Departamento Nacional de Higiene, que llevó muy bien hasta que me vi obligado a darle otro destino, como ya le contaré.

De mis veinte ministros, doce fueron provincianos, y esto también tiene una explicación. Aunque yo residiera en Buenos Aires definitivamente y mis principales intereses se radicaran en la Provincia, ya le dije que seguía sintiéndome un hombre del interior por mi origen, mis afectos y mi representatividad, pues el interior constituyó siempre mi base política. La circunstancia de que mis colaboradores fueran mayoritariamente provincianos no era, entonces, una casualidad, sino que expresaba mi voluntad de reconocer al interior una participación importante en el manejo político del país, tratando de compensar un poco esa marginación en que se encontraban las provincias fundadoras.

Con aquellos colaboradores y estas disposiciones de ánimo inicié mi segundo período presidencial. Desde antes de asumir había manifestado a algunos de mis íntimos el deseo de hacer una recorrida por la Patagonia y Tierra del Fuego. Me parecía indispensable observar sobre el terreno una región patria que sólo conocía hasta Carmen de Patagones. Un día estaba conversando con el encargado de negocios de Chile,

Frente de la casa de "La Paz".

En "La Paz", escuchando música con hijas, yernos y amigos.

La "Casa de la Madama", en las cercanías de la estación La Larga.

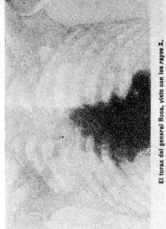

El torax del general Roca, visto con los los rayos X.

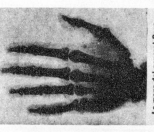

La mano del general Roca

Torso y mano de JAR, en rayos Roentgen: "se pone de manifiesto que el general tiene corazón".

Coronel Artemio GRAMAJO. por CAO

Gramajo, el amigo de toda la vida, caricatura de Cao.

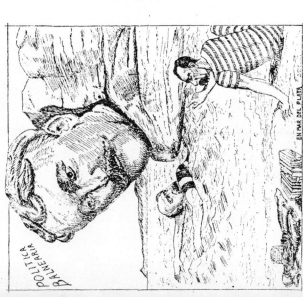

POLITICA BALNEARIA

"El Mosquito". 10-1-1895

EN MAR DEL PLATA

"¡Soy Roca y se me viene encima!"

Después de su segunda presidencia, con Gramajo, Luis María Campos y otros militares.

En 1907, con Río Branco y Campos Salles.

Volviendo de Europa, en marzo de 1907.

En Europa, con gran uniforme de gala; a su lado, persona no identificada.

En el barco, charlando con un inmigrante.   *Saliendo de una reunión.*

A bordo del ''Danube''.

En Niza, en enero de 1906.

En el escritorio de su casa.

Con Mariano Unzué en la estancia "Santa Catalina".

El último cumpleaños: julio de 1914, en su casa.

Con uno de sus nietos.

un caballero de apellido Errázuriz que era primo del presidente de su país y, con el tiempo, habría de radicarse en Buenos Aires casando con una Anchorena. De pronto se me ocurrió la idea: ¿por qué no aprovechar el periplo para encontrarme con mi colega chileno? De este modo restaría al viaje las interpretaciones aviesas que pudieran darle aquellos que veían, en uno y otro lado de la cordillera, una intención bélica en cada iniciativa de los gobiernos. Al diplomático le pareció excelente la idea y en pocas semanas quedamos convenidos sobre el encuentro.

El 9 de enero de 1899 el Congreso me concedió licencia para ausentarme de la Capital Federal y el 20 del mismo mes tomé el tren al sur. Al día siguiente estaba en Bahía Blanca, listo para embarcar en el acorazado "Belgrano", una de las cuatro grandes naves incorporadas a la Armada durante la gestión de Uriburu. Me acompañaban los ministros de Marina y de Relaciones Exteriores, que tuvo que viajar en el transporte "Chaco" para incorporarse al grupo en el golfo San Jorge. Viajaban también algunos diputados y senadores, Gramajo, naturalmente, y unos pocos secretarios. En el crucero liviano "Patria", soportando sus rolidos y la estrechez de sus instalaciones, venía un grupo de periodistas. Pasamos varias horas observando el rápido avance de las obras del Puerto Militar, y al anochecer embarcamos. El 23 a la tarde llegamos a Puerto Madryn, que de puerto sólo tenía el nombre, y tomamos el pequeño ferrocarril que nos acercó a Trelew. Allí, en Gayman, Rawson y el valle del Chubut, que recorrí brevemente, empecé a tomar el pulso al exotismo y rareza de la Patagonia. Era un país inesperado cuyos pobladores hablaban inglés y no acababan de convencerse que eran súbditos argentinos, gente de trabajo y tesón que había hecho maravillas en esas desolaciones. En aquellos días la prensa batía el parche sobre un pedido formulado al Parlamento inglés por un supuesto grupo de galeses residentes en el Chubut solicitando el protectorado de la corona. Me explicaron que eran un par de excéntricos que no representaban a nadie y me pidieron algunas medidas razonables: que el gobernador hablara inglés para poder entenderse directamente, que no se hicieran ejercicios militares los domingos, que se mejoraran las comunicaciones con Buenos Aires. Me gustaron esos hijos de Gales con sus enormes barbas y su áspera franqueza. Comí las ricas tortas de la pasada Navidad, más sabrosas, me dijeron, cuanto más tiempo se guardaban; admiré el aspecto confortable de sus cabañas y terminé la visita prometiendo apresurar la construcción de escuelas en sus aldeas, lo que cumplí posteriormente.

Volvimos a bordo y seguimos el viaje al sur haciendo una breve detención, sin bajar a tierra, en la rada Tilly, que sería el punto adonde llegaría, en una primera etapa, el hilo telegráfico cuya instalación se estudiaba de tiempo atrás para unir Bahía Blanca con Punta Vírgenes, en la boca del estrecho de Magallanes. Me impresionaron los acantilados y las playas de la zona; el comodoro Rivadavia, que conducía personalmente el "Belgrano", no pudo imaginar que una década más tarde ese lugar llevaría su nombre, y que allí surgiría el primer chorro de petróleo descubierto en nuestra tierra.

Y continuó la navegación con buen tiempo y excelente ánimo. Nos detuvimos en la desembocadura del río Santa Cruz, visité algunas estancias de los alrededores, casi todas de ingleses, y seguimos a Río Gallegos, donde me hospedé en la casa del gobernador. En ese pintoresco poblado azotado por el viento hablé a sus habitantes desde un balcón, creo que el único balcón que había allí, prometiéndoles velar por sus intereses. Después la singladura enfiló hacia Tierra del Fuego, bordeando la costa y dejando a estribor la boca del estrecho de Magallanes. A mí me parecía estar recorriendo un mundo fantástico; tanto a bordo como en tierra pedía que me hablaran de esas regiones, de la vida que llevaban sus escasos habitantes y los problemas que debían afrontar. Nunca como en ese viaje tuve la sensación de la grandeza y diversidad de mi país; nada tenían que ver las comarcas australes con las provincias del Noroeste o con el litoral. Y sin embargo, todas componían la misma Nación, y era de nuestra responsabilidad que también estos remotos dominios se sintieran parte de la comunidad nacional. Pero si la Patagonia continental me impresionó, Tierra del Fuego me sobrecogió y me encantó al mismo tiempo. Ese precioso Canal de Beagle, los bosques que poblaban la costa, las altas montañas que parecían a punto de derrumbarse sobre las heladas aguas, constituían un espectáculo inimaginable. Y en medio de esa naturaleza, la bahía de Ushuaia con su breve caserío formado de casas construidas con chapas. Visité el aserradero, la cárcel de reincidentes y saludé a la oficialidad de nuestra escuadra, que se encontraba haciendo maniobras allá.

Cuando íbamos llegando a Ushuaia me llamaron la atención, en cierto punto de la costa, rebaños de ovejas y construcciones muy prolijas entre macizos de flores y espacios de césped; me dijeron que era la estancia de Thomas Bridges, el pastor anglicano que anteriormente había estado a cargo de la Misión en la isla; en 1886 renunció a su puesto y se vino a Buenos Aires a solicitar tierras allí. Me lo presentó el senador Antonio Cambaceres y lo recomendaba calurosamente el perito Moreno. Tuve el gusto de promover, pocas semanas antes de dejar la presidencia, una ley concediéndole 20.000 hectáreas en propiedad en Harberton, a unas quince leguas de Ushuaia hacia el este. Bridges había fallecido meses antes pero su estancia era la mejor de la isla, superando en actividad a la que había establecido al norte, en Río Grande, el asturiano José Menéndez. Me dieron ganas de visitar Harberton y lo hice en el acorazado de río "Independencia", más chico que el "Belgrano". Allí fui recibido por la viuda del antiguo misionero y su familia. En el jardín tomamos el té con sandwiches y frutillas de la zona con crema. Fue una tarde gloriosa para Gramajo, que decía estar harto del rancho del "Belgrano"... Por un momento no me pareció encontrarme en el confín del mundo sino en una casa de Sussex o, más bien, de Devonshire, de donde era oriundo Bridges. Después visitamos los campamentos de los indios yaganes y onas que trabajaban en el establecimiento. Al menos aquí no se los perseguía, como había hecho aquel aventurero rumano Julio Popper, que en tiempos de mi concuñado instaló un lavadero de oro en el norte de la isla, y como también lo hacían, según los rumores que había escuchado, algunos capataces de Menéndez.

Esta deliciosa estadía se prolongó hasta el 11 de febrero. Además de los espectaculares paisajes y el exotismo de los pobladores, casi todos extranjeros arrastrados a esas latitudes por espíritu de aventura (en el mejor de los casos) lo que más me llamaba la atención era el total aislamiento en que nos encontrábamos. Hacía más de veinte días que estábamos en viaje y no se tenía la menor noticia de Buenos Aires. Personalmente no me disgustaba esta ignorancia: ¡que se arreglara don Norberto con las cosas del gobierno! Pero me ponía en el pellejo de los habitantes de estas comarcas y me imaginaba hasta qué punto se sentirían desvinculados del resto de la familia argentina, desasistidos de la acción tutelar del Estado, librados a su propia suerte en todos los órdenes.

Ahora había que emprender el tramo más importante de la gira. El presidente de Chile me aguardaba en Punta Arenas el 15 de febrero hacia el mediodía. Suponíase que el "Belgrano" y su escolta reharían el itinerario anterior entrando al

Atlántico por el Canal de Beagle, costeando hacia el norte de la isla y entrando luego al Estrecho de Magallanes con rumbo al poniente hasta el lugar de la cita. Pero mi ministro de Marina había hablado conmigo mientras estábamos fondeados en Ushuaia y me proponía una variante que me sedujo: llegar a Punta Arenas por el otro lado, enfilando por los canales fueguinos. Me dijo que era una derrota más difícil y de cierto riesgo, pero que él respondía con su cabeza del éxito; había recorrido varias veces la zona y conocía sus vericuetos como la palma de su mano. Accedí de inmediato: era repetir, en tiempos de paz, el flanqueo de Santa Rosa para mostrar a nuestros amigos chilenos que la Armada argentina estaba en condiciones de hacer esa travesura. El cambio de rumbo justificaba, a mi parecer, una entrevista que no podía tener ningún resultado concreto.

Y allí fuimos. Navegamos con intervalos de buen tiempo y helados chubascos entre las estrechas costas del canal, dejando a los costados salientes de piedras y escollos que encogían el corazón de muchos de nuestros acompañantes. Rivadavia no abandonó en ningún momento el puente de mando; días después confesaría a un grupo de oficiales que si la maniobra le salía mal, tenía en su valija un revólver con el que castigaría su error. ¡De poco me hubiera servido! —pensé yo al enterarme de esta confidencia. Pero todo anduvo bien, incluso una arriesgada maniobra consistente en detener bruscamente la velocidad del acorazado y hacerlo girar totalmente entre dos enormes peñascos que apenas dejaban unos doscientos metros de separación entre ellos. Al anochecer del 14 de febrero, el "Belgrano" y el "Patria" fondearon en Puerto Hambre. Aquí nos esperaba la fragata "Sarmiento", a la que se había avisado que modificara su itinerario para acompañarnos a Punta Arenas. Levamos anclas al amanecer del día siguiente, y al mediodía, puntualmente, las naves argentinas llegaron a la cita. Pero los chilenos de Punta Arenas que miraban hacia el este, hacia el Atlántico, para avistar la humareda de nuestras chimeneas, tuvieron que girar los pescuezos hacia el sur cuando nos acercamos, sin poder creer lo que veían. Días después, como era presumible, en Buenos Aires y en Santiago comentaban que yo me había despachado con una de mis habituales "zorrerías". Yo sostengo que esa compadrada de aparecer por donde menos esperaban nuestros anfitriones hizo por la paz con Chile mucho más que los documentos y las conversaciones diplomáticas. . .

Lo demás ocurrió tal como se preveía. Visité a Errázuriz, que me esperaba en el "O'Higgins". No hubo abrazo, aunque sí un cordial apretón de manos. Concurrí vestido de civil, y los marinos y militares, en uniforme de gran gala. Horas más tarde Errázuriz retribuyó mi saludo en el "Belgrano". Hubo banquetes y agasajos a bordo y en tierra, y yo me alojé una noche en Punta Arenas, una ciudad importante y de hermosa arquitectura. Los tripulantes de ambas flotas confraternizaron sin incidentes. Se estrecharon amistades y se conversó mucho. Nada importante pude convenir con mi colega en esos tres días, pero recogí la sensación de que el gobernante chileno creía sinceramente en la necesidad de la paz y no cedería a presiones belicistas. Fue, como dije antes, sólo un gesto. Pero hay gestos que valen casi tanto como los hechos cuando se producen en el momento oportuno y de la manera adecuada.

El 21 de febrero terminó mi intervalo marino, cuando desembarqué en Puerto Militar. Al día siguiente estaba en Buenos Aires, con la certeza de que había hecho algo importante: llevar la presencia del Estado Nacional a la Argentina austral, y demostrar a los chilenos que deseábamos la paz pero estábamos preparados para ir a la guerra si el desgraciado evento fuera inevitable. Hacer esto en un mes, no estaba mal como inauguración de mi segundo período presidencial.

El próximo paso de este sutil juego diplomático consistía en ir a Brasil. Aunque nada concretáramos allá, los chilenos supondrían que habríamos de dejar algún entendimiento acordado con el gobierno de Campos Salles, y esta sospecha contribuiría a moderar sus impulsos bélicos. Cuanto más negáramos que se hubiera convenido alguna manera de alianza, menos lo creerían nuestros vecinos transcordilleranos. Por otra parte, era aconsejable estrechar vínculos con los brasileños, con quienes habíamos tenido roces por las secuelas de la Guerra del Paraguay y por problemas fronterizos. Desde que Brasil era una república existían más afinidades entre ellos y nosotros. Era una buena oportunidad para evidenciarlo.

Concretada la invitación, el 3 de agosto de 1899 me embarqué en el dique N° 4 del Puerto Madero en el crucero "Patria", que me trasladaría a Montevideo. Me acompañaban, como en la excursión a Punta Arenas, los ministros de Marina y de Relaciones Exteriores, tres veteranos de la Guerra del

Paraguay, los generales Levalle, Garmendia y Campos; también viajaban Wilde y un hermanito de Guillermina que estaba empezando su carrera de marino. En el crucero "Buenos Aires" venían senadores, diputados y algunos personajes que a fuerza de codazos consiguieron ser invitados.

Estuve en Montevideo todo un día, alojándome en la Legación Argentina, esa bonita quinta situada casi fuera de la ciudad, en la avenida Agraciada. La escala era oportuna porque todos sabían que yo era amigo de los opositores al presidente Cuestas —un vulgar dictador, para decirlo sin vueltas— y era conveniente explicar a los orientales que esta relación no implicaba necesariamente un apoyo a sus actividades políticas. Allí me encontré con Pellegrini, que justamente llegaba de Europa el día que yo desembarqué en Montevideo. Tuvimos oportunidad de hablar un rato: el "Gringo" era bastante escéptico sobre la posibilidad de colocar un empréstito que nos permitiera unificar las deudas; acordamos seguir hablando en Buenos Aires. Entre tantas pavadas que se dijeron alrededor de mi viaje, hubo una versión de que yo había quedado picado con el "Gringo" porque su presencia suscitó en la capital oriental más interés que la mía. ¡Zonceras! Lo que sí había observado, antes de emprender el viaje al Brasil, es que la figura de Pellegrini estaba adquiriendo en la opinión de muchos simples los contornos de un mesías, y se miraba su regreso al país como la automática solución de todos los problemas. Puede ser que estas exageradas expectativas hayan influido en lo que ocurrió meses después.

El 6 de agosto nos embarcamos en el acorazado "San Martín". Yo conocía Río de Janeiro por mis breves escalas en el viaje a Europa, pero esta vez la recorrí durante una semana, estuve en Petrópolis y paseé por sus avenidas cada vez que pude escapar a las obligaciones ceremoniales con que me abrumaron. Quedé maravillado con la opulencia de su naturaleza y admirado por el respeto con que se la preservaba, con la belleza de sus perspectivas y el estilo imperial de sus edificios públicos. Hubo recepciones, bailes —yo mismo hube de danzar una cuadrilla—, banquetes, paseos y hasta una "fiesta veneciana" la última noche, con fuegos artificiales sobre la bahía que, lamentablemente, estallaron a destiempo matando a un oficial brasilero e hiriendo a algunos de nuestros marinos. Todo tuvo la aparatosa solemnidad propia de una corte imperial, atenuada por la cordial solicitud de nuestros anfitriones.

Cuando el "San Martín" llegó a la bahía de Guanabara salí a cubierta vestido con el mismo frac con que había saludado a Errázuriz, pero mis acompañantes se escandalizaron: debía lucir —me dijeron— el uniforme de gran gala, de otro modo nuestros anfitriones se sentirían desairados. Era un traje militar pesadísimo que había costado la friolera de 1500 pesos en la mejor sastrería de Buenos Aires, recargado de bordados de oro y condecoraciones. Rezongando tuve que endilgármelo apresuradamente y soportar el calor y la recepción protocolar bajo esa armadura. Bien es cierto que cuando me embarqué en la falúa que me llevaría a tierra y me dijeron que se trataba de la embarcación que había usado Juan VI, revestida de terciopelo y construida en ricas maderas con incrustaciones de oro, di la razón a quienes habían insistido en el cambio de mi indumentaria.

En Río de Janeiro todo fue fastuoso, hasta mis conversaciones con Campos Salles, Quintino Bocayuva y demás personajes de la República. Pero todo fue, también, totalmente insustancial, tal como había previsto. A ellos les parecía bien que arregláramos pacíficamente nuestras disputas con Chile pues no simpatizaban con nuestros vecinos trasandinos, que ejercían influencia sobre el destino de Bolivia, donde estaban radicados intereses brasileros. No se habló ni remotamente de alianzas o pactos militares, pero tratamos de que así lo presumieran los observadores.

Esos días me fueron muy gratos, pero hasta la ciudad carioca llegaron chismes y maledicencias, porque insistí que sacaran a Jaime Llavallol, mi secretario, de mi alojamiento del Palacio Catete, y pusieran en su lugar a Wilde, aunque ello no correspondía según el protocolo. Se desató en mi séquito una ola de rumores sobre la supuesta privanza del director nacional de Higiene y se vinculó este favoritismo a mi relación con Guillermina, que todos conocían aunque nadie la mencionara. Sin embargo, la explicación de la vecindad de Wilde con mi persona era muy simple: Llavallol era un tirifilo cuyo único mérito residía en ser el hermano de mi nuera Esther, la casada con Julito, y yo necesitaba higiénicamente reírme un poco de la untuosidad de nuestros anfitriones, de la verborragia incontenible de Bocayuva, de las ridiculeces del ceremonial. Eduardo era mandado hacer para ironizar estas cosas y, por eso, para sacudirme el inevitable tedio de esas jornadas, pedí que lo instalaran en el palacio donde yo estaba; y a fe que por las noches nos sacudíamos de risa recordando las anécdotas del día, como si fuéramos todavía compañeros del Colegio del Uruguay. . . Para completar las amenidades de la estadía, un par de días antes de regresar tuve el gusto de recibir a María Marcela, la segunda de mis hijas; como se iba a casar al año siguiente había aprovechado el viaje de unas señoras amigas para dar un paseo por Europa y a su vuelta hizo una escala en Río de Janeiro para verme.

Por supuesto, invité a Campos Salles a venir a Buenos Aires, lo que hizo un año y medio después. Fue entonces cuando me trajo las palmeritas que hice plantar en el fondo de mi casa de la calle San Martín. Me parece que esto fue lo más fructífero y permanente de mi viaje a Río y la retribución de Campos Salles; las palmeras y una película cinematográfica que alguien tomó, donde el presidente del Brasil, Mitre, mis ministros y yo parecemos muñequitos dando ligerísimos pasos y haciendo movimientos espasmódicos. Me han mostrado esa película y he pensado que si así se va a documentar la posteridad sobre nosotros, aviados van los futuros historiadores: creerán que éramos títeres manejados por un epiléptico. . .

De todas maneras, los problemas con Chile no terminaron pronto y hubo que sobrellevar varios momentos difíciles antes de concluir con ellos. La corona británica había designado en 1899 a los miembros de la comisión que la asesoraría, y en marzo de 1901 uno de ellos, un coronel y geógrafo, recorrió durante varios meses las regiones en disputa. Pero entretando, pequeños incidentes que se magnificaban en ambos lados de los Andes mantenían alta la presión de la opinión pública en los dos países, haciendo el juego a quienes clamaban por la guerra. Hubo que firmar un par de acuerdos para establecer claramente que los avances de uno u otro país sobre terrenos litigiosos constituían violaciones a los acuerdos vigentes y no podían crear derechos. En Chile, sólo la sensatez del presidente Errázuriz y luego de su sucesor Riesco impidió que los exaltados prevalecieran; así y todo, este último tuvo que acceder a la compra de un crucero y tres destructores, decisión que fue respondida por nosotros con el encargo de dos acorazados de 8000 toneladas cada uno a un astillero italiano. Poco después, el gobierno de Santiago ordenaba a un taller británico la construcción de dos acorazados de 12.000 toneladas.

Nuevamente nos desbarrancábamos en una ruinosa carrera armamentista. En diciembre de 1901 firmé el decreto que me preparó el coronel Riccheri, ministro de Guerra, movilizando las reservas de nuestro ejército de operaciones, mientras el Congreso debatía y finalmente aprobaba la ley de servicio militar obligatorio. Ricchieri, que había reemplazado a Campos, era el militar más capaz de nuestros cuadros. Había residido largo tiempo en Europa y estaba al tanto de los últimos adelantos en materia de armamento y organización militar. Talentoso y activo, como suele ocurrir con los hijos de inmigrantes estaba animado de un ardiente patriotismo, sentimiento que lo llevó a preparar el decreto que digo. Era un acto riesgoso porque venía encadenado a una situación que llevó a nuestro representante en Santiago a pedir sus pasaportes, al borde ya de la ruptura de relaciones: los funcionarios chilenos le habían hecho firmar un documento adulterado y se resistían a reconocer y reparar esa picardía. En las calles de las dos capitales se sucedían las manifestaciones clamando por la guerra y todos creían que era inevitable. Mitre y yo habíamos mantenido un optimismo invencible, pero ahora hasta yo me convencía que tendríamos que pelear. Meses antes había hecho construir un carruaje inspirado en la berlina que me llevara a la Conquista del Desierto, pero más amplio y diseñado como para una larga campaña en la cordillera.

Tan grave se puso el momento, que el día de Navidad de 1901 los jefes del Estado Mayor, presididos por Riccheri, estaban trabajando en mi antedespacho de la Casa Rosada, convertido en sala de mapas. De pronto se percibió un revuelo en los pasillos y sorpresivamente apareció el ministro de Chile en Buenos Aires: venía trayendo la transcripción del acta por la cual el presidente Riesco aceptaba las correcciones al documento cuestionado. Cuando vio a los militares inclinados sobre los planos, dijo festivamente con el dejo característico de su país:

—Caballeros, ¡ya pueden enrollar los mapas!

La atmósfera quedó descongestionada y yo resolví activar entonces una ofensiva pacífica para aclarar las cosas antes que se produjera el laudo de la corona británica. Mandé a Santiago como ministro a José Antonio Terry, un petiso activo y muy inteligente que creía haber entendido cuál era, en realidad, el *quid* de la cuestión. Según Terry, el problema no residía tanto en las zonas litigiosas de la Patagonia sino

en la desconfianza que existía en Chile sobre el apoyo que
nuestro país pudiera brindar a Perú y Bolivia. Sucedía que,
después de la Guerra del Pacífico, Chile se había apoderado
de dos provincias peruanas y pretendía hacer lo mismo con
la costa boliviana sobre el Pacífico, homologando estas situaciones de hecho con sendos tratados. Peruanos y bolivianos se
resistían a aceptar estas amputaciones pero, derrotados en los
campos de batalla, no tenían otro apoyo posible que el nuestro
para eludir las imposiciones chilenas y nos solicitaban desde
armas hasta presiones diplomáticas conducentes. Terry me
aseguraba que si dábamos seguridades al gobierno de Santiago de que no habríamos de inmiscuirnos en los problemas del
Pacífico, los chilenos no sólo acatarían el fallo cualquiera
fuese, sino que estaban dispuestos a firmar un tratado perpetuo de arbitraje obligatorio para resolver cualquier eventual
conflicto y, en lo inmediato, a desistir de las compras de buques y reducir sus fuerzas navales y militares a una discreta
equivalencia con las nuestras.

Era una perspectiva demasiado buena para dejarla escapar a cambio de una ingerencia en teatros geográficos que no
nos pertenecían. Aunque me resultara doloroso abandonar a
pueblos históricamente vinculados a nosotros como los de
Perú y Bolivia, lo cierto es que habían perdido la guerra y nada podíamos hacer por ellos. Fue uno de esos momentos en
que el gobernante tiene que dejar de lado sus sentimientos y
obrar de acuerdo con los supremos intereses de su Patria. Y
eso fue lo que hice. Terry avanzó rápidamente en la negociación y en mayo de 1902, a cinco meses apenas del momento
en que estuvimos a punto de ir a la guerra, se firmaron los
"Pactos de Mayo", que significaban, literalmente, la paz perpetua entre los dos países. Cuando en julio se trataron estos
instrumentos en el Congreso, Joaquín V. González, ministro
interino de Relaciones Exteriores en reemplazo de Alcorta,
que había fallecido poco antes, sostuvo con su habitual erudición la conveniencia de aprobarlos; y Pellegrini, a pesar de
estar distanciado conmigo por lo que después le contaré, apoyó sin retaceos la solución.

En noviembre de ese mismo año se conoció el laudo.
Salomónicamente optaba por establecer una frontera que no
se basaba en la línea de las altas cumbres ni en la división de
las aguas, y en algunos lados nos daba la razón y en otros se
la otorgaba a nuestros vecinos. Pero fue una sentencia clara,
definida, y se aceptó inmediatamente. Poco después, los dos

gobiernos dejaron sin efecto los encargos de los grandes navíos que se estaban construyendo en Europa: nuestros dos acorazados fueron transferidos al Japón y tuvieron una buena actuación durante la guerra ruso-japonesa.

Así terminó —espero que para siempre— el viejo litigio con Chile que nos había llevado treinta años de disputas, conflictos, enormes gastos y rivalidades. Le aseguro que en este tema, el más grave que pasó por mi decisión durante mi segundo período presidencial, no me dejé llevar nunca por la emoción que arrastra a la plebe ni por la vanidad del gobernante que quiere pasar a la historia como ganador de una guerra. Hice lo que respondía a las necesidades permanentes de la Nación, y esta seguridad me basta para sentirme satisfecho cuando repaso el largo *film* de mi vida.

La historia de sucesos tan graves y trascendentes podría terminar con una historieta bastante divertida.

En alguno de los momentos álgidos del conflicto, el obispo de Cuyo prometió públicamente erigir una gran estatua al Cristo Redentor. Cumplió su compromiso y durante un tiempo la imagen quedó en exhibición en el colegio Lacordaire, de la orden dominica. Cuando mi amiga Angela de Oliveira César, la hermana de Guillermina y esposa de mi amigo Costa, contempló el bulto, tuvo la brillante idea de que se colocara en la cordillera como un símbolo de paz entre las dos naciones. Se movilizó, obtuvo apoyo y recursos por suscripción pública y finalmente consiguió que la estatua, con un enorme basamento de granito y reforzada interiormente por vigas de metal, fuera colocada en un punto cercano a las altas cumbres andinas. Se inauguró en marzo de 1904, pocos meses antes de terminar mi presidencia. No pude concurrir y tampoco fue el presidente de Chile, pero se hizo presente en el inhóspito lugar mucha gente importante de ambos países.

Hasta ahí, todo iba bien. Pero después de haber logrado su objetivo, Angela, picada por el virus de la popularidad, hizo de su Cristo una propiedad privada; y de la paz, su causa permanente contra el mundo entero. . . Primero importunó con la idea de construir, al pie del monumento, un convento de monjes que auxiliarían a los viajeros con perros San Bernardo. Luego se empeñó en que en la base del Cristo se fijara una placa con las figuras de dos mujeres abrazándose, que representarían la fraternidad chileno-argentina, pero resultó que el artista recibió la instrucción de que los rostros femeninos reprodujeran a la esposa del presidente chileno y a la propia Angela. . . Enterado Terry, se opuso vehementemente calificando de "profanación" al proyecto; furiosa, la promotora tuvo que cancelarlo. Entonces escribió un libro, *El Cristo de los Andes*, que asestó y obligó a leer a todos sus amigos, incluyéndome. Luego fundó una Sociedad Sudamericana por la Paz Universal, que abrumó con cartas a todos los gobiernos del mundo. Envió reproducciones de su Cristo a reyes, estadistas y políticos. Requirió y obtuvo un autógrafo de Su Santidad. Presionó a nuestros diplomáticos para que la presentaran como candidata al Premio Nobel de la Paz y por poco sufre un soponcio cuando la distinción le fue otorgada a la baronesa von Sutner. Pidió a Andrew Carnegie que instalara una réplica de la estatua andina en el Palacio de la Paz que el millonario iba a construir en La Haya. Y hace un par de meses, al estallar la conflagración europea, recolectó firmas por todos lados para pedir al presidente de Estados Unidos que haga cesar el fuego.

Por amor a Guillermina y amistad con don Pascual he aguantado a Angela tales locuras. De todos modos, la historieta del Cristo Redentor fue una de las pocas consecuencias negativas de una política que, desde luego, nunca tuvo como finalidad entretener a señoras desocupadas.

III

Pero no todas mis iniciativas tuvieron un final tan exitoso. Recuerdo con amargura el fraeaso de la reforma educacional que proyectó Magnasco, y los acontecimientos que me llevaron a desistir de la unificación de las deudas externas, cuya lamentable secuela fue el rompimiento de Pellegrini conmigo. Los recuerdo conjuntamente porque esas derrotas sobrevinieron al mismo tiempo, en el marco de una explosión de irracionalidad que obligó a mi gobierno a tomar medidas extremas, de esas que yo nunca he querido adoptar.

Todo este desdichado proceso había empezado muy bien, con la sanción de las leyes que creaban la Caja de Conversión y fijaban el valor en oro de los billetes circulantes. Estas leyes, sancionadas a fines de 1899, fueron la revancha que me tomé sobre aquellas circunstancias que en 1885 me habían obligado a suspender la conversión de los billetes en oro. Como hombre del interior, donde se acostumbraba a manejar monedas y no papeles; como argentino viejo, de los que gus-

tan de las cosas claras en materia de dinero, me complacía
regresar al sistema clásico, donde papel y metal mantienen
una equivalencia constante. Este sistema estaba sancionado
desde 1881, como ya le conté, pero el país carecía por entonces de una fuerza productiva que le permitiera acumular
oro suficiente como para respaldar su signo monetario, y
hubo que dejarlo sin efecto. Quince años después, la situación era muy diferente. Como resultado de la prudente
política financiera que se venía siguiendo desde la gestión
de Pellegrini y en virtud del progreso general que vivía el
país y el aumento de su capacidad exportadora, ahora estábamos en condiciones de fijar un valor constante a la moneda.
Así lo aconsejaba mi ministro Rosa, asesorado por el banquero
Ernesto Tornquist, y también Pellegrini compartía la idea.

Sucedía que los billetes estaban valorizándose demasiado rápidamente; el oro bajaba consecuentemente, y entonces
los productores rurales lloraban cuitas alegando que el valor
de sus cosechas, lanas y carnes se reducía porque les pagaban
en oro, que estaba en baja. La banca y el comercio, en cambio, ganaban con los billetes valorizados. A veces yo me acordaba de mi concuñado, cuya ruina vino sobre la vertiginosa
suba del metal; mi problema, en cambio, era no dejar que el
oro bajara tanto... Pero, como afirmó Pellegrini en los debates parlamentarios sobre este tema, lo útil y conveniente era
la estabilidad monetaria y no la fluctuación, que unas veces
puede favorecer a unos y otras veces a otros, pero siempre
provoca especulación e inseguridad.

Creóse, pues, la Caja de Conversión para que la gente
que cobraba en oro fuera a los bancos, si así lo deseaba, donde les daban su equivalente en billetes y enviaban a la Caja el
metal recibido; luego se fijó el valor de cada peso papel en
0,44 centavos oro. De pocas creaciones puedo jactarme con
más justicia; estas sencillas normas fueron la base de la moneda sana y estable que viene rigiendo desde entonces la vida de
los argentinos y constituye el símbolo más sólido de nuestra
soberanía. Con estas creaciones pude completar lo que empecé a hacer en mi primera presidencia y en la actualidad, la
Caja de Conversión constituye el más sólido respaldo de nuestro signo monetario. Ha hecho muy bien el actual presidente
al suspender sus operaciones cuando estalló la conflagración
europea, porque así preserva de especulaciones esa inmensa
masa de oro que es el patrimonio formado por el esfuerzo de
los habitantes de esta tierra.

El paso siguiente para poner prolijidad en las cuentas de la Nación era unificar las deudas exteriores. Como ya le adelanté, eran más de treinta empréstitos garantizados con el buen nombre argentino, cada uno en condiciones diferentes: además, la Nación había tomado a su cargo las deudas que en su momento contrajeron ocho provincias. Era llegado el momento de convertir todas esas obligaciones en un solo bono, con un único tipo de interés y una manera única de amortizarlo. En esta iniciativa conté con el invalorable apoyo de Berduc, el ministro que reemplazó a Rosa, alejado después de triunfar con las leyes de conversión. Berduc elaboró, también con el concurso de Tornquist, las bases de la unificación, y le pedimos a Pellegrini que sondeara en Europa a los banqueros para comprobar si el proyecto sería viable en aquellos mercados. Frío al principio, el "Gringo" se fue entusiasmando a medida que conversaba con los funcionarios de la Banca Rothschild y Pierpont Morgan. Es que el plan era, en verdad, grandioso. Todos los empréstitos anteriores se consolidarían en un solo título de 435 millones de pesos oro con un interés anual del 4% más medio punto de amortización. El país ahorraría mucho dinero al promediar en ese porcentaje de interés deudas que en algunos casos abonaban hasta un 7%, pero sobre todo se ganaba en claridad, comodidad y previsión de erogaciones del Estado. Lo curioso es que Pellegrini, que se había opuesto con argumentos muy sólidos al proyecto de unificación promovido en 1895 por el ministro Romero, ahora manejaba los mismos fundamentos que seis años atrás había usado su antagonista; sin embargo, nadie le reprochó esta inconsecuencia.

En cambio, las críticas empezaron a llover cuando se conoció la garantía que ofrecía la Nación a sus acreedores. Consistía en entregar diariamente al Banco de la Nación el 8% de las entradas de la Aduana, que sería girado a los acreedores. Hubo voces contrarias a este mecanismo y Terry, desde su cátedra de la Facultad de Derecho, lo describió como una condición desdorosa para el país, digna de un pueblo de tercer orden. Ante estos trompetazos, los estudiantes se volcaron a la calle en protesta por el atentado contra la soberanía que estábamos a punto de perpetrar el "Gringo" y yo.

Todo esto ocurría en el invierno de 1901, mientras la situación con Chile amenazaba explotar en cualquier momento y cuando mi gobierno acababa de sufrir una severa derrota en su intento de reforma educacional.

Magnasco, lleno de iniciativas fecundas, hijo como Ricchieri de un inmigrante italiano, quería desmontar parte de la educación normalista y la que se impartía en los colegios nacionales, para abrir escuelas de artes y oficios, centros de aprendizaje de labores técnicas, mecánicas y agrícolas. Yo coincidía con su pensamiento pues, como ya le dije, me preocupaba la atracción por el empleo público que se manifestaba en nuestra juventud inteligente. Apoyé, pues, a Magnasco, quien defendió brillantemente su posición en el Congreso contra los alborotos que promovieron los partidarios de la educación tradicional. Diría que en el terreno de la polémica mi ministro triunfó ampliamente. Pero desde marzo los estudiantes universitarios, no sé si mal informados o llevados nomás por su incorregible vocación de barullo, empezaron a manifestarse contra la reforma. Y para empeorar su posición, dos temas ajenos al debate enturbiaron todo y debilitaron a Magnasco. Uno fue la acusación, maligna y de mala fe, de que había pagado con fondos públicos unos muebles fabricados para su uso personal. El hecho era cierto, pero se debía a una confusión administrativa, y de todos modos implicaba una suma miserable. El otro componente fue una imprudencia del propio Magnasco, quien harto de los ataques de *La Nación* cometió la osadía de burlarse, en pleno recinto de la Cámara de Diputados, del Jubileo con que el país entero acababa de honrar a Mitre en su 80º cumpleaños.

—Después de esa ceremonia —dijo mi ministro entre las heladas sonrisas de los diputados— tendremos que llamarlo como a los emperadores romanos "Divus Aurelius", "Divi fratres Antonii", "Divus Bartholus". . .

Magnasco podía reírse de la canonización de don Bartolo: yo no estaba en condiciones de darme ese lujo. En verdad, los actos del Jubileo habían sido exagerados casi hasta la idolatría, pero Mitre era un apoyo insustituible. Aunque el Acuerdo estaba muerto y enterrado como fórmula política desde hacía mucho tiempo, en los momentos graves seguía funcionando de hecho y yo no podía descalabrar este fundamento de nuestro sistema de gobierno en aras de un chiste. El flechazo de Magnasco, entonces, no podía tolerarse; tuve que aceptar la renuncia que me presentó y eso significó el fin de sus iniciativas reformistas —aunque ulteriormente algunas de sus ideas se fueron realizando.

Esto ocurrió el 1º de julio de 1901, pero ya para entonces Buenos Aires vivía jornadas de tumultos y efervescencia.

Entregar a Magnasco a las fieras no sirvió de nada porque ahora era la unificación lo que convocaba a turbas cada vez más agresivas. La dignidad nacional vulnerada, la soberanía mancillada, eran las banderas que se agitaban. Había estudiantes pero también gente de todas las clases sociales y, no lo dudo, agitadores profesionales y malandrines de diversa laya. A mí, esas formalidades de la soberanía no me han dado nunca frío ni calor; si los países son fuertes su soberanía será real y completa; si son débiles, por más que la declamen tendrán que hocicar a cada rato. Si una intervención en la Aduana, por antipática que resultara, servía para robustecer nuestra situación financiera y ser, en definitiva, más respetables, ¿qué importaban las formas?

Pero la gente común, enardecida con los lugares comunes de los patriotas que empezaron a surgir como hongos, no lo entendía así. El 3 de julio la cosa empezó a tomar características casi insurreccionales. Los manifestantes eran dueños de las calles y hacían lo que se les antojaba. El día siguiente fue aun peor. Yo permanecí en la Casa Rosada, acompañado por el jefe de Policía, recibiendo la información de lo que acontecía. Las multitudes recorrían el centro de la ciudad, se agolpaban frente a la Casa Rosada en actitud belicosa, se emborrachaban con las arengas que lanzaba cualquier infeliz y volvían a manifestar por distintos puntos. Intentaron asaltar los talleres de *El País* y *La Tribuna*, los únicos diarios que apoyaban a mi gobierno. En un momento dado, un grupo zafado y vocinglero se instaló frente a mi casa; hubo disparos y piedras. Luego siguió a lo de Pellegrini. El "Gringo" estaba en el Jockey Club; anoticiado de la pueblada, recorrió a grandes trancos el par de cuadras que lo separaban de su hogar, y abriéndose paso a codazos se paró en la puerta, silencioso y desafiante. Me contaron que la chusma apagó sus vociferaciones al ver su actitud, pero un atrevido alcanzó a tirarle una pedrada que le lastimó ligeramente la frente.

Cuando me enteré de esto, ordené a Beazley que actuara. Entonces los chinos de la policía entraron a sablear a gusto cuanto grupo de gritones encontraron; en pocas horas descargaron la rabia que habían estado mordiendo esos días. Hubo algunos muertos, más por accidente que por voluntad deliberada de los "cosacos" —como se los llamó desde entonces— y bastantes heridos: cuando los vigilantes reprimen, aquí y en cualquier país del mundo, no se puede esperar que procedan como señoritas. Al mismo tiempo envié al Congreso un mensaje pidiendo la declaración del estado de sitio, lo que se aprobó casi sin debate. En su virtud, decreté la clausura de *La Nación* y ordené unos cuatrocientos arrestos. En dos o tres días la situación se había calmado. Pero también en este caso, como en el de Magnasco, el resultado final sería el fracaso del proyecto de unificación de la deuda. Era una iniciativa saludable y beneficiosa, pero la resistencia había sido demasiado enconada para insistir. Antes de decidirme hice consultar al "Divus Bartholus". Me contestó con una frase admirable, que algunos dicen que es de Mirabeau pero, de todos modos, cuadraba a la situación como anillo al dedo. Me dijo:

—Cuando todo el mundo se equivoca, todo el mundo tiene razón. . .

¿No acabaría nunca de aprovechar la sabiduría de este astuto anciano que en el retiro de su biblioteca seguía influyendo decisivamente en la vida del país? Cuarenta años atrás había aprendido de él que hay que tomar el país tal como Dios y los hombres lo han hecho, esperando que los hombres, con la ayuda de Dios, puedan mejorarlo. Había sido una lección de pragmatismo que me fue siempre provechosa. Ahora, Mitre me enseñaba que no se puede gobernar contra la opinión general. Quiero aclarar: sin advertirlo, yo siempre había seguido esta política. El sistema creado en 1880 prescindía de los vaivenes del sentir popular, pero mi olfato me había indicado en los momentos decisivos hacia dónde rumbeaban las grandes tendencias de la opinión, y jamás intenté imponer algo que ésta rechazara claramente. Lo que intuitivamente había sido mi modalidad de gobierno debía concretarse ahora en una decisión que me colocaría al lado de los equivocados que, por ser todos, tenían razón. . . Descontaba que mi decisión molestaría a Pellegrini, que había sido el primer sostenedor del proyecto y hasta había arriesgado su integridad física, aunque supuse que su fastidio, como solía ocurrirle, no duraría mucho.

El 8 de julio envié al Congreso un mensaje haciendo saber que el poder Ejecutivo desistía de seguir sosteniendo el proyecto de unificación de las deudas que ya contaba con la sanción del Senado. Renunció Berduc y también renunció Ramos Mejía, ministro de Agricultura, que formaba parte del círculo íntimo de Pellegrini, que se consideró a sí mismo el principal damnificado de todo el embrollo. Un par de semanas después de los tumultos, al tratarse en el Senado el levantamiento del estado de sitio, descargó su ira con palabras terribles.

Pellegrini explicó la colaboración que me había prestado desde el lanzamiento de mi candidatura, "aun cuando muchas veces no estuve conforme con su política ni con sus actos". Hizo el relato de los hechos y afirmó que el día en que solicité la declaración del estado de stio, yo parecía lleno de energía.

—Pero al día siguiente —continuó— alquien le insinuó que sacrificando el proyecto de unificación podía salvar su prestigio y autoridad, y el Presidente de la República, olvidándose de los deberes que impone el alto cargo que inviste, sabiendo que hay pensamientos de gobierno con los que se levantan o caen los hombres públicos, no tuvo inconveniente, en un momento de incalificable cobardía, de retirarle su firma y apoyo y arrojar la responsabilidad de una idea que era propia de su gobierno, sobre aquellos que habían colaborado con ella.

Y finalizó declarando:

—Ante ese acto de inconsecuencia, yo sentí que se habían roto todos los vínculos que me ligaban con ese gobierno.

Me trajeron la versión taquigráfica del discurso, no bien terminó. Mientras lo leía, me pareció verlo como tantas veces lo había visto en el Senado, despatarrado en el sillón, los larguísimos brazos girando como aspas a medida que se entusiasmaba. Ni él actuaba movido por el rencor ni yo había procedido por cobardía; el "Gringo" creía que las buenas leyes había que imponerlas, aunque fuera a palos y yo, en cambio, pensaba que "cuando todo el mundo se equivoca. . .". Pero las palabras que había pronunciado eran demasiado fuertes para olvidarse alguna vez. Comentando su discurso yo aseguré a algunos amigos consternados:

—No se preocupen: el "Gringo" volverá. . .

Pero tenía la impresión que no volvería, y así fue. Pellegrini tenía derecho a sentirse desairado por mi gobierno, pero su reacción fue excesiva. Con su rompimiento se disolvió el núcleo de poder político más poderoso del país, la fuerza estabilizadora que desde 1880 venía equilibrando la marcha de los gobiernos, ayudando a robustecer el poder del Estado, apagando los incendios que estallaban aquí y allá, dando continuidad a algunas líneas fundamentales de la acción gubernativa. No lamenté mucho su ruptura en el orden personal porque, como ya lo puntualicé, nunca fue mi amigo íntimo.

Pero sentí que era un fuerte golpe contra el sistema que venía rigiendo desde 1880. El "Gringo" podía haber sido mi Octavio, el hombre que terminaría de ordenar y poner a punto lo que yo había dejado armado y en buen equilibrio. Se dejó llevar por su temperamento y prefirió convertirse en Bruto, optó por clavarme su puñal. Su actitud me debilitó. Sin duda, ahora todo se me haría más difícil. Por de pronto me veía obligado a recostarme más en el mitrismo, y así lo hice en la reorganización ministerial que efectué poco después. La defección del "Gringo" me estaba convirtiendo en un prisionero de quienes nunca habían sido mis auténticos amigos. Pero no había otro remedio.

Fue un mal año para mí, ese primero del nuevo siglo. Además de la permanente preocupación por la tensa situación con Chile, lamentaba las medidas de fuerza que había debido adoptar, contra todos mis antecedentes y mi estilo de gobierno. Me sentía debilitado y vapuleado, pero tenía que seguir adelante, como el buey sigue arrastrando el arado. Y lo más triste era que sentía mi espíritu como un campo árido y sombrío, porque mi separación de Guillermina me pesaba de manera insoportable.

Ya con anterioridad a mi viaje al Brasil había llegado a la desolada conclusión de que nuestra relación era insostenible. Se había convertido en la comidilla de Buenos Aires y estaba afectando mi autoridad, así como dañaba la reputación de Guillermina y el prestigio de Wilde. Al regimiento de Coraceros que por entonces servía de escolta al presidente y mandaba un hermano de Guillermina, la gente le llamaba "los guillerminos". . . No podíamos seguir así; era necesario darle un drástico corte a la situación.

Con el alma en agonía hablé con ella y entendió perfectamente, con su avispada inteligencia, que no había otra salida que una separación; por sobre todas las cosas, Guillermina quería cuidarme y estaba dispuesta a hacer lo necesario para evitar aquello que pudiera vulnerar mi persona o mi investidura. También entendió que nuestra separación tenía que ser real, palpable, porque ambos sabíamos que cualquier propósito de no frecuentarnos habría de quebrarse a cada momento si continuaba en mi cercanía. Convinimos entonces con Wilde designarlo en un cargo diplomático para que la distancia fuera insalvable y la permanencia del matrimonio en el exterior quedara asegurada por algunos años. En realidad, la personalidad de Eduardo se adaptaba a la perfección a esas tareas: elegante, hombre de mundo, viajado, con dominio de idiomas y agudeza política. Me contaron que en esos días Pellegrini había comentado en los corrillos del Senado que Wilde sería un ministro de primer orden y que en Europa, una mujer como Guillermina es la mitad de una Legación. La única falla de Wilde para ser un diplomático perfecto consistía en un don especial para encontrar el lado ridículo de las cosas y una irresistible inclinación a poner en solfa las circunspecciones que forman la mayor parte de la actividad de un diplomático...

Había que buscarle un lugar. Pero en ese momento, mediados de 1899, no existía una vacante en nuestro servicio exterior que le fuera adecuada. Entonces tuve que tejer una larga y por momentos grotesca intriga.

A mi regreso del Brasil había renunciado Emilio Frers, primer titular del flamante Ministerio de Agricultura. Como estaba recién creado y casi no tenía oficinas y además maldito si alguien sabía para qué podía servir, no tuve remordimiento en dejar el cargo sin cubrir por un tiempo y mandé un telegrama a Martín García Mèrou, nuestro ministro en Washington, ofreciéndole el puesto. Martín era un escritor, un crítico literario, y no era capaz de distinguir una langosta de una cucaracha o un marlo de maíz de un ramo de azucenas; además se encontraba muy a gusto en la capital norteamericana. Temí que declinara mi ofrecimiento e insistí premiosamente. Para apurar la cosa invité a almorzar a su hermano Enrique que, usted recordará, me había asistido como secretario durante mi viaje por Europa. Le insté a que escribiera a Martín para que aceptara el Ministerio. Enrique se mostró muy frío: dijo que su hermano estudiaba mucho en Washington, que no conocía nada del ramo que tendría a su cargo; en fin, que vivía bien con su sueldo diplomático y si regresaba a Buenos Aires no podría sostenerse con los emolumentos de ministro. Le allané todas las objeciones prometiéndole que podía ayudarlo económicamente, e insistí que le escribiera o que, al menos, no lo disuadiera; hasta le insinué que el Ministerio podía ser el comienzo de una carrera hacia destinos más altos. Pocas veces me sentí tan hipócrita, pero la jugada era compleja y exigía estos rodeos. Tuve la impresión, por otra parte, que Enrique olía algo raro y no quería complicar a su hermano.

Presionado de mil maneras, finalmente García Mèrou aceptó y se hizo cargo de Agricultura en enero de 1900. Nunca he visto un ministro tan desdichado; cumplió lo mejor que pudo su función durante tres meses que deben haberle sido un martirio, y le tuve tanta lástima que al producirse la primera vacante diplomática —la representación ante el gobierno imperial alemán— lo designé y marchó a Berlín, feliz de nuevo con sus borradores y sus libros.

Wilde y Guillermina, pues, se trasladaron a Washington a ocupar la vacante. Tuve que morderme para no ir a despedirla. Cuando partió, sentí que me quedaba vacío, sin sostén, y anduve unos días ajeno a todo, inmensamente triste. Después de unos meses, a fines de 1900 dispuse el traslado de Wilde a la recién creada Legación ante Bélgica y Holanda, con sede en Bruselas, porque habíamos convenido que lo de Washington era provisorio; Guillermina merecía Europa, no esa ciudad de patanes enriquecidos y políticos corruptos. A principios de enero de 1901 tomaron un paquebote en Nueva York y desembarcaron en El Havre. En ese preciso momento ocurrió un hecho muy feliz: don Ramón de Oliveira Cézar, el padre de Guillermina, tuvo la buena idea de morirse. Estaba justificado, entonces, que ella viniera a Buenos Aires a acompañar a los suyos en el duelo, mientras su marido quedaba presentando credenciales antes las cortes belga y holandesa.

Yo estaba veraneando en "La Paz", y desde que me enteré de su viaje entré en un estado de ansiedad donde se mezclaba la angustia, el temor, las ganas incontenibles de verla y el deseo de no dejarla volver jamás a la lejanía donde yo mismo la había enviado. Por intermedio de Angela y de Pascual Costa me hice mandar todos los telegramas que enviaba Guillermina, que volvían a reproducir la servicial clave que habíamos usado antes. Me desesperaba con las equivocaciones de los telegrafistas, que con una letra trastocada cambiaban el oculto significado de los mensajes. No pude aguantar en silencio más tiempo y el 11 de febrero le mandé un telegrama sin rodeos: "Te esperamos con ansias".

Por fin, a mediados de febrero, llegó en compañía de uno de sus hermanos, novel diplomático. Yo estaba en Buenos Aires desde varios días antes con gran asombro de Gumersindo, que conocía mi rutina de dos meses de veraneo en Córdoba, y chismorreos de los diarios que intentaban descubrir los motivos de Estado que me obligaban a suspender mi descanso estival. Le mandé un billetito a Angela diciéndole que no consideraba prudente recibir a su hermana en el muelle: la vería en su casa un rato después.

Pocas veces o nunca en mi vida me sentí tan agitado y ansioso como en esa calurosa tarde de febrero. A cada momento miraba la hora para no llegar a su casa ¡apenas a dos cuadras de la mía! ni muy temprano ni muy tarde. Finalmente fui allá. Fue un momento embarazoso cuando arribé porque estaba rodeada de sus múltiples hermanos y hermanas y custodiada por doña Angela, su madre, todos en plan de llanto y moco. . . Pero bastó una brevísima mirada para que entre nosotros todo se restableciera.

Fue un mes y medio: el último regalo de tiempo que nos brindó el destino. Estábamos casi solos en Buenos Aires pues los míos seguían en "La Paz" y el familión de ella se desperdigó hacia diversos lugares de veraneo. Pero no faltaron recordatorios del escándalo de nuestra relación: el más cruel, la tapa de la revista *Caras y Caretas*, que recién empezaba a publicarse con enorme éxito, donde aparecíamos el ministro de Relaciones Exteriores y yo. Jugando con la homonimia de la esposa de Wilde y de la reina de Holanda, Alcorta me decía que la prensa criticaba el nombramiento de Wilde como ministro en Holanda,

—Pues confío en que ha de serle grato a Guillermina. . . —contestaba yo.

No había duda: seguían en vigencia los motivos que un año y medio antes nos habían obligado a alejarnos. A su tiempo, el maravilloso intervalo terminó. Embarcó Guillermina, siempre acompañada por su hermano, y yo volví a "La Paz", no sé si entristecido por el adiós o sostenido todavía por la sensación de su presencia. Días más tarde recibí una carta de Guillermina: me contaba que había llegado bien y me decía que seguía pensando en esas horas que pasamos juntos. No las olvidaría. Yo tampoco: cuanto más revuelvo mis recuerdos, menos dudo que fueron las más gratas de mi vida.

Alguna vez se escribirá mi biografía y su autor, aludirá, seguramente, a los esfuerzos que hice para edificar el país que hoy disfrutamos, y acaso hable de mis sacrificios, pues algunos hice, sin duda. Pero difícilmente mencionará el más grande y desgarrador. Nadie dirá que yo vacié mi corazón y me quedé solo de toda soledad, para que el primer magistrado de la República no fuera motivo de habladurías. Decreté mi propia infelicidad y la de la mujer que amaba en aras del único valor que pudo llevarme a esa decisión: la Nación, que debe

tener a su frente a hombres que no merezcan tachas o, al
menos, que no parezcan merecerlas.

Entienda, entonces, por qué digo que el año 1902, el
cuarto de mi mandato, fue un poco mejor que el anterior.
Extrañaba mucho a mi querida ausente, pero las ocupaciones
de gobierno no dejaban de distraerme y lentamente me iban
desapartando de mi pena. Inevitablemente, con el tiempo surgió otra relación que contribuyó a hacer florecer algunos brotes en la aridez que había dejado el alejamiento de Guillermina: ya le contaré. Mi familia era también una fuente de buenos momentos. Julio había casado con Esther Llavallol, aunque no tuvo hijos ni los tiene hasta ahora. En 1901 María
Marcela contrajo matrimonio con el barón Antonio De Marchi: eran dos primos, los dos gringos, los dos barones, uno
casado con mi hija y el otro con una hija de Ataliva. Mi yerno
resultó ser un tipo pintoresco, casi un loco de verano, con
aficiones deportivas y lleno de fantásticos proyectos; me llevo
bien con él y me ha dado un par de nietos. En 1903 otra de
mis hijas, la Gringa, casó con el hijo de José Evaristo Uriburu,
y ella también ha aumentado mi descendencia. Pero me gustaría tener un nieto Roca, pues suele decirse que los hijos de
los hijos reflejan a sus abuelos con más fidelidad que éstos.
En fin, mi cuarto año de gobierno vio concluir el clima
bélico que había prevalecido hasta entonces, al concretarse
los "Pactos de Mayo" y difundirse el laudo británico. Y a fin
de año me alegré con la sanción de la reforma electoral.
En mi mensaje inaugural yo había afirmado que "la
presencia de las minorías en el Congreso es conveniente y
necesaria". Fue una declaración sincera porque la experiencia demostraba que todo partido único termina despedazán-
dose. No existía en ese momento una oposición organizada.
Pellegrini nos había retirado su apoyo pero, al menos por
ahora, no presentaba lucha. Los radicales, reconstituidos bajo
la jefatura del sobrino de Alem, estaban ausentes de toda posición de gobierno, pues don Bernardo demostró ser incapaz
de arrastrar a sus correligionarios a un acercamiento a nosotros; los que seguían a Yrigoyen hacían manifestaciones cada
vez más respetables en los aniversarios de la revolución del
Parque, pero fuera de estas actividades y (se rumoreaba) la conspiración que siempre los enamoraba, carecían de proyección
política. El mitrismo, a pesar de ser dirigido por un talentoso

hijo del general, el ingeniero Emilio Mitre, y no obstante contar con algunas personalidades simpáticas como Guillermo Udaondo, seguía siendo un núcleo sin fuerza; su relevancia residía, más bien, en el gran vocero periodístico que manejaba. No existían, pues, minorías orgánicas que pudieran estar representadas en. el Congreso. Pero mi ministro del Interior insistía que era posible crear oportunidades para llevar al parlamento voces e ideas nuevas que lo refrescaran.

González es uno de los hombres más informados que conozco. Quien ve la tosquedad de su aspecto, sus manos carnosas y redondas de campesino, su mirada adormilada; quien escucha la pachorrienta cadencia de su voz, no está dispuesto a dar una chirola por él. Pero después de conocerlo un poco transmite la impresión de haber leído todos los libros del mundo y que nada ignora, nada es ajeno a su interés. Esa inmensa posesión de conocimientos la sabía exponer con una claridad y simpleza deslumbrante: era una fiesta escucharlo. Fue el comodín de mi gobierno, en el que se desempeñó como ministro del Interior desde septiembre de 1901 hasta el final de mi mandato; y por lapsos a veces prolongados y en momentos difíciles, a cargo provisoriamente de Relaciones Exteriores y de Justicia e Instrucción Pública. Yo solía decirle que estas pruebas de confianza se debían únicamente a mi gratitud por su pueblo natal, Chilecito, que había sido el primero en proclamar mi candidatura presidencial cuando aún no había regresado de la Conquista del Desierto; el me contestaba invariablemente aclarando que no era chileciteño sino de Nonogasta, un pueblo aún más pequeño donde todos descendían de hidalgos y patriotas. . .

Fue González, pues, el que proyectó una reforma que podía abrir limitadamente el juego político. No se trataba de otorgar de modo indiscriminado él sufragio a electores que aún no estaban en condicones de usarlo con discreción: González sostenía que existe en el país una ley histórica de odios que es necesario extinguir antes de convertir a las masas ignaras en electoras. Pero podía darse un prudente paso hacia adelante instaurando la elección de diputados nacionales por circunscripción, tal como ocurre en la mayoría de los países europeos y en Estados Unidos, para que los ciudadanos de Flores, por caso, eligieran su propio representante, o los de Belgrano o la Boca hicieran lo propio; en las provincias habría diputados por Bahía Blanca o Río IV, no por la provincia de Buenos Aires o la de Córdoba; por Concepción del

Uruguay o Tafí del Valle y no por la provincia de Entre Ríos o la de Tucumán. De esta manera existiría un contacto más estrecho entre los candidatos y los votantes, mayor control del acto comicial y una responsabilidad menos difusa de los elegidos ante sus mandantes, que habrían de designar a un hombre de carne y hueso y no una lista de nombres desconocidos. Me pareció conveniente tal iniciativa. Siempre he sido partidario de los avances rápidos en materia económica, más pausados en el campo social y muy lentos en el orden político. Y esto del voto uninominal, sin modificar gran cosa el sistema vigente, le daba animación y colorido. Seguirían gobernando quienes debían gobernar, pero eventualmente podría ingresar a los cuerpos colegiados algún disidente, algún opositor, alguna figura nueva. La reforma propuesta por González se aprobó a fines de 1902 y se aplicó, como ya veremos, un año y dos meses más tarde.

También apoyé una serie de medidas presentadas por González al Congreso, tendientes a mejorar la condición de los trabajadores. En 1901 y 1902 se produjeron muchas huelgas, algunas bastante violentas y prolongadas, como la de los portuarios. Aunque mis amigos se escandalizaran por estos movimientos de protesta, generalmente promovidos por ácratas extranjeros, a mí me parecía que en el fondo se trataba de hechos alentadores. Demostraban que existían actividades industriales tan importantes como para que una mano de obra solidariamente organizada procurara obtener las mismas ventajas concedidas en otros países europeos. Pero no había que confundir el legítimo deseo de obtener tales mejoras —justificadas en buena medida porque los patrones de industria eran tan primitivos como sus obreros y los exprimían sin la menor consideración— con los movimientos que ponían en peligro la propiedad y aún la seguridad de los habitantes. Por eso promulgué sin vacilaciones la ley que autorizaba la expulsión de extranjeros indeseables que promovió Cané según el texto que le preparó Paul Groussac, a quien, dicho sea de paso, designé director de la Biblioteca Nacional, para la que pidió y obtuvo el espléndido edificio que se había construido con destino a la Lotería, en la calle México.

Pero si convenía dotar al Estado de un instrumento que le permitiera arrancar del cuerpo social a elementos agitativos, también era prudente estudiar la verdadera situación de la clase obrera para saber hasta qué punto eran justos sus reclamos y presentar, si correspondía, las reformas legales aconsejables. ¿Quién podría levantar ese informe? —le pregunté a González. Cuando me dijo su candidato estuve totalmente de acuerdo. Se trataba de Juan Bialet Massé, médico por la universidad de Barcelona y abogado por la de Córdoba, donde había enlazado por matrimonio con una familia tradicional. Fue muy amigo de mi concuñado y financió hasta quedar en la ruina la construcción del dique San Roque. Conocía muy bien el país y me resultaba especialmente simpático su afecto por el trabajador criollo; en una época en que la moda consistía en exaltar todo lo europeo, este catalán acordobesado era un apasionado defensor de la inteligencia, la lealtad y la capacidad de trabajo de los nativos. Se lo designó, pues, y en cortísimo tiempo se despachó con tres gruesos volúmenes que recogían todo lo visto y oído en sus recorridas por el territorio. Confieso que no los leí, pero quienes lo hicieron los elogiaron abiertamente y González, por supuesto, los sabía casi de memoria...

Sobre la base del informe de Bialet Massé, el poder Ejecutivo envió al Congreso un proyecto de ley al que se dio en llamar "Código del Trabajo". Sus normas preveían la existencia legal de organizaciones obreras creadas para defender los intereses de los trabajadores, establecían el arbitraje y la conciliación obligatorias como instancia previa a los conflictos y otorgaban al Estado un papel de mediador en las luchas entre el capital y el trabajo; también se establecían sanciones a las huelgas no autorizadas, y esto provocó la desconfianza de los sectores obreros, que no apoyaron mi iniciativa como yo esperaba. De todos modos, si se hubiera aprobado el "Código del Trabajo", tengo la seguridad que el país se habría ahorrado muchos trágicos episodios ocurridos posteriormente.

Pero los legisladores no creyeron necesario tratarlo; sus preocupaciones no pasaban por lo social salvo poner el grito en el cielo cuando alguna huelga los molestaba personalmente o perjudicaba sus intereses. Esta insensibilidad no dejó de moverme a alguna reflexión. Años atrás, aunque los diputados y senadores eran designados por los oficialismos, sabían transmitir los temas que preocupaban en los medios de su actuación. Ahora, en cambio, nuestro sistema facilitaba el acceso a las bancas de gente que disponía de dinero para comprar libretas a los caudillos locales y quería disponer de una posición para garantizarse una próspera carrera profesional o prestigiarse de cuando en cuando con algún discursito.

Antes, el Congreso estaba compuesto por personalidades ele-
gidas con todos los vicios sabidos, pero justificaba este pecado
de origen costituyéndose en un ámbito donde resonaban los
grandes temas de la Nación; ahora, los legisladores, cargando
con idénticos vicios, se mostraban extrañamente sordos a exigencias que iban haciéndose perentorias. ¿Falla del sistema o
fatiga de una clase dirigente? El tiempo lo diría, pero fuera lo
que fuese, era para preocuparse.

Mandamos el proyecto de "Código del Trabajo" en abril
de 1904, cuando estaba a punto de incorporarse a la Cámara
el flamante diputado socialista de La Boca, elegido el mes anterior como primer hijo legítimo del nuevo sistema electoral.

La elección de Alfredo Palacios merece un párrafo por el
hecho en sí y por el personaje triunfador, que con el tiempo
ha terminado por ser bastante amigo mío. Es un hombre
lleno de condiciones, estudioso, ilustrado, buen orador; yo
creo que su socialismo es, en realidad, un cristianismo de re-
dención social que no se atreve a proclamarse como tal. La
gente lo quiere, especialmente las mujeres, que suspiran por
sus bigotes mosqueteros y su undosa melena, aunque he observado que una implacable calvicie la está devorando, lo que
podría significarle un contraste ante sus admiradoras.

El muestrario de candidatos en la Boca era representativo del panorama electoral general; supongo que en otras circunscripciones habrá ocurrido lo mismo. En la ribera, además
de Palacios, se presentaban dos postulantes con el rótulo de
roquistas, Jaime Llavallol, mi secretario, y Alberto Rodríguez
Larreta; Marco Avellaneda era pellegrinista, Miguel Tedín levantaba la bandera del mistrismo y todavía se registraba un
sexto aspirante, un rematador del barrio llamado Ungaro.
Salvo este último y el propio Palacios, el panel confirmaba lo
que dije antes sobre la nueva fauna política. Ninguno tenía
garra ni una auténtica vocación por el servicio público; miraban su posible diputación como un adorno más en sus carreras personales. Llavallol quería ser diputado para alejarse dignamente de la secretaría presidencial. Rodríguez Larreta era
yerno de Quintana, y como éste era uno de los presidencia-
bles, deseaba tomar posiciones por si las moscas. . . La vinculación de Avellaneda con la Boca consistía en mantener
—según los chismes— una lujosa *garçonnière* en la Avda. Almirante Brown. En cuanto a Tedín, se tiraba el lance de recoger

la admiración de los garibaldinos de la barriada por Mitre. Promediando el día de la elección, los mitristas se convencieron que no podían ganar y entonces Tedín resolvió desviar sus votantes a favor de Palacios; sus adversarios se reunieron para juntar fuerzas y evitar el triunfo socialista pero ya era tarde. Ganó, pues, el joven abogado de los pobres, y al cerrarse el comicio concurrió al club mitrista para agradecer la manito que le habían dado...

En las demás circunscripciones de la Capital Federal y en el resto del país no hubo sorpresas parecidas, pero de todas maneras, la victoria de ese partido nuevo y diferente era un hecho promisorio. Después de presentarse a elecciones legislativas nacionales en cuatro oportunidades, los socialistas sólo habían obtenido una banca de concejal en la ciudad de San Nicolás el año anterior. El logro de la Boca los llenó de optimismo y era, en cierto modo, un ejemplo para los radicales, que se obstinaban en permanecer ajenos a todo comicio. Por mi parte, me sentí satisfecho que la reforma electoral propiciada por mi gobierno hubiera conseguido sacudir las aguas demasiado tranquilas de la política; sin duda, el lago más plácido, el Congreso, asistiría a tormentas en el próximo período parlamentario con este nuevo diputado que traía a su seno las reivindicaciones del proletariado. Pero ni esta nueva presencia logró que se tratara el "Código del Trabajo".

Lo que más me alegró de esta curiosa elección fue la derrota de mi secretario. Como ya le conté, Jaime Llavallol era cuñado de mi hijo Julio y tuve que nombrarlo a su pedido. Encontraba demasiado blanduchas sus maneras, pero como en ese tiempo el estilo de la "gente bien" era hablar con un dejo francés, hacer mohínes por cualquier cosa y vestirse con perfecto atildamiento, no me extrañaron los modales de mi secretario. Resultó ser un notorio manflorón.

Unos días antes de expirar mi mandato, lo designé juez de instrucción en lo criminal, cargo que viene desempeñando desde entonces. Es un personaje realmente peculiar, y no estoy jugando con el vocablo. Permita a un viejo que le cuente algunos chismes sobre él.

Sucede que en 1909, al enterarse de que Anatole France venía a Buenos Aires, Jaime, que lo admiraba enormemente (es hombre culto, no vaya a creer), lo invitó a alojarse en su casa, donde vivía con su madre. Allí se instaló *le Maître* y en seguida una tropa de cómicos le invadió la mansión porque France andaba en amores con una de las actrices, una jamona cursi y mandona que se convirtió de hecho en la dueña de casa. Criticaban sus muebles y sus obras de arte, le devastaban la bodega, devoraban los manjares que se hacían servir, dejaban todo hecho un asco y todavía se reían de Jaime y lo ponían en ridículo en todos lados. Buena lección para esos *snobs* que idolatran a los gringos que vienen a civilizarnos haciéndose pagar muy bien sus lecciones. . .

De todos modos, Jaime es un excelente juez, nadie se mete en su vida privada ni con las fiestas negras que a veces celebra, sin que falte algún visitante poco avisado que sale corriendo cuando Usía lo invita coquetamente a bailar un vals. . . Tiene buen gusto y yo mismo le encargué en su momento parte de las refacciones de mi casa y la de mis chicas. Pero le confieso que especímenes como el hermano de mi nuera me repelen. Antes, los únicos maricas conocidos eran los porteros de los quilombos. Ahora me cuentan de Fulano o Mengano, gente bastante conocida, como incluidos en la categoría de los invertidos. ¡Y no le cuento en Europa! Aparecen con toda desenvoltura en los ambientes más refinados.

Me contaba Lucio Mansilla que conoció en París a un comprovinciano mío, un tal Gabriel Iturri, que llegó allí en 1885 y se convirtió en el secretario privadísimo del conde Roberto de Montesquieu-Fezensac, tenido como "el príncipe de los poetas de Francia", que por supuesto adolecía de las mismas inclinaciones que el joven tucumano. Era un mulatito afectado y antipático —decía Lucio— pero el *tout París* lo buscaba y halagaba para entrar en la intimidad de Montesquieu, árbitro del gusto literario y de la moda en aquellos años. Iturri murió hace poco y está enterrado en el Père Lachaise, al lado de su patrón e íntimo amigo.

Jamás podré entender estas aberraciones. En este rubro suscribo lo que escribió un literato gallego que anduvo por Buenos Aires cuando el Centenario. Un amigo me prestó uno de sus libros, medio almibarado y demasiado chancho para mi gusto. En esas páginas decía que existen dos cosas en el mundo que nunca podrá comprender: la música de ese teutón llamado Wagner, y el amor entre hombres. . . A mí me pasa lo mismo: ese alemán pretensioso me resulta insoportable, y no puedo imaginar qué clase de placer pueden sentir dos machos entreteniéndose en la cama, siendo que las mujeres están hechas para ser montadas y disfrutadas.

Pero no sé cómo, hablando de Palacios, hemos llegado a esas digresiones. . . Vuelvo a mi relato.

Creo que el mío fue un buen gobierno, y así habrá de reconocerse cuando las pasiones se enfríen. Recuerdo que al dejar la presidencia *La Prensa* publicó una serie de artículos haciendo la evaluación de mi gestión: algunos de los subtítulos le darán una idea de los juicios que mereció al diario de Paz: "Finanzas: contradicciones, derroches, imposturas"; "Militar: iniquidades"; "Nombramientos a granel"; "Seis años de desquicio educacional". No creo que la historia comparta estos epítetos, pero si uno leía los diarios y escuchaba a los quejosos, parecía que estábamos al borde de la ruina durante cada uno de los años de mi período.

Fue una época próspera y pujante. El dinero circulaba, la producción crecía, los servicios se ampliaban y todo daba la impresión de un país en pleno ascenso. Casi 900.000 inmigrantes llegaron durante mi sexenio, y aunque algo más de 450.000 volvieron a irse (eran los "golondrinas" que venían a las cosechas) también ellos dejaron aquí el valor de la fuerza de su trabajo. El intercambio comercial en oro, que en 1898 ascendía a 240 millones, llegó a 450 millones en 1904 con un invariable y creciente superávit de las exportaciones sobre las importaciones. Las rentas nacionales aumentaron de 167 millones a 188, mientras los gastos de la administración central permanecían casi inamovibles, a pesar de los "nombramientos a granel". . . Todo esto, pagando normalmente los servicios de la deuda externa, cancelando la flotante puntualmente, cotizando los títulos del Estado a la par y aun con premio, y con tasas del 4% anual de interés en plaza para los créditos particulares.

Hubo realizaciones magníficas en materia de obras públicas. Durante mi mandato se inauguró el Puerto Militar de Bahía Blanca, llamado Puerto Belgrano, iniciado, como ya le conté, por mi antecesor, y se terminó totalmente el puerto de Buenos Aires, incluido el gran trasbordador sobre el Riachuelo. Ahora los transatlánticos y los buques de carga de gran tonelaje podían estacionar cómodamente en sus dársenas. Se canalizó el río de la Plata y el Paraná, se balizaron las vías fluviales hasta parecer *boulevards* por la cantidad de señales que las aseguraban, y se construyeron o empezaron a construirse los puertos de Concepción del Uruguay, Concordia, Paraná y Rosario, este último mediante concesión a una empresa francesa, modalidad poco común durante mi administración. Los ferrocarriles privados, que abarcaban 14.000 kilómetros en 1898 llegaban a 20.000 en 1904 y aún quedaban 2700 en construcción; los del Estado alcanzaron a 2000 kilómetros con 1500 más en construcción, incluidos el ramal a La Quiaca que nos debía comunicar con Bolivia y el que llegaba a Tinogasta asomándose a una eventual extensión transcordillerana. Debo señalar, en especial, la línea a Neuquén que realizó el FC Sur a mis instancias en un tiempo increíblemente corto; la solicité para que sirviera en caso de guerra con Chile y ha resultado vital para poner en marcha los ricos recursos del alto valle del río Negro.

Se proveyó de agua potable y obras de salubridad a casi todas las capitales de provincia. Se hicieron obras de riego en los ríos Negro, Colorado y San Juan. Se iniciaron o continuaron algunos de los grandes edificios públicos que hoy adornan a Buenos Aires como el Palacio de Tribunales, el Palacio del Congreso, la Escuela de Medicina sobre la calle Córdoba y la Escuela Industrial de la Nación. Por obra de los intendentes Bullrich y Casares se adoquinaron centenares de manzanas, se amplió la Plaza del Congreso, el Parque de los Patricios y el Parque Tres de Febrero, se construyeron hornos de incineración de basuras y se activaron las obras del Jardín Zoológico, con la incansable dirección de Clemente Onelli, que en una oportunidad me impidió pasear en mi carruaje por su interior alegando que ni el presidente podía recorrerlo en rodado, sino a pie...

Desde luego que Emilio Civit debe llevarse la mayor parte de los laureles de las obras públicas concretadas durante mi gestión. Tuvo la ventaja de estar al frente de su cartera a lo largo de todo mi mandato, y logró hacer frente exitosamente a innumerables interpelaciones y pedidos de informes que le plantearon en el Congreso. Así como Civit revolucionó pacíficamente su Mendoza natal impulsando el sistema de riego que cambió su producción principal, también transformó la fisonomía del país con obras útiles que son el mejor monumento a su memoria.

La superficie cultivada con cereales, que en 1893 se extendía a tres millones de hectáreas, ahora abarcaba más de ocho millones. Nadie expuso mejor que Mitre la transformación que en este aspecto había vivido el país. Lo hizo en el discurso que pronunció el día de su Jubileo: "Hemos salido de la edad que se ha llamado del cuero crudo y somos una de las primeras potencias productoras en agricultura y ganadería, cuyas materias primas, mejoradas y modificadas, y cuyas cosechas de cereales, pesan en la balanza comercial del mundo". No sólo exportábamos trigo, maíz, carne, oleaginosos y lanas, sino ganado en pie a Gran Bretaña y caballos a Sudáfrica, aunque esto último fue temporario, con motivo de la guerra anglo-bóer. Ibamos camino de convertirnos en el productor más grande del mundo en cereales, y uno de los más importantes en carnes. ¡Qué diferencia a la época en que asumí mi primera presidencia, cuando el país celebraba como un triunfo un pequeño embarque de trigo al exterior y unos pocos centenares de toneladas de carne congelada de oveja!

El Ejército y la Marina quedaban en óptimas condiciones aunque, felizmente, ya nadie pensaba que sus efectivos serían utilizados en ninguna guerra. Bajo la dirección de Betbeder —reemplazante del comodoro Rivadavia, que murió en un accidente— las setenta unidades de la Armada tripuladas por 7000 hombres se dedicaron a reconocer las costas de la Patagonia y más alla, las regiones antárticas. El Ejército había adquirido una organización tan eficaz con Ricchieri que se calculaba que en dieciocho días podían ponerse en pie de guerra a 80.000 hombres perfectamente armados. Las clases incorporadas anualmente por el servicio militar obligatorio se alojaban en cincuenta edificios construidos durante mi período a ese efecto. El Ministerio de Guerra adquirió los terrenos denominados "Campo de Mayo" para el acantonamiento de Buenos Aires, y además de la Escuela Superior de Guerra, para capacitar a los futuros jefes, se organizaron los servicios de Sanidad, Intendencia y varias escuelas de especialidades. Yo mismo, el 25 de Mayo de 1904, vestido con aquel uniforme de teniente general que me hiciera sudar en Río de Janeiro cinco años atrás, presidí a caballo un lucido desfile en "Campo de Mayo"; también de este acontecimiento se tomaron vistas cinematográficas y hay movimientos de jinetes que, reproducidos en la pantalla blanca, parecen los del ejército imperial alemán. . .

La instrucción pública, que fue una de las grandes preocupaciones de mi primer gobierno, como ya lo sabe, también lo fue de éste. Lamentablemente, la renuncia de Magnasco y el breve desempeño de su reemplazante, el sanjuanino Juan E. Serú, seguido por un interinato de González, impidieron la continuidad de la acción en este ramo. El médico correntino Juan N. Fernández era decano de la Facultad de Medicina cuando le pedí que se hiciera cargo de la cartera de Instrucción Pública, pero tampoco fue la suya una gestión prolongada pues dos años después renunció, gravemente enfermo, y González volvió a tomar la cartera por los meses que transcurrieron hasta la finalización de mi período. A pesar de estos cortes, en 1906 quedaban 5000 escuelas primarias, públicas y privadas, atendidas por 12.000 maestros y frecuentadas por medio millón de alumnos, es decir el 10% de la población de la República, que ya se estimaba en unos 5.000.000 de habitantes. En los territorios dependientes del gobierno nacional, el aumento de escuelas fue espectacular: en 1900 había allí 13 establecimientos con unos 200 alumnos; tres años más tarde eran 128 escuelas y casi 7000 alumnos. En esto hay que subrayar una voluntad coordinada con la política de comunicaciones y transportes destinada a vincular más y mejor a la Patagonia y las comarcas del Nordeste con el resto de la Nación.

Las ideas sembradas por Magnasco fructificaron en buena medida: creáronse escuelas comerciales, la Escuela Industrial de la Nación con la dirección del ingeniero Otto Krause, el Instituto de Agronomía y Veterinaria, escuelas prácticas de agricultura y una escuela de Lenguas Vivas. Instalóse en un local mejor el Museo Nacional de Bellas Artes, se amplió el Museo Histórico Nacional y se organizó el Archivo Histórico de la Nación. Uriburu había creado la Facultad de Filosofía y Letras; bajo mi gobierno se ampliaron sus programas y se llenaron de modo óptimo sus cátedras. Se dictaron numerosas leyes para mejorar la administración de la justicia y en 1902 se puso la piedra fundamental del presidio para reincidentes en Ushuaia que reemplazaría la precaria cárcel existente hasta entonces.

Sí: sinceramente creo que fue un buen gobierno y si no temiera cansarlo podría seguir enumerando otras muchas realizaciones que sirvieron para mejorar las formas de vida de la gente, hacer más eficaces los servicios prestados por el Estado y mantener condiciones favorables para que los hombres con empuje y espíritu de progreso pudieran prosperar. Desde la lucha contra el flagelo de la langosta hasta la abolición de las estrofas del Himno Nacional que podían molestar a la colectividad española, fueron innumerables las iniciativas adoptadas en procura de un país mejor. A la Patagonia la liberé de las aduanas para que sus habitantes pudieran importar libremente todo lo que necesitaran, y lo hice mediante el sencillo expediente de embarcar a todos los aduaneros y traerlos a

Buenos Aires. Fue durante mi presidencia que en la Capital Federal se estableció el descanso dominical obligatorio, que permitió a muchos trabajadores dedicar ese día a sus familias o a tareas que les importaban, como la construcción de sus propias casas. Nuevas formas de divertirse empezaban a gozar del favor popular como ese ejercicio practicado primero por ingleses y ahora cada vez más difundido, el *foot-ball;* me contaron que en 1904 hubo un encuentro entre una delegación de Southampton y un conjunto local llamado "Alumni". Ignoro el resultado. Había capitalistas dispuestos a invertir en la construcción de un ferrocarril bajo tierra como los que hay en París o Londres para transportar pasajeros en Buenos Aires. Un vehículo automotor para el mismo uso, con capacidad para cuarenta personas, empezó a circular en 1900. Sin duda se vivía mejor que en años anteriores pero eran muy pocos los que reconocían que la acción del Estado había tenido algo que ver con tal mejoramiento.

Pero en este rápido recuento hay tres temas cuyo éxito me complació muy especialmente.

Uno fue la reanudación de relaciones con el Vaticano, nunca rotas oficialmente, pero que permanecían interrumpidas desde la expulsión del internuncio Mattera. Esta situación no afectó la amistad que yo mantuve con muchos prelados católicos, sobre todo con la orden salesiana, a la que encargué —podría decirse— la conquista espiritual de la Patagonia que debía completar la Conquista militar realizada por mí. Un día de 1898, antes de asumir la presidencia, un eminente salesiano, monseñor Juan Cagliero, vino a despedirse porque viajaba a Roma.

—¿Qué quiere que le pida al Santo Padre en su nombre? —me preguntó.

—La bendición, monseñor.

A su regreso volvió a visitarme, ahora a mi despacho de la Casa Rosada. Me dijo que traía la bendición solicitada; el Sumo Pontífice la concedía con mucho gusto, pero con una condición.

—¿Cuál? —pregunté haciéndome el inocente, porque descontaba que Cagliero se traía el cuchillo bajo la sotana.

—Que la merezca, general. . .

Me reí y le dije lo que seguramente Cagliero esperaba oír: que iniciara discretamente las gestiones para que el Vaticano mandara un Nuncio Apostólico: sería recibido como correspondía a un país católico y yo lo atendería como a mi mejor amigo. Así fue: a su tiempo llegó monseñor Antonio Sabatucci como representante del Papa, y las relaciones del Estado y la Iglesia volvieron a la normalidad.

El otro tema que también constituyó una satisfacción fue el enunciado de la llamada Doctrina Drago. Se difundió a fines de diciembre de 1902, después que buques ingleses, alemanes e italianos bombardearon las ciudades venezolanas de La Guayra y Maracaibo en represalia por la negativa del gobierno de Caracas a pagar los servicios de deudas contraídas con particulares de aquellos países. Estos bombardeos y la posterior ocupación de Puerto Cabello para incautarse de la aduana venezolana indignaron a los pueblos americanos. Parecía conveniente que la Argentina fijara una posición sobre el cobro compulsivo de las deudas de nuestros países, porque el silencio podía tomarse por las potencias acreedoras como un asentimiento a sus abusos.

En mayo de aquel año había fallecido Alcorta y yo pedí a González —¡quién no!— que se hiciera cargo provisoriamente de Relaciones Exteriores, lo que hizo hasta agosto. Lo liberé de su interinato nombrando en su reemplazo al joven Luis María Drago, un pariente de Mitre. Yo no lo conocía pero me habían hablado de su actuación como diputado y de su versación jurídica; además, su parentesco con don Bartolo me aportaría alguna ayuda de *La Nación*, por lo menos en materia de política exterior. . . Le dije a Julio que lo invitara a conversar conmigo, el hombre me gustó y lo nombré. Y bien: fue Drago quien me convenció que la Argentina debía exponer su posición contraria al uso de la fuerza en el cobro de las deudas públicas. La nota estaba dirigida a nuestro ministro en Washington para que la transmitiera al Secretario de Estado. Sosteníamos en el documento que, cuando un capitalista presta dinero a un gobierno, lo hace midiendo sus riesgos y evaluando la seriedad y solidez del deudor, y por lo tanto no puede llamar en su auxilio a su gobierno para que éste le oficie de cobrador armado.

Aunque suelo ser bastante escéptico en materia de declaraciones teóricas, la que redactó Drago, previo asentimiento de su suegro, tuvo una sorprendente repercusión años después en diversos congresos internacionales y ámbitos académicos. Y sea en su virtud o porque los tiempos han cambiado, lo cierto es que no ha ocurrido desde entonces un episodio como el que padeció Venezuela.

Y ahora el tercer hecho. En diciembre de 1901 salió de

Buenos Aires rumbo a las regiones polares una ballenera sueca con un grupo de científicos, en viaje de exploración y reconocimiento. Nuestro gobierno le ofreció toda clase de ayuda y un joven marino argentino se incorporó al grupo. Llegaron al casquete polar e instalaron allí un campamento; el jefe de la expedición regresó a Ushuaia para disponerse a buscar a su gente al comenzar el próximo verano austral. En efecto, en noviembre de 1902 zarpó para recoger a sus compañeros, advirtiendo que estaría de vuelta en abril de 1903. Pasó el mes de abril y la ballenera sueca no apareció. Empezó a cundir la alarma en todo el mundo civilizado y hubo aprestos de organizar expediciones de auxilio en varios países, pero nuestro gobierno se adelantó a anunciar que se haría cargo del rescate. En el Arsenal de Marina se puso en condiciones un viejo sloop de la escuadra de Sarmiento, la corbeta "Uruguay", y a principios de octubre yo mismo la despedí, deseando éxito a su tripulación en el difícil cometido.

Durante un mes y medio el ánimo de la inmensa mayoría de los argentinos estuvo como suspenso, siguiendo silenciosamente el probable itinerario de nuestra nave. Y el 22 de noviembre ocurrió lo que muchos no creíamos, pues yo mismo era bastante reticente sobre el éxito de nuestra expedición: llegó un telegrama de puerto Santa Cruz anunciando que la "Uruguay" volvía a Buenos Aires llevando a bordo a todos los miembros de la expedición sueca. Después nos fuimos enterando de los detalles: la ballenera había sido destrozada por los hielos, y los exploradores se encontraban en una situación desesperada cuando aparecieron los argentinos. Excuso contarles el recibimiento que les hizo Buenos Aires. Yo recibí un telegrama de agradecimiento del rey Othón de Suecia que me encantó por su calidez. Por unas semanas el nombre de nuestro país figuró en las primeras planas de todos los diarios del mundo.

Una secuela indirecta de esta hazaña fue la cesión que en enero de 1904 hizo el explorador escocés William Bruce, de una casilla con instrumental científico en la isla Laurie, del archipiélago de las Orcadas del Sur, como agradecimiento por la ayuda que le prestaron las autoridades argentinas. Yo suscribí el decreto autorizando a aceptar la donación, a fin de extender a las Orcadas del Sur las observaciones meteorológicas que nuestra Marina ya estaba realizando en la isla de Año Nuevo y otros puntos de las regiones australes. Tengo entendido que esta estación se mantiene aún, con personal argenti-

no renovado anualmente, y me alegro que sea así, porque
—tal como pensaba yo de la Patagonia en 1879— nunca se
sabe qué ignoradas riquezas pueden contener los puntos más
remotos, ni qué necesidades territoriales podrá tener la República en el futuro.

IV

La práctica de nuestro sistema contitucional evidencia
que el mandato de todo presidente se divide en tres etapas de
dos años, aproximadamente, cada una: en la primera va
aprendiendo a gobernar, comete errores y se dedica a solven-
tar la herencia de su antecesor; en la segunda etapa maneja las
cosas con más seguridad, obtiene los mejores logros e impri-
me su sello a la gestión. En la última parte de su período se va
debilitando y dedica la mayor parte de sus esfuerzos a imponer un sucesor o evitar que se lo impongan... En mi segunda
presidencia traté de que no se reiterara conmigo este ciclo.
Desde principios de 1903 se barajaban nombres para la futura
presidencia, y yo no quise permitir que mi administración
quedara atrapada en esos tironeos.

Reinaba por entonces un estado de cosas casi perfecto
en el terreno político: más que a los de Julio César, podrían
compararse esos años a los de Augusto por su paz inalterable,
la tranquilidad de la sociedad y los progresos en todos los
órdenes, que infundían a los argentinos y a los extranjeros
que convivían aquí un sentimiento de orgullo por el país, tal
como los romanos exhibían su ciudadanía ante la Ecumene
como el más envidiable título. Es cierto que la política era
más chata que antes, pero esto parecía uno de los precios que
debían oblarse por una situación que todos, en mayor o menor medida, estaban disfrutando. Era indispensable no desga-
rrarla cuando se planteara el tema, siempre urticante, del
ciudadano que me reemplazaría a fines de 1904.

Naturalmente ocurrieron en esos años algunos conflictos, pero ninguno tuvo entidad como para afectar la estabilidad del sistema. La más zarandeada fue la provincia de Buenos Aires, donde gobernaba don Bernardo desde enero de
1898, unos meses antes de asumir yo la presidencia; la legislatura, compuesta mayoritariamente por mitristas y nacionales de diferentes líneas, lo hizo caminar por la calle de la amargura; pero aunque viejo, don Bernardo era de carácter firme y

presentó lucha a los legisladores que lo enfrentaban. Estos le
habían negado apoyo para modificar la constitución provincial, reformar la ley electoral y establecer limitaciones a las
facultades de las comunas a percibir impuestos; culminaron
su actitud manipulando descaradamente la elección para
renovar el cuerpo. Don Bernardo hizo saber a la legislatura
que no podía fraguar elecciones a su antojo, y que en las condiciones actuales era un cuerpo ilegal. Los diputados amena-
zaron con derrocar al gobernador y éste ordenó a la policía
que ocupara el Palacio Legislativo de La Plata; entonces, los
diputados y senadores, unos cuarenta, se reunieron en la casa
del vicegobernador y pidieron la intervención al gobierno nacional. Ante la requisitoria, yo nombré interventor a Marco
Avellaneda y le recomendé que actuara con imparcialidad:
don Bernardo no merecía la afrenta que la legislatura quería
inferirle.

Avellaneda dio la razón a don Bernardo y convocó a
nuevas elecciones legislativas, que él mismo presidió. Volvieron a repetirse las maniobras anteriores, la legislatura quedó en minoría por retiro de los diputados amigos del gobernador y finalmente el Congreso votó la intervención parcial
a la Provincia, designándose comisionado a Mariano de Vedia,
cuya intimidad conmigo era notoria, y que había actuado
meses antes como secretario de Avellaneda. El hizo personalmente el escrutinio y finalmente cesó el largo pleito, dejando constituido el poder Legislativo bonaerense en los últimos meses de 1899. Desde entonces pudo gobernar don
Bernardo con cierta tranquilidad. Pero ya aparecía en el horizonte de la Provincia la figura que dominaría la situación, en
el poder o en el llano, durante los próximos lustros: Marcelino Ugarte. Fue quien sucedió a don Bernardo y también
tuvo dificultades que se superaron con una nueva intervención federal que concluyó en noviembre de 1903.

Durante mi presidencia se produjeron tres movimientos
revolucionarios en otras tantas provincias: los motivos, en
cada caso, fueron relativamente parecidos: protestas contra
el manejo exclusivista de una familia o un grupo de familias.
El primero estalló en Catamarca en setiembre de 1899; el
segundo, más grave por la movilización de fuerzas militares
que hube de ordenar, tuvo por escenario a Entre Ríos en
marzo de 1900; el último ocurrió en San Luis en junio de
1904, cuatro meses antes de finalizar mi período. Es cierto
que los revoltosos clamaban fundadamente contra los gobier-

nos oligárquicos que dominaban aquellas provincias: los Castellanos en Catamarca, los Echagüe en Entre Ríos, los Mendoza, que desde hacía un cuarto de siglo dominaban San Luis como un feudo medieval, pero también es cierto que lo que deseaban era sustituir esos nepotismos por otro: el de ellos. Se envió el remedio federal, para convocar a nuevas elecciones en Catamarca y San Luis; en el caso de Entre Ríos, para sostener a Echagüe, que era amigo nuestro.

Estos y otros sacudones locales, repito, no pusieron en peligro nuestro régimen ni agrietaron a la fuerza política que lo apoyaba, es decir, el partido Nacional que me tenía como jefe. Pero yo no me llamaba a engaño: el nombre del partido Nacional encubría una fórmula de gobierno y un sistema de estabilidad, no una fuerza ciudadana. El nombre de mi sucesor surgiría del seno del oficialismo, como era natural, pero un oficialismo donde Pellegrini arrastraba muchas voluntades, y tan seccionado por intereses contrapuestos que difícilmente podría yo imponer a quien se me ocurriera; apenas si me sería dado arbitrar. Ni siquiera tenía la seguridad de dominar una convención partidaria, si es que se volvía a esa práctica; todo estaba muy confuso y podía ocurrir que me encontrara con una mayoría contraria. No estaba dispuesto a correr semejante riesgo ni a terminar mi gestión con una vergonzosa derrota en el seno de mi propio partido. La experiencia ya me había enseñado que la gratitud de los conciudadanos no se da en razón directa de los beneficios que han recibido de sus gobiernos...

Se me ocurrió entonces la idea de llamar a los hombres más expectables del país, sin distinción de rótulos políticos, para que ellos resolvieran el nombre de mi sucesor. Ya que no existía una oposición organizada ni un partido oficial demasiado definido, parecía lógico congregar a los dirigentes naturales de la Nación, aquellos que habían regido sus destinos en las últimas décadas, para acordar una fórmula que representara el estado de cosas que prevalecía en la Argentina, cuya característica más notable era la superación de los tremendos enfrentamientos del pasado. Era la concepción aristotélica del gobierno de los mejores, puesta en práctica con un objetivo concreto: la futura presidencia. Hasta ahora, en los hechos, los mejores eran los que ocupaban las bancas legislativas nacionales y provinciales, las gobernaciones locales, los ministerios, en fin, los resortes del poder, a pesar de la inferiorización que yo notaba en las nuevas camadas. Era cuestión de reunirlos y que ellos decidieran cómo habría de definirse el próximo sexenio gubernativo.

Traté de que mi idea se fuera difundiendo discretamente en diferentes círculos, y no percibí gran oposición a la misma. Era como si se institucionalizara el Acuerdo que, de una u otra manera, venía dando vertebración a nuestro sistema desde 1891; pero esta vez sería más amplio todavía. Para no hacerme cargo de un posible fracaso de la iniciativa encomendé al vicepresidente su concreción, y en julio de 1903 Quirno Costa reunió a un grupo importante de personalidades que incluía a amigos míos, de Pellegrini, de Mitre, y algunas figuras independientes. Allí se resolvió formular una invitación a todos los ciudadanos que hubieran sido presidente y vicepresidente de la Nación, ministros nacionales, miembros de la Suprema Corte, jueces federales, diplomáticos con el máximo rango, diputados y senadores nacionales, gobernadores de provincia, arzobispos y obispos y jefes militares y navales del grado más alto. También se incluiría a decanos de las facultades universitarias, presidentes de las asociaciones industriales y rurales y miembros de los directorios del Banco de la Nación y del Banco Hipotecario. Todo lo más representativo del país, pues, estaría presente, y la decisión que se adoptara, aunque fuera homologada de la manera habitual en nuestros anales políticos —es decir con escasos y dudosos votantes arreados por sus caudillejos— sería una incuestionable expresión de la clase dirigente argentina, y contaría con su respaldo.

Primeramente se calculó en unas ochocientas personas las que estaban en condiciones de recibir la invitación a participar en la Asamblea Electoral, a la que se dio en llamar "Convención de Notables"; luego el número se redujo a unos seiscientos. Descontábase que los prelados se excusarían, y yo acepté las objeciones que me hicieron Ricchieri y Betbeder sobre la inconveniencia de que asistieran generales y almirantes. Así y todo, la Convención sería una impresionante demostración de la homogeneidad de la clase dirigente del país. En algún momento hasta acaricié el sueño de que este sistema pudiera reemplazar al que marcaba la Constitución; que en vez de soportar cada seis años la ordalía de una elección, acontecimiento que no dejaba de ser una fuente de conflictos, el país reuniera periódicamente a sus sabios, los hombres con experiencia y trayectoria reconocidas, para confiar a su buen criterio la designación del máximo magistrado; un Senado como el de Roma, pleno de sabiduría y patriotismo, no sujeto a las mezquindades del negocio político y sólo atenido a los altos intereses nacionales, que después de meditar como los cardenales en sus cónclaves, darían a conocer la *fumata* y el elegido. . . Sueños, ya lo sé: la tradición republicana impone ciertos ritos inevitables, entre ellos los comicios periódicos para elegir presidente. Veríamos lo que decidieran los "notables" y luego nos resignaríamos a la inofensiva farsa de unas elecciones que habrían de ratificar la fórmula seleccionada.

Se cursaron, pues, las invitaciones, recibiéronse numerosas respuestas —entre ellas algunas declinaciones por diversos motivos— y se citó al cuerpo para el 12 de octubre en el Prince George's Hall, para que se proclamara la fórmula precisamente con un año de antelación a la entrega del mando a mi sucesor. No soy tan tonto como para no suponer que los pellegrinistas, si advertían que no podían manejar la Convención, tacharían su legitimidad. Dejé entonces que creyeran que podían ganar a fin de que participaran en las reuniones previas y se comprometieran hasta último momento. Y efectivamente, en numerosas tenidas que se mantuvieron en las semanas anteriores con los delegados que iban viniendo del interior y en distintos locales, los amigos del "Gringo" llegaron a concebir esperanzas de que la Convención consagrara su nombre. Fue pocos días antes de la apertura de la reunión plenaria cuando, al echar sus cuentas, advirtieron que no tenían posibilidades de imponerlo: a fines de setiembre, mis amigos pasaron la consigna a la mayor cantidad de delegados: "Pellegrini, de ninguna manera; tampoco Ugarte". No permitiría que la Convención proclamara a quien era mi adversario más importante, ni que ungiera a un hombre como Ugarte, demasiado joven y cuya base política en la Provincia le daba una peligrosa independencia.

Marcelino Ugarte es uno de esos ejemplares que reconozco como mi par. Logró montar en la provincia de Buenos Aires una organización admirable por su solidez. Sobre la base del apoyo de los grandes estancieros locales, los jueces de paz y los comisarios en cada partido de su territorio, Ugarte creó un sistema que hasta ahora es invulnerable. En aquellos años no había adquirido la estatura que tiene ahora, pero ya en el desempeño de su primera gobernación demostró talento político y ambición de poder. No hemos sido mayormente amigos pero declaro que somos de la misma raza. Y conste que al hablar de estatura no estoy haciendo una broma pues, como es sabido, Ugarte es casi un enano y los altos tacos de sus botines y la longitud extravagante de su galera no alcanzan a disimular esa exigüidad que llevó a los radicales a llamarlo "petiso orejudo", el mismo mote de un célebre asesino cuyas hazañas horrorizaron al público en aquellos años.

De todos modos, Ugarte jugó bien en la Convención y no se empeñó en obtener una postulación para la cual no estaba maduro; más bien trató de influir en la selección final del nombre, con lo que volvió a darle a la provincia de Buenos Aires, después de un cuarto de siglo, la influencia política que había perdido con la caída de Tejedor. En cuanto a los amigos del "Gringo", cuando supieron de mi veto trataron de desencadenar una serie de renuncias que dejaran a la Convención en situación desairada, pero lo consiguieron de un modo muy parcial. No podían impugnar la legitimidad de la asamblea y ahora era evidente que si hubieran podido prevalecer habrían aceptado alegremente el sistema adoptado. Renunció Roque Sáenz Peña, renunció De la Plaza —quien pronunció una conferencia en el teatro Odeón criticando acerbamente toda mi gestión de gobierno—, y hubo dimisiones de personalidades menos conocidas. Hasta ahí, todo lo que ocurría era previsible. Lo que complicó un poco el trámite fue el *meeting* que se hizo contra la Convención en la víspera de la reunión plenaria.

Fue una manifestación muy numerosa que marchó desde Plaza Lorea hasta Plaza San Martín vivando a los oradores que se desgañitaban pidiendo mi renuncia y tachando a los "notables". Desfilaron muchos pellegrinistas y alguna gente independiente, pero estoy seguro que también los radicales aportaron lo suyo; aunque totalmente ajenos a la Convención, no habrían de perder la oportunidad de chillar contra su aborrecido "Régimen".

Los radicales seguían siendo un enigma para mí. Estaban organizados en todo el país como un partido político con sus comités, sus publicaciones, sus reuniones periódicas. Acataban a un jefe que idolatraban y al que pocos conocían personalmente, pues Hipólito no se prodigaba ante el público; en realidad, ninguno de mis amigos ni mucho menos yo lo habíamos visto jamás, y su figura no aparecía en las publicaciones periódicas. Los radicales oficiaban todos los años una ceremonia obligada: el desfile recordatorio de la revolución del Parque, y luego volvían a la oscuridad de sus clubs, llenos de humo y calumnias, para seguir hablando del apocalipsis que los seducía: la revolución. Cuántos eran, de qué fuerzas disponían, nadie lo sabía; como no se sabía si eran ciertas o no las relaciones que, según ellos mismos afirmaban, cultivaba su jefe con muchos militares, sobre todo oficiales jóvenes. No concurrían a elecciones, no aceptaban cargos públicos y para ellos eran lo mismo el roquismo, el pellegrinismo, el mitrismo: según su visión, todos éramos la misma cosa, ese "Régimen" al que había que voltear de un golpe, nadie sabía tampoco para reemplazarlo con qué. . . Los radicales eran una incógnita que no dejaba de inquietarme, cuantimás se me informaba la gran aceptación que encontraban en la juventud universitaria. Alguna vez habría que tomarlos en cuenta, aunque yo daba por seguro que esto no ocurriría durante mi período. De todos modos, también los radicales hicieron lo posible para desprestigiar a la asamblea.

Al fin se reunieron los "notables". Hubo que establecer una inusitada fuerza policial para que los opositores no agredieran de palabra a los caballeros, generalmente de edad provecta, que al mediodía del 12 de octubre fueron entrando pausadamente al Prince George's Hall. Pese a las renuncias y a las ausencias de último momento, se consiguió que 263 invitados se hicieran presentes en el salón. Toda la experiencia política y de gobierno de los últimos treinta años podía admirarse en esa masa de argentinos. Presidía el correntino Mantilla, mitrista. No hubo mayor debate: el presidente explicó los motivos de la convocatoria, hizo leer la lista de los presentes e invitó a votar. Todo estaba ya conversado y los diarios habían adelantado el nombre del ganador. Manuel Quintana resultó elegido candidato a presidente, casi por unanimidad; el candidato a vice fue designado días después, con mucho menor concurrencia, y resultó ser Marco Avellaneda, aunque meses más tarde, por motivos que sería largo contar, se convino en reemplazarlo por José Figueroa Alcorta, que había sido gobernador de Córdoba y equilibraba así, con una presencia provinciana, el nombre del futuro presidente.

Al otro día Pellegrini fue celebrado con un banquete-consuelo por sus amigos. Sin proponérselo, hizo el gran elogio de mi gobierno cuando dijo en su discurso: "Todos los problemas y dificultades que perturbaban o impedían el progreso institucional, han desaparecido. La paz interna y externa es

hoy inconmovible. La prosperidad material surge, vencidas
todas las crisis y calamidades de los últimos años. Nada asoma
que pueda detener el progreso nacional, y nuevas generaciones se presentan en el escenario". A continuación planteó la
necesidad de una reforma política para devolver al pueblo
—dijo— su libertad electoral, invitando a crear un nuevo partido. Pero el "Gringo" no decía que fui yo quien consolidó
la paz interna y externa, fui yo quien promovió la prosperidad material al vencer las crisis y calamidades, fui yo quien
hizo desaparecer los problemas y dificultades que impedían
el progreso. El "Gringo" no tenía derecho a quejarse de la
elección de Quintana: era una consecuencia directa de su defección. Le repito: al Julio de Roma, el estilete de Bruto le
arrebató la vida; este hombre temperamental, fuerza de la naturaleza que a veces se movía por impulsos espasmódicos,
Pellegrini, clavó su arma en el cuerpo del sistema que yo
presidía, y la herida me dejó sin fuerzas para imponer una
solución mejor.

Esa misma jornada del banquete a Pellegrini hubo algunos incidentes en los alrededores de la Convención, y la policía se llevó presos a unos dirigentes socialistas: Alfredo Palacios, Enrique del Valle Iberlucea y Manuel Ugarte, primo de
Marcelino. Este hecho y el *meeting* del día anterior fueron
los únicos sucesos que restaron brillo a la proclamación de
Quintana. No significaban gran cosa, como no significaba
tampoco mucho peligro el desafío de Pellegrini, cuyo nuevo
partido, si llegaba a existir alguna vez, tardaría bastante en
ponerse en pie.

Pero no crea que yo haya visto el resultado de la Convención de Notables como una victoria. En el mejor de los
casos no había sido una derrota. Quintana no era ni había
sido nunca mi amigo: era una personalidad independiente
con alguna simpatía por el mitrismo, demasiado porteño para
mi gusto. Hacía treinta años que quería ser presidente y to-
maría de mi sistema aquello que le conviniera. Yo estaba seguro que no habría de hostigarme como lo hizo mi concuñado cuando me sucedió en el poder, y esto me bastaba. Por
otra parte, Quintana tenía casi 70 años y no gozaba de buena
salud; el día que lo eligieron candidato sufrió un desvaneci-
miento a la salida del salón, de modo que no parecía un hombre. dispuesto a pelear con nadie sino a llevar su función
tranquila y dignamente, tal como prometía su aspecto físico
elegante y respetable. No quise emperrarme en imponer a la

Convención a un hombre de mi intimidad, porque no contaba con ninguno de envergadura presidencial salvo, acaso, el cordobés Felipe Yofre, y tal como le dijera a Tejedor en 1880, no estaba dispuesto a entregar la República a un mentecato o una personalidad irrelevante. No crea, además, que yo podía influir en los componentes del cónclave de manera incondicional o caprichosa: se trataba de los veteranos de la República y aunque respetaran mi opinión, sólo la aceptarían si la hallaban sensata y viable. Este fue el error en que incurrió mi primo Ezequiel Paz, el director de *La Prensa:* creía que yo le había prometido mi sucesión. No puedo haberle dicho semejante cosa, pero él estaba convencido de mi compromiso; a tal punto, que se hizo construir un espléndido palacio sobre la plaza de San Martín para recibir a sus visitantes durante su futura gestión... Cuando percibió que su nombre ni siquiera era mencionado entre los *papabile* de la Convención, se encendió de odio contra mí y convirtió a *La Prensa* en un látigo implacable que fustigó todo lo que yo hacía; en su rencor, puso durante algún tiempo al diario al servicio de... ¡los radicales!

Asentí, pues, a Quintana, y demostré, de paso, que la Convención de Notables no era un invento para fabricarme un sucesor *a piacere* sino un método civilizado con el que se consolidó, al menos durante un tiempo, la política de acuerdo y conciliación que siempre favorecí. Ahí quedaba el antecedente; que se usara de nuevo dentro de seis años, ya no dependía de mí.

A partir de la *fumata* de la Convención de Notables, mi figura fue pasando a un cómodo segundo plano. Hice el largo veraneo habitual en "La Paz", donde me enteré del resultado de las elecciones en las que se eligió diputado a Palacios; también me enteré en esa oportunidad, sin ninguna sorpresa, de la elección de Julio como diputado por Córdoba; nadie podría criticarme la ayuda que presté a mi hijo para que pudiera escalar cómodamente el primer peldaño de su *cursus honorum*, y por otra parte yo estaba seguro que haría un discreto papel en la Cámara de Diputados.

Meses antes, en noviembre de 1903, murió mi hermano Rudecindo a los 53 años. Era el que menos traté porque sus destinos militares pocas veces coincidieron con los míos. Había llegado a General de la Nación y era hombre de carácter recio y más bien rústico. Curiosamente, su descendencia era igual a la de Ataliva y a la mía propia: cinco hijas y un solo hi-

jo varón, aunque antes de casarse tuvo dos hijas que reconoció
debidamente y vivieron siempre con su prole legítima. En los
últimos años residía en Flores, en una casa quinta de la calle
Bacacay, y muy de cuando en cuando venía al centro. Por
suerte para su viuda e hijos, dejó una fortuna valuada en más
de un millón de pesos, constituida en su mayor parte por tierras, como ya le conté en su momento.

La muerte de Alejandro en cambio, me afectó mucho.
Murió en abril de 1904 a los 66 años, en mi casa de la calle
San Martín, casi en mis brazos. Alejandro había sido muy
compañero mío; usted recordará que compartí su casa de
Río IV cuando yo residía en la frontera, y me había ayudado
en los momentos difíciles. Como solterón que era, funcionaba a modo de nudo familiar; se escribía con toda la parentela
desde Río IV, donde vivió hasta que se enfermó, mandaba
pequeñas encomiendas, limaba asperezas y ponía paz y cariño allí donde iba. En esa comarca todos lo querían. Como no
se casó ni tuvo hijos, me nombró por testamento su único heredero y albacea. Salvo algunas mandas a favor de nuestra
hermana Agustina y de la viuda de Rudecindo, quedé yo como propietario de los campos y terrenos que Alejandro había
tenido en el sur de Córdoba.

Así es que al acercarme al fin de mi segundo gobierno, el
familión que habíamos sido los hijos del coronel José Segundo
Roca quedaba reducido a mis hermanos Ataliva y Agustina.
Con cada hermano que se moría se me iba parte de mi vida,
mis recuerdos, mis episodios infantiles y juveniles. El paso
del tiempo se marcaba inexorablemente con cada una de estas
desapariciones; y la continuidad de la sangre, ese supremo elemento de identificación personal, adelgazaba y se hacía cada
vez más tenue.

El invierno de 1904 transcurrió sin otra alteración que la
revolución puntana que ya mencioné. El público seguía las
alternativas de la guerra ruso-japonesa y la patriada de Apari-
cio Saravia en el Uruguay con más interés que los grises acontecimientos de nuestra política, entre ellos la elección presidencial, que fue naturalmente una pacífica parodia. Yo estaba ansioso por entregar el poder. Me tocaba hacer *mutis* por
el foro y no lo lamentaba.

Dos días antes del traspaso comenzaron las obras para la
construcción del gran puerto de Rosario, y se inauguró el

tranvía eléctrico que uniría a Buenos Aires con Quilmes: fueron dos sucesos que podrían simbolizar el sentido y proyección de mi segundo período presidencial mucho mejor que el desvaído acto en el que entregué a mi sucesor las insignias del poder.

Era un espléndido día de primavera. Hubiera querido ir caminando a mi casa pero Gramajo insistió de hacerlo en coche para evitar cualquier incidente enojoso. Fui, pues, a mi residencia de la calle San Martín escuchando a mi paso algunos silbidos que no me inquietaron y algunos aplausos que no me envanecieron. Había muchos amigos esperándome y estuvimos conversando de buen humor un buen rato. De pronto se percibió un pequeño revuelo en la entrada, y apareció don Bartolo, con ese aire falsamente frágil que solía ostentar. Me adelanté a recibirlo. Mitre me abrazó brevemente, y con su voz apagada pero clara, me dijo delante de todos:

—General, yo le tomé juramento hace seis años. Ahora vengo a decirle que ha cumplido. . .

Fue la más auténtica satisfacción que viví en todo mi período. En mi oficio de político y en mi función de gobernante estoy acostumbrado a las grandes frases. Pero ésta, que venía casi de ultratumba, me conmovió. Acaso Mitre fue demasiado generoso. Acaso no cumplí del todo mi juramento constitucional. Pero hice todo lo posible, y cuando se trató de cosas importantes, sólo pensé en la Patria.

1904 - 1912

I

Como en la anterior oportunidad, yo tenía decidido irme a Europa por un tiempo largo, después de entregar la presidencia. Frente a la incógnita de la política que seguiría Quintana, no me convenía quedarme. Una letrilla que *Caras y Caretas* ponía en mi boca, definía perfectamente mi estado de ánimo:

> *"Con quedarme aquí, ¿qué saco?*
> *Aunque permanezca mudo*
> *unos dirán que lo ayudo*
> *y otros dirán que lo ataco..."*

Era así, inevitablemente, y entonces, mejor irse. Por otra parte, quería poner durante un tiempo cierta distancia entre el país y yo; olvidarme de chismes, reclamos, comentarios y alacraneos, y dedicarme a gozar de una temporada de paseo en el viejo mundo haciendo la vida de un sudamericano de buena posición: el fuerte y seguro peso argentino me permitía pasar allá un año y medio o dos, sin gastar mucho más que aquí en ese mismo lapso. Había, además, un motivo familiar para emprender el viaje: les tenía prometido a mis hijas solteras llevarlas a una *tournée* conmigo; aunque algunas ya habían estado allá, todas deseaban volver. El alejamiento vendría bien, por otra parte, porque proyectaba hacer unas refacciones bastante importantes en mi casa de la calle San Martín. Desde que la compré, veinte años atrás, no se había tocado, y necesitaba algunas reformas que demorarían un tiempo: ampliar la biblioteca, dotar a todos los dormitorios de cuartos de baño completos, colocar una claraboya en el patio principal, reformar la parte de servicio y modernizar la cocina. Y fundamentalmente, construir en el terreno contiguo, sobre San Martín, la casa que sería de la próxima hija que se casara. La idea de convivir con albañiles, martillazos y sierras durante varios meses me resultaba insufrible, de modo que el viaje era una evasión necesaria. Finalmente, ya lo habrá adivinado, quería ver a Guillermina, con quien no estaba desde hacía cinco años. Tenía noticias de ella por intermedio de Angela; sabía de sus éxitos sociales en Bruselas, pero naturalmente deseaba verla y pasar algunos días con ella y con Wilde.

Por ahora podía irme tranquilo. El nuevo presidente había incluido en su gabinete a algunos amigos míos como González, Terry y el general Godoy, y no parecía dispuesto a cambiar gran cosa los términos políticos vigentes. Pellegrini se encontraba en Europa, con achaques de salud según me dijeron. Todo funcionaba pasablemente bien y la Argentina no necesitaba que yo me quedara a vigilar sus bienes, como había ocurrido en los últimos años. Así es que a principios de 1905 me trasladé a Córdoba con mi familia, dispuesto a pasar el verano en "La Paz" y, en cuanto empezara el otoño, tomar pasaje en alguno de los transatlánticos que hacían la línea. No vendría mal que me extrañaran un poco, pensaba.

En estos pensamientos me hallaba unas semanas después, mientras me bañaba en el piletón natural del río que pasa por el casco de "La Paz". Era un mediodía de febrero, las chicharras cantaban en el monte celebrando el calor y todo tenía el aire plácido y suelto del estío serrano. De pronto oí un galope que avanzaba repiqueteando por la avenida de entrada. Me extrañó: en el campo nadie llega galopando ni siquiera al rancho más humilde. Algo inusitado debía ocurrir. Minutos después apareció Alejandro Argüello, un mozo de la vecindad a quien yo conocía bien. Lo que me dijo atropelladamente fue algo tan increíble que tuve que echar mano de toda mi fuerza para no prorrumpir en alaridos de furia:

—¡General! —gritó—. ¡Hay una revolución!

Tomando apenas resuello me contó lo que sabía por alguien de su entera confianza que acababa de llegar de Córdoba con la noticia. Esa noche había estallado una revolución organizada por los radicales. En Buenos Aires el movimiento estaría sofocado aunque todavía a media mañana se tiroteaba a algunas comisarías. Pero en Bahía Blanca, Rosario y Mendoza los revolucionarios, apoyados por varias unidades militares, dominaban la situación. En Córdoba el panorama era peor: una junta revolucionaria integrada por conspicuos radicales había tomado el gobierno después de una dura lucha. Mi hijo Julio y mi yerno De Marchi estaban detenidos en el Hotel San Martín, y el vicepresidente se encontra-

ba en la misma situación en el Hotel Palace. Una partida salía
para prenderme también a mí.

Quedé alelado, estupefacto. Era como volver de golpe a
1874, cuando todo el país se fragmentó en un inenarrable
desorden, o a 1893, cuando los estallidos brotaban todos los
días en distintos lugares. Todo lo que habíamos avanzado
desde entonces se desplomaba de un momento a otro. Resultaba que el orden, el acatamiento del Ejército al poder civil,
la disciplina militar, todo aquello de lo que estábamos tan
orgullosos y nos daba superioridad sobre el resto de América
latina, era sólo una apariencia; la realidad era esta de militares sublevados, juntas revolucionarias, muertos y heridos,
desorden y barullo. Recordé que en el último año de mi administración me habían llegado informes policiales sobre los
movimientos de ese monomaníaco de la revolución, Hipólito
Yrigoyen, y sus conversaciones con muchos oficiales; a algunos que aparecían como demasiado ardorosos optamos por
trasladarlos a otros destinos, pero nunca pensé, nunca acepté
que estuviera en marcha una conspiración, y menos aún que
estallara en las ciudades más importantes del país, y muchísimo menos que ocurriera a cuatro meses apenas de haber
asumido el nuevo presidente. Tuve una fugaz imagen de mi
llegada a Córdoba, semanas atrás; mucha gente me fue a
recibir a la estación, como siempre ocurría cuando venía,
pero esta vez me llamó la atención que se hiciera presente el
teniente coronel Daniel Fernández, jefe de uno de los batallones acantonados en la ciudad. No era amigo mío ni tenía
obligación de recibirme por sus funciones, de modo que pensé que estaría allí para saludar a algún otro viajero y recibí
sus plácemes como de rebote. Ahora me daba cuenta que en
realidad Fernández, cuyas simpatías por el radicalismo eran
notorias, venía a asegurarse que efectivamente yo había arribado a tierra cordobesa y que allí me quedaría por un tiempo.

Todo era absurdo, incomprensible, triste. En un segundo
pasaron estos recuerdos y reflexiones por mi cabeza mientras
salía del agua y me dirigía a casa sin decir palabra, escoltado
por las miradas medrosas de mis hijas y los sirvientes. Tenía
que decidir rápidamente lo que haría. De una cosa estaba
seguro: no tenía ganas de dejarme tomar prisionero. Es cierto
que súbitamente habíamos regresado a 1874 pero, según
anoticiaba mi vecino, hasta ahora no habían ocurrido asesinatos como el de Ivanowsky y a los detenidos en Córdoba se
los trataba con mucha consideración. Por un momento me

sonreí interiormente pensando en el susto de Julio y mi yerno, frustrados en las parrandas que estaban organizando, aprovechando la estadía de sus respectivas esposas en "La Paz". De todos modos, yo no iba a facilitarles mi detención y, si fuera posible, contribuiría, como en tantas oportunidades anteriores de mi vida, a derrotar este alzamiento contra la autoridad nacional.

Mientras me vestía di las instrucciones pertinentes. A mis hijas, sus mucamas y alguna amiga que estaba con ellas, que tomaran las americanas y los sulkys y se fueran al hotel de Ascochinga. Allí se alojarían hasta que pasara todo. Llamé a Abraham Becerra, mi mayordomo, dije lo que tenía que decirle y escribí unas líneas con lápiz en un papel que le dejé. Hecho lo cual, monté a caballo y con dos amigos que estaban pasando días en la estancia, me dirigí a la estación Sarmiento, del Central Argentino.

Durante el trayecto se me fueron incorporando diez o doce muchachos de los alrededores, esos paisanitos cordobeses taimados con el forastero pero gente de ley para los propios; yo no sería muy querido, en general, pero en esos parajes era un vecino al que se apreciaba, de modo que cabalgué tranquilo en su compañía y al poco rato recuperé el buen humor y todo se me empezó a antojar una divertida aventura que me devolvía el estilo de mis andanzas juveniles. Cuando llegamos a la estación tuve que admirar, una vez más, la inteligencia y previsión de los ingleses: habían mandado desde Córdoba una locomotora y un vagón que me esperaban para cualquier eventualidad. Monté al tren y di orden de partir hacia el Norte. Creo que el calor infernal y el polvo blancuzco de las salinas que padecí en el trayecto a Santiago del Estero fueron los últimos grandes sacrificios que hice por mi Patria. . . De tanto en tanto hacía que el convoy se detuviera, y mis acompañantes levantaban trozos de vía con palancas y barretas. Así, en traje de montar, cubierto de polvo, hambriento y sediento llegué a la capital santiagueña en la madrugada del día siguiente. El gobernador me impuso de las últimas noticias: los focos revolucionarios estaban aislados y las fuerzas leales, en número muy superior, marchaban a terminar con ellos: Fotheringham, Tiscornia, Vintter y otros antiguos oficiales míos estaban al frente de la represión.

Quedé pocas horas en Santiago del Estero, aprovechando el tiempo para adecentarme y mandar un telegrama de adhesión al presidente, expresándole mi esperanza de que la asonada no afectaría el crédito del país. Después volví en el mismo tren a "La Paz", a media mañana del 6 de febrero. Ya había pasado el susto. Me contaron que un teniente Cáceres, al mando de un pelotón, se había apersonado en la estancia al poco rato de haberme ido. Preguntó por mí y Becerra le mostró el mensaje escrito que yo le había dejado, donde le decía que estaba en la sierra, que había juntado unos 200 hombres armados y que bajaba a la estancia para hacerme fuerte allí. Después de revisar la casa ligeramente y con mucha corrección, el tal Cáceres se tomó el portante...

Para entonces, la revolución ya había sido derrotada. Las tropas sublevadas en Bahía Blanca, embarcadas para avanzar sobre Buenos Aires, se rindieron en el camino, no sin masacrar a los dirigentes civiles de la revolución. Los sublevados de Mendoza, encabezados por aquel Lencinas que nos incordiara durante la presidencia de don Luis, pasaron a Chile. Algunos de los de Córdoba y Rosario se escondieron o lograron huir al Uruguay. De todos modos, se habían efectuado muchas detenciones aunque al jefe de la revolución se lo tragó la tierra y no apareció durante varias semanas.

Sí, todo había pasado, pero la tremenda significación de la revolución radical seguía pesando en mi espíritu. Algo funcionaba mal en nuestro sistema puesto que en medio de la mayor tranquilidad había caído este rayo, incubado en el silencio y la clandestinidad por militares y civiles que habían arriesgado su vida, su libertad y sus carreras. Algo no andaba en este régimen delineado trabajosamente y cuyo mayor mérito era impedir este tipo de desórdenes. En plena prosperidad, afirmada en la conciencia general la idea de un Estado fuerte y respetable, este desafío insólito y violento era un indicio demasiado preocupante como para ignorarlo.

Pero no era yo quien debía descifrar la clave de los interrogantes que planteaba la revolución radical. En esos días, yo era un ciudadano común que estaba preparando su viaje a Europa en compañía de sus hijas. Que se arreglaran los que tenían a su cargo la responsabilidad del gobierno. Hubo una cosa, eso sí, que me molestó un poco: la caricatura que sacó *Caras y Caretas* mostrándome en actitud de correr, con el siguiente pie:

> *"Pero no pensemos mal:*
> *el hombre huyó velozmente,*
> *mas no como ex presidente*
> *sino como General"*

De cualquier forma, prefería ser tildado de cobarde, como ex presidente o como General, antes de pasar la penosa ordalía de ser apresado por un puñado de irresponsables, a mi edad y con mis títulos. Así es que me tragué la broma, como tantas que había debido soportar a lo largo de mi vida pública, y proseguí en "La Paz" mi interrumpida vacación...

Terminado el verano volví a Buenos Aires, donde los ecos de la revolución radical se iban apagando y ahora se hablaba de los juicios y probables condenas de los militares sublevados. Se sabía que Quintana no quería blanduras; a mí me parecía bien que se obrara con el máximo rigor. También se comentaba la desairada situación en que había quedado Figueroa Alcorta. Durante su detención había mantenido una conferencia telegráfica con el presidente pidiendo garantías para los revolucionarios a cambio de su rendición. Cortés pero firmemente, Quintana se negó a cualquier negociación y reiteró que los sublevados serían sometidos inexorablemente a la justicia. Al recuperar la libertad, Figueroa Alcorta se apresuró a desmentir la conferencia afirmando que los revolucionarios la habían fraguado, pero fueron muchos lo que no le creyeron y el vicepresidente recibió ataques desde diversos sectores del oficialismo, incluso de los amigos de Pellegrini. Desde entonces se hizo notorio su distanciamiento con Quintana. Contrariando mi costumbre, yo dejé caer un chiste un tanto cruel sobre la actitud de Figueroa Alcorta, el que llegó a sus oídos y me valió —según supe después— su implacable rencor.

Estos dimes y diretes me llamaban cada vez menos. Todo mi interés estaba volcado ahora a preparar mis bártulos y dejar mis asuntos arreglados en forma de poder irme sin inquietudes de ninguna clase. La Copeta, Chichona y Cocha estaban alborotadísimas y todos los días aumentaba el número de valijas y bultos de su equipaje. Yo sería asistido por Luis, un joven sirviente que me recomendó Gumersindo con su habitual ojo para seleccionar personal de servicio. Los proyectos para mi casa y la de al lado ya estaban aprobados, los giros que debían hacerse para los gastos del viaje quedaban establecidos. Me devoraban las ganas de irme, pero ahora había que atender a las infinitas personas que querían despedirse y desearme buen viaje, empezando por mi hermana

Agustina, que bajó de Tucumán con ese propósito. El general
Mitre me visitó antes de la partida; con sus casi 85 años se lo
veía entero y de buen aspecto. El ministro de Guerra me trajo
personalmente el permiso que me habilitaba para ausentarme
del país, ya que seguía siendo un militar en activo. Amigos,
conocidos y de los otros desfilaban interminablemente por mi
casa, algunos de ellos con cara de brindarme el último adiós...
A un reportero de *Tribuna* casi tuve que echarlo porque insistía en hacerme una entrevista y yo le reiteraba que no había
materia, pues nada tenía que decir.

Cuando amaneció el 25 de Mayo huí de mi casa a las 9
de la mañana y me embarqué en el "Cap Bianco" con un suspiro de alivio. Pero ahora empezaba la última etapa de las
despedidas, y una fila de *despedidores* se formó frente a la
planchada. Tuve que pararme durante varias horas en el por-
talón principal del transatlántico para recibir sus saludos, mal-
diciéndome por haber elegido un buque que partía un día feriado. . . Vino el Presidente de la Nación, vinieron los ministros de la Corte Suprema, diputados, senadores, el país
entero. Tuve que soportar varios discursos: el más encendido,
el que profirió el doctor Rafael Calzada, un abogado español
que se había hecho famoso cuando defendiera, años atrás, a
los "Caballeros de la Noche", una banda dirigida por un per-
verso aristócrata belga que robó en la Recoleta el cadáver de
la señora de Dorrego pidiendo rescate por la macabra pieza;
la fama la obtuvo Calzada porque logró la absolución de los
delincuentes alegando que nuestro Código Penal no tenía
previsto tal delito. Después patrocinó a los hijos naturales
de Rosas, que reclamaban participar en la sucesión de su
padre, y así se enteró el público porteño que el Tirano había
tenido amoríos con una ahijada suya. Pues bien: este Calzada, que se enriqueció loteando un barrio que creo lleva su
nombre, me endilgó una castiza arenga agradeciendo en nombre de la colectividad española haber abolido las estrofas del
Himno Nacional que molestaban a la Madre Patria. Hubo
otros discursos más y al mediodía yo estaba harto.

Hice preguntar al capitán cuándo demonios zarpába-
mos; me contestó que me fuera a descansar, que él me avisa-
ría. Bajé a tierra, me llevaron a mi casa —que parecía ofrecida
en alquiler por vacía y desangelada—, dormí la siesta y regresé a las cuatro de la tarde. ¿Salíamos? En seguida, me dijeron. Pero resultó que no había calado suficiente. Finalmente,
recién en la madrugada del día siguiente el "Cap Bianco" re-

solvió abandonar los muelles y las muchachas y yo, desvelados y rendidos, vimos alejarse las torres y arboledas de la ciudad.

Después de dieciocho días de navegación cómoda, ilustrada con comilonas a la italiana que hubieran hecho bramar de admiración a Gramajo, llegamos a Lisboa, donde el rey Carlos tuvo la deferencia de mandar un ayudante para saludarme; hubo tiempo de recorrer ligeramente la pintoresca capital lusitana. Pero fue en Vigo donde nos sentimos realmente en tierra europea, aunque fuera, nomás, una ciudad gallega. . . Hacía mal tiempo y una delegación temible por su número y entusiasmo abordó el buque; el cónsul argentino, el estanciero Casimiro Gómez y diversas personalidades locales. A pesar de que llovía, nuestras ganas de pisar tierra firme eran muy grandes de modo que bajamos en una lanchita que nos condujo hasta el muelle y dimos unas vueltas en coche por la ciudad.

Al otro día continuamos viaje a Boulogne-sur-Mer, donde terminaba el itinerario del "Cap Bianco". No suponía que me recibieran con honores especiales, pero resultó que el *maire* de la ciudad me esperó al pie de la escalerilla y me dirigió un elocuente discurso; supongo que sería elocuente, porque lo dijo, obviamente, en francés. Recuerdo que se llamaba *monsieur* Perón, un curioso apellido, por cierto.

De allí tomamos el tren directo a París, donde muchísima gente nos esperaban en la Gare du Nord. Me contaron que los diarios franceses dedicaban mucho espacio a mi persona. Era un espléndido día de junio y no tardé en empezar a disfrutar las delicias de una estadía que, según tenía previsto, no habría de durar menos de dos años. Semanas más tarde festejé en el hotel Elysée Palace, donde nos alojamos, mi cumpleaños número sesenta y dos.

Pellegrini había salido de París en esos días rumbo a Buenos Aires, así es que no tuvimos necesidad de eludirnos mutuamente. En cambio, los Wilde habían hecho una escapada desde Bruselas para darme la bienvenida. Fue gratísimo abrazar de nuevo a mi viejo compañero de Colegio, que ahora parecía un *lord* con esos trajes a cuadros que había puesto de moda el rey Eduardo VII cuando todavía era Príncipe de Gales. Y fue emocionante, como siempre, ver a Guillermina; ella también había sentido los efectos de la vida diplomática y se la veía más aseñorada, más formal, lo que realzaba su belleza en espléndida sazón. No tuvimos mucho tiempo para estar juntos porque debían regresar a Bruselas, pero hubo ocasión de chismear un poco: me contaron que el rey Leopoldo era un canalla odiado por todos, que había dejado en toda Europa el tendal de sus escandalosas aventuras, que era codicioso y avaro de su inmensa fortuna, amasada con la sangre de los negros del Congo. Pero la sociedad belga había adoptado a los Wilde y, aunque aburridos del eterno cielo gris de Flandes, se sentían bien allí; su secreta aspiración, como la de todo diplomático de cualquier país del mundo, era pasar a París...

La capital francesa no había cambiado mucho desde mi anterior visita, casi veinte años atrás: la única novedad para mí era la torre metálica erigida por el ingeniero Eiffel, que entonces no alcancé a ver y ahora se había convertido en el símbolo de la ciudad; esta presencia en la *rive gauche* y la cantidad de automóviles que se veían —a veces dos y hasta tres por cuadra— constituían los signos más evidentes del cambio de los tiempos en París. La sociedad francesa, por el contrario, mostraba las cicatrices de la honda división provocada por el *affaire* Dreyfus, y ese endiablado asunto envenenaba el espíritu galo. Esto lo fui percibiendo a través de conversaciones con muchas y variadas gentes, pero desde luego no alteraba el encanto de la vida parisiense, la belleza de sus *boulevards*, la opulencia de sus tiendas, el lujo de sus hoteles y restaurantes, sus exposiciones y museos, sus teatros, sus *cabarets*, adonde desde luego fui sin la compañía de mis chicas. Además, París seguía siendo un privilegiado punto de observación de la Europa entera, y aun del mundo.

Yo había llegado en un momento particularmente interesante, porque algunas de las líneas que mantenían el equilibrio europeo, es decir, mundial, se pusieron de manifiesto ese año de un modo bastante inquietante. Un par de meses antes de iniciar mi viaje el Káiser había protagonizado un gesto teatral que una vez más reveló su peligrosidad: durante una excursión que realizaba por el Mediterráneo resolvió desembarcar en Tánger para saludar al Sultán de Marruecos. Lo hizo montado en un caballo blanco al modo de los héroes wagnerianos aunque su brazo, paralizado de nacimiento, lo convertía en un mal jinete, y se dirigió al dignatario como si éste fuera monarca de un país soberano y refiriéndose varias veces a la independencia marroquí en deliberado olvido de la influencia francesa —y también española— que daba a esa región africana la condición de un virtual protectorado. Se dijo que la iniciativa de este *impromptu* no partió de Guillermo II sino de su ministro de Asuntos Exteriores, Holstein, pero de todas maneras el incidente indignó a la opinión pública francesa. Cuando yo llegué a París, el ministro Delcassé, artífice de la *entente cordiale* con Gran Bretaña, había renunciado por presión de la cancillería alemana, que lo consideraba un obstáculo para la negociación sobre Marruecos que realizarían las grandes potencias en Algeciras unos meses después. A mí me asombró esta aflojada del gobierno francés; Delcassé había trabajado constantemente por concretar un entendimiento con los ingleses para poner límites a las veleidades bélicas del Káiser, que se entretenía con su ejército y su creciente flota como si fueran juguetes infantiles.

A pesar de la histórica renuencia británica a abandonar su aislamiento, el rey Eduardo VII había cooperado con los esfuerzos de Delcassé y ahora existía un entendimiento anglo-francés para mantener la paz en Europa, superando los antagonismos que ambos países habían sobrellevado en décadas anteriores en torno a problemas coloniales. Pero se necesitaba el concurso del Imperio Zarista para que el Káiser entendiera que no le era posible una aventura bélica, pues toda la doctrina militar alemana enfatizaba la inconveniencia de pelear en dos frentes. Y sucedía que Rusia estaba atravesando un momento difícil que le impedía adoptar decisiones definidas en su política internacional. Ese año de 1905 empezó con una matanza de manifestantes que suplicaban al Zar algunas medidas para paliar su miseria. El descontento que provocó la brutal fusilada de San Petersburgo se incrementó dos meses más tarde, cuando la flota rusa fue hundida por los japoneses en Tsuchima. Era la primera vez, en la historia moderna, que un país europeo (si por tal podía tenerse al inmenso Imperio Zarista) era derrotado de manera tan definitiva por un pueblo asiático. El desastre produjo efectos devastadores en toda Rusia: amotinamientos, huelgas, sublevaciones militares, desórdenes de toda clase, que finalmente desembocaron en unas tímidas reformas políticas concedidas por el Zar. Pero en los disturbios que estremecieron a su país quedó evidenciada la debilidad del régimen zarista y la inquietante fuerza de los grupos más extremos del socialismo ruso.

Estos y otros sucesos acontecidos aquel año en toda Europa podían ser signos premonitorios de acontecimientos mucho más graves, o manifestaciones de los acomodamientos de las cosas a los nuevos tiempos. Sin ser pesimista —nunca lo he sido—, yo creía observar bajo el esplendor del viejo continente una cierta inestabilidad política y social que podría agravarse en determinadas condiciones: no se juega mucho tiempo con armas y demostraciones de poder sin que algo malo ocurra inevitablemente. Sin embargo, sólo los políticos profesionales, los diplomáticos y algunos pensadores parecían preocuparse por estas cosas, y yo también llegué a convencerme de que la paz perpetua —una expresión que repetía Angela de Costa— era una conquista definitiva del continente al que debíamos sangre, idioma, bienestar y cultura. Un libro de un tal Norman Angell, inglés, demostraba la imposibilidad de una guerra en Europa, y estaba muy de moda; yo me hice leer y traducir algunos de sus párrafos para convencerme de que así sería.

Por otra parte, no era asunto mío: allí el Káiser con sus delirios, el Zar y sus tenebrosos revolucionarios, Francia y sus debilidades. Yo paseaba y conversaba con mucha gente, argentinos y locales. Era un *tourista* y no deseaba otra cosa que pasarlo bien en una estadía que habría de ser larga.

Todos los viajes son un poco parecidos, sobre todo si se recorre más o menos el mismo pedazo de mapa; en esos casi dos años vi pocos lugares nuevos y más bien me limité a frecuentar los ya conocidos, según la estación, los compromisos o las ganas. Establecimos con mis chicas un sistema de recíproca libertad; ellas hicieron su centro en París y me acompañaron algunas veces y otras no, a los países y ciudades a los que me trasladé. Vivía permanentemente en París una colonia argentina mucho más numerosa que la que encontrara en 1887, y casi todos los residentes de alguna significación se acercaron en seguida a saludarnos e invitarnos, de modo que ellas formaron un grupo juvenil para sus salidas y diversiones, dejándome en libertad de hacer lo que me cantaba la calandria. Yo acaté las reglas del protocolo que imponían los rituales saludos a las autoridades, y después limité mi actividad social. Prefería verme con algunos amigos: lamentablemente, Mansilla, que era conocedor insuperable tanto de la sociedad parisiense como de otros aspectos menos confesables de esa ciudad babélica e infinita, estaba en Buenos Aires, tramitando seguramente esa embajada en Francia que nunca había podido obtener. Me sentía magníficamente bien, no padecí ni un resfrío durante toda mi estadía, caminaba mucho y aunque la vida de hotel me hartaba, traté de aprovechar lo mejor posible mi intervalo europeo. Mi sirviente se daba maña admirablemente, aunque no era capaz de decir ni *oui*. . . Por momentos creía ser un estudiante tratando de aprovechar todo lo que se me brindaba: un día que encontré a Leopoldo Lugones, convine que él me daría una lección de historia en el Arco de Triunfo, contándome las campañas de los ejércitos franceses durante la Revolución, y lo escuché atentamente al lado de su hijo, que era el destinatario real de la conferencia. Gumersindo me tenía al tanto de los avances de las refacciones de mi casa y de la construcción de la contigua, y de vez en cuando me enviaba por encomienda algunos dulces, quesos y hasta pollos vivos para que no perdiera del todo el sabor de los manjares nativos.

En agosto, huyendo del calor, pasé a Vichy y luego a Niza con las chicas. Nunca podré olvidar mi estadía en esa estación termal porque fue allí donde conocí a Elena, Hellène, en realidad. Me había llamado la atención verla siempre sola en el hotel, una mujer tan joven y hermosa. Hice discretas averiguaciones y me enteré que era rumana, viuda o divorciada pero indudablemente libre, y que había perdido mucho dinero en Montecarlo. Le mandé unas flores, aceptó la ofrenda, y eludiendo con gran estrategia la vigilancia de mis hijas hablamos largamente: quedé prendado de su personalidad. Después pudimos encontrarnos en París y a su debido tiempo vino a Buenos Aires. Desde entonces, el amor de Elena contribuye a alegrar los otoños de mi vida. Más adelante le hablaré un poco más de ella.

Pero había que reanudar el viaje con las muchachas, y seguimos a Suiza, gozando de esos deliciosos paisajes alpinos que en verano son menos ríspidos que en la estación nevada. Me trasladé después a Londres, donde algunos hombres de negocios anglo-argentinos me reclamaban, y a fines de septiembre estaba de regreso en París. Allí acepté el convite de algunos amigos franceses para tomar en arriendo un coto de caza, y durante algunas semanas me entretuve en bajar a escopetazos todo tipo de aves: jornada hubo en la que matamos hasta 300 faisanes. Pero ¡qué distinto este deporte donde todo se le daba a uno servido, con aquellas cacerías de mulitas y gallaretas en el Desierto o en las cercanías del río Negro, cuando acertar o errar el tiro significaba parar la olla o ayunar!

La llegada de Gramajo, en noviembre, me dio un alegrón. Me acompañó un par de meses y para las chicas fue como si llegara un tío viejo y querido; seguía tan comilón como siempre y con su inalterable buen humor, del que sólo podía sacarlo la francesa costumbre del *pourboire*, esa propina que en la Ciudad Luz hay que ofrendar hasta para tomar el aire que se respira. . . Gramajo me confirmó lo que yo sospechaba por los diarios argentinos que me llegaban con bastante atraso: Mitre estaba muy decaído de salud y se rumoreaba que Quintana se encontraba gravemente enfermo: la revolución de febrero le había significado un fuerte golpe a su espíritu del que no se repuso nunca; sus relaciones con el vicepresidente eran pésimas. También me contó mi edecán que Pellegrini, arribado a Buenos Aires en agosto, estaba trabajando con su actividad y energía características en la formación de un partido que pudiera oponerse al oficialismo en las elecciones legislativas de marzo. Pasadas las fiestas de año nuevo, mandé a las muchachas a Niza por ferrocarril mientras yo iniciaba una nueva experiencia como viajero: el traslado en automóvil. Me acompañó en la aventura el doctor José Ingegneros, que estaba dando conferencias en una dependencia de la Sorbona para agregar lauros académicos a su prestigio. Me divertí mucho en el recorrido con la brillante conversación de este médico poco convencional, y pude reconstruir en sentido inverso la marcha de Napoleón sobre París cuando los Cien Días, y hasta reconocer algunos de los lugares mencionados por Julio César en *Guerra de las Galias*. El *chauffeur* francés resultó aceptable, el vehículo se portó bien, el invierno se fue dulcificando a medida que avanzábamos hacia el mediodía, y a su debido tiempo llegamos allá, sanos y salvos.

Me encontraba en Niza a mediados de enero de 1906 cuando llegó la noticia del fallecimiento de Mitre; y a mí me halagó, como argentino, la importancia que la prensa francesa e italiana dio a su figura.

Demoré mis días en la Costa Azul gozando de sus encantos antes de viajar a Italia, donde los reyes me habían invitado. Pero estaba tan lindo Niza y me encantaba tanto caminar por el *boulevard* costero sin conocer a nadie y sin que nadie me conociera, que tardaba en decidirme a partir. Pues debo decir que uno de los grandes placeres de estos viajes es el anonimato, esa mágica virtud de invisibilidad que en la Argentina me está vedada y en Europa, en cambio, aprovechaba para curiosear en todos lados, embobarme frente a cualquier novedad, regatear en los negocios como un catalán y apreciar a fondo las mujeres lindas con que me cruzaba. Aunque de cuando en cuando no dejaba de encontrarme con algún compatriota que, invariablemente, creía su obligación saludarme, detener mis pasos, contarme quién era, qué hacía, de dónde venía y adónde iba... y en algunos casos hacerme un pechazo...

Pues otra de las diferencias que encontré, respecto de mi periplo anterior, fue la cantidad de argentinos que se encontraban en Europa. *La Nación* les dedicaba una sección fija dentro de sus "Notas Sociales", pero sólo andando por esos mundos podía advertirse cuántos eran. Familias que llevaban a sus hijos a educarse en los colegios de allá, estancieros que gozaban de sus rentas con sensatez o locura, jóvenes de la sociedad que hacían su viaje de iniciación, funcionarios públicos en misiones no siempre justificadas, profesionales que iban a perfeccionarse en las universidades o buscando el respaldo académico europeo, enfermos que venían a ponerse en manos de los médicos franceses o alemanes como último recurso, engrosando uno de los grandes negocios de esos países como era el de la salud; en fin, simples *touristas* como yo y muchos aventureros, que a veces pasaban sus nombres a las crónicas policiales. Al ver a tantos y tan variados connacionales, era difícil creer que la Argentina estuviera situada en los antípodas de Europa. En cierto modo no lo estaba, pues nuestras relaciones con los países del viejo continente eran de todo orden, y pese a los descalabros de la década anterior seguíamos siendo a los ojos del público de allá el país de cuyas fuentes manaba leche y miel... Yo pensaba a veces que el enorme esfuerzo realizado para convertirnos en una próspera Nación sólo beneficiaba a empresas de navegación y ferrocarriles, a hoteleros, modistas, tenderos, *maîtres d'hotel*, camareros, nurses, artesanos, médicos y curanderos, dueños de casinos y ruletas, regentes de burdeles de lujo que con maneras encantadoras y derroches de *politesse*, nos chupaban en Europa todo lo que ganábamos en nuestros campos americanos...

No quisiera aburrirlo con mis itinerarios, pero tengo que contar algunos momentos de ese viaje. En febrero emprendimos con las chicas la demorada excursión a Italia, que en esos meses vivía una gran euforia porque había terminado de abrirse el túnel del Simplón bajo los Alpes, lo que habilitaba una formidable salida hacia el resto de Europa. Con ese motivo se estaba realizando una gran exposición industrial en Milán, que visité a su debido tiempo.

En Roma fui homenajeado por innumerables delegaciones y personalidades. El joven rey Víctor Manuel III y su esposa, la montenegrina Elena, nos recibieron el 17, y unos días más tarde me obsequiaron con un gran banquete en el Quirinal. El rey de Italia no tenía la estatura física ni intelectual de su padre, el gran Umberto I, asesinado por un anarquista cuatro o cinco años antes, pero se lo veía preocupado por su pueblo y conocedor de la situación de los italianos *d'oltremare*. Entre agasajos y visitas a diversos lugares de la Ciudad Eterna se nos fue alargando agradablemente la estadía, de la que recuerdo como el acontecimiento más grato, la fiesta que me dio mi amiga Lola Mora en su *atelier*. Lola había pasado un mal momento días antes, cuando un sirviente le robó dinero, pero el día de la fiesta estaba tranquila y feliz, radiante en esa hermosura criolla que no se marchitaba y rodeada por estudiantes y artistas argentinos, entre ellos un pintor que siempre me gustó, Pío Collivadino. No sé de dónde sacó Lola el conjunto de bellezas romanas que nos acompañaron, pero lo cierto es que la atmósfera bohemia y libre de aquella noche, rodeado por las muchachas más lindas de Roma, ha quedado fijada en mi memoria.

Muy pocos días después, siempre en la capital italiana, llegaron dos novedades de Buenos Aires que me hicieron reflexionar sobre la conveniencia de regresar al país. En primer lugar, Pellegrini había conseguido triunfar en la Capital Federal en las elecciones de diputados, superando la maquinaria montada por el gobierno y Marcelino Ugarte; seguramente el triunfo pellegrinista aparejaría cambios políticos, y probablemente esos cambios no serían buenos para mí. El otro acontecimiento, ocurrido al día siguiente, reforzaba esta posibilidad: el fallecimiento del presidente Quintana. El ascenso de Figueroa Alcorta me hacía olfatear un viento poco propicio. Pero después de pensarlo un poco llegué a la conclusión de que no había motivos para interrumpir mi estadía europea; era mejor mantenerme alejado por ahora. Ante algún requerimiento periodístico hice una lavada declaración deseando éxito al nuevo gobierno, y días después la reforcé enviando una carta para ser publicada, en la que expresaba mi intención de quedarme en Europa un año más, como mínimo, y dedicarme a las tareas rurales cuando volviera. Y a principios de abril dejé Roma y me largué a Florencia con las chicas, en automóvil. La industria de fabricación de automóviles era importante en Italia y durante mi estadía en Roma me convencieron de comprar uno de esos nuevos ingenios. El viaje a Florencia por las pintorescas regiones de la Romaña y la Toscana tuvo sus ventajas pero también sus inconvenientes: dependíamos del humor y la habilidad del *chauffer*, y nos zangoloteábamos en los pésimos caminos italianos, muy diferentes a los de Francia. Pero podíamos detenernos donde queríamos y gozábamos de una autonomía que no existía en los viajes de ferrocarril, sujetos a rigurosos horarios, aunque hay que decir que en Italia, en realidad, no lo eran tanto.

Después del *intermezzo* peninsular volvimos a París, en un otoño delicioso. Yo era casi un vecino de esa ciudad, donde me movía cómodamente y conocía gente de todos los círculos; aquí también tuve que ver con escultores, pues visitaba frecuentemente el taller de Giulio Tadolini, el artista que esculpió años antes la estatua de Vélez Sarsfield, "el hombre de a pie" que hace contrapunto al "hombre a cabaio" —el general Paz— en la ciudad de Córdoba.

Algunos amigos me decían que no podía perderme la boda de Alfonso XIII en Madrid; sería un espectáculo nunca visto y mi presencia caería bien entre la colectividad española de la Argentina. Pero yo estaba comprometido a visitar Alemania, y así me ahorré el espectáculo espantoso del atentado cometido por un anarquista del que felizmente salieron indemnes los reales novios, pero no varias personas de su séquito. El 29 de mayo me recibieron en Berlín con la puntual organización propia de los alemanes. Fui obsequiado hasta quedar exhausto. Me ofrecieron una recepción en el Ministerio de Asuntos Extranjeros, donde no dejé de notar la cantidad de jóvenes funcionarios de femenil aspecto que servían al ministro Holstein; un par de años después estalló un *scandale de moeurs* que salpicó a muchos de estos efebos y obligó a la renuncia del ministro: en París, vaya y pase que ocurran estas cosas pues los manflorones proliferan en todos lados, pero que sucedieran en el marcial y rígido imperio del Káiser, parecía impensable. . . Sobre todo si uno asistía, como lo hice, a una parada militar en Postdam junto a Guillermo II, y admiraba la perfección de sus regimientos. Ese día almorcé con el emperador, a quien había conocido veinte años atrás como príncipe heredero. Me hizo preguntas sobre la Argentina y me recitó algunos datos del país que evidentemente le habían soplado momentos antes. Parecía obsesionado por impresionar a sus visitantes y yo dejé que así lo creyera. En privado, Guillermo II irradiaba menos ferocidad que en sus apariciones públicas, pero su infantil afición por los soldados y las armas se transparentaba a cada instante y este sentimiento también se evidenció en el desfile efectuado al otro día en Temperlhofer Felds, cuando 15.000 guardias de corps pasaron frente a nosotros como autómatas; el Káiser no dejaba de contarme la historia de cada cuerpo. Yo había traído de Buenos Aires mi viejo uniforme de teniente general, pero como Gumersindo se olvidó de incluir algunas de mis condecoraciones y el indumento estaba bastante anticuado, me había hecho confeccionar en París uno nuevo, de modo que no desentoné frente a los rutilantes generales alemanes. Al día siguiente el Káiser me condecoró con la Cruz de la Orden del Aguila Roja, aunque nunca he visto ese bicho con semejante color.

También fui agasajado en la Legación Argentina por Indalecio Gómez, nuestro ministro, y posteriormente me trasladé a Essen para visitar las fábricas de armas de Krupp. Me acompañaron algunos oficiales argentinos que realizaban estudios en Alemania —todos deslumbrados por la perfección de su ejército— y el doctor Ingegneros, que me divirtió con sus chuscadas sobre la puntualidad y rigor de nuestros anfitriones. Aquí terminó mi extenuante viaje a Alemania, donde se conoce bastante a la Argentina y algunos capitalistas tienen fuertes intereses en empresas de electricidad del país.

Mucho más divertida que esta visita fue la fiesta que me dio en París, días después, a mediados de junio, la redacción de *Le Figaro*. Era un diario con el que teníamos buenas relaciones y dedicaba bastante espacio a noticias argentinas; seguramente buscaban contratar la edición de uno de esos suplementos dedicados a publicitar a países sudamericanos. Fuera la intención que fuese, se trató de una movida reunión con más de 400 comensales, amenizada por una orquesta dirigida por el maestro Saint Säens, que estaba muy de moda, y con la participación de algunos artistas de la Comedie Française que recitaron partes de una obra clásica que he olvidado.

En los primeros días de julio pasé a Londres; aquí el ambiente estaba alborotado por la acción de unas mujeres que exigían el voto para las de su sexo y detenían el tráfico, perturbaban el *Derby* y se hacían detener por los *bobbies*. Yo pensaba en la Argentina: todavía no habíamos facilitado el voto a los hombres, pero a lo mejor la solución era dárselo primero a las hembras, que tal vez sufragaran con más sensatez que el sexo feo... El ministro Domínguez, nuestro eterno representante en Gran Bretaña, me acompañó a la entrevista que me concedió el rey Eduardo VII, un *bon viveur* cuyos amoríos y escandaletes eran cuidadosamente ocultados en el puritano ambiente británico. También lo había conocido en mi anterior viaje, cuando esperaba interminablemente, como príncipe heredero, que muriera la reina Victoria para ceñir la corona imperial. Me pareció el monarca más sensato y bienintencionado de todos los que conocí en Europa; no me dijo, como solía hacerlo en charlas íntimas, que su sobrino el Káiser era un *garçon mal elevé*, pero era indudable que le preocupaban sus manías belicistas y trataba de mantener el equilibrio del continente sin que Alemania se sintiera cercada. Hablamos de algunos temas del comercio anglo-argentino, entre ellos el ganado en pie, que antes exportábamos a Gran Bretaña y ahora no, por medidas proteccionistas encubiertas bajo diferentes pretextos. Eduardo me hizo buena impresión: mientras el Imperio Británico estuviera regido por este tranquilo y bonachón caballero, habría paz en el mundo.

Me encontraba todavía en Londres cuando me avisaron que Pellegrini había muerto. Me impresionó la noticia. Era tres años más joven que yo y siempre lo había visto tan fuerte y vital, que parecía mentira su desaparición. Pensé si debía volver, pero ahora sería claramente inoportuno: podría creerse que iba con el propósito de devorar los restos de su partido. De modo que mandé un telegrama de pésame a su viuda, hice decir que hasta el año siguiente no volvería al país y regresé a París para seguir enseguida a Vichy; meses más tarde colaboré con 1000 francos de mi peculio a la suscripción que levantaron algunos miembros de la colonia argentina para ayudar a erigir el monumento a Pellegrini en una plaza de Buenos Aires.

En septiembre viajé nuevamente a Italia, pero esta vez por un acontecimiento familiar: el bautismo de mi nieto, hijo de María Marcela y el barón De Marchi. Un cardenal romano lo cristianó con toda la pompa del caso en la villa que la familia de mi yerno tenía en Pallenza, en el Piamonte. Después volví a París y fue en estos días cuando vi por primera vez la maravilla de un aparato de volación que el brasileño Santos Dumont jineteaba en el Bois de Boulogne ante el asombro de todos. ¡Hombres volando por el aire, mujeres queriendo votar. . .! ¡Dios santo! ¿a qué mundo estábamos ingresando? De éstas y otras cosas hablamos con Wilde y Guillermina cuando fui a Bruselas. Durante los meses anteriores habíamos arreglado para coincidir por breves días en algunas estaciones balnearias, pero la presencia de mis chicas complicaba estos encuentros. Ahora me dirigía a Bélgica a saludar al rey, aunque esto era lo que menos me interesaba. Visité, pues, a Leopoldo en su palacio y departí con él un buen rato: estaba muy al tanto de los negocios de la Argentina, y más parecía un capitalista que un monarca. Al día siguiente me ofreció un banquete; apenas tuve tiempo para dedicar a Guillermina. Se había hecho muy religiosa y tomaba con gran seriedad sus deberes de esposa. Y yo ya tenía 63 años. . .

Estaba con ganas de ir volviendo, y solo esperaba que Gumersindo me avisara que todo estaba dispuesto y habitable en mi casa y la nueva de las chicas. Por momentos me daban ganas de vender esas residencias y hacer edificar otra, más cómoda, en un terreno que años atrás adquirí en la calle Rodríguez Peña.

Los últimos meses de 1906, en un invierno que cubrió a París varias semanas con un inmenso manto de nieve, fueron muy sociables. Recuerdo, entre otras reuniones, un almuerzo en el Ritz presidido por don Eugenio Garzón, al que fue invitado también Gaston Calmette, el director de *Le Figaro;* allí me presentaron al periodista Jules Huret, quien me expresó su intención de escribir un libro sobre la Argentina: lo hizo unos años más tarde y según me dicen, es una excelente radiografía del país. También recuerdo el banquete que me ofreció en el palacio del Elíseo, a mediados de noviembre, el presidente de la República Francesa con motivo de conferirme la Legión de Honor. Era *monsieur* Fallières un hombrecillo insignificante que contrastaba con la personalidad avasalladora de Georges Clemenceau, el presidente de su Consejo de Ministros. En esa larga reunión, prolongada en una interminable sobremesa, Clemenceau me habló obsesivamente de la amenaza de los *boches* y el deber histórico que tenía Francia de recuperar Alsacia y Lorena. Semanas más tarde el concejo municipal de París me obsequió con una suntuosa cena en el Hotel de Ville, que compartí con Angel de Alvear, recientemente designado intendente de Buenos Aires por Figueroa Alcorta. Me daba gusto que un hijo de don Torcuato volviera a ocupar el cargo que yo confiara a su padre un cuarto de siglo atrás, y lo acompañé en algunas de sus visitas y entrevistas. Angel tenía grandes planes para la ciudad en materia de urbanización y hospitales; su hermano, el radical, andaba por Italia en ese momento, no sé si ya casado o a punto de casarse con la cantante que lo traía loco desde hacía años.

Era hora de volver. Mi hija mayor, con su esposo y mi nieto, habían regresado a Buenos Aires y me escribía que todo estaría listo para recibirnos en un par de meses. Aumentando las ganas del retorno, a mediados de diciembre me visitó el ministro brasileño en París para decirme que su gobierno se sentiría muy feliz si yo aceptaba pasar una semana en Río de Janeiro con mis chicas y acompañantes, en calidad de invitados. Yo interpreté esta gentileza como una habilidad del barón de Río Branco, que seguramente estaba alarmado por la designación de Estanislao Zeballos como ministro de Relaciones Exteriores en el gabinete de Figueroa Alcorta. Mi viejo propagandista de la Conquista del Desierto se había hecho muy belicista, y hablaba abiertamente de una guerra con el Brasil para detener su supuesto expansionismo. Admiraba al Káiser, con el que había hablado una vez, y pretendía llevar al sur del continente la *realpolitik* bismarckiana con una política de agresivo armamentismo. Había aprovechado un incidente ocurrido en el río de la Plata con motivo de un naufragio, para sostener como posición oficial la absurda teoría de que la República Oriental del Uruguay carecía de jurisdicción sobre el estuario; es decir que el bañista que metía su pie en la última ola de la playa de Carrasco, o de Pocitos por ejemplo, ingresaba automáticamente a jurisdicción argentina. . . Los orientales, como es natural, buscaron el apoyo del Brasil para oponerse a las pretensiones de Zeballos, y el tema amenazaba dar al traste todo lo que habíamos hecho para cultivar buenas relaciones con nuestros vecinos, en especial con los brasileños y los orientales. No dudé que el veterano Río Branco quería ganarme para la causa de las relaciones cordiales. Por lo tanto acepté la invitación y fijé la fecha de nuestra partida para mediados de febrero.

Hubo que soportar en el intervalo una serie de despedidas, entre ellas la del príncipe Roland Bonaparte, pretendiente al trono de Francia, un tipo pintoresco e inofensivo. Tuve que visitar al presidente y a los funcionarios y amigos franceses que me habían atendido con tanta deferencia. Finalmente, el 22 de febrero de 1907, después de haber recibido apretones de manos y abrazos de más de 200 compatriotas apiñados en la estación, las chicas, los sirvientes y yo tomamos el Soud-Est Express que nos llevó vertiginosamente hasta Lisboa; después me enteré que algún diario madrileño se quejó de que no hubiera encontrado tiempo para una escala en la capital española. Pero ya estaba harto de Europa y de sociabilidad: quería llegar a casa, ver cómo había quedado, soñaba galopar en "La Larga" y también necesitaba asomarme al ruedo político, aunque sólo fuera para despuntar el vicio.

En Lisboa me recibió el ayuda de campo del rey Carlos, quien me ofreció un banquete al otro día en el Palacio de Estoril, adonde fuimos en automóvil. Abrumándonos de atenciones con su lusitana cortesía, me obligó a instalarme esa noche en el palco real de la Opera, y me hizo prometer que usaría su lancha personal para embarcarme al día siguiente. El 25 de febrero, la *troupe* encabezada por mí con la tonelada de equipaje que llevábamos, subió al "Araguaya" y empezamos a descansar hasta Río de Janeiro.

Aquí me hicieron un recibimiento de jefe de Estado. El 11 de marzo llegamos a la Bahía de Guanabara en medio del zumbido de las sirenas de los buques próximos, y al rato apareció mi vieja conocida, la falúa real de Juan VI, que nos condujo a tierra. Fui saludado por el presidente Alfonso Penna, por mi viejo amigo Campos Salles, por Bocayuva y Río Branco y una cantidad de funcionarios. Nos alojaron en el Palacio de Abrantes y todo transcurrió en un ambiente tan cordial y festivo como sólo los brasileños pueden lograr: fuegos artificales en la bahía con más de 70.000 cariocas embobándose con el colorido de sus resplandores, paseos al Corcovado, a Petrópolis, función de gala en el Teatro Lírico, baile en Itamaraty... Fueron cinco días lindísimos que dediqué no sólo a diversión sino a conversar largamente con la gente del gobierno, a quienes tranquilicé sobre el alcance de las zonceras de Zeballos. Espontáneamente me comprometí a hacer una declaración pública sobre estos temas antes de dejar territorio brasileño, y resolví hacerla en la ciudad de São Paulo, adonde nos llevaron en tren el día 17.

Hubo un almuerzo al aire libre en el parque Cantereira, y a la noche se realizó un desfile de estudiantes paulistas en mi honor, portando antorchas. Esta fue la oportunidad que elegí para pronunciar un discurso que causó gran repercusión

en Buenos Aires, pues planteaba una posición firmemente
contraria a la de Zeballos. Hablé de los intereses comunes entre Brasil y Argentina, afirmé que todo nos unía y nada nos
separaba; aseguré que no me inquietaba la modernización y
ampliación de la armada y el ejército del Brasil, pues comprendía que era un gran país y necesitaba unas fuerzas adecuadas a su grandeza. Que no había ningún problema entre
las dos naciones que no fuera solucionable, y que tenía absoluta confianza en el propósito pacífico y cooperador del gobierno brasileño. Como siempre, leí mi discurso mal y con
voz monótona; por suerte, Belisario Roldán, que estaba en
Río de Janeiro cuando yo llegué y se sumó a mi séquito, le
dio a continuación a su pico de oro hasta provocar el frenético entusiasmo de los asistentes. De todos modos, lo importante de mi discurso no era la forma sino lo que decía y el
"sosegate" que implicaba para los peligrosos caprichos de
Zeballos, a quien solía imaginar como un Káiser del Plata. . .
    El 19 de marzo nos embarcamos en Santos en el buque
"Danube". Dos días después estábamos en el puerto de Montevideo, donde no bajé; aquí se me reunió un grupo de amigos que venía de Buenos Aires a recibirme. Y el 25 de marzo
de 1907, después de veintidós meses de ausencia, pisé de
nuevo suelo argentino. A pesar de que el "Danube" atracó
muy temprano en la mañana, había mucha gente esperándome, entre ellos el edecán presidencial en nombre de Figueroa
Alcorta. No quise subir a ningún coche y caminé hasta mi
casa, seguido de unas 200 personas. Respiraba de nuevo el
aire de mi ciudad, después de la ausencia más prolongada
desde que me instalara en ella, treinta años atrás. Mi casa re-
lucía como nueva; la de las chicas estaba construida con solidez, comodidad y nobles materiales. Nuestros jardines interiores eran comunes y una puertita nos comunicaba con la
residencia de María Marcela, sobre la calle Tucumán.
    Los primeros días tuve que atender una interminable
serie de visitantes, entre ellos el presidente de la República.
Cuando me pareció prudente, huí a "La Larga" y allí recuperé los amplios espacios, el cielo abierto, el campo sin
fronteras. . .
    A mediados de mayo volví a mi casa de la calle San Mar-
tín. La política me reclamaba de nuevo y sin mayores ilusiones, pero con la decisión de quien está cumpliendo un deber,
me puse a la tarea de enterarme bien de lo que estaba pasando y conversar con mis viejos amigos.

Pero antes de seguir con esto tengo que aclararle algo. Si le he contado tan por menudo este viaje, y he detallado los honores que me dispensaron monarcas, estadistas, hombres del pensamiento y del arte en los países que visité, no es por vanidad. Ya he dicho que si alguna vez fui vanidoso, ese defecto se me fue desvaneciendo con el tiempo y con la progresiva conquista de todos los cargos a que puede aspirar un argentino. Mi relato de este viaje apunta a otra cosa cuando le cuento las consideraciones de que fui destinatario: el altísimo concepto de que gozaba la Argentina en el· viejo mundo, al punto que un ciudadano sin ninguna representación oficial, sólo por haber sido lo que había sido, atraía la atención y el respeto de todos.

Este alto concepto del país era, hay que reconocerlo, el resultado de mi acción pública. Es cierto que muchos factores se combinaron para hacer de la Argentina una entidad que merecía la máxima consideración del mundo civilizado. Pero nadie que no fuera un obcecado podía negar que mi política, a veces sinuosa pero siempre encaminada a ciertos objetivos fundamentales, fue la que hizo posible el sentimiento que pude palpar durante mi larga estadía en Europa. En menos de treinta años habíamos edificado una nacionalidad sólida, rica, llena de promesas. Esta evidencia era, en todo caso, mi vanidad. Agasajos, condecoraciones y otras yerbas por el estilo no eran otra cosa que el reconocimiento de una hazaña nacional en la que a mí me tocó desempeñar un papel protagónico, no voy a hacerme el modesto. Pero la hazaña era de todos y los beneficios tocaban a todos los habitantes de este suelo: a unos más y a otros menos, como es natural. Todos se sentían partícipes de esa gigantesca moción transitada en apenas tres décadas. Y algunos, yo entre ellos, no estábamos dispuestos a que este gigantesco avance colectivo sufriera retrocesos o detenciones: a esta tarea —en realidad, mi tarea de siempre— venía dispuesto cuando volví a tomar en mis manos los sutiles hilos de la política.

II

Cuando todavía me encontraba en Brasil, un corresponsal de *La Nación* me hizo un largo reportaje, que después continuó a bordo del "Danube". Era la primera vez que me prestaba de manera amplia a la curiosidad periodística desde que me alejara, y hablé de muchas cosas. En algún momento el reportero se refirió a una posible tercera presidencia. Yo dije con absoluta sinceridad que tenía poca información de lo que pasaba en el país, y que antes de resolver nada tenía que enterarme de la situación; pero aclaré que de ninguna manera aspiraba a otro mandato aunque tampoco podía decir con total certeza que no lo haría alguna vez, puesto que en política, un hombre como yo no es dueño de su destino.

Estas palabras tan transparentes fueron tomadas por algunos como un lanzamiento de mi candidatura. ¡Ridículo! Faltaban cuatro años para la renovación presidencial y, a los 63 de edad, no tenía la menor intención de asumir el trajín que ello suponía. Lo único que deseaba era que no se deshiciera lo que yo había hecho, conservando cierta influencia en las decisiones políticas, y también aspiraba, como siempre, a que no se hostilizara a mis amigos. Entendía perfectamente que Figueroa Alcorta quisiera gobernar a su modo y con su gente; simplemente pretendía que no lo hiciera a costa mía ni destruyendo lo que habíamos construido. En este sentido, la política de Zeballos era un ejemplo de lo que no debía hacerse y sin embargo se hacía, con la aquiescencia del presidente; y también lo era la amnistía a los civiles y el perdón a los militares rebeldes de 1905, que a mi juicio sentaban un peligroso precedente para la disciplina del Ejército.

Lo que ocurría con Figueroa Alcorta era bastante comprensible; había estado relegado hasta que la desaparición de Quintana lo proyectó al primer plano. Al mismo tiempo, el triunfo de Pellegrini en la Capital Federal le permitió acariciar la ilusión de que ya contaba con un apoyo para manejarse de manera independiente. Hay que recordar que el "Gringo" había logrado su hazaña electoral forjando una coalición en la que figuraban sus propios amigos además de los mitristas (ahora se llamaban republicanos) dirigidos por Emilio Mitre, Roque Sáenz Peña y sus antiguos modernistas y hasta algunos seguidores de don Bernardo, que falleció poco después. Parecía, en efecto, que la Coalición sería el partido del nuevo presidente, pero a cuatro meses de su victoria Pellegrini murió y la alianza perdió a su elemento más valioso, al hombre que aglutinaba a elementos tan distintos.

A partir de la desaparición de Pellegrini el presidente maniobró de un modo poco claro, indeciso. Por un lado se seguía apoyando en los coalicionistas, por el otro nombraba ministro del Interior a González, cuya consecuencia conmigo era inalterable; al mismo tiempo trataba de ganarse a Ugarte, que disponía en la Cámara de Diputados de un bloque de casi treinta representantes bonaerenses que le respondía. Paralelamente realizó algunos avances: intentó intervenir Mendoza para impedir que mi ex ministro Civit se hiciera cargo de la gobernación, y trató de hacer lo mismo en Salta respecto de Luis Linares; en ambos casos el Senado bloqueó sus iniciativas intervencionistas y las dos provincias siguieron en manos de mis partidarios. Es que el Senado era mi baluarte: allí se sentaban muchos de los que gobernaron las provincias durante mi administración, para pasar después a la cámara alta. Solía decirse que el Senado era el refugio de las oligarquías locales, el resumidero de la política más retrógrada. Pero yo digo: ¿no es ésta la función del Senado en todos los países? ¿No debe ser el ágora de los ancianos, cuya misión es contener los ímpetus excesivos de sus pares más jóvenes? Al Senado romano no se ingresaba si los padres conscriptos no venían cargados de años o de méritos. Y el hecho de que nuestra cámara alta estuviera formada casi exclusivamente por ex gobernadores, ¿no era una ventaja? Que después de conocer a fondo los problemas de sus localidades pasaran a volcar su experiencia en ese conspicuo foro, ¿no garantizaba la sabiduría y prudencia de sus decisiones?

De estas fintas me fui enterando mientras andaba por Europa. Ninguna me alarmaba; formaban parte del juego normal de la política y todo nuevo presidente aspira a gobernar con cierta autonomía. Cuando llegué a Buenos Aires acababa de producirse una revolución en San Juan perpetrada por notorios partidarios de Figueroa Alcorta. Esta vez, el presidente avanzó un poco más. Valiéndose del receso del Congreso envió una intervención por decreto, hizo fraguar unas elecciones para integrar la legislatura local y completar el período del gobernador derrocado, hecho lo cual entregó el poder sanjuanino al mismísimo jefe revolucionario, un coronel Sarmiento malamente recordado por todos por haber sido quien mató en duelo, en 1895, al pobre Lucio V. López, uno de los hombres más buenos y decentes que he conocido. Esta secuencia demostraba una descarada parcialidad por parte del presidente. Y un par de meses después ocurrió en San Luis algo parecido en su significación aunque diferente en el mecanismo. Aquí los coalicionistas habían elegido gobernador a Esteban Adaro, quien una vez designado anunció que seguiría fielmente los dictados presidenciales. Los republicanos,

los pellegrinistas y los roquistas —o mejor dicho, los nacionales— impidieron con la policía que Adaro se hiciera cargo,
pues no estaban dispuestos a convertirse incondicionalmente
en presidencialistas; esta vez, Figueroa Alcorta presionó al
Congreso para obtener la intervención, la consiguió y finalmente Adaro asumió la gobernación puntana.

Ahora, mediados de 1907, empezaban a delinearse claramente las intenciones del presidente: quería desmontar, provincia por provincia, el sistema político tal como había fun-
cionado hasta entonces. Para ello, apaciguaba a los radicales
con la amnistía —me dijeron que en esos días mantuvo una
entrevista secreta con Hipólito Yrigoyen— y halagaba a los
coalicionistas haciéndoles creer que gobernaría con ellos,
cuando en realidad los iba sustituyendo con sus adictos allí
donde podía. De algún modo era la reedición del "Unicato",
con la diferencia de que Juárez Celman llegó a la presidencia
con bases reales de apoyo en el interior, mientras que Figueroa Alcorta sólo disponía de pequeños oportunistas, desertores, en general, de mi propio partido.

Frente a este cuadro, mi estrategia no podía ser otra
que inducir a los republicanos a restar apoyo al presidente:
si conseguía esto, la Coalición se vaciaba, Figueroa Alcorta
quedaba sólo y con el Congreso en contra: tendría que rendirse. No dudé que con un poco de trabajo lograría este objetivo. Figueroa Alcorta siempre había sido un segundón, un
hombre sin relieve ni mayor significación. Dejándolo aislado,
tendría que marchar por los carriles que le indicáramos, nada
se alteraría demasiado y en 1910 el nuevo presidente sería
el ingeniero Emilio Mitre.

El hijo del General era a mi juicio el candidato ideal: un
nombre histórico, un talento organizativo notable con fino
sentido político. Fue el autor de los famosos editoriales de
La Nación que en 1902 consiguieron el asentimiento de la
opinión pública al inminente laudo de Eduardo VII en el
conflicto con Chile. Había sido el promotor de la ley sancionada el año anterior por la que se anulaban todas las concesiones ferroviarias, sustituyéndolas por un sistema único: en
adelante, las empresas privadas no estarían garantizadas en
sus ganancias y sus tarifas podrían ser intervenidas por el Estado si llegaban a no ser justas y razonables; en compensación, seguirían exentas de impuestos durante cuarenta años
y sólo pagarían una contribución para construir caminos de
acceso a las estaciones. Era una excelente ley que terminaba

con el caos de los distintos regímenes que anteriormente había amparado a cada empresa. Evidenciaba, además, la fuerza que había adquirido la Argentina: en los primeros tiempos, el país tuvo que aceptar las leoninas condiciones exigidas por los ingleses, con tal que tendieran las líneas ferroviarias que necesitábamos desesperadamente. Ahora éramos nosotros los que imponíamos las condiciones a que se ajustarían las explotaciones ferroviarias en el futuro, y ya no se trataba sólo de compañías inglesas sino también francesas y del propio Estado. Cuando leí en París los términos de la ley promovida por Mitre, admiré la inteligencia con que su autor defendía los intereses nacionales sin herir los legítimos derechos de los capitales extranjeros. Al mismo tiempo no dejé de conjeturar cómo resolvería este tema el presidente que rigiera los destinos de la Argentina cuando venciera, cuatro décadas más tarde, la ley Mitre. ¿Qué sería el país y el mundo en esa época, qué valor y utilidad tendrían los ferrocarriles en 1946?

Pero ahora estábamos en 1907 y había que pensar en lo inmediato. Y lo inmediato consistía en la necesidad de detener a Figueroa Alcorta en sus intenciones de sustituir con sus propios elementos a las influencias que regían tradicionalmente la vida de cada provincia. La oportunidad pareció perfilarse por sí sola en septiembre de 1907, y el motivo fue —como tantas otras veces en nuestra historia— la endemoniada política correntina.

Gobernaba Corrientes una personalidad descollante, Juan Esteban Martínez, jefe del partido Liberal que era la versión local del mitrismo. Una oposición muy dura, dirigida por Juan Ramón Vidal, le hacía la vida imposible de tiempo atrás y la provincia se encontraba ante dos legislaturas contrapuestas, cada una de las cuales pretendía ser la legítima, a lo que se sumaba un estado de inquietud provocado por la presencia amenazante de elementos vidalistas en el Chaco con la evidente intención de voltear revolucionariamente a Martínez, ante la pasividad de la autoridad nacional de la que dependía el Territorio. Entonces, con el pretexto de la alteración del orden que podía ocurrir, Figueroa Alcorta envió al Congreso un proyecto de ley interviniendo la provincia.

Los mitristas calificaron la iniciativa presidencial como lo que era: una maniobra para poner a Vidal en lugar de Martínez: en suma, una agresión contra ellos. En la Cámara de

Diputados pronunció Emilio Mitre un gran discurso, pidiendo la postergación del tratamiento del proyecto y, más importante aún, dando por terminado el apoyo de su partido al gobierno nacional. Era el fin de la Coalición. El proyecto fue aprobado en Diputados pero mis amigos lo rechazaron en el Senado. El presidente había sufrido, pues, un grave contraste. Hubo renuncias de ministros y se designó en Interior a Marco Avellaneda, quien proclamó que la autoridad presidencial no podía discutirse y amenazó a las provincias que pretendieran oponérsele: eran casi las mismas palabras que, veinte años atrás, pronunciaban los "incondicionales" de mi concuñado. Y en efecto, cuando el Congreso terminó sus sesiones ordinarias, el poder Ejecutivo dictó el 11 de octubre un decreto interviniendo Corrientes. El presidente no se animó a designar de entrada a un agente demasiado sumiso: nombró a un ex funcionario judicial que, una semana después de hacerse cargo, renunció por considerar inaceptables las instrucciones impartidas por Avellaneda.

Yo observaba en silencio la torpeza con que se movía Figueroa Alcorta: cada paso le costaba jirones de prestigio. Mis amigos senadores lo tenían bajo cerco, el mitrismo le había retirado su colaboración, Ugarte se le acercó en esos días para ofrecerle su apoyo, pero exigiendo en cambio que prohijara su candidatura presidencial. La base sobre la que se sustentaba el presidente ya era pequeña y endeble. Sin esforzarme mucho yo esperaba que en algún momento Figueroa Alcorta me suplicaría que le diera una mano para no caerse. Se la tendería, desde luego, pero con condiciones muy claras.

Entretanto, convenía seguir apretando el dogal, y el tirón más eficaz era el que cerraba la bolsa. El Congreso no había aprobado todavía el presupuesto para 1908 y el poder Ejecutivo tuvo que convocar el 9 de noviembre a sesiones extraordinarias para su tratamiento y el de otras leyes. Al mismo tiempo seguía adelante en la operación de crucificar a Corrientes: un interventor más dócil se hizo cargo del gobierno de la provincia desplazando a Martínez, desarmando a los revolucionarios —que ya no tenían necesidad de seguir alardeando— y presidiendo meses más tarde un simulacro electoral que desembocó al año siguiente con el encumbramiento del partido de Vidal, que ciertamente no habría de ser ingrato a Figueroa Alcorta.

Pero ahora la batalla no tendría por escenario los esteros correntinos sino el suntuoso ámbito del nuevo Palacio

del Congreso, todavía inconcluso pero en cuyos amplios
hemiciclos funcionaban desde el año anterior los cuerpos legislativos. En esta instancia, los diputados y senadores opositores decidieron aprobar una minuta declarando la extrañeza
del Congreso ante la falta de una comunicación oficial sobre
la intervención a Corrientes y exigiendo se le enviaran todos
los antecedentes para proveer lo que correspondiera. Parecía
el primer paso de un juicio político al presidente, y éste se
apresuró a operar sobre la rama donde se sentía menos
débil, la Cámara de Diputados. Llamando en su auxilio a Ugarte para que manejara en su favor el numeroso grupo de diputados bonaerenses, consiguió que la minuta se transformara
en una amable invitación al ministro del Interior para que informara sobre los embrollos correntinos. Avellaneda concurrió inmediatamente, dio los argumentos esperados para justificar la medida y el cuerpo se declaró satisfecho.

No le iban a resultar tan fáciles las cosas en el Senado.
Aquí mis amigos estaban durísimos. Advertían que si no detenían a Figueroa Alcorta, sus propias provincias correrían la
suerte de San Juan, San Luis y Corrientes, a las que debía
agregarse Santa Fe, a cuyo gobernador había ganado el presidente por no sé qué artes de persuasión o intimidación. Yo
les aconsejé firmeza pero también les sugerí que dejaran alguna puerta abierta para resolver el enfrentamiento decorosamente, pues el asunto ya cobraba aspectos de conflicto institucional. Pero los senadores bramaban contra Figueroa
Alcorta. Acaso este excesivo apasionamiento fue fatal para
todos nosotros.

El 17 de diciembre el Senado realizó una breve sesión.
Se informó que el poder Ejecutivo no había enviado ninguna
contestación a la minuta. Entonces se hizo moción de levantar la sesión y trascendió que el cuerpo no habría de reunirse
hasta no recibir la respuesta exigida. Finalmente Figueroa
Alcorta tuvo que ceder y envió al Senado la contestación,
aunque manteniendo en reserva su contenido. En los primeros días de enero, en vista que el Senado no se reunía ni siquiera para abrir el sobre, el poder Ejecutivo dio a publici-
dad el mensaje: no contenía novedades sobre lo dicho por
Avellaneda ante los diputados, y el panorama no varió: el
presupuesto seguía esperando la aprobación legislativa.

Ahora se había producido la situación más peligrosa que
puede darse en política: un *impasse*. El Senado estaba decidido a no reunirse; el presidente no quería retroceder un

paso. Fue el momento que nuevamente eligió Ugarte para acercarse a Figueroa Alcorta: éste tuvo la entereza de decirle que no apoyaría su candidatura presidencial, y que podía hacer lo que se le diera la gana con su provincia de Buenos Aires y su grupo de diputados.

Esto ocurría a mediados de enero. Yo había viajado a "La Paz" en los primeros días del mes, pero seguía con inquietud los acontecimientos de Buenos Aires; mi olfato me indicaba que en cualquier momento podía producirse algún hecho grave. En la estancia me enteré que el presidente, usando de intermediario a Benito Villanueva, había tratado de ganarse nuevamente el apoyo de los republicanos ofreciéndoles un ministerio que estaba vacante: don Emilio, que se encontraba en Mar del Plata, desdeñó la oferta. Figueroa Alcorta debía estar bastante desesperado porque en esos días de enero mantuvo una segunda entrevista, también secreta, con Hipólito Yrigoyen, sin ningún resultado positivo.

El presidente parecía derrotado en toda la línea. No tenía plata para gobernar. El Congreso lo desafiaba. Carecía de apoyo político. Se había desconceptuado ante la opinión pública con sus arbitrarias intervenciones. No había otra cosa que esperar a que el higo cayera solito, de puro maduro, como hacía yo en "La Paz" cuando no tenía ganas de estirarme para tomar la fruta. Pero fue justamente entonces cuando do Figueroa Alcorta nos venció.

Su carrera nunca había sido relevante. Empezó con el poco envidiable honor de ser ministro de Marcos Juárez; cayó con él pero no tardó en levantar cabeza, y entre 1895 y 1898 fue gobernador de su provincia para pasar después al Senado, donde no se destacó en nada. Fue el primer sorprendido cuando en mayo de 1904 Quintana, candidato presidencial, Ugarte, Villanueva y yo, entonces presidente de la Nación, resolvimos incluirlo en reemplazo de Avellaneda en la fórmula proclamada por la Convención de Notables, con el propósito de respetar la tradición de un porteño y un provinciano en el binomio. Buscamos al más inofensivo y presentable de los senadores, y su nombre surgió con naturalidad en nuestro cónclave. Yo tenía una pobre impresión de su persona: parecía un empleado de ramos generales con sus lentes *pincenez*, sus bigotes retorcidos a la goma y su rostro desprovisto de rasgos recordables. Este fue mi error: tenerlo en poco. Lo creía indeciso y pusilánime, y por eso ni siquiera utilicé en aquellos meses finales de 1907 toda mi artillería: pensé que no era necesario. Pero lo cierto es que la mediocridad del hombre sacó energías de algún ignorado depósito y nos dejó atontados a todos sus opositores, empezando por mí.

La cosa ocurrió de este modo: el 23 de enero el Senado intentó reunirse para votar dos duodécimos del presupuesto anterior, después de varias sesiones fallidas, pero la ausencia de Ugarte, que no apareció por ningún lado, frustró la reunión. Por lo tanto, el gobierno no tenía dinero ni para pagar a sus empleados. Al día siguiente el presidente reunió a sus ministros y les hizo suscribir un decreto que apareció el domingo 25 de enero. Yo había llegado a Buenos Aires el día anterior, llamado por algunos amigos que se veían venir la catástrofe, y no pude creer lo que leía cuando miré el texto del decreto. Disponía declarar en vigencia el presupuesto de 1907 y dar por terminadas las sesiones extraordinarias del Congreso. Un periodista que pudo conversar con el presidente transmitió su comentario:

—Esto se ha hecho contra el bloque ugartista, que pretende transplantar procedimientos platenses a la Casa Rosada. . .

Era una bomba, un acto inconstitucional, dictatorial. Así opiné yo, sin abundar en comentarios, cuando me pidieron un juicio: el decreto de Figueroa Alcorta, dije era "sin precedentes constitucionales" y además "estaba injustificado como acto de contraposición a la actitud del Congreso".

Pero si esto era grave, lo que siguió fue mucho peor. Pues dos días más tarde, el 27 de enero, el Palacio del Congreso amaneció rodeado por fuerzas policiales y de bomberos. Los diputados y senadores que intentaban entrar eran conminados a alejarse. Mandaba las fuerzas el jefe de la policía,coronel Falcón, y las tropas de la Capital Federal estaban acuarteladas. Días antes se había producido el incendio de la gran Tienda San Juan, en Alsina y Piedras, y una enorme multitud de mirones se había congregado para ver el fuego; ahora una cantidad creciente de gente se agolpaba en las inmediaciones del Congreso para deleitarse con este nuevo incendio, el de las instituciones, mientras gozaba con las caras azoradas de los padres de la Patria. . . Se produjeron escenas tragicómicas: los ordenanzas negros lloraban al ver a sus valedores, los senadores y diputados a quienes diariamente servían café y caramelos, empujados suave pero decididamente por los bomberos. Un legislador que pretendió infructuosamente trasponer la puerta gritó furioso:

—¿Y la Constitución?

Cortésmente le respondió el bombero:

—Entuavía no ha venío, niño...

Alfredo Palacios, después de discutir inútilmente, encaró al público y agitando su sombrero mosquetero clamó:

— ¡Abajo los dictadores!

Algunos legisladores intentaron entrevistarse con el ministro del Interior: Avellaneda les hizo decir que si llegaban a reunirse, los disolvería dondequiera que estuvieran; y que si lo hacían en alguna provincia —aludía a la Provincia, desde luego— se la intervendría.

El desconcierto era total. Algunos amigos vinieron a mi casa, donde los rostros lúgubres y los corrillos cuchicheados daban al ambiente un aire de velorio. Otros fueron a lo de Ugarte, en la avenida Alvear. En algún momento nos reunimos en casa con Emilio Mitre, que había llegado apresuradamente desde Mar del Plata. Comentamos el desplante del gobierno y yo le hablé largamente de unir los esfuerzos de nacionales, republicanos y ugartistas para presentar un frente electoral en las elecciones legislativas de marzo en la Capital Federal; le dije que el próximo paso debía ser su candidatura presidencial, que aglutinaría a todas las fuerzas opositoras y detendría a Figueroa Alcorta en sus insensatos avances, que ya no tenían solamente efectos políticos sino que amenazaban todo el ordenamiento institucional. Por mi parte, le dije, estaba irrevocablemente decidido a no ser candidato. Don Emilio se mostró, en principio, de acuerdo con una lucha electoral común; fue más reticente respecto de su candidatura, pero quedamos en seguir conversando.

Entretanto se publicó un manifiesto signado por 17 senadores —la mayoría del cuerpo— y 66 diputados, entre ellos mi hijo, tachando el acto presidencial de inconstitucional y abusivo. Yo sabía demasiado de política como para suponer que este documento tuviera algún efecto práctico, pero al menos había que denunciar el agravio y dejar desahogarse a los agraviados. La cruda realidad era que Figueroa Alcorta, que una semana atrás parecía derrotado, nos había destruido como la flota japonesa a la rusa en Tsushima... Lo más amargante era que a pesar de las críticas de los diarios y los dirigentes al cerrojazo, era palpable que la gente común lo aprobaba; incluso se aclamó al presidente tres días después de la clausura del Congreso, cuando salía de la Casa Rosada. Intentóse hacer un *meeting* de pro-

testa pero no hubo gente que acudiera. Al público le parecía
bien que se diera una lección a los políticos, y nadie repara-
ba en la gravedad de la medida. ¡Increíble! Lo que no se
habían animado a hacer jamás Juárez Celman o Del Valle,
lo había logrado este cualquiera, enfrentándose a todos los
que significábamos algo en el país.

   No paró ahí. Envalentonado por su éxito, el presidente
lanzó al mismo tiempo una ofensiva contra el gobernador de
la provincia de Buenos Aires. Era Ignacio Irigoyen un buena-
zo totalmente identificado con Ugarte, al que debía la gobernación y de quien heredaría la senaturía, y pagaba su
deuda con una incondicional adhesión. El jaque de Figueroa
Alcorta se concretó en los últimos días de enero. Primero
relevó al comandante de la segunda Región Militar, demasiado amigo de Ugarte, nombró a un jefe de su confianza y
luego llamó a Irigoyen a la Casa Rosada. Su planteo fue in-
equívoco: o el gobernador se sometía, o le mandaba la intervención. El pobre Irigoyen empezó a pasar las de Caín: su
conciencia le mandaba mantenerse fiel a Ugarte, pero su conveniencia le aconsejaba ceder a la intimación. Hizo declaraciones anunciando que su relación con el presidente era muy
buena y que estaba dispuesto a hacer algunos cambios en la
administración. Luego reunió a los legisladores provinciales y
a los principales funcionarios de su gobierno en La Plata, y
casi llorando les planteó su drama. Mientras Ugarte le mandaba voces de aliento para que no lo abandonara, Irigoyen
empezó a silenciar la voz de su conciencia y a escuchar mejor
la de la conveniencia. . . En la primera semana de febrero se
avino al ultimátum: echaría a los empleados que le dijeran,
nombraría a los que se le indicara, disolvería a los partidos
que lo apoyaban y promovería la formación de un nuevo partido oficial con el aporte de Villanueva —más tarde se constituyó como partido Conservador— que en las elecciones de
marzo sostendría una lista convenida con el presidente.
Ugarte perdió su principal baluarte y quedó en el aire, furioso
con su antiguo personero y desde luego con el presidente,
anulada temporariamente su influencia, evaporado su sueño
de llegar en 1910 a la presidencia. Una vez más se cumplía
con Ugarte la maldición que pesa sobre los gobernadores
bonaerenses.

   No lo lamenté por él, petiso ambicioso y sin escrúpulos.
Pero lo que había ocurrido era también mi derrota, y esto me
obligaba a pensar la cosa. Pues en política se gana y se pierde,

pero este desastre me afectaba cuando yo estaba llegando a los 65 años, en olvido de que no hay enemigo pequeño y que en la Argentina, cuando el enemigo es el presidente, jamás se lo puede desestimar: aunque sea un infeliz, siempre será peligroso. Yo sabía de memoria esta ley, y sin embargo no la tuve en cuenta cuando enfrenté a Figueroa Alcorta. A lo largo de mi vida pública había derrotado a gigantes como Mitre o Sarmiento, a personalidades conspicuas como Tejedor o Pellegrini, a políticos hábiles como Juárez Celman o don Bernardo, a tribunos amados por el pueblo como Alem o Del Valle. Ahora, en el ocaso de mi existencia, este cordobés oscuro a quien yo había sacado del anonimato para regalarle la segunda magistratura de la República, me hacía rodar por el suelo como un gauchito inexperto en un vizcacheral. . . Estaba lleno de ira contra mí mismo; contra mi ligereza y mis chambonadas. Tantos honores en Europa habían nublado, acaso, la claridad de mi visión de las cosas del país o me habían infundido una excesiva confianza en mis fuerzas.

Sin embargo, no todo estaba perdido. Un esfuerzo bien urdido y realizado podía aún cambiar la situación. Si en las elecciones de marzo lográbamos triunfar en la Capital Federal, la proyección de esta victoria en el resto del país nos permitiría recomponer fuerzas, robustecer el núcleo opositor en el Congreso y sostener las situaciones provinciales amigas. Lo importante, en ese momento, era no provocar a Figueroa Alcorta y darle alguna salida honorable para que no continuara en un camino que podía llevarlo a cualquier locura.

Con este propósito persuadí a Quirno Costa, mi antiguo vicepresidente, y al general-doctor Victorica, hombre digno de toda consideración, para que enviaran una carta al presidente sugiriéndole que convocara al Congreso a fin de aprobar el presupuesto del año en curso, con lo que quedaría salvada la inconstitucionalidad del acto que lo había impuesto por decreto. La misiva no lo decía, desde luego, pero yo sabía que los diputados y senadores estaban desesperados porque la clausura implicaba, entre otras cosas, no cobrar sus dietas, de modo que se encontraban en disposición de facilitar las cosas. . . También recomendaban los ilustres firmantes postergar un par de meses las elecciones que debían realizarse el 8 de marzo, para dar tiempo a un apaciguamiento político que a todos beneficiaría. Finalmente, Quirno Costa y Victorica recogían una aspiración cara al radicalismo, al pedir al presidente que se dejara de lado el vicioso padrón electoral vigente para sustituirlo por el empadronamiento militar levantado con motivo de la conscripción obligatoria.

Las exigencias no eran descabelladas, provenían de dos personalidades inobjetables y hacían posible una solución pacífica del pleito: Figueroa Alcorta no se dignó contestar y remitió el asunto a Zeballos, quien terminó trabándose en una agria polémica con Victorica.

Mientras esperábamos que este mensaje surtiera algún efecto, me trasladé a Mar del Plata el 7 de febrero. No lo hice para gozar del buen aire atlántico sino para conversar con Mitre, Udaondo y otros, ya que la casi totalidad de la dirigencia política estaba veraneando allí después del golpe de mano presidencial. Me acompañó Gramajo, y aunque encontré el balneario muy bonito y adelantado, volví a los pocos días sin haber encontrado mucho eco para mis planes. Entretanto, ya se había difundido la defección de Irigoyen y empezaban a correr rumores alarmantes sobre una posible revolución contra Civit en Mendoza. Viendo que todo tendía a agravarse recurrí a un remedio heroico: pedí a un ilustre prelado, monseñor Juan Gregorio Romero, que se sumara a la moción de Quirno Costa y Victorica; la Iglesia sirve a veces para lograr lo que los simples mortales no pueden. . . Pero Figueroa Alcorta se mostró impermeable a esta gestión y seguía manipulando napoleónicamente las listas de candidatos del "partido presidencialista", como se dio en llamar a la máquina electoral del oficialismo: en la provincia de Buenos Aires ya se había proclamado una lista totalmente adicta a Figueroa Alcorta, y lo mismo estaba ocurriendo en otras.

En cambio, nuestro frente opositor sufría diversos inconvenientes. A lo largo de ese mes de febrero, en Mar del Plata o en la Capital Federal hice ímprobos esfuerzos para unificar a nacionales, republicanos y ugartistas en una lista única; yo prometí, además, allegar fondos en cantidad sobrada para poner en marcha un mecanismo electoral imbatible. Entonces los republicanos sufrieron un repentino ataque de pureza cívica y me dijeron que no podían vincularse con una figura tan desprestigiada como Ugarte. Acepté entonces que la alianza se formara con mis amigos y los republicanos: aun sin el apoyo de Ugarte, podíamos ganar. Pero Udaondo puso la lápida final a nuestros intentos: expresó que no había entre los suyos un ánimo de reunión con mis amigos;

que designar entre nosotros a los candidatos contrariaba la carta orgánica de su partido y no podía imponer esta modalidad sin riesgo de dividir sus filas. Yo hubiera podido, entonces, prescindir de los republicanos y ligarme a Ugarte. Pero ya era muy tarde y de todas maneras no me gustaba este matrimonio tan forzado.

Y así fue que el 26 de febrero publicamos un manifiesto declarando la abstención en las elecciones que se realizarían la semana siguiente, alegando la inexistencia de condiciones electorales en la Capital Federal. Fútil pretexto: desde que tengo uso de razón, jamás estuvo la ciudad de Buenos Aires ni distrito alguno del país en condiciones electorales regulares. . . De modo que desertamos, a mi pesar, de un comicio que hubiéramos podido ganar, y en la primera semana de marzo de 1908, el triunfo de Figueroa Alcorta era completo.

Para lograrlo había usado los métodos más reprobables, había regresado a las peores prácticas, como si el espectro de su maestro Marcos Juárez le hubiera dictado lo que tenía que hacer. Atropelló, fue prepotente, no aceptó la más mínima transacción y retorció el brazo de unos y otros hasta conseguir su propósito. Para que no crea que exagero le cuento uno de los muchos episodios que protagonizó en esos días.

Ernesto Tornquist (usted sabrá quién era, pero yo se lo refresco), distinguidísimo caballero, hijo de alemanes, a fuerza de trabajo e inteligencia logró acumular una enorme fortuna. Era dueño de un importante banco, de ingenios azucareros, industrias metalúrgicas, varias estancias y muchas actividades más: un ejemplo de honradez y laboriosidad bendecidas por la suerte. Nos había ayudado en la elaboración de las leyes de creación de la Caja de Conversión y de unificación de la deuda y tenía muy buenas relaciones en los ambientes financieros internacionales. En 1906, a instancias de Pellegrini, aceptó integrar la lista de candidatos de la Coalición. Hizo un lucido papel en la cámara y se alineó con nosotros en la oposición al presidente, siendo uno de los que firmó el manifiesto de protesta por la clausura del Congreso. Y bien: en esos días, Figueroa Alcorta incurrió en la mezquindad de convocar al ministro de Alemania en Buenos Aires para decirle que el gobierno veía con disgusto que Tornquist fuera el representante de la empresa Krupp en la Argentina. El diplomático quedó estupefacto. Cuando Tornquist se enteró, renunció inmediatamente a su representación. Todo Buenos Aires comentó esta actitud del presidente, in-

digna de su investidura y expresiva de la catadura del personaje.
Tornquist murió cuatro meses después, tal vez decaída su
salud por el mal rato que le provocó el insólito episodio.

Se imagina usted que era imposible enfrentar a un
hombre lanzado con tales métodos a acaparar todo el poder.
El único gobierno provincial que se mantuvo firme fue el de
Córdoba: Ortiz y Herrera, el gobernador, un médico de gran
prestigio que fue varios años rector de la Universidad, hizo
declaraciones que honrarán para siempre su altivez ciudadana,
y promovió una lista de candidatos donde, como una marca
de desafío, incluyó la reelección de mi hijo como diputado
nacional. Caro le costaría la compadrada, como ya veremos.

Para terminar con este ingrato tema debo decir que todo
terminó como correspondía: en una verdadero carnaval. El
27 de febrero, en el salón Operai Italiani, se efectuó la proclamación de la lista oficialista que se impondría sin competencia. La integraban algunos caudillos parroquiales de la
vieja máquina de Villanueva, y unos "niños bien" poseedores
de apellidos ilustres como Saavedra Lamas, Anchorena y Meyer Pellegrini, jóvenes que amaban el poder y querían hacer
carrera con sus gajes, pero sin ejercer el duro oficio de la política. Los capitaneaba el *gaudigge positive*, Cayetano Ganghi,
que hablando en cocoliche dijo que era un honor para él
presentar a los futuros diputados nacionales por la Capital
Federal. Después hablaron los agraciados en un tono donde
la vergüenza quedaba suplida por la broma: llamaban a Ganghi "el tío", "el tano", "el gringo", "el laborioso inmigrante", y todo fue tomando un aire de francachela. Pero la
palma de esta parodia se la llevó el candidato doctor Eliseo
Cantón, médico de valía y político capaz de cualquier pirueta,
cuando comparó al *gaudigge* con Carlos Pellegrini: dijo que
era "semejante a él por su moral política". ¡Y el sobrino del
"Gringo", compañero de lista de Cantón, el joven Meyer Pellegrini, digo, no se levantó de su asiento para abofetearlo!
Era para llorar, si no fuera que a mí, en política, hacía
tiempo que se me había secado la última lágrima.

Al día siguiente, un ácrata tiró a Figueroa Alcorta una
bomba que no alcanzó a estallar. Semanas antes, otro anarquista, usando idéntica máquina infernal, había asesinado en
Lisboa al rey Carlos de Portugal. No apruebo el crimen en
ninguna de sus formas, y mucho menos el crimen político.
Pero no pude menos que pensar que en Portugal y la Argentina teníamos los anarquistas equivocados...

Hubo, pues, elecciones, los candidatos oficiales triunfaron sin lucha en todo el país. Figueroa Alcorta ya no tendría problemas en el Congreso y casi todos los gobernadores se encontraban uncidos a su yugo. Yo había perdido, pero no se trataba solamente de una derrota personal. Lo ocurrido revelaba crudamente la debilidad del sistema entero. Había bastado que el presidente se enculara, para que quedara abatida la majestad del Congreso, la autonomía de las provincias, la fuerza de los partidos, la gravitación de los dirigentes, el peso de la opinión pública.

Sin embargo, Figueroa Alcorta no había hecho otra cosa que usar nuestros mismos métodos; la única diferencia era que nosotros los sabíamos emplear con elegancia, sin atropellos, mientras que él lo hizo brutalmente y con un descaro total. Era el hijo putativo de nuestros propios ayuntamientos y, aunque nos avergonzara reconocerlo, ostentaba los mismos rasgos, tenía nuestra marca. En último análisis, los únicos que habían ganado con estos indecorosos episodios eran los radicales. Su profeta insistía que el Régimen era irredimible y que en su seno todos eran iguales aunque pretendieran diferenciarse: roquistas, pellegrinistas, modernistas, republicanos, ugartistas, constituíamos figuraciones y desfiguraciones de una idéntica ignominia. ¿No tendría algo de razón aquel hermético jefe? Pues los grupos enfrentados en aquellos meses ¿se distinguían por alguna idea distintiva? ¿Proponían al país algo nuevo? Bajo las palabras rituales y los circunloquios con que habitualmente nos manejábamos, lo que sosteníamos no era otra cosa que una riña pampa por los despojos del poder.

Yo había contemplado más de una vez algunas de las manifestaciones radicales. Tras los visillos de casas amigas vi pasar filas y filas de ciudadanos con sus banderas y sus bandas de música, sus boinas blancas y sus cucardas, en ordenados desfiles que demostraban la existencia de una realidad política totalmente ajena a nuestras pujas palaciegas. ¡Qué puros parecían esos hombres, cómo se transpiraba en su talante la fuerza de la fe que los sustentaba! Sin duda los radicales no estaban preparados para gobernar, seguramente se corromperían como nosotros si llegaban alguna vez al poder; pero en este momento, el espectáculo que la clase dirigente había dado en el verano de 1908, era su justificación. Los frívolos pudieron interpretar estos sucesos como el triunfo de la hegemonía presidencial. Para mí, se trataba de algo mucho más importante: la evidencia de la descomposición del sistema político que bien o mal habíamos elaborado desde 1880 y desde entonces tutelaba la estabilidad y la prosperidad de la Nación. Nosotros no fuimos santos, desde luego, y hubo mucha basura en los enjuagues que tuvimos que hacer, pero siempre tratamos de ocultar esa basura para que el pueblo no perdiera la fe y el respeto por sus dirigentes. Figueroa Alcorta, en cambio, había mostrado en toda su crudeza los auténticos resortes de la política, y puesto en descubierto la codicia y la cobardía, la obsecuencia y la hipocresía, la mezquindad y la estupidez, toda la resaca del espíritu que a veces ensucia a los hombres públicos y también a los que no lo son. Al hacerlo, destruía el misterio de la autoridad, esa clave del ejercicio del poder que yo descubrí tempranamente en mi vida, cuando era un joven capitán. Los argentinos ya no respetarían a sus dirigentes. Era como si los hijos pillaran a su venerado padre manoseando a la mucama... Aunque hubiéramos tenido éxito en la construcción de un gran país, ahora todos podían señalar nuestras flaquezas, nuestra vulnerabilidad. Eramos como cualquier *quidam*, habíamos dejado evaporar el óleo que mágicamente nos había ungido con un signo de superioridad sobre nuestros contemporáneos. En adelante podríamos ser desechados ya que éramos iguales a todos, y por lo tanto estábamos sometidos al destino que a todos sujeta y les indica que en cualquier momento, aun los hombres más prominentes dejan de ser útiles y hasta respetables.

Sí: cuanto más lo pensaba más me convencía de que esta desnudez en que nos había dejado el presidente (y a él en primer término) era la segunda campanada de agonía de nuestro régimen y nuestra época. La primera había doblado en 1905, cuando la revolución radical. Tenía la sensación de que nada podría hacer para salvar ese grandioso y exquisito tinglado bajo el cual habíamos prosperado y hecho prosperar a nuestros compatriotas. Más aún: ni siquiera valía la pena apuntalarlo, porque pronto desaparecería. Mi dignidad me imponía retirarme silenciosamente. Que todo se consumara tal como la fatalidad de la historia lo marcaba, pero que, al menos, ello sucediera sin mi presencia.

III

No produje ningún documento de despedida, como suelen hacer los gobernantes norteamericanos cuando se alejan de la vida pública. No dije ninguna palabra que pudiera interpretarse como un reconocimiento de derrota, ni mucho menos icé bandera blanca. Seguí como siempre, recibiendo a mis amigos, analizando en largas tertulias los acontecimientos cotidianos y hasta alentado las ilusiones de los optimistas, ya que la esperanza es, en política, lo último que se pierde y la paciencia, una virtud inseparable de su ejercicio. Por otra parte, tenía obligaciones de lealtad para con los más consecuentes y vulnerables, en primer lugar el osado gobernador de Córdoba cuyo inevitable final debía demorar, en lo posible.

Nadie advirtió, pues, que un resorte maestro se había roto en mi máquina. Ducho en el arte de ocultar mis sentimientos y poner buena cara ante hechos adversos, tragué mi amargura y callé mis preocupaciones. No tenía a nadie que pudiera ser destinatario de mis confidencias: mi hijo empezaba su *cursus honorum* y hubiera sido cruel transmitirle mi escepticismo sobre el destino del sistema al que recién se incorporaba. Mis hijas eran ajenas a mis avatares políticos. Mi hermano Ataliva, tan compañero y amigo, estaba atacado desde hacía un par de años de una esclerosis que lo tenía perdido, ajeno a todo lo que pasaba, una especie de muerto en vida que daba pena verlo, él que siempre había sido tan fuerte y activo. Guillermina estaba en Madrid, adonde Wilde se desempeñaba como ministro; un poco más cerca de Buenos Aires pero ¡qué lejos todavía! Sólo a Gramajo le confié algunos de mis pensamientos; fiel y discreto, mi viejo edecán no podía hacer otra cosa que escucharme en silencio, mascullando puteadas contra mis enemigos. Acaso el confidente más constante de mis penurias fue Gumersindo; probablemente no entendía la mayor parte de lo que le decía, pero su fidelidad de hierro me reconfortaba y a veces hasta me daba algún consejo oportuno con ese acento gallego que nunca perdió. Y Elena, que aunque es extranjera entendía perfectamente lo que yo le contaba.

Para agravar mi desolación, un hecho administrativo ineludible cayó sobre mi persona y me deprimió durante algún tiempo: mi retiro militar. En julio de 1908 cumplí 65 años, y centenares de personas vinieron a saludarme, así como muchísimos amigos me mandaron telegramas de buenos

augurios. Una semana más tarde, con germana puntualidad, el
ministerio de Guerra me comunicó que quedaba separado de
la plana activa, con mi grado de teniente general. Me compu-
taban 65 años y ocho meses de servicios: el Ejército es la
única institución humana donde se trabaja más años que la
propia vida...

Naturalmente, yo conocía los reglamentos y sabía que
el retiro llegaría al cumplir la edad prescripta; por otra parte,
hacía muchos años que no desarrollaba una actividad especí-
ficamente militar, desde 1893 cuando dirigí la no concretada
represión contra los revolucionarios radicales del Rosario, aunque durante mi segunda presidencia hice inspecciones y presidí paradas. Pero mi pase a la clase pasiva no dejó de herirme
íntimamente, lo confieso. Visualizaba a esos caballeros ca-
rraspientos, gotosos, prostáticos, pitañosos, cargados de rezongos y de fantasías idealizadas del pasado, enemigos temibles sólo de sus propias familias a las que fregaban la paciencia
desde el alba con sus ocios, catiteando de un lado a otro sin
ningún quehacer: mis antiguos camaradas retirados. Estaba
resuelto a no formar parte de esa lastimosa falange. Me sentía
sano, fuerte, y mi cuerpo me respondía lealmente. Empecé a
variar ligeramente mis hábitos de vida y comencé a pasar temporadas prolongadas en "La Larga", sin importarme los géli-
dos inviernos del sur bonaerense. Allí estaba a mis anchas,
dando órdenes, controlando y viendo medrar mis ganados y
crecer mis sembradíos. Mi Elena pasaba semanas allí, aloján-
dose en un pabellón un poco alejado de la casa principal que
había hecho construir especialmente para guardar las apariencias. Allí no iba nadie de la familia y casi ningún amigo,
salvo Gramajo, que ocultaba su preocupación por su antiguo
jefe alegando que le habían venido unas irresistibles ganas de
comer conmigo un corderito, de esos que no había en ningún
lado salvo en mi estancia...

Así fue pasando el año 1908; en el mes de junio tuve el
alivio de saber que Zeballos había sido destituido de su cargo
en Relaciones Exteriores.

En menos de un par de años de gestión, Zeballos había
conseguido algo verdaderamente admirable: indisponernos
con Brasil, Bolivia, Uruguay y hasta Gran Bretaña. Nuestros
vecinos cisplatinos temían que la teoría que les negaba jurisdicción sobre las aguas del Plata se concretara con algún acto
de fuerza; recién en 1910 Roque Sáenz Peña arregló amistosamente el régimen de uso del estuario por los dos ribereños.

Con Brasil las relaciones se enfriaron a punto de congelamiento porque Zeballos no quería reconocer el tratado por el cual el gobierno carioca y el de Montevideo habían solucionado sus problemas de límites. En realidad, Zeballos sentía envidia por Río Branco; por el poder y el prestigio internacional que investía, por su condición de ministro vitalicio, por la popularidad que gozaba entre el pueblo brasileño, y esta envidia obnubiló toda la relación de la Argentina con su vecino. También tuvimos malas relaciones con Bolivia. Tras mucha insistencia, el gobierno argentino fue designado mediador en el conflicto de fronteras entre Bolivia y Paraguay; se obligó a los dos países a firmar un protocolo que la opinión pública boliviana repudió y que en el futuro ha de ser una fuente de conflictos entre las dos naciones: en La Paz se sugirió abiertamente que Zeballos, propietario de grandes extensiones en el Chaco, se había volcado a la causa paraguaya por los intereses personales involucrados en la vecindad del territorio litigioso. Un año más tarde, ya alejado Zeballos del gabinete, otra mediación argentina, esta vez entre Bolivia y Perú, fue rechazada por el gobierno del altiplano, que rompió relaciones con nuestro país denunciando la mala voluntad con que Buenos Aires contemplaba sus reclamos. En cuanto a Gran Bretaña, no fue culpa directa de Zeballos el entredicho sobre la soberanía en el Atlántico Sur, pero la tradición agresiva que había dejado en nuestro ministerio de Relaciones Exteriores, apoyada por *La Prensa*, hizo posible este inútil roce con nuestro mejor inversor y cliente. Los delirios del ministro incluían el descubrimiento de un plan brasileño para atacar a nuestro país con la ayuda del Uruguay, cuyo fin sería provocar un arbitraje sobre el río de la Plata y Martín García, impuesto por una coalición de potencias europeas; clamaba que era necesario adelantarse a esa conjura y atacar inmediatamente al Brasil. Finalmente, Figueroa Alcorta pudo sacárselo de encima y Zeballos regresó a su revista de Derecho, Historia y Letras, que todavía sigue dirigiendo, donde es más inofensivo que en la función pública. . .

El retiro de Zeballos fue un alivio pero no mejoraba en nada la situación general. Para sustraerme un poco a la atención de las cosas políticas, ese año acepté varias invitaciones de amigos que me llevaron a ver sus posesiones. Uno de ellos era don Alfredo Hileret, cuyo ingenio es un verdadero imperio en Tucumán. Hacía muchos años que no iba a mi provincia natal, donde ya no tenía parientes cercanos, pues mi hermana Agustina, viuda y vuelta a casar, vivía en Buenos Aires. Me impresionó el progreso de Tucumán y el lujo de algunas casas de la ciudad. También estuve en la estancia "Eldorado" de Benito Villanueva, cuyas evoluciones políticas no aprobaba pero que era y sigue siendo un hombre encantador; yo había sido amigo de su padre en Mendoza, y Benito había amasado una enorme fortuna que gozaba día a día como un exquisito *bon viveur*.

En octubre de ese año 1909 me avine a desempeñar un deber cívico. El 18 se realizaban elecciones en la Capital Federal; era un comicio sin importancia pues se trataba de elegir un diputado nacional para llenar una vacante. Existía un tácito acuerdo entre los distintos grupos políticos para que ganara Alfredo Palacios, haciendo así posible su regreso al Congreso, donde había cumplido un brillante papel en el período anterior. Pero a último momento trascendió que Figueroa Alcorta quería imponer su propio candidato: el cordobés no aflojaba siquiera una banca. . . Yo fui designado presidente de la circunscripción 14 donde se encontraba mi domicilio, y en vez de excusarme me hice presente y cumplí mi obligación durante todo el comicio; habíamos convenido con Udaondo, Manuel Láinez y otros amigos tomar esta actitud para impedir los fraudes más groseros. *La Nación* me sacó una fotografía que me mostraba con mi galerita en la mesa electoral; recién al verla me di cuenta de lo blanca que tenía ahora mi barba. . . Pero lo que quiero contarle es que en esta oportunidad tuve, por primera vez en mi vida, la percepción directa de las trampas vergonzosas de nuestro sistema electoral. Idéntica experiencia tuvieron los amigos que cumplieron similares funciones en otras mesas. Hubo algunas donde al mediodía el candidato oficial tenía 200 o 300 votos, y por arte de magía, a las dos de la tarde la cifra había aumentado a 2000. . . Uno de los votantes en mi mesa presentó su libreta: el aspecto del hombre y su modo de hablar lo delataban como un bachicha recién desembarcado. Le pregunté:

—¿Usted es italiano?

—Sí, signore. . .

—Pero en su libreta figura como austríaco.

—Io non só niente. . . ¡A mí me la datto don Gaetano. . . !

"Don Gaetano", Cayetano Ganghi, era el árbitro de la elección, con sus roperos llenos de libretas falsificadas y sus

huestes de inmigrantes analfabetos y de atorrantes dispuestos
a votar cinco o seis veces en diferentes mesas.

Volví a casa cansado y deprimido, pero a nadie le importaba la burda payasada desarrollada ese día: todos estaban
pendientes de la suerte corrida por el globo "Pampero" tripu-
lado por Eduardo Newbery, que había sido arrastrado por
vientos caprichosos y nunca apareció. Probablemente yo era
el único argentino que esa noche se preguntaba hasta dónde
podríamos seguir con esas parodias y mentiras; hasta dónde era posible alargar un sistema que había traído paz y prosperidad pero se fundaba en personajes de la picaresca como
ese "Don Gaetano". Un régimen sólido como una Roca, pero
cuyos cimientos eran basura: puro barro.

Las desdichas del año 1909 también se proyectaron a mi
vida íntima. Un día, mis hijas me dijeron que tenían que hablar muy seriamente conmigo. Me reuní, pues, con las dos
casadas y las tres solteras en el comedor de San Martín, a
puertas cerradas; supe que habían llamado a Julio, pero mi
hijo había alegado un pretexto para no concurrir. Como ya
olfateaba de qué se trataba, no dudé que mi primogénito se
había negado a integrar el tribunal familiar porque también él
tenía la cola sucia en el tema a debatirse. . .

El caso es que, a través de complicadas perífrasis y frases
punteadas con largos silencios y profundos suspiros, mis hijas
cuestionaron mi *liason* con Elena, la dama de que ya le hablé.
Se extendieron sobre mi edad, mi notoriedad pública, los
chismes que circulaban en todos lados. Yo las oía poniendo
cara circunspecta y preocupada, muerto de risa por dentro
pero sin facilitarles nada. Finalmente, tras una penosa pausa,
me puse de pie:

—Muchachas, no sigan más. Está bien. Reconozco que
esa relación es un escándalo.

El alivio floreció en sus rostros: ¡algunas eran tan parecidas a su madre! Y agregué:

—Voy a terminar con el problema de inmediato: me voy
a casar con esa señora. . .

Un silencio helado cayó sobre el comedor. Me fui sin decir palabra. No se habló más del asunto. Pero al poco tiempo
empecé a manejar la situación con tiento para que, sin herir a
mi querida, nuestras entrevistas se fueran espaciando. Nunca
dejé de verla, y hace cosa de un año le regalé mil hectáreas de
la mejor tierra de "La Larga", y dispuse mandarle una buena
cantidad de vacunos para su propio rodeo. Pienso que así

compenso en algo el afecto y la gracia que Elena me brindó
en mis últimos años. Pero sentí la exigencia de abandonar
esta relación como si me mutilaran. Se había desvanecido mi
poder político, mi estado militar en activo, la idea que me
formara sobre la justificación del sistema político que yo mismo creé. Y ahora también me vedaban estas fugas galantes
que no hacían mal a nadie y eran para mí un intervalo de ternura y virilidad. . . Indudablemente, ya estaba entrando a caminar por los suburbios de la ancianidad.

A fines de noviembre adelanté mi viaje anual a "La Paz",
que estaba hecha un vergel con las lluvias que la habían beneficiado en esos días, circunstancia no muy común en esa zona
de Córdoba. Fui con mis nietos, y aunque ellos la pasaban
bien, yo no hallaba qué hacer. "La Paz" no era como "La
Larga", donde yo trabajaba de sol a sol: esto era un lugar
agradable pero agobiado por la cantidad de visitas que venían
de la ciudad. Casi todos me traían sus preocupaciones sobre
la subsistencia del gobierno de Ortiz y Herrera, al que los fi-
gueroístas ponían toda clase de dificultades. Yo tenía que
escucharlos silenciosamente, sin poder darles consejo alguno
ni ayudarlos en nada. Había entrado en el reino de los inofen-
sivos. Estuve pocos días allí y volví a Buenos Aires.
Esta molesta situación no era nueva. La había padecido
a lo largo de todo el año y lo mismo ocurriría en el siguiente,
lo que explica mis frecuentes evasiones a mis estancias en este período, pues en casi todos lados el infortunio había caído
sobre mis amigos.
En abril de 1908 una revolución derrocó al gobernador
de Santiago del Estero, pero como era amigo del presidente
éste movilizó al Ejército para reponerlo. En San Luis, en cambio, dejó caer a Adaro, que había tomado ciertos arrestos independientes, lo intervino y entregó la situación a los eternos
Mendoza. En Corrientes, donde a la caída de Martínez había
sucedido el triunfo de los vidalistas unidos a una fracción
liberal, sobrevino al poco tiempo la pelea entre los aliados. Figueroa Alcorta quiso imponerles la unión, fracasó, mandó
una nueva intervención y finalmente el propio Juan Ramón
Vidal asumió el poder. Conflictos con motivos igualmente
mezquinos estallaron en La Rioja, Jujuy y Tucumán; sería
fastidioso detallarlos. En Buenos Aires, el presidente impuso
el sucesor de Irigoyen: sería el viejo general Inocencio Arias,

el vencedor de Mitre en "La Verde" un cuarto de siglo atrás.
En Mendoza, la amenaza de intervención obligó a mi amigo
Civit a aceptar que su sucesor fuera Rufino Ortega; pero imi-
tando mi jugarreta de 1893, cuando opuse la candidatura de
Sáenz Peña padre a la de Sáenz Peña hijo, mi ex ministro
apoyó a Ortega hijo contra Ortega padre y al menos consiguió que éste, tosco y viejo como era, no regresara al poder
mendocino.

En dos años, Figueroa Alcorta había subvertido todo el
orden político anterior y batido el récord de las intervenciones federales en toda la historia argentina: siete, todas por
decreto. Uno se preguntaba para qué lo había hecho, en
nombre de qué principio nuevo o renovador había producido
semejante zafarrancho...

Pero hay que convenir que la prosperidad continuaba y
el país seguía creciendo. Ya estábamos desplazando a Rusia
como primer productor de cereales del mundo, y la exporta-
ción de carnes congeladas y enfriadas aportaban más de 30
millones de pesos oro por año. Fue por este tiempo cuando
los frigoríficos ingleses y yanquis se trabaron en competencia
para predominar en el mercado argentino; para los ganaderos
este enfrentamiento fue un paraíso pues los precios que se
pagaban por sus reses llegaron a cifras nunca vistas. En la Caja
de Conversión se acumulaban ya más de 200 millones de
pesos oro. Producíamos azúcar, vino, muchos géneros, productos metalúrgicos, bebidas y alimentos, de modo que las
importaciones de estos artículos bajaron sustancialmente, con
el consiguiente saldo favorable. La inmigración continuaba
llegando: entre 1906 y 1910 me dijeron que arraigaron definitivamente más de 800.000 extranjeros, y este fenómeno se
notaba a cada paso. La red ferroviaria ya contaba con más de
27.000 kilómetros y era la más extensa de América del Sur;
en abril de 1910 habría de hacerse realidad mi viejo sueño
cuyano, el Ferrocarril Trasandino, que une Buenos Aires con
Santiago cómodamente, en poco más de un día.

Buenos Aires reflejaba maravillosamente estas transformaciones, con esos 1.300.000 habitantes que la convertían en
la ciudad latina más importante del mundo. Se extendía a barrios que yo sólo conocía de nombre y su centro mostraba
construcciones espléndidas como el Palacio del Congreso, el
edificio de Tribunales en el solar que fuera del viejo Parque
de Artillería, y el nuevo teatro Colón, o la ya terminada en
toda su extensión avenida de Mayo y las suntuosas residencias

particulares que engalanaban el largo de la avenida Alvear. Todos los viajeros se asombraban de la rapidez con que había crecido la Capital Federal, y se hacían lenguas del aire próspero e independiente de sus habitantes.

Sin embargo de todos estos adelantos, la cuestión social seguía creando focos de malestar y hasta de violencia. Varias huelgas muy duras habían estallado en esos años: a principios de 1907, estando yo todavía en Europa, un conflicto con los cocheros del Rosario derivó en una huelga general en todo el país convocada por los anarquistas que, aunque no tuvo el efecto apocalíptico que sus promotores esperaban, fue grave de todos modos. Un año después se repitió el movimiento y meses más tarde la celebración del día de los trabajadores terminó en una batalla campal con la policía en la plaza Lorea, con un saldo de tres muertos y más de cuarenta heridos de los manifestantes.

Huelgas violentas, atentados y represiones policiales marcaban un peligroso aumento de las tensiones sociales. Entretanto, mi Código del Trabajo seguía durmiendo en las oficinas del Congreso; en 1907 se incluyó en el presupuesto una partida para instalar el Departamento Nacional del Trabajo previsto en mi proyecto, pero ni entonces ni en los años siguientes se hizo nada para ponerlo efectivamente en marcha. Yo miraba con preocupación las espasmódicas reacciones de los trabajadores y los brutales métodos con que el gobierno pretendía sofocarlas sin distinguir lo que había de agitación anarquista y lo que tenían de reclamos razonables. Más pronto de lo que imaginé se habían trasladado a estas tierras las luchas entre capital y trabajo que empezaron, dos décadas atrás, en Europa, y que yo había visto con sorpresa durante mi primer viaje. Si el Estado no asumía su papel mediador, tal como se proponía en el proyecto redactado por González, la paz social de que disfrutaba el país podía quebrarse irremediablemente. Pero Figueroa Alcorta, que demostró tantas agallas para imponer su hegemonía en el campo político, evidenciaba una paquidérmica insensibilidad para resolver este problema, el más grave que vivía el país en ese momento: estaba convencido que bastaba el coraje del coronel Falcón para destruir a los revoltosos, y partía de la premisa de que todos los obreros lo eran potencialmente... Yo había actuado de manera muy distinta. Recuerdo que durante mi segunda presidencia hubo un problema laboral en el barrio de la Boca. Me enteré que los trabajadores harían una asamblea en un salón de la vecindad. Conversando en mi despacho con el intendente Casares, lo invité a dar un paseo en coche y le dije al auriga que enderezara por Paseo Colón hacia el sur. Charlando y charlando llegamos al lugar donde se estaba haciendo la reunión. Mandé parar, y tomando del brazo a Casares, que no las tenía todas consigo, entré al local ante las miradas asombradas de los asistentes, gente de trabajo según lo mostraba su indumentaria. Hablé con ellos, me enteré del problema que los afectaba y les dije que haría lo posible para solucionarlo. Cuando me fui, hasta me obsequiaron un aplauso y algunos *¡evviva!* muy itálicos. Al regresar a la Casa Rosada, mi jefe de policía Beazley estaba casi desmayado de susto. . . Pero pocas veces en mi vida me encontré tan seguro como al lado de esos proletarios que no hacían otra cosa que defender lo que creían sus legítimos derechos. Figueroa Alcorta, en cambio, pensaba que había que dar palos a todos los huelguistas, y así fueron las cosas que pasaron durante su administración en este terreno.

Pero si el año 1908 fue malo para mí por lo que les he contado, el siguiente marcó el cierre definitivo de mi vida política.

El verano y el otoño de 1909 los pasé, casi exclusivamente, en "La Larga". Ya no estaba Sastre de administrador sino Andrés Allende, un cordobés que se desempeñaba bien pero lo hacía mejor si yo estaba allí. Por cierto, en una de mis estadías estuve a punto de matarme o, al menos, herirme gravemente, cuando se desbocó el caballo que tiraba de la americana en que andaba recorriendo un potrero sembrado. Por unos instantes que me parecieron siglos, el vehículo anduvo a los bandazos, a punto de volcar. Menos mal que no perdí la serenidad y que dos peones pusieron sus fletes a los costados del corcel desbocado, hasta que se tranquilizó. Pensé después que morir así no hubiera sido una mala manera de desaparecer: desnucado instantáneamente, sin decadencia, acariciado por los trigales. . . Pero desde entonces ando en un carruaje menos liviano que la americana, y si monto a caballo cuido que sean muy mansos, tirando a mancarrones.

Esto ocurrió en abril. Al mes siguiente murió en forma repentina Emilio Mitre. Yo había acariciado la esperanza de que accediera a ser candidato presidencial de una alianza donde los republicanos lo apoyarían fervorosamente y mis amigos nacionales, sobre la base de Córdoba, podrían reconstituir sus huestes. Aún se ignoraba quién sería el candidato de Figueroa Alcorta, pero fuere quien fuese sería difícil que superara ante la opinión pública la personalidad de don Emilio. Era un verdadero patriota y tenía una de las voces más atractivas que he escuchado, varonil y musical, que hacía un placer escucharlo. Como digo, falleció a fines de mayo casi de un día para otro, y este triste acontecimiento descalabró mis vagos planes, pues Udaondo, que quedaría como jefe del mitrismo, carecía de la relevancia y el talento del hijo del General.

Con alternancias de campo y ciudad fue pasando el invierno. En julio me encontraba en "La Larga" cuando las noticias periodísticas me dieron la sensación de que la intervención a Córdoba era ya inminente. Demasiado había durado Ortiz y Herrera después de haber manifestado altivamente su negativa a someterse al arbitrio presidencial. Todos los síntomas de que una sucia faena se avecinaba, empezaron a aparecer: problemas en la legislatura, encendidos artículos en los diarios locales opositores, desaires al gobernador por parte del presidente que reiteraron la descortesía con que había sido tratado Ortiz y Herrera el año anterior, cuando se inauguró el asilo para locos de Oliva y Figueroa Alcorta casi no le dirigió la palabra. A mediados de agosto la Cámara de Diputados empezó a debatir un proyecto de ley interviniendo la provincia, y la maniobra se complementó con una manifestación contra el gobernador que recorrió el centro de Córdoba y terminó en un tiroteo donde el único muerto fue un vigilante. El episodio fue suficiente para acelerar la ley de intervención, empatada en el Senado mediante el desesperado esfuerzo de mis amigos y desbloqueada por el voto decisivo de Villanueva, presidente del cuerpo.

A Córdoba, pues, marchó Eliseo Cantón para terminar la obra. Se hizo cargo primero de la legislatura y días después, del poder Ejecutivo. Ortiz y Herrera publicó el documento que suele ser el último pataleo de los gobernadores defenestrados, y luego volvió a su acreditado consultorio. Había caído el último gobierno provincial roquista. Mi ciclo político quedaba clausurado.

Esto no quiere decir que dejara de interesarme por lo que ocurría en el país. Me conmovió muchísimo el horrendo asesinato del coronel Falcón, desangrado con su secretario por la bomba de un anarquista ruso. En ese momento, noviembre de 1909, yo estaba en "La Larga"; aquella noche dediqué silenciosamente un recuerdo a ese militar de hierro que muchas veces cumplió órdenes que le desagradaban, pero lo hizo disciplinadamente y sin quejas. En el escritorio de mi casa de la calle San Martín tengo todavía un cuadrito con el croquis de la batalla de Santa Rosa que Falcón dibujó y me obsequió hace muchos años; en aquella oportunidad era teniente y yo lo enmarqué porque me recuerda la estrategia inteligente y escasamente cruenta que no sólo usé en el campo de batalla sino en el de la política. ¡Pobre Falcón!

El hecho era grave en sí mismo, pero también como signo de lo que podría ocurrir durante las celebraciones del Centenario de la Revolución de Mayo que se preparaban desde hacía dos años, por lo menos. Figueroa Alcorta estaba dispuesto a extremar las medidas de rigor contra todo lo que tuviera el más leve olor a extremismo, y esto limitaría mucho el carácter popular de las fiestas. A mediados de ese año 1909, casi contemporáneamente con la intervención de Córdoba, se había producido la *fumata* presidencial y el nombre de Roque Sáenz Peña se lanzó como candidato del oficialismo a la futura presidencia. Sería, sin ninguna duda, presidente electo en Mayo de 1910, cuando culminaran las fiestas, de modo que tanto el mandatario en ejercicio como el ya designado serían mis adversarios. Podía suponer que mi presencia les sería incómoda en los actos oficiales, o que podría ser destinatario de desaires que no estaba dispuesto a soportar. Así que decidí irme con mis petates al viejo mundo por unos cuantos meses, hasta que pasaran los festejos y las cosas se normalizaran. Esta vez, nadie me extrañaría. . .

Antes de emprender el viaje pude comprobar que la elección de Sáenz Peña había sido una parodia, tal vez más evidente que todas las anteriores elecciones presidenciales del pasado, porque ni siquiera hubo en esta oportunidad un candidato opositor. A lo largo de 1909 Udaondo intentó reconstituir la antigua Unión Cívica; no tuvo éxito. El radicalismo, obviamente, había ratificado la abstención en que se encontraba, de modo que Sáenz Peña fue consagrado canónicamente, sin violencias ni escándalos mayores: por cansancio y en medio de la mayor indiferencia. Era la última etapa de un sistema donde antes había existido una activa vida política aunque las elecciones fueran irregulares; ahora ni siquiera existía interés por la designación del primer magistrado de la República, salvo en el reducido círculo donde los destinos individuales estaban ligados a la personalidad

del nuevo presidente —por otra parte, un hombre simpático
y caballeresco. Era como si el país hubiera llegado al fondo·
de la vergüenza política; ya no se podía ir más abajo porque
Figueroa Alcorta había llevado las cosas hasta la descomposición.

No quise asistir a esos melancólicos comicios. Una semana antes de que se realizara la farsa, el 5 de marzo de 1910,
mi sirviente Ramón y yo nos embarcamos en el "Principe di
Udine". Mis tres chicas y mi hermana Agustina con las suyas
se habían embarcado unos días antes en otro paquebote;
quedamos convenidos en reunirnos en Génova. Muchos amigos
fueron a despedirme, González, el riojano leal que en el Senado seguía representando la vieja línea del partido Nacional, el
primero. Pero ni remotamente vino esta vez ese mundo de
gente que me había saludado cuatro años antes, en ocasión de
mi segundo viaje. No me extrañó: ya estaba aprendiendo lo
que significa estar retirado.

Como todos mis viajes por mar (salvo el primero, aquella
horrible travesía desde Carmen de Patagones después de la
Conquista del Desierto) fue un crucero placentero y feliz. En
la única escala, Santos, subió a bordo una delegación de autoridades locales. El intendente de la ciudad me saludó obse-
quiosamente y me dijo con mucha gracia:

—Excelencia, mientras dure su escala en este puerto, usted será nuestro prisionero. . .

Y efectivamente lo fui durante ese día de paseos y agasajos en parajes que por momentos parecían pertenecer al Africa
más que a Sudamérica. Aproveché el desembarco para mandar un telegrama de saludo al barón de Río Branco, que me
contestó muy afectuosamente. Y seguimos viaje, llegando a
Barcelona el 21 de marzo. Aunque paré menos de un día en
la Ciudad Condal, tuve tiempo de hablar con alguna gente del
gobierno que vino a saludarme. Su único tema era la "Semana
Trágica" que habían vivido en julio del año anterior, cuando
las turbas agitadas por los anarquistas invadieron la ciudad
quemando iglesias y conventos y haciendo toda clase de desmanes. Weyler, el capitán general de Cataluña, un petiso enérgico que había tenido destacada actuación en la guerra de
Cuba, me contó que había tenido que obrar con la máxima
dureza: el fusilamiento de Francisco Ferrer, cinco meses atrás,
había provocado agitadas protestas en todo España —y en la
Argentina, añadí yo— pero se había ejecutado implacablemente.

—Aunque no tenía la culpa de nada y era un infeliz, uno
de esos utópicos que sueñan con un mundo sin curas, patrones ni Estado. Pero había que dar un escarmiento –agregó
Weyler con una sonrisa helada.

El 24 terminó mi viaje en Génova. Al día siguiente me
reuní con el batallón femenil y seguimos en tren a Roma donde permanecimos algo menos de un mes.

A mediados de abril llegamos a Viena. Presenté mis saludos al barón Lexa de Aerenthal, el ministro de Asuntos Exteriores del Imperio Austrohúngaro, quien me acompañó al
otro día a la entrevista con Francisco José. Era un anciano
que parecía inmensamente cansado, pero se las arreglaba para
mantener unido ese enorme conglomerado de razas, naciones
y lenguajes diferentes que era la heredad de los Habsburgo.
Con sus largas patillas blancas, el emperador tenía cierta
semejanza con nuestro don Bernardo, y acaso lo asistía la
misma astucia que éste había demostrado a lo largo de su prolongada vida pública. Le agradecí el gesto de enviar a la banda
de música del regimiento 4 de Infantería Imperial para ameni-
zar los festejos del Centenario, y conversamos sobre temas
generales durante la estricta hora que duró la entrevista. Esa
noche, nuestro ministro en Viena, Fernando Pérez, me ofreció una cena en la Legación Argentina y al día siguiente partimos hacia Praga, que me pareció una de las ciudades más
bonitas de cuantas conocí en Europa.

Después de pasar unos días allí y en otros puntos cercanos, el 4 de mayo llegamos a Karlsbad, un magnífico balneario de aguas termales donde, no bien al llegar, me sentí
espléndidamente. Tal vez no fueran tanto las aguas como el
ambiente distinguido y descansado del lugar, que al día siguiente se alborotó con una noticia lamentable: el fallecimiento del rey de Inglaterra. Vi a varias *misses* enjugarse las
lágrimas cuando el *maître d'hotel*, vestido de jacquet, inte-
rrumpió la cena en el gran comedor para anunciar en inglés,
francés y alemán, la muerte del monarca. Sin llegar a las
lágrimas, yo también lo lamenté: desaparecía el rey cuyo
fallo arbitral nos había permitido hacer realidad la anhelada
paz con Chile, y también un factor de estabilidad y sensatez
en el complicado juego de la política europea. Comenté con
mis chicas que el fallecimiento de Eduardo VII aguaría un
poco nuestros festejos del Centenario, cuyos actos centrales
tendrían lugar el 25 de ese mes de mayo; con los ingleses de
duelo y en vista de los funerales que sin duda se harían con

todo el fasto de la corte inglesa, era posible que algunas delegaciones extranjeras cancelaran sus visitas a Buenos Aires.

El 25 de Mayo de 1910 lo pasamos en Karlsbad. Preferí este paraje retirado, en el corazón de la Europa central, que París, donde hubiera tenido que negarme a tantas invitaciones como las que seguramente me harían los miembros de la colonia argentina. Supe que en la avenida de la Opera, en el boulevard de la Madeleine, en la rue Royale y la rue de la Paix hubo muchos frentes adornados con la bandera argentina, y que nuestra fecha nacional se celebró allí con especial fervor. Yo no me arrepentí de haber permanecido alejado de los festejos.

En Buenos Aires, las fiestas del Centenario fueron rodeadas de calor popular, según me contaron después, pero en el ámbito oficial se sintió la repercusión de los errores cometidos en materia de política internacional. El Brasil no envió ninguna delegación y tampoco lo hicieron otros países importantes; el único jefe de Estado que se hizo presente fue el presidente de Chile, y aún tuvo la desgracia de perder a uno de sus colaboradores, apretado por el ascensor del hotel donde se alojaba: el accidente confirmó la fama de *jettatore* que acompañaba a su colega argentino. . . Las conspicuas ausencias se disimularon con la opulenta figura de la infanta Isabel en representación de su sobrino Alfonso XIII. La colonia española idolatró a esta Borbón ñata, gorda y confianzuda, que por única vez en su vida desempeñaba el papel de Madre Patria. Gozó a fondo de esas semanas de gloria; tuteaba mayestáticamente a todo el mundo, empezando por el presidente de la República, al que le dijo en una oportunidad "sé que eres un pobrete. . ."; llamaba "mi servidumbre" al conjunto de niñas de la sociedad seleccionadas por su gracia y belleza para ser sus damas de honor. Pero la gente estaba encantada con ella. No lo estaría tanto el funcionario de la Casa Rosada que tuvo que aprobar el pago del ascensor que debió construirse para uso de la Infanta, cuya corpulencia le hacía penoso subir escaleras como cualquier mortal. . .

Días antes del 25 de Mayo, los anarquistas anunciaron una huelga revolucionaria. Figueroa Alcorta decretó entonces el estado de sitio y se aplicaron indiscriminadamente las leyes de residencia y de defensa social, con centenares de detenidos y deportados y aún más: con ataques armados de jóvenes de buenas familias contra los diarios *La Protesta* y *La Vanguardia*, locales anarquistas y hasta negocios de judíos. Nada ocurría porque sí: si las celebraciones de nuestro primer siglo de vida independiente empezaron con los absurdos terrores sobre el cometa Halley, se cerraron con la bomba que explotó en la platea del teatro Colón a fines de junio. De todos modos, mis compatriotas cerraron los ojos a todo lo negativo y rodearon al gobierno para dar el mayor brillo a la efemérides.

En cuanto a mí, recluido en ese lejano balneario centroeuropeo, voluntariamente alejado de la alegría de los argentinos, yo me sentí unido a ellos en espíritu. Y no dudé que algún día la posteridad reconocería mejor que mis contemporáneos los servicios brindados por mí al país, que llenan más de la tercera parte de los lustros que festejábamos ese día.

A mediados de junio salimos de Karlsbad para dirigirnos a París, donde nos instalamos en el hotel Mercedes, en la rue de Presbourg. Algunos argentinos residentes allí suponían que yo me radicaría definitivamente en París, y así lo transmitieron a Buenos Aires. No me conocían. Jamás me hubiera decidido a vivir definitivamente fuera de mi Patria. Puedo quedarme un tiempo largo en París o cualquier otra ciudad europea, pero necesito el olor de la gramilla, ver las torcazas al atardecer, respirar el aire de la pampa y vivir el ajetreo febril de Buenos Aires. Mi idea era regresar hacia fin de año, pero mis compañeras de andanzas insistían que recién en abril de 1911 estarían en disposición de volver: la Copeta quería completar su ajuar pues pensaba casarse, y las otras tenían compras que hacer y paseos que realizar. Me resigné, pues, a quedarme un poco más. En realidad, nada me urgía a retornar. Nuevamente la casa de la calle San Martín necesitaba algunas refacciones, según me comunicaba Gumersindo carta a carta con estilo compungido. La política no me reclamaba: todo el mundo estaba pendiente de la llegada del presidente electo al país, pues Sáenz Peña seguía despidiéndose sin apuro ninguno de esa Europa donde había vivido los últimos cinco años.

Este habría de ser un viaje diferente a los dos anteriores, pues me había propuesto rehuir toda clase de invitaciones y limitar mis relaciones con las autoridades y medios locales a lo indispensable. Y así fue, de modo que no tengo mucho que contar sobre este periplo.

A mediados de julio nos fuimos todos a Londres, que

Agustina y su gente no conocían; estuvimos allá unos veinte días. Después volvimos para seguir a Suiza, donde paseamos durante un mes por la zona de los lagos. Al pasar por Berna coincidí con la estadía de Hermes da Fonseca, el presidente electo del Brasil, al que conocía un poco, de modo que fui a recibirlo; un mes más tarde lo despedí en París, y quedamos vagamente convenidos en encontrarnos en Río de Janeiro el año siguiente. Regresé a París a mediados de setiembre mientras mis hijas y Agustina con las suyas seguían a la estación balnearia de Kissingen; yo no quise ir, estaba harto de esos lugares de veraneo mitad sanatorios y mitad hotel, aunque también hice una escapada a Aix-les-Bains. Estaba en la capital francesa a mediados de octubre, nuevamente reunido con mis chicas, cuando participé en uno de los contados actos oficiales en que estuve ese año: el agasajo que un grupo de argentinos ofreció a Ernesto Bosch, quien viajaba a Buenos Aires para hacerse cargo del ministerio de Relaciones Exteriores en el gabinete de Sáenz Peña. Era hijo de uno de mis viejos generales, había tenido muchas atenciones conmigo siendo ministro en París y me pareció oportuno concurrir a saludarlo. Hablé largamente con él; le encarecí la necesidad de mejorar nuestras relaciones con Brasil, que ya no se encontraban ensombrecidas por las manías belicistas de Zeballos pero todavía tropezaban con algunos problemas; el más grave, las compras de nuevas unidades navales por parte de los gobiernos en una competencia que podía llevarnos a situaciones conflictivas. Bosch me adelantó que el pensamiento de Sáenz Peña era pacifista: lo había demostrado arreglando, el año anterior, el viejo tema del uso de las aguas del río de la Plata y no dudaba —expresó— que pronto produciría un gesto que terminara con los problemas pendientes con Río de Janeiro. Me alegré de estos buenos propósitos y sugerí a mis hijas que se hicieran presentes en la fiesta que la colonia argentina ofreció a Bosch en el hotel Meurici para despedirlo.

Pasaban las semanas en mi tranquilo retiro parisién, reuniéndome con muy poca gente y declinando invitaciones con el pretexto de que no me encontraba bien de salud. Tanto alegar este motivo, Dios me castigó: resultó que en diciembre me enfermé, nomás. Los médicos diagnosticaron una fuerte influenza. Por un momento pensé si moriría en Francia, como tantos argentinos. En el aburrimiento de mi habitación de hotel me estremecía la idea de fallecer en manos de esos pomposos médicos franceses que cobraban un ojo de la cara por cada sabia palabra que dejaban caer. . . ¡Cómo extrañaba al doctor Luis Güemes, mi galeno de cabecera, que sabía curarme con una palabrita o un jarabe! No sé si esa repugnancia a morir en tierra extraña fue la que me mejoró, pero lo cierto es que después de fin de año ya me sentí bien y resolví acelerar mi convalecencia con los aires cálidos del sur. Me fui con las muchachas a la Costa Azul, y entre Niza y Montecarlo pasamos los finales del invierno.

Hallé que todo era más plácido, más bonito. Incluso el aire de Europa parecía augurar paz y tranquilidad para siempre. Habían concluido los desplantes del Káiser y se olvidaba el revanchismo francés. Las noticias que uno consumía tenían que ver con la chismografía de las testas coronadas: el casamiento del príncipe heredero del Imperio Austrohúngaro o el nacimiento del hijo de Alfonso XIII. O la escandalosa sucesión de Leopoldo de Bélgica, que había defraudado en cifras millonarias al gobierno de su país y dejado a un lado a sus tres hijas legítimas para permitir a su esposa morganática la sustracción de baúles enteros llenos de joyas. . . Los belgas habían aclamado como rey a su sobrino Alberto, cuyas sencillas virtudes eran el antirretrato de su antecesor.

Todo estaba bien. Los automóviles habían dejado de ser una moda y se imponían en todos lados como medio de locomoción cómodo y seguro. Los *raids* aéreos se multiplicaban: el cruce del Canal de la Mancha por Blèriot, un par de años antes, parecía un juego de niños comparado con las hazañas que día a día lograban los nuevos aventureros del aire. El invento maravilloso de Marconi hacía posible que buques en alta mar se comunicaran instantáneamente con estaciones situadas a miles de kilómetros. El noruego Amundsen llegaba al polo Sur. China, el imperio más viejo del mundo, se convertía en república. . . El espectáculo era apasionante. Me preguntaba a mí mismo hasta cuándo podría asistir yo a esa formidable marcha de la humanidad hacia el progreso.

Con los Wilde, esta vez no nos pudimos ver. Nos escribimos para combinar algún encuentro, pero yo no pensaba ir a España y Eduardo no podía abandonar su Legación; Guillermina había estado en París antes de mi llegada pero no tuvo oportunidad o deseos de volver. Filosóficamente pensé que era mejor así.

A fines de febrero de 1911 planteé a mis hijas la conveniencia de ir volviendo al país. Estaba ya deseando regresar, entre otras cosas porque Figueroa Alcorta había emprendido

una gira por Europa y no era mi intención encontrarme con
él. Pero las chicas no querían saber nada: se divertían mucho
y ahora las argentinas estaban de moda porque el tango se
había convertido en un suceso entre la aristocracia europea;
yo hubiera preferido que nuestro país fuera conocido por manifestaciones más nobles y no por esa danza orillera y maleva,
pero a todo el mundo le parecía muy pintoresco ese abrazarse
de brazos y piernas. . . Finalmente, llegamos a un acuerdo: yo
regresaría en unas semanas más, y ellas se quedarían hasta el
verano europeo: si habían venido solas, bien podían volverse
solas.

A mediados de marzo, yo y mi sirviente tomamos el
tren que nos llevó de París a Génova. Aquí embarcamos en el
"Ré Vittorio": mis últimos viajes los hice siempre en paque-
botes italianos, cuya comida es más parecida a la nuestra y que
suelen tener tripulaciones menos fruncidas que los ingleses y
franceses. Fuera de un temporal a la salida del Estrecho de
Gibraltar y otro a la entrada del río de la Plata, fue un buen
viaje. El 3 de abril fondeamos en Montevideo; algunos amigos
que vinieron a saludarme me propusieron pasar unos días en
Punta del Este, un pueblito de la costa que empezaba a ser
frecuentado por orientales y argentinos desde que se inaugu-
rara, meses atrás, el ferrocarril de Montevideo a Maldonado.
Yo había estado allí, en la estancia de Lussich, pero estaba
harto de viajes y hoteles; quería llegar de una vez. El 4 de
abril de 1911, a la noche, desembarqué en Buenos Aires. Me
esperaba bastante gente y esta vez me condujeron en automóvil a mi casa de la calle San Martín, donde estaba todo
listo para recibirme y mis hijas casadas me esperaban con los
nietos.

Retribuyendo la atención de mandarme su edecán, al
día siguiente visité en su despacho al vicepresidente en ejercicio del poder Ejecutivo, pues Sáenz Peña estaba haciendo
una gira por el sur. Mi viejo compañero del Colegio, Victorino de la Plaza, más coya y más gordo que nunca, charló un
buen rato conmigo: me dijo que el presidente estaba absolutamente decidido a llevar adelante la reforma electoral.
Cuando le manifesté que la innovación podría significar un
cambio político total en el país, De la Plaza dejó que una
sonrisa se instalara en su pétreo rosto de ídolo inca:

—El país no se va a equivocar —me dijo—. Van a ratificar a los que siempre lo han conducido.

Yo no estaba tan seguro. Durante las horas en que el

"Ré Vittorio" permaneció en el puerto de Montevideo, un periodista me hizo un reportaje que se difundió en Buenos Aires. Contó que la dolencia que me había afectado meses atrás no se notaba para nada en mi semblante y me veía perfectamente bien. Quiso que yo hablara de política: le expresé enfáticamente que estaba retirado de toda actividad en ese terreno. Y agregué una frase que no se entendió porque, aunque referida a mi persona, en realidad aludía a la clase dirigente argentina. Dije:

—No sólo se cansa uno de gobernar. También los gobernados se cansan de nosotros. . .

IV

Cuando todavía estaba en París me fui anoticiando de los pasos previos a la asunción presidencial de Sáenz Peña, en octubre de 1910. Me contaron que cuando llegó a Buenos Aires la ciudad estaba llena de rumores sobre una inminente revolución radical: el desembarco del presidente electo tuvo que hacerse de noche, entre rigurosas medidas de seguridad. Días más tarde, Sáenz Peña se entrevistó con Hipólito Yrigoyen y le ofreció dos ministerios en su futuro gabinete, pero el *leader* radical declinó la oferta. Lo único que deseaba su partido —aseguró— era que el pueblo pudiera votar libremente. Error, me dije. Si a un partido cuya fuerza nadie puede calcular se le presenta la oportunidad de integrar el gobierno de un hombre que parece coincidir con sus propios ideales, ¿por qué no aceptar esa porción de poder?

De todas maneras, algún compromiso habrá adquirido Sáenz Peña con el jefe del radicalismo, pues en diciembre de ese año, dos meses después de asumir, mandó un proyecto al Congreso para que se levantara un nuevo padrón electoral sobre la base del registro militar —lo mismo que habían pedido Quirno Costa y Victorica a sugerencia mía en 1908—, al que siguió más tarde otro, encargando a la Justicia su confección y contralor. Parecía indudable que el presidente estaba resuelto a dejar atrás los vicios electorales de tantas décadas. No encontraría grandes resistencias; existía en la clase política cierto consenso sobre la inconveniencia de prolongar indefinidamente el sistema del que todos nos habíamos beneficiado en algún momento. Pero semejante consenso se mantendría

siempre que las reformas no aparejaran el desplazamiento de
los dirigentes tradicionales. Blanquear un poco la fachada, eso
sí; permitir que la oposición participara en alguna medida en
los cuerpos colegiados, también. Pero un cambio drástico como el que le había insinuado a De la Plaza que podría ocurrir,
esto ya era harina de otro costal.

Unas semanas después de mi retorno al país, el poder
Ejecutivo mandó al Congreso un tercer proyecto. El texto ex-
tablecía garantías para la emisión del voto, de modo que el
ciudadano pudiera sufragar libremente amparado por el secreto y protegido de cualquier presión por las autoridades de la
mesa y los fiscales de los partidos. Otras innovaciones del proyecto lo hacían verdaderamente revolucionario: en primer
lugar, el voto obligatorio, para que el ciudadano no fuera
indiferente a sus deberes cívicos; además, la lista incompleta,
lo que permitía el ingreso de la oposición a un tercio de los
cargos electivos.

La iniciativa suscitó una discusión en la que yo no participé. Pero durante los debates parlamentarios, en el transcurso del verano de 1911/1912, tuve la satisfacción de seguir la
actuación en la Cámara de Diputados de mi hijo en favor del
sistema de circunscripciones que yo había implantado en
1904. Me llenó de paterno orgullo su participación; Julio es
trenzado flojo y más que la política, su pasión es la literatura inglesa. . . Pero sabe cumplir sus obligaciones y demostró
erudición y buen criterio en la discusión de la ley, promulgada en febrero de 1912.

La reforma se aplicaría inmediatamente en la provincia
de Santa Fe, que estaba bajo intervención federal y debía
elegir sus autoridades a fines de marzo, una semana antes de
las elecciones de diputados en todo el país. Allí se vería si la
ciudadanía respondía al llamado del presidente para que con-
curriera masivamente a las urnas. Desde mi regreso, en abril
del año anterior, yo había pasado largas temporadas en el
campo y el verano en "La Paz", como siempre. No estaba
muy al tanto del movimiento de los partidos aunque la información periodística daba cuenta de una intensa movilización
en la provincia donde se haría la primera experiencia de la
reforma electoral. Aunque radicales de todo el país habían
literalmente invadido el territorio santafesino para ayudar a
sus correligionarios, nadie otorgaba mucha chance a este partido que había permanecido en la abstención tantos años.

Las elecciones se realizaron en un ambiente pacífico,

libre y respetuoso: algo nunca visto antes. Los ciudadanos concurrieron a los comicios en altos porcentajes, y ésta fue la primera victoria de Sáenz Peña, que abrigaba temores sobre el interés despertado por el comicio. Y cuando empezaron a conocerse los primeros cómputos, la victoria radical apareció evidente, incontrastable. Una semana más tarde, en la elección de diputados nacionales volvió a repetirse el triunfo radical en la Capital Federal y Santa Fe, con buenas cifras en Entre Ríos, Córdoba y otras provincias

Al fin y a la postre, Hipólito Yrigoyen había tenido razón. Había tenido razón en su estrategia de identificar a su partido mediante la abstención y la negativa a aceptar alianzas con nadie. Había tenido razón al desdeñar los ministerios que le ofreciera Sáenz Peña. Había tenido razón al empecinarse en la exigencia del voto libre y en su obstinación de apuntar a lo máximo y no aceptar nada menos que eso. Silenciosamente tuve que reconocer el talento político de ese hombre, el único argentino importante al que yo no conocía ni siquiera de vista. Se abría ahora un capítulo nuevo en la vida del país. Peor o mejor, ¿quién podría decirlo? Pero nuevo y diferente. Nadie habría creído que esa hueste misteriosa comandada por un jefe casi invisible, pudiera ganarle a las viejas y probadas fuerzas que eran sustento del régimen vigente. No era para esto que se había consentido la reforma electoral; no para entregar el país a esa secta de extraño lenguaje cuyas ideas de gobierno nadie conocía. Pero ahora era imposible retroceder. Sáenz Peña no podía violar sus promesas ni era pensable regresar a los métodos de Ganghi o a los comicios disputados a balazos. La mayoría de los argentinos sentía el orgullo de haber resuelto pacíficamente el problema de la legitimidad electoral y se palpaba en el ambiente una alegre satisfacción por esta demostración civilizada que ponía fin a décadas de desgarradoras luchas. Para que los partidos tradicionales no fueran marginados por la marea radical, tendrían que olvidar sus viejas mañas, unir esfuerzos, buscar hombres nuevos y presentar al electorado propuestas convincentes.

No todo estaba perdido, pensaba yo. Todavía les quedaban muchas barajas para jugar: podían señalar al país el riesgo de entregarse a un partido inexperto y sin criterios definidos; podían comprometerse a completar la hazaña nacional cumplida desde 1880 con iniciativas que dieran satisfacción a los sectores sociales que ahora, gracias al sufragio

libre, demostraban su peso en el conjunto de la sociedad.
Pero dudé que pudieran hacerlo. Conocía a mi gente. No
entendían el cambio de los tiempos ni lo aceptaban. En la
elección de la Capital Federal se había visto a Benito Villanueva recorrer sus comités entregando billetes de diez pesos a
los votantes para que sufragaran por él; no comprendía que el
voto secreto hace inútil la compra de sufragios. . . Sí: a esa
gente le sería muy difícil variar su estilo y sus métodos. ¿Se
puede pasar de la política de conciliábulos y acuerdos a la
que exige el contacto directo con las masas? Cuando uno se
acostumbra a detentar el poder como un bien de familia, ¿es
posible descender a solicitarlo a la muchedumbre?

Al menos, el resultado de las elecciones de marzo y abril
de 1912 me brindó una satisfacción: la seguridad de que mi
retiro de la política había sido una decisión sabia y oportuna.
Y un consuelo: saber que yo no había sido derrotado por
Figueroa Alcorta sino por el implacable paso del tiempo. Yo
había simbolizado en su momento algunas cosas importantes
que la Argentina necesitaba: la liquidación de la anarquía y
las montoneras, la conclusión del problema de los indios, la
ampliación de la tierra explotable, la creación de un Estado
fuerte, la unificación de las fragmentaciones provinciales, la
paz interior y exterior, la apertura al mundo, la prosperidad.
Todo esto se había realizado, en buena medida gracias a mi
acción. Ahora venía una etapa en la que serían enaltecidos
otros valores, y en este período no tenía nada que hacer. Por
un momento había creído que aquel cordobés mediocre me
había vencido, y eso me humillaba; finalmente descubría
que no era así, que era la marcha misma del país la que me
había dejado a un lado. Esto no podía avergonzarme. Es la
ley de toda sociedad que avanza. Los gobernados se habían
aburrido de nosotros, los que habíamos gobernado tanto
tiempo. Se trataba de la tercera y última campanada del toque de agonía doblando por un país que se acababa. Entendí ahora que los pueblos que han alcanzado a gozar del progreso y la paz, a veces no se contentan con estos logros; en
algún momento de su evolución sienten la necesidad de que
su vida pública se vertebre sobre ciertos principios éticos,
aunque lo sea a costa de una porción de la prosperidad y tranquilidad obtenidas.

Pero analizando a fondo la cosa, ¿de qué nos asombrá-
bamos? Habíamos fomentado la inmigración y promovido la
enseñanza popular: el resultado de esta fórmula de progreso

no podía ser otro que el desplazamiento de los dirigentes tradicionales por los hijos de los inmigrantes. Oblíguelos a ir a la escuela, ábrales las puertas del colegio nacional, no ponga trabas para su ingreso a la universidad, y aún más: déjelos trabajar y hacerse ricos, comprar tierras y casarse con quienes quieran, permítaseles, en suma, ser respetables, y a la vuelta de treinta años los hijos de los italianos, los españoles, los judíos y los turcos que llegaron hambrientos y desnudos, dominarán el país. Era inevitable, y mejor que este fenómeno se produjera pacíficamente. Algunos de mis coetáneos pudieron haber creído que manejarían indefinidamente el poder, y que esa enorme clase media que nosotros mismos habíamos engendrado con nuestra política inmigratoria y educacional se resignaría a ser conducida eternamente por gobernantes fundados en el derecho divino de su arraigo y su apellido; nadie en su sano juicio podía creer esto, y yo, menos que nadie. Pero, lo confieso, pensé que esta mansa rebelión demoraría un poco más en expresarse. No advertí que el radicalismo se había convertido en el canal político de los argentinos nuevos, que se sabían asistidos por los mismos derechos que nosotros, identificados con la tierra donde sus padres habían desembarcado sus inopias, y capacitados para conducirla en esta etapa de su peregrinación por la historia. Si acertaban, sería mejor para todos. Pensándolo bien, nada estaba perdido definitivamente. La presencia de radicales y socialistas en el Congreso o en alguna gobernación provincial también los maniataba, los hacía cautivos del sistema que nosotros habíamos creado. Podía ocurrir que los efectos del sistema electoral se limitaran a esto, a la incorporación de algunos opositores a los gajes del poder sin que esto significara la sustitución total de los que habían creado la grandeza del país.

Fuera lo que fuera, yo me dispuse a mirar desde afuera lo que se venía, con la disposición de espíritu de un observador de ultratumba.

Sin embargo, inesperadamente para mí, todavía hube de cumplir un último servicio al país. Por cierto, no pudo ser algo más grato y halagador.

A mediados de mayo de 1912 estaba en mi casa conversando con algunos amigos sobre el naufragio del "Titanic" cuando me preguntaron por teléfono si no tendría inconveniente en recibir al ministro de Relaciones Exteriores. Bosch

me transmitía el pedido del presidente para que viajara al
Brasil como ministro plenipotenciario y enviado extraordinario, a fin de dejar definitivamente saldadas las fricciones
sobrevenidas desde la época de Zeballos. Me explicó que
Ramón Cárcano, como representante personal de Sáenz Peña,
había llegado meses atrás a un acuerdo en la compra de
nuevos acorazados por parte de los dos países; tanto Brasil
como la Argentina se habían comprometido a no adquirir
nuevas unidades navales. Para sellar este convenio, el gobierno
carioca había mandado al ex presidente Campos Salles, mi
viejo amigo, como ministro en Buenos Aires durante algún
tiempo, y se esperaba en Río de Janeiro que nuestro gobierno
hiciera lo propio con una personalidad de igual jerarquía. Yo
había estado varias veces con Campos Salles acompañándolo
en su estadía aquí, y hasta habíamos visitado juntos la estancia "San Juan" de Simón Pereira; por sus insinuaciones ma-
liciaba que el presidente me ofrecería esta misión, que no
consistía en negociar nada sino en evidenciar de manera os-
tensible que las relaciones entre los dos países habían vuelto
a ser óptimas, como ocurriera durante mi administración. Por
otra parte, no se me pedía que estuviera allí sino dos o tres
meses, a lo sumo.

No podía rechazar el encargo. No había otro hombre
público argentino que hubiera trabajado más por las buenas
relaciones con el Brasil. Ninguna razón me asistía para negarme al requerimiento presidencial y no podía dejar de valorar
el noble gesto de Sáenz Peña, que nunca había sido mi amigo
político. Acepté, pues, y me dispuse a actualizar mi guarda-
rropa y acumular fuerzas para la maratón de agasajos y discursos que me esperaba.

Pocos días después de la entrevista con Bosch, el 18 de
mayo, tuvo lugar el casamiento de Josefina, la Copeta, con
Luis Castells. Fue una ceremonia muy linda en La Merced, y
la boda se celebró con una gran fiesta que sirvió, a la vez, para
inaugurar socialmente la casa de las chicas, en San Martín
579. Todos admiraron la belleza de la mansión, la suntuosi-
dad de la *boisserie* de fresno del comedor y el jardín que pro-
longa su vista. Pero como todo tiene su contrapeso en la vida,
cuatro días después murió Ataliva. Tenía 73 años pero, como
ya le conté, hacía bastante tiempo que estaba perdido por la
esclerosis; en realidad, su fallecimiento fue su liberación. Contemplando su rostro consumido, yo rogué que mi muerte
fuera rápida y sin declinación.

Pasadas esas fiestas y estos duelos volví a mis obligaciones. El 17 de junio firmó el presidente mi designación. Dos o tres días más tarde fui a despedirme de Sáenz Peña; no lo encontré de buen aspecto y me explicó que estaba sobrellevando una persistente *grippe* que le impedía concretar las giras por el interior que había proyectado. Estaba contento por los resultados electorales de marzo y abril y me agradeció vivamente mi colaboración para limpiar de manera definitiva las relaciones argentino-brasileñas.

Habíamos convenido con Bosch que mi misión duraría hasta que se designara al ministro que nos representaría en Río de Janeiro en el futuro. Pedí, eso sí, que me dejara llevar un par de acompañantes, y Gramajo y Gregorio Soler aceptaron venir conmigo. El 29 de junio embarqué en el "Koening Wilheim II" portando mis credenciales y una corona de bronce que pensaba depositar en el sepulcro del barón de Río Branco, el verdadero autor de esta situación de amistad a la que yo pondría la rúbrica.

Fueron tres meses muy movidos, reclamada como estaba mi persona por compromisos que me abrumaban y a los que algunas veces eludí diciendo que no me encontraba bien de salud: un privilegio de viejo, que puede largar una mentirita así sin que nadie sospeche que no es verdad. Viví algunos momentos de emoción cuando recibí a los veteranos de la Triple Alianza o el día en que me aprestaba a regresar al país, cuando un viejo moreno de aspecto humilde atravesó la multitud y me abrazó diciendo las palabras que yo había dicho cinco años atrás en mi discurso de San Pablo:

—Todo nos une y nada nos separa. . .

Una sola vez pasé un momento luctuoso. Fue el día que esperábamos a Campos Salles en el muelle del puerto de Río de Janeiro. El ex presidente, terminada su misión en Buenos Aires, regresaba a su país y lo aguardábamos allí cuando advertí un movimiento de consternación en el público: había muerto Quintino Bocayuva, el presidente del Senado y eminente republicano. Asistí a su sepelio y pude comprobar entonces cuánto lo había amado el pueblo carioca. También debí cumplir otra fúnebre función al rendir homenaje a mi viejo amigo, el barón de Río Branco, en su tumba poco antes abierta.

Aparte de estos episodios, fueron jornadas gratas y fructíferas. Me alojé, con Soler y Gramajo, en el Hotel de los Extranjeros, con riesgo de agotar el presupuesto asignado a mi misión debido a los descomunales desayunos que exigía mi edecán; confieso que a veces me tenté con ese deslumbramiento de frutos tropicales que en el Brasil es el saludo de cada mañana. . . Me habían recibido con un feriado nacional, y una inmensa multitud me aclamó cariñosamente; me dijeron que ese día, las chapas de la calle que lleva mi nombre fueron sustituidas por placas confeccionadas en plata. Hubo varios banquetes que en mi recuerdo se confunden con una sola e inmensa comilona; varias visitas a instituciones, entre ellas la logia masónica más importante, y entrevistas con diversos funcionarios. Hubo una parada militar para festejar el Grito de Ipiranga, en la que debí revistar a las tropas al lado del presidente Da Fonseca y a la que no asistí, alegando no sentirme bien. Y es cierto que alguna vez el tremendo calor, que debía afrontar embutido en levitas, jacquets, frac o gran uniforme según el implacable protocolo imperial heredado por la República, terminó por aplastarme. ¡Y eso que no estábamos en pleno verano! Yo recordaba que en mi juventud galopaba horas por los llanos de La Rioja o las travesías de Mendoza y San Luis bajo soles de justicia, y medía también en esto el paso del tiempo. . .

No todo fueron fiestas. También hubo jornadas de trabajo. En el consulado argentino conversamos con funcionarios brasileños para lograr la reducción de tarifas a la importación de yerba mate, café y tabaco del Brasil, a cambio de que ellos bajaran las que dificultaban la introducción de nuestros tasajos y harinas. Como el asunto de los armamentos estaba superado, no se habló de este tema pero varias veces comentamos con el ministro Lauro Müller, un hijo de alemanes, sucesor de Río Branco, la solución a que se había llegado, que liberaba a las dos naciones de una pesada carga en materia de gastos militares.

A mediados de septiembre mi misión estaba terminada. Empezó una nueva ronda de banquetes y bailes de despedida y finalmente, el 24 de ese mes, embarcamos en el "Cap Arcona". Cinco días más tarde llegamos a Buenos Aires. Felizmente, el buque fondeó muy temprano en la mañana, de modo que no tuve que pasar por la ordalía de saludos que me esperaba. El 30 de septiembre visité al presidente para informarle de mi gestión y entregar mi renuncia. Me dieron un banquete en el Jockey Club y después empezó mi descanso, consistente en archivar mis trajes de etiqueta y escapar a "La Larga". Soler y Gramajo estaban encantados con esos meses de festichelas, paseos y comilonas; yo me sentía cada vez más ajenos a tales trajines.

Había concluido mi última actuación pública y consideré una suerte que ella hubiera consistido en una gestión al servicio del país tan consecuente con mis posiciones de siempre. Tenía la seguridad de que se trataba de mi postrera contribución, y así ha sido.

"COMO EN UNA CINTA CINEMATOGRAFICA. . ."

Y aquí me tiene, pues, sin quejarme, con buena salud, esperando que llegue mi turno. De florcita de ojal —como decían en La Rioja para describir un ocioso. . .

Mucha gente cree que soy inmensamente rico. No es así. La única renta fija con que cuento es mi retiro de teniente general, el alquiler de una casa que me dejó Alejandro èn Río IV y los arrendamientos de algunas fracciones de "La Larga" y otras en Córdoba. Las estancias rinden, en general, pero no siempre; el año pasado, por ejemplo, disminuyó mucho la hacienda de "La Larga" y no alcanzaba ni para pagar los gastos de administración. Pero esto ha sido excepcional, y hasta ahora la tierra no me ha fallado; es la base de mi fortuna pues conservo las tres estancias de las que me hice propietario en la década del '80 por donación del Estado, por herencia de mi suegro y por compra en el caso de "La Argentina".

"La Larga" es, sin duda, la más importante, la más grande, la que mejor se trabaja y también la que más quiero, a pesar de que parte de su suelo es bastante inferior; pero en sus 53.000 hectáreas se puede admitir cuatro o cinco mil ineptas. Me molesta más la hipoteca por 400.000 pesos oro a favor de Otto Bemberg que pesa sobre ella. Es un préstamo que tuve que tomar para hacer frente a tantos gastos extraordinarios de los últimos años: los viajes a Europa, la construcción de la casa de las chicas, las refacciones a la mía, los gastos de mi Elena, que ama las joyas y es jugadora de alma, y, sobre todo, el tren de vida de un familión acostumbrado a gastar sin preguntarse de dónde vienen los pesos. Es claro que don Otto es un buen amigo, me debe favores y jamás va a apurarme para que cancele esta deuda pues goza de una de las fortunas más grandes del país. Pero yo soy a la vieja usanza en estas cosas, y me escuece saber que debo dinero. Dudo que llegue a levantar esta obligación; mis herederos podrán hacerlo si continúan haciendo administrar el campo por gente honesta y competente como lo he hecho yo, que nunca he dejado, por otra parte, de vigilar mis rebaños.

En cuanto a "La Argentina", sigue siendo mi campo de

invernada, y su situación, cercana a Buenos Aires, le otorga mucho valor. Con el tiempo se ha ido formando un espléndido parque alrededor del casco, un verdadero bosque donde me gusta perderme cuando voy allá. "La Paz", muy próxima a la ciudad de Córdoba, es también un campo apreciable aunque hasta ahora no se ha explotado como sería de desear. Pero si se lo trabaja mejor de lo que yo he hecho, puede rendir buenos pesos. Soy propietario, además, de 15.000 hectáreas en el territorio nacional de Río Negro, que algún día valdrán algo: por ahora están allí, yermas y ociosas. Y también me quedan algunas fracciones de las que me dejó Alejandro al sur de Río IV, pues otras las he ido vendiendo en los últimos años.

Mis casas, ya sabe usted su historia. La mía, de San Martín 577, refaccionada como está, llena todas mis modestas exigencias en punto a comodidad y amplitud. Sus únicos habitantes, además de mi persona, son Gumersindo y su mujer Margarita, Miss Fanny —que ya dejó de ser institutriz hace muchos años y se ha convertido en parte de la familia— y la servidumbre, que atiende también la residencia de las chicas. A veces he pensado mudarme de barrio porque el lugar es demasiado céntrico, pero cuando imagino el desbarajuste que implica un traslado se me encoge el corazón y desisto. Después de todo, el conjunto de las dos casas más la que habitan los De Marchi sobre la calle Tucumán, con un jardín virtualmente común, hacen muy agradable el conjunto y estoy cerca de todo.

Estas propiedades constituyen mis bienes. Es lo que recibirán mis hijos. Nunca he hecho negocios que no sean los que derivan de la cría de ganado y la venta de cosechas. No tengo acciones de ninguna sociedad anónima ni participación en ninguna empresa comercial. Lo que tengo basta para que mis herederos vivan decorosamente.

Mis herederos. . . Tengo tres chicas casadas y Elena asegura que el año que viene contraerá matrimonio con Luis Blaquier. Sólo quedaría para colocar Clarita, la Cocha, pero me parece que ésta se queda para vestir santos. De todos modos, me he resignado a no tener nietos Roca: serán De Marchi, Uriburu, Castells y acaso Blaquier, pero no Roca. Julio tiene cuarenta años y más de quince de matrimonio sin hijos. Habrá continuidad de sangre pero no de apellido. Al principio, este corte me parecía trágico; ahora ya no me importa. Mis hijas no me han dado trabajo. En cambio, Julio sigue siendo

un enigma. Es inteligente, y cuando se empeña en estudiar un
tema, lo hace brillantemente. Pero tiene una tendencia a la
haraganería que me molesta, y la tentación del juego siempre
lo está rondando. Usted se acuerda que la casa de las chicas,
San Martín 579, se levanta sobre una fracción que yo compré.
Alejandro había donado ese terreno a Julio; en realidad mi
hermano quería regalármelo, pero yo me negué reiteradamen-
te a aceptárselo, hasta que él optó por hacer la donación a
nombre de mi hijo. Pues bien: un día me enteré que Julio
había hipotecado la propiedad a una sociedad inglesa de prestamistas: tenía que levantar una deuda de juego. Entonces le
compré la fracción cancelando la hipoteca, y fue cuando empecé a pensar en levantar allí la casa de las chicas. Alguna vez
he tenido que ir al Círculo de Armas o al Jockey Club para
sacar a Julio de las pestañas y llevarlo a su hogar donde faltaba días enteros, hipnotizado por las barajas. . . No obstante,
confío en que Julio hará un buen papel en el futuro. En realidad, sus defectos son el resultado de una vida fácil: ha heredado
un nombre ilustre, una posición económica cómoda, un prestigio que le abre todas las puertas. No debió, como su padre,
luchar a brazo partido con sus enemigos y abrirse camino a
fuerza de audacia e inteligencia; él ha tenido todo a mano, y
por eso no ha desarrollado sus aptitudes en la medida en que
hubiera sido posible. A veces creo que Julio es un símbolo del
país de hoy, que encuentra todo servido y olvida lo mucho
que costó conquistar los bienes que ahora disfruta. . . Pero, al
igual que me pasa con el país, confío que en lo profundo, su
fibra siga intacta.

Entretanto, gozo de mis nietos, que ya son seis. A los
más grandecitos les enseño a escondidas zafadurías que luego
repiten con escándalo de sus madres. Aunque ya no vive ninguno de mis hermanos varones, una runfla de sobrinos y sobrinos nietos crece constantemente y vienen a saludarme de
cuando en cuando. También me frecuenta con cierta asiduidad Carmen, esa señora que dice ser hija mía. Nunca hablamos del tema de mi supuesta paternidad; la ayudo en lo que
puedo y no dejo de notar que se me parece mucho. Y de ahí
no pasa la cosa.

Con el tiempo me he hecho muy familiero. Siempre me
gustó que me rodeen los de mi sangre, y más ahora. Acaso lo
que uno busca a esta edad es el signo en algún descendiente
que demuestre ser poseedor de una afinidad profunda con
uno mismo. Me sentiría enormemente complacido si en algu-

no de la nueva generación pudiera descubrir la voluntad que
yo tuve cuando estaba en el Colegio del Uruguay, o la astucia
con que supe manejarme cuando inicié mi carrera. Por ahora
no lo veo. Acaso haya que remitirse, una vez más, al país actual y a la clase social en que viven, que hacen poco menos
que inútil la exigencia que yo ejercí conmigo mismo en los
años de mi iniciación.

En julio he cumplido 71 años. Cuando era joven miraba
esta edad como la cifra de la decadencia. En mi caso, no puedo quejarme: la vejez se ha ido aposentando dulcemente en
mi persona, sin sentirla: la percibo sólo porque todo es un poco más lento, más blando, más limitado. Me importan menos
la gente y las cosas, nada logra entusiasmarme y soy incapaz
de indignarme o alegrarme en demasía. Si esto es la senilidad,
que sea bienvenida. . . Sigo bien de salud y hasta compruebo
que algunas mañanas me son triunfales aunque al divino botón, porque la tiranía de mis hijas me tiene cercado de toda
fuga. . . Siempre he sido sobrio en el yantar, moderado en el
beberaje y nunca he fumado mucho; me imagino que esta disciplina me ha ayudado a mantener mi máquina en estado
razonable. Mi andar, que antes era ligerito y medio torcido,
según dicen, ahora se ha hecho más grave y pausado. Cuando estoy en Buenos Aires y hace buen tiempo, camino un
rato por Palermo o el Jardín Botánico; allí registro con
asombro que la gente me saluda con cierto afecto. Es un
sentimiento que nunca palpé abundantemente porque jamás
me preocupó ser querido por mis contemporáneos. Sin embargo, parecería que mi figura despierta hoy un poco de cariño. Será que recién ahora mis compatriotas advierten que
bajo mi capitanía vivieron los años más tranquilos y prósperos, o mi ancianidad les inspira alguna ternura. Sea lo que fuere, estas nuevas experiencias me halagan sin envanecerme porque se me ocurre creer que son el adelanto del juicio de la
posteridad. En esto soy más afortunado que mi tocayo de
Roma, pues no fue él sino Octavio quien recogió la gratitud
de sus conciudadanos mientras que yo puedo percibirla en
vida aunque sólo sea bajo la forma del respetuoso sombrerazo
de un desconocido o la sonrisa tímida de un niño a quien su
padre me señala.

Amigos viejos y algunos pocos nuevos suelen visitarme.
El paso de los años ha ido limando asperezas que antes pare-

cían insalvables. Tal es el caso de mi vecino, el general Racedo, mi viejo compañero de la Conquista, con quien me distancié después por cosas de la política. Un día cayó a mi tertulia:

—Escuché el rebuzno de la madrina —dijo con esa gracia criolla que le es tan característica— y no pude hacer otra cosa que arrimarme a la tropilla. . .

Desde entonces viene mucho a casa y contribuye a sacar del olvido recuerdos, anécdotas y sucedidos de los buenos tiempos. Otro viejo camarada con el que me carteo siempre y al que veo cuando viene a Buenos Aires, es el inglés Fotheringham, que vive en Río IV, retirado del Ejército desde 1905 porque no aguantó que se hicieran revolucionarias las tropas de su mando. Fotheringham escribió un hermoso libro, *La vida de un soldado*, cuyo manuscrito leí antes que lo mandara a la imprenta, y que hice leer a Lugones, Magnasco y otros literatos para que lo pulieran un poco, aunque no necesitaba retoques porque su encanto reside, precisamente, en la forma libre de su redacción, su poder de observación y el buen humor que campea en sus páginas. Tal vez el libro de mi viejo camarada es el prenuncio de mi gloria póstuma porque evoca mi figura con el cariño y la admiración que siempre me profesó, transmitiendo al lector la descomunal proeza que fue la lucha contra las montoneras, el indio y el desierto.

Lo malo es que a estas alturas de la vida los amigos se van muriendo, y cada uno que se aleja se va con una parte de mi propia vida. Y los últimos años me trajeron ausencias muy dolorosas.

En mayo de 1910 murió don Agustín de Vedia. Yo me encontraba en Karlsbad cuando recibí un telegrama anunciándome su fallecimiento y le envié una larga carta a su hijo Mariano, recordando la amistad y consecuencia que siempre me guardó don Agustín, director durante muchos años del único diario que siempre me apoyó, por lo cual estuvo condenado invariablemente a una corta tirada y escasos ingresos. Era oriental y había recalado en Buenos Aires por obra de las interminables guerras civiles de su país. Aquí se dedicó al periodismo con una calidad pocas veces vista antes en el ambiente del diarismo porteño, generalmente compuesto por improvisados y oportunistas. Desde 1885 en *La Tribuna Nacional*, luego en *Tribuna* a partir de 1891 y hasta 1907, don Agustín reflejó mi pensamiento, mejorado por su pluma y sus propios aportes, que no siempre coincidían con mis posiciones. Era

una especie de santo laico, sin ningún vicio ni debilidad. Su
hijo fue mi secretario a lo largo de varios años y suele amena-
zarme con escribir mi biografía. En verdad, prefiero a Mariano de Vedia y no al literato Lugones, que también estuvo empeñado alguna vez en escribir mi vida pero exigía vivir conmigo durante un tiempo para observarme en todos los momentos —decía— como un atento fotógrafo. Yo le dije que su
condición era de cumplimiento imposible: terminaríamos los
dos por sentirnos incómodos y al final nuestra amistad se
agriaría. Lugones lo entendió y desistió de su empeño, de
modo que por ahora me voy salvando de leer mi propia nota
necrológica en forma de biografía. . .

De todas maneras, hay un par de libros que andan por
ahí contando mi vida. El año pasado un señor Oyarzú y este
año Manuel L. González publicaron sendas obras que están
bastante bien. Pero me resulta raro leerme en volúmenes im-
presos y a veces dudo si la verdad es lo que yo recuerdo o lo
que esos autores afirman que yo hice o dije. . . Sí, es muy extraña la sensación de estar convirtiéndose en historia. Ahora
entiendo a Sarmiento cuando, horas antes de su muerte, decía que sentía el frío del bronce. Yo también lo percibo, aunque imagino que el mármol o el bronce que me corresponde
ha de demorar un poco más que el del sanjuanino, porque sin
disponer de su genio me tocó una misión que dejó el tendal
de odios, quejas y resentimientos. Y aunque logré ensamblar
un país mucho más orgánico y estable que el de Sarmiento,
mis trabajos no provocarán la devoción de la posteridad, aunque sí, tal lo espero, su justicia.

Los amigos que se alejan para siempre contribuyen a
transmitirme la sensación de que estoy quedándome solo ante
la historia. En setiembre del año pasado murió Wilde en
Bruselas; alguien me deslizó que se encontraba allá visitando a
una antigua amante que había dejado en los años de su destino diplomático en Bélgica. Sufrió un ataque y durante
algunas semanas luchó infructuosamente por recuperarse.
Guillermina acudió desde Madrid en cuanto supo de su enfermedad, y quedó a su lado hasta que murió. Tiempo después
me escribió una larga carta contándome el final de mi querido
compañero del Colegio. Me anunciaba que no volvería a radicarse en Buenos Aires y decía que yo comprendería las razones que la decidían a instalarse en París, de donde no pensaba
moverse por mucho tiempo. Todavía debe estar allá, aunque
la pobrecita tiene que sentirse muy asustada con los peligros

de la guerra. Guillermina me había escrito una carta el año pasado para el día de mi cumpleaños, donde muy cariñosamente me decía que le preocupaba mi salud; suponía que yo podría estar enfermo o deprimido de espíritu, y esto la inquietaba. Un par de meses después de esta tierna misiva ocurrió lo de Eduardo. Ya no puedo imaginar qué sentiría yo si la viera de nuevo.

Pero la muerte que me quebró y que me hizo derramar lágrimas a mí, que creía enjutas sus fuentes para siempre, fue la de Gramajo. Compañero inseparable en la buena y en la mala fortuna durante medio siglo, valiente, bondadoso, lleno de amigos en todas las esferas y todas las comarcas, incapaz de provocar un encono, Gramajo era para mí más que un hermano.

Cayó fulminado en el verano de este año. Cuando murió, escribí un discurso para leerlo en la Recoleta y se lo pasé a mi secretario para que le diera forma. Noté que, mientras miraba las cuartillas, Mariano de Vedia se iba encogiendo, achicando; me miró y vi que tenía los ojos llenos de lágrimas, y entonces advertí que yo mismo estaba llorando silenciosamente.

Tuve que hacer un gran esfuerzo para poder decir, al lado del ataúd de Gramajo, lo que había escrito mostrándolo como hombre de "... una generación que ha vivido entre el fragor de guerras, tumultos y revoluciones, haciendo, amasando, dándonos forma de pueblo civilizado, sirviendo según su capacidad como aquellos que han constituido la Nación actual tal como la vemos, en plena paz, próspera, libre y en marcha abierta y franca hacia el perfeccionamiento de sus instituciones morales y políticas; sin guerras civiles o internacionales, sin montoneras, sin indios, sin pronunciamientos ni asaltos de cuartel, rica y en plena posesión de su vasto territorio".

Y terminé diciendo:

—Ahora, mi coronel, podemos exclamar como aquel general macedonio después de las campañas, conquistas y victorias del hijo de Filipo: "Ahora sí que puedo morir tranquilo, viendo a Alejandro sentado en el trono de Darío", que es como decir "viendo a la Nación organizada y definitivamente constituida".

La numerosa concurrencia que había asistido al entierro de Gramajo me fue saludando después que lo dejamos en su sepulcro. Y entonces me di cuenta que, hablando de mi camarada, yo había hablado de mí mismo: había escrito mi propia necrología. Porque yo estaba dispuesto a morir en paz viendo que la obra en que me había empeñado durante toda la vida, estaba rematada y concluida felizmente. El cadáver de Gramajo fue un avance de mis propios restos mortales. ¿En cuánto tiempo me habrá precedido? Nadie lo sabe, pero me da lo mismo. Sólo ruego que la muerte llegue como la de mi padre, tan apaciblemente como un crepúsculo en la pampa. Pues, como Julio César, yo también creo que la mejor muerte es la súbita y no esperada.

Si pienso bien la cosa, hablando de amigos tendría que decir que el mejor que tengo hoy es Gumersindo García. Varias veces lo he mencionado y conviene ahora que aclare quién es. Gumersindo es gallego y entró a trabajar en mi casa de la calle San Martín cuando recién me instalé allí, en los finales de mi primera presidencia. Tenía entonces 28 años. A fuerza de honradez y fidelidad fue ocupando una posición muy diferente a la de su original oficio de mucamo; hoy es mi hombre de confianza, el que manda y resuelve, el que se ocupa de mi dinero y mi bienestar. El y su esposa Margarita son casi los dueños de una casa que yo abandono con frecuencia para pasar largas temporadas en el campo. Han visto criarse a mis chicas, conocen a toda la parentela, evalúan a mis amigos; alguna vez Gumersindo me dijo:

—No reciba, mi general, a Fulano de Tal. Lo está traicionando. . .

Y tenía razón. Cuando los alborotos por la unificación de la deuda, después que yo me acostaba tiraba un jergón en la puerta de mi dormitorio para pasar la noche allí, armado con un revólver. Yo me he dejado ganar poco a poco por este hombre que es el arquetipo de la lealtad y el servicio prestado con cariño y devoción. Hace unos días me mostró su tesoro más preciado: un puñado de cartas que le he ido escribiendo a través de los años. Noté que son bastantes: creo que es la persona a la que me he dirigido espistolarmente con más asiduidad. Es que mis hijas, ya lo he dicho, no son de la familia de las sensitivas ni son calurosas en la manifestación de sus sentimientos. En Gumersindo, pues, he volcado muchos pensamientos y reflexiones que no podrían tener otro destinatario. Hojeando las cartas que le envié —la mayoría desde Europa o desde el campo—, entre recomendaciones, instrucciones y órdenes, entresaco algún párrafo. En una que le escribí en "La Larga" en marzo del año pasado, le digo que "dudo que nadie pueda suplirme en el gobierno de 'La Larga', como no me han suplido, hasta ahora, en el gobierno de la Nación". También el año pasado, el día que cumplí 70, desde la misma estancia le confieso que mi vida "es un buen trecho de permanencia en la tierra, y cuando quiera puede venir la muerte sin encontrarme en pecado ni remordimientos. Tenemos que morir, como todo lo creado". Y cuando el propio Gumersindo cumplió 55 años, en octubre del año pasado, de los cuales 27 estuvo a mi servicio, le escribía que "espero que usted ha de cerrar mis ojos cuando dé el último suspiro".

Es curiosa esta parábola que ha dado Gumersindo y lo ha convertido en mi confidente. La vida política me acostumbró a no entregarme demasiado, a cuidar mis palabras y administrar mis sentimientos. Exceptuando a Gramajo y a mis hermanos y, por supuesto, en su momento a Guillermina y Elena, nunca pude confiar enteramente en nadie, y a pesar de que he conocido, frecuentado y cultivado amistad con centenares de personas, siempre debí reservar una parte de mi intimidad. Con Gumersindo es distinto: está dotado de inteligencia natural, después de un cuarto de siglo de convivencia conoce mis cosas mejor que yo, y no tiene ningún interés que no esté asociado a mi persona. Sé que algunos de los que me rodean —incluso mis hijas— critican esta confianza que brindo a quien, después de todo, es un servidor. Sin embargo, yo encuentro en Gumersindo todas las cualidades que permiten hacerlo depositario de lo más escondido y reservado, en la seguridad que jamás traicionará la fe que he puesto en él. Y no dudo que Margarita y él serán los que me lloren con más sinceridad cuando abandone este mundo. . .

De cuando en cuando, para probar que este hecho todavía no ha ocurrido, asisto a algún acto oficial. Digo que lo hago para mostrar que no me he muerto porque seguramente muchos compatriotas así lo creen; y si son lectores de La Prensa con mayor razón, pues el diario de Paz hace tiempo que no me nombra y silencia todo lo que tenga que ver conmigo. . . Estuve presente, por ejemplo, en la inauguración de la estatua de Avellaneda en la ciudad que lleva su nombre, al otro lado del Riachuelo. ¡Cómo no iba a asistir a la apoteosis del presidente que facilitó o, al menos, no obstaculizó mi acceso a la primera magistratura! Se encontraban en esa oportunidad el presidente Sáenz Peña, el vicepresidente, el ministro del interior Indalecio Gómez, el intendente de la ciudad, un chino apellidado Barceló, el obispo Terrero y *tutti quanti*. Cuando se levantó De la Plaza para pronunciar su discurso, Terrero me preguntó por lo bajo qué edad tenía el orador. Viendo su volumen y su lentitud, se me ocurrió contestarle en el mismo tono:

—Cien años. . .

Y la concurrencia tuvo que extrañarse cuando el grave prelado descompuso se rostro con un ataque de risa mientras mi viejo compañero del Colegio atacaba su pieza oratoria. . .

Pero no es muy común que asista a actos públicos y voy con poca frecuencia a acontecimientos privados, porque en los dos últimos años he pasado casi la mayor parte del tiempo en el campo.

Es posible que me esté volviendo un poco misántropo; he conocido tan a fondo la miseria humana y yo mismo he practicado tantas veces la hipocresía, la ingratitud, el disimulo, la ambición, que encuentro escaso placer en el trato con los hombres, salvo aquellos que son mis íntimos y que cada vez ralean más, y en cambio me encuentro a mis anchas en el seno de la naturaleza. Creo que este es el motivo más poderoso que me lleva a pasar la mayor parte del tiempo, en los últimos dos años, en alguna de mis estancias, preferentemente "La Larga". Allí ando desde la mañana, recorro, controlo los trabajos y también leo mucho: he redescubierto el sabor de los clásicos y he vuelto a leer a mi tocayo romano, a Plinio y a Virgilio.

El año pasado, cuando cumplí mis 70, me quedé en "La Larga" porque me propuse no estar en Buenos Aires para esa fecha y evitar saludos, agasajos y otras molestias similares. No es que pensara que me iban a tributar una apoteosis como fue el Jubileo de don Bartolo, pero seguramente alguna cosa harían. Preferí quedarme en "La Larga", a pesar del frío, compartiendo un asado con la peonada, y al otro día mandé buscar a la estación el montón de telegramas de salutación que llegaron y seguirían llegando. Me sentía mucho mejor allí, escuchando a las calandrias y los zorzales, recorriendo los potreros recién arados, hablando con los sencillos paisanos de la zona, compartiendo silencios con mi Elena. . .

Las estadías en el campo también tienen que ver con un sentimiento que ha ido creciendo en mi espíritu con la edad: el amor por la naturaleza. Siempre lo he tenido: conozco de

árboles y animales, y no de ahora sino desde mi infancia y
juventud. Entonces el país era puro campo y quien no se
agauchaba y aprendía la sabiduría de la tierra y sus criaturas
no sobrevivía. Me seduce desde entonces la vida sin derrota y
siempre renovada de las plantas y los yuyos, la infinita variedad de los bichos y hasta las piedras me interesan. Acaso ha
influido en estos sentimientos mi amistad con el doctor González, que profesa ser panteísta y mira al hombre y su mundo
como realidad única; a su vez, él debe haber recogido esta
concepción de esos paisajes riojanos que yo he conocido tanto, donde el agua, la tierra, y la vida conforman una unidad y
la Pachamama sigue siendo una deidad que oscuramente prevalece sobre los ritos y formas del cristianismo. Recuerdo que
cuando visité Río de Janeiro por pimera vez, en 1898, tuve
que improvisar un discurso en la Municipalidad. Viendo el
estallido sensual, avasallador, de la vegetación en sus morros,
se me ocurrió hablar de un tema que en ese momento se me
apareció muy claro: ¿tenemos derecho los hombres a invadir
y violar los derechos de la naturaleza? "¿Cómo se puede establecer —dije en esa oportunidad— la línea divisoria entre las
frondosidades de la tierra desbordante, y la obra de progreso
que se quiere realizar? ¿Dónde detenerse? ¿Hasta dónde
avanzar? La mano que trata de ser benéfica puede ser profa-
nadora y sacrílega. . .". Es que cuando uno admira los jardines de Tijuca o las florestas espléndidas de Petrópolis, ¿puede
atreverse a menoscabarla instalando allí las creaciones del
hombre? Wilde, que estaba conmigo, me criticó diciendo que
este no era un tema para un discurso oficial, pero a mí me salió del alma y así lo dije, aunque no sé si los amigos brasileños
habrán entendido este mensaje.

Es así: cada vez me atraen más las manifestaciones naturales, la vida vegetal y animal, tan misteriosa y múltiple. Pero
¡si hasta me estoy haciendo flojo con los animales! Nunca he
podido soportar el espectáculo de un cordero degollado o una
gallina a la que retuercen el pescuezo, aunque después sabo-
ree sus despojos sin el menor remordimiento. Pero ahora,
cuando veo los novillos de mis estancias engordando para el
matadero, me pregunto si no es una injusticia semejante destino. . . Le escribía esto mismo a Gumersindo hace un tiempo
y después me avergoncé de esa aflojada. ¡Doliéndome por los
animales, yo, que en mis tiempos ordené rebencazos, cepos y
fusilamientos! Sin duda, el Ejército es sabio cuando obliga a
retirarse a sus hombres al cumplir 65 años. . .

Sea como sea, este redescubrimiento de la tierra y sus encantos tanto como mis largas permanencias en el campo, me han alejado mucho del trámite político. Lo sigo a través de lo que dicen los diarios y, cuando vengo a la ciudad, por lo que me comentan los amigos que todavía me frecuentan como Gregorio Soler, Quirno Costa, Benito Villanueva o el doctor González. Ellos me mantuvieron al tanto de las caídas de salud de Sáenz Peña, que finalmente ha muerto en agosto de este año. De la Plaza carece de su talento innovador, es pesado y poco imaginativo, pero no ha de torcer el rumbo que su antecesor dejó trazado. En las elecciones de marzo de este año los socialistas triunfaron en la Capital Federal y los radicales crecieron en todo el país, incluso en el feudo de Ugarte, donde trabajo costó ganarle al partido de Yrigoyen. Si las fuerzas conservadoras no se unen y determinan una estrategia inteligente, dentro de dos años el futuro presidente será un radical. Nadie lo podrá impedir, porque el pueblo ya ha saboreado el poder que dispone a través del voto.

Yo creo que el voto universal y obligatorio es un error, como lo es también la inclusión de las minorías en los cuerpos colegiados mediante el sistema de lista incompleta. Me parece que el voto calificado y la elección por circunscripciones, tal como se aplicó durante mi segunda presidencia, es el mejor sistema.

Pero cada época tiene su consigna y cabe que el nuevo tiempo deba transcurrir bajo el sello de una fuerza popular, aunque yo sigo creyendo que los gobernantes no deben atarse al veleidoso talante de las multitudes, y que su obligación (salvo casos extremos, como ocurrió cuando la unificación de la deuda) no consiste en hacer lo que el pueblo quiere sino aquello que los superiores intereses de la Nación le indican. Siempre he sido un escéptico, porque nunca esperé nada de nadie que no fuera yo mismo; este escepticismo lo extiendo al futuro del país, convencido como estoy de que los factores de anarquía y disgregación, que tanto gravitaron en nuestra historia, siguen agazapados detrás de nuestros avances y pueden activarse cuando menos se lo espera. Este escepticismo no ha sido solamente mío: lo compartieron todos los gobiernos argentinos desde la organización y por eso ninguno renunció a su derecho de elegir a quienes lo acompañarían o sucederían, porque declinar esta facultad hubiera significado entregarse al caos. Los gobiernos electores han sido una necesidad para mantener el criterio de autoridad y el principio de unidad, sin

los cuales no hay Nación. No sé si alguna vez volverán a serlo
en el futuro, porque ahora que se ha descubierto que es el
pueblo quien debe elegir a sus gobernantes, sería difícil y doloroso volver a la época de los gobiernos electores o del "fraude patriótico".

Supongo que los radicales también harán su aprendizaje
y sabrán enfrentar los tornadizos movimientos de una masa
que todavía no ha fraguado del todo, que es demasiado nueva
y fresca. Al fin y al cabo, si en tan poco tiempo hemos construido un país tan aceptable, no ha de ser demasiado oscuro
el futuro argentino. Todo esto ya camina solo y mis contribu-
ciones han terminado. Ahora percibo claramente la diferencia
entre la obra de Julio César y la mía: mi tocayo creó un sistema político para cancelar la ineptitud y corrupción de la
república romana. Yo, en cambio, he creado un régimen que
será aprovechado por la república de los plebeyos y los proletarios que ya se delinea en el futuro.

Nadie se acordará entonces que fui yo quien le dio solidez y permanencia. Pero alguna vez los gobernantes del por-
venir tendrán que mirar lo que hemos hecho, las decisiones
que en su momento adoptamos, las líneas que seguimos, y
aunque su bandera política sea muy diferente a la nuestra no
podrán hacer otra cosa que continuar lo que hemos fundado.
Pues las generaciones y las ideologías van y vienen como las
olas del mar, pero el mar mismo permanece, no cambia
nunca.

Hace unos días, mientras paseaba por Palermo, se acercó
un conocido y, como si profetizara algo terrible, me dijo con
voz cavernosa:

—General, se vienen los radicales. . .

Yo le contesté:

—Acaso eso sea lo mejor. Desde luego, ensayarán en el
gobierno su capacidad y su eficacia.

—¿Y si aciertan?

—Si aciertan, el país recogerá el beneficio y todos tendremos motivos para estar satisfechos.

Y con toda sinceridad le digo que este es mi pensamiento sobre el futuro.

He vivido muchos años, pero además el lapso de mi existencia contiene tantos cambios maravillosos que no puedo
menos que agradecer a mi estrella haber sido testigo y benefi-

ciario de sus efectos. Piense solamente la forma como nos
teníamos que procurar luz en las noches de mi niñez y cómo
lo hacemos ahora, apretando distraídamente un botón o una
perilla. Compare el confort y las comodidades que hoy disfruta cualquier persona, que en los tiempos de mi infancia no
hubiera podido disponer ni siquiera el hombre más rico del
país. Considere solamente lo que significa hacer un
movimiento con la mano torciendo un pequeño manubrio
para que un chorro de agua quede a nuestro alcance, e imagi-
ne la penuria cotidiana que implicaba acarrear un balde en la
casa de mi padre o de mis ñañas en Tucumán. Cuando yo
estaba en el Colegio del Uruguay, ¿quién podía imaginar que
antes de medio siglo la voz humana se transmitiría a miles de
kilómetros por medio del teléfono, o que la música quedaría
aprisionada en un redondel de pasta para ser escuchada en el
fonógrafo una y otra vez? ¿Qué mente febril podía haber va-
ticinado cuando yo peleé en Cepeda que ese vasto campo
de batalla podría ser visto desde el aire por un hombre montado en un aeroplano, como lo hizo hace poco el aviador
Cattáneo? ¿Quién se hubiera atrevido a augurar, cuando
llegué a Buenos Aires después de Pavón, que la mitad del trayecto que entonces hice a caballo empleando casi un día, podría alguna vez recorrerse en pocos minutos en un tren que
anda debajo de la tierra? Y esos rayos invisibles que atravie-
san nuestro cuerpo para dibujar la silueta íntima del esquele-
to; y esos productos que adormecen al paciente y permiten al
cirujano abrirlo sin dolor, hurgarle las entrañas, extraerle lo
que está enfermo y cerrarlo después para que despierte vivito
y coleando: ¿alguien hubiera podido profetizarlo en las jornadas de Curupaytí o Humaitá, cuando mis compañeros se morían de gangrena o desangrados?

Yo he visto nacer estos inventos, y al lado de millones
de seres humanos he tenido la sensación de estar trasponien-
do los umbrales de un tiempo de progreso interminable, gigantesco, permanente. Pero esta sensación se desbarrancó
bruscamente en agosto de este año cuando estalló la conflagración que está devastando los campos de Europa.

Dije que soy un escéptico. Lo soy en relación con la naturaleza humana porque la conozco íntimamente y desde el
ángulo donde se ponen al descubierto con mayor crudeza sus
fallas y pecados: desde la política. Pero hasta el momento del
estallido de la guerra era profundamente optimista sobre el
progreso de la humanidad. Pensaba que los avances de la cien-

cia irían transformando poco a poco la condición humana, dulcificando el carácter de los pueblos y acostumbrando a todos al goce de las buenas cosas de la vida. Ahora, ya ni en esto puedo creer. Esta guerra es la negación de la civilización puesto que los pueblos más cultos de Europa se entrematan ferozmente olvidando las promesas de paz perpetua y de fraternidad universal que han declamado hasta sus vísperas. La pobre Angela de Costa, tan ilusionada con su Cristo Redentor y sus organizaciones pacifistas, me pidió mi firma en un petitorio dirigido al presidente de Estados Unidos para que ponga fin a la matanza interponiendo sus buenos oficios. Me he negado y le he dicho que lo único que puede hacer es colgar un crespón de luto a su Cristo. Esta conflagración la miro como una maldición de Dios y una reiteración de la condición perversa y carnicera de los seres humanos. Alemania pagará duramente su responsabilidad. Contrariamente a lo que creen nuestros militares, idólatras del poder alemán y encantados con la inmensidad y la furia huracanada de las huestes del Káiser, estoy convencido que los aliados triunfarán. La invasión a la neutral y pequeña Bélgica ha enajenado a los germanos todo el respeto que pudieron haber gozado en el mundo, así como la heroica lucha del rey Alberto le ha ganado la simpatía universal. No puede triunfar Alemania y sus asociados, pero ¡cuánto costará su derrota! Sigo con ansiedad las noticias de la guerra y tengo un gran mapa de Francia al cual pongo y quito las señales del horror que avanza o retrocede. Pero el famoso plan de von Schlieffen del que tanto se jactaban aquellos soberbios monigotes uniformados que conocí en Berlín, ha fracasado; esos *chauffeurs* de coches de alquiler que en París irritaban a Gramajo con su insaciable voracidad por los *pourboires*, han salvado a su patria en las orillas del Marne, y creo muy difícil que la situación militar se modifique. Así se lo he dicho al literato Lugones y él lo ha repetido en todos los ambientes con aire triunfal, como si mi opinión fuera infalible. Ojalá sea así, pero de todas maneras reitero que aunque la tragedia sea de todos, los que llevarán la peor parte serán los imperios centrales.

Sin embargo, cualquiera sea su resultado, esta guerra me desazona. Ha marchitado mis esperanzas en el progreso del mundo. Una nueva era se va perfilando entre la destrucción y la muerte, y su signo es ominoso, oscuro, lleno de miedos e incertidumbres. Razón de más para no verla: la lógica de la biología se encargará de que así sea. Tengo el consuelo de haber vivido acunado por la ilusión del mejoramiento de la especie humana por medio del progreso científico, el adelanto de las artes y la extensión de usos civilizados a todos los continentes. Todo esto se ha desvanecido, pero en su momento ayudó a construir el país que tenemos, y a mirar el futuro con fe y optimismo.

Ya puedo irme tranquilo. Hice lo que tenía que hacer y lo nuestro está bien encaminado. La función del país en el mundo es clara y definida, y lo ha de ser más con el rojo telón de la guerra. Sus instituciones se encuentran bien fundamentadas. Tendrá tropiezos, sin duda, pero ya no es un embrión como el que tomé en mis manos hace casi treinta y cinco años, sino una sólida realidad cuya integridad y magnificencia saltan a la vista y que habrá que mejorar. Yo he tenido parte en la construcción de esta realidad, me he beneficiado con ella y aunque nunca he buscado el aplauso de las multitudes estoy seguro de que la posteridad habrá de hacerme justicia. Esta convicción me sobra para pasar en paz mis postreros días, ya que nada tengo que hacer ni en el país ni en el mundo, habitante como soy de un tiempo definitivamente clausurado. Pero ¡qué apasionante, qué hermoso ha sido!

Mis chicas me han llevado algunas veces a mirar ese otro invento tan atractivo, el cinematógrafo, con vistas que a uno lo hacen sentir como parte de lo que ocurre en la pantalla. Sin embargo, no hay vista cinematográfica que pueda compararse a la de mi propia vida y mi época. Me basta cerrar los ojos por un momento y elegir un instante cualquiera de mis altos años para que surja como en una cinta la secuela de personajes y episodios, de recuerdos y vivencias que me pertenecen. A veces me acomodo en el banco de plaza que tengo en el jardín, me calo la gorra de visera como si fuera a dormitar, y entonces la vida surge poderosamente en mi memoria con mucha mayor fuerza que la que transcurre cotidianamente en torno a mi fragilidad.

Aparece mi infancia tucumana y mi adolescencia en el Colegio. Revivo los rostros de maestros, amigos y compañeros mientras el olor de la pólvora de Cepeda y Pavón vuelve a picarme la nariz y también las miasmas nauseabundas de los campamentos del Paraguay. Galopo de nuevo los infinitos llanos de La Rioja, los valles salteños, la travesía cuyana y las pampas de Córdoba o las vastas praderas que arrebaté a los indios. Vuelvo a sentirme tenso y ansioso en la lucha por mi primera presidencia, y torna a pesarme gravemente la responsabilidad de ser el guardián de los bienes ganados por el país para preservarlos de las revueltas y la anarquía. Me complazco de nuevo en la satisfacción de los éxitos logrados, el alivio de la paz y la amistad con los vecinos. Veo, como antes, crecer al país año a año, cosecha a cosecha, rieles, alambrados, barrios, inmigrantes, escuelas, colonias, patagonias y chacos, ingenios y viñedos, quebrachales, mieses y ganados. Evoco los rostros de las mujeres que me han amado. Recorro de nuevo la Europa suntuosa y atractiva que conocí. Aparecen cosas que quiero: un rincón de la casa de "La Larga", el parque de "La Argentina", las sierras que limitan a lo lejos "La Paz", el canto de las chicharras en su verano, el vaho caliente que brota de los caballos que arrastran los arados en el invierno de la pampa. . .

La película es interminable. Me apasiona repasarla una y otra vez. Pero sé que estamos en las últimas escenas; el pianista ya ataca los postreros compases. Soy una sobrevivencia anacrónica y a contrapelo y ya está llegando la palabra final.

A pesar de todo, sigo siendo Roca. Una roca erosionada por las edades, coronada de líquenes y musgos blancuzcos, agrietada por tantos movimientos geológicos que la han sacudido; una roca sola y erguida, que todavía constituye una referencia insoslayable en el paisaje de mi Patria para que la caravana nunca pierda el rumbo mientras la aviste.

En Europa continúa la masacre; dejémoslos en su locura. Aquí la primavera viene linda y llena de promesas. Todavía hay mucho que hacer. En unos días más me voy a "La Larga". Si es gustoso, Luna, a mi regreso seguimos conversando.

FIN

La Nación, martes 20 de octubre de 1914.— "La muerte del general Roca ocurrió de una manera casi repentina. La indisposición que lo aquejó en estos días anteriores era tan ligera que no llegó a inquietar ni por un momento a las personas de su familia. Nadie, ni su médico, el doctor Güemes, presintió el suceso fatal. Y sin duda, como nada había cambiado en su aspecto exterior, lleno de vitalidad, y como hace tres días aún se lo vio pasear en las avenidas de Palermo, la noticia produjo en Buenos Aires, juntamente con la impresión penosa, un estupor profundo. Había regresado de su estancia 'La Argentina' el lunes de la semana pasada, y tenía el propósito de partir el viernes con destino a 'La Larga', después de asistir en la víspera a la traslación de los restos del general Campos al mausoleo de la Recoleta. La indisposición ligera, una tos que ya tenía al regresar del campo, sin atribuirle importancia, le impidió asistir a esta ceremonia. No salió de sus habitaciones durante ese día (. . .) Al día siguiente se levantó, sintiéndose casi del todo repuesto. En la mañana salió, como acostumbraba, para dar un paseo por Palermo; le acompañaban el doctor Norberto Quirno Costa y don Gregorio Soler. Por la tarde, un acceso de tos violento le obligó a ponerse en cama. Sin mayores alternativas pasó el sábado y el domingo (. . .). En la noche del domingo el doctor Güemes, que visitaba diariamente al general Roca, no se retiró muy satisfecho por la rebeldía de la tos, pero sin considerar ningún síntoma alarmante. Ayer por la mañana, en las primeras horas, su aspecto y la ausencia de todo malestar no dejaban adivinar absolutamente la triste proximidad de la muerte. Algo después de las 8, un ataque brusco le quitó el conocimiento (. . .). A las 10, el general Roca expiró."

ACLARACION
NOTAS
FUENTES
AGRADECIMIENTO

ACLARACION

Lo que se ha leído es una recreación libre de la vida de Julio Argentino Roca (en adelante JAR) dentro de un riguroso contexto histórico. No es, pues, una novela ni una fantasía, porque sigue fielmente la trayectoria del protagonista y se ajusta a los hechos que la jalonaron. El autor sólo se ha permitido poner en boca de JAR las reflexiones que pudo haber hecho, de acuerdo con su actuación, su mentalidad, su ideología y hasta su lenguaje, pero en buena proporción ellas están tomadas literalmente de su correspondencia o de los documentos de su autoría. También se ha tomado la libertad de imaginar algunas secuencias de su vida que no están claramente registradas.

En homenaje a su profesión de historiador y para que el lector conozca qué es lo que pertenece a JAR y cuál es el material libremente elaborado, se establece en las notas que siguen las correspondientes aclaraciones y sus fuentes. Para no recargar innecesariamente la bibliografía, se han omitido las referencias históricas generales.

Es obvio, por otra parte, que los juicios atribuidos a JAR no son necesariamente compartidos por el autor.

NOTAS

"NO TENIENDO EN QUE DISTRAERSE. . ."

Coronel Baigorria: V. *Memorias*, por Manuel Baigorria, Ed. Solar Hachette, Bs. As., 1975. También *Calvucurá y la Dinastía de los Piedra*, por Estanislao Zeballos, Ed. Hachette, Bs. As., 1954.

JAR y Julio César: En caricaturas de *El Mosquito, Don Quijote* y artículos periodísticos de la época aparecen recurrentemente las comparaciones satíricas de JAR con Julio César. Arce y Terzaga en sus biografías también lo hacen, aunque sin ironía; el último titula el capítulo que trata la estadía de JAR en Río IV, "Las Galias de la República". Por lo menos una vez, en ocasión de su primera candidatura presidencial, JAR habla de "pasar el Rubicón" en carta a Juárez Celman.

1843 - 1867

I

Infancia y juventud de JAR: Sigo, en general, las biografías de Arce, Marcó del Pont, Terzaga, De Vedia y Sánchez, que no tienen mayores variantes en esta parte de la vida de JAR.

Cnel. José Segundo Roca: V. *Diccionario Biográfico Argentino*, por Enrique Udaondo, Imprenta Coni, Bs. As., 1938.

Tucumán en la infancia de JAR: V. *Historia de Tucumán*, por Carlos Páez de la Torre (h). Ed. Plus Ultra, Bs. As., 1987.

El Colegio del Uruguay: V. *Historia de Concepción del Uruguay*, por Oscar F. Urquiza Almandoz, dos tomos, Ed. Municipalidad de Concepción del Uruguay, 1983. Los diez pesos regalados a JAR por Ezequiel Paz fueron recordados por JAR a su beneficiario en carta del 16-VI-1898, transcripta por Arce.

II

JAR en Pavón: **En carta a Ezequiel Paz del 16-VI-1898 transcripta por Arce, JAR recuerda la intervención del Cnel. José Segundo Roca para que se retirara del campo de batalla.**

Viaje de JAR a Buenos Aires: **No está registrada históricamente la forma en que JAR viajó a Buenos Aires después de Pavón.**

III

Misión de Marcos Paz: **La documentación de esta misión, que incluye interesantes cartas del Chacho, ha sido publicada en seis tomos por la Universidad Nacional de La Plata.**

IV

Sandes y Calaucha: **V. *Mitre y el Chacho*, por Dardo de la Vega Díaz s/e, La Rioja, 1940.**

Latines de JAR: **En carta al general doctor Benjamín Victorica transcripta por Arce del 18-VII-1908, JAR le recuerda que "tuve el honor de ser examinado por Ud. en el histórico Colegio del Uruguay". Victorica era buen latinista: Eduardo Wilde le decía en carta del 27-X-1911 que "era un erudito en cánones y un teólogo capaz de poner en conflicto a todos los padres de la Iglesia" (Arce, tomo II, Apéndice).**

JAR retraído: **V. *Bosquejo Histórico de la Provincia de La Rioja*, por Marcelino Reyes, Bs. As., 1913. El autor, que se radicó en La Rioja en 1865, recuerda que "el entonces teniente Julio Argentino Roca (. . .) había llegado al batallón 6 de línea mediante influencia de su tío el doctor coronel Marcos Paz para con el comandante Arredondo (. . .). El teniente Roca poco o nada influyó en la sociabilidad riojana ni tampoco en su cultura (. . .) porque en las tres épocas en que le tocó estar de guarnición en La Rioja durante los años de 1862 a 1868 ya como oficial o jefe, siempre se encontraba postrado de sus dolencias físicas y pocas veces le fue posible asistir a las reuniones sociales que tan frecuentes se hicieron por entonces en la capital de la provincia".**

Conducción de JAR: **Los supuestos episodios de JAR en Aimogasta y San Luis no están registrados históricamente, pero Eduardo Gutiérrez en sus novelas *El Chacho* y *Episodios Militares* relata casos similares, en la misma época e idéntico contexto.**

Mujeres políticas: **V. *Comicios y Entreveros*", por Félix Luna, Schapire Editor, Bs. As., 1976 e *Historia de Catamarca*, por Ramón Rosa Olmos, Ed. La Unión, Catamarca, 1957.**

Culebrilla de JAR: En la foja de servicios de JAR se registra una enfermedad que habría padecido en La Rioja en abril de 1865; posteriormente, en carta desde Córdoba a Ataliva, JAR se queja de un forúnculo que se le abrió debido a las largas cabalgatas.

V

Buques de corso paraguayos: V. *Diagonal de Sangre,* por Juan B. Rivarola Matos, Asunción, 1986, donde se relata el ofrecimiento de militares confederados norteamericanos al gobierno paraguayo para armar buques de corso.

1867 - 1875

I

Familias y política: Uno de los pocos autores que señalan la importancia de los núcleos familiares en la política del interior es Alfredo Díaz de Molina en *La Oligarquía Argentina,* dos tomos, Editorial Pannedille, Bs. As., 1972.

JAR y la candidatura Sarmiento en La Rioja: V. Félix Luna, ob. cit. y *Las Intervenciones Federales,* por Luis H. Sommariva, 1er. tomo, Ed. El Ateneo, Bs. As., 1931.

"Soy Roca": No está registrado históricamente el detalle de la entrevista de JAR con Sarmiento en noviembre de 1868, pero Sarmiento recordó haber llamado "barbilindo" a JAR y el general Martín de Gainza también atestiguó a JAR que él lo recomendó al presidente.

Ignacia Robles: Carmen Roca de Ludwig o Carmen Robles de Ludwig se presentó en la sucesión de JAR pidiendo se la reconociera como hija natural del causante, habida de sus amores con Ignacia Robles. Aportó casi treinta testigos en abono de su pretensión, pero no tuvo éxito ni en primera ni segunda instancia, y un recurso presentado por su abogado ante la Corte Suprema fue denegado. Se trató de un juicio de filiación bastante sonado que llegó a suscitar comentarios periodísticos, al que se agregó como hecho insólito el arresto por veinte días impuesto por la Cámara Civil contra el abogado de la actora, Dr. Borda Roca, por haberse excedido en su alegato. El juicio de filiación es un grueso expediente agregado a la sucesión de JAR, y del examen de los dichos de los testigos aportados por la actora surge una fuerte impresión de veracidad pues ellos acreditan la asiduidad con que JAR visitaba a la familia Robles en Tucumán en 1869/70 y sus galanteos a Ignacia, así como el rapto de que ésta habría sido víctima. Parece además probada la ayuda que siempre prestó JAR a Carmen, recomendándola para que obtuviera cátedras y tratando de conseguir trabajo a su marido. Surge, asimismo, que Carmen Roca o Robles visitaba asiduamente a JAR en Buenos Aires durante los últimos años del causante. Uno de los testigos, íntimo amigo de JAR, reconoció que al preguntarle en una oportunidad si Carmen era su hija, como ella afirmaba, JAR se limitó a sonreír. Clara Roca, la hija menor de JAR, confesó en la absolución de posiciones que viendo a una señora llorar desconsoladamente en el velorio de su padre, preguntó a su hermana Agustina quién era, y ella le contestó "es una hija de papá".

Sarmiento y Urquiza: No he podido localizar el relato que hace Agustín Alvarez, Fray Mocho, de la visita de Sarmiento a Concepción del Uruguay, donde recuerda la risa que provocó entre los colegiales el golpe con que el presidente cerró su galera de resorte.

II

Motín del 7: Arce relata el enfrentamiento de JAR con los amotinados con rebuscadas palabras; he preferido imaginar esta arenga en un tono más directo y criollo. Carta, que creo inédita, de JAR a su hermano Ataliva: "Tucumán, abril de 1870. Mi querido Ataliva: Ya estaba en viaje para ésa cuando de Catamarca he tenido que volverme matando caballos, por motivo del motín que estalló en mi batallón el 12 de Marzo, cuyos detalles ya los sabrás./ No puedes figurarte el disgusto y el pesar que me ha traído este contratiempo, tanto porque me priva por mucho tiempo del placer de verlos a Uds. como por la manera que cae sobre un cuerpo de línea un suceso de esta naturaleza. Pero tengo mi conciencia tranquila. El Gobierno tiene la culpa, es el primero que falta a sus compromisos, creen que basta ordenar que se forme un batallón para que éste como por encanto se forme y tenga la disciplina y el espíritu de cuerpos veteranos, en quienes las campañas, las tradiciones gloriosas, las fatigas y sufrimientos comunes forman una personalidad colectiva que tiene orgullo de su existencia./ Mientras el Ministro de la Guerra se ocupa de ponerle gas en las cuadras del 6 de línea se olvida de que aquí tiene un batallón nuevo impago en contra de lo que se le prometió de hacerlo mensualmente, descalzo y al raso, porque el cuartel es un corralón con unas cuantas piezas. Y así han de querer exigir de un cuerpo moralidad y ejemplar conducta. Y si algún cuerpo debían atender, como a una dama, es a éste, que está garantizando la paz y tranquilidad de todo el norte de la República./ Dejaré esto porque es cuestión larga y enojosa. Desde el primero de febrero te dejo íntegro mi sueldo de asignación, y me hago figurar en las listas como jefe de frontera. Avísame si lo cobras./ Con ésta le encargo a Canet unos pantalones y chalecos grises de invierno y una camiseta y velo para que me mande todo lo más pronto posible, que no quiero ahora que he resuelto hacerme económico la ropa fina de parada que es lo único que me ha quedado./ Comprame también un ejemplar de las poesías de Del Campo y mandámelas. Yo que ya saboreaba el instante de abrazar a mis queridos hermanos y de ver a mis sobrinitos y principalmente a mi Elena, los bandidos Taboadas, los verdaderos autores del motín del 7° han venido a hacerme gustar hiel./ Aunque según todos los informes que he recibido si yo no regreso de Catamarca hubiera caído en poder de los caciques del Bracho, pues Guayama con 30 hombres me esperaba en el lugar casi desierto de la Orqueta, principio de la travesía de 30 leguas que divide las provincias de Córdoba y Catamarca./ Así es que de todos modos parece que estaba condenado a no poder satisfacer el placer de ver y abrazar a mis hermanos./ (. . .) Un abrazo a todos. Tu hermano Julio A. Roca". (Papeles de Guillermo Uriburu Roca.)

III

Campaña contra López Jordán: Sigo el relato que JAR hizo de la campaña y la batalla de Ñaembé a pedido de Sarmiento, un año después. En posteriores viajes por Europa, JAR conoció Berna.

López Jordán y el Brasil: V. *José Hernández en los Entreveros Jordanistas,* por Aníbal Vázquez, donde se reproduce el memorándum redactado por José Hernández en nombre de López Jordán, sugiriendo al gobierno. del Brasil apoyo para una república formada por Corrientes y Entre Ríos.

Toro Ñaembé: El 6-I-1886 escribe JAR al administrador de su estancia "La Larga": "Supongo que el toro Ñaembé seguirá funcionando. Este año puede cubrir hasta 80 vacas. En adelante no le será posible tal hazaña porque se pondrá muy pesado".

Ascendencia de los Díaz: En el *Diccionario Biográfico Argentino* de Vicente Osvaldo Cutolo (art. Francisco Javier Díaz) se recoge la tradición de la supuesta descendencia del tronco de la familia como hijo natural de Carlos III.

JAR y los indios: Las palabras que pongo en boca de JAR condensan crudamente sus opiniones, vertidas en documentos oficiales, cartas particulares y artículos periodísticos. La expresión "estamos haciendo una gran cuna para una gran nación" figura en comunicación de JAR dirigida a comerciantes que le dirigieron felicitaciones en 1879 al culminar la Conquista del Desierto.

IV

Campaña de Santa Rosa: Sigo la descripción de Sánchez, ob. cit. y el relato de Ignacio H. Fotheringham en *La Vida de un Soldado,* incluyendo el episodio de Cabituna y la triunfal entrada y agasajos en Mendoza. La carta de JAR a su hermana Agustina, en el Archivo General de la Nación, Sección Roca, leg. 15.

Evasión de Arredondo: En su momento fue pública la versión de que JAR facilitó la fuga de su compadre. En carta del 24-II-1875, JAR comenta a Juárez Celman que "esa fuga me ha hecho quebrar con Civit y otros exaltados que pareciera estuviesen en el año 1840, tal es el furor que manifiestan contra sus enemigos y contra los que creen les han arrebatado la presa". (En *Juárez Celman,* por Agustín Rivero Astengo, Ed. Kraft, Bs. As., 1944.) Se procesó a JAR como cómplice de la evasión de Arredondo, pero el juicio se diluyó en cuestiones de competencia.

1875 - 1880

I

Palo de amasar: Episodio no registrado históricamente.

Río IV hacia 1875: Agradezco al señor Carlos Mayol Laferrere sus datos y referencias sobre el tema.

Negocios de JAR con Bouquet: En carta del 27-VIII-1874 Carlos María Bouquet comunica a JAR que compró en remate público doce lotes, probablemente donde sería después Pueblo Alejandro, a $ 721 la legua cuadrada, que serán escriturados a nombre de JAR. Más tarde Bouquet fue ministro de Hacienda del gobernador Del Viso (en Archivo General de la Nación, Sección Roca).

Alvaro Barros a Alsina: V. "El desierto, una obsesión familiar" por María Inés C. de Monner Sans, en revista *Todo es Historia*, N? 144, mayo de 1979.

Climaco de la Peña: V. "Aproximación a Juárez Celman" por Luis Rodolfo Frías, en revista *Todo es Historia*, N? 55, noviembre de 1971; Alfredo Díaz de Molina, ob. cit., recoge la versión del supuesto envenenamiento de don Climaco.

JAR enfermo: Sigo el relato de Ignacio H. Fotheringham, ob. cit.; Arce, ob. cit. dice que JAR pasó su enfermedad "en su casa de Belgrano", confundiendo la enfermedad de 1878 con la, mucho más breve, de 1880.

JAR en la calle Suipacha: La casa se encontraba en Suipacha 252 numeración antigua, correspondiente al actual N? 456 entre Sarmiento y Corrientes. Enfrente se encontraba la comisaría 3a., casi contiguo el Colegio Alemán, a la vuelta el Liceo Francés y, un par de casas por medio, la residencia del doctor Elizalde. Agradezco estos datos, aparecidos en la *Guía Kuntz* de 1880, al profesor Ramón Melero García, Director del Instituto Histórico de la Ciudad de Buenos Aires.

Héctor Varela: Al margen de una carta dirigida por Héctor Varela a JAR, éste anotó: "Héctor Varela, el primer cínico, crápula y corrompido de su tiempo. Mierda pura" (Archivo General de la Nación, Sección Roca, leg. 7). V. "Varela, el porteño irresponsable" por Héctor Viacava, en revista *Todo es Historia*, N° 222, octubre de 1985. En 1878 Héctor Varela, el popular "Orión", había vendido a sus hermanos Luis y Rufino la parte que le correspondía en la propiedad de *La Tribuna* y editaba el semanario *El Porteño*, que duró muy poco.

II.

Llegada de JAR al Río Negro: Sigo el relato de Fotheringham, ob. cit. Se han consultado también los tres tomos del *Segundo Congreso de Historia Argentina y Regional* celebrado en Comodoro Rivadavia en enero de 1973 por la Academia Nacional de la Historia, dedicado a la historia de la Patagonia y también, el N° 144 de la revista *Todo es Historia*, mayo de 1979, dedicado en su totalidad a este tema, y los cuatro tomos del Congreso Nacional de Historia sobre la Conquista del Desierto realizado en General Roca por la Academia Nacional de la Historia, publicados en Bs. As., 1982. Carta, que creo inédita, de JAR a su hermano Ataliva: "Fuerte Argentino, junio 22 de 1879. Aún no sé cómo habrás recibido tú la noticia de nuestro arribo a Choelechoel el 24 de mayo, cuando probablemente ya no la esperabas./ Desde ayer estoy en este punto al habla y con frecuentes comunicaciones con las fuerzas de Uriburu que dominan todo el Neuquén. ¡La nueva línea de frontera queda pues definitivamente establecida sin que nos haya costado más sacrificio que comer carne de yegua! Si no hubiera sido el pequeño contratiempo de los proveedores, esta campaña hubiera tenido los aires de un paseo como yo lo he pensado siempre./ La satisfacción de Villegas, de García, Vintter y demás jefes al verse en una frontera que no precisará fortines, al borde de un caudaloso río de aguas cristalinas, y de las más ricas y exquisitas de la República sin exageración alguna, con montes inagotables de maderas excelentes y con pastos abundantes para sus caballos que no puedes tener una idea, es grande y se preparan para echar las bases de pueblos que no tendrán la vida efímera de los que tantos sudores les cuesta en las viejas fronteras./ Muchos indios de Baigorrita, de Pincén y demás tribus mezclados a pie y en la mayor miseria han caído en poder de las fuerzas de Uriburu. Andan como locos estos desgraciados. Por todas partes se encuentran con fuerzas. Ya no hacen ademán, no digo de pelear ni disparar siquiera, basta que vean un soldado y se rinden, cualquier número que sean. El cerco está perfecto y no se escapará uno solo de los que hayan quedado adentro./ La salud inmejorable. La ropa me va quedando chica y al paso que voy me van a confundir con Alejandro cuando vuelva./ Recuerdos a todos. Julio A. Roca. Confluencia del Limay con el Neuquén".(Papeles de Guillermo Uriburu Roca.)

III

Sucesos de 1879/80: V. principalmente, Arce, ob. cit., tomo II; Terzaga ob. cit., tomo II; *Historia Política Argentina, La Revolución de 1880*, por Bartolomé Galíndez, Imp. Coni, Bs. As., 1945; "Publicaciones del Museo Roca, Documentos I, Documentos referidos a la elección presidencial de 1880", Bs. As., 1964; "Publicaciones del Museo Roca, Documentos VI, Documentos 1880-1886", Bs. As., 1967; "El Ochenta, un año crucial", por Miguel Angel Scenna, en revista *Todo es Historia*, Nros. 139 y 140, diciembre de 1978 y enero de 1979; "Roca y la Liga de Gobernadores en el litoral", por María Amalia Duarte, en *Investigaciones y Ensayos*, N? 37; "La Cuestión Nacional de 1880 vista por los corresponsales de Roca en el litoral", por Aurora Ravina en *Investigaciones y Ensayos*, N? 35. Las transcripciones de cartas, discursos, declaraciones periodísticas y mensajes de o a JAR, son textuales.

Claves de JAR: En "Publicaciones del Museo Roca, Documentos V", Bs. As., 1966. Id., el reportaje a JAR publicado en *Le Courier de La Plata.*

Entrevista JAR-Tejedor: Sigo la versión publicada en *La Tribuna* el 11 de mayo de 1880, reproducida por José M. Rosa en *Historia Argentina*, tomo VIII. Marcó del Pont, ob. cit., agrega un detalle poco creíble: dice que un coronel Malarín se habría escondido en la cabina del capitán de la "Pilcomayo" para tomar notas taquigráficas de la entrevista. De Vedia, ob. cit. afirma que al sugerir la posibilidad de llevar a un "mentecato" a la presidencia, Tejedor deslizó el nombre del Dr. Juan Benjamín Gorostiaga, en ese entonces ministro de la Corte Suprema de la Nación.

IV

Rosario en 1880: V. "Rosario en 1884, año de la visita de Edmundo D'Amicis" por Wladimir C. Mikielievich en *Revista de Historia de Rosario,* Año XXII, N? 36, 1984.

1880 - 1886

I

Botas de JAR: Episodio no registrado históricamente.

Obra de gobierno de JAR: Véase *Historia Argentina Contemporánea*, vol. I, "Historia de las Presidencias", Academia Nacional de la Historia, Ed. El Ateneo, Bs. As., 1963, capítulo V: "Primera Presidencia de Roca", por Armando Braun Menéndez; "Publicaciones del Museo Roca,

Documentos II - Mensajes de 1880 a 1886" Bs. As., 1966. También, Arce, ob. cit., y Marcó del Pont, ob. cit. En este capítulo pongo en boca de JAR muchas frases y conceptos extraídos de su correspondencia o de los mensajes al Congreso.

Intendencia de Alvear: V. *Don Torcuato de Alvear, primer intendente municipal de la ciudad de Buenos Aires,* por Adrián Beccar Varela, Imprenta Kraft, Bs. As. 1926; *Don Torcuato; semblanza del primer intendente municipal de Buenos Aires,* por Ismael Bucich Escobar, Agencia General de Librerías, Bs. As., 1923.

Don Torcuato y Marcelo: V. *Alvear,* por Félix Luna, Ed. Libros Argentinos, Bs. As. 1958.

Provincianos en Buenos Aires: Carta de JAR a Miguel Juárez Celman: después de informarle que ha designado a un cordobés, recomendado por su concuñado, en una Legación, le acota: "Siempre es bueno tener un provinciano de Presidente, pues así éste se acuerda de los jóvenes metidos en nuestras provincias. En tiempos de Mitre, este fenómeno no se presenciaba nunca" (*Juárez Celman,* por Agustín Rivero Astengo).

Conventillos: En *Memorias para mis hijos y nietos,* por Angel Gallardo, Academia Nacional de la Historia, Bs. As., 1982, cuenta su autor que debió mudarse de la casa que alquilaba en San Martín y Tres Sargentos debido al barullo que hacían los turcos que habitaban los conventillos de la zona.

II

Régimen roquista: V. "El Roquismo" por Ezequiel Gallo, en revista *Todo es Historia,* Nº 100, setiembre de 1975.

JAR y Dardo Rocha, Carta de JAR a Agustín de Vedia, director de *La Tribuna Nacional,* o a su hijo Mariano de Vedia, sin fecha, probablemente de 1893/94: "Mi querido Vedia: No le diga nada al Dr. Rocha ni le conteste al Diario su suelto contra mí (. . .). No hay por otra parte objeto en herir a los que no estorban a nadie y que siempre pueden hacer algún daño (. . .). Tenga presente que *La Nación* le hizo perder al Gral. Mitre la presidencia y ha destruido su partido porque ha sido en ella más fuerte y dominante el espíritu del diarismo que el del partidario y del político. Yo tengo la burla permanentemente en los labios y Ud. no puede calcular lo que me cuesta contenerme. Los hombres perdonan más fácilmente una ofensa que la burla y el desprecio. En política no se debe herir inútilmente a nadie, ni causar heridas incurables, porque Ud. no sabe si ese enemigo a quien combate hoy no será amigo mañana. Los que no observan estas reglas es porque no son del arte y así son las pifias. Esos políticos ensimismados, intransigentes en sus preocupaciones se me imaginan animales feroces! Suyo, Roca". (Original en la colección de Luis Peralta Ramos; agradezco a la Srta. Carolina Biquard el conocimiento de esta pieza. De Vedia, ob. cit., transcribe algunas frases de esta carta entre las máximas políticas habituales de JAR.).

Nuevos ricos: V. *Los Estancieros*, por María Sáenz Quesada, Ed. de Belgrano, Bs. As., 1979.

Provincias durante el gobierno de JAR: El texto es una síntesis de las diversas historias de provincias publicadas por la editorial Plus Ultra en la década de 1970 y 1980, así como de la *Historia de las Provincias*, de la Academia Nacional de la Historia como parte de su *Historia Argentina Contemporánea*.

Piropo de Bustos: V. *El Senado del '90*, por "Escalpelo", s/e, Bs. As., 1890.

III

Bed-Professor: Anécdota transmitida al autor por el señor Eduardo Oliveira Cézar, sobrino y ahijado de Eduardo Wilde y Guillermina Oliveira Cézar de Wilde.

Bienes de JAR: "Sucesión del teniente general Julio Argentino Roca", expediente N° 8886, 1914; "Sucesión de Clara Funes de Roca", expediente sin número, ambos en Archivo de Tribunales de la Capital Federal. Las estancias de JAR sufrieron, previsiblemente, el proceso de división hereditaria marcado por el Código Civil. La primitiva extensión de "La Larga" ha sido fraccionada entre diversos herederos y en su vecindad se encuentran otros campos que pertenecieron a Ataliva Roca y hoy están en poder de sus descendientes. Un legado de Clara Roca transfirió a la Obra de Don Orione una fracción importante de "La Larga". En cuanto a su casco, hoy se encuentra dividido entre Josefina y Clara Alvear, biznietas de JAR, conservándose la mayoría de los galpones, chalets para el administrador y mayordomos, así como las dependencias que servían de escritorio, carnicería, etc. La residencia de JAR —"el castillo", como lo llamaban exageradamente los vecinos de Daireaux, habiendo sido, en realidad, una casa grande de una planta de estilo italianizante—, quedó totalmente destruida el 29 de julio de 1982 por un incendio que arrasó con la edificación y el mobiliario, vajilla, papeles, cuadros, etc. Su propietaria, Clara Alvear de González Alzaga, construyó una casa en el mismo solar y con idéntica orientación, incorporándole algunos elementos salvados del siniestro: mosaicos, rejas, etc. El autor agradece muy especialmente a Félix González Alzaga y a su esposa Clara Alvear, la hospitalidad y generosa colaboración que le brindaron. En cuanto a "La Paz", ella pertenece a Carlos de Alvear, nieto de JAR, conservándose su casa con muchos muebles y objetos originales de su primitivo dueño. Finalmente, "La Argentina" fue vendida por los hijos de JAR a don Elías Romero (dueño de la Tienda San Miguel) quien conservó la totalidad de su extensión e hizo mejoras en su casco; a su muerte, en 1970, sus tres hijos heredaron el campo, dividiéndolo. Cabe destacar que las estancias de JAR se caracterizaron por contar con enormes forestaciones, tanto en sus cascos como en los potreros; el que rodea las casas de "La Larga" se extiende sobre 200 hectáreas de pinos, eucaliptus y algunas especies raras.

"La Larga": "Publicaciones del Museo Roca, Estudios –III– Orígenes de La Larga con apéndice documental", por José Arce, Bs. As. 1964; "Roca, pionero rural" por María Sáenz Quesada, en revista *Todo es Historia,* N° 150, noviembre de 1979.

Negocios de Ataliva Roca: V. Roca, el Quebracho, el revés de la trama, por Alicia Vidaurreta, Ed. Plater, Bs. As., 1983.

Bienes de Ataliva Roca: "Sucesión de don Ataliva Roca", expediente N? 2633, tres cuerpos, en Archivo de Tribunales de la Capital Federal. Ataliva Roca testó en 1906 y falleció el 21-V-1912. El inventario de sus bienes incluye la estancia "San Francisco", de 20.000 hectáreas en Junín, Pcia. de Buenos Aires; la estancia "La Segunda", de 50.000 hectáreas en La Pampa, y una fracción de 8100 hectáreas, también en La Pampa; varias chacras y fracciones en Junín, La Matanza, Morón, La Plata y Bahía Blanca, además de una docena de propiedades en la Capital Federal y acciones de diversas empresas, entre ellas los mercados de San Cristóbal y el Pilar.

Bienes de Rudecindo Roca: "Sucesión del general Rudecindo Roca", expediente N° 5829, Archivo de Tribunales de la Capital Federal. El inventario de sus bienes incluye 40.000 hectáreas en el departamento Candelaria, 52.500 hectáreas en el departamento Alto Paraná y 67.500 hectáreas también en el departamento Alto Paraná, todas en el entonces Territorio Nacional de Misiones, algunas en condominio con socios; 50.000 hectáreas y 30.000 hectáreas en La Pampa, 8000 hectáreas en Río Negro y 300 hectáreas en Morón, provincia de Buenos Aires, vendidas estas últimas por sus herederos para la formación de Campo de Mayo. Además, varias manzanas y lotes en la ciudad de Posadas, una casa quinta en la calle Bacacay, en el barrio de Flores, su residencia familiar en los últimos años de su vida, y una quinta en Totoral, provincia de Córdoba.

Casa de San Martín 577: La casa donde habitó JAR fue comprada en 1945 por P. Machado a María Esther Llavallol de Roca, viuda del doctor Julio A. Roca (h), en condominio con Elisa Roca de Blaquier y Clara Roca. Poco después, Machado vendió la propiedad a la firma "Mercurio S.A.", presidida por el doctor Adolfo A. Basso quien procedió a demolerla. La misma firma adquirió la casa de la calle San Martín 579, perteneciente a Elisa Roca de Blaquier, donde actualmente funcionan las oficinas de "Mercurio S.A." y, en la planta baja, un negocio de venta de muebles de oficina; en este caso, la residencia original permanece intacta. Los dos lotes comparten un jardín común. Agradezco al doctor Adolfo E. Basso, actual presidente de "Mercurio S.A.", los datos proporcionados.

Palmeras: Al demolerse la residencia de JAR, en 1945/46, el doctor Adolfo A. Basso ofreció a la Municipalidad de la ciudad de Buenos Aires trasladar las palmeras a alguna plaza, pero su ofrecimiento no fue considerado.

Túnel: Después de demolida la residencia de JAR y construido el edificio actual, el fondo de la finca contigua —el que había pertenecido a la señora Elisa Roca de Blaquier— empezó a hundirse. Los propietarios supusieron que se trataba del pozo de un antiguo aljibe e hicieron traer un camión de tierra para rellenarlo, pero hicieron falta varias cargas para restablecer el nivel. El señor Miguel Brunetto, antiguo empleado de "Mercurio S.A.", recuerda que mientras se realizaba la obra de relleno, una persona que dijo haber frecuentado la casa de JAR y la de sus hijas, le advirtió que se trataba de un túnel y le marcó su ubicación. Agradezco al señor Brunetto su testimonio.

1886 - 1895

I

JAR en Europa 1887-1888: Se ha reconstruido el itinerario y las alternativas del primer viaje de JAR a Euorpa sobre las notas publicadas en *La Tribuna Nacional* desde marzo de 1887 a noviembre de 1888 por un corresponsal que firmaba "Traveler" (¿García Mérou?). Ese diario, vocero del roquismo y dirigido por Agustín de Vedia, publicó de manera permanente noticias sobre el periplo y, en el caso del banquete de Richmond, reprodujo en un folleto ("El teniente general Julio A. Roca y el comercio inglés/El gran banquete de Londres", Imp. de *La Tribuna Nacional*, Bolívar 38, 1887) la crónica de "Traveler", que incluye el relato sobre los menesterosos de Londres. La carta de Pellegrini a JAR, en "Publicaciones del Museo Roca, Documentos-VII, Documentos 1887-1889", Bs. As., 1967; íd. la carta de JAR a Tiburcio Benegas.

II

JAR y Juárez Celman: Carta de JAR a Juárez Celman del 28-I-1889: "Soy completamente ajeno a lo que pasa en Mendoza, como a lo que sucede en el resto de la República, en donde parece que la palabra de orden fuese repudiarme de toda participación, injerencia o noticia, por insignificante que sea, en los movimientos y marcha política del partido, como si se tratase de un leproso o de un enemigo encarnizado de su gobierno. Se me huye como si mi contacto fuese signo de peligro o desgracia". Carta de JAR a Juárez Celman del 30-I-1889: "Muy lejos estaba, por cierto, de imaginarme que a los dos años de gobierno de aquel amigo que escribía cuando era candidato que 'aún cuando Roca viviese cien años no habría de tener amigo más leal y consecuente que él' había yo de estar en situación peor por el *ítem* del ridículo que hay a mi disfavor". (Ambas en *Juárez Celman/Estudio Histórico y Documental de una Epoca Argentina*, por Agustín Rivero Astengo, Bs. As., 1940). Carta de JAR a Gregorio Torres del 5-I-1889: "De Juárez no tengo nada que esperar sino que continúe en sus maldades y bajezas conmigo. Las viles y ruines pasiones que nuestro Presidente tenía en germen y medio ocultas han florecido espléndidamente en el poder. No de balde en Córdoba el instinto público lo repulsaba y repulsa siempre. Sólo yo he sido el cándido que no ha sospechado el egoísmo sin límites, la avidez y la falta absoluta de instintos nobles y hasta del sentido moral de Juárez. No hablaré de su ignorancia y falta de preparación y de miras para desempeñar el Gobierno de la Nación, porque ha podido suplirlo con un poco de sentido común (. . .) Pero mi pesar más grande es la responsabilidad que tengo ante el país por tanta torpeza que he cometido al servir de puente y barrer el camino a tanta inmundicia. Así, todo lo que a mí me hagan, es merecido por bruto". (En Museo Roca, archivo, doc. 89901 citado en *Apogeo y Crisis del Liberalismo*, por Gustavo Ferrari, Ed. La Bastilla, Bs. As., 1978.)

JAR y la política de Juárez Celman: Carta de JAR a Agustín de Vedia desde Europa s/f: "A estar a las teorías de que los gobiernos no saben administrar, llegaríamos a la supresión de todo Gobierno por inútil y deberíamos poner bandera de remate a la Aduana, al Correo, al Telégrafo, a los Puertos, a las Oficinas de Rentas, al Ejército y a todo lo que constituye el ejercicio y los deberes del poder. (Citado en Ferrari, ob. cit.)

Vida galante de los hombres públicos: Los casos de Rosas, Urquiza, Sarmiento están documentados; los restantes se basan en tradiciones firmemente repetidas, al igual que la mediación del arzobispo de Buenos Aires para evitar la separación de JAR y su esposa.

"más casto que José. . ." Carta de JAR a su hija Clara, en Buenos Aires, 7-XII-1899: "Mi Cocha querida: (. . .) Dile a Joaquina que no debe dar oídos a ciertas murmuraciones sociales sobre todo si es que se refieren a mí. Que á hombres que están en mi posición, aunque sean más viejos que Matusalén siempre le soplan venticelos, y que yo estoy ya muy achacoso para cabrero, tirando mas á la Iglesia que para otros rumbos (. . .) " (Papeles de Federico Montoreano y su esposa Josefina de Alvear, a quienes agradezco su gentileza).

JAR y Lola Mora: V. *Lola Mora, una vida fascinante*, por Liliana, Elena y Tito Santoro, Ed. Ameriberia, Bs. As., 1979. Cuando Lola Mora regresó de su larga estadía en Italia, JAR, presidente por segunda vez, ordenó que se le facilitara un espacio en las obras del Congreso Nacional para establecer su estudio.

Joaquina Arana de Torres: V. *Callao 1730 y su Epoca*, por Mariano A. de Apellániz, Ed. del Autor, Bs. As., 1978. Biznieto de Doña Joaquina, el autor relata la gravitación de esta dama en la vida social porteña durante muchas décadas; amiga de todos los presidentes, desde Roca a Ortiz, "Mamá Torres" y su hija Susana Torres de Castex presidieron tertulias a las que concurrieron no sólo los políticos y gobernantes del momento sino artistas e intelectuales extranjeros. La fortuna de don Gregorio Torres y su esposa provenía de explotaciones agropecuarias, principalmente de la estancia "La Armonía", en las cercanías de La Plata.

Flores a Clara Funes: La Nación y *La Prensa* del 3-V-1890 transcriben minuciosamente la lista de ofrendas florales enviadas al velatorio de la esposa de JAR; ostensiblemente no figura ningún envío del presidente de la Nación y se registra una corona de Ana Z. (Zubarán) de Cárcano, pero no de Ramón J. Cárcano, su esposo.

JAR y la muerte de Clara: Carta que creo inédita de JAR a su hermano Alejandro: "Mi querido Alejandro: Recién tengo alientos para escribirte después del terrible como inesperado golpe que he recibido con la muerte de mi pobre Clara, herida en la plenitud de su vida, cuando más falta hacía a sus hijos y más deseos tenía de vivir. Ya te debes imaginar como estará esta casa faltando ella que era un modelo y ejemplo de madre y esposa./ Así ha sido el homenaje que le ha tributado esta sociedad a su memoria. No hay ejemplo de un acompañamiento ni de un funeral igual al suyo. Esta es una satisfacción para los que quedamos; pero al mismo tiempo aumenta el dolor y la pena por que hace estimar y querer más si es posible la pérdida sufrida./ ¡Pobre Clara! Me ha desgarrado el alma verla morir. Ha muerto como una santa y más linda que nunca. Estaba verdaderamente hermosa en su agonía. Qué hacerle mi querido hermano, al destino. No habrá mas que resignarse y doblar las fuerzas para cuidar sus hijitas que me deja, como tú dices. Hay que seguir las leyes de la vida cumpliendo sus deberes hasta que uno sucumba./ Felizmente todas ellas me han salido humildes y obedientes y creo que no me darán mucho trabajo. Julio ya es un hombre que no hay necesidad de andar tras de él./ Voy a poner en la semana próxima a Elisita, María y Clarita en el colegio del Caballito, en la casa que yo viví, a pupilo, como era la voluntad de su mamá y yo me quedaré aquí con Pilucín, la gringuita y Josefina en casa./ El vacío que deja una mujer como Clara, mi querido Alejandro, es inmenso. Es muy difícil encontrar una mujer que reuniera mayor conjunto de calidades estimables./ Aquí, todo, a cada momento me la recuerda. Está esta casa como si ella estuviera todavía viva. Muchas veces estoy por gritarle: ¡Clara, ven!/ Mucho te agradezco tus lágrimas por ella. Haces bien en llorarla y sentirla pues ella tenía por ti el más grande cariño y estimación. Siempre que se recordaba de ti hablaba con un gusto y satisfacción que no lo hacían de sus propios hermanos./ Cuando te desocupes te vienes a pasar unos días con nosotros./ Recibe recuerdos de todas las chiquilinas y un fuerte abrazo de tu hermano Julio. Pilún te escribirá mañana./ Mayo 17". (Papeles de Federico Montoreano y su esposa Josefina de Alvear, a quienes agradezco su gentileza)

Delación de la revolución del '90: Hay varias versiones de la forma en que se delató la conspiración. Algunos autores afirman que la confidencia llegó a Juárez Celman y otros que fue JAR el destinatario. La versión más truculenta sostiene que el delator, un mayor de apellido Palma, apareció días después misteriosamente muerto.

JAR y el general Manuel J. Campos: La historiografía moderna acepta que JAR convino con el general Manuel J. Campos la limitación de la revolución de 1890 de modo que sirviera para presionar la renuncia de Juárez Celman sin llegar a tomar el poder, explicación ya insinuada por "Jackal" (José María Mendía) en 1893 en su libro *El Secreto de la Revolución.* Tres documentos, originales de Juárez Celman, JAR y Campos, certifican la verosimilitud de esta explicación: Carta de Juárez Celman del 14-VIII-1890 a Agustín González, tutor de sus hijos en Londres: "He sido víctima de la conjuración más cínica y ruin de que haya memoria en los anales de la miseria humana, cuyo protagonista era un hombre a quien había profesado una vieja y leal amistad y con quien me ligaban otros vínculos que no ha sabido respetar. Ni yo ni mi familia mantendremos relaciones, de ningún género, con Roca"; Carta de JAR del 23-IX-1890 a Enrique García Mèrou: ". . . Ha sido una providencia y una fortuna grande para la República que no haya triunfado la Revolución ni quedado victorioso Juárez. Yo vi claro esta solución desde el primer instante, y me puse a trabajar en este sentido. El éxito más completo coronó mis esfuerzos y todo el país aplaudió el resultado, aunque haya desconocido al autor principal de la obra"; Carta de Campos adhiriendo al Acuerdo Mitre-Roca de 1891: "Mi actitud decidida en favor del Acuerdo es consecuencia lógica de la que asumí en la Revolución". (Véase "La Traición a la Revolución del '90" por Adolfo Casablanca en revista *Todo es Historia,* N° 17, setiembre 1968.)

JAR, Pellegrini y la investidura presidencial: Relatada al autor por el doctor Rodolfo Martínez (h), a quien le contó el episodio el doctor Julio A. Roca. (h)

III

Quiebra de Baring Brothers: V. La versión histórica argentina sobre la quiebra de Baring Brothers & Co. en 1890, por Horacio Juan Cuccorese en *Investigaciones y Ensayos,* Academia Nacional de la Historia, N° 20, enero-junio 1976.

Juariztas resucitados: El más notorio fue el doctor Osvaldo Magnasco, que en 1889 participó en el "banquete de los incondicionales" y luego se acercó a Roca, de quien fue ministro en su segunda presidencia.

JAR sin numerario: V. *Origen de "La Larga" con apéndice documental*, por José Arce (Publicaciones del Museo Roca, Estudios - III, Bs. As. 1964), donde figuran varias cartas de JAR a su administrador Marcos Sastre haciéndole saber que no puede seguir con las mejoras de su campo porque anda escaso de dinero y los intereses de los préstamos están muy altos.

Acuerdo Mitre-JAR: Aunque en el texto se plantean los puntos más importantes del Acuerdo como si se hubieran definido en la entrevista de marzo de 1891, la posibilidad de que José Evaristo Uriburu integrara la fórmula acuerdista con Mitre se fue estableciendo posteriormente.

Atentado a JAR: En el Museo Histórico de Luján se exhibe el carruaje de JAR con el orificio producido por la bala disparada por Sambrice.

Detenciones de radicales en abril de 1892: Mariano de Vedia, que era secretario de JAR en aquellos años, cuenta en *Roca en el escenario político* (Ed. Comisión Nacional Monumento al teniente general Julio A. Roca, Bs. As., 1939) que en esta oportunidad un sargento de policía vino a buscarlo a su casa de Palermo, de parte de JAR, para que se trasladara con urgencia a la residencia de Pellegrini. Allí encontró a JAR y al presidente; éste "inclinado sobre su mesa, llenaba cuartillas y cuartillas". Finalmente le entregó a JAR los papeles y se despidió. JAR y De Vedia salieron, y aquel le dijo que se había descubierto una conspiración radical; los papeles debían ser llevados a *La Tribuna* para ser publicados en hoja suelta como primicia. Hay que señalar que De Vedia confunde el año (dice "1891" por "1892") y también se confunde al decir que JAR era ministro de Pellegrini, cuando en realidad había renunciado meses antes; pero el resto de la anécdota es rescatable. Se aclara que el diálogo del texto entre JAR y Pellegrini es imaginario, pero muy verosímil.

JAR y Alem: Joaquín de Vedia en *Como los vi yo* (Ed. Gleizer, Bs. As., 1922), reproduce lo que, en su ancianidad, le contó JAR sobre sus relaciones personales con Alem: "Yo acababa de recibirme del Ministerio de Guerra y un día me anunciaron su visita. Era o acababa de ser diputado nacional, y venía a tratar conmigo un asunto administrativo, un trámite, que se despachó enseguida. Pero la conversación se prolongó mucho. El hombre me contó minuciosamente cómo habían pasado las cosas, tres años antes, en el atrio de Balvanera, durante las elecciones de 1874 que fueron sangrientas allí. Después, no nos volvimos a ver sino muy raramente en Buenos Aires. Nunca mantuvimos relación". En alguna carta de la época, JAR llama a Alem "guarango", en el sentido de persona de baja estofa. En el mismo libro, De Vedia relata que a JAR le llamó la atención el nombre de "radical" adoptado por Alem, pues nunca la había oído como designación de una tendencia partidaria en la Argentina.

JAR y Del Valle: Carta de JAR a Enrique García Mèrou en La Paz (Bolivia): ". . . Del Valle no tiene ideas hechas en nada, y en el fondo su talento no es otra cosa que declamación. Lo sacan de ese terreno y el hombre desaparece. Y si lo arman, es terrible, como todo retórico con poder". (En *Miguel Cané y su tiempo*, por Ricardo Sáenz Hayes, Ed. Kraft, Bs. As., 1955.)

IV

JAR al Rosario: ". . . se presentó muy suelto y elegante, con su traje de general en campaña, en la estación del Retiro, la noche de la partida al Rosario para la concentración de 1893. El quepis y las botas lo hacían aparecer más alto y más delgado. No se podía concebir, al verlo, que Sarmiento hubiese ensayado realmente el uniforme que mandó pedir en préstamo a lo de Roca y con el cual viajó luego desde la puerta de calle hasta los fondos de su casa, en un caballo de Dolores que le había regalado Aristóbulo del Valle. La anécdota es conocida: Sarmiento iba a provocar la guerra en 1880 con unas notas tremendas dirigidas a Tejedor, y quería estar preparado". (Mariano De Vedia, *Roca en el escenario político*, Comisión Nacional Monumento al teniente general Julio A. Roca, Bs., 1939.)

Alem y Pellegrini: El incidente en relación con los cadetes del Colegio Militar fue relatado por Pellegrini en carta a Lucas Ayarragaray desde París, el 5-IV-1905, reproducida en *Pellegrini*, tomo III, Ed. Jockey Club de Buenos Aires, compilación de Agustín Rivero Astengo, Bs. As., 1941.

JAR y Guillermina: El autor agradece a la señora Lucrecia de Oliveira Cézar de García Arias (sobrina de Guillermina), al señor Eduardo de Oliveira Cézar (sobrino y ahijado de Guillermina y Wilde) y al ingeniero Rafael de Oliveira Cézar (sobrino nieto de Guillermina) los datos, referencias y fotografías que me brindaron. La señora de García Arias cuenta que, en su familia, la relación de JAR y su tía constituía un tema *tabú*. En una entrevista que le hiciera J. J. de Soiza Reilly, publicada en la revista *El Hogar* del 14-VIII-1925, Guillermina afirma que conoció a JAR en la fiesta en honor de los duques de Clarence y York, que estaban de paso por Buenos Aires en enero de 1881, como oficiales de la Armada Real. También trae recuerdos similares en un librito publicado en 1935 con el título *Lecturas Familiares y Acción Social*, firmado por "G.O.C. de W.".

Enlace Oliveira Cézar-Wilde: V. *Crónica del siglo joven*, por Carmen Peers de Perkins (sobrina nieta de Guillermina, nieta de Angela de Oliveira Cézar de Costa), Ed. Plus Ultra, Bs. As., 1976, libro en que se relatan los orígenes de la familia Oliveira Cézar, describe el casamiento de Guillermina y Wilde, se refiere a la relación de JAR y su tía abuela, y evidencia las comunicaciones en clave entre los amantes.

Guillermina durmiendo: Testimonio de Isabel Molina Pico, tradición familiar.

Wilde con Charcot: Anécdota transmitida al autor por el doctor Emilio Hardoy.

"Los cuernos son como los dientes. . .": Julio Irazusta, en *El Tránsito del siglo XIX al XX*, Ed. La Bastilla, Bs. As., 1975 transcribe la frase atribuida tradicionalmente a Wilde.

1895 - 1904

I

JAR y Uriburu: La anécdota de los ministros de Uriburu, en *Cómo los vi yo*, por Joaquín de Vedia. La figura del "triple biombo" del rostro de Uriburu está tomada de Roberto Levillier, capítulo IX de la *Historia Argentina Contemporánea*, vol. I, *Historia de las Presidencias*, Academia Nacional de la Historia, Ed. El Ateneo, Bs. As., 1963.

Sarmiento y la reelección de JAR: En Mariano de Vedia, ob. cit.

Reelección de JAR: V. "Carlos Pellegrini es artífice de la segunda candidatura presidencial de Julio A. Roca", por Horacio Juan Cuccorese, en *Investigaciones y Ensayos*, N° 23, julio-diciembre de 1977. Carta, que creo inédita, de JAR a Ezequiel Paz: "Querido Ezequiel: Aprovecho el primer minuto libre que tengo desde que me proclamaron candidato, para agradecerte tus juicios que estimo mucho sobre mi persona./ Eso de prometer maravillas y hacer como los machietistas, de un conejo sacar dos y de una botella una pipa de vino, es torpe y de mal gusto. Me acuerdo que Rocha cuando fue candidato les prometió a la Rioja, Catamarca y demás provincias andinas, llevarles una buena parte del agua que arrastra el Paraná. . ./ No sé cómo me hará en esta nueva jornada de seis años, que tantos escozores causa. Yo estoy bastante desilusionado ante las dificultades que preveo. De suyo entre nosotros está sembrado de dificultades e inconvenientes el ejercicio del poder; agrega a esto el mal estado económico que no se curará en un año, sin el apuro de las finanzas. Este año me dicen vamos a tener un déficit de 70 millones y los apetitos políticos de amigos y enemigos que fermentan en todos los rincones del país./ No es halagüeña la perspectiva y no me siento ya con la fe y energía que tenía en el '80, y como si esto no fuera bastante para acobardar a cualquiera, ve la furia con que los diarios se avalanzan contra mí, no siendo el menos cruel y amenazante *La Prensa*, cuyos dientes me duelen más que ninguno, por razones que tú debes suponer./ Aún tengo mucho tiempo por delante para cambiar de rumbo. ¡Allá veremos! Recibe el cariño de tu primo Julio A. Roca/ julio 21 de 1898". (Papeles de Guillermo Uriburu Roca.)

II

Viaje de JAR al sur: V. "Roca en el Beagle" por Alejandro Maverof, en revista *Todo es Historia*, N° 129, febrero de 1978. Es posible que en el viaje al sur, JAR haya pensado incluir alguna compañía femenina. Así parecería indicarlo esta curiosa carta encontrada en los papeles de JAR en un sobre cerrado y lacrado, firmada por Juan Cruz Varela. Dice así: "Estimado General: ¡voy a ponerle un Paraíso en el corazón! Voy a hacer con Ud. lo que hacían las hadas con aquellos viajeros amigos que atravesaban bosques encantados: les murmuraban palabras que eran sortilegios contra los malos genios y las tempestades./ Acérquese, pues, General amigo, porque tengo que derramarle al oído, despacio, muy despacio, algo que va a sonarle como una música divina y que no quiero que ni aún el aire me sorprenda su menor sonido: —Una alma amiga (quizá la patria de su alma) se me ha abierto ayer como una flor en primavera. Y he comprendido que va a acompañarle en su viaje como una nube de leve perfume a los que Ud. dice haber ligado su existencia./ ¿Por qué ha venido a mí? Yo creo que en un minuto de espanto ha buscado un apoyo en mi amistad sincera y me ha revelado su secreto, sin quererlo, con palabras sin sonido en ese silencio ruboroso que grita más fuerte que las pasiones cuando rugen./ Recoja, pues, esa alma que se llama suya y creo que no miente, refúgiesela en su seno y llévesela en triunfo como el amuleto de las hadas. Algún día le diré de palabra cómo me debe una buena *chandelle.*/ He sabido a tiempo disipar nubes de tormenta./ Es su amigo sincero y le desea un viaje feliz". A continuación de la firma de Varela viene la fecha, enero 11 de 1899, es decir, una semana antes de la partida de JAR al sur. No consta que el séquito de JAR incluyera ninguna mujer. El original de esta carta en los papeles de Guillermo Uriburu Roca, a quien agradezco habérmela facilitado.

Viaje de JAR al Brasil: Carta de Enrique García Mèrou desde Buenos Aires a su hermano Martín, en Washington, del 4-IX-1899 (fragmento): "Alejado de Roca y deseoso de juzgar de cerca los efectos íntimos de la segunda Presidencia en el espíritu del General, acepté la invitación para ir en la comitiva, seguro de no ser el más indicado en ella y como un recuerdo a los afectos que has dejado entre esa buena gente brasilera, que recuerda tu nombre. No me equivoqué porque la comitiva llevaba algunas personas que ninguno conocía y que iban a comer y beber gratis. Con decirte que hay sospechas de que uno de los invitados lo fue *por influencia,* pagando una coima al influenciante, comprenderás que se procedió con nuestra habitual informalidad" (. . .). "Desde que salimos de aquí, todos vimos que Wilde era el personaje predilecto del Presidente, cosa chocante porque todos han dado en decir que Roca tiene una pasión senil por Guillermina y que los errores de su gobierno responden a un principio de reblandecimiento. Será calumnia; pero las apariencias son terribles, pues los tres personajes del enredo parecen empeñados en no producir un solo acto que no justifique la maledicencia. En el palacio Cattete, Roca tenía alojamiento preparado para sus ministros y secretarios. Despidió al Secretario para poner en su lugar a Wilde, que no se separó de él un solo instante". (Copia del original en el Archivo García Mèrou, en el Instituto Zinny. Debo el conocimiento de esta pieza a la Prof. Lucía Gálvez de Tiscornia.)

Angela Oliveira Cézar de Costa y el Cristo Redentor: V. *Crónicas del Joven Siglo,* por Carmen Peers de Perkins, Ed. Plus Ultra, Bs. As., 1976.

III

Tumultos de la unificación: Mariano de Vedia, ob. cit. relata que JAR permaneció impasible, con el doctor Francisco J. Beazley, jefe de Policía, recogiendo la información que llegaba sobre las manifestaciones, hasta que se enteró del atentado contra Pellegrini; en ese momento ordenó reprimir.

JAR y Pellegrini: Es posible que date de julio de 1901 un borrador a lápiz, sin fecha, letra de JAR, existente en la colección de Luis Peralta Ramos que dice: "Pellegrini mismo debe tener mucho en contra del disparate que ha sostenido ayer. Este hombre es una fuerza loca y explosiva que se manifiesta por espasmos sin tener en cuenta nada, ni aún los intereses y conveniencias de su ambición". Agradezco a la señorita Carolina Biquard el conocimiento de esta pieza.

Los "guillerminos": Testimonio de la señora Lucrecia de Oliveira Cézar de García Arias al autor.

Wilde, diplomático: En la citada carta de Enrique García Mèrou a su hermano Martín se transcribe el juicio de Pellegrini: "Pellegrini dijo que Wilde era un Ministro decorativo de primer orden; que en Europa una mujer como la suya es la mitad de una Legación, etc. etc. Hablando en plata, todo el mundo cree, con razón o sin ella, que Roca se daría con una piedra en los dientes vinculando su deseo de ascenderte con el de reemplazarte. . ."

JAR quiere nombrar ministro a García Mèrou: En la citada carta de Enrique García Mèrou a su hermano Martín, aquél transcribe casi textualmente el diálogo mantenido con JAR durante un almuerzo. Armando Braun Menéndez, profundo conocedor de la vida y actuación de JAR, en su contribución a la *Historia Argentina Contemporánea* de la Academia Nacional de la Historia (Vol. I, *Historia de las Presidencias,* 1898-1930), Ed. El Ateneo, Bs. As., 1964, desliza una señal sobre el ministerio de Martín García Mèrou. Dice Braun Menéndez: "Periodista en su primera juventud y secretario de Roca, luego diplomático de carrera y siempre escritor por vocación irrefrenable, García Mèrou llevaba acreditada una acertada actuación como ministro en Paraguay, Bolivia y Estados Unidos, cuando fue llamado por el presidente para reemplazar a Frers. Nadie comprendió muy bien el motivo por que fuera a parar al Ministerio de Agricultura, el menos indicado para un cultor de las musas. García Mèrou, fiel a su verdadera inclinación, propicia a la pluma y a la diplomacia, renunció como ministro de Agricultura en marzo de 1901 para aceptar el nombramiento de ministro plenipotenciario en Alemania, cargo para el cual sí había demostrado competencia". Agreguemos que García Mèrou murió en 1905 desempeñando esa función.

Viaje de Guillermina a Buenos Aires: Véase *Crónica del Joven Siglo*, de Carmen Peers de Perkins, Ed. Plus Ultra, Bs. As., 1976.

Caricatura de Caras y Caretas: En su edición del 30 de marzo de 1901.

"Querida Ausente": Así llama JAR a Guillermina en varias cartas a Angela, su hermana, y a Pascual Costa. (Véase *Crónica del Joven Siglo.* También dice en las mismas cartas que las horas pasadas con Guillermina en este viaje (febrero-marzo 1901) han sido "las más gratas de mi vida".

Paul Groussac, autor de la ley de residencia: Así lo supone Julio Irazusta en *El tránsito del siglo XIX al XX*, Ed. La Bastilla, Bs. As., 1975.

Jaime Llavallol: Visto y oído, por Roberto Giusti, Ed. Losada, Bs. As., 1965. En vísperas de la elección de la Boca, el periódico *La Luz* decía de Llavallol: "Otro en su lugar habría salido de Buenos Aires para refugiarse en un rincón apartado del mundo (. . .) Todo lo que puede decirse de este personaje original lo sabe el pueblo hace tiempo y conviene no repetirlo aquí para no ofender la moral". (Citado en "La Primera Victoria Electoral Socialista" por Juan Carlos Torre, en revista *Todo es Historia*, N? 76, setiembre de 1973.) Las desventuras de Llavallol con Anatole France en "Monstruos Sagrados en el Centenario" por Jimena Sáenz en revista *Todo es Historia*, N? 68, diciembre de 1972. El Dr. Jaime Llavallol, que fundó y dirigió la revista *Fémina* y promovió diversas iniciativas de cultura, se jubiló como juez en 1935.

Gabriel Iturri: V. "Gabriel Iturri, de Yerba Buena al mundo de Proust" y "Mansilla escribe al tucumano Iturri", por Carlos Páez de la Torre (h), en *La Gaceta* de Tucumán del 23-X-1973 y del 17-V-1988.

Wagner y homosexualismo: El autor no agraviará la cultura de sus lectores avisándoles que el escritor gallego que escribió la frase que JAR dice compartir, es Ramón María del Valle-Inclán.

IV

Convención de Notables: V. *En Camino a la Democracia Política*, por Eduardo J. Cárdenas y Carlos M. Payá, Ed. La Bastilla, Bs. As., 1975 y *La Nación* de setiembre/octubre de 1903.

Bienes de Alejandro Roca: V. "Don Alejandro Roca, sucesión" expte. N° 2546, Archivo de Tribunales de la Capital Federal. JAR, heredero universal y albacea testamentario de su hermano Alejandro manifiesta en la sucesión que el causante no dejó bienes en la Capital Federal y no denuncia los radicados en la provincia de Córdoba por no estar obligados éstos a tributar en la ciudad de Buenos Aires.

Críticas a la segunda presidencia de JAR: Carta de JAR a un corresponsal desconocido de Tucumán: "Mi querido amigo: ¡Qué fácil es trazar programas desde el llano, y qué difícil cumplirlos en las cumbres! Me hablas con el corazón, como un niño. Dices que he vivido mucho, que conozco a los hombres y que tengo experiencia. En efecto, pero esto me ha dejado en mi espíritu un sedimento amargo, me ha formado también la conciencia de la imposibilidad del gobierno republicano sin la prestación de los medios eficaces para ejercerlo./ Hablas de tu ilusión desvanecida respecto de mi administración. Es que lo confiabas todo en mí, ofuscado por tu cariño de la vieja amistad, cuando debías pensar que yo no podía hacerlo todo. Analiza, estudia, observa, hunde los ojos en nuestro momento sociológico. Yo soy el jefe dirigido, no por lo pronto el jefe dirigente, de un partido poderoso que tiene gentes locales de valía y tenientes soberbios./ A veces siento que me ata la parálisis; mis brazos, inertes, se caen; mis ojos se turban; mi voz se anuda en la garganta; y no me quedan fuerzas ni para los desahogos de la cólera./ Lo que más me inquieta son los desleales y los traidores, empeñados en hacer pedazos mi programa de gobierno. Pero no abandono mi puesto ni mis esperanzas de reacción. Lucharé. Cállate y ordena a tu affmo. amigo y comprovinciano que te quiere Julio A. Roca". (Publicada en *El Orden* de Tucumán el 12-I-1900, sin mencionar destinatario; el diario puso el original a disposición de quien quisiera verlo. Debo el conocimiento de esta curiosa pieza a Carlos Páez de la Torre, hijo.)

1904 - 1912

I

JAR y la revolución de 1905: Se sigue el relato que hace Marcó del Pont, ob. cit., aunque incurre en algún grueso error como alargar dos meses la estadía de JAR en Santiago del Estero, que fue de unas pocas horas. Pero Marcó del Pont debe haber recogido el relato de lo ocurrido del doctor Julio A. Roca (h). La expresión "monomaníaco de la revolución" la usó JAR refiriéndose a Hipólito Yrigoyen, en esa oportunidad. (Véase "Publicaciones del Museo Roca-Documentos - IV", Bs. As. 1966.)

JAR y el Tte. Cnel. Daniel Fernández: Anécdota transmitida al autor por el doctor Rodolfo Martínez (h), quien la escuchó al doctor Julio A. Roca (h).

Chiste de JAR sobre Figueroa Alcorta: Mariano de Vedia, en su biografía de JAR (Cabaut & Cía. Editores, París, 1928) no dice en qué consistió el chiste.

Viaje de JAR a Europa 1905/1907: Se ha seguido el itinerario y los hechos principales de esta gira en *Tribuna* y *La Nación* de mayo 1905/ marzo 1907. También en "Publicaciones del Museo Roca - Documentos - IV - Cartas familiares/Cartas a Gumersindo", Bs. As. 1966. Los comentarios de JAR sobre política europea y sus impresiones sobre distintos personajes, son conjeturales. El episodio de Lugones con JAR en el Arco de Triunfo lo relató el propio Lugones en la revista *Fray Mocho* el 22-X-1915, reproducido por Tomas Alva Negri en su introducción a *Historia de Roca* por Leopoldo Lugones, Ed. de Belgrano, Bs. As., 1980. Agradezco a la licenciada María Florencia Guzmán su colaboración en esta parte de la investigación.

JAR y el fallecimiento de Quintana: Carta de JAR al coronel Artemio Gramajo desde Roma, el 15-II-1906: "Las noticias que nos llegan respecto a la salud del Dr. Quintana son muy desfavorables. Mucho me temo que sean ciertas y que, con este motivo, se aumenten las incertidumbres e inquietudes que algunos abrigan por el día de mañana. Yo no abrigo temores de ningún género. El país madura sin que nosotros mismos lo sospechemos. Cualesquiera que sean los cambios y modificaciones que se operen en el personal del Gobierno, él ha de saber mantenerse en orden y en paz, que es su mayor bien". (Papeles de Horacio Figueras.)

Argentinos en Europa: Carta de JAR al coronel Artemio Gramajo desde París, el 6-X-1905: "París está llena de argentinos. Creo que en ningún tiempo, ni aun en aquellos de nuestra locura de grandeza que nos precipitaron en tan honda crisis, han venido mayor número de compatriotas a pasear y a gastar dinero. Felizmente, nuestro progreso es ahora más firme y sólido y no hay que asustarse de gastos". (Papeles de Horacio Figueras, sobrino nieto de Gramajo, a quien agradezco la gentileza de permitir su publicación).

II

JAR y Figueroa Alcorta: V. "Presidencia de Figueroa Alcorta" por Carlos F. Melo en *Historia Argentina Contemporánea 1862-1930* Academia Nacional de la Historia, Ed. El Ateneo, Bs. As., 1964; *La Historia que he vivido* por Carlos Ibarguren, Ed. Peuser, Bs. As., 1955; *Mis Memorias* por Exequiel Ramos Mejía, Ed. La Facultad, Bs. As., 1936; *En camino a la democracia política*, por Eduardo J. Cárdenas y Carlos M. Payá, Ed. La Bastilla, Bs. As., 1975; colecciones de *La Nación*, *Tribuna* y *El Diario* de marzo 1907/marzo 1908.

Figueroa Alcorta y Tornquist: V. "Ernesto Tornquist" por Fernando M. Madero en *La Argentina del Ochenta al Centenario* compilación de Gustavo Ferrari y Ezequiel Gallo, Ed. Sudamericana, Bs. As., 1980.

JAR y Figueroa Alcorta: Carta de JAR al coronel Artemio Gramajo s/f, seguramente febrero o marzo de 1910: "En vista del bodrio político que hay aquí, estoy más decidido que nunca a realizar mi viaje a Europa. El gobierno de Figueroa es un desquicio sin nombre y sólo existe debido al desquicio de las fuerzas opositoras que no aciertan a concentrarse. (. . .) Por todas partes los signos cuando no son hechos reales, de la mayor podredumbre". Carta de JAR al mismo desde París el 17-VII-1910: "Muy grato me ha sido el recuerdo del Presidente de Chile, que contrasta con las pequeñeces de nuestro pequeño Figueroa, que no soñó en su vida la inmensa fortuna de presidir como Presidente de la República el centenario de la revolución de Mayo". (Ambas, en papeles de Horacio Figueras, sobrino nieto de Gramajo, a quien agradezco la gentileza de permitir su publicación.)

III

JAR presidente de comicio: La foto, en *La Nación* del 19-X-1909.

JAR, sus hijas y "la dama de que le hablé": Anécdota del doctor Emilio Hardoy, a quien se la relató el doctor Julio A. Roca (h). La dama en cuestión era Hellène o Elena Gorjan, con la que JAR mantuvo una larga relación. En la localidad de Daireaux (BA) vivieron hasta hace poco varias personas que trabajaron a sus órdenes o la conocieron. Según sus referencias —transmitidas por el intendente de Daireaux, doctor Jorge Omar Carlé, su secretario de Gobierno, escribano Jorge Dowbley, el director de Cultura profesor R. Pérez Apellániz y otros vecinos al autor— JAR habría traído a Elena de Francia antes de 1890, siendo ella muy jovencita. Durante un tiempo vivió en Olivos y hacia fines de siglo su amante la instaló en las cercanías del casco de la estancia "La Larga", en un hermoso chalet que hizo construir. Esta residencia, que fue adquirida hace algunos años por el doctor Carlé y convenientemente restaurada, "La Casa de la Madama", como la llaman los lugareños, se encuentra a unos 1000 metros de la estación La Larga del FCNG Roca —línea actualmente desactivada— y se dice que cuando JAR iba a su estancia, el tren se detenía frente a la casa de Elena y él descendía allí, a cuyo efecto se tendía una alfombra desde el vagón hasta el portón de entrada. El chalet, construido en su totalidad con materiales importados, tiene una bella veranda sobre el gran parque que la rodea, un amplio ambiente central, dormitorios, baño, comedor, sala, antecocina y un gran sótano para bodega. Su actual propietario ha rescatado algunas arañas y muebles originales. Quienes la conocieron aseguraban que era una mujer muy hermosa y de carácter fuerte, aunque su ambigua posición la llevaba a vivir un tanto retraída. Entre los papeles de Guillermo

Uriburu Roca hay una carta de Elena Gorjan fechada en "Santa Elena, La Larga" el 3-II-1915, dirigida al doctor Julio A. Roca (h) y escrita en francés a lo largo de sus casi dieciséis carillas. En su primera parte, le reclama el envío de las vacas y toros prometidos por JAR (fallecido cuatro meses antes) y se queja del administrador de "La Larga". Luego pasa a convertirse en una vehemente efusión sobre su relación con "le bon General" o "le pauvre General". Recuerda diversos momentos vividos con JAR, acusando a la familia y especialmente a Gumersindo de no haberlo cuidado como hubieran debido hacerlo. Dice que JAR le confesó que no podía abandonar a su hijo Julio "que no es malo sino débil" y su preocupación por las grandes sumas que tuvo que pagar para cubrir sus deudas; también se refiere despectivamente a sus hijas y yernos. Afirma que JAR, delante de testigos, escribió "avec sa chère main" las palabras "Vendido a Elena Gorjan" en el título de propiedad de las 1000 hectáreas que le regaló en 1913 de la mejor parte de "La Larga"; efectivamente, es notorio en Daireaux que JAR donó a su amante una fracción importante de sus campos. En su larga misiva, Elena señala a su destinatario que en el comedor de su casa, sobre la chimenea, hay un precioso recuerdo: el barómetro que consultaba frecuentemente. Alude al doctor Güemes, a don Gregorio Soler y a otras personas de la intimidad de JAR. De la carta surge la sensación de que Elena conocía muy bien las costumbres, familia y amistades de JAR y transmite un sentimiento de auténtico cariño por éste, aunque a veces se desliza a un tono casi delirante o, si se prefiere, de exacerbado romanticismo, lo que no le impide defender bravamente sus intereses. También parece, a juzgar por este documento, que Elena no frecuentó a JAR sólo en su chalet cercano a "La Larga" sino también en su casa de Buenos Aires, lo que explicaría el retraimiento de sus hijas, que desde luego condenaban la *liaison*. Dos años después de la muerte de su amante, Elena vendió el campo que éste le había donado y se instaló, aparentemente en Olivos. Hasta aquí, la leyenda de la "Madama", tal como se cuenta en Daireaux. El doctor Marcel Voinea-Delast, rumano, actualmente vecino de Azul (Bs. As.), nos ha transmitido una versión algo diferente, basada en los recuerdos de Elena Gorjan, a quien conoció hacia 1952. Según lo que ella le contó, era rumana, perteneciente a una distinguida familia; su padre había sido general y ayudante del rey. Apasionada por el juego, Elena se casó y luego se separó de su marido, llevando una vida aventurera en varios países de Europa: una típica *demi-mondaine* de la *belle-époque*. JAR la conoció en Vichy en 1905 en la forma que se ha leído y la hizo venir a Buenos Aires después de su regreso al país; ella viajó hasta con sus perros. . . Vivió un tiempo en Olivos o Martínez y luego se instaló en el chalet que JAR hizo edificar al lado de "La Larga". Contaba Elena que su amante la celaba mucho y, conociendo su afición por el juego, le compró gallos de riña que obtuvieron premios: Voinea-Delast vio muchas medallas y trofeos. También le hizo instalar una línea telefónica en su casa de Olivos o Martínez, para que pudiera comunicarse con el hipódromo de Palermo y hacer sus apuestas. Ella recordaba a JAR con mucha ternura y ponderaba su virilidad, asegurando que habían tenido relaciones íntimas hasta casi la víspera de su muerte. Después del fallecimiento de JAR, Elena tuvo que abandonar el chalet de "La Larga" porque —afirma Voinea-Delast— su amante nunca alcanzó a donarle las 1000 hectáreas que le prometió, o la donación no llegó a perfeccionarse legalmente, aunque fue propietaria del chalet y el parque contiguo. Sea como fuere, Elena volvió a su casa de Olivos o Martínez y sobrevivió en las décadas siguientes vendiendo las muchas y ricas joyas que JAR le había regalado. Años más tarde, Elena se relacionó con un rumano de apellido Popesco, mucho más joven que ella, al que una compañía petrolera contrató para hacer prospecciones en Mendoza. Popesco murió y Elena quedó en una situación difícil aunque vivía en la casa que alquilaba la compañía para sus funcionarios, en Godoy Cruz, frente a la bodega Arizu, sin pagar alquiler. Fue entonces cuando Voinea-Delast la conoció, alquilando una habitación de esa casa. Elena tenía allí algunos muebles que decía habían sido de JAR. Era una anciana que conservaba restos de su antigua belleza y distinción. Un compatriota suyo, propietario de una bodega, y algunas personas de la sociedad mendocina la ayudaban a veces; ella aseguraba que no se permitiría llegar a la decadencia. Una noche, en el invierno de 1958, hizo comprar una botella de champagne, brindó con el matrimonio que cuidaba la casa y a la mañana siguiente amaneció muerta, sin duda por suicidio.

JAR y la huelga de La Boca: Mariano de Vedia, ob. cit.

Accidente en "La Larga": "publicaciones del Museo Roca, Documentos - IV - Cartas a Gumersindo", Bs. As., 1966.

Croquis de Santa Rosa: Mariano de Vedia, ob. cit. (Comisión Nacional Monumento, Bs. As., 1939).

JAR viaja para no estar en el Centenario: id.

Viaje de JAR a Europa, 1910/11: Se ha seguido su itinerario en *La Nación* y *El Diario* de marzo de 1910/abril de 1911. También en "Publicaciones del Museo Roca - Documentos - IV - Cartas a Gumersindo", Bs. As., 1966. Agradezco a la profesora Patricia Montero su colaboración en esta parte de la investigación.

Entrevista de JAR y De la Plaza: La entrevista existió, en abril de 1911, pero la pregunta de aquél y la respuesta de éste son imaginarias, aunque la afirmación de De la Plaza expresa la posición que éste, ya presidente, planteó públicamente entre 1914 y 1916.

Viaje de JAR a Brasil, junio/setiembre de 1911: Se han seguido sus detalles en *La Nación* de mayo/setiembre de 1911. También, en "Publicaciones del Museo Roca - Documentos - IV - Cartas a Gumersindo", Bs. As., 1966.

"COMO EN UNA CINTA CINEMATOGRAFICA..."

Título: El título de este capítulo final está tomado de una carta dirigida por el doctor Nicolás Repetto a Mariano de Vedia en 1940, a propósito del libro escrito por éste sobre JAR; José Arce la transcribe en tomo I de su citada obra. El párrafo del dirigente socialista dice así: "Con su larga e importante actuación militar y política, Roca se había creado un verdadero tesoro interior de recuerdos y enseñanzas. Le bastaba entornar los párpados y abandonarse al recuerdo para ver pasar, como en una cinta cinematográfica, el rico pasado de su vida, íntima e indisolublemente confundida con casi medio siglo de historia argentina constructiva".

Bienes de JAR: En 1908 JAR compró a su hijo Julio en $ 100.000 la propiedad de San Martín 579 que éste había recibido en donación de su tío Alejandro en 1900 y que estaba gravada con una hipoteca de $ 15.000 a favor de "The Trust Loan", una compañía británica de préstamos. La casa construida en ese lote se encuentra hoy relativamente intacta, como también lo está la de Tucumán 450, en la misma manzana, donde vivía la hija de Roca con su marido, el barón De Marchi. La casa de Roca, San Martín 577, fue demolida hacia 1946, como ya se ha dicho.

Zafadurías de nietos, aproximación de Racedo: En Mariano de Vedia, ob cit.

Fotheringham: En cartas de JAR a Fotheringham, que conservan sus nietas María Isabel y María Castellano Fotheringham, aquél se preocupa por la pronta publicación de *La vida de un soldado*, sugiere al autor que haga revisar el original por Lugones y otros "literatos" y promete tratar de que *La Nación* publique un comentario elogioso de la obra. (V. "Cartas de Julio A. Roca a un querido amigo" por Felicitas Luna, en revista *Todo es Historia*, N? 262, abril de 1989.)

Amante de Wilde en Bruselas: Testimonio de la señora Lucrecia Oliveira Cézar de García Arias, quien escuchó el rumor en su niñez.

Carta de Guillermina sobre muerte de Wilde: "Madrid, octubre 10 (de 1913, F.L.). Mi querido General: No puedo todavía escribirle como desearía contándole todo, preguntándole y pidiéndole consejo sobre todas las cosas como lo he hecho cada vez que en la vida me ha pasado una cosa grave; estoi todavía tan impresionada como Ud. no lo creería. Durante 6 semanas no lo he dejado un minuto a Eduardo y es horrible ver minuto a minuto, bajar la sensibilidad, la intelijencia, todo, como una verdadera lámpara que se apaga. Lo han cuidado cuatro médicos, los mejores, pero tenía un tumor, entre la próstata y la vejiga y fue im-

posible operarlo, ademas de que aún operando no se hubiera salvado
pues tenía la sangre contaminada hacía ya tiempo, según me han dicho
los médicos./ Toda la jente aquí, en Bruselas, en todos lados donde lo
han conocido se han portado muy bien. Silvia estuvo a mi lado en la enfermedad y el fín —fue la única pues Luis, Pascual y Angela por distintas ocupaciones, solo llegaron despues y solo se quedaron 2 días en
Bruselas. Todo parece arreglárseme bien en sentido material. Eduardo
no quiso hacer testamento nunca, y no ha dejado ninguna disposición ni
papel que lo indique pero yo estoi muy sola para tanta cuestión seria
como puede presentárseme. Quiero que me prometa aconsejarme y ayudarme como mi mejor y mas leal amigo que siempre lo ha sido y como
la persona en quien yo tengo mas fé, mas cariño y mas agradecimiento,
todo junto./ Ya sabe cuanto me he acordado de Ud. en todos los tristes
momentos que he pasado y teniendo que saber y que hablar, sola, de
todo! es horrible, en un Hotel y en un país estranjero y tan indiferente
como Bélgica con ese carácter frío de la jente. Cuando recibí sus dos
telegramas, ya el pobre Eduardo no tenía conocimiento así es que nada
supo; solo su carta le habrá demostrado que siempre le recordaba y le
tenía cariño como él a Ud. Entre los papeles he encontrado muchos.
He nombrado allá en Bs. Aires, como Abogado a Federico Pinedo y
como administrador a Samuel Pearson con los mismos poderes que
Eduardo les dio —digame si le parece bien./ Yo estoi ahora levantando
la casa en Madrid, dentro de un mes habré concluido y me voi a París,
al Hotel Ritz, donde esperaré que el Gobierno determine la repatriación
de los restos y me iré al mismo tiempo a Buenos Aires, para arreglar allí
lo que sea nesesario, pero pienso volverme pues no creo que viviría
tranquila en Bs. Aires durante estos primeros años por lo menos —y las
razones ya las comprenderá Ud.— viviré en París pero se me imajina que
será muy retirado porque estoi bastante enferma y con un cansancio
enorme de todo lo que es sociedad y aparato./ Le ruego que me escriba,
que no me retire su cariño y su amistad y eso me dará ya un poco de
tranquilidad. Eduardo tuvo todo el tiempo sobre su mesa de noche su
carta en que le decía "que es la muerte?" se acuerda? la había recibido
en esos días./ Hasta pronto la saluda su amiga Guillermina". (Original
en los papeles de Guillermo Uriburu Roca, a quien agradezco su autorización para la publicación.)

Carta de Guillermina a JAR en su cumpleaños de 1913: En Carmen
Peers de Perkins, ob. cit. La autora atribuye erróneamente la data de
esta carta en el lapso 1909/1911, pero el texto alude a la próxima ma-
ternidad de Copeta Roca de Castells y habla de Wilde, por lo que debe
situársela en 1913. Fragmento: "Mi querido general: pienso que en esta
fecha el mes que viene es su santo y para que le llegue mas o menos ese
día mi recuerdo, le escribo con todo el cariño y todo el buen recuerdo
que le conservo y que Ud. no se imagina lo grande y sincero que es./
Su última carta me puso muy triste, no puedo decirle por qué, me parecía tan despegado de todo, tan sin ilusiones de gentes ni de cosas;

FELIX LUNA

decía que estaba enfermo además —y yo he escrito y hecho preguntar a varias personas que tienen que saberlo y me dicen todos que no, que está sano y fuerte y absolutamente igual a la última vez que lo vi. ¿Por qué entonces piensa Ud. en otra cosa? (. . .) Deseando mucho verlo, le mando mi recuerdo más amistoso y todos los votos porque este 17 de julio se repita muchos años, Guillermina".

Guillermina, después: La viuda de Wilde quedó viviendo en París varios años, regresando a la Argentina en la década de 1920. Se dedicó a actividades de caridad y fue una de las fundadoras de la Confederación de Damas de Beneficencia. Frecuentó mucho a monseñor Miguel de Andrea, a quien legó su mejor joya, un anillo de diamantes que el prelado no aceptó. La señora Lucrecia de Oliveira Cézar de García Arias, que me ha brindado estos datos, me ha dado copia del testamento de Guillermina, otorgado en Buenos Aires en 1935, en el que establece numerosas mandas y legados, entre ellos la edición de las obras completas de Wilde. La testamentaría de Guillermina dio lugar a diez cuerpos, que se encuentran en el Archivo de Tribunales de la Capital Federal, Nº 25828.

Muerte de Gramajo: Mariano de Vedia, ob. cit., reproduce el texto del discurso pronunciado por JAR en la Recoleta y cuenta la emoción que JAR y él mismo sintieron ante el fallecimiento del viejo amigo.

Gumersindo García: En "Publicaciones del Museo Roca, Documentos-IV-Cartas Familiares-Cartas a Gumersindo", Bs. As., 1966, se transcriben unas cuarenta cartas dirigidas por JAR a Gumersindo entre 1905 y 1914, cuya secuencia muestra el rol cada vez más importante desempeñado por García en la vida de JAR. Las cartas fueron donadas al Museo Roca por Juan Antonio Solari y su publicación está precedida por un estudio de éste, donde se refieren las anécdotas que se han relatado.

Hijas de JAR: La afirmación de JAR en el sentido de que sus hijas "no son de la familia de las sensitivas y no son calurosas en la manifestación de sus sentimientos", en una carta a Gumersindo desde Montecarlo, el 14-II-1911.

JAR y La Prensa: El diario de Paz, que fue muy duro en sus críticas a la administración de JAR en su segunda presidencia, trae muy escasas referencias a las actividades de JAR después de entregar el poder, lo que contrasta con otros diarios, que anotician sobre sus viajes, reuniones sociales, etc. La necrología de JAR en *La Prensa*, contrariamente a la de otros diarios y revistas, llama la atención por el espacio relativamente pequeño que le dedica.

"Cien Años. . .": En Mariano de Vedia, ob. cit., que cita la salida de JAR como una muestra de su buen humor.

JAR y los clásicos: En sus cartas a Fotheringham (V. "Cartas de Julio A. Roca a un querido amigo" por Felicitas Luna, en revista *Todo es*

Historia, Nº 262, abril de 1989) JAR dice que en "La Larga" lee a Plinio, las *Geórgicas* y *Bucólicas* de Virgilio, recuerda una anécdota de Julio César y alude a una receta para cocinar gallinas que sería original de Catón el Censor.

JAR y la naturaleza: El discurso de JAR ante la Municipalidad de Río de Janeiro en Mariano de Vedia ("Roca en el Escenario Político", Comisión Nacional Monumento, Bs. As., 1939). En carta a Angela Oliveira Cézar de Costa del 23-XII-1908 dice JAR: "Por mí, no puedo ver sin horror degollar un cordero, por más que después lo coma con gusto" (V. Carmen Peers de Perkins, ob. cit.). En carta a Gumersindo del 4-X-1913, dice JAR: "El campo está muy lindo y las haciendas contentas, sin saber las pobres que cuanto mejor se porten más pronto serán comidas por los hombres. Es cruel y bárbaro, en el fondo, matar animales que Dios también ha creado como a nosotros, para alimentarnos". Carta de JAR a Clemente Onelli desde Río de Janeiro, julio 18 de 1912: "Mi querido Onelli: (. . .) Esto, por otra parte, es un jardín colosal y estupendo que no me canso de admirar y que los Brazileros tratan de embellecer aun mas, sin pararse en esfuerzos de ingenio y sacrificios de dinero. Caminos admirables que trepan las montañas y de una profusión de lujo y de luz como si estuviéramos en competencia con el sol que deslumbra y lo hace a uno creer que está en una ciudad de quimera o ensueño. (. . .) No se cansa uno de contemplar su grandiosa bahía, sus jardines respetados y mantenidos con esmero extraordinario y sus montañas, unas desnudas, otras cubiertas de mantos de lujosa y tupida vejetación que en tropel y un desorden titánico se entran como a bañarse en el mar. Cuando penetro en sus bosques me acuerdo de Tucumán y esto es para mí el mayor encanto. Es de admirar la atención como en este país de selvas se respetan y se veneran los árboles. Hay de estos que están casi en medio de algunas calles sin que nadie lo ultraje y no hay autoridad que se atreva a echarlos abajo so pretexto de estética o de trafico. Será que naciendo entre los árboles se aprende a quererlos y mirarlos como amigos y compañeros de nuestra existencia. No serán como los habitantes del (aquí palabra ilegible FL), animales que no andan? (. . .) Su affmo. amigo Julio A. Roca". (Papeles de Guillermo Uriburu Roca.)

JAR y los radicales: Las reflexiones que se ponen en boca de JAR están tomadas casi literalmente de las que transcribe Joaquín de Vedia, ob. cit., sobre todo cuando se refiere a los principios de autoridad y unidad, y a los factores de disgregación; De Vedia las escuchó de JAR en la casa de su primo Mariano, en 1913, y enfatiza que su transcripción es muy fiel. La anécdota del interlocutor en Palermo, en Mariano de Vedia, ob. cit. El juicio de JAR sobre el voto universal y secreto, en González, ob. cit., quien habría recogido esta opinión del mismo JAR.

JAR y la guerra europea: Mariano de Vedia, ob. cit., cuenta que Lugones encontró un día a JAR consultando mapas de la guerra, y entonces difundió en la redacción de *La Nación* que los alemanes ya estaban derrotados; al preguntársele de dónde había sacado la noticia, respondió que era lo que pensaba JAR. A su vez, JAR escribió a un amigo este párrafo, que De Vedia transcribe: "Desde el principio de la guerra europea yo estaba en desacuerdo con una gran parte de nuestros mariscales, idólatras del poder militar de Alemania, y que aseguraban de antemano el triunfo del Káiser, encantados de ver la inmensidad y furia de huracán con que lanzaba sus huestes sobre Bélgica y Francia, que es principalmente lo que lo ha perdido. Los hechos parece que me van dando la razón, por lo que el mundo civilizado puede regocijarse. Me son también muy gratos los juicios exagerados de Lugones sobre mi capacidad adivinativa, que yo los tomo como expresión de afecto y amistad". Esta carta es de septiembre de 1914 y De Vedia no indica su destinatario. Por su parte, Carmen Peers de Perkins, ob. cit., transcribe una carta de JAR del 12-VII-1914 dirigida a Angela Oliveira Cézar de Costa: "¿Quién le dice a Ud. que esta guerra colosal que presenciamos no es un mandato del cielo a consecuencias de sus leyes, que han creado al hombre con instinto de carnicería y rapiña invencibles? Lo que tiene que hacer Ud. es cubrir de luto la estatua del Cristo de los Andes".

FUENTES

INEDITAS

Archivo General de la Nación, Sección Roca*

Archivo de Tribunales de la Capital Federal: Sucesiones de JAR N°. 8886; don Alejandro Roca N°. 2546; don Ataliva Roca N°. 2633; doña Clara Funes de Roca s/n; general don Rudecindo Roca N°. 5829.

Archivo de don Guillermo Uriburu Roca.

Comando en Jefe del Ejército: "Legajo Personal del teniente general don Julio Argentino Roca", N°. 1151.

Museo Roca/Documentación: Bs. As., 1984; catálogo con el resumen de casi 700 cartas de o para JAR, no publicadas.

EDITAS

Archivo del Coronel Doctor Marcos Paz, siete tomos, Universidad Nacional de La Plata, 1957/1966.

Museo Roca: "Publicaciones, Serie Documentos", Nos. I al VII; "Serie Cuadernos", Nos. I al XVI; "Serie Estudios", Nos. I al III.

Diarios

La Nación: 1887-1889; 1893; 1904-1914.

La Prensa: 1898-1906.

La Tribuna Nacional: 1887-1889.

Tribuna: 1905-1907.

---

* Contiene unos 40.000 documentos, donados por las hijas y nueras de JAR. Lamentablemente, en sesiones diarias mantenidas durante casi dos años bajo la dirección del doctor José Arce, las donantes destruyeron todos los documentos que, a su juicio, podían desmerecer la imagen histórica de JAR.

Revistas

Caras y Caretas; diversos números.

Investigaciones y Ensayos, Academia Nacional de la Historia (en adelante ANH).

Todo es Historia (en adelante *TeH*).

BIBLIOGRAFIA ESPECIAL

Libros

Actas del IV Congreso Nacional y Regional de Historia Argentina en Mendoza y San Juan, 1977, cuatro volúmenes, dedicado a la primera presidencia de JAR, ANH, Bs. As., 1979/1983.

Actas del Congreso Nacional de Historia sobre la conquista del desierto, General Roca, 1979, cuatro volúmenes, ANH, Bs. As., 1982.

Amadeo, Octavio R., *Vidas argentinas*, Ed. La Facultad, Bs. As., 1934.

Arce, José, *Roca, 1843-1914/Su vida-Su obra*, dos tomos con apéndices, Bs. As., 1960.

Baldrich, Alonso, *La personalidad del general Roca*, "Comisión Nacional pro monumento al teniente general Julio A. Roca", Bs. As., 1926.

Bucich Escobar, Ismael, *Roca, 1880-1886/1898-1904*, Ed. La Facultad, Bs. As., 1934.

Cárdenas, Eduardo J. y Paya, Carlos M., *En camino a la democracia política*, Ed. La Bastilla, Bs. As., 1975.

Comisión Nacional Monumento al teniente general Julio A. Roca, *La casa donde nació Roca*, Bs. As., 1940.

Cutolo, Vicente Osvaldo, *Nuevo Diccionario Biográfico Argentino*, seis volúmenes, Ed. Elche, Bs. As., 1968/1983.

De Vedia, Mariano, *Roca*, Ed. Cabaut & Cía., París, 1928*.

De Vedia, Mariano, *Roca en el escenario político*, Comisión Nacional Monumento al teniente general Julio A. Roca, Bs. As., 1939*.

---

* Los libros de Mariano de Vedia sobre Roca publicados en París en 1928 y en Buenos Aires en 1939, tienen un contenido sustancialmente idéntico, variando sólo el orden de la exposición. Por consiguiente, cuando se cita a De Vedia, la referencia es indistinta para cualquiera de estas dos obras, y sólo se distingue si se trata de una referencia específica a una de ellas.

De Vedia, Joaquín, *Cómo los vi yo*, Manuel Gleizer Editor, Bs. As., 1922.

Ferrari, Gustavo, *Apogeo y crisis del liberalismo*, Ed. La Bastilla, Bs. As., 1978.

Ferrari, Gustavo y Gallo, Ezequiel (compiladores), *La Argentina del Ochenta al Centenario*, Ed. Sudamericana, Bs. As., 1980.

Florit, Carlos, *El roquismo*, Ed. Hachette, Bs. As., 1979.

Fotheringham, Ignacio H., *La vida de un soldado*, Ed. Círculo Militar, 2 volúmenes, Bs. As., 1956.

Galletti, Alfredo, *Vida e imagen de Roca*, Eudeba, Bs. As., 1965.

González, Manuel L., *Vida del teniente general Julio A. Roca*, Cía. Sudamericana de Billetes, Bs. As., 1914.

Guido, Horacio J., *Secuelas del Unicato*, Ed. La Bastilla, Bs. As., 1977.

Irazusta, Julio, *El tránsito del siglo XIX al XX*, Ed. La Bastilla, Bs. As., 1975.

Labougle, Alfredo, *Roca, la economía y las finanzas en sus dos presidencias*, Academia de Ciencias Económicas, Bs. As., 1964.

Letts de Espil, Courtney, *La segunda presidencia Roca vista por los diplomáticos norteamericanos*, Ed. Paidós, Bs. As., 1972.

Lugones, Leopoldo, *Historia de Roca*, prólogo de Tomás Alva Negri, (inconcluso), Ed. de Belgrano, Bs. As., 1980.

Marco del Pont, Augusto, *Roca y su tiempo: cincuenta años de historia argentina*, Talleres Gráficos Argentinos L. J. Rosso, Bs. As., 1931.

Newton, Jorge, *El general Roca, conquistador del desierto*, Ed. Claridad, Bs. As., 1966.

Oyarzú, S.A., *Rasgos biográficos del excelentísimo señor teniente general don Julio Argentino Roca*, Imprenta del Comercio, Bs. As., 1913.

Padilla, Alberto, *El general Roca, de ministro a Presidente*, Imprenta Coni, Bs. As., 1936.

Peers de Perkins, Carmen, *Crónicas del joven siglo/Cartas de Roca y Wilde*, Ed. Plus Ultra, Bs. As., 1976.

Rivero Astengo, Agustín, *Juárez Celman*, Ed. Kraft, Bs. As., 1944.

Rivero Astengo, Agustín, *Pellegrini*, cinco volúmenes, Ed. Jockey Club, Bs. As., 1941.

Sáenz Hayes, Ricardo, *Miguel Cané y su tiempo*, Ed. Guillermo Kraft, Bs. As., 1955.

Sánchez, Aurora Mónica, *Julio Argentino Roca*, Ed. Círculo Militar, Bs, As., 1969.

San Martín, Salvador, *Julio A. Roca; su tiempo, su obra en la Patagonia*, s/e, Bs. As., 1965.

Serres Güiraldes, Alfredo M., *La estrategia del general Roca*, Ed. Pleamar, Bs. As., 1979.

Terzaga, Alfredo, *Historia de Roca: de soldado federal a Presidente de la República*, dos tomos (inconcluso), A. Peña Lillo, Bs. As., 1976.

Todo es Historia, N° 144, Mayo de 1979, "Campaña del Desierto, una epopeya argentina", número especial con diversos artículos.

Udaondo, Enrique, *Diccionario Biográfico Argentino*, Imprenta Coni, Bs. As., 1938.

Vélez, Francisco M., *Ante la posteridad; la personalidad marcial del general don Julio Argentino Roca*, "Comisión Nacional Monumento al teniente general Julio A. Roca", Bs. As., 1938.

Vidaurreta, Alicia, *Roca, El Quebracho, el revés de la trama*, Ed. Platero, Bs. As., 1983.

Artículos y Monografías

Almeida, Juan Lucio, "La Armada Argentina en la primera presidencia de Roca", Congreso Nacional y Regional de Historia Argentina en Mendoza y San Juan, *ANH*, vol. 3.

Allende, Andrés R., "Julio A. Roca y Dardo Rocha; una amistad y una enemistad históricas", en Boletín de la *ANH*, N° 44.

Bazán, Armando Raúl, "Apuntes sobre el pensamiento político de Julio A. Roca", Congreso Nacional y Regional de Historia Argentina en Mendoza y San Juan, *ANH*, vol. 4.

Bischoff, Efraín, "1909: el derrumbe del roquismo en Córdoba", en revista *TeH*, N° 123, agosto 1977.

Braun Menéndez, Armando, "Primera Presidencia de Roca", en *Historia Argentina Contemporánea, 1862-1930*, vol. I, *ANH*, Ed. El Ateneo, Bs. As., 1964.

Braun Menéndez, Armando, "La Segunda Presidencia de Roca" en *Historia Argentina Contemporánea, 1862-1930*, vol. I, *ANH*, Ed. El Ateneo, Bs. As., 1964.

Caillet-Bois, Ricardo R., "Roca, Zeballos y la Patagonia", Congreso Nacional y Regional de Historia Argentina en Comodoro Rivadavia, *ANH*, vol. 2.

Castello, Emilio Antonio, "La última jugarreta política del Zorro", en revista *TeH*, N° 161, octubre 1980.

Correas, Edmundo, "El Presidente Roca llega a Mendoza en 1885", en *Los Andes* de Mendoza, 14 y 18 de julio de 1946.

Cuccorese, Horacio Juan, "Carlos Pellegrini es artífice de la segunda candidatura presidencial de Julio A. Roca" en *Investigaciones y Ensayos*, *ANH*, N° 23.

Cutuli, Ana, "Consecuencias políticas de la campaña del general Roca", en revista *TeH*, N° 144, mayo 1979.

Duarte, Maria Amalia, "Roca y la liga de gobernadores en el litoral", en *Investigaciones y Ensayos*, *ANH*, N° 37.

Dumrauf, Clemente, "El presidente Roca y las misiones salesianas en la Patagonia", Congreso Nacional y Regional de Historia Argentina en Mendoza y San Juan, *ANH*, vol. 2.

Faín, Bernardo, "Julio Argentino Roca, benefactor del pueblo judío" en *La Nación*, 19 de octubre de 1984.

Gallo, Ezequiel, "El roquismo", en revista *TeH*, N° 100, septiembre de 1975.

Ibarguren (h), Carlos, "Una hazaña del presidente Roca", en revista *Historia*, N° 29, Bs. As., 1962.

Maveroff, Alejandro, "Roca en el Beagle", en revista *TeH*, N° 129, febrero de 1978.

Martínez Zuviría, Gustavo, "Roca y su política de fronteras", Congreso Nacional y Regional de Historia Argentina en Mendoza y San Juan, *ANH*, vol. 4.

Melo, Carlos R., "Las Paralelas", en *Investigaciones y Ensayos*, *ANH*, N° 1.

Melo, Carlos R., "Presidencia de José Figueroa Alcorta", en *Historia Argentina Contemporánea, 1862-1930*, vol. I, *ANH*, Ed. El Ateneo, Bs. As., 1964.

Ortiz, Luis Carlos, "La producción azucarera en las colonias de Candelaria y Santa Ana, Misiones, durante el gobierno de Rudecindo Roca", en Congreso Nacional y Regional de Historia Argentina en Mendoza y San Juan, *ANH*, vol. 3.

Paula, Alberto S. J. de, "La arquitectura oficial en Argentina durante la primera presidencia de Roca", en Congreso Nacional y Regional de Historia Argentina en Mendoza y San Juan, *ANH*, vol. 2.

Pérez Amuchástegui, A. J., "Roca y su noción de frontera", en Congreso Nacional y Regional de Historia Argentina, General Roca, *ANH*, vol. 4.

Picciuolo, José Luis, "Conflicto entre el Estado argentino y el Vaticano durante 1884", Congreso Nacional y Regional de Historia Argentina en Mendoza y San Juan, *ANH*, vol. 3.

Prado, José María, "El general Julio Argentino Roca, hacendado y arboricultor en la provincia de Buenos Aires", en Congreso Nacional y Regional de Historia Argentina en Mendoza y San Juan, *ANH*, vol. 4.

Ratto de Sambucetti, Susana Irene, "El presidente Roca y los candidatos a su sucesión presidencial", en Congreso Nacional y Regional de Historia Argentina en Mendoza y San Juan, *ANH*, vol. 3.

Ravina, Aurora, "La cuestión nacional de 1880 vista por los corresponsales de Roca en el litoral", en *Investigaciones y Ensayos*, *ANH*, N? 35.

Sáenz Quesada, María, "Roca, pionero rural", en revista *TeH*, N? 150, noviembre 1979.

Sanz, Luis Santiago, "Instrucciones a los diplomáticos argentinos en el primer gobierno de Roca", Congreso Nacional y Regional de Historia Argentina en Mendoza y San Juan, *ANH*, vol. 4.

Scenna, Miguel Angel, "El Ochenta, un año crucial", en revista *TeH*, Nros. 139 y 140, diciembre 1978 y enero 1979.

Terzaga, Alfredo, "Roca a la sombra de Urquiza", en revista *TeH*, N? 60, abril 1972.

Weimberg, Félix, "La posición de Sarmiento sobre la primera presidencia de Roca", en Congreso Nacional y Regional de Historia Argentina en Mendoza y San Juan, *ANH*, vol. 2.

Zorraquín Becú, Ricardo, "Algunas cartas del general Roca, en *Boletín de la ANH*, N? 49.

AGRADECIMIENTO

El autor agradece las diversas ayudas que recibió en el transcurso de la redacción de este libro, de las siguientes personas:

Clara de Alvear de González Alzaga y Félix González Alzaga; Josefina de Alvear de Montoreano y Federico A. Montoreano; Adolfo E. Basso; Carolina Biquard; Miguel Brunetto; Jorge Omar Carlé (Daireaux); Isabel y María Castellano; Jorge Dowbley (Daireaux); José Luis Dramisino (Exaltación de la Cruz); Horacio Figueras; Pedro J. Frías (Córdoba); Hugo Galmarini; María Florencia Guzmán; Emilio Hardoy; Arnaldo Jáuregui; Carlos Mayol Laferrere (Río IV); Rodolfo Martínez (h); Enrique M. Mayocchi; Ramón Melero García; Patricia Montero; Eduardo de Oliveira Cézar; Lucrecia de Oliveira Cézar de García Arias; Rafael de Oliveira Cézar; Graciela Pastor y Montes de Revello; R. Pérez Apellániz (Daireaux); Personal de la Academia Nacional de la Historia, Archivo General de la Nación, Archivo de Tribunales, Biblioteca del Congreso, Biblioteca del Jockey Club, Biblioteca Nacional y Museo Roca; María Sáenz Quesada; Guillermo Uriburu Roca; Marcel Voinea-Delast (Azul) y muy especialmente a Felicitas Luna, que se ocupó del material gráfico que ilustra estas páginas.

INDICE

Esta edición de 3000 ejemplares se terminó de
imprimir en La Prensa Médica Argentina,
Junín 845, Buenos Aires, en el mes de abril de 1991.